U0534930

本成果受到中国人民大学"中央高校建设世界一流大学（学科）和特色发展引导专项资金"支持，项目批准号：15XNLG09

大国学研究文库

# 魏晋才子传笺证

Commentaries of Biographies of Talented Scholars in Wei and Jin Dynasties

袁济喜 ◎ 编著

中国社会科学出版社

## 图书在版编目（CIP）数据

魏晋才子传笺证/袁济喜编著.—北京：中国社会科学出版社，2016.12

（大国学研究文库）

ISBN 978-7-5161-9591-8

Ⅰ.①魏… Ⅱ.①袁… Ⅲ.①诗人—列传—中国—魏晋南北朝时代 Ⅳ.①K825.6

中国版本图书馆 CIP 数据核字（2016）第 320484 号

| 出 版 人 | 赵剑英 |
|---|---|
| 责任编辑 | 史慕鸿 |
| 责任校对 | 季　静 |
| 责任印制 | 戴　宽 |

| 出　　版 | 中国社会科学出版社 |
|---|---|
| 社　　址 | 北京鼓楼西大街甲 158 号 |
| 邮　　编 | 100720 |
| 网　　址 | http://www.csspw.cn |
| 发 行 部 | 010-84083685 |
| 门 市 部 | 010-84029450 |
| 经　　销 | 新华书店及其他书店 |

| 印刷装订 | 北京君升印刷有限公司 |
|---|---|
| 版　　次 | 2016 年 12 月第 1 版 |
| 印　　次 | 2016 年 12 月第 1 次印刷 |

| 开　　本 | 710×1000　1/16 |
|---|---|
| 印　　张 | 46.25 |
| 插　　页 | 2 |
| 字　　数 | 759 千字 |
| 定　　价 | 188.00 元 |

凡购买中国社会科学出版社图书，如有质量问题请与本社营销中心联系调换
电话：010-84083683
版权所有　侵权必究

# 目 录

前言 ································ （1）

## 第一编　汉末三国

曹操传 ······························ （3）
曹丕传 ······························ （20）
曹植传 ······························ （40）
孔融传 ······························ （63）
陈琳传 ······························ （79）
阮瑀传 ······························ （89）
徐幹传 ······························ （96）
刘桢传 ······························ （104）
王粲传 ······························ （113）
应玚、应璩传 ························ （129）
邯郸淳传 ···························· （139）
荀悦传 ······························ （145）
王朗传 ······························ （150）
刘劭传 ······························ （159）
祢衡传 ······························ （166）
杨修传 ······························ （171）
吴质传 ······························ （177）
蔡琰传 ······························ （183）
繁钦传 ······························ （188）

何晏传 …………………………………………………… （192）
阮籍传 …………………………………………………… （203）
嵇康传 …………………………………………………… （220）
刘伶传 …………………………………………………… （245）
向秀传 …………………………………………………… （252）
钟会传 …………………………………………………… （262）
王弼传 …………………………………………………… （273）
诸葛亮传 ………………………………………………… （290）

# 第二编　西晋

皇甫谧传 ………………………………………………… （311）
傅玄传 …………………………………………………… （323）
张华传 …………………………………………………… （335）
陈寿传 …………………………………………………… （353）
何劭传 …………………………………………………… （362）
傅咸传 …………………………………………………… （368）
挚虞传 …………………………………………………… （374）
夏侯湛传 ………………………………………………… （384）
潘岳传 …………………………………………………… （392）
石崇传 …………………………………………………… （418）
左思传 …………………………………………………… （428）
张载、张协、张亢传 …………………………………… （440）
裴頠传 …………………………………………………… （452）
郭象传 …………………………………………………… （459）
欧阳建传 ………………………………………………… （467）
陆机传 …………………………………………………… （471）
陆云传 …………………………………………………… （488）
刘琨传 …………………………………………………… （506）

# 第三编 东晋

郭璞传 …………………………………………（523）
葛洪传 …………………………………………（534）
干宝传 …………………………………………（545）
李充传 …………………………………………（552）
庾阐传 …………………………………………（564）
王羲之传 ………………………………………（572）
曹毗传 …………………………………………（583）
孙绰传 …………………………………………（590）
支遁传 …………………………………………（598）
习凿齿传 ………………………………………（614）
袁宏传 …………………………………………（623）
戴逵传 …………………………………………（635）
王嘉传 …………………………………………（644）
张湛传 …………………………………………（649）
慧远传 …………………………………………（655）
顾恺之传 ………………………………………（669）
殷仲文、殷仲堪传 ……………………………（676）
谢混传 …………………………………………（687）
湛方生传 ………………………………………（696）
陶潜传 …………………………………………（700）
郭澄之传 ………………………………………（719）

**参考书目** ……………………………………（726）

# 前　言

　　这本书大体上是一本关于魏晋时代的文学人物传记新编。之所以称作《魏晋才子传笺证》，缘起于傅璇琮先生的提议。是接续《唐才子传笺证》与《宋才子传笺证》之后的专著，也是先唐才子传笺证系列中的第一本。

　　魏晋南北朝是一个以才情气质为美的年代，才性之辨与有无之辨、言意之辨成为著名的玄学三辨。曹丕《典论·论文》中提出"文以气为主"，更是对于作家个性气质与才情的肯定，刘勰在《文心雕龙·体性》篇中，受魏晋以来"才性论"和曹丕"文气说"的影响，重视"才"和"气"，因为它是"情性所铄"，对作品风格的形成起着决定性的作用。那么，决定一个人的"才"和"气"的核心又是什么呢？是"志气"。刘勰说："才力居中，肇自血气。气以实志，志以定言，吐纳英华，莫非情性。"他在《才略》篇中指出："宋来美谈，亦以建安为口实。何也？岂非崇文之盛世，招才之嘉会哉？"最后赞曰："才难然乎！性各异禀。一朝综文，千年凝锦。"刘勰极为重视才略在文学发展中的作用。因此，从才子传角度去整理与研究魏晋南北朝作家与作品，确实是一个历久弥新的模式。

　　魏晋南北朝文学一直是中国文学研究中的重点，晚近以来，更是成为热门。研究的模式，既有传统的文献整理，也有现代西方输入的文学学科的论著模式。如何借鉴中国传统的研究模式，与现代学术理念与方法相融通，有着许多值得探索的地方。采用元人辛文房的《唐才子传》的路数进行研究，是傅先生所开拓的古今会通的一种研究中国古代文学模式。傅璇琮先生在《唐才子传》的基础之上，踵事增华，编著成《唐才子传笺证》、《宋才子传笺证》，获得成功，得到学界的认同。

　　关于这种笺证体的研究模式，傅先生总结出了三条：（一）探寻材料出处；（二）纠正原书所记史实错误；（三）补考原书未备的重要事迹。

除此之外，傅先生还强调现代学术规范的笺证方式，科学地集中和概括作家生平事迹研究的成果。我认为，除此之外，从古今会通的角度来说，可以通过原始材料与现代考证的结合，剔除那些不实记载，加入最新的研究成果，提供研究信息，同时融入作者自己的研究观点与理论思维。司马迁说他写作《史记》"亦欲以究天人之际，通古今之变，成一家之言"，而《唐才子传笺证》与《宋才子传笺证》，则较好地印证了这一点。

我认为，将这种模式引入先唐文学研究领域，同样具有重要的价值与意义。魏晋文学作为先唐文学发展时期的中古阶段，处于由上古向隋唐之后转变的关捩，文学家与文学作品的史实记载远未达到唐宋元明清时期的丰富，处于先秦两汉文学向后期演变的过渡阶段，许多史料有待勘证与更正，对于其解读与阐发，需要作者的理论识见与考论。因此，将原始文献与现代考论融为一体的先唐才子传笺证模式，应当说，是一种较为有效而便捷的模式。所以，当2010年傅先生提出让我主编一套《先唐才子传笺证》时，虽然当时本人面临着繁重的行政与教学科研任务时，还是允诺下来，与清华大学的孙明君教授分别承担了《魏晋才子传笺证》、《南北朝才子传笺证》的编著工作。

这种模式在先唐时期较六朝之后，更具有价值与意义。理由是：（一）魏晋才子传史料，正史中主要出自西晋陈寿的《三国志》与唐代房玄龄编修的《晋书》，以及北宋司马光的《资治通鉴》等。但是陈寿《三国志》中的文士资料，许多是依赖后来的裴松之注解而得以发现。比如阮籍、嵇康的传记资料，主要保留在《三国志》中《王粲传》裴松之的注解中。这说明关于竹林名士的记载，在陈寿编著《三国志》时就语焉不详，幸亏有了裴松之的注解而得以流布。所以现在我们编著《魏晋才子传笺证》，可以依据后人与今人的发现，镶嵌进去许多新的史实与材料，借以补充史料与纠正前人的讹误。（二）初唐房玄龄招集文士所编修的《晋书》中关于文学家的记载，大都采用《世说新语》与梁代刘孝标的注，将笔记小品中的许多传闻作为信史来记录，这就更需要后来的笺证者作辨析与订正。（三）魏晋时代的许多文学家，自古以来就聚讼纷纭。而魏晋人又喜欢拟古与作伪（见王瑶先生《中古文学史论集》中《拟古与作伪》一文），通过笺证的方式，可以对此作出辨正与论述，提出研究者自己的观点。我自己在《汉末三国两晋文学批评编年》中采用的就是这种将编年与论证融为一体的方式，也获得了学界的认同。所以，通过笺证体来对魏晋才子传作出新的考论，可以得到许多新的收获。

因此，本书的写作基本以《后汉书》、《三国志》、《晋书》、《资治通鉴》等正史记载作为基础，融合现代学者的研究成果，再加上作者的观点，组成笺证的主体部分，间或加入一些文献与研究的信息，以供检索之便，重要的人物每篇后附有相关参考文献。一般的文学人物单独列传，个别人物由于史料欠缺则并传，借鉴钟嵘《诗品》的做法。

另外，在编著时，感觉不少问题还有待解决。最大的问题便是，元人辛文房的《唐才子传》中的"才子"概念与范畴，是指科举制度下的产物，唐代科举以诗赋取士，因此，士人欲入仕途，诗赋为必不可少的功课。因此，科举与唐代文学是重要的研究内容。魏晋时代则是门阀士族左右社会与政局，文学创作也受制于士族群体及其文化形态，士族与文士趋于一体化，他们与唐宋以来的科举制度下的才子身份与文学心态并不完全相同，当然，在崇尚个性才华方面，有时更甚于唐宋统一皇权形态下的文士。所以，我们在界定与选取魏晋才子时，颇费周折与心思。我们大体是这样考虑的，魏晋才子的概念基本定位于"文学人物"这一领域，因此，举凡在文学创作上有成就的人物，便可收入其中，而无论其身份与地位。曹操、曹丕、曹植等帝王也收入其中，如果这样重要的文学人物不收入，那么这本魏晋才子传的范围便会很有限。况且魏晋时代也没有纯粹的才子文士这类人物。既然本书冠之以"才子传"，适当的扩容也是可以理解的，当然，将曹操及其儿子们纳入才子传的范畴确实有些勉强，但实出无奈。当初本想就此类问题集中向傅璇琮先生求教，而未及讨教，傅先生遽尔离世，思之怃然。傅先生对于此书的写作与出版十分关心，经常催问，对于发表在《郑州大学学报》上的《嵇康传笺证》等三篇作品，充分肯定，同时提出具体的修改意见。本书的出版，凝聚着傅先生的心血，也是对先生的告慰。

这本书是我们师生之间合作的结晶。由我撰定体例，然后大家分工写作。国学院的教学注重师生互动，实行导师制，有许多读书班，大家在读书的同时，承担学术项目，通过魏晋才子传笺证这种写作方式，既让学生学会了如何阅读与辨正原始文献，又锻炼了理论思维。同时为他们学位论文的酝酿打下了基础。全书由我确定写作体例，制订写作要求。参加写作的有博士生黎臻、高丹、杨康、李小青、徐晓，硕士生刘睿、刘安妮等，我作了最后的修改与定稿。这项工作从开始到定稿，已有四年了，其中有些学生已经获得学位，毕业参加工作了。回想讨论时师生之间其乐融融、教学相长的情形，令人感慨。至于此书的不足之处，也希望得到各方的指正。

本书作为中国人民大学国学院"大国学研究文库"的一种，能够将这项彰显国学院特色的成果奉献各方，也是一种荣幸。衷心感谢各方对于此书问世所作的努力。

2016 年 5 月 2 日于北京南郊寓所

## 第一编

## 汉末三国

# 曹操传


曹操，字孟德。一名吉利，小字阿瞒，沛国谯县（今安徽亳州）人。生于汉桓帝永寿元年（155年）。

《三国志·魏书·武帝纪》："太祖武皇帝，沛国谯人也，姓曹，讳操，字孟德。"裴松之注："太祖一名吉利，小字阿瞒。"《魏氏春秋》："武王姿貌短小，而神明英发。"《水经注》卷二十三："（谯）城东有曹太祖旧宅，所在负郭对廛，侧隍临水。"

关于曹操生年，以《三国志·魏书·武帝纪》载建安二十五年（黄初元年）卒年六十六推之，当生于永寿元年。

有关曹操祖先情况，古有三说。其一，《三国志·魏书·蒋济传》记载："初，侍中高堂隆论郊祀事，以魏为舜后，推舜配天。"曹叡《郊禘诏》亦有"以祖帝舜配"之语，可知曹氏可能出自帝舜。其二，《三国志·魏书·武帝纪》裴注引王沈《魏书》："其先出于黄帝，当高阳世，陆终之子曰安，是为曹姓。周武王克殷，存先世之后，封曹侠于邾。"蒋济《立郊议》引《曹腾碑文》："曹氏族出自邾。"《三国志·魏书·文帝纪》裴注："邾，曹姓，魏亦曹姓，皆邾之后。"皆反对魏出自虞舜之论断，认为曹氏出于黄帝。其三，《三国志·魏书·蒋济传》裴注："魏武作《家传》，自云曹叔振铎之后。"曹叔振铎姬姓，周文王之子，周武王之弟。按：姬姓祖乃轩辕氏，《蒋济传》裴注载曹叔振铎姬姓，即与王沈《魏书》所言曹氏始祖乃轩辕黄帝相合；而邾姓亦可能源于姬姓，今已不可详考。

《三国志·魏书·武帝纪》："（操）汉相国参之后。桓帝世，曹腾为中常侍大长秋，封费亭侯。养子嵩嗣，官至太尉，莫能审其生出本末。嵩生太祖。"曹嵩来历未明。裴松之注："吴人作《曹瞒传》及郭颁《世语》并云：嵩，夏侯氏之子，夏侯惇之叔父。"梁章钜《三国志旁证》卷一："何焯曰：夏侯惇之子楙尚清河公主，渊子衡亦娶曹氏，则谓嵩为夏侯氏之子者，敌国传闻，盖不足信。"又卷十引赵一清："至操以女妻懋，盖欲掩其迹，所谓奸也。而或转据此力辨操非携养，不亦愼乎！"对此，陆侃如考证："事实上携养的本是嵩而不是操，嵩的携养也并无人否认，问题只在嵩是夏侯氏之子，抑另一姓之子。夏侯氏'一门侈盛于时'（《魏书·夏侯渊传》注引《世语》）确是事实，所以吴人传说也有些根据。《武帝纪》裴松之注：'司马彪《续汉书》曰：腾父节，字元伟。'侯康《三国志补注续》：'案《后汉书·皇后纪》曰：献穆曹皇后讳节，魏公曹操之中女也。此书三《少帝纪》曰：景元元年六月故汉献帝夫人节薨。若腾父名节，操不应复以名其女。陈少章谓：《艺文类聚》引《续汉书》，曹腾父萌（案在九十四卷）。与裴注异，恐当以裴为正。又考《御览》一百三十七卷引《续汉书》曰：孝献皇后名宪。则是本不与腾父同名。（《后汉书》以宪为操长女，节次女。）诸说差互，未知孰是。'梁章钜《旁证》卷一：'若腾父名节，操不应复以名其女矣。《艺文类聚》卷九十四兽部引《续汉书》：曹腾父萌。节萌字形相近，或本作萌而误作节软？'操三女均为贵人，后立中女节为后，史有明文，故腾父当以名萌为是。"《中古文学系年》其论可从。

曹操母丁氏。《三国志·魏书·文帝纪》："黄初元年……五月戊寅天子命王追尊皇祖太尉曰太王，夫人丁氏曰太王后。"

**少机警，任侠放荡。有谯水击蛟的传说。**

《世说新语·假谲》："袁绍年少时，曾遣人夜以剑掷魏武，少下不著。魏武揆之，其后来必高；因帖卧床上，剑至果高。"

是篇又记载："魏武少时，尝与袁绍好为游侠。观人新婚，因潜入主人园中。夜叫呼云：'有偷儿贼！'青庐中人皆出观，魏武乃入，抽刃劫新妇；与绍还出，失道坠枳棘中。绍不能得动，复大叫云：'偷儿在此！'绍遑迫自掷出，遂以俱免。"刘孝标注引《曹瞒传》："少好谲诈，游放无度。"又引孙盛《杂语》："武王少好侠，放荡不修行业。尝私入常侍张让宅中，让乃手戟于庭，逾垣而出。有绝人力，故莫之能害也。"

陈寿《三国志·魏书·武帝纪》记载："太祖少机警，有权数，而任侠放荡，不治行业，故世人未之奇也。"裴注引《曹瞒传》曰："太祖少好飞鹰走狗，游荡无度，其叔父数言之于嵩。太祖患之，后逢叔父于路，乃阳败面喎口；叔父怪而问其故，太祖曰：'卒中恶风。'叔父以告嵩。嵩惊愕，呼太祖，太祖口貌如故。嵩问曰：'叔父言汝中风，已差乎？'太祖曰：'初不中风，但失爱于叔父，故见罔耳。'嵩乃疑焉。自后叔父有所告，嵩终不复信，太祖于是益得肆意矣。"

梁章钜《三国志旁证》卷二："又刘昭《幼童传》云：太祖幼而智勇。年十岁，尝浴于谯水，有蛟逼之，自水奋击，蛟乃潜退。于是浴毕而还，弗之言也。后有人见大蛇奔退，太祖笑之曰：'吾为蛟所击而未惧，斯畏蛇而恐耶！'众问乃知，咸惊异焉。"今日看来此事过于离奇，不足为信，暂于此录之。

**汉灵帝熹平三年（174年），曹操举孝廉，为郎，除洛阳北部尉，上书理窦武陈蕃。**

《三国志·魏书·武帝纪》："年二十，举孝廉，为郎，除洛阳北部尉。"

《世说新语·方正》："南阳宗世林，魏武同时，而甚薄其为人，不与之交。及魏武作司空，总朝政，从容问宗曰：'可以交未？'答曰：'松柏之志犹存。'"刘注引《楚国先贤传》："宗承字世林……魏武弱冠，屡造其门，值宾客猥积，不能得言，乃伺承起，往要之，捉手请交，承拒而不纳。"

《世说新语·识鉴》："曹公少时见乔玄，玄谓曰：'天下方乱，群雄虎争；拨而理之，非君乎？然君实乱世之英雄，治世之奸贼。恨吾老矣，不见君富贵，当以子孙相累。'"刘注引《续汉书》："初魏武帝为诸生，未知名也，玄甚异之。"又引《世语》："玄谓太祖：'君未有名，可交许子将。'太祖乃造子将，子将纳焉。"又引孙盛《杂语》："太祖尝问许子将：'我何如人？'固问，然后子将答曰：'治世之能臣，乱世之奸雄。'太祖大笑。"从弱冠及为诸生的话看来，事当在举孝廉时。

《三国志·魏书·武帝纪》裴注引《魏书》："先是大将军窦武、太傅陈蕃谋诛阉官，反为所害。太祖上书陈：'武等正直而见陷害，奸邪盈朝，善人壅塞。'其言甚切，灵帝不能用。"按，武、蕃建宁元年被诛，时操十四岁，依理不能上书，上书应在做洛阳北部尉后。

**熹平六年（177年），曹操迁顿丘令。明年，免官。又明年，纳卞氏。**

《三国志·魏书·武帝纪》裴注引《曹瞒传》："太祖初入尉廨，缮治四门，造五色棒，县门左右，各十余枚。有犯禁者，不避豪强，皆棒杀之。后数月，灵帝爱幸小黄门蹇硕叔父夜行，即杀之。京师敛迹，莫敢犯者。近习宠臣咸疾之，然不能伤；于是共称荐之，故迁为顿丘令。"

《三国志·魏书·陈思王传》："太祖征孙权，使植留守邺，戒之曰：'我昔为顿邱令，年二十三；思此时所行，无悔于今。'"

裴注又引《魏书》："太祖从妹夫濦彊侯宋奇被诛，从坐免官。"陆侃如认为曹操免官与迁顿丘令同年；张可礼则认为其事在迁令顿丘一年后（光和元年）。张可礼《三曹年谱》认为："梁章钜《三国志旁证》卷一：'按，宋奇之封，不见于《后汉书》，熊方补表亦未载。考《后汉书·后纪》，灵帝宋皇后父酆封不其乡侯。光和元年，后废，酆父子并被诛，则濦彊侯必为宋皇后兄弟行也。'"今从张说。

曹操免官归谯后，于光和二年纳卞氏。《三国志·魏书·卞后传》："年二十，太祖于谯纳后为妾，后随太祖至洛。"

**汉灵帝光和五年（182年），曹操拜议郎。**

《三国志·魏书·武帝纪》："征拜议郎。"裴注引《魏书》："后以能明古学，复征拜议郎……是后诏书敕三府举奏州县政理无效，民为作谣言者，免罢之。三公倾邪，皆希世见用，货赂并行。强者为怨，不见举奏，弱者守道，多被陷毁。太祖疾之，是岁以灾异博问得失，因此复上书切谏，说三公所举奏专回避贵戚之意。奏上，天子感悟。"侯康《三国志补注续》："《后汉书·刘陶传》：光和五年陈耽与议郎曹操上言云云。《通鉴考异》曰：耽时已为司徒，不应与议郎同上言；王沈《魏书》曰，太祖上书切谏，不云与耽同。是温公不取范史而取《魏书》也。"曹操曾两为议郎，第一次在免顿丘令后。陆侃如将此事定在光和五年，因为诏举谣言是在本年，与孔融陈对同时；而张可礼认为曹操第一次拜议郎是在光和三年，因《灵帝纪》光和三年六月有诏公卿举能通《尚书》、《毛诗》、《左氏》、《穀梁春秋》各一人除议郎事，故疑在光和三年六月前后除议郎，此推测证据似显不足。今从陆说。

**汉灵帝中平元年（184年），曹操拜骑都尉，迁济南相。征守东郡，称疾归。作《对酒》诗。**

《三国志·魏书·武帝纪》："光和末，黄巾起，拜骑都尉，讨颍川贼。迁为济南相国……久之，征还为东郡太守，不就，称疾归乡里。"《后汉书·灵帝纪》，袁宏《后汉纪》卷二十四，《通鉴》卷五十八，均以张角谋反在中平元年正二月间。

《对酒》诗写太平盛世景象，张可礼认为是曹操任济南相时政治理想之表现。《三国志·魏书·武帝纪》建安十五年裴注引《魏武故事》载操《让县自明本志令》："孤始举孝廉，年少，自以本非岩穴知名之士，恐为海内人之所见凡愚，欲为一郡守，好作政教以建立名誉，使世士明知之；故在济南，始除残去秽，平心选举。"操任济南相时，"政教大行，一郡清平"。曹操此时之行与《对酒》诗中所述理想颇似，故从张说，暂将其诗系于此。

《对酒》诗可以认为是中国早期优秀的抒发政治理想的诗作。曹操在诗中用一种对理想社会的细致想象来构建自己的社会蓝图，影响后来，东晋陶渊明的《归去来辞》、晚清陆士锷的《新中国》等作品分别运用散文、小说等体裁创作出一系列作品，而考其源起，可以回溯到曹操在《对酒》诗中对"太平时"的政治想象。《对酒》诗的意义亦可于此发掘。

**中平五年（188年），曹操为典军校尉。拒王芬等废立之谋。**

袁宏《后汉纪》卷二十五："五年……秋八月置西园三军及典军助军，以小黄门蹇硕为上军校尉，虎贲中郎将袁绍为中军校尉，屯骑校尉鲍洪为下军校尉，议郎曹操为典军校尉。初黄巾起，上留心戎事，硕壮健有武略，故亲任之，使为元帅，典护诸军。大将军以下，皆令属焉。"有关袁绍、蹇硕、鲍洪等人官职诸典籍多有歧异，今已无从考证，好在曹操以议郎作典军校尉，则各处均同。

《三国志·魏书·武帝纪》："顷之，冀州刺史王芬，南阳许攸，沛国周旌等，连结豪杰，谋废灵帝，立合肥侯，以告太祖。太祖拒之，芬等遂败。"裴注："《魏书》载太祖拒芬辞曰……"《资治通鉴》（以下简称《通鉴》）卷五十九言此事在中平五年，今从《通鉴》。陆侃如将此事系于中平元年，未详何据。

**中平六年（189年），曹操东归，起兵讨董卓。**

《三国志·魏书·武帝纪》："卓表太祖为骁骑校尉，欲与计事。太祖乃变易姓名，间行东归。出关，过中牟，为亭长所疑，执诣县邑中；或窃识之，为请得解……太祖至陈留，散家财，合义兵，将以诛卓。冬十二月始起兵于己吾，是岁中平六年也。"裴注：《魏书》曰："太祖以卓终必覆败，遂不就拜，逃归乡里。从数骑过故人成皋吕伯奢，伯奢不在，其子与宾客共劫太祖，取马及物。太祖手刃，击杀数人。"引《世语》："太祖过伯奢，伯奢出行，五子皆在，备宾主礼。太祖自以背卓命，疑其图己，手剑夜杀八人而去。"孙盛《杂记》："太祖闻其食器声，以为图己，遂夜杀之。既而惨怆曰：'宁我负人，毋人负我。'遂行。"

**汉献帝初平元年（190年），曹操行奋武将军，败于荥阳。作《薤露》。**

《三国志·魏书·武帝纪》："太祖行奋武将军。二月，卓闻兵起，乃徙天子都长安……是时绍屯河内，邈、岱、瑁、遗屯酸枣……邈遣将卫兹分兵随太祖到荥阳，汴水遇卓将徐荣，与战不利……太祖到酸枣……太祖兵少，乃与夏侯惇等诣扬州募兵……还到龙亢，士卒多叛。至铚、建平，复收兵得千余人，进屯河内。"郭茂倩《乐府诗集》卷二十七载操《薤露》："惟汉二十二世……播越西迁移。"丁福保《全三国诗》卷一写作"唯汉二十世"，盖取其整数。诗中所写白虹贯日、董卓焚洛阳、挟天子西迁诸事，均发生于初平元年。诗大概作于是年献帝西迁不久。夏传才先生因诗有"瞻彼洛城郭，微子为哀伤"句而将此诗系于建安元年，然此句由"彼"字见出并非实写，故不宜作为系年依据。

**初平三年（192年），曹操领兖州牧，上表陈损益。明年，攻袁术、陶谦。又明年，父曹嵩为陶谦所害。**

《三国志·魏书·武帝纪》："三年春，太祖军顿丘。毒等攻东武阳，太祖乃引兵西入山，攻毒等本屯……又击匈奴於夫罗于内黄，皆大破之。夏四月……青州黄巾众百万入兖州……信乃与州吏万潜等至东郡迎太祖领兖州牧，遂进兵击黄巾于寿张东……追黄巾至济北。乞降。冬，受降卒三十余万，男女百余万口，收其精锐者，号为青州兵。"曹军由此强大。载《陈损益表》，注："初平三年。"而据《三国志·魏书·武帝纪》，天子拜曹操为兖州牧是在兴平二年，故严可均《全三国文》卷一载操《领兖州牧表》，应是作于兴平二年。

《三国志·魏书·武帝纪》："四年春，军鄄城……术使将刘详屯匡亭，太祖击详，术救之。与战，大破之，术退保封邱。遂围之，未合，术走襄邑。追到太寿，决渠水灌城，走宁陵。又追之，走九江。夏，太祖还军定陶……秋，太祖征陶谦，下十余城，谦守城不敢出。"

《三国志·魏书·武帝纪》又记载："初太祖父嵩去官后还谯。董卓之乱，避乱琅邪，为陶谦所害。"裴注："《世语》曰：嵩在泰山华县，太祖令泰山太守应劭送家诣兖州。劭兵未至，陶谦密遣数千骑掩捕，嵩家以为劭迎，不设备。谦兵至，杀太祖弟德于门中。嵩惧，穿后垣先出其妾。妾肥，不时得出。嵩逃于厕，与妾俱被害，阖门皆死。"考曹嵩于中平五年罢太尉。

**汉献帝建安元年（196年），曹操为建德将军，迁镇东将军，袭费亭侯，领司隶校尉，录尚书事，封武平侯，拜司空，行车骑将军。下令置屯田。作《善哉行》其二。**

《后汉书·献帝纪》："建安元年……秋七月甲子，车驾至洛阳……八月……辛亥镇东将军曹操自领司隶校尉，录尚书事……庚申迁都许……冬十一月丙戌，曹操自为司空，行车骑将军事，百官总己以听。"

《三国志·魏书·武帝纪》："建安元年春正月，太祖军临武平……二月……天子拜太祖建德将军。夏六月，迁镇东将军，封费亭侯。秋七月，杨奉、韩暹以天子还洛阳，奉别屯梁。太祖遂至洛阳，卫京都，暹遁走。天子假太祖节钺，录尚书事。洛阳残破，董昭等劝太祖都许。九月，车驾出轘辕而东，以太祖为大将军，封武平侯……冬十月，公征奉，奉南奔袁术，遂攻其梁屯，拔之……以大将军让绍，天子拜公司空，行车骑将军。"

清代严可均《全三国文》卷二载操《置屯田令》。有关此文的写作时间，《晋书·食货志》："魏武既破黄巾……羽林监颍川枣祗建置屯田议，乃令云云。"又云："当在初平兴平间。"而《通鉴》卷六十二将此事载于建安元年。《三国志·魏书·任峻传》述建置屯田议，裴注引《魏武故事》有"及破黄巾定许,得贼资业,当兴立屯田"的话,故《通鉴》之说更为合理。

关于《善哉行》其二,朱乾《乐府正义》卷八:"此篇内痛父死,外悲君难。"诗中有"欣公归其楚"句,黄节《魏武帝诗注》释此句:"公归其楚,指兴平二年,长安乱,天子东迁,明年还洛阳也。"献帝还洛阳在建安元年七月。又据诗中"快人由为叹,抱情不得叙"等句,知曹操写此诗尚未至洛阳。曹操至洛阳在建安元年八月。

**建安二年(197年),曹操以张济妻为妾,败于张绣,长子昂死。昂母丁氏遣归,以卞氏为继室。**

《三国志·魏书·武帝纪》:"二年春正月,公到宛,张绣降,既而悔之,复反。公与战,军败,为流矢所中。长子昂、弟子安民遇害。公乃引兵还舞阴,绣将骑来钞,公击破之……遂还许。"裴注引《世语》:"昂不能骑,进马于公,公故免而昂遇害。"

袁宏《后汉纪》卷二十九:"二年春正月,曹操征张绣,绣降。其季弟济妻,国色也,操以为妾。绣由是谋叛,袭操七军,大败之,杀其二子。"

《三国志·魏书·卞后传》记载:"建安初,丁夫人废,遂以后为继室。诸子无母者,太祖皆令后养之。"注引《魏略》:"太祖始有丁夫人。又刘夫人生子修及清河长公主,刘早终,丁养子修。子修亡于穰,丁常言:'将我儿杀之,都不复念!'遂哭泣无节,太祖忿之,遣归家,欲其意折。后太祖就见之,夫人方织。外人传云公至,夫人踞机如故。太祖到,抚其背曰:'顾我共载归乎?'夫人不顾,又不应。太祖却行,立于户外,复云:'得无尚可邪?'遂不应,太祖曰:'真诀矣!'遂与绝,欲其家嫁之,其家不敢……其后丁亡,后请太祖殡葬,许之,乃葬许城南。后太祖病困,自虑不起,叹曰:'我前后行意于心未曾有所负也。假令死而有灵,子修若问我母所在,我将何辞以答!'"子修为曹昂字,故假定出妻在此时。

**建安三年(198年),曹操围张绣,征吕布。作《蒿里行》。**

《三国志·魏书·武帝纪》:"春正月,公还许……三月,公围张绣于穰……秋七月,公还许……九月,公东征布。冬十月,屠彭城,获其相侯谐,进至下邳。"

《后汉书·袁术传》："建安二年，因河内张炯符命，遂果僭号，自称仲家，以九江太守为淮南尹……四年夏……遂归帝号于绍……绍阴然其计。"《后汉书·献帝纪》记载："（建安二年）夏五月，蝗。秋九月，汉水溢。是岁饥，江淮间民相食。"

据《三国志·魏书·武帝纪》，诗似作于此时。知是年曹操东征吕布，大破之，屠彭城，操因"连战，士卒罢，欲还"。此与诗中"铠甲生虮虱，万姓以死亡。白骨露于野，千里无鸡鸣。生民百遗一，念之断人肠"等意象与情感相近。是年十二月，操杀吕布，明年袁术卒。诗当作于上年征袁术或是年征吕布未还时。

今日可见曹操直接反映社会现实的诗作有四首，分别为《度关山》、《对酒》、《薤露》、《蒿里行》。前二首为曹操吟咏理想之世，后二首为直接描写社会政治现实。虽然曹丕、曹植亦有相类诗作传世，而就反映的社会内容而言，在曹氏父子之中，曹操反映社会现实的诗作成就最高。

**建安四年（199年），曹操击袁绍，军官渡。明年，破袁绍。**

《三国志·魏书·武帝纪》："（建安）四年春二月，公还至昌邑。张杨将杨丑杀杨，眭固又杀丑，以其众属袁绍，屯射犬。夏四月，进军临河……公遂济河，围射犬……还军敖仓……秋八月，公进军黎阳……九月，公还许……十二月，公军官渡。"

《三国志·魏书·武帝纪》："（建安）五年春正月……东击备，破之……备将关羽屯下邳……羽降……公还官渡，绍卒不出……四月公乃引军兼行，趣白马……公勒兵驻营南坂下……再战悉禽，绍军大振，公还军官渡……绍众大溃……公收绍书中，得许下及军中人书，皆焚之。"注引《魏氏春秋》："公云：'当绍之强，孤犹不能自保，而况众人乎？'"

《三国志·魏书·武帝纪》："冬十月，绍遣车运谷，使淳于琼等五人将兵万余人送之，宿绍营北四十里。绍谋臣许攸贪财，绍不能足，来奔，因说公击琼等。左右疑之，荀攸、贾诩劝公。公乃留曹洪守，自将步骑五千人夜往，会明至。琼等望见公兵少，出陈门外，公急击之，琼退保营，遂攻之。绍遣骑救琼。左右或言贼骑稍近，请分兵拒之。公怒曰：'贼在背后，乃白！'士卒皆殊死战，大破琼等，皆斩之。"

**建安七年（202年），曹操至谯，下令。至浚仪，祀桥玄。**

《三国志·魏书·武帝纪》："七年春正月，公军谯，令曰……遂至浚仪，治睢阳渠，遣使以太牢祀桥玄。"注："褒赏令载公祀文曰……"

桥玄字公祖，睢阳人，《后汉书·桥玄传》："初曹操微时，人莫知者。尝往候玄，玄见而异焉，谓曰：'今天下将乱，安生民者，其在君乎？'操常感其知己。及后经过玄墓，辄凄怆致祭。自为其文曰……"文与《三国志》注所引，大同小异。两处都提到桥玄生前的戏语：如果他死后曹操经过他的坟墓而不以鸡酒相祭，他必令曹操"腹痛"。他以109年生，183年卒，长曹操46岁。此戏语可见他的风趣，又可见两人的交谊。

**建安七年（202年）至建安十年（205年），曹操征袁谭、袁尚，大败之。**

《三国志·魏书·武帝纪》："（建安七年）进军官渡。绍自军破后，发病欧血，夏五月死，小子尚代。谭自号车骑将军，屯黎阳。秋九月，公征之，连战。谭、尚数败退，固守。"

《三国志·魏书·武帝纪》："八年春三月，攻其郭，乃出战击，大破之，谭、尚夜遁。夏四月，进军邺。五月，还许，留贾信屯黎阳。己酉，令曰……秋七月，令曰……八月，公征刘表，军西平。公之去邺而南也，谭、尚争冀州，谭为尚所败，走保平原。尚攻之急，谭遣辛毗乞降请救。诸将皆疑，荀攸劝许之，公乃引军还。冬十月，到黎阳，为子整与谭结婚。尚闻公北，乃释平原还邺。"又《三国志·魏书·荀攸传》："其后谭叛，从斩谭于南皮，冀州平。"《三国志·魏书·王修传》注引《傅子》记载："太祖既诛袁谭，枭其首。"

**建安十一年（206年），曹操征高幹，作《苦寒行》。**

《三国志·魏书·武帝纪》："初袁绍以甥高幹，领并州牧，公之拔邺，幹降，遂以为刺史。幹闻公讨乌丸，乃以州叛，执上党太守，举兵守壶关口。遣乐进、李典击之，幹还守壶关城。十一年春正月，公征幹。幹闻之，乃留其别将守城，走入匈奴，求救于单于，单于不受。公围壶关，三月拔之。幹遂走荆州，上洛都尉王琰捕斩之。秋八月，公东征海贼管承，至淳于。遣乐进、李典击破之，承走入海岛。"

《苦寒行》言战士远赴寒冷边地之苦。其说及太行山和羊肠坂，陆侃如疑作于壶关。

朱珔《文选集释》卷十七："又案何氏以此诗为征高幹时作。张氏《胶言》，据《魏志》，汉建安十年高幹以并州复叛，执上党太守，举兵守壶关口，公征幹，围壶关，拔之。于情事颇合，则诗中所言羊肠坂宜指壶关也。"

朱铭《文选拾遗》："《汉书·地理志》，河内郡壄王县有太行山，在西北，上党郡壶关县有羊肠阪。《元和志》云：'潞州壶关县羊肠坂在县西南一百六十里。'又云：'太原交城县羊肠山在县东南五十三里，石磴萦委若羊肠。'然则羊肠有二处，故李注辨之。胡氏谓云：'羊肠坂盖在太行山上。《括地志》，太行山在河内县北二十里；又云，河内县北有羊肠坂。'按与此诗合。"

**建安十二年（207年），曹操征三郡乌丸，斩袁尚、袁熙。**

《三国志·魏书·武帝纪》："十二年春二月，公自淳于还邺。丁酉，令曰……将北征三郡乌丸……夏五月，至无终。秋七月……引军出卢龙塞……经白檀，历平冈，涉鲜卑庭，东指柳城。未至二百里，虏乃知之……八月，登白狼山，卒与虏遇……乃纵兵击之，使张辽为先锋，虏众大崩……九月，公引兵自柳城还，康即斩尚、熙……十一月，至易水。"

**建安十三年（208年），曹操自为丞相，南征败于赤壁。作《表刘琮令》、《与孙权书》、《宣示孔融罪状令》等。**

《三国志·魏书·武帝纪》："十三年春正月，公还邺，作玄武池以肄舟师。汉罢三公官，置丞相、御史大夫。夏六月，以公为丞相。"《后汉书·献帝纪》："夏六月，罢三公官，置丞相、御史大夫。癸巳，曹操自为丞相。"

有关刘琮降曹事。《三国志·魏书·武帝纪》："秋七月，公南征刘表。八月，表卒，其子琮代屯襄阳，刘备屯樊。九月，公到新野，琮遂降。备走夏口，公进军江陵，下令荆州吏民，与之更始。"又《三国志·魏书·刘表传》："建安十三年，太祖征表，未至，表病死……太祖军到襄阳，琮举州降，备走奔夏口，太祖以琮为青州刺史，封列侯。蒯越等侯者十五人，越为光禄勋。"裴注："《魏武故事》载令曰……"

有关曹操败于赤壁事。《三国志·魏书·武帝纪》："十二月，孙权为备攻合肥，公自江陵征备，至巴丘，遣张熹救合肥。权闻熹至，乃走。公至赤壁，与备战不利。于是大疫，吏士多死者，乃引军还。"又《三国志·蜀书·先主传》："先主遣诸葛亮自结于孙权。权遣周瑜、程普等水军数万，与先主并力，与曹公战于赤壁，大破之，焚其舟船。先主与吴军水陆并进，追到南郡。时又疾疫，北军多死，曹公引归。"又《三国志·吴书·孙权传》："刘备欲南济江，肃与相见，因传权旨，为陈成败。备进住夏口，使诸葛亮诣权，权遣周瑜、程普等行。是时曹公新得表众，形势甚盛，诸议者皆望风畏惧，多劝权迎之。惟瑜、肃执拒之议，意与权同。瑜、普为左右督，各领万人，与备俱进。遇于赤壁，大破曹公军。公烧其余船，引退士卒，饥疫死者大半。备、瑜等复追至南郡，曹公遂北还。"注："《江表传》载曹公《与权书》曰……"

有关杀孔融事。《三国志·魏书·崔琰传》记载："太祖为丞相，琰复为东西曹掾属征事，初授东曹时教曰……"裴注引《魏氏春秋》："（孔）融有高名清才，世多哀之，太祖惧远近之议也，乃令曰……"《后汉书·孔融传》："曹操既积嫌忌，而郗虑复构成其罪，遂令丞相军谋祭酒路粹枉状奏融。……书奏，下狱，弃市。时年五十六。"又《后汉书·献帝纪》："八月……壬子，曹操杀太中大夫孔融，夷其族。"惠栋《后汉书补注》卷十六："乐史曰：融墓在扬州江都县高士访西北，去州九里。"《三国志·魏书·王修传》裴注引《魏略·纯固传》："太祖为司空，威德日盛，而融故以旧意，书疏倨傲。（脂）习常责融，欲令改节，融不从。会融被诛，当时许中百官先与融亲善者莫敢收恤，而习独往抚而哭之曰：'文举，卿舍我死，我当复与谁语者？'哀叹无已，太祖闻之，收习欲理之，寻以其事直见原。"

**建安十五年（210年），曹操作《求贤令》、《让县自明本志令》及《短歌行》二首。建铜爵台。**

《三国志·魏书·武帝纪》："十五年春，下令曰：自古受命及中兴之君，曷尝不得贤人君子与之共治天下者乎！及其得贤也，曾不出闾巷，岂幸相遇哉？上之人不求之耳。今天下尚未定，此特求贤之急时也。孟公绰为赵、魏老则优，不可以为滕、薛大夫。若必廉士而后可用，则齐桓其何以霸世？今天下得无有被褐怀玉而钓于渭滨者乎？又得无盗嫂受金而未遇无知者乎？二三子其佐我明扬仄陋，唯才是举，吾得而用之。"裴注：

"《魏武故事》载公十二月己亥令曰……"《魏武故事》所载令即《让县自明本志令》。

《短歌行·对酒当歌》有"山不厌高，海不厌深，周公吐哺，天下归心"等句，抒发延揽人才之激切愿望，盖与《求贤令》作于同时。而《短歌行·周西伯昌》："周西伯昌，怀此圣德。三分天下，而有其二。修奉贡献，臣节不坠……齐桓之功，为霸之首，九合诸侯，一匡天下。一匡天下，不以兵车。正而不谲，其德传称……晋文亦霸，躬奉天王。"诗中所言周文王、齐桓公、晋文公尊王诸事与《让县自明本志令》所述一致，其写作时间应相近。值得一提的是，《宋书·乐志》卷一有对曹操平荆州后召杜夔创定雅乐事的记载："汉末大乱，众乐沦缺。魏武平荆州，获杜夔，善八音，常为汉雅乐郎，尤悉乐事。于是以为军谋祭酒，使创定雅乐。"《短歌行》二首盖亦有曹操为重创雅乐而作之目的。

《三国志·魏书·武帝纪》："冬，作铜爵台。"潘眉《三国志考证》卷五："《邺中记》：'铜爵台因城为基，址高一十丈，有屋一百二十间，周围弥覆其上。'"

余萧客《文选纪闻》卷六："'邺城西北有三台，皆因城为基，巍然崇举。建安十五年所起，平坦略尽……《春秋古地》云：葵邱，地名，今邺西台是也。铜雀台高十丈，南金虎台高八丈，北冰井台高八丈。'（《水经注》十）'文宣帝天保九年八月，先是营三台于邺下，因旧基高博之，至是成。改铜爵曰金凤，金武曰圣应，冰井曰崇光。'（《北齐书》四）'《邺都故事》：汉献帝建安十五年筑铜雀台，十八年筑金虎台，十九年作冰井台。'（郭《乐府》七十五）又'铜雀台高十丈，有屋百余间。石虎更增二丈，立一屋。连栋接檐，弥覆其上，盘回隔之，名曰命子窟。又于屋上起五层楼，高十五丈，去地二十七丈。又作铜雀于楼巅，舒翼若飞。'（《水经注》十）"

**建安十六年（211年），曹操征马超。明年，还邺，献帝诏操赞拜不名，入朝不趋，剑履上殿。征孙权。作《登台赋》。**

《三国志·魏书·武帝纪》："（建安十六年）马超遂与韩遂、杨秋、李堪、成宜等叛……秋七月，公西征……九月，进军渡渭……大破之，斩成宜、李堪等。遂、超等走凉州，杨秋奔安定，关中平……冬十月，军自长安北征杨秋，围安定，秋降，复其爵位，使留抚其民人。十二月，自安定还，留夏侯渊屯长安。"

《三国志·魏书·武帝纪》："十七年春正月，公还邺。天子命公赞拜不名，入朝不趋，剑履上殿，如萧何故事……冬十月，公征孙权。"又《吴志》卷二："十六年，权徙治秣陵。明年，城石头，改秣陵为建业。闻曹公将来侵，作濡须坞。"

已知曹丕、曹植均有《登台赋》，皆为建安十七年所作。曹操同名作品应与丕、植赋同时作，故亦系于此年。严可均《全三国文》卷一载操《登台赋》。

**建安十八年（213年），凿利嘈渠，曹操自立为魏公，加九锡，作《让九锡表》、《辞九锡令》。明年，征孙权，临行戒子植。弑伏后。**

《三国志·魏书·武帝纪》："十八年春正月，进军濡须口，攻破权江西营……夏四月，至邺。"又《吴志》卷二："十八年正月，曹公攻濡须，权与相距月余。曹公望权军，叹其齐肃，乃还。"注引《吴历》："权行五六里，回还作鼓吹。公见舟船器仗军伍整肃，喟然叹曰：'生子当如孙仲谋，刘景升儿子若豚犬耳。'"

《三国志·魏书·武帝纪》："五月丙申，天子使御史大夫郗虑持节，策命公为魏公……秋七月，始建魏社稷宗庙。天子聘公三女为贵人，少者待年于国。"《后汉书·献帝纪》："夏五月丙申，曹操自立为魏公，加九锡。"

《三国志·魏书·武帝纪》："十九年……秋七月公征孙权……十一月汉皇后伏氏……废黜死，兄弟皆伏法。十二月，公至孟津。"《后汉书·皇后纪下》："献帝伏皇后……与父完书，言曹操残逼之状，令密图之。完不敢发，至十九年事乃露泄。操追大怒，遂逼帝废后。"又《三国志·魏书·陈思王传》："十九年……太祖征孙权，使植留守邺，戒之曰：'吾昔为顿丘令，年二十三；思此时所行，无悔于今。今汝年亦二十三矣，可不勉与？'"严可均《全三国文》卷一载操《让九锡表》。

**建安二十年（215年），曹操平陇右，击刘备。作《秋胡行·晨上散关山》。**

《三国志·魏书·武帝纪》："三月，公西征张鲁，至陈仓，将自武都入氐……夏四月，公自陈仓以出散关，至河池……秋七月，公至阳平……

公军入南郑，尽得鲁府库珍宝，巴汉皆降……十一月，鲁自巴中将其余众降，封鲁及五子皆为列侯。刘备袭刘璋，取益州，遂据巴中，遣张郃击之。十二月，公自南郑还，留夏侯渊屯汉中。"

曹操诗作《秋胡行》中三次提到"晨上散关山"，考曹操一生，唯建安二十年四月至散关山，诗当作于是时。此诗描写自己遇到仙人，欲升天遨游，而最后却终究不可摆脱现实，诗歌回到对贤才的渴求和对儒家式入世的选择上。可见曹操虽写有为数不少的游仙诗作，然而，其志并不在游仙问道，只是借游仙之思舒缓现实之压力而已。

**建安二十一年（216年）**，曹操进爵为王，又征吴。作《春祠令》、《赐死崔琰令》。明年，子植私开司马门出，操作《曹植私出开司马门下令》、《下诸侯长史令》，又作《举贤勿拘品行令》、《立太子令》。

《三国志·魏书·武帝纪》："二十一年春二月，公还邺。"裴注引《魏书》："辛未，有司以太牢告至，策勋于庙，甲午始春祠，令曰……"

《三国志·魏书·武帝纪》："夏五月，天子进公爵为魏王……冬十月治兵，遂征孙权。"又《后汉书·献帝纪》："二十一年夏四月甲午，曹操自进号为魏王。"

《三国志·魏书·崔琰传》："后太祖为魏王……有白琰此书傲世怨谤者，太祖怒……令曰……遂赐琰死。"严可均《全三国文》卷三载操《百辟刀令》，从曹植、王粲的赋铭看来，应该作于本年。

《三国志·魏书·陈思王传》："二十二年，增置邑五千，并前万户。植尝乘车行驰道中，开司马门出。太祖大怒，公车令坐死。由是重诸侯科禁，而植宠日衰。"注："《魏武故事》载令曰：'始者谓子建儿中最可定大事。'又令曰：'自临菑侯植私出开司马门至金门，令吾异目视此儿矣。'又令曰：'诸侯长史及帐下吏知吾出辄将诸侯行意否？从子建私开司马门来，吾都不复信诸侯也。恐吾适出，便复私出，故摄将行。不可恒使吾尔谁为心腹也！'"严可均《全三国文》卷二载操《立太子令》。

《三国志·魏书·武帝纪》："二十二年……冬十月……以五官中郎将丕为魏太子。"

《三国志·魏书·文帝纪》："二十二年，立为魏太子。"裴注引《魏略》："太祖不时立太子，太子自疑。是时有高元吕者，善相人，乃呼问之，对曰：'其贵不可言。'……后无几而立为太子。"又《三国志·魏书·崔琰传》:"魏国初建,拜尚书。时未立太子,临菑侯植有才而爱,太祖狐疑,以函令密访于外。唯琰露板答曰:'盖闻春秋之义,立子以长。加五官将仁孝聪明,宜承正统,琰以死守之。'植,琰之兄女婿也,太祖贵其公亮,喟然叹息"。

《三国志·魏书·毛玠传》:"时太子未定,而临菑侯植有宠。玠密谏曰:'近者袁绍以嫡庶不分,覆宗灭国。废立大事,非所宜闻。'"《三国志·魏书·陈思王传》记载:"植既以才见异,而丁仪、丁廙、杨修等为之羽翼。太祖狐疑,几为太子者数矣。而植任性而行,不自雕励,饮酒不节。文帝御之以术,矫情自饰,宫人左右,并为之说,故遂定为嗣。"

**建安二十四年(219年),曹操攻刘备,收杀杨修。以卞氏为后,作《策立卞后》。**

《三国志·魏书·武帝纪》:"三月,王自长安出斜谷,军遮要以临汉中,遂至阳平。备因险拒守。"

《后汉书·杨修传》记载:"及操自平汉中,欲因讨刘备,而不得进;欲守之,又难为功。护军不知进止何依,操于是出教,唯曰'鸡肋'而已。外曹莫能晓,修独曰:'夫鸡肋食之则无所得,弃之则如可惜,公归计决矣。'乃令外白稍严,操于此回师。修之几决多有此类……(操)于此忌修,且以袁术之甥虑为后患,遂因事杀之。"章怀注:"《续汉书》曰:人有白修……谤讪鄢陵侯章,太祖闻之,大怒,故遂收杀之,时年四十五矣。"

**建安二十五年(220年),曹操至洛阳,作《遗令》,病卒,终年六十六。**

《三国志·魏书·武帝纪》:"二十五年春正月,至洛阳……庚子,王崩于洛阳,年六十六。……谥曰武王。二月丁卯,葬高陵。"裴注:"《世语》曰:'太祖自汉中至洛阳,起建始殿,伐濯龙祠,而树血出。'《曹瞒传》曰:'王使工苏越徙美梨,掘之,根伤尽出血。越白状,王躬自视而恶之,以为不祥,还遂寝疾。'"

梁章钜《三国志旁证》卷二:"何焯曰:陆机《吊魏武文》云:'当建安之三八……'观此则操实以西行不得志而发病,及围襄樊急,狼狈还救,偃息不遑,登顿而死,史不尽书耳。"

余萧客《文选纪闻》卷三十："魏武帝西陵在邺县西三十里（《元和志》十六）。漳河上七十二疑冢，北人岁增封之（《鹤林玉露》三）。"

严可均《全三国文》卷三载操《遗令》。

曹操多作游仙诗，现存有《气出唱》三首、《精列》、《陌上桑》、《秋胡行》二首。这些诗歌写作年代难考，但《秋胡行·晨上散关山》一诗作于建安二十年是没有问题的，诗中出现了很典型的游仙描写，故我们可以推测，虽然用世之志一直未减，但步入晚年的曹操还是形成了比较明显的游仙之思，这种相对出世的求仙思想是曹操对自己过于注重社会现实功业心态的一种平衡，因而将这样一些游仙作品的创作年代放在曹操晚年时期，应该较为合理。

有关曹操的作品，《隋书·经籍志四》："《魏武帝集》二十六卷。（梁三十卷，录一卷。梁又有《武皇帝逸集》十卷，亡）《魏武帝集新撰》十卷。"严可均《全三国文》载一百五十一篇；丁福保《全三国诗》卷一载二十三篇。此外，《隋志》："《魏主奏事》十卷……（梁有）《魏武帝露布文》九卷，亡。"章宗源《考证》卷十二："《魏武制度》，卷亡，不著录。《太平御览》居处部：魏武制度，奏曰……"姚志卷二著录《魏武自作家传》一种。

**参考文献**

张可礼：《三曹年谱》，齐鲁书社1983年版。

刘知渐：《建安文学编年史》，重庆出版社1985年版。

梁章钜：《三国志旁证》，福建人民出版社2000年版。

郦道元著，陈桥驿校证：《水经注校证》，中华书局2007年版。

曹操：《曹操集》，中华书局2009年版。

陈寿著，裴松之注，卢弼集解，钱剑夫整理：《三国志集解》，上海古籍出版社2009年版。

夏传才等：《三曹七子之外建安作家诗文合集校注》，河北教育出版社2013年版。

（徐　晓）

# 曹丕传

**曹丕，字子桓，沛国谯县（今安徽亳州）人。生于汉灵帝中平四年（187年）。**

《三国志·魏书·文帝纪》："文皇帝讳丕，字子桓，武帝太子也。中平四年冬，生于谯。"《水经注》卷二十三："沙水自南枝分，北径谯城西而北注涡……城东有曹太祖旧宅，所在负郭对廛，侧隍临水。《魏书》曰：'太祖作议郎，告疾归乡里，筑室城外。春夏习读书传，秋冬射猎以自娱乐。'文帝以汉中平四年生于此。"又《三国志·魏书·武文世王公传》："卞皇后生文皇帝。"《三国志·魏书·后妃传》裴注引《魏书》："（卞）后以汉延熹三年十二月己巳生齐郡白亭。"《三国志·魏书·后妃传》："武宣卞皇后，琅邪开阳人，文帝母也。本倡家，年二十，太祖于谯纳后为妾。"然而杨栩生在《曹丕生年一辨》中曾对曹丕生于中平四年有所质疑，通过《典论·自叙》中曹丕学射、乘马得脱张绣等处，以及《柳赋》序中对曹丕本人年龄的记载推论出曹丕生于中平五年。对此，洪顺隆撰《论曹丕的出生年代——与大陆学者杨栩生〈曹丕生年一辨〉商榷》[①]一文回应，逐条讨论了杨文中的观点与证据，说理比较充分、客观。

丕妻生年可考者有甄后、郭后。《三国志·魏书·甄后传》："文昭甄皇后，中山无极人，明帝母，汉太保甄邯后也，世吏二千石。父逸，上蔡令，后三岁失父。"裴注引《魏书》："逸娶常山张氏，生三男五女。长男豫，早终。次俨，举孝廉，大将军掾、曲梁长。次尧，举孝廉。长女姜，次脱，次道，次荣，次即后。后以汉光和五年十二月丁酉生。每寝寐，家

---

① 洪顺隆：《论曹丕的出生年代——与大陆学者杨栩生〈曹丕生年一辨〉商榷》，《许昌师专学报》（社会科学版）1992年第4期。

中仿佛见如有人持玉衣覆其上者，常共怪之。逸蒞，加号慕，内外益奇之。后相者刘良相后及诸子，良指后曰：'此女贵乃不可言。'后自少至长，不好戏弄。"《世说新语·惑溺》刘注引《魏略》："建安中，袁绍为中子熙娶甄会女。"《三国志·魏书·郭后传》："文德郭皇后，安平广宗人也，祖世长吏。后少而父永奇之曰：'此乃吾女中王也。'遂以女王为字。早失二亲，丧乱流离，没在铜鞮侯家。"裴注引《魏书》："父永，官至南郡太守，谥敬侯。母姓董氏，即堂阳君，生三男二女，长男浮，高唐令。次女昱，次即后。后弟都，弟成。后以汉中平元年三月乙卯生，生而有异常。"

有关曹丕的生平，除《三国志》有记载外，今人有陆侃如《中古文学系年》，张可礼先生《三曹年谱》等，可资参考。

**曹丕幼年学射、骑马，青少年时期多次随父从征。**

严可均《全三国文》卷八载丕《典论·自叙》："余时年五岁，上以四方扰乱，教余学射，六岁而知射。又教余骑马，八岁而知骑射矣。以时之多难，故每征余常从。"又言："生于中平之季，长于戎旅之间，是以少好弓马。"

曹操主张让年轻人在军旅中成长，锻炼意志品质。曹丕、曹植、曹熊等曹家子弟皆有早年从征之经历。其中有关曹丕从征的事件，史料中记载主要有以下六次。

其一，建安二年（197年）。曹丕从征时间较早，今可确定曹丕最早从征张绣时年仅十岁。《三国志·魏书·武帝纪》："（建安二年）正月，公到宛。张绣降，既而悔之，复反。公与战，军败，为流矢所中，长子昂、弟子安民遇害。"裴注引《魏书》："公所乘马名绝影，为流矢所中，伤颊及足，并中公右臂。"又注引《世语》："昂不能骑，进马于公，公故免，而昂遇害。"严可均《全三国文》卷八载丕《典论·自叙》："建安初，上南征荆州，至宛。张绣降，旬日而反。亡兄孝廉子修，从兄安民遇害。时余年十岁，乘马得脱。"陆侃如认为"十岁"是"十一岁"之误，此论证据不足。考曹丕中平四年冬出生，建安二年初时，曹丕虚岁只有十年余三四月，未至十一，可知《典论·自叙》无误。

其二，建安八年（203年）。是年曹丕从征至黎阳，并作《黎阳作》四首。诗中"千骑随风靡，万骑正龙骧，金鼓震上下，干戚纷纵横"等句，写出征行军，雄壮威武。又诗中有"朝发邺城，夕宿韩陵"，"行行到黎阳"等句，知此次行军是由邺城往黎阳。《三国志·魏书·武帝纪》："（建安七年）绍自军破后，发病呕血，夏五月死。小子尚代，谭自号车骑将军，屯黎阳。秋九月，公征之，连战。谭、尚数败退，固守。八年……夏四月，进军邺。五月还许，留贾信屯黎阳。"同年又载："冬十月，到黎阳。"他处不见曹军征行黎阳之记载。

其三，建安十三年至十四年（208—209年）。是年曹丕随曹操南征荆楚，又东征合肥。作《述征赋》、《浮淮赋》。严可均《全三国文》卷四载丕《述征赋》："建安之十三年，荆楚傲而弗臣，命元司以简旅，予愿奋武乎南邺……"又《三国志·魏书·武帝纪》："十四年春三月，军至谯，作轻舟，治水军。秋七月，自涡入淮，出肥水，军合肥。辛未，令曰……十二月，军还谯。"严可均《全三国文》卷四载丕《浮淮赋》："建安十四年，王师自谯东征，大兴水运，泛舟万艘。时予从行，始入淮口，行泊东山……乃作斯赋云……"

严可均《全三国文》卷四又载丕《感物赋》，其序曰："丧乱以来，天下城郭丘墟，惟从太仆君宅尚在。南征荆州还过乡里，舍焉，乃种诸蔗于中庭。涉夏历秋；先盛后衰，悟兴废之无常，慨然永叹，乃作斯赋。"《三国志·魏书·武帝纪》："（建安十四年）十二月，军还谯。"陆侃如认为此赋作于建安十三年南征荆楚时，与《述征赋》写作时间相近；张可礼认为此赋当作于建安十四年十二月曹操还谯后。二说孰是，暂无法定夺，待考。

其四，建安十七年至十八年（212—213年）。是年曹操征孙权，军谯，丕、植皆从之，二人各作《临涡赋》为记。严可均《全三国文》卷四载丕《临涡赋》："上建安十八年至谯，余兄弟从上拜坟墓……为临涡之赋曰……"《临涡赋》有"萍藻生兮散茎柯，春水繁兮发丹华"句，可据此推知曹操军谯在春天。

其五，建安二十一年（216年）。是年曹操又东征孙权，曹丕从征。《三国志·魏书·武帝纪》："（建安二十一年）冬十月，治兵，遂征孙权，十一月至谯。"《三国志·魏书·甄皇后传》注："二十一年，太祖东征，武宣皇后、文帝及明帝、东乡公主皆从，时后以病留邺。"

由此可见，曹丕在建安二十二年被定为魏太子之前，从征军旅是其最为主要的社会活动，纵贯于他早年生活之始终。这对曹丕视野的广度与思想的深度都产生了重要影响，因而不论是考察曹丕的思想发展、文学观念还是政治策略，曹丕的从征经历都是不容忽视的一个考察因素。

**汉献帝兴平二年（195年），曹丕年八岁，能属文，百家之言，靡不毕览。**

《三国志·魏书·文帝纪》裴注引《魏书》："年八岁，能属文，有逸才，遂博贯古今经传诸子百家之书。"

严可均《全三国文》卷八载丕《典论·自叙》："余是以少诵诗论，及长而备历五经四部，《史》、《汉》诸子百家之言，靡不备览。"

**汉献帝建安七年（202年），蔡琰赎归，重嫁董祀，丕作《蔡伯喈女赋》。**

《后汉书·列女传》："陈留董祀妻者，同郡蔡邕之女也，名琰，字文姬，博学有才辩，又妙于音律。适河东卫仲道，夫亡无子，归宁于家。兴平中，天下丧乱，文姬为胡骑所获，没于南匈奴左贤王，在胡中十二年，生二子。曹操素与邕善，痛其无嗣，乃遣使者以金璧赎之，而重嫁于祀，祀为屯田都尉。"《后汉书·列女传》本传又说："后感伤乱离，追怀悲愤，作诗二章。"即《悲愤诗》也。

严可均《全三国文》卷四载丕《蔡伯喈女赋序》："家公与蔡伯喈有管鲍之好，乃命使者周近持玄璧于匈奴，赎其女还，以妻屯田都尉使者。"当作于蔡琰赎归时。

**建安九年（204年），曹丕至邺，纳甄氏。**

《三国志·魏书·武帝纪》："（建安九年）八月，审配兄子荣夜开所守城东门内兵。配逆战，败，生禽配，斩之，邺定。"《三国志·魏书·后妃传》："建安中，袁绍为中子熙纳之。熙出为幽州，后留养姑。及冀州平，文帝纳后于邺，有宠，生明帝及东乡公主。"裴注引《魏略》："熙出在幽州，后留侍姑。及邺城破，绍妻及后共坐皇堂上。文帝入绍舍，见绍妻及后。后怖，以头伏姑膝上，绍妻两手自缚。文帝谓曰：'刘夫人云何如此？'令新妇举头，姑乃捧后令仰。文帝就视，见其颜色非凡，称叹之。太祖闻其意，遂为迎取。"又引《世语》曰："太祖下邺，文帝先入袁尚府。有妇人被发垢面垂涕，立绍妻刘后。文帝问之，刘答是熙妻。顾擘发髻，以巾拭面，姿貌绝伦。既过，刘谓后：'不忧死矣。'遂见纳，有宠。"

当时争甄氏的，据载还有曹操与曹植。梁章钜《三国志旁证》卷七对于《魏略》的记载说："按此史氏之饰辞也。《世说·惑溺》篇云：'曹公之屠邺也，令疾召甄。左右曰："五官中郎将已将去。"公曰："今年破贼正为奴！"'此当得其实也。"陆侃如认为曹操曾与关羽争尹氏，又曾纳何晏母，很有可能亦有纳甄氏之意，但此论只为陆氏推测，无有证据。张可礼认为若操确为甄氏而攻邺，则克邺后必会坚纳甄氏，丕亦不敢违其父命而私纳之，此论可从。至于曹植的传说则见《文选》卷十九《洛神赋》李善注引记："魏东阿王，汉末求甄逸女既不遂，太祖回与五官中郎将。植殊不平，昼思夜想，废寝与食。"陆侃如认为曹植此时十三岁，而甄氏年已二十三，互相爱恋的可能性似乎很小。但亦有学者高度重视李善注的史料价值，对此说法进行了详细的考证。就现在看来，赞同植甄恋情的学者有王玫、木斋等；认为植甄恋情不足信的学者有陆侃如、张可礼等。

曹操为曹丕迎娶甄氏后，孔融作书与操，嘲讽此事。《后汉书·孔融传》："初曹操攻屠邺城，袁氏妇子多见侵略，而曹子丕私纳袁熙妻甄氏。融乃与操书，称武王伐纣，以妲己赐周公。操不悟，后问出何经典，对曰：'以今度之，想当然耳。'"

**曹丕性好游猎。建安十年（205年），猎于邺西。**

《三国志·魏书·曹真传》："曹真字子丹，太祖族子也……太祖哀真少孤，收养与诸子同，使与文帝共止。常猎，为虎所逐，顾射虎，应射而倒，太祖壮其骛勇。"

严可均《全三国文》卷八载丕《自叙》："夫文武之道，各随时而用，生于中平之季，长于戎旅之间，是以少好弓马，于今不衰。逐禽辄十里，驰射常百步，日多体健，心每不厌。建安十年，始定冀州，濊貊贡良弓，燕代献名马。时岁之暮春，句芒司节，和风扇物，弓燥手柔，草浅兽肥。与族兄子丹猎于邺西，终日手获麋鹿九，雉兔三十。"曹丕性好游猎，史料多有记载，谏臣如崔琰、王朗、鲍勋等，多有劝诫。

《三国志·魏书·崔琰传》："（建安十一年）太祖征并州，留琰傅文帝于邺。世子仍出田猎，变易服乘，志在驱逐。琰书谏曰……世子报曰：

'昨奉嘉命，惠示雅数，欲使燔翳捐褶。翳已坏矣，褶亦去焉。后有此比，蒙复诲诸。'"又《古文苑》卷七章樵注引挚虞《文章流别论》："建安中，魏文帝从武帝出猎，赋，命陈琳、王粲、应场、刘桢并作。"曹丕称帝后，游猎活动更加频繁。《三国志·魏书·王朗传》："及文帝践阼，改为司空，进封乐平乡侯。时帝颇出游猎，或昏夜还宫，朗上疏曰：'……近日车驾出临捕虎，日昃而行，及昏而反，违警跸之常法，非万乘之至慎也。'帝报曰：'览表，虽魏绛称虞箴以讽晋悼，相如陈猛兽以戒汉武，未足以喻。方今二寇未殄，将帅远征，故时入原野以习戎备。至于夜还之戒，已诏有司施行。"《三国志·魏书·文帝纪》："（黄初）二年春正月，郊祀天地明堂，甲戌校猎至原陵。"又《三国志·魏书·鲍勋传》："文帝受禅，勋每陈'今之所急，唯在军农，宽惠百姓。台榭苑囿，宜以为后'。文帝将出游猎，勋停车上疏曰：'臣闻五帝三王，靡不明本立教，以孝治天下。陛下……如何在谅闇之中，修驰骋之事乎……'帝手毁其表而竟行猎，中道顿息，问侍臣曰：'猎之为乐，何如八音也？'……勋抗辞曰：'夫乐，上通神明，下和人理，隆治致化，万邦咸义。移风易俗，莫善于乐。况猎，暴华盖于原野，伤生育之至理，栉风沐雨，不以时隙哉……虽陛下以为务，愚臣所不愿也。'……帝怒作色，罢还，即出勋为右中郎将。"又《三国志·魏书·文帝纪》："（黄初四年）秋八月……辛未，校猎于荥阳，遂东巡。"由以上材料可见，曹丕称帝后出猎愈加频繁，且一己之愿愈加果决，不能听得群臣劝阻。与曹操未卒前的谦逊姿态相对照，曹丕对群臣进谏的态度已发生较大的变化。

**建安十一年（206 年），曹丕妻甄氏生子叡。**

《三国志·魏书·明帝纪》："年十五，封武德侯。"《三国志·魏书·文帝纪》："（延康元年五月）封王子叡为武德侯。"故可推知曹叡生于建安十一年。《三国志·魏书·明帝纪》："明皇帝讳叡，字元仲，文帝太子也。生而太祖爱之，长令在左右。"裴注引《魏书》："帝生数岁而有岐嶷之姿，武皇帝异之，曰：'我基于尔三世矣。'每朝宴会同，与侍中近臣并列帷幄。好学多识，特留意于法理。"又引《魏略》曰："文帝以郭后无子，诏使子养帝。帝以母不以道终，意甚不平。后不获已，乃敬事郭后，旦夕因长御问起居，郭后亦自以无子，遂加慈爱。文帝始以帝不悦，有意欲以他姬子京兆王为嗣，故久不拜太子。"引《魏末传》曰："帝常从文帝猎,见子母鹿。文帝射杀鹿母,使帝射鹿子,帝不从,曰:'陛下已杀其母,臣不忍复杀其子。'因涕泣。文帝即放弓箭,以此深奇之,而树立之意定。"

**建安十三年(208年),丕为赵温所辟,不行。随曹操南征,作《述征赋》。又遇曹冲早卒,作《曹苍舒诔》。**

《后汉书·献帝纪》:"十三年春正月,司徒赵温免。"又《赵典传》:"典兄子谦,谦弟温……建安十三年,以辟司空曹操子丕为掾,操怒,奏温辟忠臣子弟,选举不实,免官。是岁卒,年七十二。"

严可均《全三国文》卷七载《曹苍舒诔》:"惟建安十有五年五月甲戌,童子曹苍舒卒。"注:《艺文类聚》作〔有〕二。《三国志·魏书·武文世王公传》:"邓哀王冲字仓舒……建安十三年疾病,太祖亲为请命;及亡,哀甚,文帝宽喻太祖。"年代记载颇为悖乱,而学者多取以陈寿所记为准,今从之。

随操南征事见曹丕"青少年时期多次随父从征"条。

**建安十六年(211年),为五官中郎将,副丞相,留守谯,作《感离赋》。此时曹丕博延英儒,天下亦纷然向慕,曹门之下宾客如云。**

《三国志·魏书·武帝纪》:"十六年春正月,天子命公世子丕为五官中郎将,置官属,为丞相副。"又《三国志·魏书·文帝纪》:"建安十六年为五官中郎将,副丞相。"梁章钜《三国志旁证》卷二:"《后汉书·百官志》云:五官中郎将一人,比二千石,主五官郎。赵一清曰:魏晋更无其官,殆以曹丕始居之,故废耳。"

严可均《全三国文》卷四载《感离赋》:"建安十六年上西征,余居守,老母诸弟皆从,不胜思慕,乃作赋曰……"

《三国志·魏书·王粲传》:"始文帝为五官将,及平原侯植皆好文学。粲与北海徐幹字伟长、广陵陈琳字孔璋、陈留阮瑀字元瑜、汝南应场字德琏、东平刘桢字公幹并见友善。"又《王粲传》裴注引《魏略》载曹丕《又与吴质书》曰:"昔年疾疫,亲故多离其灾。徐陈应刘,一时俱逝,痛何可言邪?昔日游处,行则同舆,止则接席;何尝须臾相失。每至觞酌流行,丝竹并奏,酒酣耳热,仰而赋诗。当此之时,忽然不自知乐也。"《晋书·阎缵传》引缵上书曰:"昔魏文帝之在东宫,徐幹、刘桢为友,文学相接之道并如气类。"《初学记》卷十引《魏文帝集》:"为太子时,北园及东阁讲堂,并赋诗,命王粲、刘桢、阮瑀、应场等同作。"可知此时曹丕与建安文士的思想、生活交往相当密切。

此时为曹丕所延者,还有邯郸淳、邴原等人。《三国志·魏书·王粲传》裴注引《魏略》:"时五官将博延英儒,亦宿闻淳名,因启淳欲使在文学官属中。"建安十九年,邯郸淳引为临淄侯曹植文学。又《三国志·魏书·邴原传》裴注引《原别传》:"原亦自以高远清白,颐志澹泊,口无择言,身无择行,故英伟之士向焉。……魏太祖为司空,辟原署东阁祭酒。……太祖曰:'孤反,邺守诸君必将来迎,今日明旦,度皆至矣。其不来者,独有邴祭酒耳!'言讫未久,而原先至。门下通谒,太祖大惊喜,擎履而起,远出迎原曰……谒讫而出,军中士大夫诣原者数百人……自是之后,见敬益重。"

有关"南皮之游"的时间问题,现可认为游南皮是在建安十六年至十七年之间。卢弼《三国志集解》于《与吴质书》引《太平寰宇记》:"《魏志》:文帝为五官中郎将,射雉于南皮,即此。宴友台在县南二十五里,与吴质重游南皮,筑此台谦友,故名焉。"俞绍初先生《建安七子年谱》亦从《太平寰宇记》之说。而曹道衡先生提出南皮之游在建安十年的意见,认为"丕于建安十六年正月为五官中郎将,至二十年驻孟津四年间,频繁忙碌于从征、驻守,远赴离邺城五百里外之南皮射雉,纵有豪兴,亦未必有余暇也"。此论流于推测,值得商榷。

**建安十七年(212年),曹丕作《答繁钦书》、《叙繁钦》、《登台赋》;阮瑀卒,丕作《寡妇赋》及《诗》以慰其妻;从征吴,与荀彧论射。**

严可均《全后汉文》卷九十三载录繁钦《与魏太子书》:"正月八日壬寅,领主簿繁钦,死罪死罪。近屡奉笺,不足自宣。顷诸鼓吹,广求异妓,时都尉薛访车子,年始十四,能喉啭引声,与笳同音。白上呈见,果如其言。"《全三国文》卷七载录曹丕《答繁钦书》:"顷守宫王孙世有女曰琐……固非车子喉转长吟所能逮也。"

《全三国文》卷七又载《叙繁钦》:"上西征,余守谯,繁钦从。时薛访车子能喉啭,与笳同音。"陆侃如认为此二文皆为十七年正月接繁钦信后,曹操东还前曹丕所作,今从之。又卷四载《登台赋》序:"建安十七年春,游西园,登铜雀台,命余兄弟并作。"

《三国志·魏书·阮瑀传》："瑀以十七年卒。"

严可均《全三国文》卷四载丕《寡妇赋》序："陈留阮元瑜与余有旧，薄命早亡。每感存其遗孤，未尝不怆然伤心，故作斯赋，以叙其妻子悲苦之情。命王粲并作之。"

丁福保《全三国诗》卷一载丕《寡妇诗并序》："友人阮元瑜早亡，伤其妻孤寡，为作此诗。"诗与赋当同时作。

曹操南征，丕从行。《全三国文》卷八载丕《自叙》："后军南征，次曲蠡，尚书令荀彧奉使犒军，见余，谈论之末，彧言：'闻君善左右射，此实难能。'余言：'执事未睹夫项发口纵，俯马蹄而仰月支也。'彧喜笑曰：'乃尔！'余曰：'埒有常径，的有常所，虽每发辄中，非至妙也。若夫驰平原，赴丰草，要狡兽，截轻禽，使弓不虚弯，所中必洞，斯则妙矣。'时军祭酒张京在坐，顾彧拊手曰：'善。'"荀彧于此年卒，年五十。

**建安十八年（213年），曹丕纳郭氏。是年曹操出猎，曹丕从，作《愁霖赋》，又作《校猎赋》，命陈琳、王粲、应玚、刘桢并作。**

《三国志·魏书·郭后传》记载："太祖为魏公时，得入东宫。后有智数，时时有所献纳。文帝定为嗣，后有谋焉。"《三国志·魏书·武帝纪》："（建安十八年）五月丙申，天子使御史大夫郗虑持节策命公为魏公曰：'……今以冀州之河东、河内、魏郡、赵国、中山、常山、巨鹿、安平、甘陵、平原凡十郡，封君为魏公。……其以丞相领冀州牧如故。又加君九锡，其敬听朕命……'"荀攸、钟繇、毛玠、刘勋、王粲、王朗、杜袭、曹洪等亦加劝进，曹操受命，详见《三国志·魏书·武帝纪》建安十八年裴注引《魏书》。故将丕纳郭后事系于此年。

《愁霖赋》："将言旋乎邺都。"曹丕不称邺为魏都或魏京，而称邺都，似在曹操未为魏公时。魏公以后，便称邺为魏都或魏京了。观曹植《朔风诗》、《王仲宣诔》可证。则此赋写作时间必在建安十九年以前。考《三国志·魏书·武帝纪》十七年冬十月，操东征孙权，据丕《临涡》序，丕、植随行，十八年夏四月返邺。曹植《愁霖赋》云"迎朔风而爰迈兮"，可以设想，丕、植二赋当同作于建安十八年返邺途中。

《古文苑》卷七章樵注引挚虞《文章流别论》："建安中，魏文帝从武帝出猎赋，命陈琳、王粲、应玚、刘桢并作。琳为《武猎》，粲为《羽猎》，玚为《西狩》，桢为《大阅》。"其中王粲《羽猎赋》："相公乃乘轻轩，驾四骆，驸流星，属繁弱，选徒命士，咸与竭作。"又有应玚《西狩赋》："时霜凄而淹野，寒风肃而川逝。草木纷而摇荡，鸷鸟别而高厉。既乃拣吉曰，练嘉辰。清风矢戒，屏翳收尘。于是魏公乃乘雕辂，驷飞黄，拥箫钲，建九斿，按辔清途，飒沓风翔。"可知曹操出猎是在曹操封魏公之后的秋季。《三国志·魏书·武帝纪》："（建安十九年）秋七月，公征孙权……冬十月，屠枹罕，斩建，凉州平。公自合肥还。"又言："二十年春……三月，公西征张鲁，至陈仓……二十一年春二月，公还邺。"又言："（建安）二十一年……夏五月，天子进公爵为魏王。"自建安十九年秋季至进爵魏王之前，曹操一直忙于战事，田猎可能性不大，故将曹丕《校猎赋》写作时间暂定于建安十八年深秋。

**建安二十年（215年），作《柳赋》、《与钟繇书》、《与吴质书》及《孟津诗》等。**

严可均《全三国文》卷四载《柳赋》序："昔建安五年，上与袁绍战于官渡，是时余始植斯柳。自彼迄今，十有五载矣。"王粲、陈琳均有《柳赋》。陆侃如认为建安二十年丕在孟津，粲、琳随操西征，故将此赋写作时间系于建安十九年。刘知渐先生《建安文学编年史》将植柳事系于此年。宋战利在《曹丕作品考年三题》中认为曹丕于建安二十年初作《柳赋》，并命刚刚途经孟津的王粲同作。可从。

《三国志·魏书·钟繇传》裴注引《魏略》："后太祖征汉中，太子在孟津，闻繇有玉玦，欲得之而难公言，密使临菑侯转因人说之。繇即送之。太子与繇书曰：'……近见南阳宗惠叔称君侯昔有美玦，闻之惊喜，笑与抃俱。当自白书，恐传言未审，是以令舍弟子建因荀仲茂转言鄙旨。乃不忽遗，厚见周称，邺骑既到，宝玦初至，捧跪发匣，烂然满目。'"可知曹丕作书钟繇是在其驻孟津之时。

又《三国志·魏书·王粲传》裴注引《魏略》："其后大将军西征，太子南在孟津小城，与质书曰：'……方今蕤宾纪辰，景风扇物，天气和暖，众果俱繁……今遣骑到邺，故使枉道相过。'"《文选》卷四十二载《与朝歌令吴质书》有"五月十八日，丕白"句。丁福保《全三国诗》卷一载丕《孟津诗》，当亦作于此时。

**建安二十二年（217年），曹操定丕为魏太子，丕开始写作《典论》。**

《三国志·魏书·武帝纪》："冬十月……以五官中郎将丕为魏太子。"

《三国志·魏书·文帝纪》："（建安）二十二年，立为魏太子。"裴注引《魏略》："太祖不时立太子，太子自疑。是时有高元吕者，善相人，乃呼问之，对曰：'其贵不可言。'……后无几而立为太子。"

《三国志·魏书·崔琰传》："魏国初建，拜尚书。时未立太子，临菑侯植有才而爱，太祖狐疑，以函令密访于外。唯琰露板答曰：'盖闻春秋之义，立子以长。加五官将仁孝聪明，宜承正统，琰以死守之。'植，琰之兄女婿也，太祖贵其公亮，喟然叹息"。

《三国志·魏书·毛玠传》："时太子未定，而临菑侯植有宠。玠密谏曰：'近者袁绍以嫡庶不分，覆宗灭国。废立大事，非所宜闻。'"

《三国志·魏书·邢颙传》："初太子未定，而临菑侯植有宠，丁仪等并赞翼其美。太祖问颙，颙对曰：'以庶代宗，先世之戒也，愿殿下深重察之。'"

《三国志·魏书·陈思王传》："植既以才见异，而丁仪、丁廙、杨修等为之羽翼。太祖狐疑，几为太子者数矣。而植任性而行，不自雕励，饮酒不节。文帝御之以术，矫情自饰，宫人左右，并为之说，故遂定为嗣。"

严可均《全三国文》卷三十载卞兰《赞述太子赋》："伏惟太子研精典籍，留意篇章……窃见所作《典论》及诸赋颂，逸句烂然，沈思泉涌，华藻云浮。"《三国志·魏书·文帝纪》裴注引《魏书》："帝初在东宫，疫疠大起，时人凋伤，帝深感叹，与素所敬者大理王朗书曰：'生有七尺之形，死惟一棺之土，惟立德扬名可以不朽，其次莫如著篇籍。疫疠数起，士人凋落，余独何人，能全其寿！故论撰所著《典论》、诗赋，盖百余篇。'"又引胡冲《吴历》："帝以素书所著《典论》及诗赋饷孙权，又以纸写一通与张昭。"

曹丕在大疫之时有感于生之有限，而作《典论》言其为文立名之意，故《典论》大约成于是年大疫前后。陆侃如认为此书未必一时所作，甚是。宋战利在《曹丕作品考年三题》一文中对《典论》的成书过程进行了较为精简的考证，认为其书写于建安十八年至二十四年之间，且在黄初时期有所增补，其论可从。《隋书·经籍志三》著录《典论》五卷。据考，《典论》原有《奸谗》、《内诫》、《酒诲》、《自叙》、《论文》等篇目，至今可见全文的只有《论文》、《自叙》二篇。

《典论·论文》被认为是中国文学理论史上第一篇系统论述文体与文学创作的专文作品，提出了崭新的文学观念、崭新的文学准则以及崭新的文学尺度。曹丕在作品中对文学的意义与作用作了极高的评价，他说："盖文章，经国之大业，不朽之盛事。"作文不朽，这不仅彰显了建安时代文学价值的高扬，亦生动体现了曹丕对于超越生死的一种永恒性思索，具有重要意义。另外，曹丕在《典论·论文》中还提出了"文气"的概念，并认为文气是一种客观之存在，"不可力强而至"，并对创作者的个性与偏重给予充分的包容。《典论·自叙》部分则比较详细地记叙了曹丕早年与中年的生平经历，具有重要的史料价值。

**建安二十三年（218年），曹丕撰徐、陈、应、刘集，作《又与吴质书》。是年丕中子仲雍卒。**

《三国志·魏书·王粲传》裴注引《魏略》载曹丕建安二十三年《又与吴质书》："昔年疾疫，亲故多离其灾，徐陈应刘，一时俱逝，痛何可言邪！昔日游处，行则同舆，止则接席，何尝须臾相失！每至觞酌流行，丝竹并奏，酒酣耳热，仰而赋诗。当此之时，忽然不自知乐也。谓百年已分，长共相保，何图数年之间，零落略尽，言之伤心。顷撰其遗文，都为一集。"

曹丕中子卒，丕作有《曹仲雍哀辞》。辞曰："曹嗟，字仲雍，魏太子之中子也。三月生而五月亡。"上年十月曹丕为太子，建安二十五正月曹操卒，丕嗣位为丞相、魏王。哀辞中称丕为"魏太子"，哀辞当作于本年或明年五月，暂系于此。

**建安二十四年（219年），西曹掾魏讽反，曹丕诛魏讽等数十人，作《与钟繇书》、《答王朗书》。**

《三国志·魏书·武帝纪》裴注引《世语》："大军未反，讽潜结徒党，又与长乐卫尉陈祎谋袭邺，未及期，祎惧，告之太子，诛讽，坐死者数十人。"

《三国志·蜀书·尹默传》裴注引《魏略》："（宋仲子）子与魏讽谋反，伏诛。魏太子答王朗书曰……"

《三国志·吴书·吴主传》："十一月，关羽西保麦城，兵皆解散……十二月，孙权军攻杀关羽，权遂定荆州。"《三国志·魏书·武帝纪》建安二十四年裴注引《魏略》："孙权上书称臣，称说天命。王以权书示外曰：'是儿欲踞吾著炉火上邪！'"《武帝纪》又载："（建安二十五年）正月，至洛阳。权击斩羽，传其首。"《三国志·蜀书·关羽传》裴注引《吴历》："权送羽首于曹公，以诸侯礼葬其尸骸。"《三国志·魏书·钟繇传》裴注引《魏略》："孙权称臣，斩送关羽，太子书报繇，繇答书曰：'……顾念孙权了更妩媚。'太子又书曰：'……孙权之妩媚，执书嗢噱不能离手。'"权以十月上书自效，羽以十二月被害，正月传首洛阳，丕两书当作于建安二十四年末或二十五年（黄初元年）初。

**建安二十五年（220年），曹操洛阳病卒；汉献帝延康元年（220年），丕嗣位为丞相魏王。**

《三国志·魏书·武帝纪》："二十五年春正月，至洛阳……庚子，王崩于洛阳，年六十六……谥曰武王。二月丁卯，葬高陵。"裴注："《世语》曰：'太祖自汉中至洛阳，起建始殿，伐濯龙祠，而树血出。'《曹瞒传》：'王使工苏越徙美梨，掘之，根伤尽出血。越白状，王躬自视而恶之，以为不祥，还遂寝疾。'"

《世说新语·贤媛》："魏武帝崩，文帝悉取武帝宫人自侍。及帝病困，卞后出看疾；太后入户，见直侍并是昔日所爱幸者。太后问：'何时来邪？'云：'正伏魄时过。'因不复前，而叹曰：'狗鼠不食汝余，死故应尔！'至山陵亦竟不临。"

《后汉书·献帝纪》："春正月庚子，魏王曹操薨，子丕袭位……三月改元延康。"

**延康元年（220年），曹丕赏赐诸侯王将相等，遣使者循行郡国。诛丁仪、丁廙兄弟。称帝，作《短歌行》、《喜霁赋》、《报王朗》等。**

《三国志·魏书·文帝纪》延康元年二月裴注引《魏书》："辛亥，赐诸侯王将相已下大将粟万斛，帛千匹，金银各有差等。遣使者循行郡国，有违理掊克暴虐者，举其罪。"

《三国志·魏书·陈思王植传》："文帝即王位，诛丁仪、丁廙并其男口。"裴注引《魏略》："及太子立，欲治仪罪，转仪为右刺奸掾，欲仪自裁而仪不能。乃对中领军夏侯尚叩头求哀，尚为涕泣而不能救。后遂因职事收付狱，杀之。"植亦忿恨而不能救，作《野田黄雀行》抒发悲愤之思。黄节《曹子建诗注·野田黄雀行》："植为此篇，当在收仪付狱之前，深望尚之能救仪，如少年之救雀也。"

《三国志·魏书·文帝纪》："太祖崩，嗣位为丞相、魏王……改建安二十五年为延康元年……六月辛亥治兵于东郊，庚午遂南征。秋七月……甲午军次于谯，大飨六军及谯父老百姓于邑东。冬十一月……丙午行至曲蠡，汉帝以众望在魏……奉玺绶禅位……乃为坛于繁阳，庚午王升坛即阼……改延康为黄初……黄初元年十一月癸酉以河内之山阳邑万户奉汉帝为山阳公。"

《本纪》载曹丕此年作品较多，据陆侃如统计考证共二十九篇，其中诗歌可考者只有《辞许芝等条上谶纬令》所附六言诗一首，其他不敢断定。张可礼认为《短歌行》亦作于是年前后，《乐府诗集》引《古今乐录》："王僧虔《技录》云：'《短歌行》"仰瞻"一曲，魏氏遗令，使节朔奏乐，魏文制此辞，自抚筝和歌。歌者云"贵官弹筝"，贵官即魏文也。此曲声制最美，辞不可入宴乐。'"张可礼推测曹丕《短歌行》是写曹操卒后，诗曰："翩翩飞鸟，挟子巢栖。我独孤茕，怀此百离。忧心孔疚，莫我能知。人亦有言，忧令人老。嗟我白发，生一何早。长吟永叹，怀我圣考。曰仁者寿，胡不是保！"曹丕思念曹操之情甚切，殆作于操葬后不久。丕又作有《喜霁赋》。据谷阳的考证，《初学记》卷二引《魏略·五行志》："延康元年，大霖五十余日，魏有天下，乃霁，将受大禅之应也。"丕赋云"厌群荫之至愿，感上下之明神"，显然是就准备受禅而言。据此，赋当作于延康末，将即帝位之日。

**是年三月，谯现黄龙，丕赐殷登谷三百斛。四月，饶安现白雉，丕赐田租。**

《三国志·魏书·文帝纪》："（延康元年）初，汉熹平元年，黄龙现谯，光禄大夫桥玄问太史令单飏：'此何祥也？'飏曰：'其国后当有王者兴，不及五十年，亦当复见……'内黄殷登默而记之。至四十五年，登尚在。三月，黄龙见谯，登闻之曰：'单飏之言，其验兹乎！'"裴注引《魏书》："王召见登……赐登谷三百斛。"

《三国志·魏书·文帝纪》："（延康元年）夏四月丁巳，饶安县言白雉见。"裴注引《魏书》："赐饶安田租，渤海郡百户牛酒，大酺三日；太常以太牢祠宗庙。"

**是年六月治兵，南征，驻军于谯。十一月，奉献帝为山阳公，追尊曹操为武皇帝。**

《三国志·魏书·文帝纪》："（延康元年）六月辛亥，治兵于东郊，庚午，遂南征。"裴注引《魏略》："王将出征，度支中郎将新平霍性上疏谏曰：'……而今创基，便复起兵，兵者凶器，必有凶扰，扰则思乱，乱出不意。臣谓此危，危于累卵……'奏通，帝怒，遣刺奸就考，竟杀之。既而悔之，追原不及。"许是因为此事，曹丕心有不安，故于七月作《敕尽规谏令》。《三国志·魏书·文帝纪》引令曰："轩辕有明台之议，放勋有衢室之问，皆所以广询于下也。百官有司，其务以职尽规谏，将率陈军法，朝士明制度，牧守申政事，缙绅考六艺，吾将兼览焉。"

《三国书·魏书·文帝纪》："（黄初元年）十一月癸酉，以河内之山阳邑万户奉汉帝为山阳公，行汉正朔，以天子之礼郊祭，上书不称臣，京都有事于太庙，致胙；封公之四子为列侯。追尊皇祖太王曰太皇帝，考武王曰武皇帝，尊王太后为皇太后。"

**曹丕集经典，遣郑默删定旧文；又诏儒缪袭等撰述经传，成书《皇览》。**

《三国志·魏书·文帝纪》："帝好文学，以著述为务，自所勒成垂百篇。又使诸儒撰集经传，随类相从，凡千余篇，号曰《皇览》。"

《史记·五帝本纪》唐司马贞索引："《皇览》，书名也。记先代冢墓之处，宜皇王之省览，故曰《皇览》。是魏人王象、缪袭等所撰也。"

《隋书·牛弘传》引牛弘《请开献书之路表》："魏文代汉，更集经典，皆藏在秘书、内外三阁，遣秘书郎郑默删定旧文。时之论者，美其朱紫有别。"

《皇览》乃三国魏文帝时刘劭、王象、桓范、韦诞、缪袭等奉敕所撰，撰集经传，分门别类，共四十余部，八百余万字。供皇帝阅读，故称为"皇览"。原书隋唐后已失传。据《魏略》著录，《皇览》分四十余部，每部有数十篇，共八百余万字。清人孙冯翼辑出佚文一卷，仅存冢墓记等八十余条，不及四千字，收入《问经堂丛书》。宋代王应麟《玉海》称"类事之书，始于皇览"，是中国类书的始祖。《皇览》以后，历代相继仿效，依据皇家藏书纂修巨型类书。体例对后世的《四部要略》、《艺文类聚》、《永乐大典》等类书的形成和发展影响很大。

**魏文帝黄初二年（221年），颁察举制度；并作诏令鲁郡修孔子庙，庙外广建室屋以居学者。**

《三国志·魏书·文帝纪》记载："（黄初）二年春正月……初令郡国口满十万者，岁察孝廉一人；其有秀异，无拘户口。辛巳，分三公户邑，封子弟各一人为列侯。壬午，复颍川郡一年田租。改许县为许昌县。以魏郡东部为阳平郡，西部为广平郡。"

《三国志·魏书·文帝纪》记载曹丕："诏曰：'昔仲尼资大圣之才，怀帝王之器……俾千载之后，莫不宗其文以述作，仰其圣以成谋，咨！可谓命世之大圣，亿载之师表者也。遭天下大乱，百祀堕坏，旧居之庙，毁而不修，褒成之后，绝而莫继，阙里不闻讲颂之声，四时不睹蒸尝之位，斯岂所谓崇礼报功，盛德百世必祀者哉！其以议郎孔羡为宗圣侯，邑百户，奉孔子祀。'令鲁郡修起旧庙，置百户吏卒以守卫之，又于其外广为室屋以居学者。"

**是年，曹丕赐甄后死。明年，立皇后郭氏。**

《三国志·魏书·文帝纪》："（黄初二年）六月……丁卯，夫人甄氏卒。"

《三国志·魏书·明帝纪》："癸未，追谥母甄夫人曰文昭皇后……（太和元年）辛巳，立文昭皇后寝庙于邺。"

《三国志·魏书·甄后传》："践阼之后，山阳公奉二女以嫔于魏，郭后、李、阴贵人并爱幸，后愈失意，有怨言，帝大怒。二年六月，遣使赐死，葬于邺……太和元年……四月初营宗庙，掘地得玉玺，方一寸九分，其文曰：'天子羡思慈亲。'明帝为之改容，以太牢告庙。又尝梦见后，于是差次舅氏亲疏高下，叙用各有差，赏赐累钜万。"

《三国志·魏书·郭后传》裴注引《汉晋春秋》："初，甄后之诛，由郭后之宠；及殡，令被发覆面，以糠塞口。"卷二十九《周宣传》："文帝问宣曰……'我昨夜梦青气自地属天。'宣对曰'天下当有贵女子冤死。'是时帝已遣使赐甄后玺书，闻宣言而悔之，遣人追使者不及。"

《三国志·魏书·文帝纪》："（黄初三年九月）庚子，立皇后郭氏。"

《三国志·魏书·郭后传》："黄初三年，将登后位，文帝欲立为后，中郎栈潜上疏曰：'……圣哲慎立元妃，必取先代世族之家……若因爱登后，使贱人暴贵，臣恐后世下陵上替，开张非度，乱自上起也。'文帝不从，遂立为皇后。"裴注引《魏书》："后自在东宫，及即尊位，虽有异宠，心愈恭肃，供养永寿宫，以孝闻……性俭约，不好音乐。"

**黄初三年（222年），曹丕作《禁诽谤诏》、《伐吴诏》、《诏责孙权》诸书。**

《三国志·魏书·高柔传》："文帝践阼，以柔为治书侍御史……民间数有诽谤妖言，帝疾之，有妖言辄杀，而赏告者。柔上疏曰：'……臣愚以为宜除妖谤赏告之法，以隆天父养物之仁。'帝不即从，而相诬告者滋甚。帝乃下诏曰：'敢以诽谤相告者，以所告者罪罪之。'于是遂绝。"按，黄初三年有东郡太守王机、防辅吏仓辑等诬告曹植，植诣京都，陈诬告之罪，后诏令复国。曹植作《自戒令》："吾昔以信人之心，无忌于左右，深为东郡太守王机、防辅吏仓辑等任所诬白，获罪圣朝。身轻于鸿毛，而谤重于泰山。赖蒙帝主天地之仁，违百僚之典议，赦三千之首戾，反我旧居，袭我初服。云雨之施，焉有量哉！反旋在国。"曹丕作《禁诽谤诏》大致时间亦在此时，此二者可互相参照见义。

《三国志·魏书·文帝纪》："（黄初三年十月）孙权复叛。复郢州为荆州。帝自许昌南征，诸军兵并进，权临江拒守。"曹丕《伐吴诏》应作于此时。《三国志·吴书·吴主传》："魏乃命曹休、张辽、臧霸出洞口，曹仁出濡须，曹真、夏侯尚、张郃、徐晃围南郡。权遣吕范等督五军，以舟军拒休等，诸葛瑾、潘璋、杨粲救南郡，朱桓以濡须督拒仁。时扬、越蛮夷多未平集，内难未弭，故权卑辞上书，求自改厉……文帝报曰……"裴注引《魏略》载《诏责孙权》。

黄初三年，曹丕所作书诏较多。除上文所提诏书外，丕还作有《取士勿限年诏》、《报吴主孙权》、《抚劳西域奉献诏》、《禁妇人与政诏》、《终制》、《答中山王献黄龙颂诏》、《诏答吴王》、《又报吴主孙权》、《救豫州禁吏民往老子亭祷祝》、《毁高陵祭殿诏》等。

**黄初四年（223年），曹植、曹彪、曹彰朝京都，与曹丕欢饮。六月，任城王彰卒于京都。**

《三国志·魏书·陈思王传》："四年，徙封雍丘王。其年，朝京都。"

裴注引《魏氏春秋》："是时待遇诸国法峻，任城王暴薨，诸王既怀友于之痛。植及白马王彪还国，欲同路东归，以叙隔阔之思，而监国使者不听。植发愤告离而作诗曰：'谒帝承明庐……'"可知朝京都者至少曹植、曹彰、曹彪三人。

《三国志·魏书·任城威王彰传》："四年，朝京都，疾薨于邸。谥曰威。"裴注引《魏氏春秋》："初，彰问玺绶，将有异志，故来朝不即得见，彰忿怒暴毙。"又《世说新语·尤悔》："魏文帝忌弟任城王骁壮，因在卞太后阁共围棋，并啖枣。文帝以毒置诸枣蒂中，自选可食者而进。王弗悟，遂杂进之。既中毒，太后索水救之。帝预敕左右毁瓶罐，太后徒跣趋井，无以汲，须臾遂卒。复欲害东阿，太后曰：'汝已杀我任城，不得复杀我东阿！'"曹丕猜疑之心如是。

**黄初五年（224年）四月，曹丕立太学，制五经课试之法，置春秋穀梁博士。**

《三国志·魏书·文帝纪》："（黄初五年）夏四月，立太学，制五经课试之法，置春秋穀梁博士。"又《三国志·魏书·王肃传》裴注引《魏略》："从初平之元，至建安之末，天下分崩，人怀苟且，纲纪既衰，儒道尤甚。至黄初元年之后，新主乃复，始扫除太学之灰炭，补旧石碑之缺坏，备博士之员录，依汉甲乙以考课。申告州郡，有欲学者，皆遣诣太学。太学始开，有弟子数百人。"

**黄初五年、六年（224年、225年）曹丕两次征吴，作《至广陵于马上作》诗。**

关于黄初五年曹丕征吴的记载，《三国志·魏书·文帝纪》："八月为水军，亲御龙舟，循蔡、颍，浮淮，幸寿春，扬州界……九月，遂至广陵……冬十月乙卯，太白昼见，行还许昌宫。"

关于黄初六年曹丕征吴的记载，《三国志·魏书·文帝纪》："三月，行幸召陵，通讨虏渠。乙巳，还许昌宫……辛未，帝为舟师东征。五月戊申，幸谯……八月，帝遂以舟师自谯循涡入淮，从陆道幸徐。九月，筑东巡台。冬十月，行幸广陵故城，临江观兵，戎卒十余万，旌旗数百里。是岁大寒，水道冰，舟不得入江，乃引还……十二月，行自谯过梁。"

又《三国志·吴书·吴主传》黄武四年裴注引《吴录》："是冬魏文

帝至广陵，临江观兵，兵有十余万，旌旗弥数百里，有渡江之志，权严设固守。时大寒冰，舟不得入江，帝见波涛汹涌，叹曰：'嗟乎！固天所以隔南北也！'遂归。孙韶又遣将高寿等率敢死之士五百人，于径路夜要之，帝大惊。寿等获副车羽盖以还。"

侯康《三国志补注续》："《艺文类聚》卷十三引《江表传》曰：魏文帝出广陵，欲伐吴，临大江叹曰：'吴据洪流，且多粮谷，魏虽武骑千队，无所用之。'乃还。"

丁福保《全三国诗》卷一载丕《至广陵于马上作》诗。

《三国志·魏书·文帝纪》裴注："《魏书》载帝于马上为诗曰……"

潘眉《三国志考证》卷一："李吉甫云：广陵在江都县北四里，州城正直其上，大江西北自六合县界流入，南对丹徒之京口，旧阔四十里。文帝诗曰：'谁云江水广，一苇可以杭。'正谓此处也。"《百三家集》张溥注："僧皎然云：'魏文军至扬子，见洪涛浪汹，叹曰："固天所以隔南北也！"赋诗而还。魏文集无此诗，且魏文雄才智略，本非庸主，如何有此示弱于孙权，取笑于刘备？陈寿谬矣。'按寿正史但云引还，不言赋诗。《魏书》注载此诗，未尝示弱也。岂'客子常畏人'邪？《杂诗》，《魏书》不载。"陈寿不写赋诗，按理是史书取舍之处，本不必作实，然而僧皎然云丕临江作诗之事不知据于何典，且魏文集无此诗，现存疑。

**黄初六年（225年）十二月，曹丕自谯往梁，过雍丘，至曹植宫，作《诏雍丘王植》，赐曹植衣。**

《三国志·魏书·陈思王传》："帝东征还过雍丘，幸植宫，增户五百。"《初学记》："曹植表称诏曰：皇帝问雍邱王，先帝昔尝非于汉室诸帝，积贮衣服，使败于函箧之中。遗诏以所服衣被赐公王卿官僚诸将。今以十三种赐王。"

**黄初七年（226年），曹丕还洛阳，病卒。**

《三国志·魏书·文帝纪》："七年春正月，将幸许昌。许昌城南门无故自崩，帝心恶之，遂不入。壬子，行还洛阳宫……五月丙辰，帝疾笃……丁巳，帝崩于嘉福殿，时年四十。六月戊寅，葬首阳陵。"裴注："《魏书》曰：殡于崇华前殿。《魏氏春秋》曰：明帝将送葬，曹真、陈群、王朗等以暑热固谏，乃止。"《三国志·魏书·朱建平传》："文帝为五官将，坐上会客三十余人。文帝问己年寿，又令遍相众宾。建平曰：'将军当寿八十，至四十时当有小厄，愿谨护之。'……文帝黄初七年，年四十，病困，谓左右曰：'建平所言八十，谓昼夜也，吾其决矣。'顷之果崩。"又《三国志·魏书·武文世王公传》："文皇帝九男：甄氏皇后生明帝，李贵人生赞哀王协，潘淑媛生北海悼王蕤，朱淑媛生东武阳怀王鉴，仇昭仪生东海定王霖，徐姬生元城哀王礼，苏姬生邯郸怀王邕，张姬生清河悼王贡，宋姬生广平哀王俨。"

有关曹丕的著录，《隋书·经籍志四》："《魏文帝集》十卷，梁二十三卷。"严可均《全三国文》载《愁霖赋》、《喜霁赋》、《济川赋》等一百六十六篇；诗歌方面，丁福保《全三国诗》卷一载《短歌行》、《秋胡行》、《善哉行》等四十四篇。

《隋书·经籍志》又列有"《海内士品》一卷（不著撰人）……《列异传》三卷，魏文帝撰……《士操》一卷，魏文帝撰……《皇博法》一卷（不著撰人）"。《旧唐书·经籍志》及《新唐书·艺文志》均著录曹丕的《海内士品》及《皇博经》，姚振宗《隋书经籍志考证》以为丕父名操，《士操》当即《士品》的误传，而《皇博经》或《皇博法》当即《皇览》的一部分。两《唐志》又以《兵书要略》为丕作，与《隋志》异。《文心雕龙·谐讔》又有"魏文因俳说以著笑书"的记载，姚振宗以为即邯郸淳《笑林》，可从。

**参考文献**

张可礼：《三曹年谱》，齐鲁书社1983年版。
刘知渐：《建安文学编年史》，重庆出版社1985年版。
徐坚：《初学记》，中华书局2004年版。
章樵：《古文苑》，北京图书馆出版社2004年版。
魏宏灿：《曹丕集校注》，安徽大学出版社2009年版。
陈寿著，裴松之注，卢弼集解，钱剑夫整理：《三国志集解》，上海古籍出版社2009年版。
夏传才等：《三曹七子之外建安作家诗文合集校注》，河北教育出版社2013年版。

（徐　晓）

# 曹 植 传

**曹植，字子建，沛国谯县（今安徽省亳州市）人。生于汉献帝初平三年（192年）。**

关于曹植出生地点，有学者认为在东武阳城（今山东聊城）。《三国志·魏书·武帝纪》：记载初平二年，"袁绍因表太祖为东郡太守，治东武阳"。三年，鲍信"与州吏万潜等至东郡迎太祖领兖州牧"。赵幼文推断曹操此时有可能偕家由东武阳迁居鄄城。既然如此，曹植亦有可能生于鄄城。

曹植父操，字孟德，魏国武皇帝。曹操嫡室夫人丁氏，出身未详，无子。光和二年，操纳琅邪开阳卞夫人为妾，生四子，子建排行第三。

《三国志》本传："武皇帝二十五男，卞皇后生文皇帝，任城威王彰，陈思王植，萧怀王熊。"

建安初，丁氏被废，卞氏继室。卞氏性宽厚而尚俭，《三国志·魏书·后妃传》："诸子无母者，太祖皆令后养之。文帝为太子，左右长御贺后曰：'将军拜太子，天下莫不欢喜，后当倾府藏赏赐。'后曰：'王自以丕年大，故用为嗣，我但当以免无教导之过为幸耳，亦何为当重赐遗乎！'长御还，具以语太祖。太祖悦曰：'怒不变容，喜不失节，故是最为难。'"

有关曹植的生平事迹，除了《三国志》的记载外，今人有张可礼《三曹年谱》，刘知渐《建安文学编年史》等，可资参考。

**曹植少小聪慧过人。年十余岁，诵读诗书辞赋数十万言，善属文，深受宠爱。**

《三国志》本传："年十余岁，诵读诗论及辞赋数十万言，善属文。"

至于曹植早年接触的诗文典籍情况，胡绍瑛《文选笺证》卷二十二《赠白马王彪》"何必同衾帱"句："注，善曰：'《毛诗》曰："抱衾与褥。"郑元："褥，床帐也。"帱与褥古字同。'按《说文》：'帱，襌帐也。'郑以褥为帐，是褥即襌之同音假借。《范氏补传》云：'《齐诗》作帱。'然则子建盖习《齐诗》矣。"又《七启》："讽《汉广》之所咏，觌游女于水滨。耀神景于中沚，被轻縠之纤罗。遗芳烈而静步，抗皓手而清歌。歌曰：望云际兮有好仇，天路长兮往无由。佩萱蕙兮为谁修，燕婉绝兮我心愁。"《韩诗内传》解《汉广》"汉有游女"句："郑交甫遵彼汉皋，台下遇二女，麗服配两珠，交甫与之言曰：'愿请子之佩。'二女解佩与交甫。汉女所弄珠如荆鸡卵，交甫受而怀之，超然而去。十数步，寻探之，即亡矣。回顾二女，亦即亡矣。"薛汉《韩诗章句》注："游女，谓汉神也。言汉神时见，不可求而得之。"其意与曹植作品意旨恰合，看来曹植亦当学过《韩诗》。由此可见曹植学诗以今文为主，且涉猎广泛。

曹植因平俭聪颖而特受宠爱。《三国志》本传："性简易，不治威仪。舆马服饰，不尚华丽。每进见难问，应声而对，特见宠爱。"

**曹植年少从征。南极赤岸，东临沧海，西望玉门，北出玄塞。**

严可均《全三国文》载录曹植《求自试表》："臣昔从先武皇帝南极赤岸，东临沧海，西望玉门，北出玄塞，伏见所以行军用兵之势，可谓神妙矣。"

曹植从征经历自建安十年（205年）始。建安二年（197年），曹操东征袁术，南攻刘表。《三国志·魏书·武帝纪》："袁术欲称帝于淮南，使人告吕布。布收其使，上其书。术怒，攻布，为布所破。秋九月，术侵陈，公东征之。术闻公自来，弃军走，留其将桥蕤、李丰、梁纲、乐就；公到，击破蕤等，皆斩之。术走渡淮。公还许。"梁章钜《三国志旁证》卷十四："林畅园师曰：……按《魏武纪》，建安二年东征吕布，植方六岁，未必能从。"曹植《表》中所云"东临沧海"，林畅园疑为建安十年破袁谭一事。《三国志·魏书·武帝纪》："十年春正月，攻谭，破之，斩谭，诛其妻子，冀州平。"谭处南皮，今南皮县存有古皮城遗址，遗址南五百米处有高大土丘数个，为假粮台，曹操攻袁谭所筑，可见曹操征袁谭未至海隅。朱珔《文选集释》卷二十："案《魏志》，兴平元年太祖征陶谦，拔五城，遂略地至东海，此所谓东临也。"兴平元年曹植方三岁，不可能从师东征，朱说亦不妥。按，《三国志·魏书·武帝纪》："（建安十一年）秋八月，公东征海贼管承，至淳于。遣乐进、李典击破之，承走入海岛。

割东海之襄贲、郯、戚以益琅邪，省昌虑郡。"曹植所言"东临沧海"，应指此行。

建安十二年（207年），曹植从征乌丸。《三国志·魏书·武帝纪》："十二年春二月……将北征三郡乌丸……秋七月……引军出卢龙塞……涉鲜卑庭，东指柳城。……八月，登白狼山，卒与虏遇，众甚盛。……九月，公引兵自柳城还……十一月至易水。"朱珔《文选集释》卷二十："建安十二年北征三郡乌丸，引军出卢龙塞，涉鲜卑庭，东指柳城，所谓北出也。"

建安十六年（211年），曹植从师西征。梁章钜《三国志旁证》卷十四："林畅园师曰：……十六年西征马超……赵一清曰……玉门谓削平韩遂、马超、宋建之属……皆魏武亲历之事。"朱珔《文选集释》卷二十："十六年西征韩遂、马超、围杨秋于安定；二十年西征张鲁，出散关，至河池，攻氐王窦茂，所谓西望也。"严可均《全三国文》卷十三载植《离思赋》序："建安十六年大军西讨马超，太子留监国，植时从焉。"皆可证明曹植西征经历。

建安十七年（212年），曹植从师南征赤岸。《文选》载《求自试表》李善注："《七发》曰：'凌赤岸，篲扶桑。'山谦之《南徐记》曰：京江，禹贡北江，有大涛，涛至乘北激赤岸，尤更迅猛。"又载枚乘《七发》"并往观涛乎广陵之曲江……凌赤岸"句李善注引植《表》及《南徐记》，谓"并以赤岸在广陵"。又卷十二郭璞《江赋》"鼓洪涛于赤岸"句李善注："赤岸在广陵舆县……言涛之余波至柴桑而尽也。"朱珔《文选集释》卷二十："又屡征孙权，或至濡须口，或至居巢，即所谓南极也。举赤岸者，地与建康隔江相对，言已临吴境耳。"梁章钜《三国志旁证》卷十四："赵一清曰：赤岸，赤壁也。赤壁亦作赤圻，岸字或圻字之误，谓征刘……皆魏武亲历之事。"陆侃如认为名赤圻之赤壁在武昌，赵误以武昌的赤壁为嘉鱼的赤壁，而以岸为圻之误，不可从。

综上所述，曹植在十四岁（建安十年）时开始随军从征，军旅生活长达十年之久，直至二十二岁（建安十八年）时仍南征赤岸，二十三岁（建安十九年）驻守邺城。这种南征北战的战争生活使青少年时代的曹植对当时社会有了极其深刻的体察，而且锻炼了自己坚忍顽强的性格。

建安十一年（206年），曹植从军东征管承，作《泰山梁甫行》。建安十六年，从征马超，经洛阳，曹植作《送应氏诗》。从曹植所作几篇直接反映社会现实的诗赋作品来看，少年时期的曹植已经对乱世生民产生了一种发自内心的同情，这种同情建立在沉重而宏大的历史背景之上，因而有着深沉而强大的感染力。

《泰山梁甫行》叙述曹植从行至海岱，在滨海地区见到边民生活之情状，作诗记之以为实录。朱乾曰："（此诗）亦以咏齐之风土也……吾闻君子不鄙夷其民，斯民也，三代之所以直道而行也。山泽之民，木石鹿豕为伍，盖其常然……今无矜恤之心，而有鄙夷之意，子建亦昧于素位之仪矣。"诗中有"八方各异气，千里殊风雨"、"妻子象禽兽，行止依林阻"等句，因而朱乾所言"咏齐之风土"，表现边民特异的生活状态之说法并无不妥，然而责备曹植对边民"有鄙夷之意"，则毫无道理。诗有"剧哉边海民"句，《广韵》释剧字为"艰也"，明言"边海民"生活之艰苦，正与朱说相对。钟惺评《梁甫行》曰："亦是仁人心眼，看出写出。"所言甚是。

曹植稍后作《送应氏诗》二首，其一悲歌洛阳被焚之后的衰败惨景，沉郁悲凉，较《泰山梁甫行》那种单纯描写边民生活场景的诗歌更具深度和广度。方东树评曰："《送应氏》（步登北邙阪）先写本乡乱离之惨，苍凉悲壮，与武帝《苦寒行》、仲宣《七哀》同其极至……前半先述所见，末二句乃逗将远适之意，章法伸缩之妙，又以结束上文，换笔顿挫。"（《昭昧詹言》卷二）可以说，曹植对社会悲惨现实的深刻体验与早年的从军经历密不可分，几首优秀的反映社会现实的诗赋作品皆是曹植在从军时期创作的。

另外，从军经历还深刻影响着曹植性格品质的养成。曹植的自我期望极高，有着坚定不移的社会责任意识。就是在曹丕即位，严格控制曹植人身自由的时期，曹植从军报国的思想仍然没有消退。太和二年，曹叡登基不到一年，曹植就连上二表请求自试，用世之心迫切至此。孙明君认为，曹植在曹丕当政之后的时期内，一直保持着一种"顺人而不失己"[①]的处世态度，于表面顺承皇恩，在内心壮志未泯。这种积极进取、从戎留名的坚定意愿已经内化为曹植的一种人生态度、价值取向，深刻影响着曹植文学创作的心态甚至人生道路的选择。鉴于以上两点原因，当今学者应给予

---

[①] 孙明君：《走向儒道互补——对曹植人格建构的动态考察》，《清华大学学报》（哲学社会科学版）1995年第4期。

曹植少年时期的从征经历更多的重视。

**汉献帝建安十一年（206年），曹植从师东征海贼管承，作《泰山梁甫行》。**

《曹集铨评》："《乐府》四十一云：'曹植改《泰山梁甫篇》为《八方》。《艺文》四十一作《泰山梁甫行》。'"

中华书局《文史》第六辑载徐公持《曹植诗歌的写作年代问题》，认为《泰山梁甫行》是北征三郡乌桓时作的。从《泰山梁甫行》的内容看，它是切合当时当地情况的。赵幼文亦提出见解，将此诗创作年代系于明帝之时，认为是"曹植采用山东地区民歌形式，描述百姓所受的艰辛生活。在曹叡时代徭役繁兴，赋敛苛细，百姓为了逃避征调，不敢家居的残酷情景。"

然《三国志·魏书·武帝纪》："十二年春二月……将北征三郡乌丸……夏五月，至无终。秋七月……引军出卢龙塞……经白檀，历平冈，涉鲜卑庭，东指柳城。未至二百里，虏乃知之。……八月，登白狼山，卒与虏遇，众甚盛。……九月，公引兵自柳城还……十一月至易水。"可知就曹植行迹而言，并未行至"边海"，因而徐说不妥。

魏明帝时期，曹植分别徙封东阿与陈，条件较为优渥。曹植《转封东阿王谢表》引诏云："太皇太后念雍丘下湿少桑，欲转东阿，当合王意。可遣人按行，知可居不？"可知东阿地理条件较为优越。而后封陈王，亦为加封，将《泰山梁甫行》系于此段时间，显然不妥。

《三国志·魏书·武帝纪》："（建安十一年）秋八月，公东征海贼管承，至淳于。遣乐进、李典击破之，承走入海岛。割东海之襄贲、郯、戚以益琅邪，省昌虑郡。"曹植从征，至边海感生民疾苦，因作此诗。

**建安十六年（211年），曹植封平原侯，食邑五千户。刘桢、应玚为平原侯庶子；毌丘俭为平原侯文学；邢颙为平原侯家丞；司马孚为曹植文学掾。**

《三国志》本传："建安十六年封平原侯。"《三国志·魏书·武帝纪》"十六年春正月"注引《魏书》："庚辰，天子报：减户五千，分所让三县万五千封三子，植为平原侯，据为范阳侯，豹为饶阳侯，食邑各五千户。"

《三国志·魏书·邢颙传》:"是时太祖诸子高选官属,令曰:'侯家吏宜得渊深法度如邢颙辈。'遂以为平原侯植家丞。颙防闲以礼,无所屈挠,由是不合。庶子刘桢书谏植曰……"

《三国志·魏书·应场传》:"场、桢各被太祖辟,为丞相掾属。场转为平原侯庶子,后为五官将文学。"

《三国志·魏书·毌丘俭传》:"俭袭父爵,为平原侯文学。"

《晋书·安平献王孚传》:"魏陈思王有俊才,清选官属,以孚为文学掾。植负才陵物,孚每切谏,初不合意,后乃谢之。迁太子为中庶子。"

以上刘桢、应场、毌丘俭、刑颙从事曹植时间不可确考。《三国志》本传:"建安十六年,封平原侯。十九年,徙封临菑侯。"可推测大致时间在建安十六年至建安十九年之内。

**曹植从征马超,经洛阳、关中。作《离思赋》、《送应氏诗》、《洛阳赋》、《三良诗》、《述行赋》。**

从征马超事迹见"少年从征"条笺证。

《离思赋》序:"建安十六年,大军西讨马超,太子留监国,植时从焉。意有怀恋,遂作离思之赋。"《赋》曰:"在肇秋之嘉月,将曜师而西旗,余抱疾以宾从。"

黄节《曹子建诗注》注《送应氏诗》:"子建于建安十六年封平原侯。是年从操西征马超……殆由邺而西,道过洛阳,故本集有《洛阳赋》逸句。"《洛阳赋》全文残佚严重,仅存四句。

曹植《三良诗》的写作时间问题有所争议。《曹集铨评》:"绪曾按:……然此诗乃建安二十年从征张鲁至关中,过秦穆公墓,与王粲同作。"文献并无曹植从征张鲁之记载。余冠英《三曹诗选》注《三良诗》:"建安十六年曹植从军征马超曾到关中,这篇诗或许是过秦穆公墓吊古之作。"可从。

赵幼文认为《述行赋》乃建安二十年所作,所据资料不详。张可礼认为作于建安十六年从征马超、杨秋后经骊山之时。赋曰:"寻曲路之南隅,观秦政之骊坟。哀黔首之罹毒,酷始皇之为君。"可知所述之行必过陕地,与西征张鲁不合。当是西征马超、杨秋所作。

其时，曹丕、曹植与文士往来和洽，互唱诗赋，曹植《公宴诗》等宴饮作品出现。

《三国志·魏书·王粲传》："始文帝为五官将，及平原侯植皆好文学。粲与北海徐幹字伟长、广陵陈琳字孔璋、陈留阮瑀字元瑜、汝南应玚字德琏、东平刘桢字公幹并见友善。"又《王粲传》注引《魏略》载曹丕《又与吴质书》曰："昔年疾疫，亲故多离其灾。徐陈应刘，一时俱逝，痛何可言邪？昔日游处，行则同舆，止则接席；何曾须臾相失。每至觞酌流行，丝竹并奏，酒酣耳热，仰而赋诗。当此之时，忽然不自知乐也。"《晋书·阎缵传》引缵上书曰："昔魏文帝之在东宫，徐幹、刘桢为友，文学相接之道并如气类。"《初学记》卷十引《魏文帝集》曰："为太子时，北园及东阁讲堂，并赋诗，命王粲、刘桢、阮瑀、应玚等同作。"可知此时曹氏集团与建安文士的思想、生活交往相当密切。

《公宴诗》："公子敬爱客，终宴不知疲。清夜游西园，飞盖相追随。"李善注曰："公子谓文帝，时武帝在，谓五官中郎将也。"《三国志集解》卷二十一引赵一清曰："《名胜志》：西园在邺城西，魏曹丕同弟植宾从游幸之地也。"曹丕《登台赋》序："建安十七年春，游西园，登铜雀台，命余兄弟并作。"故此诗可能是曹植十七年游西园所作。《娱宾赋》全文有所残佚，亦无写作年代之确切记载。赋中有"文人骋其妙说兮，飞轻翰而成章。谈在昔之清风兮，总贤圣之纪纲。欣公子之高义兮，德芬芳其若兰。扬仁恩于白屋兮，逾周公之弃餐"句，用语同《公宴诗》相近，应亦为建安中叶曹植与众人宴饮之作。

值得注意的是，过去认为公宴诗只是贵公子戏游之作的观念在近年正在发生转变。比如，黄亚卓《汉魏六朝公宴诗研究》试图从汉魏六朝公宴诗的写作体式、抒情方法等方面重新发现公宴诗所蕴含的精神特质与时代特征，并关注了公宴诗细致的景物刻画对诗歌审美特征发展的积极作用。黄亚卓着重分析了建安时期公宴诗对后世的示范意义，认为此时期的公宴诗之所以被刘勰作为建安诗歌正流之一给予很高的地位（"并怜风月、狎池苑、述恩荣、叙酣宴，慷慨以任气，磊落以使才"），是因为公宴诗同样充分反映了慷慨激昂的建安风骨。不但如此，其对词句的精心遴选、对审美意象的丰富运用，为后世的诗赋文学产生了巨大影响。而丁玲《论建安宴饮诗的功能——兼与〈诗经〉宴饮诗比较》一文则从建安公宴诗的功能性方面加以考察，确定公宴诗在当时社会的重要地位。除此之外，李华《汉魏六朝宴饮文学研究》对建安公宴诗、赋、文各有评价，亦可参照。

**建安十七年（212年），曹植与诸子登铜雀台，作《登台赋》，曹操异之。**

《三国志》本传："时邺铜雀台新成，太祖悉将诸子登台，使各为赋。植援笔立成，可观，太祖甚异之。"注："阴澹《魏记》载植赋曰：'从明后而嬉游兮……'云云，太祖深异之。"台成于建安十五年。曹丕《登台赋》序："建安十七年春，游西园，登铜雀台，命余兄弟并作。"可知《登台赋》并非台成之时所作，当作于征马超返邺后。张可礼据《三国志》本传"时邺铜雀台新成，太祖悉将诸子登台，使各为赋"一句推测曹植先有《登台赋》作于建安十五年，而后又有同名辞赋作于建安十七年。然此说无他据依凭，待考。

**建安十八年（213年），军至谯，曹丕、曹植从之。二人同作《临涡赋》。曹植又作《叙愁赋》、《离友诗》。**

曹丕《临涡赋序》："上建安十八年至谯，余兄弟从上拜坟墓。"至谯一事在史籍中不见记载。

严可均《全三国文》载植《叙愁赋》序："时家二女弟，故汉皇帝聘以为贵人，家母见二弟愁思，故令余作赋曰……"《后汉书·皇后纪下》："十八年操进三女——宪、节、华——为夫人，聘以束帛玄纁五万匹，小者待年于国。"《三国志·魏书·武帝纪》裴注引《献帝起居注》亦有载。

《离友诗》序："乡人有夏侯威者，少有成人之风，余尚其为人，与之昵好。王师振旅，送余于魏邦，心有眷然，为之陨涕，乃作离友之诗。"威与曹植同为沛国谯人，十七年曹植离谯还邺，威送其至邺城，离别时乃作是诗。

《后汉书·献帝纪》："夏五月丙申，曹操自立为魏公，加九锡。"《三国志·魏书·武帝纪》："秋七月，始建魏社稷宗庙。"诗有"迄魏都兮息兰芳"、"凉风肃兮白露滋"句，用语、时令相合。陆侃如认为《离友诗》作于十六年七月西征时，当时曹操未自立，不妥。

**曹植首女金瓠卒，作《金瓠哀辞》。**

金瓠卒年史籍无载。张可礼《三曹年谱》："哀辞曰：'予之首女……

生十九旬而夭折。'又同卷载植《行女哀辞》曰：'行女生于季秋，而终于首夏，三年之中，二子频丧。'《行女哀辞》作于建安二十年，由建安二十年上推三年，首女金瓠当卒于是年（建安十八年）。"

**建安十九年（214年），曹植徙封临菑侯，郑袤、徐幹、邯郸淳为临菑侯文学。七月，操东征孙权，植留守邺，操戒之。**

《三国志·魏书·武帝纪》："七月，公征孙权。"《三国志》本传："十九年，徙封临菑侯。太祖征孙权，使植留守邺，戒之曰：'吾昔为顿丘令，年二十三；思此时所行，无悔于今。今汝年亦二十三矣，可不勉与？'"

《三国志·魏书·郑浑传》裴注引《晋阳秋》：郑袤"初为临菑侯文学"。《晋书·郑袤传》："魏武帝初封诸子为侯，精选宾友，袤与徐幹俱为临菑侯文学，转司隶功曹从事。"《太平广记》卷二百九引王僧虔《名书录》："陈留邯郸淳为魏临菑侯文学。"《三国志·魏书·王粲传》裴注引《魏略》："时五官将博延英儒，亦宿闻淳名，因启淳欲使在文学官属中。会临菑侯植亦求淳，太祖遣淳诣植。植初得淳甚喜，延入坐，不先与谈。时天暑热，植因呼常从取水自澡讫，傅粉。遂科头拍袒，胡舞五椎锻，跳丸击剑，诵俳优小说数千言讫，谓淳曰：'邯郸生何如邪？'于是乃更著衣帻，整仪容，与淳评说混元造化之端，品物区别之意，然后论羲皇以来贤圣名臣烈士优劣之差，次颂古今文章赋诔及当官政事宜所先后，又论用武行兵倚伏之势。乃命厨宰，酒炙交至，坐席默然，无与伉者。及暮，淳归，对其所知叹植之材，谓之天人。而于时世子未立。太祖俄有意于植，而淳屡称植材。"曹植学识之广博、观念之通达可见一斑。

**建安二十年（215年），曹植行女卒，作《行女哀辞》，命徐幹、刘桢等为之哀辞。明年，作《与杨德祖书》。**

行女卒年史籍无载。《文选》李善注引《行女哀辞》中有"家王征蜀汉"句，张可礼认为"征蜀汉"当指二十年曹操征张鲁，是也。《太平御览》卷五百九十六引挚虞《文章流别论》："建安中，文帝与临菑侯各失稚子，命徐幹、刘桢等为之哀辞。"

严可均《全三国文》卷十六载《与杨德祖书》："仆少好词赋，迄至于今，二十有五年矣。"修被刑时，植仅二十八岁，可证这里所说二十五,乃有生之年,非好赋之年。《书》中集中表现了曹植的文学思想情况。他针对当时"文人相轻"的风气,提出作者要虚心接受他人的批评意见。然而"有南威之容,乃可以论于淑媛;有龙渊之利,乃可以议于断割",批评者首先要有较高的艺术修养。又言:"辞赋小道,故未足以揄扬大义,彰示来世也。"鲁迅对此分析道:"子建大概是违心之论。这里有两个原因,第一,子建的文章做得好,一个人大概总是不满意自己所做而羡慕他人所为的,他的文章已经做得好,于是他便敢说文章是小道;第二,子建活动的目标在于政治方面,政治方面不甚得志,遂说文章是无用了。"① 分析十分精辟。曹植在《薤露行》中抒发自己从事文学创作的志向:"孔氏删诗书,王业粲已分。骋我径寸翰,流藻垂华芬。"可见其为文立名之意愿与曹丕并无二致。

**建安二十二年(217年),曹植增邑五千。与杨修饮醉,走马于司马门。大疫,曹植作《说疫气》。**

《三国志》本传:"二十二年,增置邑五千,并前万户。植尝乘车行驰道中,开司马门出。太祖大怒,公车令坐死。由是重诸侯科禁,而植宠日衰。"裴注:"《魏武故事》载令曰:'始者谓子建儿中最可定大事。'又令曰:'自临菑侯植私出开司马门至金门,令吾异目视此儿矣。'又令曰:'诸侯长史及帐下吏知吾出辄将诸侯行意否?从子建私开司马门来,吾都不复信诸侯也。恐吾适出,便复私出,故摄将行。不可恒使吾尔谁为心腹也!'"

《三国志》本传裴注引《典略》,有"植后以骄纵见疏,而植故连缀修不止,修亦不敢自绝"的记载,大约即指这时期的事。曹植与杨修的交往,于《三国志》本传中还有记载。裴注引《世语》:"(修)与丁仪兄弟皆欲以植为嗣……太祖遣太子及植各出邺城一门,密敕门不得出,以观其所为。太子至门,不得出而还。修先戒植:'若门不出侯,侯受王命,可斩守者。'植从之。"

严可均《全三国文》载植《说疫气》:"建安二十二年疠气流行,家家有僵尸之痛,室室有号泣之哀。或阖门而殪,或覆族而丧。"可见此次

---

① 鲁迅:《魏晋风度及文章与药及酒之关系》,《鲁迅全集》第三卷,人民文学出版社1973年版,第491页。

大疫危害极其严重。又曹丕《又与吴质书》曰："昔年疾疫，亲故多离其灾。徐陈应刘，一时俱逝，痛何可言邪！"曹丕书作于建安二十三年，所言"昔年疾疫"，即指二十二年事。

是年王粲病故，曹植作《王仲宣诔》。

**建安二十四年（219年），曹操收杀杨修，曹植益内不自安。奉命以南中郎将行征虏将军救曹仁，醉不能行。**

《三国志》本传："太祖既虑终始之变，以杨修颇有才策，而又袁氏之甥也，于是以罪诛修。植益内不自安。"裴注引《魏略》："植后以骄纵见疏，而植故连缀修不止，修亦不敢自绝。至二十四年秋，公以修前后漏泄言教，交关诸侯，乃收杀之。修临死，谓故人曰：'我固自以死之晚也。'其意以为坐曹植也。"

《三国志·魏书·武帝纪》："秋七月……遣于禁助曹仁击关羽。八月，汉水溢，灌禁军，军没，羽获禁，遂围仁。使徐晃救之。"又本传："二十四年曹仁为关羽所围，太祖以植为南中郎将行征虏将军，欲遣救仁，呼有所敕戒。植醉不能受命，于是悔而罢之。"裴注引《魏氏春秋》："植将行，太子饮焉，逼而醉之。王召植，植不能受王命，故王怒也。"《魏氏春秋》所言事并无他证，待考。

**建安二十五年（220年），曹操卒，汉献帝延康元年（220年）曹植就国临淄。丕诛丁仪、丁廙，植因作《野田黄雀行》。**

《三国志·魏书·武帝纪》："二十五年春正月，（曹操）至洛阳……庚子，王崩于洛阳，年六十六。遗令曰……谥曰武王。二月丁卯，葬高陵。"《三国志》本传："文帝即王位……植与诸侯并就国。"

《三国志·魏书·苏则传》："初，则及临菑侯植闻魏氏代汉，皆发服悲哭。文帝闻植如此，而不闻则也。帝在洛阳，尝从容言曰：'吾应天而禅，而闻有哭者，何也？'则谓为见问，须髯悉张，欲正论以对。侍中傅巽掐则曰：'不谓卿也。'于是乃止。"

《三国志》本传："文帝即王位，诛丁仪、丁廙并其男口。"裴注引《魏略》："及太子立，欲治仪罪，转仪为右刺奸掾，欲仪自裁而仪不能。乃对中领军夏侯尚叩头求哀，尚为涕泣而不能救。后遂因职事收付狱，杀之。"黄节《曹子建诗注》注《野田黄雀行》："植为此篇，当在收仪付狱之前，深望尚之能救仪，如少年之救雀也。"

**在临淄，植作《求祭先王表》。明年，贬爵安乡侯，寻改鄄城侯。**

《求祭先王表》："计先王崩来，未有半岁，臣实欲告敬。"曹丕未准，《止临淄侯植求祭先王诏》曰："得月二十八日表，知侯推情欲祭先王于河上。览省上下，悲伤感切。将欲遣礼，以纾侯敬恭之意，会博士鹿优等奏礼如此，故写以下。开国承家，顾迫礼制，惟侯存心，与吾同之。"以有违礼制之由拒绝之。

《三国志》本传："黄初二年，监国谒者灌均希指奏植醉酒悖慢，劫胁使者。有司请治罪，帝以太后故，贬爵安乡侯。其年，改封鄄城侯。"

《三国志·魏书·周宣传》："帝复问曰：'吾梦摩钱文，欲令灭而更愈明，此何谓邪？'宣怅然不对。帝重问之，宣对曰：'此自陛下家事，虽意欲尔而太后不听，是以文欲灭而明耳。'时帝欲治弟植之罪，逼于太后，但加贬爵。"可知曹丕当时已有杀曹植之心。贵为皇弟公侯，由于酒醉而无礼显然无法成为曹植死罪之因。

有关此次事件，学者多有考证，邢培顺在《曹植黄初初年获罪事由探隐》中提出曹植之罪可能在于私祭曹操。黄初四年《责躬诗》："伊尔小子，恃宠骄盈。举挂时网，动乱国经。作藩作屏，先轨是隳。傲我皇使，犯我朝仪。"可见曹植之罪涉及礼制国纲问题。《太平御览》卷五百二十六在曹植《求祭先王表》后载有博士等人就此事的议论："博士鹿优、韩盖等以为：《礼》，公子不得称先君，公子之子不得祖诸侯，谓不得庙而祭之也。《礼》又曰：庶子不得祭宗庙。"曹丕答诏亦录于此后。由此邢培顺推断，曹植上表后私祭先王，与监国谒者灌均发生冲突，从而获罪。备考。

**魏文帝黄初二年（221年），曹丕诏修孔子宗庙，曹植作《孔子庙颂》、《学官颂》。**

《三国志·魏书·文帝纪》："（黄初二年）诏曰：'……遭天下大乱，百祀堕坏，旧居之庙，毁而不修，褒成之后，绝而莫继，阙里不闻讲颂之声，四时不睹蒸尝之位，斯岂所谓崇礼报功，盛德百世必祀者哉！其以议郎孔羡为宗圣侯，邑百户，奉孔子祀。'令鲁郡修起旧庙，置百户吏卒以守卫之，又于其外广为室屋以居学者。"曹植《孔子庙颂》作于此时。又作《学官颂》，以和文帝修庙之举。

**黄初三年（222年），曹植为鄄城王，毁鄄故殿得疾。诏封植二子为乡公。**

《三国志·魏书·文帝纪》："四月戊申立鄄城侯植为鄄城王。"本传："三年立为鄄城王，邑二千五百户。"

严可均《全三国文》卷十四载植《毁鄄城故殿令》："鄄城有故殿，名汉武帝殿。昔武帝好游行，或所幸处也。梁栭倾顿，栋宇零落，修之不成良宅，置之终于毁坏，故颇撤取以备宫舍。余时获疾，望风乘虚，卒得慌惚，数日后瘳。而医巫妄说，以为武帝魂神生兹疾病，此小人之无知，愚惑之甚者也……"

《艺文类聚》卷五十一载植《封二子为乡公谢恩章》："诏书封臣息男为高阳乡公，志为穆乡公。"封植子为乡公，应在曹植封王后。

**东郡太守王机、防辅吏仓辑等诬告曹植，植获罪，诣京都，陈诬告之罪，诏令复国。归作《洛神赋》。**

此为曹植第二次获罪。《自诫令》："吾昔以信人之心，无忌于左右，深为东郡太守王机、防辅吏仓辑等任所诬白，获罪圣朝。身轻于鸿毛，而谤重于泰山。赖蒙帝主天地之仁，违百僚之典议，赦三千之首戾，反我旧居，袭我初服。云雨之施，焉有量哉！反旋在国。"《曹集考异》卷十二引东阿县鱼山《陈思王墓道隋碑文》："皇初二年（'皇初'即'黄初'，避隋讳），奸臣谤奏，遂贬爵安乡侯。三年立为□王，诣京师面陈滥谤之罪，诏令复国。"

曹植《责躬诗》："改封兖邑，于河之滨。股肱弗置，有君无臣。荒淫之阙，谁弼余身？茕茕仆夫，于彼冀方。嗟予小子，乃罹斯殃。"其中"茕茕仆夫，于彼冀方"两句一直受到学者注意，但推断出的曹植获罪缘由仍有分歧。黄节："《后汉书·郡国志》：邺属冀州魏郡。诗言冀方，谓邺也。……据此，则子建于改封鄄城侯后，为王机、仓辑所诬。文帝迁建于邺，以禁锢之。"徐公持亦取黄节观点，认为"于彼冀方"乃指迁居于邺。顾农认为曹植第二次获罪的迁居地点是洛阳，且依据诗中"荒淫"及《黄初六年令》中"三千之首戾"等语，并引《太平御览》卷八百二十所载曹植《表》中"欲遣人到邺，市上党布五十匹，作车上小帐帷，谒者不听"语句，推测曹植是以买布为名，派仆人去邺城私祭甄后，假设大胆，但证据并不充分。又，《诗经·周颂·闵予小子》："闵予小子，遭家不造，嬛嬛在疚。於乎皇考，永世克孝。念兹皇祖，陟降庭止。维予小子，夙夜敬止。於乎皇王，继序思不忘。"其中"闵予小子"与"嗟予小子"意义相近；"嬛嬛"即"茕茕"。不难看出曹植诗与此诗的联系。此诗《小序》认为是"嗣王朝于庙"，但未言何时。朱熹在"永世克孝"句下注曰："成王免丧，始朝于先王之庙，而作此诗也。"则此诗所述情景与曹植当时的境况有相似之处。邢培顺由诸条证据推测曹植此次获罪亦为私祭先王曹操，与甄皇后失宠无涉。

严可均《全三国文》卷十三载植《洛神赋》："黄初三年，余朝京师，还济洛川。古人有言，斯水之神名曰宓妃。感宋玉对楚王神女之事，遂作斯赋。"《文选》李善注："黄初中入朝，帝示植甄后玉镂金带枕，植见之不觉泣。时已为郭后谗死，帝意亦寻悟，因令太子留宴饮，仍以枕赉植。植还，度轘辕，少许时，将息洛水上，思甄后，忽见女来，自云：'我本托心君王，其心不遂，此枕是我在家时从嫁前与五官中郎将，今与君王。'遂用荐枕席，欢情交集，岂常辞能具。'为郭后以糠塞口，今被发，羞将此形貌重睹君王尔'。言讫，遂不复见所在，遣人献珠于王。王答以玉珮，悲喜不能自胜，遂作《感甄赋》。后明帝见之，改为《洛神赋》。"其时子建十三岁，学者多就此推断曹植与甄后恋情不确，赵幼文、陆侃如等学者皆从年岁差异方面论证曹植作《洛神赋》与甄后无关。与其意见相左者，木斋在《论〈洛神赋〉为曹植辩诬之作》中肯定曹植与甄后关系对《洛神赋》写作的重大影响作用，创思独具[1]。而对于木斋文章的重大疏漏处，有袁济喜等学者撰写专文进行驳证，颇有理据。一个值得留意的问题是《文选》李善注对《洛神赋》和甄后关系的那段记载。傅刚《曹植与甄妃的学术公案——〈文选·洛神赋〉李善注辨析》认为李善此注为"后人援小说家文字，阑入李善注，并非李善原文"[2]。袁济喜《"说诗者，不以文害辞，不以辞害志"——木斋〈古诗十九首〉主要作

---

[1] 木斋：《论〈洛神赋〉为曹植辩诬之作》，《山西大学学报》（哲学社会科学版）2010年第1期。

[2] 傅刚：《曹植与甄妃的学术公案——〈文选·洛神赋〉李善注辨析》，《中国典籍与文化》2010年第1期。

者为曹植说商兑》一文虽未否认此注出于李善之手的问题,然而强调了此注的不可信性①。总的看来,曹植创作《洛神赋》与甄后关系不大。这仍然是现今我们可以得出的最具说服力的结论。

**黄初四年(223年),曹植徙封雍丘王,朝京师,作《上责躬应诏诗表》、《责躬诗》、《应诏诗》。**

《三国志》本传:"四年,徙封雍丘王。其年,朝京都,上疏曰:'臣自抱衅归藩……谨拜表献诗二篇,其辞曰……'帝嘉其辞义,优诏答勉之。"注引《魏略》:"初植未到关,自念有过,宜当谢帝。乃留其从官著关东,单将两三人微行,入见清河长公主,欲因主谢。而关吏以闻,帝使人逆之,不得见。太后以为自杀也,对帝泣。会植科头负铁锧,徒跣诣阙下,帝及太后乃喜。及见之,帝犹严颜色,不与语又不使冠履。植伏地泣涕,太后为不乐,诏乃听复王服。"曹植所献诗表,即《上责躬应诏诗表》、《责躬诗》二篇。

任城王曹彰在此次朝会期间薨。《魏氏春秋》:"初,彰问玺绶,将有异志,故来朝不即得见,彰忿怒暴毙。"又《世说新语·尤悔》:"魏文帝忌弟任城王骁壮,因在卞太后阁共围棋,并啖枣。文帝以毒置诸枣蒂中,自选可食者而进。王弗悟,遂杂进之。既中毒,太后索水救之。帝预敕左右毁瓶罐,太后徒跣趋井,无以汲,须臾遂卒。复欲害东阿,太后曰:'汝已杀我任城,不得复杀我东阿!'"因不被曹丕接见愤而暴薨之说显然不可信,推其真实死因应为"问玺绶"一事。

**归国,欲与曹彪同行,监国使者不许,曹植作《赠白马王彪》、《圣皇篇》。**

《三国志》本传裴注引《魏氏春秋》:"是时待遇诸国法峻,任城王暴薨,诸王既怀友于之痛。植及白马王彪还国,欲同路东归,以叙隔阔之思,而监国使者不听。植发愤告离而作诗曰……"《文选》卷二十四李善注:"集曰:于圈城作。又曰:黄初四年五月,白马王、任城王与余俱朝京师。会节气,日不阳,任城王薨。至七月,与白马王还国。后有司以二

---

① 袁济喜:《"说诗者,不以文害辞,不以辞害志"——木斋先生〈古诗十九首〉主要作者为曹植说商兑》,《中国文化研究》2013年第4期。

王归藩，道路宜异宿止，意毒恨之。盖以大别在数日，是用自剖，与王辞焉，愤而成篇。"

《赠白马王彪》是曹植诗歌创作的巅峰之作。当时曹植正处于两次获罪，惊魂待定之时，在京师又遇任城王彰暴薨之事，心里本已极度悲痛。还国途中又遭不准与白马王彪共行之禁，于是压抑的情感迸发而出，成就了这组气贯长虹的优秀作品。全诗共七节八十句，气魄宏伟，结构严谨，诗节之间学习《诗经》雅诗传统，多用顶针写法，使其文气贯通，前后勾连。对于此组诗作，前人论述精详，宝香山人、何焯、沈德潜、陈祚明、张玉縠、方东树等学者皆有详细分析。如沈德潜《古诗源》卷五："（'太息将何为'篇）此章乃一篇正意。置在'孤兽索群'下，章法绝佳。（'心悲动我神'篇）此章无可奈何之词。人当极无聊后，每作此以强解也。（'苦辛何虑思'篇）末章如赋中之乱，几与生人作死别矣。"

曹植《圣皇篇》："……诸王自计念，无功荷厚德。思一效筋力，糜躯以报国。鸿胪拥节卫，副使随经营。贵戚并出送，夹道交辎軿。车服齐整设，韡晔耀天精。武骑卫前后，鼓吹箫笳声。祖道魏东门，泪下沾冠缨。扳盖因内顾，俯仰慕同生。行行将日暮，何时还阙庭。车轮为徘徊，四马踌躇鸣。路人尚酸鼻，何况骨肉情！"所言皆为朝京师后归国时的骨肉之思，同《赠白马王彪》在用词、意象上亦可相互比较发挥。

**黄初五年（224年），曹植下令明赏罚。六年，曹丕幸植宫，增户五百，赐衣。曹植下令自诫。**

严可均《全三国文》卷十四载植《赏罚令》，注："《文馆词林》题如此，《艺文类聚》作黄初五年令。"

《三国志》本传："帝东征，还过雍丘，幸植宫，增户五百。"此事下距丕卒仅百余日，丕或自悔昔日待植过薄。《初学记》："曹植表称诏曰：皇帝问雍邱王，先帝昔尝非于汉室诸帝，积贮衣服，使败于函箧之中。遗诏以所服衣被赐公王卿官僚诸将。今以十三种赐王。"丕诏当作于在雍丘时。

严可均《全三国文》载植《自诫令》："吾昔以信人之心，无忌于左右，深为东郡太守王机、防辅吏仓辑等任所诬白，获罪圣朝。身轻于鸿毛，而谤重于太山……今皇帝遥过鄙国，旷然大赦，与孤更始。"严可均自注："《艺文类聚》作黄初六年令。"

**黄初七年（226年），曹丕立叡为太子，卒。曹植作《辅臣论》。**

《三国志·魏书·明帝纪》黄初七年五月："帝病笃，乃立为皇太子。"《三国志·魏书·文帝纪》黄初七年五月："帝疾笃，召中军大将军曹真、镇军大将军陈群、征东大将军曹休、抚军大将军司马宣王，并受遗诏辅嗣主。遣后宫淑媛、昭仪已下归其家。丁巳，帝崩于嘉福殿，时年四十。"严可均《全三国文》卷十五载植《上文帝诔表》，卷十九载《文帝诔》，当均作于黄初七年。

曹植《辅臣论》："典谟总乎心，而唯所用之者，钟太傅也。"按《齐职仪》："黄初七年，诏太尉钟繇为太傅。"又《三国志·魏书·明帝纪》：黄初七年"十二月，以太尉钟繇为太傅，征东大将军曹休为大司马，中军大将军曹真为大将军，司徒华歆为太尉，司空王朗为司徒，镇军大将军陈群为司空，抚军大将军司马宣王为骠骑大将军"。此七人与曹植论中所言辅臣相合。

**魏明帝太和元年（227年），曹植徙封浚仪，作《慰情赋》。**

《三国志》本传："太和元年，徙封浚仪。"

徐公持《曹植生平八考》："曹植虽封过浚仪王，却并未就过浚仪国。"认为曹植离鄄城后至封东阿前，皆留于雍丘。此论不妥。顾农引曹植太和三年所作《转封东阿王谢表》："臣在雍丘，劬劳五年，左右罢怠，居业向定，果园万株，枝条始茂，私情区区，实所重弃……若陛下念臣入从五年之勤，少见佐助，此枯木生华，白骨更肉，非臣之所敢望也。"曹植黄初四年为雍丘王，至太和三年迁东阿王，中间七年；若至太和元年就国浚仪，则在雍丘所驻时日正为五年，与《表》中记述相合。顾农之论证据确凿，可从。

曹植《慰情赋》序："黄初八年正月雨，而北风飘寒，园果堕冰，枝干摧折。"黄初八年即太和元年。赵幼文认为黄初无八年，因而八年乃字误，不妥。兄长曹丕离世，悲痛难禁，故意以黄初八年为之，以表不舍之意。

**太和二年（228年），讹传曹叡卒，群臣欲立曹植。后叡还洛阳。五月大旱。**

《三国志·魏书·明帝纪》："夏四月丁酉，还洛阳宫。"裴注引《魏略》：" 是时讹言，云帝已崩，从驾群臣迎立雍丘王植。京师自卞太后群公尽惧。及帝还，皆私察颜色。卞太后悲喜，欲推始言者。帝曰：'天下皆言，将何所推？'"

《三国志·魏书·明帝纪》："五月，大旱。"后雨，曹植作《喜雨诗》，诗见《书钞》卷一百五十六。诗序曰："太和二年大旱，三麦不收，百姓分为饥饿。"

**封雍丘，曹植二次上疏求自试。**

《三国志》本传："二年，复还雍丘。植常自愤怨，抱利器而无所施，上疏求自试曰……"严可均《全三国文》卷十五载植《又求自试表》，似在前表后不久。《又表》见《三国志》本传裴注引《魏略》。《魏略》曰："植虽上此表，犹疑不见用，故曰：夫人贵生者，非贵其养体好服，终竟年寿也，贵在其代天而理物也。夫爵禄者，非虚张者也，有功德然后应之，当矣。无功而爵厚，无德而禄重，或人以为荣，而壮夫以为耻。故太上立德，其次立功，盖功德者所以垂名也。名者不灭，士之所利……是用喟然求试，必立功也。呜呼！言之未用，欲使后之君子知吾意者也。"此处可知曹植虽受长期压制，而用世之心不减。

**曹植作《杂诗·仆夫早严驾》、《朔风诗》。**

《杂诗》见《文选》卷二十九。《文史》第六辑载徐公持《曹植诗歌的写作年代问题》释此诗曰："纵观全诗，它很可能作于太和二年……表中'流闻东军失备……心已驰于吴会矣'，即此诗前六句的意思，'虚荷上位……非臣之所志也'，即此诗后六句的意思。可以认为，曹植在写了《求自试表》后，意犹未尽，又作此诗。"赵幼文亦认为诗中"远游欲何之，吴国为我仇"句是指曹休战败事，而非实写。但徐说仍有证据缺乏之嫌，待考。

《朔风诗》见《文选》卷二十九。《曹集考异》卷五注《朔风诗》曰："此明帝太和二年复还雍丘作。"又注诗中"昔我初迁，朱华未希；今我旋止，素雪云飞"四句："本传：太和元年徙封浚仪，二年复还雍丘。迁，谓自雍丘徙浚仪。还，谓自浚仪还雍丘。"王尧衢《古唐诗和解》卷二："子建时为东阿王，不得与兄，故作诗以述思君之意。"

**太和三年（229年），曹植徙封东阿王，作《迁都赋》、《社颂》；登鱼山，有终焉之志。**

《迁都赋》今仅存六句，见《文选》卷九曹大家《东征赋》李善注引。赋序见《御览》卷一百九十八。赋序曰："余初封平原，转出临淄，中命鄄城，遂徙雍丘，改邑浚仪，而末将适于东阿。号则六易，居实三迁，连遇瘠土，衣食不继。"据"而末将适于东阿"句，知赋当作于徙东阿之前。

《社颂》序："余前封鄄城侯，转雍丘，皆遇荒土。宅宇初造，以府库尚丰，志在缮宫室，务园圃而已，农桑一无所营。经离十载，块然守空，饥寒备尝。圣朝愍之，故封此县。"陆侃如以为此县当指浚仪，误。按，曹植黄初二年封为鄄城侯，至太和三年徙封东阿王，前后共计九年，与序文基本相合。又曹植《转封东阿王谢表》有"园果万株，枝条始茂"之语，与序文"务园圃而已"相合。

《三国志》本传："三年徙封东阿……初，植登鱼山，临东阿，喟然有终焉之志，遂营为墓。"《水经注》卷八："马颊水又东北流，径鱼山南……魏东阿王曹子建每登之，有终焉之志。及其终也，葬山西，西去东阿城四十里。"梁章钜《三国志旁证》卷十四："杭世骏曰：《异苑》云：陈思王尝登鱼山，临东阿，忽闻岩岫里有诵经声，清遒深亮，远谷流响，肃然有灵气，不觉敛衿祇敬，便有终焉之志，即效而则之。今梵唱皆植依拟所造。"

**太和四年（230年），曹植母卞太后卒。曹植此时已患反胃病。**

《三国志·魏书·明帝纪》："六月戊子，太皇太后崩……秋七月，武宣卞后祔葬于高陵。"《后妃传》："至太和四年……其年五月，后崩。"潘眉《三国志考证》卷一："眉推太和四年五月无戊子，《后妃传》误。"

严可均《全三国文》卷十五载植《上卞太后诔表》，卷十九载《卞太后诔》。全篇字字泣泪，感人至深，可证子建与母感情之切。

《太平御览》："《魏略》曰：'陈思王精意著作，食饮损减，得反胃病也。'"姑将此事系于此。

**太和五年（231年），曹植作《求通亲亲表》、《陈审举表》。朝京师，叡赐植等冬柰。**

《三国志》本传："五年，复上疏求存问亲戚，因致其意曰……诏报曰……"又本传："植复上疏陈审举之义曰……帝辄优文答报。"

《三国志·魏书·楚王彪传》："太和五年冬，朝京都。"《初学记》引叡《报植等诏》："山柰从凉州来，道里既远，又冬来转暖，故柰中变色不佳耳。"

**太和六年（232年），曹植徙封陈王，上《谏伐辽东表》。病卒，时年四十一。**

《三国志·魏书·蒋济传》裴注引司马彪《战略》曰："太和六年，明帝遣平州刺史田豫乘海渡，幽州刺史王雄陆道，并攻辽东。蒋济谏曰……帝不听，豫行竟无成而还。"《表》曰："臣以为当今之务，在于省徭役，薄赋敛，劝农桑。三者既备，然后令伊、管之臣，得施其术，孙吴之将，得奋其力。若此……曾何忧于二敌，何惧于公孙乎！今不恤邦畿于内，而劳神于蛮貊之域，窃为陛下不取也。"据史载，曹植在时，魏有建安十二年征辽与太和六年进击公孙渊二次出征辽东。建安十二年，曹植十六岁，且随军从征，上表谏伐似不太可能。另据表中所用"二敌"、"邦畿"等词，可知魏已建国，其文当作于黄初元年之后。

《太平御览》："《魏略》曰：'陈思王精意著作，食饮损减，得反胃病也。'"《三国志》本传："其二月，以陈四县封植为陈王，邑三千五百户。植每欲求别见独谈论及时政，幸冀试用，终不能得。既还，怅然绝望。时法制，待藩国既自峻迫，寮属皆贾竖下才，兵人给其残老，大数不过二百人。又植以前过，事事复减半。十一年中而三徙都，常汲汲无欢。遂发疾薨，时年四十一，遗令薄葬。"《三国志·魏书·明帝纪》："六年春二月……十一月……庚寅，陈思王植薨。"《三国志旁证》卷十四引杭世骏："《名胜志》称，曹子建墓在通许县之七里冈。成化九年大水，墓崩二穴，居民入视隧表碣曰'曹子建墓'。按植曾徙封雍丘王，雍丘今之杞县，距通许四十里而近，岂植真葬斯地邪？"

《三国志》本传又言："以小子志保家之主也，欲立之……子志嗣，徙封济北王……志累增邑，并前九百九十户。"考曹植前妻崔氏，崔琰之兄女。《三国志·魏书·崔琰传》："植，琰之兄女婿也。"注引《世语》："植妻衣绣，太祖登台见之，以违制命还家赐死。"有学者认为曹植哀辞中所提金瓠、行女为崔氏女，然无据可证。继室姓字不详，生长子、苗、志。黄初三年，初制封王之庶子为乡公。时曹苗为高阳乡公，志为穆乡公，而嫡子循例应承王爵，不封乡公，故猜测曹植亦有长子在。

《隋书·经籍志四》："魏《陈思王曹植集》三十卷。"严可均《全三国文》载有《愁霖赋》、《喜霁赋》、《大暑赋》等一百六十二篇。《列女传颂》及《画赞》，应是独立的著作，《隋志》曾著录颂一卷，赞五卷。诗歌方面，丁福保《全三国诗》载有《白马篇》、《名都篇》、《薤露行》等一百一十一篇。在建安作家中，曹植流传至今的作品无疑是最多的。

**曹植的文学成就**

曹植一生历经大起大落，从贵公子弟转为待罪之人，其人生经历得到后世文人的广泛同情，其诗文亦得到极高评价，正可谓"诗穷而后工"者也。

后世文人对曹植诗歌多有评价，而对其赋文创作品评不多。与曹植同时的杨修即高度称赞曹植诗作："诵读反复，虽风、雅、颂不复过也……今乃含王超陈，度越数子，观者骇视而拭目，听者倾首而耸耳，非夫体通性达，受之自然，其谁能至于此乎？又尝亲见执事握牍持笔，有所造作，若成诵在心，借书于手，曾不斯须少留思虑。仲尼日月，无得逾焉。"（《答临菑侯笺》）最早将子建诗同《诗经》相较，认为二者可以比肩。

颜延之《庭诰》："至于五言流靡，则刘桢、张华；四言侧密，则张衡、王粲。若夫陈思王，可谓兼之矣。"认为曹植诗成就在魏晋诸文人之上。

谢灵运《拟魏太子邺中集诗序》："平原侯植，公子不及世事，但美遨游，然颇有忧生之嗟。"谢灵运还高度称赞曹植之才华，宋《释常谈》引《说郛》："谢灵运尝曰：'天下有才一石，曹子建独占八斗，我得一斗，天下共分一斗。'"

钟嵘在《诗品》中将曹植诗列为上品："其源出于国风。骨气奇高，词采华茂，情兼雅怨，体被文质，粲溢今古，卓尔不群。嗟夫！陈思王之于文章也，譬人伦之有周孔，鳞羽之有龙凤，音乐之有琴笙，女工之有黼黻。俾尔怀铅吮墨者，抱篇章而景慕，映余辉以自烛。故孔氏之门如用诗，则公幹升堂，思王入室，景阳、潘、陆，自可坐于廊庑之间矣。"钟嵘接受了杨修将子建诗比于《诗经》的观点,且有所发展。在《诗品》中钟嵘给予此等盛赞的诗人仅曹植一位,可见出钟嵘对曹植诗的推崇。《诗品》对曹植的态度对后世诗评产生了巨大影响,如释皎然在《邺中集》中评价:"邺中七子,陈王最高。"

吴淇《六朝选诗定论》:"子建之诗,隐括风、雅,组织屈、宋,洵为一代宗匠,高踞诸子之上。然其浑雄苍老,有时或不及乃父;轻莹悲凉,有时或不及乃兄。然不能不推子建为极者,盖有得于诗家之正派的宗也。"另有刘熙载《艺概·诗概》:"曹子建、王仲宣之诗出于《骚》。"二者皆为《诗品》以源流论诗方法之延续。

现当代对曹植的研究大体经历了三个阶段:

新中国成立前期(1900—1949年)是曹植文学研究从古典型向近代化研究方式的过渡期。在此期间,对曹植的研究已从分析单一作品与道德人格的层面上升到对作品与作家文学地位的讨论。胡适在《白话文学史》中说曹植是最伟大的诗人,他使乐府成为高等文人的文学体裁。虽然其论点可供商榷,但其对曹植文学地位的关注已经脱离了以前就诗论诗的研究局限,视野更为广阔。陆侃如、冯沅君于1931年出版的《中国诗史》将曹植诗歌分为以徒诗、入乐诗二类,并对曹植的文学创作年代进行了比较科学的分期研究。陆、冯认为曹植生平分为"善属文"的童年时期、太祖去世前的青年时期、曹丕在位时的压抑时期与曹叡在位时的晚年时期。这种分期方式仍以政治变化为主线,但对后来的曹植文学发展研究具有重大意义。

新中国成立后曹植地位的研究经历了一次重大的讨论过程。1947年郭沫若发表《论曹植》一文,充分表达自己抑植扬丕的理论主张,从而引发从20世纪50年代到80年代对曹植思想地位的大讨论。贾斯荣、张德钧、廖仲安等学者对曹植地位问题表达了自己的不同意见,使曹植研究在这个时代显示出极其活跃的气氛。徐公持在1983年发表《关于曹植的评价问题》对此次讨论进行一次总结,提出了比较公允的结论:"曹植在后期,特别是在曹丕黄初年间受着政治上的迫害和生活上的苛待,是不能推翻的事实。而他在后期诗文中所表露的痛苦和不满,主要源出于这种迫害与苛待,不能仅仅以'野心'或'欲望'加以解释。他的痛苦和不满具有一定的社会意义,也是不能予以否定的,具体说来就是,'在他政治生活体验中暴露出统治阶级内部的黑暗与矛盾,表现出对统治者的愤恨和那种要求解放的自由精神'(《中国文学史教学大纲》)。我认为这样的评价，并不存在拔高或夸大曹植其人的问题。"

新时期对曹植的研究更加深入和细化。徐公持在《魏晋文学史》中对曹植进行了一次全面而中肯的评述，极大促进了当代学者对曹植文学思想的细致探讨。如王钟陵对曹植的人生理想和诗歌成就有比较细致的研究；钱志熙从文化学的角度研究曹植创作，提出曹植是中国文人儒道互补的典范，标志着中国古代士—诗人基本人格模式的正式确立，颇具新意。

记载曹植生平事迹、文学思想的史书较多，主要史料见于陈寿《三国志》及裴松之注、刘义庆《世说新语》及刘孝标注等基本史籍中。又有梁章钜《三国志旁证》、卢弼《三国志集解》等对《三国志》进行大量补充，亦具参考价值。丁晏《曹集铨评》是完整品评曹植文学创作的专著，反映了清代文人对曹植思想与创作的理解。至于现当代有关曹植主要的研究成果，有黄节《曹子建诗注》、赵幼文《曹植集校注》、张可礼《三曹年谱》、《建安文学资料汇编·曹植卷》等。钟优民《曹植新探》对曹植思想与文学成就进行了重新考察，张可礼《建安文学论稿》和王巍《建安文学概论》亦对曹植创作给予高度评价。上述专著对曹植的生平、思想和文学创作进行了全方位多角度的考论，值得参考。

**参考文献**

丁晏：《曹集铨评》，文学古籍刊行社1957年版。
郭茂倩：《乐府诗集》，中华书局1979年版。
张可礼：《三曹年谱》，齐鲁书社1983年版。
刘知渐：《建安文学编年史》，重庆出版社1985年版。
王先谦：《诗三家义集疏》，中华书局1987年版。
赵幼文：《曹植集校注》，人民文学出版社1998年版。
胡绍瑛：《文选笺证》，黄山书社2007年版。
陈寿著，裴松之注，卢弼集解，钱剑夫整理：《三国志集解》，上海古籍出版社2009年版。
夏传才等：《三曹七子之外建安作家诗文合集校注》，河北教育出版社2013年版。

（徐　晓）

# 孔融传

**孔融，字文举，鲁国（今山东曲阜）人，生于汉桓帝永兴元年（153年）。为孔子二十世孙。**

《后汉书》本传："孔融字文举，鲁国人，孔子二十世孙也。"

孔融是孔子的后代，这一点基本没有异议，然而有关孔融的世代问题则有不同说法。王先谦《集解》："汪文台曰：《世说》注上之上《续汉书》云：二十四世孙。"惠栋《后汉书补注》卷十六："《续汉书》曰：高祖尚，钜鹿太守。伷，泰山都尉碑作宙。碑云：字季将，孔子十九世孙，卒于延熹六年正月乙未，年六十一。栋案：《续汉书·孔融传》亦作宙。后汉别有孔伷，字公绪者，非融父也。"孔霸为安国孙，安国为孔子十二世孙，可推知孔霸为孔子十四世孙也。又本传："（融）七世祖霸，为元帝师，位至侍中。"这样看来，孔霸之七世孙融正为孔子二十世孙，本传记载比较可信，亦可证《世说》注之误。

孔融的父亲孔宙，《后汉书·孔融传》："父宙，太山都尉。"王先谦《集解》："先谦曰：官本宙作伷……周寿昌云：案伷应正作宙。裴松之注《三国志·魏书》引《续汉书》作宙，韩敕碑阴郎中鲁孔宙季将。《三国志·魏书·武帝纪》、《许靖传》，伷字公绪，乃献帝时人，宙则灵帝时卒也。"惠栋《后汉书补注》卷十六："《续汉书》曰：……伷，泰山都尉碑作宙。碑云：字季将，孔子十九世孙，卒于延熹六年正月乙未，年六十一。栋案：《续汉书·孔融传》亦作宙。后汉别有孔伷，字公绪者，非融父也。"由是可知后汉史籍记为孔宙者实有两人，一字季将，另一字公绪，前者乃为融父。

《后汉书》本传："曹操既积嫌忌，而郗虑复构成其罪，遂令丞相军谋祭酒路粹枉状奏融……书奏，下狱，弃市。时年五十六。"路粹状奏孔融在建安十三年，由此推知，孔融生于永兴元年。

有关孔融的生平，除了《后汉书》的记载，今人有陆侃如《中古文学系年》，可资参考。

**孔融少时明理谦和，有让梨之美谈。**

《后汉书》本传："融幼有异才。"章怀注："《融家传》曰：兄弟七人，融第六，幼有自然之性。年四岁时，每与诸兄共食梨，融辄引小者。大人问其故，答曰：'我小儿，法当取小者。'由是宗族奇之。"

又惠栋《后汉书补注》卷十六："宙七子，融之外唯孔谦字德让，历仕郡诸曹吏，见《孔谦碣》；孔褒字文礼，见《史晨碑》。洪适曰：宙子载于谱录者，唯有谦、褒、融三人。"

**汉桓帝延熹五年（162年），孔融随父诣京师，谒司隶校尉李膺。明年，父宙卒。**

《后汉书》本传："年十岁，随父诣京师。"是为延熹五年。延熹六年正月孔融即遭父丧。

《后汉书》本传："时河南尹李膺以简重自居，不妄接士，宾客敕外自非当世名人，及与通家，皆不得白。融欲观其人，故造膺门，语门者曰：'我是李君通家子弟。'门者言之，膺请融，问曰：'高明祖父尝与仆有恩旧乎？'融曰：'然。先君孔子与君先人李老君同德比义，而相师友，则融与君累世通家。'众坐莫不叹息。太中大夫陈炜后至，坐中以告炜，炜曰：'夫人小而聪了，大未必奇。'融应声曰：'观君所言，将不早惠乎？'膺大笑曰：'高明必为伟器。'"惠栋《后汉书补注》卷十六："《御览》引《汉书》曰：膺大悦，引坐谓曰：'卿欲食乎？'融曰：'须食。'膺曰：'教卿为客之礼：主人问食，但让不须。'融曰：'不然。教君为主之礼；但置饮食，不须问客。'膺叹曰：'吾将老死，不见卿富贵也。'后与膺谈论百家经史，应答如流，膺不能下之。"又章怀注："膺，颍川襄城人。《融家传》曰：闻汉中李公清节直亮，意慕之，遂造公门。"《世说新语·言语》："孔文举年十岁，随父到洛。时李元礼有盛名，为司隶校尉。"此处记李膺官职与《孔融传》不同，钱大昭认为延熹八年李膺再为河南尹，侯康《后汉书补注续》"李膺为河南尹"条亦然。陆侃如由此认为在李膺任河南尹之前孔融未见其人："融见膺当以九年为合理，因为那时丧服已满了。大概他十岁随父赴洛，次年遭父丧，十四岁方谒李膺。"故将谒李膺事系于延熹九年。此论证据稍显不足。

《后汉书·孔融传》："年十三，丧父，哀悴过毁，扶而后起，州里归其孝性。好学博涉，多该览。"沈铭彝《后汉书注》："融父宙卒于桓帝延熹六年正月乙未，年六十一，见宙碑。以融卒年计之，则宙卒时融年十一，非十三也。"《孔宙碑》现存于曲阜碑林，碑文可信。

**汉灵帝建宁二年（169 年），孔融因救张俭而显名。**

《后汉书》本传："山阳张俭为中常侍侯览所怨，览为刊章下州郡，以名捕俭。俭与融兄褒有旧，亡抵于褒，不遇。时融年十六，俭少之而不告。融见其有窘色，谓曰：'兄虽在外，吾独不能为君主邪？'因留舍之。后事泄，国相以下密就掩捕。俭得脱走，遂并收褒、融，送狱，二人未知所坐。融曰：'保纳舍藏者融也，当坐之。'褒曰：'彼来求我，非弟之过，请甘其罪。'吏问其母，母曰：'家事任长，妾当其辜。'一门争死，郡县疑不能决，乃上谳之，诏书竟坐褒焉。融由是显名。"

《后汉书·灵帝纪》："二年……冬十月丁亥，中常侍侯览讽有司奏前司空虞放……皆为钩党下狱，死者百余人。"

《后汉书·张俭传》："又张俭乡人朱并，承望中常侍侯览意旨，上书告俭与同乡二十四人别相署号，共为部党，图危社稷……灵帝诏刊章捕俭等。"救张俭一事成就了孔融于当世的忠洁声名，亦从一个侧面反映出孔融家族对儒家忠信道德的严格恪守，这种精神品质稳固存在于孔融的思想之中，对他的生活经历与文学创作产生了巨大的影响。

**汉灵帝熹平五年（176 年），孔融辟司徒杨赐府。**

《后汉书》本传："州郡礼命皆不就，辟司徒杨赐府。"杨赐两次拜司徒，据《灵帝纪》："五年……十一月丙戌，光禄大夫杨赐为司徒……六年……十二月……庚辰，司徒杨赐免……（光和）二年……十二月光禄勋杨赐为司徒……四年……闰月辛酉……司徒杨赐罢。"融被辟不知在何时，陆侃如系于此年，而余绍初系于光和三年。现只能确定孔融被辟在熹平五年末至光和四年末之间。

**汉灵帝光和五年（182年），陈对中官贪浊，颇见孔融孤直之性。**

有关此事的时间，《后汉书·刘陶传》："光和五年，诏公卿以谣言举刺史、两千石为民蠹害者。时太尉许馘、司空张济承望内官，受取货赂，其宦者子弟宾客，虽贪污秽浊，皆不敢问而虚纠边远小郡清修有惠化者二十六人。吏人诣阙陈诉，耽与议郎曹操上言：'公卿所举，率党其私，所谓放鸱枭而囚鸾凤。'"由此可知在光和五年。

《后汉书》本传："时隐核官僚之贪浊者，将加贬黜。融多举中官亲族，尚书畏迫内宠，召掾属诘责之。融陈对罪恶，言无阿挠。"

王先谦《集解》："王补曰：此当是诏三府掾属举谣言时，故融得以陈奏，而尚书吏诘责之，与范滂事同也。"

**汉灵帝中平元年（184年），孔融举高第，为侍御史，托病归家。迁豫州从事，未就。**

《后汉书》本传："河南尹何进当迁为大将军，杨赐遣融奉谒贺进，不时通，融即夺谒还府，投劾而去。河南官属耻之，私遣剑客，欲追杀融。客有言于进曰：'孔文举有重名，将军若造怨此人，则四方之士引领而去矣；不如因而礼之，可以示广于天下。'进然之，既拜而辟融，举高第，为侍御史，与中丞赵舍不同，托病归家。"惠栋《后汉书补注》卷十六："《百官表》曰：中丞内领侍御史，融为舍属，与舍不合，故归也。"由是可知孔融当世名声之高。

有关孔融夺谒还府的时间，《后汉书·灵帝纪》："中平元年……三月戊申，以河南尹何进为大将军。"孔融投劾即在是年前后。

《后汉书·王允传》："中平元年，黄巾贼起，特选拜豫州刺史，辟荀爽、孔融等为从事。"陆侃如推断融为从事当在辞侍御史后，辟杨赐府前。然而王允任豫州刺史不到一月即为中常侍张让中伤入狱。

《后汉书·王允传》："中平元年……于贼中得中常侍张让宾客书疏，与黄巾交通，允具发其奸，以状闻。灵帝责怒让，让叩头陈谢，竟不能罪之。而让怀协忿怨，以事中允。明年，遂传下狱。会赦，还复刺史。旬日间，复以他罪被捕。"其中"明年"二字于句中不合语意，疑为衍文。就此条材料来看，孔融虽被辟为豫州从事，然未及赴任。

**中平二年（185年年），孔融辟司空掾，拜北军中候，迁虎贲中郎将。四年（187年），迁大将军掾。**

《后汉书》本传："后辟司空掾，拜中军候。在职三日，迁虎贲中郎将。"王先谦《集解》曰："刘攽曰：案汉官无中军候，唯有北军中候耳，明字有脱误也。先谦曰：……《北海传》当云军中候，其文倒耳，无脱字也。"又《校补》曰："钱大昭曰：《三国志·魏书·崔琰传》裴注云：累迁北军中候。此作中军候，误。"考《后汉书·杨赐传》："二年九月，复代张温为司空。其月薨。"孔融拜中候可能在杨赐卒后。

《后汉书·边让传》："大将军何进闻（边）让才名，欲辟命之；恐不至，诡以军事征召。既到，署令史，进以礼见之。让善占谢，能辞对；时宾客满堂，莫不羡其风。府掾孔融、王朗并修刺候焉。"孔融为进掾，本传未载，从《边让传》可知融在让应召前已入进幕，故假定在本年。参见《王朗传笺证》。

**汉献帝初平元年（190年），孔融迁议郎，拜北海相，作《告高密相立郑公乡教》、《缮治郑公宅教》、《答王修举孝廉让邴原教》、《重答王修》、《喻邴原举有道书》及《遣问邴原书》。**

《后汉书》本传："会董卓废立，融每因对答，辄有匡正之言，以忤卓旨，转为议郎。时黄巾寇数州，而北海最为贼冲；卓乃讽三府同举融为北海相。融到郡，收合士民，起兵讲武，驰檄飞翰，引谋州郡。贼张饶等群辈二十万众从冀州还，融逆击，为饶所败。乃收散兵，保朱虚县。稍复鸠集吏民为黄巾所误者，男女四万余人，更置城邑。立学校，表显儒术，荐举贤良郑玄、彭璆、邴原等。郡人甄子然、临孝存，知名早卒。融恨不及之，乃命配食县社。其余虽一介之善，莫不加礼焉。"

王先谦《集解》："汪文台曰：《世说》注：《续汉书》云：时年三十八。"又《三国志·魏书·崔琰传》裴注引司马彪《九州春秋》："融在北海，自以智能优赡，溢才命世，当时豪俊皆不能及，亦自许大志，且欲举军曜甲，与群贤要功。自于海岱结殖根本，不肯碌碌如平居郡守，事方伯，赴期会而已。然其所任用，好奇取异，皆轻剽之才；至于稽古之士，谬为恭敬，礼之虽备，不与论国事也。高密郑玄，称之郑公，执子孙礼；及高谈教令，盈溢官曹，辞气温雅可玩而诵；论事考实，难可悉行。但能张磔网罗，其自理甚疏。租赋少稽，一朝杀五部督邮，奸民污吏，猾乱朝市，亦不能治。"

本传所言"立学校，表显儒术，荐举贤良郑玄、彭璆、邴原等"事，《后汉书·郑玄传》："国相孔融深敬于玄，屣履造门，告高密县为玄特立一乡……"惠栋《后汉书补注》卷九："商芸《小说》曰：玄在徐州，孔文举欲其返郡，敦请恳恻，使人继踵，又教曰……"《三国志·魏书·王修传》："初平中，北海孔融召以为主簿，守高密令……举孝廉，修让邴原，融不听。"因王修重辞，孔融二度答教。

《三国志·魏书·邴原传》："黄巾起，原将家属入海，住郁洲山中。时孔融为北海相，举原有道。原以黄巾方盛，遂至辽东。"裴注引《原别传》："是时汉朝陵迟，政以贿成，原乃将家人入郁洲山中。郡举有道，融书喻原曰……"在《喻邴原有道书》中融诚陈原之有道，言国家危乱，需要有才能的人"援手援溺，振民于难"，喻其出而为官。裴又注引："原遂到辽东……后原欲归乡里，止于三山，孔融书曰……原于是遂复反还。"孔融所作即《遣问邴原书》。

**初平三年（192年），孔融为贼所围，求救于刘备。祢衡与孔融为友。**

《后汉书》本传："时黄巾复来侵暴，融乃出屯都昌，为贼管亥所围。融逼急，乃遣东莱太史慈求救于平原相刘备。备惊曰：'孔北海乃复知天下有刘备邪？'即遣兵三千救之，贼乃散走。"据万斯同《三国汉季方镇年表》，备相平原始于初平二年，终于初平四年，故假定在此时。

《后汉书·祢衡传》："衡始弱冠，而融年四十，遂与为交友。"而《后汉书·孔融传》载路粹《奏融状》："又前与白衣祢衡跌荡放言，云：'父之于子当有何亲？论其本意，实为情欲发耳。子之于母亦复奚为？譬如寄物瓶中，出则离矣。夕既而与衡更相赞扬，衡谓融曰：'仲尼不死。'融答曰：'颜回复生。'"此为融与祢衡相交又一记录。

**汉献帝兴平二年（195年），孔融为青州刺史。**

《后汉书》本传："时袁、曹方盛，而融无所协附。左丞祖者，称有意谋，劝融有所结纳。融知绍、操终图汉室，不欲与同，故怒而杀之。融负其高气，志在靖难，而才疏意广，迄无成功。在郡六年，刘备表领青州刺史。"

《三国志·魏书·崔琰传》注引司马彪《九州春秋》："黄巾将至，融大饮醇酒，躬自上马，御之涞水之上。寇令上部与融相拒，两翼径涉水，直到所治城。城溃，融不得入，转至南县，左右稍叛。连年倾覆，事无所济，遂不能保郡四境，弃郡而去。后徙徐州，以北海相自还领青州刺史，治郡北陲。欲附山东，外接辽东，得戎马之利，建树根本。孤立一隅，不与共也。于时曹、袁、公孙共相首尾，战士不满数百，谷不至万斛。王子法、刘孔慈凶辩小才，信为腹心；左丞祖、刘义逊清隽之士，备在坐席而已；言此民望，不可失也。丞祖劝融自托强国，融不听而杀之，义逊弃去。"

**汉献帝建安元年（196年），孔融为袁谭所败。推荐祢衡与边让。**

《后汉书》本传："建安元年，为袁谭所攻，自春至夏，战士所余裁数百人。流矢雨集，戈矛内接，融隐几读书，谈笑自若。城夜陷，乃奔东山，妻子为谭所虏。及献帝都许，征融为将作大匠。"

从以上有关孔融带兵诸条来看，孔融并不具备良好的军事才能。然而在动荡的社会环境之中，士人的人生价值首先通过建功立业这一途径体现出来。作为继承儒家入世理想的孔融来说，功业意识已经成为一种生命之追求，于是在孔融身上不可避免地出现了理想与现实无法调和的矛盾。孔融的一生正是理想与现实不断相互冲突的过程，这种冲突同样也是以建安七子为代表的曹魏士人最为普遍的心路历程。在这个意义上来说，孔融的经历代表着整个曹魏时期的文士群体的心态变化。

《后汉书·祢衡传》："（祢衡）兴平中，避难荆州。建安初，来游许下……唯善鲁国孔融与弘农杨修……融亦深爱其才。"又侯康《后汉书补注续》："《御览》六百九十一引《边让别传》曰：让才辩俊逸，孔融荐让于武帝。"

严可均《全后汉文》卷八十三载融《荐祢衡书》及《与曹公书荐边让》。《荐祢衡书》曰："窃见处士平原祢衡，年二十四，字正平，淑质贞亮，英才卓跞。初涉艺文，升堂睹奥，目所一见，辄诵于口，耳所暂闻，不忘于心，性与道合，思若有神。弘羊潜计，安世默识，以衡准之，诚不足怪。忠果正直，志怀霜雪，见善若惊，疾恶如仇。任座抗行，史鱼厉节，殆无以过也……"重述祢衡之德才。而《与曹公书荐边让》仅存一句，难考其实矣。

**建安二年（197年），孔融力劝曹操勿杀无辜，救杨彪。持节拜袁绍为大将军，迁少府。据礼制议马日䃅丧不宜加礼。**

《后汉书·杨彪传》："时袁术僭乱，操托彪与术婚姻，诬以欲图废置，奏收下狱，劾以大逆。将作大匠孔融闻之，不及朝服，往见操曰：'杨公四世清德，海内所瞻，《周书》父子兄弟罪不相及，况以袁氏归罪杨公？《易》称积善余庆，徒欺人耳。'操曰：'此国家之意。'融曰：'假使成王杀邵公，周公可得言不知邪？今天下缨緌搢绅所以瞻仰明公者，以公聪明仁智，辅相汉朝，举直措枉，致之雍熙也。今横杀无辜，则海内观听，谁不解体？孔融鲁国男子，明日便当拂衣而去，不复朝矣。'操不得已，遂理出彪。"

《后汉书·献帝纪》："三月，袁绍自为大将军。"又《后汉书·袁绍传上》："二年使将作大匠孔融持节拜绍大将军。"

《后汉书》本传："迁少府，每朝会访对，融辄引正定议，公卿大夫皆隶名而已。"熊方《补后汉书年表》卷十下列融迁少府在元年，诸以敦《校补》卷八说："至建安二年持节拜袁绍为大将军，尚为此官，见绍传，安得元年即转少府？此条当在二年。"钱大昭《后汉书补表》卷八及练恕《后汉公卿表》同。此从以敦之说。

《后汉书》本传："初，太傅马日䃅奉使山东，及至淮南，数有意于袁术，术轻侮之，遂夺取其节。求去，又不听，因欲逼为军师。日䃅深自恨，遂呕血而毙。及丧还，朝廷议欲加礼，融乃独议……朝廷从之。"袁宏《后汉纪》卷二十九："建安二年秋七月……于是马日䃅丧还京师，将欲加礼，少府孔融议曰……"

严可均《全后汉文》卷八十三题作《马日䃅不宜加礼议》。文章正反相合，上有国佐、宜僚不通敌国；下则得臣、子家叛主而得罚，所论马日䃅不可加礼甚明。

**建安三年（198年），孔融作《与王朗书》及《张俭碑铭》，荐谢该。袁绍使曹操诛融，操拒之。**

《三国志·魏书·王朗传》："太祖表征之，朗自曲阿展转江海，积年乃至。"裴注："朗被征未至，孔融与朗书曰：'世路隔塞，情问断绝，感怀增思。前见章表，知寻汤武罪己之迹，自投东裔同鲧之罚，览省未周，涕陨潸然。主上宽仁，贵德宥过。曹公辅政，思贤并立。策书屡下，殷勤款至。知棹舟浮海，息驾广陵，不意黄熊突出羽渊也。谈笑有期，勉行自爱。'"又裴注引《汉晋春秋》："建安三年，太祖表征朗，策遣之。"王朗由吴地回归许都，孔融作书迎之，多记叙怀念之思，全无责备之意。由是可见王朗与孔融相交甚笃。

严可均《全后汉文》卷八十二载融《卫尉张俭碑铭》。据《后汉书·张俭传》，张俭于建安初为卫尉，"岁余卒于许下"，融文作于张俭卒后。张俭之为人，深受孔融之推崇，孔融救张俭一事，详见前文"建宁二年"条。二人情谊，可得见之。碑铭中正，先述祖光，再赞品行，最后详言张俭于山阳郡揭发侯览之罪，又因党锢被捕，受众人济厄事。情感平实，持中守正，寓悲思于沉郁之中。

《后汉书·谢该传》："谢该……仕为公车司马令，以父母老，托疾去官，欲归乡里。会荆州道断，不得去，少府孔融上书荐之曰：'……今尚父鹰扬，方叔翰飞，王师电鸷，群凶破殄，始有櫜弓卧鼓之次，宜得名儒，典综礼纪。窃见故公车司马令谢该，体曾、史之淑性，兼商、偃之文学，博通群蓺，周览古今，物来有应，事至不惑，清白异行，敦悦道训。求之远近，少有俦匹……今该实卓然，比迹前列，闲以父母老疾，弃官欲归，道路险塞，无由自致。猥使良才抱璞而逃，逾越山河，沈沦荆楚，所谓往而不反者也。后日当更馈乐以钓由余，克像以求傅说，岂不烦哉？臣愚以为可推录所在，召该令还。楚人止孙卿之去国，汉朝追匡衡于平原，尊儒贵学，惜失贤也。'书奏，诏即征还，拜议郎。"孔融荐书多用典崇古，追述先贤，极言文武并用之意。孔融建议朝廷任用文士，莫于日后有追贤之憾。

是年袁绍欲使曹操杀孔融，遭曹操拒绝。《三国志·魏书·武帝纪》建安三年裴注引《魏书》曰："袁绍宿与故太尉杨彪、大长秋梁绍、少府孔融有隙，欲使公以他过诛之。公曰：'当今天下土崩瓦解，雄豪并起，辅相君长，人怀怏怏，各有自为之心，此上下相疑之秋也，虽以无嫌待之，犹惧未信；如有所除，则谁不自危？且夫起布衣，在尘垢之间，为庸人之所陵陷，可胜怨乎！……'绍以为公外托公义，内实离异，深怀怨望。"

**建安四年（199年），孔融上疏议肉刑。作《崇国防疏》论刘表僭伪，又向曹操荐赵岐。**

《后汉书》本传："时论者多欲复肉刑，融乃建议……"严可均《全后汉文》卷八十三载融《肉刑论》。《崇国防疏》当与《肉刑议》同时所作。

孔融推荐赵岐一事，《后汉书·赵岐传》："曹操时为司空，举（岐）以自代。光禄勋桓典、少府孔融上书荐之。于是就拜岐为太常。"袁宏《后汉纪》卷二十九："（四年）二月，司空曹操让位于太仆赵岐，不听。"可知被荐后赵岐未赴任。现仅存"赵岐博古"一句。

**建安五年（200年），孔融对问祭礼，得一子。孔融与荀彧论袁绍。**

《后汉书》本传："五年，南阳王冯，东海王祇薨。帝伤其早殁，欲为修四时之祭，以访于融，融对曰……"又《后汉书考异》："东海王抵以建安五年薨，子羡嗣，魏受禅始除，不应别封皇子，当是北海之伪。"侯康《后汉书补注续》："又考献帝以九岁即位，至建安五年才二十，不得有孙。然则东海之封，建安五年已绝，故今已封敦，无容改为北海也。"王先谦《后汉书集解》："以融所对圣恩敦睦及同产昆弟之说证之，实皆帝之诸弟，而灵帝子耳。"融对问在此时。

孔融是年生有一子。《后汉书》本传建安十三年："下狱弃市，时年五十六，妻子皆被诛。初，女年七岁，男年九岁，以其幼弱得全，寄它舍。"推知男儿生于本年。

《后汉书·荀彧传》："五年，袁绍率大众以攻许，操与相距。绍甲兵甚盛，议者咸怀惶惧。少府孔融谓彧曰：'袁绍地广兵强，田丰、许攸智计之士为其谋，审配、逢纪尽忠之臣任其事，颜良、文丑勇冠三军统其兵，殆难克乎？'彧曰：'绍兵虽多而法不整……可一战而擒也。'后皆如彧之筹。"《三国志·魏书·武帝纪》亦载建安五年。《三国志·魏书·荀彧传》记在三年，恐误。

**建安七年（202年），孔融得一女。**

《后汉书》本传："下狱弃市，时年五十六，妻子皆被诛。初，女年七岁，男年九岁，以其幼弱得全，寄它舍。"可知女生于融年五十时。

**建安八年（203年），孔融作书与张纮、虞翻等。**

《三国志·吴书·张纮传》裴注引《吴书》："及（孙权）讨江夏，以东部少事，命纮居守，遥领所职。孔融遗纮书曰……"又"纮既好文学，又善楷篆，与孔融书自书。融遗纮书曰……"

《三国志·吴书·吴主传》："八年，权西伐黄祖，破其舟军，惟城未克，而山寇复动。还过豫章，使吕范平鄱阳，（会稽）程普讨乐安，太史慈领海昏，韩当、周泰、吕蒙等为剧县令长。"由此可知，孙权继孙策后第一次讨江夏在建安八年，此亦为孔融作书与张纮之年。

《三国志·吴书·虞翻传》："策薨……后翻州举茂才……翻与少府孔融书，并示以所著《易注》，融答书曰……"《三国志·吴书·孙策传》："先是，策杀贡，贡小子与客亡匿江边。策单骑出，卒与客遇，客击伤策。创甚……至夜卒，时年二十六。"孙策卒于建安五年，据此，孔融此书当作于孙策卒后数年中，与前书时代相近。

**建安九年（204年），孔融作书与曹操嘲丕纳甄氏，又上书献帝请准古王畿制，荐盛孝章。**

《后汉书》本传："初曹操攻屠邺城，袁氏妇子多见侵略，而曹子丕私纳袁熙妻甄氏。融乃与操书，称武王伐纣，以妲己赐周公。操不悟，后问出何经典，对曰：'以今度之，想当然耳。'"《三国志·魏书·崔琰传》裴注引《魏氏春秋》所载略同。

孔融嘲曹操为子丕私纳甄氏，乃孔融与曹操交恶的代表事件之一，曹操虽未立杀融，然而可推断此事对建安十三年孔融之死有着重大影响无疑。

孔融准古王畿制乃亦欲牵制曹操势力，还权于帝。可推论建安九年前后，孔融与曹操之政治关系处于急剧恶化状态。

袁宏《后汉纪·献帝纪》："九年……九月，太中大夫孔融上书曰：'臣闻先王分九圻……'"又《后汉书》本传："又尝奏宜准古王畿之制，千里寰内，不以封建诸侯。操疑其所论建渐广，益惮之。然以融名重天下，外相容忍，而潜忌正议，虑鲠大业。"

《三国志·魏书·崔琰传》裴注引张璠《汉纪》曰："帝初都许，融以为宜略依旧制，定王畿，正司隶所部，为千里之封，乃引公卿上书言其义。是时天下草创，曹、袁之权未分，融所建明，不识时务。"

孔融虽同曹操交恶，然亦向曹操荐举贤能，论盛孝章，可见孔融举贤意愿之诚切。《三国志·吴书·孙韶传》裴注引《会稽典录》："宪字孝章，器量雅伟，举孝廉，补尚书郎，稍迁吴郡太守，以疾去官。孙策平定吴、会，诛其英豪。宪素有高名，策深忌之。初，宪与少府孔融善，融忧其不免祸，乃与曹公书曰：'岁月不居，时节如流。五十之年忽焉已至，公为始满，融又过二……'"可知作于本年。荐文感叹年岁已老，知识零落，贤明难遇。孝章一介雄才，困于吴地，故望曹公招用之，可尽招贤之利。孔融亲魏而远吴，非交好于操，乃合王事之大伦也。

**建安十二年（207年），孔融嘲曹操征乌桓及制酒禁，免官，作书答操。**

《后汉书》本传："后操讨乌桓，又嘲之曰：'大将军远征萧条海外。昔肃慎氏不贡楛矢，丁零盗苏武牛羊，可并案也。'时年饥兵兴，操表制酒禁，融频书争之，多侮慢之辞。既见操雄诈渐著，数不能堪，故发辞偏宕，多致乖忤……山阳郗虑承望风旨，以微法奏免融官。因显明仇怨，操故书激厉融曰：'盖闻唐虞之朝……'融报曰……"章怀注："融集与操书云：'酒之为德久矣……'又书曰：'昨承训答……'"可知融书难酒禁有两次，二文皆见于《孔融集》。

《三国志·魏书·武帝纪》裴注引虞溥《江表传》："献帝尝特见虑及少府孔融，问融曰：'鸿豫何所优长？'融曰：'可与适道，未可与权。'虑举笏曰：'融昔宰北海，政散民流，其权安在也？'遂与融互相长短，以至不睦，公以书和解之。"

《三国志·魏书·崔琰传》裴注引张璠《汉纪》曰："又天性气爽，颇推平生之意，狎侮太祖。太祖制酒禁，而融书啁之曰：'天有酒旗之星，地列酒泉之郡，人有旨酒之德。故尧不饮千钟，无以成其圣。且桀纣以色亡国，今令不禁婚姻也。'太祖外虽宽容，而内不能平。御史大夫郗虑知旨，以法免融官。"曹操免融官直接原因即此，然操融之嫌隙由来已久矣。

严可均《全后汉文》卷八十三载融《答路粹书》，即本传所载《报曹操书》："猥惠书教，告所不逮。融与鸿豫州里比郡，知之最早。虽尝陈其功美，欲以厚于见私，信于为国，不求其覆过掩恶，有罪望不坐也。前者黜退，欢欣受之……知同其爱，训诲发中。虽懿伯之忌，犹不得念，况恃旧交，而欲自外于贤吏哉！辄布腹心，修好如初。苦言至意，终身诵之。"

孔融此时已经意识到自己处境之危殆，故而文笔之谦和谨慎大异于前。孔融以孔氏之名，行儒家之法，而生于乱世，多见杀伐僭主之恶行，躁竞激厉之气油然而生。张溥《孔少府集题辞》有言："鲁国男子孔文举，年大曹操二岁，家世声华，曹氏不敌，其诗文亦非操所敢望也。操杀文举，在建安十三年，时僭形已彰，文举既不能诛之，并立衰朝，戏谑笑傲，激其忌怒，无啻肉喂馁虎，此南阳管乐所深悲也。"张说抑曹倾向甚明，尤以"其诗文亦非操所敢望也"句深为后世学者所病。然对于孔融性格之峻急，张溥之论多为切近。而观《答路粹书》，则全篇谢恩感激之语，竟不似文举所作。言过而身危，于此为甚。

**建安十三年（208年），孔融为太中大夫。路粹状奏孔融，融作《临终诗》，痛诉多言见谤之遗憾。后被曹操所杀，弃市。**

《后汉书》本传："岁余，复拜太中大夫。性宽容少忌，好士，喜诱益后进。及退闲职，宾客日盈其门。常叹曰：'坐上客恒满，尊中酒不空，吾无忧矣。'与蔡邕素善，邕卒后，有虎贲士貌类于邕，融每酒酣，引与同坐，曰：'虽无老成人，且有典刑。'融闻人之善，若出诸己；言有可采，必演而成之。面告其短，而退称所长。荐达贤士，多所奖进；知而未言，以为己过；故海内英俊皆信服之。"

《三国志·魏书·崔琰传》裴注引张璠《汉纪》，与此略同。融免官在十二年夏征乌丸后，岁余复官当在十三年夏秋间。又《后汉书》本传："曹操……遂令丞相军谋祭酒路粹枉状奏融曰……"裴注引《典略》："融诛之后，人睹粹所作，无不嘉其才而忌其笔也。"《三国志·魏书·王粲传》裴注引《典略》："及孔融有过，太祖使粹为奏，承指数致融罪。"

《后汉书》本传："曹操既积嫌忌，而郗虑复构成其罪，遂令丞相军谋祭酒路粹枉状奏融……书奏，下狱，弃市。时年五十六。"又卷九《献帝纪》："八月……曹操杀太中大夫孔融，夷其族。"惠栋《后汉书补注》卷十六："乐史曰：融墓在扬州江都县高士访西北，去州九里。"《三国志·魏书·王修传》裴注引《魏略·纯固传》："太祖为司空，威德日盛，而融故以旧意，书疏倨傲。（脂）习常责融，欲令改节，融不从。会融被诛，当时许中百官先与融亲善者莫敢收恤，而习独往抚而哭之曰：'文举，卿舍我死，我当复与谁语者？'哀叹无已，太祖闻之，收习欲理之，寻以其事直见原。"

《后汉书》本传："妻子皆被诛。初，女年七岁，男年九岁，以其幼弱得全，寄它舍。二子方弈棋，融被收而不动。左右曰：'父执而不起，何也?'答曰:'安有巢毁而卵不破乎?'主人有遗肉汁,男渴而饮之。女曰:'今日之祸,岂得久活,何赖知肉味乎?'兄号泣而止。或言于曹操,遂尽杀之。及收至,谓兄曰:'若死者有知,得见父母,岂非至愿?'乃延颈就刑,颜色不变,莫不伤之。"

《北堂书钞》卷一百五十八载融《临终诗》:"言多令事败,器漏苦不密。河溃蚁孔端,山坏由猿穴。涓涓江汉流,天窗通冥室。谗邪害公正,浮云翳白日。靡辞无忠诚,花繁竟不实。人有两三心,安能合为一。三人成市虎,浸渍解胶漆。生存多所虑,长寝万事毕!"痛陈多言获罪之苦以及小人离间之恨,感情沉郁。王夫之《船山古诗评选》卷四:"《临终诗》:但追愤事之咎,不一以生灭为感,乃知欧阳建'伯阳适西戎'之作,真儿女子也。一往密致。"陈祚明《采菽堂古诗选》论:"文举虽严正性,而儒者阔疏,既怀忧国之诚,奈何以空言相讼。味起句盖已悔之。结语真忠臣之心,苟复生存,此虑不释。诗至此,可谓能见志矣。"二论侧重有异,而其旨实同,皆言孔融忧国忠贞之志,至死不渝。

孔融作为深受孔门家业熏陶之名士,其明德求理、忠君敬贤之高节深受后人推崇。孔融诗赋作品留存较少,考察后世对孔融的评价,侧重点主要集中于个人精神品质与章表书记之功上,而对其诗文创作的评价亦居于相对次要的地位。

李充《翰林论》:"或问曰:'何如斯可谓之文?'答曰:'孔文举之书,陆士衡之议,斯可谓成文也。'"可见孔融书论之作很早就被当世所推崇。

刘勰《文心雕龙·诔碑》:"自后汉以来,碑碣云起……孔融所创,有慕伯喈。张陈两文,辨给足采,亦其亚也。"刘勰称赞孔融碑诔之作,同是认可其应用文体的写作成就,而对孔融纯文学的诗赋之作议论不多。

有关孔融的文风特点,黄彻《碧溪诗话》卷十:"子建称孔北海文章多杂以嘲戏。子美亦戏效俳谐体,退之亦有寄诗杂诙俳,不独文举为然。"除认为孔融文以诙谐之外,又有评价孔融文骨奇高者,如王世贞《艺苑卮言》卷三:"当时孔文举为先达,其于文特高雄……正平、子建可直称建安才子,其次文举,又其次为公幹、仲宣。"直将孔融列为建安七子之冠。

另一方面,孔融独立的精神人格也受到后世的推崇,苏轼《乐全先生文集叙》:"孔北海志大而论高,功烈不见于世,然英伟豪杰之气,自为一时所宗。其论盛孝章、郗鸿豫书,慨然有烈丈夫之风。"刘熙载《艺概·文概》:"遒文壮节,于汉季得两人焉:孔文举、臧子源是也。曹子建、陈孔璋文为建安之杰,然尚非其伦比。孔北海文,虽体属骈俪,然卓荦遒亮,令人想见其为人。"直将孔融人品文品统合为一矣。

现当代对孔融的研究也较为丰富,将孔融统入建安七子创作群体之中而进行总体研究的著作有王鹏廷《建安七子研究》、王巍《建安文学概论》和张可礼《建安文学论稿》等;而王巍《曹氏父子与建安文学》和李宝均的同名著作则从孔融与曹氏父子之间相互依赖的关系上考察建安文人与政治的结合与冲突;王玫《建安文学接受史论》吸收西方接受史的研究方法,考察了建安文学在曹魏之后对建安文学人物与文风的评价与接受情况。而对于孔融的专门研究,多局限在对他的特定作品、人格精神抑或从政年代的考订之上,尚缺乏将孔融思想精神与文学创作结合考察的综合研究的出现。

如今学者对《六言诗》三首的作者问题多有考辨,刘知渐、吴云、徐公持、余绍初等学者认为《六言诗》三首为孔融所写,如徐公持《建安七子诗文系年考证》:"其所咏,互为首尾,皆中平、初平、兴平年间事,盖汉末颠殒播乱史实之回顾也。而其回顾至'从洛到许'为止,可知作此诗时,汉帝方由洛阳移都于许。"[1]徐公持并认为孔融《六言诗》作于建安元年。而反对《六言诗》为融作者,早见于纪昀《四库全书总目提要》:"其六言诗之名,见于本传。今所传三章,辞多凡近,又皆盛称曹操功德。断以融之生平,可信其义不出此。即使旧本有之,亦必黄初间购求遗文,赝托融作以颂曹操,未可定为真本也。"而当代学者韩留勇从《六言诗》出现在《孔融集》中的年代早晚、记叙史事与孔融本传之对比、思想情感之比较论证《六言诗》非融所作,亦可参考[2]。

有关孔融的著录情况,《隋书·经籍志一》:"梁有《春秋杂议难》五卷,汉少府孔融撰……亡。"曾朴《补志》卷二:"案《太山都尉孔宙碑》云:'少习家训,治颜氏春秋。'《孔褒碑》云:'治家业春秋。'《孔谦揭》亦云:'治家业,修《春秋》。'据此则融祖、父皆治《公羊春秋》。汉人重家法,融即从业治左氏,不容反而攻之也。"可见孔融的经

---

[1] 徐公持:《建安七子诗文系年考证》,《文学遗产》1982年第A14期。

[2] 韩留勇:《〈六言诗〉非孔融作考述》,《内蒙古电大学刊》2010年第5期。

学学术修养颇为深厚。《后汉书·孔融传》:"魏文帝深好融文辞,每叹曰:'扬、班俦也。'募天下有上融文章者,辄赏以金帛。所著诗、颂、碑文、论、议、六言、策文、表、檄、教、令、书、记,凡二十五篇。"《隋书·经籍志四》:"后汉少府《孔融集》九卷,梁十卷,录一卷。"严可均《全后汉文》卷八十三载三十九篇。诗歌方面,丁福保《全汉诗》卷二载《离合作郡姓名字诗》一首、《杂诗》二首、《临终诗》一首、《六言诗》三首(冯惟讷《诗纪》汉卷之三多《失题》一首,收于今本孔融集)。

**参考文献**

卢弼:《三国志集解》,中华书局1982年版。
张可礼:《建安文学论稿》,山东教育出版社1986年版。
俞绍初:《建安七子集》,中华书局1989年版。
吴云、唐绍忠:《建安七子集校注》,天津古籍出版社1991年版。
王巍:《建安文学概论》,辽宁教育出版社1991年版。
梁章钜:《三国志旁证》,福建人民出版社2000年版。
王鹏廷:《建安七子研究》,北京大学出版社2004年版。
王玫:《建安文学接受史论》,上海古籍出版社2005年版。
王巍:《曹氏父子与建安文学》,辽海出版社2011年版。
夏传才等:《三曹七子之外建安作家诗文合集校注》,河北教育出版社2013年版。

(徐　晓)

# 陈 琳 传

**陈琳，字孔璋，广陵射阳人（今江苏省宝应县东南）。生年不详。**

关于陈琳生年无确考。考《三国志·魏书·张昭传》："（昭）少好学，善隶书，从白侯子安受《左氏春秋》，博览众书，与琅邪赵昱、东海王朗俱发名友善。弱冠察孝廉，不就，与王朗共论旧君讳事，州里才士陈琳等皆称善之。"张昭卒于吴嘉禾五年，年八十一，可推其生年为汉桓帝永寿二年；"弱冠察孝廉"在灵帝熹平四年。俞绍初认为当时陈琳既以"州里才士"而"称善"昭，应在弱冠之年左右，推其生年当不晚于桓帝延熹三年；又《后汉书·臧洪传》载，袁绍兵围臧洪，"使洪邑人陈琳以书譬洪"，洪答书曰："足下当见久围不解，救兵未至，感婚姻之义，推平生之好，以为屈节而苟生，胜守义而倾覆也。"是陈琳与臧洪系姻亲旧好，二人年齿亦当相若。据《后汉书·臧洪传》，汉灵帝熹平三年"洪年十五，以父功拜童子郎"，则洪为延熹三年生。参以《三国志·魏书·张昭传》记陈琳之事，琳或生于是年前后。从之。

关于陈琳籍贯，曹丕《典论·论文》谓"广陵陈琳孔璋"，《三国志》本传亦云："广陵陈琳，字孔璋。"《三国志·魏书·臧洪传》："臧洪字子源，广陵射阳人也。"又载："绍令邑人陈琳书与洪。"可知陈琳与臧洪同邑，亦广陵射阳人。按《后汉书·郡国志》，广陵郡射阳属徐州。其地在今江苏省宝应县东南。陈琳家室不详。

**陈琳年少得名。汉灵帝熹平四年（175年），听张昭与王朗共论旧君讳事，并称善之。**

《三国志·魏书·张昭传》："（昭）少好学，善隶书，从白侯子安受《左氏春秋》，博览众书，与琅邪赵昱、东海王朗俱发名友善。弱冠察孝廉，不就，与王朗共论旧君讳事，州里才士陈琳等皆称善之。"推测陈琳察举孝廉时仅十余岁，详见上条。

**少时，为何进主簿。汉灵帝中平六年（189年），陈琳劝进勿招外兵，进不听取祸。琳避地冀州，归袁绍。**

《三国志》本传："琳前为何进主簿，进欲诛诸宦官，太后不听，进乃召四方猛将，并使引兵向京城，欲以劫恐太后。琳谏进曰：'……今将军总皇威，握兵要，龙骧虎步，高下在心；以此行事，无异于鼓洪炉以燎毛发……大兵合聚，强者为雄，所谓倒持干戈，授人以柄；功必不成，只为乱阶。'进不纳其言，竟以取祸。琳避难冀州。"陈琳始为何进主簿的年月不详；而陈琳谏何进召外兵事，又见《后汉书·何进传》："主簿陈琳入谏……进不听，遂西召前将军董卓屯关中上林苑。"陈琳避难冀州归袁绍，盖在何进败亡后不久。

**汉献帝初平二年（191年），袁绍领冀州牧，使陈琳典文章。**

《三国志》本传："琳避难冀州，袁绍使典文章。"又见《文选》卷四十陈琳《答东阿王笺》注引《文士传》，"典文章"作"典密事"。考《三国志·魏书·武帝纪》："（兴平二年）秋七月，袁绍胁韩馥，取冀州。"《三国志·魏书·袁绍传》又载："绍自号车骑将军，主盟，与冀州牧韩馥立幽州牧刘虞为帝，遣使奉章诣虞，虞不敢受。后馥军安平，为公孙瓒所败。瓒遂引兵入冀州，以讨卓为名，内欲袭馥。馥怀不自安。会卓西入关，绍还军延津，因馥惶遽，使陈留高幹、颍川荀谌等说馥曰：'公孙瓒乘胜来向南，而诸郡应之，袁车骑引军东向，此其意不可知，窃为将军危之。'馥曰：'为之奈何？'谌曰：'公孙提燕、代之卒，其锋不可当。袁氏一时之杰，必不为将军下。夫冀州，天下之重资也，若两雄并力，兵交于城下，危亡可立而待也。夫袁氏，将军之旧，且同盟也，当今为将军计，莫若举冀州以让袁氏。袁氏得冀州，则瓒不能与之争，必厚德将军。冀州入于亲交，是将军有让贤之名，而身安于泰山也。愿将军勿疑！'馥素恇怯，因然其计。馥长史耿武、别驾闵纯、治中李历谏馥曰：'冀州虽鄙，带甲百万，谷支十年。袁绍孤客穷军，仰我鼻息，譬如婴儿在股掌之上，绝其哺乳，立可饿杀。奈何乃欲以州与之？'馥曰：'吾，袁氏故吏，且才不如本初，度德而让，古人所贵，诸君独何病焉！'从事赵浮、程奂请以兵拒之，馥又不听。乃让绍，绍遂领冀州牧。"袁绍使陈琳典文章，盖正在其领冀州牧时。

**汉献帝兴平二年（195年），陈琳受命作书与臧洪，劝其降绍。**

《后汉书·臧洪传》："（洪）徙为东郡太守，都东武阳。时曹操围张超于雍丘，甚危急……洪始闻超围，乃徒跣号泣，并勒所兵，将赴其难。自以众弱，从绍请兵，而绍竟不听之，超城遂陷，张氏族灭。洪由是怨绍，绝不与通。绍兴兵围之，历年不下，使洪邑人陈琳以书譬洪，示其祸福，责以恩义。"此事又见载于《三国志·魏书·臧洪传》。

按《三国志·魏书·武帝纪》，兴平二年十二月，雍丘溃，操灭张氏之族，而此传有"绍兴兵围之，历年不下"之语，则陈琳作书劝洪降事，当在是年。此书已佚。

然《三国志·魏书·臧洪传》载洪答书，此书感情真挚，动人心弦，然深明大义，绝不屈尊，表达不降之意甚明，是建安时期一篇极具风骨的书信文章。

**汉献帝建安四年（199年），袁绍使陈琳更公孙瓒与子书。袁绍攻破易京，陈琳作《武军赋》。**

《后汉书·公孙瓒传》："建安三年，袁绍复大攻瓒。瓒遣子续请救于黑山诸帅……四年春，黑山贼帅张燕与续率兵十万，三道来救瓒。未及至，瓒乃密使行人赍书告续曰……"李贤注："《献帝春秋》'候者得书，绍使陈琳易其词'，即此书。"又见《三国志·魏书·公孙瓒传》裴注引《献帝春秋》。《书》载本集，曰："盖闻在昔衰周之世，僵尸流血，以为不然，岂意今日身当其冲！袁氏之攻，似若神鬼，鼓角鸣于地中，梯冲舞吾楼上。日穷月蹙，无所聊赖。汝当碎首于张燕，速致轻骑，到者当起烽火于北，吾当从内出。不然，吾亡之后，天下虽广，汝欲求安足之地，其可得乎！"此书一出，公孙续信之不疑，果大败。

《三国志·魏书·公孙瓒传》："瓒军数败，乃走还易京固守。为围堑十重，于堑里筑京，皆高五六丈，为楼其上，中堑为京，特高十丈，自居焉……瓒自知必败，尽杀其妻子，乃自杀。"

《后汉书·献帝纪》："建安四年三月，袁绍攻公孙瓒于易京，获之。"陈琳因是而作赋。《赋》云："回天军，震雷霆之威，于易水之阳，以讨瓒焉。鸿沟参周，鹿笼十里，荐之以棘，乃建修橹，干青霄，窴深隧，下三泉。飞梯、云冲、神钩之具，瑰异谲诡之奇，不在吴、孙之篇，《三略》、《六韬》之术者，凡数十事，秘莫得闻也。乃作《武军赋》。"此赋有佚文，在《北堂书钞》、《艺文类聚》、《太平御览》中皆有片段，多不属于上文之中文句，在此从略。作为陈琳最有代表性的辞赋作品，《武军赋》突出了大赋颂赞的雄浑、壮丽的特质，用事无巨细的铺排手法，将袁绍军队的整肃与豪壮表现得淋漓尽致。葛洪在《抱朴子》中称赞道："等称征伐，而《出车》、《六月》之作，何如陈琳《武军》之壮乎！"然而其散佚亦早。张溥《汉魏六朝百三家集题辞·陈记室集》中说："孔璋赋诗，非时所推；《武军》之赋，久乃见许于葛稚川，今亦不全，他赋绝无空群之目。"可知陈琳以章表书记名世，而诗赋则影响不大，甚至亡佚。《武军赋》作为陈琳辞赋作品中的代表作，其文学构思以及语言运用已经达到了极高的水平，然却未受重视，过早散佚，实为可惜。

**建安五年（200年），陈琳为袁绍作《檄豫州书》。**

《三国志·魏书·武帝纪》："（建安五年）二月，绍遣郭图、淳于琼、颜良攻东郡太守刘延于白马，绍引兵至黎阳，将渡河。"又《后汉书·袁绍传》叙建安五年事节引陈琳《檄豫州书》，后云"乃先遣颜良攻曹操别将刘延于白马，绍自引兵至黎阳。"

陈琳《檄豫州书》载本集。本檄极尽褒袁贬曹之能事。作为陈琳最为著名的作品，《檄豫州书》文脉贯通，一气呵成，气势沛然，理据充分，淋漓尽致地表现出建安文学"慷慨以任气，磊落以使才"的昂扬特征，不愧为建安第一檄文。

《三国志》本传裴注引《典略》："琳作诸书及檄，草成呈太祖。太祖先苦头风，是日疾发，卧读琳所作，翕然而起曰：'此愈我病。'数加厚赐。"因檄文言辞过于激烈，对曹操的刺激相当巨大。建安十年，袁绍败，琳归曹操。《三国志》本传："袁氏败，琳归太祖。太祖谓曰：'卿昔为本初移书，但可罪状孤而已，恶恶止其身，何乃上及祖父邪？'琳谢罪，太祖爱其才而不咎。"学者多以此为曹操爱才之证，其实此处更多反映的是曹操思想通脱达观的一面。从曹操读檄后"病愈"且"数加厚赐"的反常行为，到对陈琳既往不咎的态度，我们可以看出曹操的宗祖观念并不强烈。正相反，曹操多次努力希望结交党人之流而厌恶宦官，正说明他对祖先身份发自内心的不认同感。从这个角度考察曹操赦免陈琳的心态，会进一步理解曹氏政权同文人之间的微妙关系。

**建安九年（204年），袁尚遣琳乞降，曹操拒绝。明年（205年），陈琳归曹操，为司空军谋祭酒，管记室。**

《三国志》本传："（建安九年）夏四月，留曹洪攻邺……秋七月，尚还救邺……夜遣兵犯围，公逆击破走之，遂围其营。未合，尚惧，遣故豫州刺史阴夔及陈琳乞降，公不许，为围益急。"此事又见载于《后汉书·袁绍传》。

《三国志·魏书·王粲传》："袁氏败，琳归太祖。太祖谓曰：'卿夕为本初移书，但可罪状孤而已，恶恶止其身，何乃上及祖父邪？'琳谢罪，太祖爱其才而不咎……太祖并以琳、瑀为司空军谋祭酒，管记室，军国书檄，多琳、瑀所作也。"详见上条。《文选》卷四十四陈琳《为袁绍檄豫州》注引《魏志》于"琳谢罪"下有"曰矢在弦上不得不发"九字，为今《魏志》所无。《群书治要》卷二十六载《三国志·魏书·王粲传》，于"琳谢罪"下小注引《文士传》："琳谢曰：'楚汉未分，蒯通进策于韩信；乾时之战，管仲肆力于子纠。唯欲考计其主，取祸一时。故跖之客，可使刺由；桀之犬，可使吠尧也。今明公必能追贤于忿后，弃愚于爱前，四方革命，而英豪托心矣。唯明公裁之。'太祖爱才而不咎也。"

**建安十二年（207年），从征乌桓，陈琳作《神武赋》。**

赋载本集。其序云："建安十二年，大司空、武平侯曹公东征乌丸。六军被介，云辐万乘，治兵易水，次于北平，可谓神武奕奕，有征无战者已。夫窥巢穴者，未可与论六合之广，游潢污者，又焉知沧海之深？大人之量，固非说者之所可识也。"赋云："旆既轶乎白狼，殿未出乎卢龙。威凌天地，势括十冲，单鼓未伐，虏已溃崩。克俊馘首，枭其魁雄……"

据《三国志·魏书·武帝纪》，曹操于是年五月经易水至无终，七月引军出卢龙塞，八月登白狼山，斩蹋顿各王以下。此赋所叙与史实基本相合，当作于平定乌桓以后。

**建安十三年（208年），从征刘表。预赤壁之役，作有《神女赋》。**

本集载《神女赋》有云："汉三七之建安，荆野蠢而作仇。赞皇师以南假，济汉川之清流。"南假，谓建安十三年曹操南征刘表。按此赋原载《艺文类聚》卷七十九，疑赋文之"三七"为"十三"之抄误。俞绍初以为《艺文类聚》辑此文，初将"十三"倒作"三十"，经发见，乃于"十"字右下方加注小字"乙"，而转误成"三七"耳，可从。又《三国志·魏书·武帝纪》："秋七月，公南征刘表。八月，表卒，其子琮代，屯襄阳。刘备屯樊。九月，公到新野，琮遂降，备走夏口。公进军江陵，下令荆州吏民，与之更始……十二月，孙权为备攻合肥。公自江陵征备，至巴丘，遣张憙救合肥。权闻憙至，乃走。公至赤壁，与备战，不利。于是大疫，吏士多死者，乃引军还。"陈琳既随军南征，自当预赤壁之役。

陈琳《神女赋》载本集。另王粲、应场亦作《神女赋》，神女故事参见《应场传笺证》建安十三年条。《水经注》卷二十八《沔水注》："沔（汉）水东径方山北……山下水曲之隈，云汉女昔日游处。"盖陈琳等游汉水，有感游女之事，乃各拟宋玉《神女赋》而有是作。

陈琳以随征荆州起首，点明来汉水因由，其后又云："感仲春之和节，叹鸣雁之嗈嗈。"知在二月左右，亦与曹操还襄阳时间相合。赋云："汉三七之建安，荆野蠢而作仇。赞皇师以南假，济汉川之清流。感诗人之攸叹，想神女之来游。仪营魄于仿佛，托嘉梦以通精。望阳侯而汧瀁，睹玄丽之轶灵。文绛虬之奕奕，鸣玉鸾之嘤嘤，答玉质于苔华，拟艳姿于蕣荣。感仲春之和节，叹鸣雁之嗈嗈。申握椒以贻予，请同宴乎奥房。苟好乐之嘉合，永绝世而独昌，既叹尔以艳采，又说我之长期。顺乾坤以成性，夫何若而有辞。"文辞优美婉丽，明显可见仿照《离骚》与宋玉的痕迹；亦可与曹植《洛神赋》相对照。

**建安十六年（211年），邺中游宴，作《宴会诗》。**

曹操于建安十三年为丞相，琳以司空军谋祭酒徙门下督，其事年代不详，当在曹操为丞相以后则可以确定。《三国志·魏书·吴质传》裴注引《魏略》："其后大军西征，太子南在孟津小城，与（吴）质书曰：'……每念昔日南皮之游，诚不可忘。既妙思六经，逍遥百氏，弹棋闲设，终以博弈，高谈娱心，哀筝顺耳。驰骛北场，旅食南馆，浮甘瓜于清泉，沈朱李于寒水。瞰日既没，继以朗月，同乘并载，以游后园，舆轮徐动，宾从无声,清夜风起,悲笳微吟,乐往哀来,凄然伤怀……今果分别,各在一方。元瑜长逝,化为异物,每一念至,何时可言?方今蕤宾纪辰,景风扇物,天气和暖,众果具繁……节同时异,物是人非,我劳如何!……'"据俞绍初考证,南皮之游参与者可以确考之人只有阮瑀、吴质、曹真、曹休等人。然据南皮之游的规模来看,建安七子应大多在场,陈琳自然亦列其中。

陈琳《宴会诗》:"凯风飘阴云,白日扬素晖。良友招我游,高会宴中闱。玄鹤浮清泉,绮树焕青蕤。"重在铺陈游宴之美景,并乐在其中。俞绍初又以为《止欲赋》亦为此时所作,其证据不足,待考。

**建安十八年(213年),陈琳作《武猎赋》。**

《古文苑》卷七王粲《羽猎赋》章樵注引《文章流别论》:"建安中,魏文帝从武帝出猎,赋,命陈琳、王粲、应场、刘桢并作。琳为《武猎》,粲为《羽猎》,场为《西狩》,桢为《大阅》。"具体年月无考,暂系于本年。陈琳《武猎赋》今佚。

**建安二十年(215年),从征张鲁,至汉中,陈琳代曹洪作书曹丕。**

《三国志·魏书·武帝纪》:"(建安二十年)三月,公西征张鲁。"陈琳《书》云:"十一月五日,洪白:前初破贼,情奓意奢,说事颇过其实。得九月二十日书,读之喜笑,把玩无厌……汉中地形,实有险固,四岳三涂,皆不及也。彼有精甲数万,临高守要,一人挥戟,万夫不得进。而我军过之,若骇鲸之决细网,奔兕之触鲁缟,未足以喻其易。"先时曹丕《与曹洪书》称:"今鲁罪兼苗桀,恶稔厉莽,纵使宋翟妙机械之巧,田单骋奔牛之诳,孙吴勒八阵之变,犹无益也。"

值得一提的是,陈琳在此书中以曹洪口吻写作,文中甚至出现"十一月五日,洪白:前初破贼,情奓意奢,说事颇过其实,得九月二十日书,读之喜笑,把玩无厌,亦欲令陈琳作报,琳顷多事,不能得为,念欲远以为欢,故自竭老夫之思,辞多不可一一,粗举大纲,以当谈笑"等字样。《文选》卷四载陈琳为曹洪《与魏文帝书》,题下注引《文帝集序》:"上平定汉中,族父都护还书与余,盛称彼方土地形势,观其辞,如(知)陈琳所叙为也。"陈琳以高世之才借曹洪之口写成此书,然曹丕等人读之,会意一笑,亦心照不宣。此文体现出陈琳活泼可近的一面,亦体现出其与曹丕、曹洪等人的亲密关系。钟惺言:"魏文帝见曹洪笺,知其为陈孔璋笔，与书嘲之。洪答书置辩，仍出琳手，未数行便云：'欲令陈琳作报，琳顷多事，故自竭老夫之思。'予每读至此，辄大笑腹痛，不能终篇。"（《题五弟快为予书游牛首古诗三首与茂之后》）可见在曹丕创作《与曹洪书》之前应另有陈琳为曹洪与曹丕作书一篇，今不可见。

**建安二十一年（216年），陈琳与王粲、刘桢等并作《大暑赋》。同年从征吴地，作《檄吴将校部曲文》。**

《初学记》卷三引有陈琳《大暑赋》。考《艺文类聚》卷五又载繁钦《暑赋》及曹植、刘桢、王粲《大暑赋》各一首，观其文意，盖同时所作。《文选》卷四十杨修《答临菑侯笺》："又尝亲见执事，握牍持笔，有所造作，若成诵在心，借书于手，曾不斯须，少留思虑，仲尼日月，无得逾焉。修之仰望，殆如此矣。是以对鹗而辞，作《暑赋》弥日不献。"考杨修《答临菑侯笺》作于本年，则《暑赋》、《大暑赋》亦应作于本年。陈琳《大暑赋》今只存六句，散见于《初学记》与《韵补》。

《文选》卷四十四载陈琳《檄吴将校部曲文》："年月朔日子，尚书令彧告江东诸将校部曲及孙权宗亲中外。"赵铭《琴鹤山房遗稿》卷五《书文选后》："此檄年月地理皆多讹谬。以荀彧之名告江东诸将部曲，彧死于建安十七年，而檄举群氏率服、张鲁还降、夏侯渊拜征西将军等，皆二十、二十一年事。"因断其为赝作。徐公持《建安七子诗文系年考证》谓"观檄文所云，皆与史实相合不妄，《文选》、《类聚》并以为琳作，当有所据。"并定此檄作于建安二十一年征吴之际，今从之。

**建安二十二年（217年），陈琳与刘桢、应玚等皆卒于大疫。**

《三国志·魏书·王粲传》："幹、琳、玚二十二年卒。"其中徐幹卒于二十二年之论有争议，参见《徐幹传笺证》建安二十三年条。裴注引《魏略》曰："二十三年，太子又与吴质书曰：'……昔年疾疫，亲故多离其灾，徐陈应刘，一时俱逝……'"

《三国志·魏书·文帝纪》裴注引《魏书》："帝初在东宫，疫疠大起。时人凋伤，帝深感叹，与素所敬者大理王朗书曰：'……疫疠数起，士人凋落，余独何人，能全其寿！'"《三国志·魏书·武帝纪》建安二十三年四月裴注引《魏书》载《曹操令》："去冬天降疫疠，民有凋伤。"则陈琳等人当卒于冬季之后。

关于陈琳墓的地理位置有所争议。《温飞卿诗集》载《过陈琳墓》诗："曾于青史见遗文，今日飘蓬过古坟……石林埋没藏春草，铜雀荒凉对暮云。"又《全唐诗》卷一百五十七孟云卿《邺城怀古》："崔嵬长河北，尚见应刘墓。古树藏龙蛇，荒茅伏野兔。"俞绍初由此认为陈琳墓位于邺城。今江苏宝应县射阳湖镇亦有陈琳墓，古属陈琳故里。二者孰是，尚待确证。

陈琳长于章表书檄的公文创作，而纯粹的文学诗赋传世至今者不多，艺术成就亦不比前者。谢灵运《拟魏太子邺中诗序》曰："陈琳，袁本初书记之士，故述丧乱事多。"此是从陈琳经历出发对其文学创作题材进行评价。而刘勰《文心雕龙·檄移》篇则对陈琳以《檄豫州书》为代表的檄文创作提出自己的看法："陈琳之檄豫州，壮有骨鲠，虽奸阉携养，章密太甚，发邱摸金，诬过其虐；然抗辞书衅，皦然露骨矣。敢指曹公之锋，幸哉免袁党之戮也。"又在《章表》篇中言："琳、瑀表章，有誉当时。"虽对陈琳言辞过激失实有所批评，然亦对其表章创作的才华以及其直面曹操的勇气给予盛赞，是十分中肯的评价。后世张溥在《陈记室集题辞》中对陈琳有所批评，着重点亦在其言过其实、身事异主诸方面；而对于他的文学创作，则加以赞扬。与刘勰的观点差异不大。

近现代学者对陈琳的考察多将其置于建安七子群体之中，而由于史料的缺乏，对陈琳个人的研究并不多见。其中陈琳章表檄文作品是学者用力较多的方面，因应玚、阮瑀和陈琳同善于公文创作，故将应、陈或阮、陈二者书檄作品作对比研究的成果较为多见，如王鹏廷《陈琳、应玚的文风异同比较》、高新伟《陈琳、阮瑀文学成就比较》等。总的来说，对于陈琳个人的思想状况、文学（书檄）创作等方面的研究尚显单薄，还存有比较大的研究、发挥空间。

**参考文献**

卢弼：《三国志集解》，中华书局1982年版。
俞绍初：《建安七子集》，中华书局1989年版。
吴云、唐绍忠：《建安七子集校注》，天津古籍出版社1991年版。
梁章钜：《三国志旁证》，福建人民出版社2000年版。
王鹏廷：《陈琳、应玚的文风异同比较》，《北京工业大学学报》（哲学社会科学版）2003年第2期。

徐坚：《初学记》，中华书局 2004 年版。
郦道元著，陈桥驿校证：《水经注校证》，中华书局 2007 年版。
高新伟：《陈琳、阮瑀文学成就比较》，《襄阳学院学报》2011 年第 6 期。
夏传才等：《三曹七子之外建安作家诗文合集校注》，河北教育出版社 2013 年版。

（徐　晓）

# 阮瑀传

**阮瑀，字元瑜，陈留尉氏人（今河南省尉氏县）。**

《三国志》本传："陈留阮瑀字元瑜……少受学于蔡邕。"

《晋书·阮籍传》："阮籍字嗣宗，陈留尉氏人也。父瑀，魏丞相掾，知名于世。"据《后汉书·郡国志》，陈留尉氏属兖州，其地在今河南省尉氏县。阮瑀家室不详，然而在史料中可见一些间接记载。如《世说新语·任诞》："阮仲容（咸）、步兵（籍）居道南，诸阮居道北。北阮皆富，南阮贫。"若此条材料有据，那么，因阮瑀是阮籍的父亲，则可大致推断阮瑀属于家境贫苦之列。又刘孝标注引《竹林七贤论》："诸阮前世皆儒学，善居室，唯咸一家尚道弃事，好酒而贫。"此处以为阮瑀、阮籍之家境比阮瑀之孙阮咸稍为优裕。另一方面，陈留阮氏应该是一个受儒学精神深刻影响的士族家族，而阮瑀受到儒学的陶养尤为深刻。阮瑀就学蔡邕时蔡邕叹瑀为"童子奇才，朗朗无双"，这表面上看蔡邕品评的是阮瑀的容止，而在更深的层面上则赞赏了阮瑀的清丽品行。事实证明蔡邕有着出众的识人才能，在曹操初次征召阮瑀时，阮瑀曾学伯夷、叔齐逃入深山。这些行为皆可看出阮瑀虽在曹方，而心里却是与曹氏家族保持着很大距离的。综合阮瑀以上的行为特点来看，他应该出身于一个清流之家。

阮瑀生年无考。然据《后汉书·蔡邕传》，光和元年蔡邕获罪徙朔方，赦还，旋被诬告谤讪朝廷，遂又亡命江海，积十二年，于中平六年方应董卓之辟，为祭酒；未久复遇丧乱，初平三年死于狱中。自光和元年至初平三年，邕自顾奔命于不暇，量无收受门徒之事。是阮瑀之就蔡邕学，当在光和元年之前。今推其极，假设在光和元年，时阮瑀又不小于十岁，则其生年当不晚于建宁二年。又本传云："瑀以（建安）十七年卒。"瑀卒未久，曹丕作有《寡妇赋》。其序有云："陈留阮元瑜与余有旧，薄命早亡。"由"早亡"知阮瑀以盛年谢世，卒时年岁盖不超过五十，推其生年当不早于延熹六年。

**阮瑀少时受学于蔡邕，受到蔡邕称叹。**

《三国志》本传记载："陈留阮瑀字元瑜……少受学于蔡邕。"侯康《三国志补注续》："《太平御览》三百八十五引《文士传》曰：阮瑀少有隽才，应机捷丽，就蔡邕学，叹曰：童子奇才，朗朗无双。"所谓"少"，说明其时阮瑀年龄应不超过十五岁。又《文选》卷四十二阮瑀《为曹公作书与孙权》李善注引《魏志》曰："阮瑀字元瑜，宏才卓逸，不群于俗。""宏才"以下两句，今不见于《魏志》。

**汉献帝初平三年（192年），阮瑀师蔡邕卒于狱中，瑀为其立庙。**

《后汉书·蔡邕传》："及卓被诛，邕在司徒王允坐，殊不意言之而叹，有动于色。允勃然叱之曰：'董卓国之大贼，几倾汉室。君为王臣，所宜同忿。而怀其私遇，以忘大节。今天诛有罪，而反相伤痛，岂不共为逆哉！'即收付廷尉治罪。邕陈辞谢，乞黥首刖足，继成《汉史》。士大夫多矜救之，不能得。太尉马日䃺驰往谓允曰：'伯喈旷世逸才，多识汉事，当续成后史，为一代大典。且忠孝素著，而所坐无名，诛之无乃失人望乎？'允曰：'昔武帝不杀司马迁，使作谤书流于后世。方今国祚中衰，神器不固，不可令佞臣执笔，在幼主左右，既无益圣德，复使吾党蒙其讪议。'日䃺退而告人曰：'王公其不长世乎？善人，国之纪也，制作，国之典也；灭纪废典，其能久乎？'邕遂死狱中，允悔，欲止而不及，时年六十一。搢绅诸儒莫不流涕。北海郑玄闻而叹曰：'汉世之事，谁与正之？'兖州陈留间皆画象而颂焉。"考《三国志·魏书·董卓传》："（初平）三年四月，司徒王允、尚书仆射士孙瑞、卓将吕布共谋诛卓……遂杀卓，夷三族。"可知蔡邕去世当在四月以后。明嘉靖《尉氏县志》卷四："蔡相公庙在县西四十里燕子陂，其断碑上截犹存，云：'蔡邕赴洛，其徒阮瑀等饯之以此，缱绻不能别者累日。邕即殁，复相与追慕之，立庙焉。'"不知此碑作于何时，存之待考。

## 阮瑀传

初，阮瑀辞曹洪辟。汉献帝建安九年（204年），为曹操司空军谋祭酒，作《谢曹公笺》，后徙仓曹掾属。

《三国志》本传："建安中，都护曹洪欲使掌书记，瑀终不为屈。"裴松之注："鱼氏《典略》、挚虞《文章志》并云瑀建安初辞疾避役，不为曹洪屈。"又《太平御览》卷二百四十九引《典略》："瑀以才自护。曹洪闻其才，欲使报答书记，瑀不肯，榜笞瑀，瑀终不屈。"《王粲传》与《典略》、《文章志》记载"中"、"初"互异，然其于建安九年作曹操司空军谋祭酒，可知辞曹洪辟在此之前，且不可过早。

《三国志》本传："建安中，都护曹洪欲使掌书记，瑀终不为屈。太祖并以琳、瑀为司空军谋祭酒，管记室。军国书檄多琳、瑀所作也……为仓曹掾属。"裴注引《文士传》："太祖雅闻瑀名，辟之，不应。连见逼促，乃逃入山中。太祖使人焚山，得瑀送至，召入。太祖时征长安，大延宾客，怒瑀，不与语，使就伎人列。瑀善解音，能鼓琴，遂抚弦而歌。因造歌曲曰：'奕奕天门开……'为曲既捷，声音殊妙，当时冠坐，太祖大悦。"裴松之对此评论道："鱼氏《典略》，挚虞《文章志》并云，瑀建安初辞疾避役，不为曹洪屈；得太祖召，即投杖而起。不得有逃入山中，焚之乃出之事也。又《典略》记载，太祖初征荆州，使瑀作书与刘备；及征马超，又使瑀作书与韩遂。此二书今具存。至长安之前，遂等破走，太祖始以十六年得入关耳。而张骘云，初得瑀时太祖在长安，此又乖戾。瑀以十七年卒，太祖十八年策为魏公，而云瑀歌舞辞称'大魏应期运'，愈知其妄。又其辞云'他人焉能乱'，了不成语，瑀之吐属必不如此。"此言甚辩。《太平御览》卷二百四十九引《典略》："瑀以才自护。曹洪闻其才，欲使报答书记，瑀不肯，榜笞瑀，瑀终不屈。洪以语曹公。公知其无病，使人呼瑀。瑀终惶怖，诣门。公见之，谓曰：'卿不肯为洪，且为我作之。'瑀曰：'诺。'遂为记室。"今假定归操与陈琳同时。俞绍初因建安三年曹操初置军师祭酒官属，于是以为阮瑀召为司空军谋祭酒是在建安三年左右，证据不足。严可均《全后汉文》卷九十三载阮瑀《谢曹公笺》，其中有"一得披玄云，望白日，惟力是务，敢有二心"句，应是受辟之初的作品。

**建安十二年（207年），曹操命阮瑀议立齐桓公祠。**

《北堂书钞》卷六十九引《魏武褒赏令》："别部司马请立齐桓公神堂，使记室阮瑀议之。"按《水经注·淄水注》："《从征记》曰：水西有桓公冢……冢东山下女水原有桓公祠，侍其衡奏魏武王所立，曰：'近日路次齐郊，瞻望桓公坟垄，在南山之阿，请为立祀（一作祠），为块然之主。'"此侍其衡盖即《褒赏令》所言之别部司马。俞绍初："汉制，大将军营五部，部军司马一人，其别营领属为别部司马，出征时置，事讫而罢。是则侍其衡之请立齐桓公祠当随曹操大军出征，途次青州齐国之际。检《魏志·武帝纪》，曹操于建安中并无出征青州之记载，惟《邴原传》裴注引《原别传》云'太祖北伐三郡单于，还往昌国'，昌国属青州齐国，在临菑西南约一百里，与齐桓公墓相近。盖曹操战败乌桓，由柳城还昌国，其别部司马道次临菑，有请立齐桓公祠事，乃命阮瑀议之，则瑀亦当随征乌桓。"可从。

**建安十三年（208年），阮瑀代曹操作书与刘备。预赤壁之役，作《纪征赋》。**

《三国志》本传裴松之注："《典略》载太祖初征荆州，使瑀作书与刘备；及征马超，又使瑀作书与韩遂。此二书，今具存。"《太平御览》卷六百引《金楼子》："刘备叛走，曹操使阮瑀为书与刘备，马上立成。"由此可见阮瑀文思敏捷之特点。考《三国志·魏书·武帝纪》："四年……袁术自败于陈，稍困，袁谭自青州遣迎之……（曹）公遣刘备、朱灵要之……程昱、郭嘉闻公遣备，言于公曰：'刘备不可纵。'公悔，追之不及。"可知刘备逃于曹操在建安四年。然据《典略》，瑀马上具草事在建安十六年西征韩遂时。萧绎所言皆与《典略》未合，不知其所本，姑录之以备考。严可均《全后汉文》卷九十三载瑀《与刘备书》仅存"披怀解带，投分寄意"八字，其余文字皆佚。

有关赤壁之役事，参见《曹操传笺证》建安十四年条。《阮瑀集》载《纪征赋》一篇，赋云："仰天民之高衢兮，慕在昔之遐轨。希笃圣之崇纲兮，惟弘哲而为纪。同天工而人代兮，匪贤智其能使。五材陈而并序，静乱由乎干戈。惟蛮荆之作雠，将治兵而济河。遂临河而就济，瞻禹绩之茫茫。距疆泽以潜流，经昆仑之高冈。目幽蒙以广衍，遂沾濡而难量。"是阮瑀从征赤壁之役时所作，疑有佚文。

**建安十五年（210年），阮瑀为曹操作书与孙权。同年，子阮籍生。**

严可均《全后汉文》卷九十三载瑀《为曹公作书与孙权》："离绝以来，于今三年……昔赤壁之役，遭离疫气，烧船自还，以进恶地，非周瑜水军所能抑挫也……往年在谯，新造舟船，取足自载，以至九江，贵欲观湖潵之形，定江滨之民耳，非有深入攻战之计……若能内取子布，外击刘备，以效赤心，用复前好，则江表之任长以相付。"赤壁之役在建安十三年，若以十三年始计，则三年后即为建安十五年；若以十四年始计，三年后即为建安十六年。今暂定于本年。

是年阮籍生。《晋书·阮籍传》："阮籍字嗣宗，陈留尉氏人也。父瑀，魏丞相掾，知名于世。"《三国志·魏书·阮瑀传》："瑀子籍，才藻艳逸，而倜傥放荡，行己寡欲，以庄周为模则。"裴松之注："籍字嗣宗，《魏氏春秋》曰：籍旷达不羁，不拘礼俗。"有关阮籍生平创作，参见《阮籍传笺证》。

**建安十六年（211年），阮瑀与诸文士随曹丕游南皮，并在邺中宴集，各有诗作。瑀《公宴诗》、《止欲赋》等作品皆作于此年。**

关于南皮之游与邺中宴集事，参见《曹丕传笺证》建安十六年条。

阮瑀《公宴诗》、《止欲赋》载本集。

陶潜《闲情赋序》："初张衡作《定情赋》，蔡邕作《静情赋》，检逸辞而宗淡泊，始则荡以思虑，而终归闲正。将以抑流宕之邪心，谅有助于讽谏。缀文之士，奕代继作，并因触类，广其辞义。"何文焕注："赋情始楚宋玉，汉司马相如、平子、伯喈继之为定静之辞。而魏则陈琳、阮瑀作《止欲赋》，王粲作《闲邪赋》，应玚作《正情赋》，曹植作《静思赋》，晋张华作《永怀赋》，此靖节所谓奕世继作，并因触类，感其词义者也。"

**同年，阮瑀为曹操作书与韩遂，从征马超，途径伯夷墓，为文吊之，又与王粲各作《咏史诗》二首。**

关于此年曹操西征马超事，参见《曹操传笺证》少时从军条。《三国志》本传裴松之注："《典略》载太祖初征荆州，使瑀作书与刘备，及征马超，又使瑀作书与韩遂。此二书，今具存。"又注引《典略》云："太祖尝使阮瑀作书与韩遂，时太祖适近出，瑀随从，因于马上具草，书成呈之。太祖擎笔欲有所定，而竟不能增损。"此可与建安十三年阮瑀作书与刘备事对读，益见阮瑀文思之捷。《与韩遂书》今不传。

严可均《全后汉文》卷九十三载瑀《吊伯夷》："余以王事适彼洛师，瞻望首阳，敬吊伯夷。"姚振宗《三国艺文志》卷四："《类聚》吊夷齐文有王粲、阮瑀、糜元三人……寻其文则元与王、阮从魏武西征马超、韩遂时作，建安十六年也。"三人所作，数王粲观点为独具，然在情感上，阮作则比粲作更加真率纯粹，此点可以从阮瑀的身世经历中见出。《三国志》本传裴注引《文士传》："太祖雅闻瑀名，辟之，不应。连见逼促，乃逃入山中。太祖使人焚山，得瑀送至，召入。"可见阮瑀与曹氏政权的关系在心理上并不相近，相反地，阮瑀一直仰慕着如伯夷、叔齐那样遁入深山，不合作于政治的隐逸生活，这样的心态与一直渴望被重用的王粲截然不同。如此看来，阮瑀《吊伯夷》一文实乃阮瑀内心世界的真率流露，因而显得纯粹感人。

《阮瑀集》另载有《咏史诗》二首，其一曰："误哉秦穆公，身没从三良。忠臣不违命，随躯就死亡。低头窥圹户，仰视日月光。谁谓此可处，恩义不可忘。路人为流涕，黄鸟鸣高桑。"为咏三良殉葬秦穆公事；其二曰："燕丹养勇士，荆轲为上宾。图擢尽匕首，长驱西入秦。素车驾白马，相送易水津。渐离击筑歌，悲声感路人。举坐同咨嗟，叹气若青云。"为咏荆轲赴秦刺秦王事。体裁与粲作略同，然而观其文学价值，则皆不如粲。考《三国志·魏书·武帝纪》："冬十月，军自长安北征杨秋，围安定。秋降，复其爵位，使留抚其民人。十二月，自安定还，留夏侯渊屯长安。"瑀、粲二人盖因入秦之故地，有感于三良、荆轲事而同咏之。

**建安十七年（212年），阮瑀卒，留其妻与子。曹丕、丁仪、王粲、曹植等有感阮妻孤苦，同作《寡妇赋》哀之。曹丕又作《寡妇诗》。**

《三国志》本传："瑀以十七年卒。"考《三国志·魏书·武帝纪》："十七年春正月，公还邺。"瑀是否卒于还邺途中不可考。

阮瑀卒后，留其妻，而其子阮籍刚刚三岁。严可均《全三国文》卷七载曹丕《寡妇赋》："陈留阮元瑜与余有旧，薄命早亡。每感存其遗孤，未尝不怆然伤心，故作斯赋，以叙其妻子悲苦之情。命王粲并作之。"可知曹丕、王粲皆有赋作。又曹丕《寡妇诗并序》："友人阮元瑜早亡，伤其妻孤寡，为作此诗。"诗与赋当同时作。关于丁仪作《寡妇赋》事，严可均《全后汉文》卷九十六载丁廙妻《寡妇赋》，注曰："《文选》注作丁仪妻，《初学记》作丁仪，无妻字。"又："案寡妇者阮元瑜之妻，见魏文帝《寡妇赋序》，言命王粲等并作之。此篇盖亦当时应教者。"陆侃如以为关于作者的三说中，无论廙妻还是仪妻，均不如丁仪本人的可能性大，今从之。而关于曹植作《寡妇赋》或《寡妇诗》事，丁福保《全三国诗》卷二载植《寡妇诗》，而《全三国文》卷十三又有题为《寡妇赋》的作品，似为同篇，今并存之待考。

阮瑀工于章表，辞章典雅，且文思敏捷，多为世人所称，曹丕在《与吴质书》中说"元瑜书记翩翩，致足乐也"，是其明证。而刘勰《文心雕龙·神思》："人之禀才，迟速异分；文之制体，大小殊功……阮瑀据案而制书……虽有短篇，亦思之速也。"此是评价其才思之敏捷；钟嵘《诗品·下》："阮瑀……诗，并平典不失古体。"此是评价其文风之雅正。钟嵘将阮瑀列为下品，据现存阮瑀诗歌看来，其文学价值显然远不及子建、仲宣，钟氏之评，实为中肯。在文学语言方面，阮瑀亦颇有自己的特色。胡应麟在《诗薮》中评价阮瑀乐府《驾出北郭门行》为"毕露筋骨"；张溥《汉魏六朝百三家集题辞》："阮掾为曹操遗书孙权，文辞英拔，见重魏朝。"又陈祚明在《采菽堂古诗选》中亦言："元瑜诗间有奇语，虽寥寥短章，坐想不恒。"古之论者所言，皆在阮瑀作诗为文之"奇拔"处。今考元瑜诗作，《咏史诗·其二》有"举坐同咨嗟，叹气若青云"句；《公宴诗》有"五味风雨集，杯酌若浮云"句；《苦雨》有"客行易感悴，我心摧已伤"句，皆特出有可观者，盖即论者之所指。

阮瑀另有一篇重要的论述作品《文质论》，文章主要论述质重于文的观点，强调内容的雅正要胜过形式的华美；应场亦有同名论作一篇，论点与阮瑀相左，二者盖为相互辩驳所作，然皆不知写于何时。有张溥在《汉魏六朝百三家集题辞》中评曰："（阮瑀）《文质论》，雅有劲思，若得优游述作，勒成一家，亦足与伟长《中论》翩翩上下。"颇有阮瑀流畅严谨的典型文风特色。

（徐　晓）

# 徐 幹 传

**徐幹，字伟长，北海剧人（今山东昌乐县东）。生于汉灵帝建宁四年（171年）。品性达雅清亮。**

严可均《全三国文》卷五十五载阙名《中论序》："世有雅达君子者，姓徐，名幹，字伟长，北海剧人也。其先业以清亮臧否为家，世济其美，不陨其德，至君之身十世矣……年四十八，建安二十三年春二月遭厉疾，大命陨颓。"依此上推，当生于建宁四年。陆侃如认为徐幹于建安二十二年去世，《中论序》中二十三实系二十二之误，故改定生于建宁三年，不妥，详见后文"建安二十三年"条。从史料可以看出，徐幹乃高门出身，以清亮臧否为家，但徐幹的祖上传承，事迹已不可考知，只知其七世祖为徐业，事迹亦不可考。有关徐幹出生地望，参考《后汉书·郡国志》，北海剧县属青州，其地在今山东昌乐县东。

**少时勤勉寡欲。汉灵帝中平元年（184年），徐幹已诵文数十万言，始读五经。未及弱冠，已阅览群籍，能下笔成章，有感世俗昏乱，遂闭门读书。**

《中论序》："君（幹）含元休清明之气，持造化英哲之性。放口而言，则乐诵九德之文；通耳而识，则教不再告。未志乎学，盖已诵文数十万言矣。年十四，始读五经，发愤忘食，下帷专思，以夜继日。父恐其得疾，常禁止之。故能未至弱冠，学五经悉载于口。博览传记，言则成章，操翰成文矣。"徐幹十四岁即为是年。其少时诵文读经，有着扎实的儒家经典功底，也深刻影响了他的思想状态。晚年徐幹著《中论》，援引儒家经典甚多，处处可以见出他对儒家思想的深刻理解与全面把握，曹丕说他"著《中论》二十余篇，成一家之言，辞义典雅，足传于后，此子为不朽矣"(《与吴质书》),是皆得益于少时刻苦的读书经历。

《中论序》:"(幹)未及弱冠,学五经悉载于口,博览传记,言则成章,操翰成文矣。此时灵帝之末年也。国典隳废,冠族子弟结党权门,交援求名,竞相尚爵号。君病俗迷昏,遂闭户自守,不与之群,以六籍自娱而已。"颇可见出徐幹淡泊清雅之性。弱冠之前之事,不详确切年月。

**汉献帝初平元年(190年),董卓作乱,徐幹避乱海表。后复归临菑,幽居隐迹。**

《中论序》:"于时董卓作乱,幼主西迁,奸雄满野,天下无主。圣人之道息,邪伪之事兴,营利之士得誉,守道之贤不彰,故令君誉闻不振于华夏,玉帛安车不至于门。考其德行文艺,实帝王之佐也,道之不行,岂不惜哉!君避地海表。"

《三国志·魏书·武帝纪》载初平元年二月事:"(董)卓闻兵起,乃徙天子都长安。"谢灵运《拟魏太子邺中集诗八首·徐幹诗》代叙幹之生平云:"伊昔家临菑,提携弄齐瑟。置酒饮胶东,淹留憩高密。"胶东、高密皆近海之地,《中论序》所谓"海表"盖指此。盖徐幹旧居临菑,后战乱迭起,临菑危急,故避之海表。又《中论序》:"君避地海表,自归旧都。州郡牧守礼命,踧踖连武,欲致之。君以为纵横之世,乃先圣之所厄困也,岂况吾徒哉?有议孟轲不度其量,拟圣行道,传食诸侯;深美颜渊、荀卿之行,故绝迹山谷,幽居研几,用思深妙。以发疾疢,潜伏延年。"旧都,盖指青州治所临菑。幹自海表还旧都,年月不详。此处与上"中平六年"条皆可见徐幹不流世俗、一心向学的清亮之气,在东汉末年的动乱年代尤为可贵。

**汉献帝建安十二年(207年),徐幹应命归曹操,为司空军谋祭酒掾属。**

《三国志》本传:"幹为司空军谋祭酒掾属。"裴注引《先贤行状》:"幹清玄体道,六行情备,聪识洽闻,操翰成章;轻官忽禄,不耽世荣。建安中,太祖特加旌命,以疾休息。"年月无考。

陆侃如认为徐幹归曹进官皆在建安九年。他的理由是:现可考陈琳于建安九年归曹,为司空军谋祭酒。《三国志·魏书·武帝纪》:"秋七月，（袁）尚还救邺……公逆击破走之，遂围其营，未合。尚惧，故豫州刺史阴夔及陈琳乞降。公不许，为围益急。"又《三国志·魏书·陈琳传》："袁氏败，琳归太祖。太祖谓曰：'卿昔为本初移书，但可罪状孤而已。恶恶止其身，何乃上及父祖邪？'琳谢罪，太祖爱其才而不咎……太祖并以琳……为司空军谋祭酒，管记室。军国书檄多琳……所作也。琳徙门下督。"另有阮瑀、路粹建安九年亦为司空军谋祭酒。《三国志·魏书·王粲传》："太祖并以……瑀为司空军谋祭酒，管记室。军国书檄多……瑀所作也……为仓曹掾属。"又《后汉书·孔融传》注及《三国志·魏书·王粲传》裴注引《典略》："（粹）后为军谋祭酒，与陈琳、阮瑀等典记室。"路粹为军谋祭酒虽年月无考，但可以推测与陈琳、阮瑀大体同时。陆侃如由是推测徐幹亦于此时进官军谋祭酒掾属。证据不足，不妥。

考《中论序》有"（幹）以发疾疢，潜伏延年。会上公拨乱，王路始辟，遂力疾应命，从戎征行"句。上公即指曹操，而"拨乱"在俞绍初看来应指曹操入青州一事，可从。《三国志·魏书·邴原传》裴注引《原别传》："太祖北伐三郡单于，还往昌国。"太祖在此年北征乌桓，《别传》所言正为此事。又考昌国属青州齐国，在临菑西南约一百里，而可知《中论序》中所言"上公拨乱"，即指曹操北征乌桓后经青州事。徐幹亦在此时由青州归曹。为司空军谋祭酒掾属盖在归曹之后。

**建安十三年（208年），徐幹从征刘表。预赤壁之役，作《序征赋》。**

《三国志·魏书·武帝纪》："秋七月，公南征刘表。八月，表卒，其子琮代屯襄阳，刘备屯樊。九月，公到新野，琮遂降。备走夏口，公进军江陵，下令荆州吏民，与之更始。"《武帝纪》又载："十二月，孙权为备攻合肥，公自江陵征备，至巴丘，遣张憙救合肥。权闻憙至，乃走。公至赤壁，与备战不利。于是大疫，吏士多死者，乃引军还。"严可均《全后汉文》卷九十三载幹《序征赋》："余因兹以从迈兮，聊畅目乎所经……沿江浦以左转，涉云梦之无陂……揽循环其万艘，亘千里之长湄。行兼时而易节，迄玄气之消微……乃振旅以复踪，溯朔风而北归。"按《太平御览》卷七百七十一引王粲《英雄记》有"曹公赤壁之败，至云梦大泽"之语，赋之所叙当为此时事。且从赤壁之败在是年冬末的时令来看，与《序征赋》中所言时令亦合。此赋记叙南征赤壁的曹军动态，大体记叙了此次征讨由出发到北归的全过程。

**建安十六年（211年），徐幹为曹丕五官将文学，预邺中游宴。刘桢被刑，幹作《答刘桢诗》一首。后从征马超，作《西征赋》。**

《三国志》本传："幹为……五官将文学。"考曹丕本年为五官中郎将，《三国志·魏书·武帝纪》："十六年春正月，天子命公世子丕为五官中郎将，置官属。"故系于此。

有关邺中游宴事，《三国志·魏书·王粲传》："始文帝为五官将，及平原侯植皆好文学。粲与北海徐幹字伟长、广陵陈琳字孔璋、陈留阮瑀字元瑜、汝南应玚字德琏、东平刘桢字公幹并见友善。"又《王粲传》裴注引《魏略》载曹丕《又与吴质书》："昔年疾疫，亲故多离其灾。徐陈应刘，一时俱逝，痛何可言邪？昔日游处，行则连舆，止则接席；何尝须臾相失。每至觞酌流行，丝竹并奏，酒酣耳热，仰而赋诗。当此之时，忽然不自知乐也。"《晋书·阎缵传》引缵上书："昔魏文帝之在东宫，徐幹、刘桢为友，文学相接之道并如气类。"《初学记》卷十引《魏文帝集》："为太子时，北园及东阁讲堂，并赋诗，命王粲、刘桢、阮瑀、应玚等同作。"此时为曹丕所延者，还有邯郸淳、邴原等人，参见《曹丕传笺证》建安十六年条。此时徐幹已经归曹，但史料中却未记载徐幹的活动，可能是徐幹当时未有作品写出。

刘桢此年因平视甄氏获罪（参见《刘桢传笺证》建安十六年条），作《赠徐幹诗》。诗云："谁谓相去远，隔此西掖垣。拘限清切禁，中情无由宣。思子沉心曲，长叹不能言。起坐失次第，一日三四迁。步出北寺门，遥望西苑园。细柳夹道生，方塘含清源。轻叶随风转，飞鸟何翩翩。乖人易感动，涕下与衿连。仰视白日光，皦皦高且悬。兼烛八纮内，物类无颇偏。我独抱深憾，不得与比焉。"徐幹作《答刘桢诗》云："与子别无几，所经未一旬。我思一何笃，其愁如三春。虽路在咫尺，难涉如九关。陶陶朱夏德，草木昌且繁。"此诗疑有佚文。从徐幹、刘桢相互之间赠诗来看，刘桢将自己获罪后内心的郁结与悔恨无所保留地倾诉与徐幹，可见二人的感情关系十分密切，真可谓挚友。

严可均《全后汉文》卷九十三载徐幹《西征赋》："奉明辟之渥德，与游轸而西伐，过京邑以释驾，观帝居之旧制。"京邑、帝居，并指洛阳。《三国志·魏书·武帝纪》："马超遂与韩遂、杨秋、李堪、成宜等叛……秋七月，公西征……九月，进军渡渭……大破之，斩成宜、李堪等。遂、超等走凉州，杨秋奔安定，关中平……冬十月，军自长安北征杨秋，围安定，秋降，复其爵位，使留抚其民人。十二月，自安定还，留夏侯渊屯长安。"徐幹卒前，曹操西征洛阳还有一次在建安二十年，俞绍初认为当时徐幹与曹植共留守邺城，故《西征赋》创作时间不应在建安二十年，不妥。曹植《赠丁仪王粲诗》中有"从军度函谷，驱马过西京"一句，李善注："魏志曰：'建安二十年，公西征张鲁。'《汉书》：'弘农县，故秦函谷关。'"可知建安二十年曹植未留守邺城。成其圣以为就《西征赋》中"过京邑以释驾，观帝居之旧制"一句的语气来看，徐幹原先似乎未到过洛阳，故将此作年代定于第一次西征的建安十六年。成其圣的系年依据亦不确凿，今存之待考。

**建安十九年（214年），徐幹为临菑侯文学。**

《三国志·魏书·陈思王传》："（植）十九年，徙封临菑侯。"又《晋书·郑袤传》："魏武帝初封诸子为侯，精选宾友，袤与徐幹俱为临菑侯文学。"又《三国志·魏书·郑浑传》裴注引《晋阳秋》亦谓袤"初为临菑侯文学"，事当可信。是年太祖征孙权，曹植奉命留守邺城，徐幹当陪同留守。

**建安二十年（215），徐幹从征。曹丕、曹植各失稚子，徐幹和刘桢奉命作《行女哀辞》、《仲雍哀辞》。**

《北堂书钞》引挚虞《文章流别论》曰："建安中，文帝与临菑侯各失稚子，命徐幹、刘桢等为之哀辞。"徐幹、刘桢《哀辞》今皆不存。考谢灵运《魏太子邺中集诗八首·魏太子诗》注引曹植《行女哀辞》中有"家王征蜀汉"句，盖指此年曹操入蜀征张鲁事。《三国志·魏书·武帝纪》："三月，公西征张鲁，至陈仓，将自武都入氐……夏四月，公自陈仓以出散关，至河池……秋七月，公至阳平……公军入南郑，尽得鲁府库珍宝，巴汉皆降……十一月，鲁自巴中将其余众降，封鲁及五子皆为列侯。刘备袭刘璋，取益州，遂据巴中，遣张郃击之。十二月，公自南郑还，留夏侯渊屯汉中。"记载曹操入蜀事颇详。关于徐幹从征事，参见以上"建安十六年"条。

建安二十一年（216年），徐幹称疾避事，《中论》二十余篇可能在此时完成。

《三国志》本传裴注引《先贤行状》："幹清玄体道，六行修备，聪识洽闻，操翰成章，轻官忽禄，不耽世荣。建安中，太祖特加旌命，以疾休息。后除上艾长，又以疾不行。"又《中论序》："（幹）从戎征行，历载五六。疾稍沉笃，不堪王事，潜身穷巷，颐志保真，淡泊无为，惟存正道。……君之性，常欲损世之有余，益俗之不足，见辞人美丽之文，并时而作，曾无阐弘大义，敷散道教，上求圣人之中，下救流俗之昏者，故废诗赋颂铭赞之文，著《中论》之书二十篇。"写作《中论》具体年月无考，但由上文材料可知《中论》写作时间大致是在从征之后的称疾避世之时。

《中论》是徐幹最重要的著作，其意旨为"大都阐发义理，原本经训，而归之于圣贤之道"。传本《中论》一书分上、下二卷，共计二十篇，从《治学》至《爵禄》十篇为上卷，《考伪》至《民数》十篇为下卷。又《群书治要》辑有《中论》逸文《复三年丧》、《制役》两篇，今本《中论》多附录之，可见今本《中论》已非完本。徐幹在此书中完整表达了自己的儒家思想主张，对经典的理解比汉代更为通脱。书中强调学以致用的思想精神，所持主张皆与时代特点和社会积弊紧密结合，有极强的针对性。如徐幹在《遣交》中对汉末结党之风的批判："桓灵之世其甚者也：自公卿大夫，州牧郡守，王事不恤，宾客为务，冠盖填门，儒服塞道，饥不暇餐，倦不获已，殷殷沄沄，俾夜作昼。下及小司，列城墨绶，莫不相商以得人，自矜以下士，星言夙驾，送往迎来，亭传常满，吏卒传问，炬火夜行，阍寺不闭，把臂捩腕，扣天矢誓，推托恩好，不较轻重。文书委于官曹，系囚积于囹圄，而不遑省也。详察其为也，非欲忧国恤民，谋道讲德也，徒营己治私，求势逐利而已……然掷目指掌，高谈大语，若此之类，言之犹可羞，而行之者不知耻。嗟乎！王教之败，乃至于斯乎！"简直要作大声疾呼之势矣。但对于徐幹的《中论》，亦有后世学者批评其过于墨守儒家规矩，而无过多新思想者，所言亦有道理。总体来说，徐幹是一位实践家。因有感于世俗昏乱之态，他写作《中论》意在以儒家精神匡正世风人心，是对儒家思想的一种具体行践，而至于希望革新思想、自成一家的目的，在徐幹这里体现得并不明显。

**建安二十三年（218年），徐幹因大疫病卒，年四十八。**

《三国志》本传："幹……二十二年卒。文帝书与元城令吴质曰：昔年疾疫，亲故多离其灾。徐陈应刘，一时俱逝。"《文选》卷四十二李善注引《典略》："初，徐幹……等与质并见友于太子。二十二年，魏大疫，诸人多死，故太子与质书。"主张徐幹死于建安二十二年。然而《中论序》："年四十八，建安二十三年春二月，遭厉疾，大命殒颓，岂不痛哉！"钱培名《中论》题识亦同《中论序》的观点："按，原序前言'未至弱冠，言则成章，操翰成文，此灵帝末年也'。据此，汉灵帝末年为中平六年，幹年盖十九，是幹生于灵帝建宁四年，至献帝建安二十三年，年四十八，前后适符。陈振孙谓原序为同时人作，盖得其真，可定陈寿之误。"《中论序》及钱培名题识为是。考曹操建安二十三年所作《赡给灾民令》："去冬天降疫疠，民有凋伤，军兴于外，垦田损少，吾甚忧之。"可知灾疫起于二十二年冬。徐幹于次年春二月因疾疫病逝，于情于理皆可相符，陆侃如因"冬天"与"春二月"相互抵牾而"未详孰是"，是出于没有看清两处时间点的具体所指而造成疏忽。

古之学者评价徐幹多着眼于其品格气质方面品评其文，如谢灵运《拟魏太子邺中集诗序》："徐幹，少无宦情，有箕颍之心事，故仕世多素辞。"胡应麟《诗薮》又言："《典论》称文人不矜细行，罕以名节自立，而七子之中，独赞伟长怀文抱质，恬淡寡欲，可谓彬彬君子。幹著《中论》盛传，较诸魏晋浮华，良有异者。子桓赏鉴，故自不诬。又王昶《诫子书》云：'北海徐伟长不沾名高，不求苟得，澹然自守，唯道是务，有所是非，则托古人以见其意。吾敬之重之，愿儿子师之。东平刘公幹，博学有高才，诚节有大意，然性行不均，少所拘忌，吾爱之重之，不愿儿子慕之。'"皆赞颂徐幹的清亮名节。对徐幹文学作品的评论多集中在对诗歌，尤其是对徐幹思妇题材诗歌的创作之上。如谢榛《四溟诗话》、陈祚明《采菽堂古诗选》、张玉毂《古诗赏析》皆选取《室思》、《情诗》等作品进行分析。《采菽堂古诗选》还对徐幹诗歌作了总体的评价："伟长诗，别能造语匠意转掉，若不欲以声韵经心，故奇劲之气高迥越众，如广坐少年中，一老踞席兀傲不言，时或勃然吐词，可以惊戒四筵矣。"对徐幹文学创作中的语言运用能力给予高度评价。至于现今对徐幹的研究成果，主要集中在两个方面：一是对《中论》思想的研究，二是对徐幹文学审美特质的研究。对《中论》的思想研究成果较多，学者多借《中论》对徐幹名辨思想、教化思想进行考察，而王晓丽《〈中论〉探究》是一篇对此书进行版本流传以及思想研究的综合探索。由于史料的相对缺乏，对徐幹的文学作品研究并不多见。有学者偏重对徐幹"时有齐气"的说法进行考释，试图由此考察徐幹的文学创作特色，如曹道衡《〈典论·论文〉"齐气"试释》等。总体而言，现当代学者对徐幹的文学思想研究数量偏少，质量不高，很大程度上缘于作品的散失以及史料的相对缺乏。

**参考文献**

卢弼：《三国志集解》，中华书局1982年版。

俞绍初：《建安七子集》，中华书局1989年版。

吴云、唐绍忠：《建安七子集校注》，天津古籍出版社1991年版。

梁章钜：《三国志旁证》，福建人民出版社2000年版。

徐坚：《初学记》，中华书局2004年版。

徐幹著，孙启治解诂：《中论解诂》，中华书局2013年版。

夏传才等：《三曹七子之外建安作家诗文合集校注》，河北教育出版社2013年版。

（徐　晓）

# 刘桢传

**刘桢，字公幹，东平宁阳人（今山东省宁阳县南）。生年不详。**

《世说新语·言语》刘孝标注引《典略》："刘桢字公幹，东平宁阳人也。"据《后汉书·郡国志》，东平国宁阳县属兖州，其地在今山东省宁阳县南。

有关刘桢家世，《三国志》本传裴注引《文士传》："桢父名梁，字曼山，一名恭。少有清才，以文学见贵，终野王令。"然又《后汉书·文苑传下》："梁字曼山，一名岑，东平宁阳人也。汉宗室子孙，而少孤贫。"其一名与《文士传》异。又谓："桓帝时举孝廉，除北新城长……后为野王令，未行。光和中，病卒。孙桢，亦以文才知名。"此云刘桢为刘梁之孙，亦与《文士传》不合，未详孰是。

刘桢身为汉宗室子孙，然而身处末世，竟至无法考其父辈之名号，可见其家世衰落情形之一隅。汉室血统与贫寒身世的矛盾不时在刘桢身上激荡碰撞，构成了刘桢表面自由不羁而内心却有着极强依赖感的心理状态。建安十九年因平视甄氏获罪体现的是刘桢表面不羁的特点，而写诗赠好友徐幹则体现出他内心的不安与恐惧。刘桢在文学创作方面达到一个很高的水平，与其身世经历和性格心理有着密切关联，此是刘桢文学研究中常被忽略的一个关键点。

刘桢生年亦无确考。俞绍初《建安七子年谱》考证：谢灵运《拟魏太子邺中集诗·刘桢诗》"代叙刘桢之生平事历云：'贫居晏里闲，少小长东平。河兖当冲要，沦飘薄许京。'许京，献帝迁都于许，乃有此称。是桢之'飘薄许京'，当在建安元年以后。又本集载《遂志赋》：'幸遇明后，因志东倾。披此丰草，乃命小生。生之小矣，何兹云当？牧马于路，役车低昂。怆恨恻切，我独西行。去峻溪之鸿洞，观日月于朝阳。释丛棘之余刺，践檖林之柔芳。'明后，谓曹操。据赋意可知，曹操于东征之际，尝入兖州东平，有招刘桢来归之事。考《魏志·武帝纪》，惟初平三年，操领兖州牧，曾进击黄巾于寿张东，寿张属东平国，此赋所云'因志东倾'，盖谓此也。时桢年在少小，故又有'生之小矣，何兹云当'云。下云'牧马于路'数句，则自叙西行入许事，当是谢诗'沦飘薄许京'之所指，在建安元年之后，与'乃命小生'事相隔已三年以上。今合参桢赋、谢诗，于刘桢早年事迹，大略推测如下：桢少长于乡里，初平三年曹操尝命其来归，以年小未就；及之献帝东迁后，乃独自西行至许，入于曹操府中。古人二十以下称'小'，今假设初平三年（192），刘桢为十八岁，则其生年或在熹平四年（175）前后，晚于徐幹，而略早于王粲"。可从。

有关刘桢的生平，除了《三国志》的记载，今人有俞绍初《建安七子集》等，可资参考。

**汉灵帝光和六年（183年），刘桢八九岁，已能诵《论语》、《诗》、论及篇赋数万言。**

《太平御览》卷三百八十五引《文士传》："刘桢字公干，少以才学知名。年八九岁，能诵《论语》、《诗》、论及篇赋数万言。警悟辩捷，所问应声而答当，其辞气锋烈，莫有折者。"

刘桢对儒学颇有研思，考《隋书·经籍志》："《毛诗义问》十卷，魏太子文学刘桢撰。"马国翰辑本序："辑得十二节，训释名物，与陆玑《毛诗草木鸟兽虫鱼疏》相似。盖当时儒者究心考据，犹不失汉人家法云。"此书今已残佚，然据马国翰序文可知其考据颇精，功底深厚。《义问》之写成，与刘桢少时对儒家典籍的涉猎与细读是密不可分的。

**汉献帝建安九年（204年），刘桢从曹操征邺。**

《三国志·魏书·武帝纪》："九年春正月，济河，遏淇水，入白沟，以通粮道……公进军到洹水，由降。既至，攻邺，为土山地道……八月，审配兄子荣，夜开所守城东门内兵。配逆战败，生禽配，斩之，邺定。公临祀绍墓，哭之流涕。慰劳绍妻，还其家人宝物，赐杂缯絮，廪食之。"

谢灵运《拟魏太子邺中集诗·刘桢诗》："广川无逆流，招纳厕群英。北渡黎阳津，南登纪郢城。""北渡"谓刘桢从曹操征邺事。

**建安十三年（208年），刘桢从征刘表，预赤壁之役。**

《三国志·魏书·武帝纪》："秋七月，公南征刘表。八月，表卒，其子琮代屯襄阳，刘备屯樊。九月，公到新野，琮遂降。备走夏口，公进军江陵，下令荆州吏民，与之更始。"

关于赤壁之战事，《武帝纪》："十二月，孙权为备攻合肥，公自江陵征备，至巴丘，遣张憙救合肥。权闻憙至，乃走。公至赤壁，与备战不利。于是大疫，吏士多死者，乃引军还。"

又《三国志·蜀书·先主传》："先主遣诸葛亮自结于孙权。权遣周瑜、程普等水军数万，与先主并力。与曹公战于赤壁，大破之，焚其舟船。先主与吴军水陆并进，追到南郡。时又疾疫，北军多死，曹公引归。"又《三国志·吴书·孙权传》："刘备欲南济江，肃与相见，因传权旨，为陈成败。备进住夏口，使诸葛亮诣权，权遣周瑜、程普等行。是时曹公新得表众，形势甚盛，诸议者皆望风畏惧，多劝权迎之。惟瑜、肃执拒之议，意与权同。瑜、普为左右督，各领万人，与备俱进。遇于赤壁，大破曹公军。公烧其余船，引退士卒，饥疫死者大半。备、瑜等复追至南郡，曹公遂北还。"所述南征刘表与赤壁战事颇详。

《刘桢集》载《赠五官中郎将四首》其一："昔我从元后，整驾至南乡。"《文选》卷二十三李善注："元后，谓曹操也。至南乡，谓征刘表也。"刘桢《遂志赋》自叙经历云："梢吴夷于东隅，掔叛臣乎南荆。"梢吴夷，谓征孙权，此盖指赤壁之战。掔叛臣，谓征刘表。又谢灵运《拟魏太子邺中集诗·刘桢诗》亦云："北渡黎阳津，南登纪郢城。"《文选》卷三十五臣张铣注："南登，谓从征刘表。"可知曹操征刘表与战赤壁两战，刘桢皆有参与。

**建安十四年（209年）末，军由合肥还谯。曹丕夜宴众宾，刘桢《赠五官中郎将四首·其一》记其事。**

《三国志·魏书·武帝纪》："十四年春三月，军至谯，作轻舟，治水军。秋七月，自涡入淮，出肥水，军合肥……十二月，军还谯。"

《刘桢集》载《赠五官中郎将四首》其一："昔我从元后，整驾至南乡。过彼丰沛都，与君共翺翔。四节相推斥，季冬风且凉。众宾会广坐，明镫熺炎光。清歌制妙声，万舞在中堂。金罍含甘醴，羽觞行无方。长夜忘归来，聊且为大康。四牡向路驰，叹悦诚未央。"《文选》卷二十三李善注此诗曰："丰沛，汉高祖所居，以喻谯也。君，谓五官也。"由诗中"季冬风且凉"句，知在十二月，与军还谯诗相符。又考《全三国诗》卷一载曹丕《于谯作》："清夜延贵客，明烛发高光。丰膳漫星陈，旨酒盈玉觞。弦歌奏新曲，游响拂丹梁。余音赴迅节，慷慨时激扬。献酬纷交错，雅舞何锵锵。罗缨从纷飞，长剑自低昂。穆穆众君子，和合同乐康。"其所咏与桢诗同。此时曹丕尚未成为五官中郎将，乃为后人将本诗与刘桢作于建安二十一年的三首同题诗合为一组，共题为"赠五官中郎将"。

**建安十六年（211年），刘桢为五官将文学，预邺中游宴，作《公宴诗》。**

《后汉书·文苑传下·刘梁传》李贤注引《魏志》：桢"为司空军谋祭酒，五官将文学，与徐幹、陈琳、阮瑀、应玚俱以文章知名。"又《世说新语·言语》刘孝标注引《典略》："建安十六年，世子为五官中郎将，妙选文学，使桢随侍太子。"知时桢与幹同为五官将文学。

有关邺中游宴事，《三国志·魏书·王粲传》："始文帝为五官将，及平原侯植皆好文学。粲与北海徐幹字伟长、广陵陈琳字孔璋、陈留阮瑀字元瑜、汝南应玚字德琏、东平刘桢字公幹并见友善。"又《王粲传》裴注引《魏略》载曹丕《又与吴质书》："昔年疾疫，亲故多离其灾。徐陈应刘，一时俱逝，痛何可言邪！昔日游处，行则同舆，止则接席；何尝须臾相失。每至觞酌流行，丝竹并奏，酒酣耳热，仰而赋诗。当此之时，忽然不自知乐也。"《晋书·阎缵传》引缵上书："昔魏文帝之在东宫，徐幹、刘桢为友，文学相接之道并如气类。"《初学记》卷十引《魏文帝集》："为太子时，北园及东阁讲堂，并赋诗，命王粲、刘桢、阮瑀、应玚等同作。"《刘桢集》载《公宴诗》："永日行游戏，欢乐犹未央。遗思在玄夜，相与复翱翔。辇车飞素盖，从者盈路傍。月出照园中，珍木郁苍苍。清川过石渠，流波为鱼防。芙蓉散其华，菡萏溢金塘。灵鸟宿水裔，仁兽游飞梁。华馆寄流波，豁达来风凉。生平未始闻，歌之安能详。投翰长叹息，绮丽不可忘。"世殊事异，游乐难得，刘桢写作此诗展现出的欢快与和美在当时社会环境的衬托下显得尤为珍贵。

**同年，刘桢因失敬被刑，作《赠徐幹诗》。刑竟复为文学。**

《三国志》本传："桢以不敬被刑，刑竟署吏。"裴注引《典略》曰："文帝尝赐桢廓落带，其后师死，欲借取以为像，因书嘲桢云：'夫物因人为贵。故在贱者之手，不御至尊之侧。今虽取之，勿嫌其不反也。'桢答曰：'桢闻荆山之璞，曜元后之宝；随侯之珠，烛众士之好；南垠之金，登窈窕之首；靐貂之尾，缀侍臣之帻。此四宝者，伏朽石之下，潜污泥之中，而扬光千载之上，发彩畴昔之外。亦皆未能初自接于至尊也。夫尊者所服，卑者所修也；贵者所御，贱者所先也。故夏屋初成而大匠先立其下，嘉禾始熟而农夫先尝其粒。恨桢所带，无他妙饰，若实殊异，尚可纳也。'桢辞旨巧妙皆如是，由是特为诸公子所亲爱。其后太子尝请诸文学，酒酣坐欢，命夫人甄氏出拜。坐中众人咸伏，而桢独平视。太祖闻之，乃收桢，减死输作。"又引《魏略》："（吴）质与刘桢等并在坐席，桢坐谴之际，质出为朝歌长。"

《世说新语·言语》："刘公幹以失敬罹罪，文帝问曰：'卿何以不谨于文宪？'桢答曰：'臣诚庸短，亦由陛下纲目不疏。'"刘孝标注引《典略》："建安十六年，世子为五官中郎将，妙选文学，使桢随侍太子。酒酣坐欢，乃使夫人甄氏出拜。"《文士传》："桢性辩捷，所问应声而答。坐平视甄夫人，配输作部，使磨石。武帝至尚方，观作者，见桢匡坐正色磨石。武帝问曰：'石何如？'桢因得喻己，自理，跪而对曰：'石出自荆山悬岩之巅，外有五色之章，内含卞氏之珍，磨之不加莹，雕之不增文，禀气坚贞，受之自然，顾其理柱屈纤绕而不得申。'帝顾左右大笑，即日赦之。"

侯康《三国志补注续》："《御览》四百六十四引《文士传》曰：刘桢性辩捷，文帝常请同好为主人，使甄夫人出拜。坐者皆伏，而桢独平视如故。武帝使人观之，见桢，大怒，命收之。主者案桢大不恭，应死，减一等，输作部，使磨石。"今观刘桢之人格，真是不卑不亢，品性傲然。《世说新语·言语》刘孝标注引《典略》谓桢平视甄氏事在建安十六年。陆侃如以为："桢为五官将文学，必在十六年为平原侯庶子以后；吴质时为朝歌长，则必在十九年为元城令之前。"故陆氏将此事系于建安十七年，因其并无确证，故仍从《典略》记载。

《刘桢集》载《赠徐幹诗》两首。张乃鉴在《刘桢集校注》中分析前首道："此诗（其一）感情真挚、痛切、深沉。以直抒胸臆的笔法，倾诉了刘桢与徐幹之间因'西掖垣'的有形障碍而造成的咫尺天涯的心理阻隔。诗中两次触景生情，更进一步显出刘桢此时压抑的心境。"张氏对诗的情感把握是不差的，而分析其成因终隔一层。以"乖人易感动，涕下与衿连。仰视白日光，皦皦高且悬"与"我独抱深憾，不得与比焉"诸句来看，刘桢所"憾"应指平视甄氏获罪之事。于是刘桢这时的愁苦则不是单纯的思友之情，而夹杂着对自己命运的思虑与担忧。徐幹作为刘桢的挚友，此时作为刘桢发泄真情感的对象。在这里我们可以见出刘桢坚毅内心的柔弱处，他在自己的朋友面前表现出自己脆弱的内心世界，从而让我们看到一个更加真实、更加人性化的刘桢。

**建安十七年（212年），刘桢作《处士国文甫碑》。**

《处士国文甫碑》文中有"以建安十七年四月卒"句，故知作于本年。

刘桢在此碑的创作中在高度赞扬国文甫高度的社会责任意识的同时寄托了自己的志向，即外清内白，匡世济民，而不去过分追求功名利禄等诸身外之物。其志之高远纯粹，可与《赠从弟》诗对读见义。

严可均《全后汉文》卷六十五载桢《处士国文甫碑》。

**建安十九年（214年），刘桢为临菑侯庶子，作书劝曹植不宜于己礼遇殊特，而疏简邢颙。**

《三国志·魏书·邢颙传》："是时，太祖诸子高选官属，令曰：'侯家吏，宜得渊深法度如邢颙辈。'遂以为平原侯植家丞。颙防闲以理，无所屈挠，由是不合。庶子刘桢书谏曹植曰：'家丞邢颙，北土之彦，少秉高节，玄静澹泊，言少理多，真雅士也。桢诚不足同贯斯人，并列左右。而桢礼遇殊特，颙反疎简，私惧观者将谓君侯习近不肖，礼贤不足，采庶子之春华，忘家丞之秋实。为上招谤，其罪不小，以此反侧。'"曹植为平原侯在建安十六年，陆侃如《中古文学系年》即取《三国志·魏书·邢颙传》的记载。然而在《晋书·琅邪王焕传》记载尚书令刁协奏"昔魏临菑侯以邢颙为家丞，刘桢为庶子"，谓曹植时为临菑侯，是事在建安十九年，与《三国志·魏书·邢颙传》作"平原侯植"的建安十六年不同。又有《资治通鉴》亦置此事于建安十九年，且谓"临菑侯曹植"。考

《三国志·魏书·邢颙传》所叙邢颙之事历，似以《晋书》与《资治通鉴》所载为是，今从之，待考。

**建安二十年（215年），刘桢作《行女哀辞》、《仲雍哀辞》。**

参见《徐幹传笺证》建安二十年条。

**建安二十一年（216年），刘桢作《大暑赋》。《赠五官中郎将诗》后三首似亦作于此时。**

《艺文类聚》载有繁钦、曹植、刘桢、王粲《大暑赋》各一首，《初学记》又载有陈琳《大暑赋》一首，据诸文意，盖一时唱和之作。诸子创作《大暑赋》的时间无所考订，俞绍初考《文选》卷四十杨修《答临菑侯笺》："又尝亲见执事，握牍持笔，有所造作，若成诵在心，借书于手，曾不斯须，少留思虑，仲尼日月，无得逾焉。修之仰望，殆如此矣。是以对鹖而辞，作《暑赋》，弥日不献。"李善注："植为《鹖鸟赋》，亦命修为之，而修辞让；植又作《大暑赋》，而修亦作之，竟日不敢献。"而据张可礼《三曹年谱》，杨修《答临菑侯笺》作于建安二十一年，则《大暑赋》似亦为是年之所作。

《刘桢集》有《赠五官中郎将》诗共四首："昔我从元后"、"余婴沉痼疾"、"秋日多悲怀"、"凉风吹砂砾"。因其一与后三首意境不同，盖非同时而作，参见建安十六年条。至于后三首赠诗，陆侃如考证："《文选》卷二十三李善注：'壮士谓五官也……出征谓在孟津也。《魏志》曰：建安十六年，文帝立为五官中郎将。《典略》曰：建安二十二年，魏郡大疫，徐幹刘桢等俱逝。然其间唯有镇孟津及黎阳，而无所征伐，故疑出征谓在孟津也。以在邺，故曰出征；以有兵卫，故曰戎事也。'从'昔'字知必作于二十年曹丕镇孟津后，故系于此（建安二十一年）。"今从之。

**建安二十二年（217年），大疫，刘桢病卒。**

《三国志·魏书·王粲传》："幹、琳、瑒、桢二十二年卒。"裴注引《魏略》曰："二十三年，太子又与（吴）质书曰：'……昔年疾疫，亲故多离其灾，徐陈应刘，一时俱逝，痛何可言邪！'"

《三国志·魏书·文帝纪》裴注引《魏书》："帝初在东宫，疫疠大起。时人凋伤，帝深感叹，与素所敬者大理王朗书曰：'……疫疠数起，士人凋落，余独何人，能全其寿？'"其中"初在东宫"谓曹丕始立太子时，在建安二十二年十月。《全唐诗》卷一百五十七孟云卿《邺城怀古》云："崔嵬长河北，尚见应刘墓。古树藏龙蛇，荒茅伏狐兔。"可知刘桢墓与应玚墓并在邺城。

古之学者多对刘桢的文学创作评价颇高。谢灵运《拟魏太子邺中集诗序》："刘桢，卓荦褊人，而文最有气，所得颇精奇。"谢氏所言，将刘桢个性与文章气质相结合，评价精到。钟嵘《诗品》将刘桢诗作列为上品，评价其五言诗曰："仗气爱奇，动多振绝，真骨凌霜，高风跨俗。但气过其文，雕润恨少。然自陈思已下，桢称独步。"皎然《诗式》："刘桢辞气，偏正得其中，不拘对属，偶或有之，语与兴驱，势逐情起，不由作意，气格自高，与《古诗十九首》其流一也。"钟氏、释氏所言，皆着眼刘桢文气高峻的方面。其实刘桢笔下平易之作亦常见，然属《赠从弟》之类的气节之作最为世人所誉。另，钟嵘指出刘桢作诗"气过其文，雕润恨少"的不足，这种特点是与刘桢的性格气质紧密相连的，因而虽批评精当，然亦不必苛责。

刘桢最具代表性的作品应属《赠从弟三首》。其一："汎汎东流水，磷磷水中石。蘋藻生其涯，华叶纷扰溺。采之荐宗庙，可以羞嘉客。岂无园中葵？懿此出深泽。"其二："亭亭山上松，瑟瑟谷中风。风声一何盛，松枝一何劲。冰霜正惨凄，终岁常端正。岂不罗凝寒？松柏有本性。"其三："凤凰集南岳，徘徊孤竹根。于心有不厌，奋翅凌紫氛。岂不常勤苦，羞与黄雀群。何时当来仪？将须圣明君。"三首诗体式相同，思想相近，达到了很高的艺术水准，可以确定是一时之作，然创作年代不详。诗评家对此组诗赞誉尤多，如吴淇《六朝选诗定论》："诸子以世乱依魏，苟全性命而已，非其本志也。细玩公幹《赠从弟诗》，其人似不肯仕魏者，其品行高洁，大有过人者，公幹不胜致羡焉，盖亦以自伤也。"刘桢从弟为何人，品性如何，今已皆不可考，然说诗中高洁之气乃有刘桢自喻自伤之成分在，则虽不中亦不远矣。

**参考文献**

俞绍初：《建安七子集》，中华书局1989年版。
吴云、唐绍忠：《建安七子集校注》，天津古籍出版社1991年版。
李壮鹰：《诗式校注》，人民文学出版社2003年版。

张乃鉴:《刘桢集校注》,天津古籍出版社 2005 年版。

夏传才等:《三曹七子之外建安作家诗文合集校注》,河北教育出版社 2013 年版。

（徐　晓）

# 王粲传

王粲，字仲宣，山阳高平（今山东微山两城镇）人，生于汉灵帝熹平六年（177年）。曾祖父王龚，祖父王畅，皆位至三公。

《三国志》本传："字仲宣，山阳高平人也。曾祖父龚，祖父畅，皆为汉三公。父谦为大将军何进长史。"据《后汉书·郡国志》，山阳郡属兖州。其地在今山东省邹县西南。《后汉书·王畅传》："子谦为大将军何进长史，谦子粲以文才知名。"钱大昭《三国志辨疑》卷一："按谦之历官不可考。曹植《王仲宣诔》云：'伊君显考，奕叶佐时；入管机密，朝政以治；出临朔岱，庶绩咸熙。'"以建安二十二年卒年四十一推之，王粲当生于熹平六年（177年）。

有关王粲曾祖父王龚的情况，《三国志·魏书·王粲传》裴注引张璠《汉纪》："龚字伯宗，有高名于天下。顺帝时为太尉。"《后汉书·王龚传》：龚世为豪族，初举孝廉，稍迁青州刺史，历尚书、司隶校尉、南阳太守，征为太仆，转太常，迁司空。拜太尉，深疾宦官专权，上书极言其状，在位五年，以病卒于家。

王粲祖父王畅，《三国志·魏书·王粲传》裴注引张璠《汉纪》："畅字叔茂，名在八俊。灵帝时为司空，以水灾免，而李膺亦免归故郡，二人以直道不容当时。天下以畅、膺为高士，诸危言危行之徒皆推宗之，愿涉其流，惟恐不及。会连有灾异，而言事者皆言三公非其人，宜因其变，以畅、膺代之，则祯祥必至。由是宦竖深怨之，及膺诛死而畅遂废，终于家。"《后汉书·王龚传》附王畅传：畅初举孝廉，四迁尚书令立齐相、司隶校尉、渔阳太守，所在以严明为称。太尉陈蕃荐畅清方公正，复为尚书，拜南阳太守，奋厉威猛，豪党有衅秽者，莫不纠发。征为长乐卫尉，建宁元年迁司空，明年卒于家。

有关王粲的子嗣，《三国志》本传："粲二子为魏讽所引，诛，后绝。"裴注引《文章志》："太祖时征汉中，闻粲子死，叹曰：'孤若在，不使仲宣无后。'"又《三国志·魏书·武帝纪》："（二十四年）九月，相国钟繇坐西曹掾魏讽反，免。"裴注引《世语》："讽字子京，沛人，有惑众才，倾动邺都，钟繇由是辟焉。大军未反，讽潜结徒党，又与长乐卫尉陈祎谋袭邺。未及期，祎惧，告之太子，诛讽。坐死者数十人。"又《三国志·魏书·钟会传》裴注引《博物记》："粲亡后，相国掾魏讽谋反，粲子与焉。既被诛，邕所与书悉入业。业字长绪，位至谒者仆射。子宏，字正宗，司隶校尉。宏，弼之兄也。"又引《魏氏春秋》："文帝既诛粲二子，以业嗣粲。"业为粲兄凯子，刘表外孙，详见"初平元年王粲受蔡邕赠书"条。

王粲的生平，除《三国志》的记载，今人有陆侃如《中古文学系年》、俞绍初《建安七子集》等，可资参考。

**王粲父王谦有政见。何进欲择粲父谦二子为婚，谦不许。**

王粲父王谦，为大将军何进长史，其他生平事迹不详。

《三国志》本传："（粲）父谦，为大将军何进长史。进以谦名公之胄，欲与为婚，见其二子使择焉。谦弗许。"粲既字仲宣，则其行次为第二，二子中应有粲在。此事年代无考，何进以中平元年为大将军，六年为宦官所杀，王谦察觉何进将危而不许此婚事，因而此事可能发生在中平五、六年间。

初平元年，王粲因战乱西迁长安，为蔡邕所称，邕载数车书与粲，少年王粲得以接触到蔡邕的大部分作品与藏书，在文学思想上可能受到蔡邕很大的影响。

《文选》卷五十六载曹植《王仲宣诔》："皇家不造，宗室殄颠。宰臣专制，帝用西迁。君乃羁旅，离此阻艰。"即指王粲徙长安事。

《三国志》本传："献帝西迁，粲徙长安，左中郎将蔡邕见而奇之。时邕才学显著，贵重朝廷，常车骑填巷，宾客盈坐。闻粲在门，倒屣迎之。粲至，年既幼弱，容状短小，一坐尽惊。邕曰：'此王公孙也，有异才，吾不如也。吾家书籍文章，尽当与之。'"

《三国志·魏书·钟会传》裴注引《博物记》："蔡邕有书近万卷，末年载数车与粲。"《后汉书·蔡琰传》载蔡琰谓曹操曰："昔亡父赐书四千许卷，流离涂炭，罔有存者。"余绍初推测邕万卷藏书，除留与蔡琰四千余卷外，其余尽入王粲，这个推测是可以成立的。在战火纷飞的年代，书籍传承实属不易，王粲与蔡邕交，得以接触数量巨大的藏书，钻研学问具有得天独厚的条件，由于家里藏书丰富，他可以尽情浏览。是年距蔡邕下狱（192年）只差两年而已。这样看来，蔡邕对王粲在人格与思想上的巨大影响，是我们如今应该关注的一个重要的学术继承问题。

《三国志·魏书·钟会传》裴注引《博物记》："粲亡后，相国掾魏讽谋反，粲子与焉，既被诛，邕所与书悉入业。业字长绪，位至谒者仆射。子宏，字正宗，司隶校尉。宏，弼之兄也。"张湛《列子序》又云："正宗、辅嗣皆好集文籍，先并得仲宣家书，几将万卷。"则蔡邕书籍辗转归于王弼。卢弼《三国志集解》："辅嗣博览闳通，渊源授受，有自来矣。"汤用彤《王弼之周易论语新义》："王弼未必曾居荆州，然其家世与荆州颇有关系，山阳刘表受学于同郡王畅。汉末畅孙粲与族兄凯避地至荆州依刘表。表以女妻之凯。蔡邕尝赏识粲，末年以数车书与之。粲之二子与宋忠均死于魏讽之难。（魏讽之难，实因清谈家反曹而起。）邕所与书悉归凯之子业。魏文帝，因粲二子被诛以凯之子嗣粲。而王弼者乃业之子，宏之弟，亦即粲之孙也（《魏志·钟会传》）。……王氏盖自正宗，即好玄言。而其父祖两辈与荆州有关系。粲、凯及其粲之子与业均必熟闻宋仲子之道、'后定'之论。则王弼之家学，上溯荆州，出于宋氏。夫宋氏重性与天道，辅嗣好玄理，其中演变应有相当之连系也。"① 牟宗三在《王弼易学之史迹》中亦表达了与汤用彤基本一致的观点。看来王弼之学与荆州学派存在至为密切之关联，而王粲作为荆州学派中的核心人物之一，又对王弼所涉书籍有着重要的传承之功，故王粲思想对王弼的影响应该是颇为密切的。

**汉献帝初平四年（193年），王粲同王凯、士孙萌等避乱荆州，依刘表，作《七哀诗》（西京乱无象）等。**

《三国志》本传："年十七，司徒辟，诏除黄门侍郎。以西京扰乱，皆不就。乃之荆州，依刘表。表以粲貌寝而体弱通侻，不甚重也。"

《三国志·魏书·刘表传》裴注引谢承书："表受学于同郡王畅。"

---

① 汤用彤：《汤用彤学术论文集》，中华书局1983年版，第266页。

《三国志·魏书·钟会传》裴注引《博物记》："初王粲与族兄凯俱避地荆州，刘表欲以女妻粲，而嫌其形陋而用率。以凯有风貌，乃以妻凯。凯生业，业即刘表外孙也。"

有关王粲南下荆州的时间，余绍初提出与本传不同的意见说："据《后汉书·献帝纪》及《董卓传》，傕等于初平三年五月合围长安城，八日城陷，六月戊午傕等入城，放兵掳掠。绎诗意，粲离长安已在城陷之后。是年粲十六岁，而粲传称'年十七……乃之荆州依刘表'，似误"。此推论尤值得商榷。初平三年六月长安陷，四年王粲离京南下时长安已乱，除黄门侍郎不就，颇合乎情理。证据未明，不足以构成王粲南下在初平三年的确切依据。且梁章钜《三国志旁证》卷十五："《后汉书·王畅传》云：刘表年十七从畅受学，以故粲往依之。"亦言王粲南下年份甚明矣。观王粲《赠士孙文始》诗："天降丧乱，靡国不夷。我暨我友，自彼京师……迁于荆楚，在漳之湄。"可知亦有士孙萌与王粲同下荆州避难。

关于王粲"貌寝"、"体弱"的问题，裴注："仲将云：仲宣伤于肥戇。"梁章钜《三国志旁证》卷十五："沈钦韩曰：《淮南子·本经训》'其行倪而顺情'注：倪，简易也。按魏文帝云：仲宣善于辞赋，惜其体弱，不足起其文。彼论文，此实言体羸。然韦仲将云：仲宣伤于肥戇，又非体弱者也。"王粲"貌寝"盖与其患麻风有关，非自然之态也。学者对此有所考证，然而意见不一。详见下文"王粲遇张仲景"条。

《七哀诗》为仲宣揭示乱世悲辛最得力者。以事入诗之写作方式在曹魏时期既已发展成熟，所作诗篇多深切沉郁，著名者有如蔡琰《悲愤诗》、陈琳《饮马长城窟行》等作。可以发现此种叙事诗多取社会细节，以相对细小的个人经历反映出笼罩社会之上的悲哀与苦难，重为轻根，具有极其强大的文学感染力。王粲《七哀诗》（西京乱无象）叙往荆州避乱，初离长安时事，与《七哀诗》（荆蛮非我乡）并非同时所作。

**汉献帝兴平元年（194年），王粲作《赠文叔良》诗。**

《文选》卷二十三李善注："干宝《搜神记》曰：文颖字叔良，南阳人……而粲集又有《赠叔良》诗。献帝初平中，王粲依荆州刘表。然叔良之为从事，盖事刘表也。详其诗意，似聘蜀结好刘璋也。"颖聘璋年月无考，然《三国志·蜀书·刘焉传》："兴平元年……州大吏赵韪等贪璋温仁，共上璋为益州刺史，诏书因以为监军使者，领益州牧，以韪为征东中郎将，率众击刘表。"《后汉书·刘焉传》："先是荆州牧刘表表焉僭拟乘舆器服，馥以此遂屯兵朐䏰备表。"刘表势危，文叔良奉命结好刘璋应在此时，王粲作诗以赠。陆侃如定粲诗与繁钦檄同作于建安三年，证据不足。

王粲四言诗现仅存《赠蔡子笃》、《赠士孙文始》与此诗三首，外加《赠杨德祖》一首只存一句，皆为赠别，情感颇为真切，颇合于刘熙载所言"仲宣情胜"之论。

其四言正体，志咏中正。《太平御览》卷五百九十引挚虞《文章流别论》："王粲所与蔡子笃及文叔良、士孙文始、杨德祖诗，及所为潘文则作思亲诗，其文当而整，皆近于《雅》矣"，正为确论。其中《赠文叔良》一诗为临别劝勉之作，情感抒发略逊于他者，然教诲谆谆，更近《雅》意。陈祚明《采菽堂古诗选》卷七言此诗："规箴语，层次有序……文情温厚大雅，可以上比吉甫之流。其琢句不袭《三百篇》成语，翻足见长。"其诗虽不袭《诗经》成句，然蹈辙《诗经》之意，自为明显。

丁福保《全三国诗》卷三载粲《赠文叔良》。

**汉献帝建安元年（196年），王粲作诗赠士孙萌，又遇张仲景言病事。**

王粲、孙萌同在荆州避难，详见上文"王粲避乱荆州"条。

《三辅决录》赵岐注："士孙萌，字文始，少有才学。年十五，能属文。初董卓之诛也，萌父瑞知王允必败，京师不可居，乃命萌将家属至荆州依刘表。去无几，允果为李傕等所杀。及天子都许昌，追论诛董卓之功，封萌为澹津亭侯。与山阳王粲善，萌当就国，粲等各作诗以赠萌，于今诗犹存也。"

陈祚明《采菽堂古诗选》卷七评《赠士孙文始》："宛转入情，风度亦俊。"丁福保《全三国诗》卷三载粲《赠士孙文始》。皇甫谧《针灸甲乙经序》："仲景见侍中王仲宣时年二十余。谓曰：'君有病，四十当眉落，眉落半年而死。'令含服五石汤可免。仲宣嫌其言忤，受汤勿服。居三日，仲景见仲宣谓曰：'服汤否？'仲宣曰：'已服。'仲景曰：'色候固非服汤之诊，君何轻命也！'仲宣犹不信。后二十年果眉落，后一百八十七日而死，终如其言。"有关此事的真伪问题，现有两种不同意见。何建东《谈"张仲景见王粲"故事之真伪》认为《针灸甲乙经序》所记并不确实，王粲乃于建安二十二年死于瘟疫①。而王树芬《论张仲景诊王仲宣一案的真实性与价值》一文则认为，其一，皇甫谧《甲乙经》成书于王粲卒后四十年左右，且所记之事在后世的一千七百余年未有学人加以质疑，可见若无充分之证据，其真实性不宜轻易否定；其二，王粲与张仲景共同避难荆州，于情理可通；其三，考察麻风发病特点，此种潜伏期二十年以上的病种并不鲜见。由此推断，张仲景见王仲宣事可信②。又按，张仲景名机，字仲景，南阳人，举孝廉，官至长沙太守。建安中，著《伤寒论》二十一篇。

**王粲南下荆州初期较为顺意，成为荆州学派重要文人之一。建安三年（198 年），作《三辅论》。约明年，作《荆州文学记官志》。**

《后汉书·刘表传》："三年，长沙太守张羡率零陵、桂阳三郡畔表。"王粲论文即作于张羡叛刘表时。严可均《全后汉文》卷九十一载《三辅论》。

《荆州文学记官志》乃如今研究荆州学派文学思想意识的重要参考，亦体现出王粲其时的文学地位与文学思想倾向。其言文之用则为"则象天地，轨仪宪极，设教导化，叙经志业，用建雍泮焉，立师保焉，作为礼乐，以节其性，表陈载籍，以特其德，上知所以临下，下知所以事上，官不失守，民德无悖，然后太阶平焉"；其言文之大功则为"夫文学也者，人伦之首，大教之本也"。观其所论，与曹丕所谓"盖文章，经国之大业，不朽之盛事"颇类。

严可均《全后汉文》卷九十一载粲《荆州文学记官志》："有汉荆州牧曰刘君……乃命五业从事宋衷所作文学，延朋徒焉。宣德音以赞之，降嘉礼以劝之，五载之间道化大行。耆德故老綦毋闿等负书荷器，自远而至者，三百有余人。"

《三国志·魏书·刘表传》注引粲《英雄记》："州界群寇既尽，表乃开立学官，博求儒士，使綦毋闿、宋忠等撰五经章句，谓之后定。"

又《全三国文》卷五十六载阙名《刘镇南碑》："武功既亢，广开雍泮……笃志好学吏子弟受禄之徒，盖以千计……乃令诸儒改定《五经》

---

① 何建东：《谈"张仲景见王粲"故事之真伪》，《河南中医》2008 年第 2 期。
② 王树芬：《论张仲景诊王仲宣一案的真实性与价值》，《中华医史杂志》1997 年第 1 期。

章句。"《后汉书·刘表传》载此事于建安三年平张羡后，五年曹操与袁绍相持于官渡前。《资治通鉴》将刘表开立学官时间系于建安元年，据"五载"之数下推之，当在建安四年（199年）或五年（200年）之时，与《刘表传》记载并无矛盾处。

**建安八年（203年），为刘表作书谏袁谭、袁尚。**

建安八年，袁绍卒，逢纪、审配二人假袁绍遗命，立袁尚即位。即位后尚与兄长袁谭矛盾加剧。尚发兵征谭。

《后汉书·袁绍传下》："尚复自将攻谭，谭战大败，婴城固守。尚围之急，谭奔平原，而遣颍川辛毗诣曹操请救。刘表以书谏谭曰……又与尚书谏之，并不从。"注："《魏氏春秋》载表遗尚书曰……表二书并见《王粲传》。"

二书作于八月曹操征表后，十月操还救谭前。《三国志》本传未见载，然其皆为王粲手笔当无问题。观此二书，显有言语轻重之别。袁尚既已登位，用辞遂谦和而恳切；袁谭受制于弟，劝言则明理而达情。在二书中王粲细析局势，以为外患频仍之时，兄弟相争，给予外人以可乘之机，实乃下策。兄弟之间首应宽博，要"以大包小，以优容劣；归是于此，乃道教之和，义士之行也。纵不能尔，有难忍之忿，且当先除曹操，以卒先公之恨；事定之后，乃议兄弟之怨"。王粲甚至预测了兄弟相争的可怕后果："若使迷而不返，遂而不改，则戎狄蛮夷将有诮让之言，况我同盟，复能戮力为君之役哉？则是太公坟垄，将有污池之祸，夫人弱小，将有灭族之变。"王粲远见卓识于此展露无遗。建安十年，曹操征袁谭，谭死；建安十二年，公孙康杀尚，袁氏遂灭。反观仲宣二书，岂非成谶乎！

**建安十一年（206年），王粲作《登楼赋》及《七哀诗》（荆蛮非我乡）等篇。曹操北征塌顿，从征，识古冢。**

严可均《全后汉文》卷九十载粲《登楼赋》有"遭纷浊而迁逝兮，漫逾纪以迄今"句。《文选》卷十一李善注："孔安国《尚书传》曰：十二年曰纪。"王粲于193年来荆州，以"逾纪"二字推之，赋当作于本年前后。篇中又有"华实蔽野，黍稷盈畴……向北风而开襟……风萧瑟而并兴兮"等句，似作于夏秋之交。

有关作赋地点，则有襄阳、江陵、当阳三说。李善注引盛弘之《荆州记》:"当阳县城楼,王仲宣登之而作赋。"而五臣刘良注曰:"仲宣避难荆州,依刘表,遂登江陵城楼,因怀归而有此作。"则认为所登之楼在江陵。又有余萧客《文选纪闻》卷八:"'王粲楼在襄阳县西。'(元《一统志》五百五十六)'漳水又南径于麦城东,王仲宣登其东南隅,临漳水,赋之曰:夹清漳之通浦,倚曲沮之长洲。'(《水经注》三十二)"麦城在今湖北当阳。以赋文考之,应以当阳麦城之说为是。

作为王粲最具代表性作品之一,《登楼赋》得到后人的高度称赞。朱熹《楚辞后语》卷四:"《登楼赋》者,魏侍中王粲之所作也。归来子曰:'粲诗有古风。《登楼》之作,去楚辞远,又不及汉,然犹过曹植、潘岳、陆机愁咏、闲居、怀旧众作,盖魏之赋极此矣。"在对这篇作品的分析研究中,学者们多关注王粲的济世思想同残酷现实的悲剧对照,以及王粲的思乡情结与怀才不遇的水乳交融,却极少讨论这一引发后世文人强烈共鸣的思乡情结的发生原因。大体看来,王粲对于社会现实的失落感和对于社会关系的不信任感是应该引起我们高度注意的两个问题,这两种情感并不一定在王粲行为上有着显著的表现,因为它更多地涉及东汉末年文人对社会潜意识的认知层面。建安时期是一个连年征战、政治极不稳定的时期,身处这样令人触目惊心的环境之中,曹魏时期的文人对外部世界产生一种无可抑制的厌恶感,而怀土情结则在他们的心中悄悄地滋长开来。

王粲在《登楼赋》中借用孔夫子厄于陈地的事例意在指明,人在困厄之时对故乡的思恋是一种自然情感的流露;而在对楚囚与庄舄事例的引用中,作者则体现出思乡情结的一种无条件性。登高而怀乡是植根于人性之中的自然情感之流露,它的这种普遍性价值和它背后承托的社会悲剧性意识使得王粲《登楼赋》在后世引起广泛的思想共鸣。于是《登楼赋》成为中国文学中表达思乡情结的一个原型,对后世产生了巨大影响。

丁福保《全三国诗》卷三载粲《七哀诗》三首,第一首有"复弃中国去,远身适荆蛮"句,第二首有"荆蛮非我乡,何为久滞淫"句,推测并不一定是一时所作,其中第二首内容尤与《登楼赋》相近,许是此年同作。其诗风悲远清澈,壮景则"山冈有余映,岩阿增重阴",色彩显明;叙情则"丝桐感人情,为我发悲音",人物相感。至于"独夜不能寐,摄衣起抚琴"句,则后为嗣宗化用,尊为远致。

《三国志·魏书·乌丸传》:"建安十一年,太祖自征蹋顿于柳城……

太祖登高望虏陈……临陈斩蹋顿首。"梁章钜《三国志旁证》卷十五：《太平御览》卷五百五十九引《异苑》："魏武北征蹋顿，升岭眺瞩，见一冈不生百草。王粲曰：'必是古冢。此人在世服生矾石死，而石性热，蒸出外，致卉木焦灭。'命即凿之，果得大墓，有矾满茔。"是为王粲聪颖之又一证据也。但王粲在建安十三年方归太祖，此时尚在刘表处供职，《异苑》之说恐不确，今存之待考。

**建安十三年（208年），王粲归曹操，操辟为丞相掾，后迁军谋祭酒。**

《三国志》本传："表卒，粲劝表子琮，令归太祖。太祖辟为丞相掾，赐爵关内侯。太祖置酒汉滨，粲奉觞贺……后迁军谋祭酒。"《三国志》本传建安十三年："九月，曹操到新野，琮遂降。"另据《三国志·魏书·裴潜传》："潜私谓所亲王粲、司马芝曰：'刘牧非霸王之才，乃欲西伯自处，其败无日矣。'遂南适长沙。"王粲之劝表子琮降曹，乃取裴潜之言，并察天下大势之为。王粲在刘表处并不受到重用，归曹后心态转为积极。

《三国志·魏书·武帝纪》："九月……进军江陵，下令荆州吏民与之更始，乃论荆州服从之功，侯者十五人。"王粲受封盖即此时。受封后王粲奉觞贺操，《三国志》本传："太祖置酒汉滨，粲奉觞贺曰：'方今袁绍起河北，仗大众，志兼天下，然好贤而不能用，故奇士去之。刘表雍容荆楚，坐观时变，自以为西伯可规。士之避乱荆州者，皆海内之俊杰也。表不知所任，故国危而无辅。明公定冀州之日，下车即缮其甲卒，收其豪杰而用之，以横行天下。及平江汉，引其贤俊而置之列位，使海内回心，望风而愿治，文武并用，英雄毕力，此三王之举也。'"余绍初认为建安十四年曹军赤壁败后出云梦泽，走华容道，至南郡江陵，又北上襄阳，王粲贺表于此时而作。然考其形势，曹军赤壁失利，王粲于此时进贺曹操甚为不当，故以建安十三年九月曹操进军江陵，论功之后所作为是。据贺表之内容，可知王粲在荆州时不为刘表所重，亟欲寻找明主，故对曹操寄予很大期望。此表即希望曹操重用人才，不可如刘表之辈存贤而无用，终使俊杰流散。粲归操当在九月以后。迁祭酒不知在何时，但当在建安十八年操为魏公之前，姑附系于此。

**建安十四年（209年），王粲随操南征，作《初征赋》。**

《三国志·魏书·武帝纪》:"十四年春三月,军至谯,作轻舟,治水军。秋七月,自涡入淮,出肥水,军合肥……十二月,军还谯。"

严可均《全后汉文》卷九十载粲《初征赋》,文曰:"违世难以折兮,超遥集乎蛮楚。逢屯否而底滞兮,忽长幼以羁旅。赖皇华之茂功,清四海之疆宇。超南荆之北境,践周豫之末畿。野萧条而骋望,路周达而平夷。春风穆其和畅今,庶卉焕以敷蕤。行中国之旧壤,实吾愿之所依。当短景之炎阳,犯隆暑之赫曦。薰风温温以增热,体烨烨其若焚。"此赋即王粲从征所作,有佚文。

**建安十六年(211年),曹操征马超,王粲从征,作《吊夷齐文》、《咏史诗》。**

《三国志·魏书·武帝纪》:"马超遂与韩遂、杨秋、李堪、成宜等叛……秋七月,公西征……九月,进军渡渭……大破之,斩成宜、李堪等。遂、超等走凉州,杨秋奔安定,关中平……冬十月,军自长安北征杨秋,围安定,秋降,复其爵位,使留抚其民人。十二月,自安定还,留夏侯渊屯长安。"

严可均《全后汉文》卷九十一载粲《吊夷齐文》:"岁旻秋之仲月,从王师以南征;济河津而长驱,逾芒阜之峥嵘;览首阳于东隅,见孤竹之遗灵。心於悒而感怀,意惆怅而不平。望坛宇而遥吊,抑悲古之幽情……"姚振宗《三国艺文志》卷四以为与阮瑀同作。《太平御览》卷四十引戴延之《西征记》:"洛东北去首阳山二十里,山上有伯夷、叔齐祠。"殆由邺而西,道过首阳山而作此二文。《三国志·魏书·武帝纪》:"秋七月,公西征……公自潼关北渡,未济……公乃得渡,循河为甬道而南……九月,进军渡渭。"八月曹操引军至潼关,其时令与粲文中"旻秋之仲月"正合。卢弼《三国志集解》云《吊夷齐文》为建安二十年东征孙权时所作,误。

本吊文对伯夷、叔齐之抗节作有持平之论。先言"知养老之可归,忘除暴之为念。洁己躬以骋志,愆圣哲之大伦。忘旧恶而希古,退采薇以穷居。"夷齐不食周粟、不事二君之行在仲宣看来不但去仁,且有悖于君臣之大伦,实为不明智之抉择。然而在后文中,仲宣对夷、齐之个人操守大加赞誉:"守圣人之清概,要既死而不渝。厉清风于贪士,立果志于懦夫。到于今而见称,为作者之表符。"题虽凭吊,实乃论古,颇可见仲宣包蕴儒家精神内质的独立之思想。

王粲《咏史诗》两首，其一咏三良殉葬秦穆公事："自古无殉死，达人所共知。秦穆杀三良，惜哉空尔为！结发事明君，受恩良不訾。临殁要之死，焉得不相随。妻子当门泣，兄弟哭路垂。临穴呼苍天，涕下如绠縻。人生各有志，终不为此移。同知埋身剧，心亦有所施。生为百夫雄，死为壮士规。黄鸟作悲诗，至今声不亏。"其二咏荆轲赴秦刺秦王事，今只存四句："荆轲为燕使，送者盈水滨。缟素易水上，涕泣不可挥。"另阮瑀、曹植皆有咏三良诗作留存，阮瑀另有咏荆轲诗，可知从征马超至关中时，有粲、瑀与植同行。余绍初推断曹植亦应作有咏荆轲诗作，然而证据不足，不可断言。就王粲所作《三良诗》来看，仲宣咏史已经基本脱去班固咏史的政教色彩，而将重点转向对情感的记述。在咏史诗的发展过程中，班固、王粲、左思代表着三个不同特色的发展阶段：班固代表着质朴的咏史诗与政教伦理之结合，而王粲、左思，则将咏史诗的情感特质发掘出来。后二者相较，仲宣仍停留在对古史之中人物的情感抒发和想象之上，如"妻子当门泣，兄弟哭路垂；临穴呼苍天，涕下如绠縻"者是。而太冲咏史则近乎咏怀，抒情乃抒发一己之思，却非古人情志，如"世胄蹑高位，英俊沉下僚；地势使之然，由来非一朝"者是。至于唐后咏史将史实同抒情相合，即将班、王、太冲之长集于一体者矣。

**建安十七年（212年），阮瑀卒，王粲作《阮元瑜诔》，又与曹丕等同作《寡妇赋》。至谯，为荀彧檄孙权。**

《三国志·魏书·阮瑀传》："瑀以十七年卒。"王粲因作《阮元瑜诔》，诔有散佚，曰："既登宰朝，充我秘府。允司文章，爰及军旅。庶绩惟殷，简书如雨。强力敏成，事至则举。"

严可均《全三国文》卷七载丕《寡妇赋》："陈留阮元瑜与余有旧，薄命早亡。每感存其遗孤，未尝不怆然伤心，故作斯赋，以叙其妻子悲苦之情。命王粲并作之。"严可均《全后汉文》卷九十载粲《寡妇赋》，即奉曹丕命同作以吊阮瑀妻者。《全后汉文》卷九十又载《为荀彧与孙权檄》，当作于本年冬曹操征吴时。《艺文类聚》卷三十四存曹丕、王粲及丁廙妻《寡妇赋》各一首。

《后汉书·荀彧传》："十七年……会（操）南征孙权，表请彧劳军于谯，因表留彧曰：'……臣今当济江，奉辞伐罪……使持节侍中守尚书令万岁亭侯彧，国之重臣，德洽华夏，既停军所次，便宜与臣俱进，宣示国命，威怀丑虏。军礼尚速，不及先请，臣辄留彧，依以为重。'书奏，帝从之，遂以彧为侍中、光禄大夫，持节，参丞相军事。"《三国志·魏书·荀彧传》同。王粲为荀彧作檄讨孙权，当在荀彧来谯劳军之后。今文只存三句。

**建安十八年（213年），王粲随军由谯还邺，与荀攸等劝曹操进魏公，改定巴渝舞歌，作《太庙颂》。后拜侍中。奉曹植命，作《七释》八首。**

《三国志·魏书·武帝纪》："十八年春正月，进军濡须口，攻破权江西营，获权都督公孙阳，乃引军还……夏四月，至邺。"

关于王粲与荀攸等人劝操进魏公事，《三国志·魏书·武帝纪》建安十八年裴注："《魏书》载公令曰：'夫受九锡，广开土宇，周公其人也。汉之异姓八王者，与高祖俱起布衣，创定王业，其功至大，吾何可比之？'前后三让。于是中军师（王）陵树亭侯荀攸……关内侯王粲、傅巽……等劝进曰：'……明公奋身出命以徇其难，诛二袁篡盗之逆，灭黄巾贼乱之类，殄夷首逆，芟拨荒秽，沐浴霜露二十余年，书契已来，未有若此功者……然则魏国之封，九锡之荣，况于旧赏，犹怀玉而被褐也。且列侯诸将，幸攀龙骥，得窃微劳，佩紫怀黄，盖以百数，亦将因此传之万世，而明公独辞赏于上，将使其下怀不自安，上违圣朝欢心，下失冠带至望，忘辅弼之大业，信匹夫之细行，攸等所大惧也。'于是公敕外为章，但受魏郡。攸等复曰：'……今魏国虽有十郡之名，犹减于曲阜，计其户数，不能参半，以藩卫王室，立垣树屏，犹未足也。且圣上觉亡秦无辅之祸，惩曩日震荡之艰，托建忠贤，废坠是为，愿明公恭承帝命，无或拒违。'公乃受命。"

曹操进魏公，令王粲创制舞歌，并作颂于太庙。《晋书·乐志上》："巴渝舞舞曲……其辞既古，莫能晓其句度。魏初，乃使军谋祭酒王粲改创其辞。粲问巴渝帅李管种玉歌曲意，试使歌听之，以考校歌曲而为之……以述魏德。"《宋书·乐志》一："唯魏国初建，使王粲改作登歌及安世巴渝诗而已。"此事当在五月曹操为魏公后，十一月粲为侍中前。严可均《全后汉文》卷九十一及丁福保《全三国诗》卷三均载粲《太庙颂》。《古文苑》十二章樵注："粲集作《显庙颂》。"盖曹操封魏公，不敢僭称，只作"显庙"而已，"太庙"一词乃曹丕即位后所改。姚振宗

《三国艺文志》卷一著录《登歌》、《安世歌》。魏宗庙建于本年七月，颂当亦作于此时。

《三国志》本传："魏国既建，拜侍中，博物多识，问无不对。时旧仪废弛，兴造制度，粲恒典之。"裴注："挚虞《决疑要注》曰：汉末丧乱，绝无玉佩，魏侍中王粲识旧佩，始复作之；今之玉佩，受法于粲也。"梁章钜《三国志旁证》卷十五："疑要二字恐误，当作《决录注》。"又卷二十三《杜袭传》："魏国既建，（袭）为侍中，与王粲、和洽并用。粲强识博闻，故太祖游观出入，多得骖乘。至其见敬，不及洽、袭。袭尝独见至于夜半，粲性躁竞，起坐曰：'不知公对杜袭道何等也？'洽笑答曰：'天下事岂有尽邪？卿昼侍可矣。悒悒于此，欲兼之乎？'"

《文选》卷三十四曹植《七启》序："昔枚乘作《七发》，傅毅作《七激》，张衡作《七辩》，崔骃作《七依》，辞各美丽，余有慕之焉。遂作《七启》，并命王粲作焉。"《七启》末章有玄微子言"至闻天下穆清，明君莅国"，许指曹操为魏公之后。故王粲《七释》与曹植《七启》皆有可能作于曹操封魏公之后。《七释》分为八个部分，是王粲最长的作品。文中描绘潜虚丈人违世遁俗，恬淡清玄，而文籍大夫谒而论之。大夫先述尘世之事试探丈人，以"五色"、"楼宇"、"五声"、"田猎"、"美色"诱之，极尽铺陈夸饰之能，文有西汉大赋之势。然丈人不仅不为所动，反而愈加愤然。此时大夫方释以中和谨慎之道，于是"丈人变容"，有沉思之意。最后部分大夫议论礼制儒德之重："普天率土，比屋可封。声暨海外，和充天宇。越裳重译而来献，肃慎纳贡于王府。日月重光，五徵时叙。嘉生繁殖，祥瑞蔽野。是以栖林隐谷之夫，逸迹放言之士，鉴乎有道，贫贱是耻，踊跃泉田之间，莫不载贽而兴起。"最后丈人果然听从大夫之言，希望"敬抱衣冠，以及后踪"。由此文观之，仲宣从未如曹操、曹植那般体现出对游仙行为的瑰丽想象，其因受到深厚的家学影响而对于儒家礼制之推崇至为显明。

**建安十九年（214年），王粲与曹丕、陈琳同作《柳赋》，又与曹丕同作《槐赋》。**

严可均《全后汉文》卷九十载《柳赋》："昔我君之定武，改天届而徂征。元子从而抚军，值嘉木于兹庭。历春秋以逾纪，行复出于斯乡。"《全三国文》卷四又载曹丕《柳赋》："昔建安五年，上与袁绍战于官渡，是时余始植斯柳。自彼迄今，十有五载矣……"但下年丕在孟津，而粲、琳随操西征，故系于本年。从王粲赋中可知，王粲赋与曹丕赋同时。至于陈琳同名赋，文不全，疑与王粲、曹丕同时作。

《艺文类聚》卷八十八引曹丕《槐赋》，序云："文昌殿中槐树，盛暑之时，余数游其下，美而赋之。王粲直登贤门，小阁外亦有槐树，乃就使赋焉。"按余绍初考证，据杨晨《三国会要》卷七，登贤门在听政门外，近内朝，则粲必以侍中直登贤门。粲于建安十八年一月为侍中，二十年三月从军西征，二十一年二月还邺，二十二年春卒，盛暑之时在邺者只有十九、二十一年两年耳。此从余说。

**建安二十一年（216 年），王粲作《从军诗》其一赞曹操征张鲁。后从曹操征吴，作《从军诗》后四首。又作《刀铭》一篇、《钟铭》两篇。**

丁福保《全三国诗》卷三载粲《从军诗》五首。

《三国志·魏书·武帝纪》："（建安二十年）三月，公西征张鲁……二十一年春二月，公还邺。"裴注："是行也，侍中王粲作五言诗以美其事曰：'从军有苦乐，但问所从谁……歌舞入邺城，所愿获无违。'"是诗即《从军诗》其一。由引诗后几句可知其为王粲还邺后所作。

至于《从军诗》后四首，据《文选》卷二十七李善注："《魏志》曰：建安二十一年粲从征吴。作此四篇。"朱珔《文选集释》卷十七："案王氏昶书此诗后云……余谓王说固然……则善未尝误……至两次诗合为题，与后魏文帝《杂诗》二首非一时作，正同。"王粲《从军诗》有较强的艺术性特征，正如朱乾《乐府正义》："《从军诗》（'从军征遐路'篇），《传》曰：'无私恩，非孝子也；无公义，非忠臣也。''方舟顺广川'以下，所以念其私恩；'身服干戈事'以下，所以发其公义。（'悠悠涉荒路'篇）师之所处，荆棘生焉，今至于'日望无烟火，城郭生荆棘'，仁人于此尚忍言兵哉！区区一谯郡，纵黍稷盈畴，馆宅充里，何以为治？不幸而处乱世，读此篇可伤已。"

然而后世基于对曹操在人格方面的负面认识，亦有对此组诗作的思想意识评价不高者，例如，宋长白《柳亭诗话》："王仲宣《从军诗》'筹策运帷帐，一由我圣君'，亦指操也。又曰'窃慕负鼎翁，愿厉朽钝姿'，是欲效伊尹负鼎于汤而伐桀也。是时汉帝尚存，而二子之言如此，正与荀彧比为高光同科。春秋诛心之法，二子将何逃？"

对王粲《从军诗》的评价是当代王粲研究比较重要的论题之一，今之学者大多以历史的眼光对这组诗歌进行还原性研究，已然脱离明清时人基于传统伦理观念品评诗人的局限。然而综而观之，当代对《从军诗》的艺术特征研究仍显单薄，且对于《从军诗》五首所构成的内在完整性特征，亦缺乏比较深入的研究。

又严可均《全后汉文》卷九十一载粲《刀铭》。考曹植有《宝刀赋》、《宝刀铭》，其中《赋》序曰："建安中，家父魏王乃命有司造宝刀五枚，三年乃就，以龙虎熊马雀为识。太子得一，余及余弟饶阳侯各得一焉。其余二枚，家王自仗之。"此三篇作品当作于同时。王粲又作《蕤宾钟铭》与《无射钟铭》两篇。考《文选》卷六左思《魏都赋》刘逵注："文昌殿前有钟簴，其铭曰：'惟魏四年，岁在丙申，龙次大火，五月丙寅作蕤宾钟，又作无射钟。'"建安十八年曹操封魏公，故魏四年即建安二十一年无疑。粲集载二铭序中皆载二钟作于建安二十一年九月十七日，与《钟簴铭》有异。待考。

**建安二十二年（217年），王粲病卒，年四十一。**

《三国志》本传："二十二年春，道病卒，时年四十一。"

曹植《王仲宣诔》："建安二十二年正月二十四日戊申，魏故侍中关内侯王君卒……翩翩孤嗣，号恸崩摧，发轸北魏，远迄南淮，经历山河，泣涕如颓……丧柩既臻，将反魏京，灵輴回轨，自骥悲鸣。"可推知仲宣灵柩乃由其子送回邺城安葬。

何焯误以粲卒于明年。朱珔《文选集释》卷十六驳之："按何氏焯云：《魏志》建安二十三年秋七月西征刘备，九月至长安，此其事也。征鲁未尝至长安，自陈仓以出散关，注误。李氏（从军诗注）云然者，盖《魏志·王粲传》，粲以建安二十一年从征吴，二十二年春道病卒，若二十三年西征，为粲已亡故也。考文帝书，徐、陈、应、刘一时俱逝，独不言粲，则粲之亡在二十二年后矣。余谓：陈仓在长安之西，《志》言至陈仓，当为过长安以后事。计自三月出兵，五月已屠氐人，是疾趋而进，过长安无事故不书，与二十三年九月至长安，次年三月始自长安出斜谷中间有事者异，不得谓征鲁竟未过长安也。粲之卒，传有明文，况本书后有子建《王仲宣诔序》云：建安二十二年正月二十四戊申魏故侍中关内侯王君卒……与《魏志》正合，即以子建文证之尤确。且何所引文帝书亦非，据《志》：幹、琳、玚、桢之卒俱二十二年，盖前后不久并死于疫，故二十三年帝《与吴质书》云……而粲之卒则在从征，不得并言耳。然书下文云……诸子正兼粲言之，然则粲已前卒可知，岂得谓于作此书时犹在存乎？何说甚疏，宜从注。"

《世说新语·伤逝》："王仲宣好驴鸣。既葬，文帝临其丧，顾与同游曰'王好驴鸣，可各作一声以送之。'赴客皆一作驴鸣。"

有关王粲的著录，《隋书·经籍志四》："后汉侍中《王粲集》十一卷。"严可均《全后汉文》载王粲文四十八篇；丁福保《全三国诗》卷三载粲诗二十六篇。又《隋书·经籍志》："梁有……《尚书释问》四卷，魏侍中王粲撰……《汉末英雄记》八卷，王粲撰，残缺，梁有十卷……梁有《去伐论集》三卷，王粲撰，亡。"姚振宗《隋书经籍志考证》卷十三："《四库传记类》存目：《汉末英雄记》一卷，旧题魏王粲撰。案粲卒于建安中，其时黄星虽兆，玉步未更，不应名书以汉末，似后人之所追题……案《续汉·郡国志》会稽郡注引《英雄交争记》，言初平三年事，似其书本名《英雄交争记》。其中不尽王粲一人之作，故《旧唐志》题王粲等。"此外，张彦远《历代名画记》卷三著录粲《遁甲开山图》，《旧唐书·经籍志下》著录新撰《阴阳书》三十卷，顾櫰三《补后汉书艺文志》卷八及姚振宗《后汉艺文志》卷三著录《算术》。

作为"七子之冠冕"（刘勰语）的王粲，一直被学者作为建安七子之中最重要文人加以重点研究。现整理出版的王粲作品集有俞绍初校点本《王粲集》，收入《建安七子集》，并于书后附有王粲专著《英雄记》。另有吴云、唐绍忠注《王粲集注》，释义以通俗浅近为主，亦多有对具体作品之考证，收入《建安七子集校注》。近又有夏传才主编"建安文学全书"系列张蕾校注《王粲集校注》，亦可参考。

**参考文献**

卢弼：《三国志集解》，中华书局1982年版。
俞绍初：《建安七子集》，中华书局1989年版。
吴云、唐绍忠：《建安七子集校注》，天津古籍出版社1991年版。
梁章钜：《三国志旁证》，福建人民出版社2000年版。
夏传才等：《三曹七子之外建安作家诗文合集校注》，河北教育出版社2013年版。

（徐　晓）

# 应玚、应璩传

应玚，字德琏，汝南南顿人（今河南省项县西）。生年不详。家族学养深厚，祖先多东汉名儒。

《三国志·魏书·王粲传》记载："粲与……汝南应玚字德琏……并见友善。"《太平寰宇记》卷十"南顿县"云："高阳邱在县南四十里。应玚南顿人，兄弟俱有名，自比高阳氏才子，故号高阳邱也。"应玚弟即为应璩。考《后汉书·郡国志》，高阳县属豫州，其地在今河南省项县西。

应玚生年无考，《文选》载曹丕《与吴质书》"仲宣续自善于辞赋"句，李善注曰："言仲宣最少，续彼众贤。"言王粲在七子中年龄最小，则应玚生年要早于熹平六年（177年）。

应玚祖父应奉，《三国志》本传裴注引华峤《汉书》："玚祖奉，字世叔。才敏善讽诵，故世称'应世叔读书，五行俱下'。著《后序》十余篇，为世儒者。延熹中，至司隶校尉。"有关应奉具体事迹，参见《后汉书·应奉传》。

应玚伯父应劭，《三国志》本传裴注引华峤《汉书》："（奉）子劭，字仲远，亦博学多识，尤好事。诸所撰述《风俗通》等，凡百余篇，辞虽不典，世服其博闻。"又引《续汉书》曰："劭又著《中汉辑叙》、《汉官仪》及礼仪故事，凡十一种，百三十六卷。朝廷制度，百官仪式，所以不亡者，由劭记之。官至泰山太守。"《后汉书·应奉传》后附《应劭传》，亦可供参考。

应玚弟应璩，《三国志》本传："玚弟璩，璩子贞，咸以文章显。璩官至侍中。"裴注引《文章叙录》："璩字休琏，博学好属文，善为书记。文、明帝世，历官散骑常侍。齐王即位，稍迁侍中、大将军长史。曹爽秉政，多违法度，璩为诗以讽焉。其言虽颇谐合，多切时要，世共传之。复为侍中，典著作。熹平四年卒，追赠卫尉。"

由应场家世情况可知应氏为汉朝相当具有政治影响力的儒学世家，不论是应奉著述《后序》，还是应劭对汉代礼典的详熟，皆为应氏家族儒学积淀深厚的明证。然而应氏家族并不墨守于传统儒法礼数，如应奉、应璩等善"讽诵"，应劭作《风俗通》而被称为"不典而博学"等，这些事例说明应氏家族具有十分开明自由的思想传统，且对社会民生有着深切的关注。可以说，据现存应场的文学作品来看，应场在传承家族的这些优秀品质方面并不显突出，然而毕竟耳濡目染，其儒学功底盖亦不浅薄。

**汉献帝初平元年（190年），董卓作乱，应场漂泊他乡。**

《后汉书·献帝纪》："初平元年春正月，山东州郡起兵以讨董卓……癸酉，董卓杀弘农王……庚辰，董卓杀城门校尉伍琼、督军校尉周珌……董卓驱徙京师百姓悉西入关，自留屯毕圭苑……三月……己酉，董卓焚洛阳宫庙及人家。戊午，董卓杀太傅袁隗、太仆袁基，夷其族……六月辛丑……董卓坏五铢钱，更铸小钱。"董卓之乱如此。刘宋谢灵运作《拟魏太子邺中集诗·应场诗》，其序称应场云："汝颍之士，流离世故，颇有漂泊之叹。"其诗曰："嗷嗷云中雁，举翮自委羽。求凉弱水湄，违寒长沙渚。顾我梁川时，缓步集颍许。一旦逢世难，沦薄恒羁旅。"五臣刘良注："世难，谓汉末遭乱……言我逢乱飘泊，为客于荆州也。"此年董卓焚洛阳，河南乱，应场漂泊他乡约在此年始。

**迟至汉献帝建安五年（200年），应场已入曹，预官渡之战。**

谢灵运《拟魏太子邺中集诗·应场诗》叙场之经历云："天下昔未定，托身早得所。官渡厕一卒，乌林预艰阻。""官渡"句谓应场参与建安五年官渡之战，可知此时场已入曹。

**建安十二年（207年），应场作《撰征赋》。**

严可均《全后汉文》卷四十二载场《撰征赋》，赋曰："奋皇佐之丰烈，将亲戎乎幽邻。飞龙旗以云曜，披广路而北巡。崇殿郁其巍峨，华宇烂而舒光。摘云藻之雕饰，流辉采之浑黄。辞曰：烈烈征师，寻遐庭兮。悠悠万里，临长城兮。周览郡邑，思既盈兮。嘉想前哲，遗风声兮。"赋文阔大而华丽，颇有可观处。徐公持《建安七子诗文系年考证》论曰："'皇佐'当指丞相曹操，此盖赋操率师北征事也。按操平生北征至'长城'，亲临幽州地界唯是年征乌桓一次。故此赋之作，必不出建安十二年。"① 可从。

**建安十三年（208年），应玚为丞相掾属。从征刘表，预赤壁之役，并与陈琳、王粲各作《神女赋》。**

《三国志·魏书·王粲传》："玚、桢各被太祖辟为丞相掾属。"

谢灵运《拟魏太子邺中集诗·应玚诗》代叙玚之生平："天下苦未定，托身早得所。官渡厕一卒，乌林预艰阻。"乌林，在长江北岸，与赤壁相对，曹军溃败于此。由是知应玚曾预赤壁之役。有关赤壁之战事，参见《曹操传笺证》建安十三年条。

有应玚、陈琳、王粲三人《神女赋》各载本集。陈琳《神女赋》云："汉三七之建安，荆野蠢而作仇。赞皇师以南假，济汉川之清流。感诗人之幽叹，想神女之来游。"俞绍初认为"三七"为"十三"之误，可从，参见《陈琳传笺证》建安十三年条。赋以随征荆州起首，点明来汉水因由。《韩诗内传》"汉有游女"条传曰："郑交甫遵彼汉皋，台下遇二女，龙服配两珠，交甫与之言曰：'愿请子之佩。'二女解佩与交甫。汉女所弄珠如荆鸡卵，交甫受而怀之，超然而去。十数步，寻探之，即亡矣。回顾二女，亦即亡矣。"是乃神女典故之来源。《水经注·沔水注》："沔（汉）水东径方山北……山下水曲之隈，云汉女昔日游处。"原宋玉临汉水，作有《神女赋》一篇；盖应玚同陈琳、王粲等同游汉水，亦有感游女之事，乃各拟宋玉《神女赋》而作。玚赋曰："腾玄眸而睇青阳，离朱唇而耀双辅。红颜晔而和妍，时调声以笑语。"又有"夏姬曾不足以供妾御，况秦娥与吴娃。"赋文仅存此三句，主写神女美貌，体式与琳、粲二作相当。

**建安十六年（211年），应玚为平原侯庶子。与曹丕等预邺中宴集，作《公宴诗》、《侍五官中郎将建章台集诗》、《正情赋》等。**

《三国志》本传："玚转为平原侯庶子。"曹植于本年封平原侯，故系于此。曹植封侯事参见《曹植传笺证》建安十六年条。

---

① 徐公持：《建安七子诗文系年考证》，《文学遗产》1982年第A14期。

应场与曹丕等在西园游宴，互作诗赋，游宴事参见《曹丕传笺证》建安十六年条。《应场集》载《公宴诗》。论者对此诗的评议颇多，且有趣的是，古之论家多着眼于对此诗写法和语言结构的分析，故颇加推崇；而今之学者则以思想揣度，故对应场媚主之态多有批判。如许学夷《诗源辨体》："应场五言《建章台诗》，才思逸发而情态不穷，然未可谓靡；应璩《百一诗》，则尤近拙朴。"又何焯《义门读书记·文选》："《侍五官中郎将建章台集诗》音节自壮，叙致亦叹曲。"又沈德潜《古诗源》："'简珠'喻君子，'砂石'喻小人。魏人《公宴》俱极平庸，后人应酬诗从此开出。篇中代雁为词，音调悲切，异于众作，存此以备一格。"皆为盛赞。

而今人顾农在《应场论》中则对此诗大加批评："正因为应场在曹王的文酒之宴上情绪过于兴奋，以至于诗写到后一半时，几乎把前一半代雁为言的写作路子全盘忘却了，这时出现在读者眼前的不仅已不再是那个哀呼无告的孤雁，而且根本不是任何雁，而是一个兴高采烈卑躬屈膝满面笑容的'小子'——诗的意象失去了前后一贯的线索，用审美的眼光看起来，这首诗算是写糟了，用于表态或有余，用于言志则不足。清代大选家沈德潜在《古诗源》中选入此诗，他认为这诗的前一半尚有可观，这个观察很有见地，只是他未及指出篇中未能将'代雁立言'贯彻到底，总起来看艺术上是失败的。前人或以为原作应是两首，意在帮助应场走出困境，近人郁贤皓、张采民也指出：'此首疑合二首为一……前后殊不相类。然各本均作一篇，今姑从之。'态度也嫌过于仁慈。"其实应制诗是有自身的固定特点的，同赞颂、唱和的基本功能相比，对个人情感的真率抒发在应制诗中体现能力较弱，此是文体性质的差异，亦是客观环境（宴饮）的要求使然，本无可厚非，顾农之批判明显太过，然对本诗的理解亦颇有启发。按诗题所云"建章台"，疑即铜雀台。俞绍初考《艺文类聚》卷六十二载繁钦《建章凤阙赋》，言其叙建章凤阙之地理、形制与左思《魏都赋》说铜雀台相符，故以为建章台或为铜雀台之初名，可从。

《应场集》又载《正情赋》一篇，亦为唱和之作，参见《阮瑀传笺证》建安十六年条。

**应场后为五官将文学，年代不详。**

《三国志》本传："场转为平原侯庶子，后为五官将文学。"年月无考，只知在平原侯庶子之后。陆侃如《中古文学系年》认为《侍五官中郎将建章台集诗》作于应场为五官将文学时，推测亦合理，存之待考。

**建安二十年（215年），应场作《西征赋》及《西狩赋》。**

严可均《全后汉文》卷四十二载场《西征赋》及《西狩赋》，疑均作于本年。《西征赋》仅存"鸾衡东指，弥节逢泽"八字，其意难明；而《西狩赋》保存较完整。此赋有"于是魏公乃乘雕辂，驷飞黄"之语，考《三国志·魏书·武帝纪》："（建安）十八年……五月丙申，天子使御史大夫郗虑持节策命公为魏公。"又《武帝纪》："（建安）二十一年……夏五月，天子进公爵为魏王。"既然据文意可知此赋作于曹操称公后，称王前，则是在建安十八年至二十一年之间。又考《武帝纪》："（建安）二十年……三月，公西征张鲁，至陈仓。"四年间曹军只有本年西征，故应场盖于本年作《西征赋》。

**建安二十二年（217年），应场卒。**

《三国志》本传："场……二十二年卒。"与徐幹、陈琳等同时死于大疫。参见《刘桢传笺证》建安二十二年条。

考《文选》卷二十曹植《上责躬应诏诗表》李翰周注："植尝与杨修、应场等饮酒醉，走马于司禁门。"曹植、杨修醉酒后开司马门出是此年事，但李周翰说同行者又有应场，不知何据。如是，则可知应场与曹植、杨修关系颇为亲密；然而应场此时正苦于疫病，近卒，却与曹植、杨修饮酒至醉，应不可信。

文学史研究者对应场文学创作的评价并不多见。古人论应场，多从具体诗作入手，其中以论《侍五官中郎将建章台集诗》为最多。在内容层面与艺术表现层面，对《侍诗》的评价都表现出正面肯定的态度，然而这种认识在近现代建安文学的研究中遭到一些学者的质疑，前文已详，此不重述。而对于应场文学风格的总体品评，见于谢灵运《拟魏太子邺中集诗序》："应场，汝颖之士，流离世故，颇有漂泊之叹。"又胡应麟《诗薮》曰："德琏诸作颇雅驯。"仅此二处，以括应场文思。

**应璩，字休琏，汝南南顿人（今河南项城县北）。生于初平元年（190年）。父应珣，为应劭之弟；兄应场，建安七子之一。**

《后汉书·应劭传》："（劭）弟子场、璩，并以文才称。"章怀注：

"劭弟珣，司空掾。珣子玚。"

《三国志》本传："玚弟璩，璩子贞，咸以文章显。"裴注引《文章叙录》："璩字休琏，博学好属文。"

《文选》卷二十一《百一诗》李善注引《文章志》："璩，汝南人也。"以嘉平四年（252年）卒，年六十三推之，应璩当生于初平元年（190年）。参见《应玚传笺证》首条。

应璩子贞，亦有才学，工于诗文章表。

《晋书·文苑传》："应贞字吉甫，汝南南顿人，魏侍中璩之子也。自汉至魏，世以文章显；轩冕相袭，为郡盛族。贞善谈论，以才学称。夏侯玄有盛名，贞诣玄，玄甚重之。举高第，频历显位。"

《三国志·魏书·王粲传》裴注引《文章叙录》："正始中，夏侯玄盛有名势，贞常在玄座，作五言诗，玄嘉玩之。举高第，历显位。"贞生年无考，从他的卒年（269年）以及父璩的生年（190年）看来，他可能生于220年左右。又璩至少有从弟二人，《文选》卷四十二载璩《与从弟君苗君胄书》，李善注曰："此书言欲归田，故报二从弟也。"有关应璩从弟的其他资料今不存。

观应璩家世，文人学者迭出，儒风笃厚。汝南应氏作为当时的儒学大族，对时事政治以及文化发展皆产生了不可忽视的影响。应璩文风峻朗，文学功底颇为厚重，其与应氏家学传统关系特为密切。

**建安十九年（214年）左右，应璩为曹丕坐上客，闻己之未来身世。《与刘公幹书》亦作于此年前后。**

《三国志·魏书·朱建平传》："朱建平，沛国人也，善相术……文帝为五官将，坐上会客三十余人。文帝问己年寿，又令遍相众宾。建平……谓应璩曰：'君六十二位为常伯而当有厄，先此一年当独见一白狗，而旁人不见也。'"此事当在建安十六年丕为五官将后，二十二年为太子前，陆侃如假定在十九年左右，暂从之。

严可均《全三国文》卷三十载璩《与刘公幹书》，只有"鹓鶵栖翔凤之条，鼋鼍游升龙之渊，识真者所为愤结也"一句，盖为对曹魏幕中小人之讥刺。此书当作于建安二十二年桢卒前数年中，陆侃如系于此年，暂从之。

**建安二十二年（217年），其兄应玚卒。**

参见《应玚传笺证》建安二十二年条。

**黄初时，应璩为侍郎，至末，迁散骑常侍，作书与刘靖。**

《文选》卷二十一《百一诗》李善注曰："璩初为侍郎，又为常侍，又为侍中。"又《三国志》本传裴注引《文章叙录》："文、明帝世，历官散骑常侍。"由此可知，至迟黄初末年，璩已由侍中迁常侍了。

《三国志·魏书·刘馥传》："馥子靖，黄初中从黄门侍郎迁庐江太守……转在河内，迁尚书，赐爵关内侯，出为河南尹。散骑常侍应璩书与靖曰：入作纳言，出临京任，富民之术日引月长。藩落高峻，绝穿窬之心；五种别出，远水火之灾；农器必具，无失时之阙。蚕麦有苦备之用，无雨湿之虞。封符指期，无流连之吏；鳏寡孤独，蒙廪振之实。加之以明摘幽微，重之以秉宪不挠，有司供承王命，百里垂拱仰办，虽昔赵张三王之治，未足以方也。"又《太平御览》有"仆顷倦游谈之事，欲修无为之术，不能与足下齐镳骋辔，争千里之表也"一句，可知此作有佚文。

**魏明帝景初三年（239年），曹叡薨，曹芳即位，应璩为侍中。作《与满公琰书》。**

《三国志》本传："璩官至侍中。"裴注引《文章叙录》："齐王即位，稍迁侍中。"考《三国志·魏书·三少帝纪》："景初三年正月丁亥朔，（明）帝病甚，乃立（芳）为皇太子。是日，即皇帝位，大赦。"可知应璩迁侍中在正月之后。又《三国志·魏书·满宠传》："景初二年以宠年老征还，迁为太尉……正始三年薨。"严可均《全三国文》卷三十载应璩《与满公琰书》。全文多用典，语言颇雅驯。《文选》卷四十二李善注曰："满宠子炳，字公琰，为别部司马。"《汉魏六朝百三家集·应休琏集》注曰："炳父宠为太尉，璩常事之，故呼曰郎君。"朱铭《文选拾遗》："《两汉刊误补遗》云：汉制，吏二千石以上，得任同产若子为郎，故称人之子弟为郎君。"此书作于满炳之父满宠为太尉之后。

**应璩迁大将军长史，又作《与曹公笺》及《与曹昭伯笺》。其事俱在魏齐王曹芳嘉平元年（249年）之前。**

《三国志》本传裴注引《文章叙录》："〔璩迁〕大将军长史。"年月无考，而《三国志·魏书·三少帝纪》："嘉平元年春正月甲午，车驾谒高平陵。太傅司马宣王奏免大将军曹爽、爽弟中领军羲、武卫将军训、散骑常侍彦官，以侯就第。戊戌，有司奏收黄门张当付廷尉，考实其辞，爽与谋不轨。又尚书丁谧、邓飏、何晏、司隶校尉毕轨、荆州刺史李胜、大司农桓范皆与爽通奸谋，夷三族。"现只可确定应璩迁大将军长史在景初三年璩为侍中后，嘉平元年曹爽败前，故假定在正始五年左右。

严可均《全三国文》卷三十载璩《与曹公笺》及《与曹昭伯笺》，写作年份不明。《与曹公笺》只存一句，其意难明；而《与曹昭伯笺》是应璩写给曹爽的私信，文学性较强，言曰："空城寥廓，所闻者悲风，所见者鸟雀。昔陈司空为邑宰，所在幽闲，独坐愁思，幸赖游艺，以娱其意，以今况之，知不虚矣。"颇有黍离之悲，是应璩有感于时事的真情流露。

**嘉平二年（250年），应璩复为侍中，典著作，作书与从弟君苗、君冑。**

《三国志》本传裴注引《文章叙录》："（璩）复为侍中，典著作。"又《三国志·魏书·朱建平传》："璩六十一为侍中，直省内。欻见白狗，问之众人，悉无见者。于是数聚会，并急游观田里，饮宴自娱。"回想建安十九年朱建平之言，璩岂能无感？自知年数将近，苦悲无益，则达观视之，《古诗》所言"昼短苦夜长，何不秉烛游"，此之谓也。应璩此时的"饮宴自娱"，是一种对命运作出的一种全无抵抗的接受，然而在这种接受过程中，他对人生的那种最诚挚的热爱，亦体现得淋漓尽致。

严可均《全三国文》卷三十载璩《与从弟君苗君冑书》。全文一气呵成，只述归老之意，别无旁思，可见应璩此时归隐意志之坚决。是璩果见白狗于此年，而生自娱之心，然亦生归隐之志乎？暂将其《书》系于此年前后。

**嘉平四年（252年），应璩卒。**

《三国志》本传裴注引《文章叙录》："嘉平四年卒，追赠卫尉。"

《三国志·魏书·朱建平传》："璩六十一为侍中,直省内,欻见白狗,问之众人,悉无见者。于是数聚会,并急游观田里,饮宴自娱,过期一年,六十三卒。"因建平预言璩六十二岁为常伯当有厄,而璩以六十三岁卒,故成为"过期一年"。

考察应璩的文学作品,最有影响力的诗作当属"百一"组诗,然诗歌内容范围不明,写作时间亦难考定。《三国志》本传裴注引《文选叙录》:"曹爽秉政,多违法度,璩为诗以讽焉。其言虽颇谐合,多切时要,世共传之。"丁福保《全三国诗》卷三载璩《百一诗》三篇。对于"百一"诗题,因涉及应璩诗歌归类问题,故多为学者关注,且争论颇多。《文选》卷二十一《百一诗》李善注:"张方贤《楚国先贤传》曰:汝南应休琏作《百一》篇诗,讥切时事。遍以示在事者,咸皆怪愕。或以为应焚弃之,何晏独无怪也。然方贤之意,以有百一篇,故曰《百一》。李充《翰林论》:'应休琏五言诗百数十篇,以风规治道,盖有诗人之旨焉。'又孙盛《晋阳秋》曰:'应璩作五言诗百三十篇,言时事颇有补益,世多传之。'据此二文,不得以一百一篇而称百一也。今书《七志》曰:'《应璩集》谓之新诗,以百言为一篇,或谓之百一诗。然以字名诗,义无所取。据《百一诗》序云:时谓曹爽曰:公今闻周公巍巍之称,安知百虑有一失乎?百一之名,盖兴于此也。'"吕向注曰:"意者以为百分有一补于时政。"葛立方《韵语阳秋》卷四曰:"观《楚国先贤传》言,汝南应璩作《百一诗》,讥切时事,遍以示在事者,皆怪愕,以为应焚弃之……所谓百一者,庶几百分有一补于爽也……或谓以百言为一篇者,以字数而言也。或谓百者数之终,一者数之始,士有百行,终始如一者,以士行而言也。然皆穿凿之说,何足论哉?后何逊亦有拟百一体,所谓'灵辄困桑下,於陵食李螬',其诗一百十字,恐出于或者之说。然璩诗每篇字数各不同,第不过四十字耳('四十'《历代诗话》本作'一百')。"而近人胡适《白话文学史》中则推测:"应璩作《百一诗》,大概取扬雄'劝百而讽一'的话的意思。"

综古今学者所论,对"百一"诗题的认识大体有三种观点:其一,原诗可能有一百零一篇,以篇数为名;其二,每首诗五言二十句,正好一百字;其三,意指百虑一失,抑或劝百讽一。考《百一诗》其一曰:"下流不可处,君子慎厥初。名高不宿著,易用受侵诬。前者隳官去,有人适我间。田家无所有,酤醴焚枯鱼。问我何功德,三人承明庐。所占于此土,是谓仁智居。文章不经国,筐箧无尺书。用等称才学,往往见叹誉。避席跪自陈,贱子实空虚。宋人遇周客,惭愧靡所如。"应璩《百一》诸诗内容基本类此,确有劝讽之意,且多雅驯之辞,故胡适之言颇为切近。至于诗歌的篇数与规制,因作品遗失严重,已无可考究了。陆侃如将《百一诗》的写作时间统一系于正始九年(248年),即爽败前一年,可知陆氏以为此组诗是一时一地所作,非为应璩诗总集之名称。今存疑。

又应璩曾参与作《魏书》。考刘知幾《史通·古今正史》:"《魏史》,黄初、太和中始命尚书卫觊、缪袭草创纪传,累载不成。又命侍中韦诞、应璩,秘书监王沈、大将军从事中郎阮籍,司徒右长史孙该、司隶校尉傅玄等,复共撰定。其后王沈独就其业,勒成《魏书》四十四卷。"此书文句,今多见于《三国志》裴注,陈寿撰写《三国志》亦将其作为主要参考文献。刘知幾说此书"多为时讳"、"殊非实录",说明《魏书》史料可信度还有待考量,也从另一个角度体现出此书具有特殊的文学性价值。

**参考文献**

黄节:《谢康乐诗注》,人民文学出版社1958年版。

俞绍初:《建安七子集》,中华书局1989年版。

吴云、唐绍忠:《建安七子集校注》,天津古籍出版社1991年版。

胡适:《白话文学史》,上海古籍出版社1998年版。

夏传才等:《三曹七子之外建安作家诗文合集校注》,河北教育出版社2013年版。

(徐　晓)

# 邯郸淳传

**邯郸淳，一名竺，字子叔，颍川（今禹州市）人。生年不详**

《三国志》本传："颍川邯郸淳。"裴注引《魏略》："淳一名竺，字子叔。博学有才章，又善苍雅虫篆，许氏字指。"《文心雕龙·时序》："于叔德祖之侣。"黄叔琳注："元作子俶。"张彦远《法书要录》卷八，张怀瓘《书断》中："邯郸淳字子淑，颍川人。志行清洁，才学通敏。"姚振宗《隋书经籍志考证》卷八："《五经析疑》二十八卷，邯郸绰撰。《元和姓纂》：邯郸氏，晋赵襄子侧室子赵穿，食采邯郸，因氏焉。汉有陈留人绰，魏有凉州刺史邯郸商，支孙邯郸淳为平原侯植文学。"由于邯郸淳之字众文献记载不一，故前人有疑有两邯郸淳者，如顾櫰三《补后汉书艺文志》卷八："淳为度尚撰《曹娥碑》在桓帝元嘉元年，为段君撰《孙叔敖碑》在延熹四年，不应魏正始中尚能书三体《石经》及进《投壶赋》，疑是两人。"又如汪中《旧学蓄疑》："《会稽典录》及《水经注》二书皆云子礼，而……《魏略》云淳一名竺字子叔，则此为二人无疑，而写《石经》者子叔耳。"按，顾炎武《石经考》及朱彝尊《经义考》皆考证正始《石经》非淳所书。陆侃如《中古文学系年》对此种说法给予了反驳，说："《投壶赋》为黄初初所进（详后），时淳年九十左右，没有什么不合理。《孙叔敖碑》建于延熹三年，与淳无涉。至于淳字子礼，一字子叔，不足为奇。如李尤字伯仁，一作伯宗；傅毅字武仲，一作武伯；阮侃字德如，一作德恕；嵇含字君道，一作思道，未必便是两人。且淳字亦作子叔，子俶，子淑，难道可算五人？"虽然反驳证据并不充分，但推测之谨慎还是可取的。今从陆氏之说。

邯郸淳生年不详。考《后汉书·列女传》："孝女曹娥者……旬有七日，遂投江而死。至元嘉元年，县长度尚改葬娥于江南道傍，为立碑焉。"章怀注："《会稽典录》曰：上虞长度尚弟子邯郸淳，字子礼，时甫弱冠而有异才。尚先使魏朗作《曹娥碑》，文成未出。会朗见尚，尚与之饮宴，而子礼方至督酒。尚问朗：'碑文成未？'朗辞不才，因试使子礼为之；操笔而成，无所点定。朗嗟叹不暇，遂毁其草。"若如前所述假定子礼即子叔，亦即邯郸淳，则可推知邯郸淳在元嘉元年（151年）乃为"甫弱冠"，即二十岁左右。这样看来，邯郸淳当生于永建五年（130年）左右，与陆侃如推测同。但此推断并不严谨，存之待考。

有关邯郸淳的生平，今人有陆侃如《中古文学系年》，散见于曹道衡、沈玉成《中古文学史料丛考》，可资参考。

**汉桓帝元嘉元年（151年），邯郸淳作《曹娥碑》。其碑文后为蔡邕所赏。**

《后汉书·列女传》："孝女曹娥者，会稽上虞人也。父盱能弦歌为巫祝，汉安二年五月五日于县江溯涛迎婆娑神，溺死不得尸骸。娥年十四，乃沿江号哭，昼夜不绝声；旬有七日，遂投江而死。至元嘉元年，县长度尚改葬娥于江南道傍，为立碑焉。"章怀注："《会稽典录》曰：上虞长度尚弟子邯郸淳，字子礼，时甫弱冠而有异才。尚先使魏朗作《曹娥碑》，文成未出。会朗见尚，尚与之饮宴，而子礼方至督酒。尚问朗：'碑文成未？'朗辞不才，因试使子礼为之；操笔而成，无所点定。朗嗟叹不暇，遂毁其草。"《水经注》卷四十："江之道南有曹娥碑……县令度尚使外甥邯郸子礼为碑文，以彰孝烈。"《曹娥碑》全文句型整饬，音律和谐，已经体现出较强的骈俪化特征。

《后汉书·列女传》裴注引《会稽典录》："曹娥碑……蔡邕又题八字曰：黄绢幼妇，外孙齑臼。"《世说新语·捷悟》："魏武尝过曹娥碑下，杨修从。碑背上见题作'黄绢幼妇，外孙齑臼'八字。魏武谓修曰：'解不？'答曰：'解。'魏武曰：'卿未可言，待我思之。'行三十里，魏武乃曰：'吾已得。'令修别记所知，修曰：'黄绢，色丝也，于字为绝。幼妇，少女也，于字为妙。外孙，女子也，于字为好。齑臼，受辛也，于字为辞，所谓"绝妙好辞"也。'魏武亦记之，与修同。乃叹曰：'我才不及卿，乃觉三十里。'"注："案《曹娥碑》在会稽中，而魏武、杨修未尝过江也。《异苑》曰：陈留蔡邕避难过吴，读碑文；以为诗人之作无诡妄也，因刻石旁作八字。魏武见而不能了，以问群寮，莫有解者。有妇人浣于汾渚，曰：'第四车解。'既而祢正平也，衡即以离合义解之。或谓此妇人即娥灵也。"此段材料记载解出蔡邕字谜的人乃为祢衡而非杨修，存之待考。

**汉献帝初平年间（190—193年），邯郸淳客荆州。**

《三国志》本传裴注引《魏略》："初平时，从三辅客荆州。"《三国志·魏书·董卓传》："初平元年二月，乃徙天子都长安。焚烧洛阳宫室，悉发掘陵墓，取宝物。"裴注曰："卓部兵烧洛阳城外面百里。又自将兵烧南北宫及宗庙、府库、民家，城内扫地殄尽。又收诸富室，以罪恶没入其财物；无辜而死者，不可胜计。"邯郸淳避乱荆州大约正在此时。

**汉献帝建安四年（199年），邯郸淳作《陈纪碑》。**

严可均《全三国文》卷二十六载淳《汉鸿胪陈纪碑》。因碑文有"建安四年六月卒……遂树斯石"句，可知作于本年。

**建安十三年（208年），邯郸淳为曹操所敬。**

《三国志》本传裴注引《魏略》："荆州内附，太祖素闻其名，召与相见，甚敬异之。"考《三国志·魏书·武帝纪》："（建安）十三年……秋七月，公南征刘表。八月，表卒，其子琮代……九月，公到新野，琮遂降……公进军江陵，下令荆州吏民，与之更始。"

**建安十六年（211年），邯郸淳为曹丕所延。**

《三国志》本传裴注引《魏略》："时五官将博延英儒，亦宿闻淳名，因启淳欲使在文学官属中。"曹丕博延诸儒的日期不可确考，现假定在建安十六年，详见《曹丕传笺证》。

**建安末，邯郸淳为临菑侯曹植傅。**

张彦远《法书要录》卷八、张怀瓘《书断》中："邯郸淳……初为临菑王傅。"

考邯郸淳黄初元年所作《答赠诗》中有"我受上命，来随临菑……见养贤侯，于今四祀"句（见黄初元年条），可推知其来临菑为建安二十一年。曹道衡、沈玉成《中古文学史料丛考》以为邯郸淳就任临菑侯傅应后延至建安二十二年，理由为当邯郸淳作《答赠诗》时"曹丕已受禅代汉，然为时为久。建安二十五年正月，曹操卒；二月，曹植及诸弟即离邺就国，植之临菑；十月，曹丕代汉，改元黄初；十二月，自许昌迁洛阳。期间揖让、改制、封官、迁都，自不暇顾及邯郸淳辈文士。且洛阳、临菑相去千里，淳在临菑未及期年，应召入洛，当已在黄初二年初。由此上推四年，淳为临菑侯文学在建安二十二年。"虽不无道理，然毕竟流于推测，不可坐实。

《三国志》本传裴注引《魏略》："会临菑侯植亦求淳，太祖遣淳诣植。植初得淳甚喜，延入坐，不先与谈。时天暑热，植因呼常从取水自澡讫，傅粉。遂科头拍袒，胡舞五椎锻，跳丸击剑，诵俳优小说数千言讫。谓淳曰：'邯郸生何如邪？'于是乃更著衣帻，整仪容，与淳评说混元造化之端，品物区别之意，然后论羲皇以来贤圣名臣烈士优劣之差，次颂古今文章赋诔，及当官政事宜所先后，又论用武行兵倚伏之势，乃命厨宰，酒炙交至，坐席默然，无与伉者。及暮，淳归，对其所知，叹植之材，谓之'天人'。而于时世子未立，太祖俄有意于植，而淳屡称植材。由是五官将颇不悦。"由是可见邯郸淳与曹植的亲密关系。

**魏文帝黄初元年（220年），邯郸淳表上《受命述》。后为博士，给事中，奏《投壶赋》，后作《答赠诗》。**

严可均《全三国文》卷二十六载淳《上受命述表》及《受命述》。《表》与《述》并作于十一月后。

投壶本是宴饮酒令中的环节，而至于曹魏，则已经从酒令中独立出来，成为一种娱乐游戏。邯郸淳《投壶赋》语练而文工，详细描绘了投壶的过程以及其中所涉及的礼仪，在文学性与史料性两方面皆有重要价值。

《三国志》本传裴注引《魏略》："及黄初初，以淳为博士，给事中。淳作《投壶赋》千余言，奏之，文帝以为工，赐帛千匹。"

邯郸淳还作《答赠诗》，诗中简要叙述自己作临菑侯曹植傅之后又被曹丕倚重的情况，表示出对曹氏政权的感激与对友人的劝勉之情，应是受曹丕命为博士时辞别植幕僚的作品。逯钦立《先秦汉魏晋南北朝诗》取《文选》题作"赠吴处玄诗"。曹道衡、沈玉成在《中古文学史料丛考》中认为诗作于黄初二年，参见"建安末，邯郸淳为临菑侯曹植傅"条。

**黄初二年（221年），邯郸淳补石经，寻卒。**

《三国志·魏书·王肃传》裴注："《魏略》以（董）遇及贾洪、邯郸淳、薛夏、隗禧、苏林、乐详等七人为儒宗，其序曰……至黄初元年之后，新主乃复扫除太学之灰炭，补旧石碑之缺坏。"

《水经注》卷十六："魏初传古文，出邯郸淳。正始石经古文，转失淳法。"侯康《补三国艺文志》卷二："案《唐志》所云今字者皆一字，盖指隶书一体也。一字本汉时所建……后汉不立学官，必无刊石之理。全祖望谓是黄初时邯郸淳补修……谓是时淳方以博士给事中，是补正熹平隶字旧刻者，淳也。且谓《隋志》以正始石经为一字，其误即源于此，今从之。至全氏并欲以《隋志》之《鲁诗》、《仪礼》、《春秋》、石经尽归之邯郸淳，则未敢从，盖汉碑原有八种也。"依全祖望之意，熹平之后石经于黄初之后又有复刻，而根据上文"至黄初元年之后"诸语，可知刻经约在此时。正始石经非为邯郸淳所刻，以上材料所记甚明，而曹道衡、沈玉成在《中古文学史料丛考》中亦表述此意，值得重视。

邯郸淳最重要的著作当属《笑林》。《隋书·经籍志三》："《笑林》三卷，后汉给侍中邯郸淳撰。"《笑林》的具体创作时间不详，然在建安二十一年邯郸淳与曹植会面，植"不先与谈……诵俳优小说数千言讫"，其中的俳优小说极可能就是《笑林》中的内容。如此看来，即使不说《笑林》在建安二十一年时已经成书，也可以认为当时《笑林》中的一部分内容已经被如曹植这样的一些文人所熟知。由此可推测《笑林》编纂的大致时间。

作为中国古代第一部笑话集，《笑林》并没有像汉代文学那样严重依附于政治环境和道德说教。总体看来，这部著作只是一部"赏心"之作，刘勰在《文心雕龙·谐谶》中说："魏文因俳说以著《笑书》，薛综凭宴会而发嘲调；虽抃推席，而无益时用矣。"虽有些许贬斥之意，但正可说明邯郸淳《笑林》非功利的娱乐倾向。鲁迅在《中国小说史略·世说新语及其前后》中也说："记人间事者已甚古，列御寇、韩非皆有录载，惟其所以录载者，列用以喻道，韩在储以论政。若为赏心而作，则实萌芽于魏而盛大于晋，虽不免追随俗尚，或供揣摩，然要为远实用而近娱乐矣。"亦为同义。虽然经过邯郸淳整理，《笑林》的民间性特征还是显而易见的。作为深受东汉经学教育影响的邯郸淳来说，对民间文学重视至此实属难能可贵。另一方面，与后世一些笑话集关注对人体容貌甚至低级趣味的嘲讽比较起来，《笑林》更重视对人格品质低下者的讽刺与批评，传递的还是一种相对高雅的文人式的谐趣观。

**参考文献**

王利器：《历代笑话集》，上海古籍出版社1981年版。
张彦远：《法书要录》，人民美术出版社1984年版。
曹道衡、沈玉成：《中古文学史料丛考》，中华书局2003年版。
夏传才等：《三曹七子之外建安作家诗文合集校注》，河北教育出版社2013年版。

（徐　晓）

# 荀悦传

荀悦，字仲豫，颍川颍阴（今河南许昌）人。生于汉桓帝建和二年（148年）。祖父淑，父俭；从弟彧，为曹操谋士。

《后汉书》本传："悦字仲豫，俭之子也。俭早卒。"又载："家贫无书，每之人闲，所见篇牍，一览多能诵记。性沉静，美姿容，尤好著述。"《后汉书·荀淑传》："荀淑字季和，颍川颍阴人，荀卿十一世孙也。"荀淑乃荀悦祖父，则可知荀悦乃荀卿十三世孙矣。荀淑"莅事明理"，"闲居养志"，有穷达之节。有子八人，时人谓之"八龙"，曰俭、绲、靖、焘、汪、爽、肃、专；其中长子荀俭为荀悦之父。可见荀悦思想之形成以及对为文建功之期许绝大部分来源于家学传统的陶染。

荀悦从弟荀彧，为曹操谋士，亦于事业颇有成就，《三国志·魏书》与《后汉书》皆有传。《三国志·魏书·荀彧传》："荀彧字文若，颍川颍阴人也。"建安十七年因反对曹操进爵魏公而遭记恨。《三国志·魏书·荀彧传》："（建安）十七年，董昭等谓太祖宜进爵国公，九锡备物，以彰殊勋，密以谘彧。彧以为太祖本兴义兵以匡朝宁国，秉忠贞之诚，守退让之实；君子爱人以德，不宜如此。太祖由是心不能平。"裴注引《魏氏春秋》："太祖馈彧食，发之乃空器也，于是饮药而卒。咸熙二年，赠彧太尉。"此时曹操与荀彧的矛盾已经到了一种无可调和的地步，而荀彧之死也正是汉魏士人在强权统治体制下悲惨境遇的一个缩影。

《后汉书》本传："年六十二，建安十四年卒。"推之，悦当生于建和二年。

**荀悦少时博闻强识，多能著述。汉桓帝延熹二年（159年），年十二，能说《春秋》。**

《后汉书》本传："悦年十二，能说《春秋》。家贫无书，每之人闲，所见篇牍，一览多能诵记。性沉静，美姿容，尤好著述。"

**延熹二年（159年）后，宦官专权愈烈，荀悦隐居，人莫能识。**

《后汉书》本传："灵帝时阉官用权，士多退身穷处，悦乃托疾隐居，时人莫之识，唯从弟彧特称敬焉。"

灵帝时期的宦官专权在延熹二年后愈加明显，《后汉书·宦者列传》："延熹二年……（左）悺、（唐）衡迁中常侍，封（单）超新丰侯，二万户，（徐）璜武原侯，（具）瑗东武阳侯，各万五千户，赐钱各千五百万；悺上蔡侯，衡汝阳侯，各万三千户，赐钱各千三百万。五人同日封，故世谓之'五侯'。又封小黄门刘普、赵忠等八人为乡侯。自是权归宦官，朝廷日乱矣。"宦者当道，荀悦于此间隐居，正如祖父淑之"闲居养志"者也。

是时荀彧亦未出仕。《后汉书·荀彧传》："中平六年，举孝廉，再迁亢父令。"这是荀彧最早为官的记载。在此之前，虽然荀彧已经对宦官专权有所不满，但他并没有如同荀悦那样隐居的条件。《后汉书·荀彧传》："（彧）父绲，为济南相。绲畏惮宦官，乃为彧娶中常侍唐衡女。彧以少有才名，故得免于讥议。"荀彧在此处境下尚称善从兄荀悦，可明见其不与宦者合作的立场。

**汉献帝建安元年（196年），荀悦辟镇东将军曹操府，后迁黄门侍郎。**

《后汉书》本传："初辟镇东将军曹操府，迁黄门侍郎。"考《三国志·魏书·武帝纪》："建安元年……夏六月，迁镇东将军，封费亭侯……九月，车驾出辕而东，以太祖为大将军，封武平侯……冬十月……以大将军让绍，天子拜公司空，行车骑将军。"荀悦迁黄门侍郎时间不详，应在辟镇东将军府后不久。

**建安二年（197年），荀悦与荀彧及孔融侍讲禁中，旦夕谈论。**

《后汉书》本传："悦与彧及少府孔融侍讲禁中，旦夕谈论。累迁秘书监、侍中。"考《后汉书·孔融传》："（融）迁少府，每朝会访对，融辄引正定议，公卿大夫皆隶名而已。"有关孔融于建安二年迁少府的问题，参见《孔融传笺证》。

荀悦多次迁秘书监、侍中，皆在迁少府之后。具体时间待考。

**建安五年（200年），荀悦《汉纪》书成，上献帝。**

《后汉书》本传："帝好典籍，常以班固《汉书》文繁难省，乃令悦依《左氏传》体以为《汉纪》三十篇，诏尚书给笔札。辞约事详，论辨多美。其序之曰：'昔在上圣，惟建皇极，经纬天地，观象立法，乃作书契，以通宇宙，扬于王庭，厥用大焉。先王光演大业，肆于时夏。亦惟厥后，永世作典。夫立典有五志焉：一曰达道义，二曰章法式，三曰通古今，四曰著功勋，五曰表贤能。于是天人之际，事物之宜，粲然显著，罔不备矣。世济其轨，不陨其业。损益盈虚，与时消息。臧否不同，其揆一也。汉四百有六载，拨乱反正，统武兴文，永惟祖宗之洪业，思光启乎万嗣。圣上穆然，惟文之恤，瞻前顾后，是绍是继，阐崇大猷，命立国典。于是缀叙旧书，以述《汉纪》。中兴以前，明主贤臣得失之轨，亦足以观矣。'又著《崇德》、《正论》及诸论数十篇。"

荀悦《汉纪序》曰："建安元年，上巡省许昌……其三年，诏给事中荀悦抄撰《汉书》，略举其要……会悦迁为侍中，其五年书乃奏成，记云四百（一十）六载，谓书奏之岁，岁在庚辰。"可见汉献帝诏令修改《汉书》是在建安三年（198年）。建安五年荀悦书成奏上，即《汉纪》的完成时间是建安五年。《崇德》、《正论》等文今佚。

**建安十年（205年），荀悦感曹氏夺权，献帝旁落，著《申鉴》五篇以明志。**

《后汉书》本传："时政移曹氏，天子恭己而已。悦志在献替，而谋无所用，乃作《申鉴》五篇。"《申鉴》分《政体》、《时事》、《俗嫌》、《杂言上》与《杂言下》五篇，其中《政体》篇大体主张仁义治国，改良风俗，并用"法教观"治理百姓；《时事》篇对当时政治、经济、人事、法令、道德伦理等方面的重大问题进行了思考，提出改革意见；《俗嫌》篇则针对当时流行于世的谶纬之学，对其进行了全面的反拨与批判；而最后的《杂言》上、下二章，则借鉴扬雄的《法言》，利用问答的形式，对一些细节性的社会问题提出自己的意见。总体说来，荀悦的《申鉴》并不是一种个人思想的体系化整理，而是对当时社会问题的深刻思索。其"为文救世"的理想目标极为显明。考东晋袁弘《后汉纪》："（献帝建安）十年八月，侍中荀悦撰政治得失，名曰《申鉴》。"可知《申鉴》作于《汉纪》成书后五年，二者在思想方面的联系颇为紧密。

**建安十四年（209年），荀悦卒，年六十二。**

《后汉书》本传："年六十二，建安十四年卒。"

综合《汉纪》、《申鉴》以及其他篇章可以看出，荀悦的思想是比较复杂的。他是荀子之后，对儒家思想的理解十分深入，但由于生逢乱世，儒家思想统治的崩溃又使他将法家、道家等思想元素融入自己的思想之中。他的政治理想在于兴复汉室，但对汉儒的诸多观点多有驳斥，如他不赞同儒家"原心定罪"的价值判断，而提出"纯德无慝，其上善也；伏而不动，其次也；动而不行，行而不远，远而能复，又其次也。其下者，远而不近也。凡此皆人性也，制之者心也，动而抑之，行而止之，与上同性也。行而弗止，远而弗近，与下同终也"的主张。可以说，荀悦的这种观点是十分温和的，并且在可行性上更能贴合当时社会的实际情况。又如荀悦提出的"正名"主张，已经不是汉儒所标榜的意义，而是强调"不采华名"、"名必有实"。他认为当名称与现实不相适应时，就应该改变名称，而不应该用名称、规则等观念性的东西来束缚现实。这样看来，荀悦在以往汉儒的观念之上，重新解读了儒家的理论，对儒学理论思想的阐释更加灵活，更加贴合事理，重要的是，更加贴合实际。陈启云在《荀悦与后汉思潮·序言》中所言"荀悦可以被看作是传统中国思想史上最为'非儒家'的儒家思想家之一"，正是看到了荀悦思想中对儒学的改造问题。

在观念上，荀悦与孔融有相似之处。但是在具体观点上，荀悦的思想并没有孔融那样开放，而相对更加注重对传统儒学的继承。荀悦对天人感应以及谶纬学说的发展正是一个例证。虽然荀悦对一些谶纬观念给予了批判，但他对天人感应学说总体的态度却是积极赞成的。《汉纪》中对班固五德终始说的继承，以及其中对灾异的详细记载，都表现了荀悦对天人感应学说的充分认可。这与他意图兴复汉室、重建汉帝权威的政治理想是吻合的，体现出荀悦因循保守的一面。

总体来说，荀悦是东汉末年的一个十分重要的思想家，他的思想体现着儒学在汉末面临崩溃后的重要转向，而这恰是如今学术界未给予充分重视的。

（徐　晓）

# 王朗传

**王朗，本名严，字景兴，东海郯（今山东郯城西北）人。生年不详。**

《三国志》本传："王郎字景兴，东海郡人也。"裴松之注引《魏略》曰："朗本名严，后改为朗。"殿本考证曰："北宋本作东海郯人，《通志》略同。"梁章钜《三国志旁证》卷十二："郡字误……按《世说·德行》篇注引《魏书》，亦作东海郯人。"由上基本可以确认王朗为东海郯地生人。

王朗生年无考。

有关王朗的生平，除了《三国志》的记载外，今人有陆侃如的《中古文学系年》，万斯同的《魏国将相大臣年表》等，可资参考。

**汉灵帝光和四年（181年），王朗师事杨赐，以通经拜郎中。**

《三国志》本传："以通经，拜郎中。"王朗拜郎中不知在何时，陆侃如《中古文学系年》假定在任菑丘长前一二年，今从之。

王朗师从杨赐，他深厚的经学修养基本根源于杨氏。《三国志》本传："师太尉杨赐。"《后汉书·杨震传》："父宝，习《欧阳尚书》。哀、平之世，隐居教授。……震少好学，受《欧阳尚书》于太常桓郁，明经博览，无不穷究。诸儒为之语曰：'关西孔子杨伯起。'"震父宝与震皆习欧阳尚书，而震子秉兼通京氏《易》。秉子赐少传家学，通《尚书》桓君章句。

**光和六年（183年），王朗为菑丘长。**

《三国志》本传："除菑丘长。"年月无考，陆侃如《中古文学系年》假定在弃官前一二年，今从之。

**汉灵帝中平二年（185年），王朗弃官。**

《三国志》本传："（杨）赐薨，弃官行服。"

《后汉书·杨赐传》："二年九月复代张温为司空，其月薨。天子素服，三日不临朝，赠东园梓器襚服，赐钱三百万，布五百匹。"又卷八《灵帝纪》："九月特进杨赐为司空。冬十月庚寅，司空杨赐薨。"

王先谦《集解》："钱大昕曰：以四分术推是月丙申朔，无庚寅，庚寅乃九月二十四日也。月日必有一误。"

严可均《全后汉文》卷七十八载蔡邕《太尉杨赐碑》。朗弃官当在同时。

**中平三年（186年），王朗举孝廉，辟公府，不应。**

《三国志》本传："举孝廉，辟公府，不应。"此事年月无考，陆侃如《中古文学系年》假定在弃官的次年，今从之。

**中平四年（187年），王朗与孔融共迁大将军掾。**

清代学者惠栋《后汉书补注》卷十八引《文士传》："〔边〕让出就曹时，〔孔〕融〔王〕朗等并前为掾，共书刺候让，让平衡与交接。"事当在朗不应公府辟后，让到大将军府前，但具体时间颇难定议。考《后汉书·文苑传下》："大将军何进闻（边）让才名，欲辟命之；恐不至，诡以军事征召。既到，署令史，进以礼见之。让善占射，能辞对；时宾客满堂，莫不羡其风。府掾孔融王朗并修刺候焉。"王朗与孔融为何进掾的时间，本传皆未载，但从《让传》可推知王朗与孔融在边让应召时已在何进幕中，故假定在本年。参见《孔融传笺证》。

**汉献帝初平元年（190年），王朗察茂才，为陶谦治中。**

《三国志》本传："徐州刺史陶谦察朗茂才。时汉帝在长安，关东兵起，朗为谦治中。"

《后汉书·献帝纪》："初平元年春正月，山东州郡起兵以讨董卓。"关东兵起与王朗为治中同年。

**初平三年（192年），王朗拜会稽太守。**

《三国志》本传："朗为谦治中，与别驾赵昱等说谦……谦乃遣昱奉章至长安。天子嘉其意，拜谦安东将军，以昱为广陵太守，朗会稽太守。"裴注引《朗家传》："居郡四年，惠爱在民。"

《后汉书·陶谦传》："时董卓虽诛，而李傕、郭汜作乱关中。是时四方断绝，谦每遣使间行奉贡西京，诏迁为徐州牧，加安东将军，封溧阳侯……别驾从事赵昱，知名士也，而以忠直见疏，出为广陵太守。"朗于建安元年去职，在郡四年，当以初平三年到任。

陆侃如《中古文学系年》考证："《世说新语·德行》：'华歆王朗俱乘船避难，有一人欲依附，歆辄难之。朗曰："幸尚宽，何为不可？"后贼追至，王欲舍所携人。歆曰："本所以疑，正为此耳。既以纳其自托，宁可以急相弃邪？"遂携拯如初，世以此定华王之优劣。'注引华峤《谱叙》：'欲为下邳令，汉室方乱，乃与同志士郑太等六七人避世，自武关出。道遇一丈夫独行，愿得与俱，皆哀许之。歆独曰："不可，今在危险中，祸福患害，义犹一也。今无故受之，不知其义。若有进退，可中弃乎？"众不忍，卒与俱行。此丈夫中道堕井，皆欲弃之。歆乃曰："已与俱矣，弃之不义。"卒共还出之，而后别。'注与本文所记当系一事，而传说稍歧异。歆为下邳令即在初平中。疑陶谦遣赵昱时，朗亦同到长安，故两人同时拜太守之命。朗东还时，或与歆相遇，故有救人之事。今姑附系于此。"今从之。

**汉献帝兴平二年（195年），王朗子肃生于会稽。**

《三国志·蜀书·许靖传》："许靖字文休……会稽太守王朗素与靖有旧，故往保焉。"注引《魏略》："王朗与文休书曰：'……大儿名肃……生于会稽。'"考《三国志·魏书·王肃传》："甘露元年薨。"甘露元年是为256年，卒年六十二，故王肃当生于本年。

**汉献帝建安元年（196年），王朗为孙策所擒，作《对孙策诘》、《遗孙策书》。**

《三国志》本传："孙策渡江略地，朗功曹虞翻以为力不能拒，不如避之。朗自以身为汉吏，宜保城邑，遂举兵与策战。败绩，浮海至东冶，策又追击，大破之。朗乃诣策，策以儒雅，诘让而不害。虽流移穷困，朝不谋夕，而收恤亲旧，分多割少，行义甚著。"裴注引《献帝春秋》："孙策率军如闽越讨朗，朗泛舟浮海，欲走交州。为兵所逼，遂诣军降。策令使者诘朗……朗称禽虏，对使者曰：'朗以琐才，误窃朝私。受爵不让，以遭罪网。前见征讨，畏死苟免。因治人物，寄命须臾。又迫大兵，惶怖北引。从者疾患，死亡略尽。独与老母，共乘一欐。流矢始交，便弃欐就俘，稽颡自首于征役之中。朗惶惑不达，自称降虏。缘前迷谬，被诘惭惧。朗愚浅弩怯，畏威自惊。又无良介，不早自归。于破亡之中，然后委命下隶。身轻罪重，死有余辜。申胫就鞿，蹴足入绊。叱咤听声，东西惟命。'"因被俘而惊惧卑下之语甚显。裴又引《汉晋春秋》曰："孙策之始得朗也，遣让之，使张昭私问朗。朗誓不屈，策忿而不敢害也，留置曲阿。"可知王朗在《对诘》中表现的卑下姿态乃于逆境中所采取的权宜之策，不可厚责。

又《三国志·吴书·虞翻传》："虞翻字仲翔，会稽余姚人也。太守王朗命为功曹。孙策征会稽，翻时遭父丧，衰绖诣府门。朗欲就之，翻乃脱衰入见，劝朗避策。朗不能用，拒战败绩，亡走浮海，翻追随营护到东部侯官。侯官长闭城不受，翻往说之，然后见纳。朗谓翻曰：'卿有老母，可以还矣。'"裴注引《吴书》："翻始欲送朗到广陵，朗惑王方平记言'疾来邀我南岳相求'，故遂南行。既至侯官，又欲投交州。翻谏朗曰：'此妄书耳，交州无南岳，安可投乎？'乃止。"又引《翻别传》："朗使翻见豫章太守华歆，图起义兵。翻未至豫章，闻孙策向会稽，翻乃还。会遭父丧，以臣使有节，不敢过家，星夜追朗至侯官。朗遣翻还，然后奔丧。"

又《三国志·吴书·刘繇传》："后策西伐江夏，过豫章，收载繇丧，善遇其家。王朗遗策书曰：'刘正礼昔初临州，未能自达，实赖尊门，为之先后，用能济江成治，有所处定。践境之礼，感分结意，情在终始。后以袁氏之嫌，稍更乖剌。更以同盟，还为仇敌。原其本心，实非所乐。康宁之后，常念渝平更成，复践宿好。一尔分离，款意不昭。奄然殂陨，可为伤恨。知敦以厉薄，德以报怨。收骨育孤，哀亡愍存。捐既往之猜，保六尺之托，诚深恩重分，美名厚实也。昔鲁人虽有齐怨，不废丧纪，春秋善之，谓之得礼。诚良史之所宜藉，乡校之所叹闻。正礼元子，致有志操，想必有以殊异。威盛刑行，施之以恩，不亦优哉。'"刘繇时为扬州刺史，与王朗交谊甚厚。此书为刘繇死后王朗因见孙策厚待其家室而作，情志深厚。

**建安三年（198年），王朗为曹操所征，拜谏议大夫，参司空军事。**

《三国志》本传："太祖表征之，朗自曲阿展转江海，积年乃至，拜谏议大夫，参司空军事。"裴注引《汉晋春秋》："建安三年，太祖表征朗，策遣之。太祖问曰：'孙策何以得至此邪？'朗曰：'策勇冠一世，有俊才大志……终为天下大贼，非徒狗盗而已。'"是年，汉廷任命孙策为讨逆将军，封吴侯。

**建安十三年（208年），王朗为丞相军师祭酒，随征荆州。**

洪饴孙《三国职官表》："丞相……军师祭酒……王朗……《宋志》：志避晋讳，但称军祭酒。案本书又或称军谋祭酒。"

又陆侃如《中古文学系年》："《蜀志》卷八《许靖传》注引朗与靖书：'往者随军到荆州……是时侍宿武皇帝于江陵刘景升听事之上。'当指本年事。"

**建安十八年（213年），王朗领魏郡太守。**

《三国志》本传："魏国初建，以军祭酒领魏郡太守。"

《三国志·魏书·武帝纪》裴注："《魏书》载公令曰：'夫受九锡，广开土宇，周公其人也。汉之异姓八王者，与高祖俱起布衣，创定王业，其功至大，吾何可比之？'前后三让。于是中军师陵树亭侯荀攸、前军师东武亭侯钟繇、左军师凉茂、右军师毛玠、平虏将军华乡侯刘勋、建武将军清苑亭侯刘若、伏波将军高安侯夏侯惇、扬武将军都亭侯王忠、奋威将军乐乡侯刘展、建忠将军昌乡亭侯鲜于辅、奋武将军安国亭侯程昱、太中大夫都乡侯贾诩、军师祭酒千秋亭侯董昭、都亭侯薛洪、南乡亭侯董蒙、关内侯王粲、傅巽、祭酒王选、袁涣、王朗、张承、任藩、杜袭、中护军国明亭侯曹洪、中领军万岁亭侯韩浩、行骁骑将军安平亭侯曹仁、领护军将军王图、长史万潜、谢奂、袁霸等劝进曰：……"可知曹操受九锡时，朗与群臣同劝进。

**建安二十二年（217年），王朗迁少府。**

《三国志》本传："迁少府。"年月无考，但总在为军祭酒后，迁奉常前。万斯同《魏国将相大臣年表》系于本年，今从之。

**建安二十三年（218年），迁奉常。**

《三国志》本传："迁……奉常。"事当在为少府及大理之间。万斯同《魏国将相大臣年表》系于本年，今从之。

**建安二十四年（219年），王朗迁大理，上请叙主簿张登，又答曹操咨孙权称臣。**

《三国志》本传："迁……大理，务在宽恕，罪疑从轻。钟繇明察当法，俱以治狱见称。"裴注："《王朗集》载朗为大理时，上〔请叙〕主簿赵郡张登……太祖以所急者多，未逞擢叙。"万斯同《魏国将相大臣年表》系于本年，今从之。

又注引《魏略》："太祖以孙权称臣遣贡，咨朗。朗答曰：'孙权前笺，自诡躬讨虏以补前愆，后疏称臣，以明无二。牙兽屈膝，言鸟告欢，明珠、南金，远珍必至。情见乎辞，效著乎功。三江五湖，为沼于魏，西吴东越，化为国民。鄢、郢既拔，荆门自开。席卷巴、蜀，形势已成。重休累庆，杂沓相随。承旨之日，抚掌击节。情之畜者，辞不能宣。'"《武帝纪》二十四年裴注引《魏略》："孙权上书称臣，称说天命。"

**魏文帝黄初元年（220年），王朗为御史大夫，封安陵亭侯，上疏劝育民省刑，与群臣共劝曹丕称帝。后改司空，进封乐平乡侯，上疏谏游猎，奏宜节省，并作书与许靖。**

《三国志·魏书·文帝纪》："（延康）元年二月壬戌，以……大理王朗为御史大夫……黄初元年十一月癸酉……〔改〕御史大夫为司空。"注引《献帝传》："相国华歆，太尉贾诩，御史大夫王朗及九卿上言曰……"又："相国歆，太尉诩，御史大夫朗及九卿奏曰……"都是改司空前劝进的话。

又《三国志》本传："文帝即王位，迁御史大夫，封安陵亭侯。上疏劝育民省刑……及文帝践阼，改为司空，进封乐平乡侯。时帝颇出游猎，或昏夜还宫，朗上疏曰：'夫帝王之居，外则饰周卫，内则重禁门。将行则设兵而后出幄，称警而后践墀，张弧而后登舆，清道而后奉引，遮列而后转毂，静室而后息驾。皆所以显至尊，务戒慎，垂法教也。近日车驾出临捕虎，日昃而行，及昏而反，违警跸之常法，非万乘之至慎也。'"裴注："《魏名臣奏》载朗节省奏……"考《三国志·魏书·文帝纪》："是岁（黄初元年），长水校尉戴陵谏不宜数行弋猎。"朗疏大约同时。

王朗《与许靖书》现存三篇，皆非同时而作。其一："过闻'受终于文祖'之言于《尚书》，又闻'历数在躬，允执其中'之文于《论语》。岂自意得于老耄之齿，正值天命受于圣主之会，亲见三让之弘辞，观众瑞之总集，睹升堂穆穆之盛礼，瞻燔燎焜曜之青烟。于时忽自以为处唐虞之运，际于紫微之天庭也。徒慨不得携子之手，共列于世有二子之数，以听有唐钦哉之命也。子虽在裔土，想亦极目而回望，侧耳而遐听，延颈而鹤立也。昔汝南陈公初拜，不依故常，让上卿于李元礼。以此推之，吾宜退身以避子位也。苟得避子以窃让名，然后缓带委质，游谈于平勃之间，与子共陈往时避地之艰辛，乐酒酣燕，高谈大噱，亦足遗忧而忘老。捉笔陈情，随以喜笑。"中有"正值天命受于圣主之会"句，故当作于曹丕称帝时。文中称赞曹丕德让之盛功，甚至将其比于唐尧，趋炎之心可见。

**黄初三年（222年），王朗反对兴师取蜀。生一子。**

《三国志》本传："初建安末，孙权始遣使称藩，而与刘备交兵，诏议'当兴师与吴并取蜀不？'朗议曰：'天子之军，重于华岱，诚宜坐曜天威，不动若山。假使权亲与蜀贼相持，搏战旷日，智均力敌，兵不速决，当须军兴以成其势者。然后宜选持重之将，承寇贼之要，相时而后动，择地而后行，一举可无余事。今权之师未动，则助吴之军无为先征，且雨水方盛，非行军动众之时。'帝纳其计。"

又《三国志·蜀书·许靖传》裴注引朗与许靖第三书有"仆连失一男一女，今有二男……小儿裁岁余"之言。此书作于黄初四年（见黄初四年条），则次子当生于本年。

**黄初四年（223年），王朗荐杨彪及张登，作书与诸葛亮及许靖。**

《三国志》本传："黄初中，鹈鹕集灵芝池，诏公卿举独行君子。朗荐光禄大夫杨彪，且称疾让位于彪。"裴注："《王朗集》载……黄初初朗又与太尉钟繇连名表闻，兼称（张）登在职勤劳。"考《三国志·魏书·文帝纪》："四年……夏五月，有鹈鹕鸟集灵芝池。"又《三国志·魏书·钟繇传》："（繇）迁太尉，转封平阳乡侯。时司徒华歆、司空王朗，并先世名臣。"

又《三国志·蜀书·诸葛亮传》建兴元年裴注引《诸葛亮集》："是

岁魏司徒华歆、司空王朗……各有书与亮，陈天命人事，欲使举国称藩。"建兴元年即黄初四年。王朗、华歆《与诸葛亮书》今皆不存。

又《三国志·蜀书·许靖传》裴注引王朗与许靖第二书，有"大男名肃，年二十九"之语，以肃生于兴平二年（见兴平二年条）推之，与许靖的第二书当作于黄初四年。今书多有写作"年三十九岁"者，然而《三国志·魏书·王朗传》："（朗）太和二年薨。"王肃三十九岁时乃为青龙二年，当时王朗已卒，三十九岁说自不可信。

**黄初五年（224年），王朗上疏谏东征，又作书与许靖。**

《三国志》本传："孙权欲遣子登入侍，不至。是时车驾徙许昌，大兴屯田，欲举军东征。朗上疏曰：'昔南越守善，婴齐入侍，遂为冢嗣，还君其国。康居骄黠，情不副辞，都护奏议，以为宜遣侍子，以黜无礼。且吴濞之祸，萌于子入；隗嚣之叛，亦不顾子。往者闻权有遣子之言而未至，今六军戒严，臣恐舆人未畅圣旨，当谓国家愲于登之逋留，是以为之兴师。设师行而登乃至，则为所动者至大，所致者至细，犹未足以为庆。设其傲很，殊无入志，惧彼舆论之未畅者，并怀伊邑。臣愚以为宜敕别征诸将，各明奉禁令，以慎守所部。外曜烈威，内广耕稼。使泊然若山，澹然若渊。势不可动，计不可测。'……是时帝以成军，遂行。权子不至，车驾临江而还。"

又《三国志·蜀书·许靖传》裴注引王朗与许靖第三书："前夏有书而未达，今重有书而并致前问。皇帝既深悼刘将军之早世，又愍其孤之不易。"《三国志·蜀书·先主传》："（章武）三年……夏四月癸巳，先主殂于永安宫，时年六十三。"章武三年即黄初四年。从书中可知，第三书距前书相隔大约一年，当作于刘备卒的次年，即黄初五年。

**黄初六年（225年），王朗作书与钟繇。**

严可均《全三国文》卷二十二载朗《与钟繇书》有"近闻室人孙氏归，或曰大归也"句，事当在钟会生时。

《三国志·魏书·钟会传》："钟会字士季，颍川长社人，太傅繇小子也，少敏慧夙成。"裴注引《会母传》："夫人张氏字昌蒲，太原兹氏人，太傅定陵成侯之命妇也……黄初六年生会。"

**魏明帝太和二年（228年），王朗议不宜复肉刑，后病卒。**

《三国志·魏书·钟繇传》："繇以为古之肉刑更历圣人，宜复施行……太和中，繇上疏……司徒王朗议，以为'繇欲轻减大辟之条，以增益刖刑之数，此即起偃为竖，化尸为人矣。然臣之愚，犹有未合微异之意。夫五刑之属，著在科律。科律自有减死一等之法，不死即为减，施行已久，不待远假斧凿于彼肉刑，然后有罪次也。前世仁者，不忍肉刑之惨酷，是以废而不用。不用已来，历年数百，今复行之，恐所减之文，未彰于万民之目，而肉刑之问，已宣于寇仇之耳，非所以来远人也。今可案繇所欲轻之死罪，使减死之髡刖。嫌其轻者，可倍其居作之岁数。内有以生易死不訾之恩，外无以刖易钦骇耳之声。'议者百余人，与朗同者多。帝以吴蜀未平，且寝。"具体时间未详，暂系于此。

《三国志》本传："朗著《易》、《春秋》、《孝经》、《周官》传，奏议、论记咸传于世。太和二年薨，谥曰成侯，子肃嗣。"裴注引《魏书》："朗高才博雅，而性严整，慷慨多威仪，恭俭节约。自婚姻中表，礼赘无所受。常讥世俗有好施之名，而不恤穷贱，故用财以周急为先。"

（徐　晓）

# 刘劭传

**刘劭，字孔才，广平邯郸（今河北邯郸）人。约生于汉灵帝建宁、光和年间（168—183年）。**

刘劭生年无考，大约生于建宁、光和年间。

《三国志》本传："刘劭字孔才，广平邯郸人也。"潘眉《三国志考证》卷五："《杨慎集》引宋庠曰：卲从卩，《说文》：高也，故字孔才，杨子周公之才之卲是也。《三国志》作劭，或作邵，从邑，皆非。眉按：本传作刘劭，《荀彧传》注作刘邵，皆传写之误。晋《刑法志》：散骑常侍刘卲；从卩，作卲。"是乃一家之言，未明真伪。今根据习惯，仍写作劭。

有关刘劭的生平，除了《三国志》的记载，今人有陆侃如《中古文学系年》，亦散见于洪饴孙《三国职官表》，可资参考。

**建安中，刘劭为记吏，诣许。**

《三国志》本传："建安中为计吏，诣许。太史上言：'正旦当日蚀。'劭时在尚书令荀彧所，坐者数十人，或云当废朝，或云宜却会。劭曰：'梓慎、裨灶，古之良史，犹占水火，错失天时。《礼记》曰诸侯旅见天子，及门不得终礼者四，日蚀在一。然则圣人垂制，不为变豫废朝礼者，或灾消异伏，或推术谬误也。'或善其言，敕朝会如旧。日亦不蚀。"为计吏亦不知在何时，陆侃如《中古文学系年》假定在拜太子舍人前五年左右。今从之。

**汉献帝建安二十年（215年），刘劭拜太子舍人，作《爵制》。**

《三国志》本传："御史大夫郗虑辟劭，会虑免，拜太子舍人。"

考钱大昭《后汉书补表》卷八："詹事兄云：建安十三年置御史大夫，郗虑为之。至十九年废后时尚在职，二十一年封魏王则宗正刘艾行御史大夫事。虑之罢职，应在二十年，罢后不复补此官。"郗虑免御史大夫时间从钱氏说，则刘劭拜太子舍人当亦在建安二十年。

《续汉书·百官志》五："关内侯承秦赐爵，十九等为关内侯。"刘昭注补："刘劭《爵制》曰：……"文章从对秦代军功爵制的分析来讨论军事赏罚的问题，结构谨严，且颇切合于现实。姚振宗《三国艺文志》卷二："按魏国初建于建安十八年五月，此《爵制》证以本纪，当作于是年。"

**建安末（220年左右），刘劭迁秘书郎。**

《三国志》本传："迁秘书郎。"刘劭为秘书郎年月不详，洪饴孙《三国职官表》卷中假定作"建安末"。今从之。

**黄初中，刘劭为尚书郎，散骑侍郎。与王象、韦延、缪袭等共撰《皇览》。**

《三国志》本传："黄初中，为尚书郎，散骑侍郎。受诏集五经群书，以类相从，作《皇览》。"任职与撰书的具体年月皆无考。

《三国志·魏书·文帝纪》："又使诸儒撰集经传，随类相从，凡千余篇，号曰《皇览》。"曹丕使诸儒编纂《皇览》始于黄初元年前后，参见《曹丕传笺证》。

《皇览》作为现知中国古代最早的类书，是曹魏文士学者集体智慧的结晶。根据史料，可知参与《皇览》编纂的学者有王象、桓范、韦延、缪袭、刘劭等人。《三国志·魏书·曹爽传》裴注引《魏略》："桓范……延康中为羽林左监，以有文学，与王象等典集《皇览》。"又《三国志·魏书·杨俊传》裴注引《魏略》："魏有天下，拜象散骑侍郎，迁为常侍，封列侯。受诏撰《皇览》，使象领秘书监。象从延康元年始撰集，数岁成，藏于秘府。合四十余部，部有数十篇，通合八百余万字。象既性器和厚，又文采温雅，用是京师归美，称为儒宗。"又姚振宗《三国艺文志》卷三："魏文帝《皇览》千余篇……《太平御览》六百一引三国《典略》曰：祖珽等上言，昔魏文帝命韦诞诸人撰著《皇览》……《玉海·艺文》：类事之书始于《皇览》，韦诞诸人撰。"

**魏文帝黄初七年（226年），曹丕卒，刘劭作《文帝诔》。出为陈留太守。**

《三国志·魏书·文帝纪》："七年春正月，将幸许昌。许昌城南门无故自崩，帝心恶之，遂不入。壬子，行还洛阳宫……五月丙辰，帝疾笃……丁巳帝崩于嘉福殿，时年四十。六月戊寅，葬首阳陵。"参见《曹丕传笺证》。

严可均《全三国文》卷三十二载劭《文帝诔》，当作于本年。诔文已佚，只留有"凤皇立𪁪"四字。全文可能以纪念歌颂文帝功德为主。

《三国志》本传："明帝即位，出为陈留太守，敦崇教化，百姓称之。"陈留位于今之开封。

**魏明帝太和四年（230年），刘劭征拜骑都尉，作《新律十八篇》、《新律序略》及《律略论》。**

刘劭拜骑都尉年月不详，陆侃如《中古文学系年》认为其在陈留太守与散骑常侍两职的中间，故假定在本年。今从之。

《三国志》本传："征拜骑都尉，与议郎庾嶷、荀诜等定科令，作《新律》十八篇，著《律略论》。"

《晋书·刑法志》："其后天子又下诏改定刑制，命司空陈群、散骑常侍刘劭、给事黄门侍郎韩逊、议郎庾嶷、中郎黄休、荀诜等，删约旧科，傍采汉律，定为魏法，制《新律》十八篇，《州郡令》四十五篇，《尚书官令》、《军中令》合百八十余篇。其序略……"本传叙于迁散骑常侍前，今从之。

**魏明帝青龙元年（233年），刘劭迁散骑常侍，谏讨公孙渊，作《赵都赋》、《许都赋》、《洛都赋》及《龙瑞赋》。**

《三国志》本传："迁散骑常侍。时闻公孙渊受孙权燕王之号，议者欲留渊计吏，遣兵讨之。劭以为……宜加宽贷，使有以自新。后渊果斩送权使张弥等首。劭尝作《赵都赋》，明帝美之，诏劭作许都、洛都赋。时外兴军旅，内营宫室，劭作二赋，皆讽谏焉。"今二赋皆不存。严可均《全三国文》卷三十二载劭《龙瑞赋》。刘劭还作有《嘉瑞赋》一篇。写作时间不详，今暂录于此。

**青龙二年（234年），刘劭议击吴。当时，夏侯惠为散骑侍郎，荐刘劭。**

《三国志》："青龙中，吴围合肥。时东方吏士皆分休，征东将军满宠表请中军兵，并召休将士须集击之。劭议以为贼众新至，心专气锐；宠以少人自战其地，若便进击，不必能制；宠求待兵，未有所失也。以为可先遣步兵五千，精骑三千；军前发扬声进道，震曜形势；骑到合肥，疏其行队，多其旌鼓；曜兵城下，引出贼后，拟其归路，要其粮道；贼闻大军来，骑断其后，必震怖遁走，不战自破贼矣。帝从之，兵比至合肥，贼果退还。"

《三国志·吴书·吴主传》："（嘉禾）三年……夏五月，权遣陆逊、诸葛瑾等屯江夏、沔口，孙韶、张承等向广陵、淮阳，权率大众围合肥新城。是时蜀相诸葛亮出武功，权谓魏明帝不能远出，而帝遣兵助司马宣王拒亮，自率水军东征。未至寿春，权退还，孙韶亦罢。"嘉禾三年即青龙二年。

《三国志·魏书·夏侯渊传》裴注引《文章叙录》："惠字稚权……善属奏议，历散骑黄门侍郎。与钟毓数有辩驳，事多见从。"

《三国志》本传："时诏书博求众贤，散骑侍郎夏侯惠荐劭曰伏见常侍刘劭，深忠笃思，体周于数，凡所错综，源流弘远，是以群才大小，咸取所同而斟酌焉。故性实之士服其平和良正，清静之人慕其玄虚退让，文学之士嘉其推步详密，法理之士明其分数精比，意思之士知其沈深笃固，文章之士爱其著论属辞，制度之士贵其化略较要，策谋之士赞其明思通微，凡此诸论，皆取适己所长而举其支流者也。臣数听其清谈，览其笃论，渐渍历年，服膺弥久，实为朝廷奇其器量。以为若此人者，宜辅翼机事，纳谋帷幄，当与国道俱隆，非世俗所常有也。惟陛下垂优游之听，使劭承清间之欢，得自尽于前，则德音上通，辉耀日新矣。"裴注评曰："臣松之以为凡相称荐，率多溢美之辞，能不违中者或寡矣。惠之称劭云玄虚退让及明思通微，近于过矣。"因《刘劭传》将此事叙于议击吴后，故陆侃如《中古文学系年》系于同年。今从之。

**魏明帝景初二年（238 年），刘劭作《说略》、《上疏》、《乐论》及《祀六宗议》。又作《都官考课》，傅嘏难之。**

《三国志》本传："景初中受诏作《都官考课》，劭上疏曰……又以为宜制礼作乐，以移风俗，著《乐论》十四篇。事成未上，会明帝崩，不施行。"考《三国志·魏书·明帝纪》："（景初）三年春正月丁亥……帝崩于嘉福殿，时年三十六。"因明帝于景初三年元月崩，故作《都官考课》等事应在前一年，即景初二年。

《三国志·魏志·傅嘏传》："时散骑常侍刘劭作《考课法》，事下三府，嘏难劭论……"

《晋书·礼志》上："《尚书》禋于六宗，诸儒互说往往不同……至景初二年大议其神，朝士纷纭各有所执，惟散骑常侍刘邵以为'万物负阴而抱阳，冲气以为和。六宗者，太极冲和之气，为六气之宗者也。《虞书》谓之六宗，《周书》谓之天宗。'是时考论异同而从其议。"

**景初三年（239 年），曹叡卒，刘劭作《明帝诔》。**

《三国志·魏书·明帝纪》："三年春正月丁亥……帝崩于嘉福殿，时年三十六。癸丑，葬高平陵。"严可均《全三国文》卷三十二载刘劭《明帝诔》，当作于此时。诔文已佚，只留"先皇嘉其诞受洪允"一句。

**魏齐王曹芳正始二年（241 年），刘劭执经讲学，赐爵关内侯。寻卒，赠光禄勋。**

刘劭卒年无考，陆侃如《中古文学系年》假定于正始二年，今从之。

《三国志》本传："正始中，执经讲学，赐爵关内侯。凡所撰述《法论》、《人物志》之类，百余篇。卒，追赠光禄勋，子琳嗣。"

刘劭对经学颇有研究，曾注《孝经》、《尔雅》，可惜皆不存。他最著名的著作要数《人物志》。《隋书·经籍志三》："《人物志》三卷，刘劭撰。"今见《人物志》正文十二篇，序一篇，共十三篇，分为"九征"、"体别"、"流业"、"才理"、"材能"、"利害"、"接识"、"英雄"、"八观"、"七缪"、"效难"、"释争"十二类目，全面阐述了刘劭的识人思想。其中，"九征"、"体别"、"八观"、"七缪"等类目注重人物的外在特征对性格品质的反映，具有鲜明的时代特征；而"才理"、"材能"、"效难"等类目则是对人物内在才能与知识水平的体认。

可以看出刘劭的识人思想是十分全面的，这也为晋代人物评议开启了风潮，提供了依据。

后世对刘劭《人物志》大抵作出了十分正面的评价。唐人李德裕曰："余尝览《人物志》，观其索隐精微，研幾玄妙，实天下奇才。"北宋阮逸："是书也，博而畅，辩而不肆，非众说之流也。王者得之为知人之龟鉴，士君子得之为治性修身之檠栝，其效不为小矣。子安得不序而传之！媲夫良金美玉，籯椟一启，而观者必知其宝也。"而清人纪晓岚则曰："其书主于论辩人才，以外见之符，验内藏之器，分别流品，研析疑似"，"所言究悉物情，而精核近理"。

如今专门针对《人物志》的研究成果亦颇为丰富。李泽厚先生的《中国美学史·魏晋南北朝编》第三章"人物品藻与美学"认为，魏晋人物品藻的成就主要体现在《人物志》和《世说新语》，与《世说新语》这样的志人小说相比，《人物志》更具理论性，明显地服务于政治，功利性很强，与此同时又兼具哲学色彩，无形中将人物性情的分析融入了心理学领域。黄少英《魏晋人物品题研究》中提到《人物志》是魏晋人物品藻的主要成就；而燕国材《汉魏六朝心理思想研究》、罗宗强《玄学与魏晋士人心态》、汤用彤《读〈人物志〉》以及钱穆《略述刘劭人物志》等专门研究人物品评的篇章，都牵涉到人物品题，都提出了自家的独到见解。

目前，关于《人物志》文学思想的研究并不多见，而对文本思想的研究和解读十分详尽。这些研究多数从文本的内容入手、根据其思想渊源来探究《人物志》的价值和意义。牛嘉贺《〈人物志〉研究》由是总结道："从文本解读思想来看，《人物志》是儒名道法多家思想的杂取之作。《人物志》成书的目的很明显，就是为政治多用，为君主指出识才用才的途径。……《人物志》完全摆脱正统儒家的伦理观念和曹操将'才'区别与'德'的偏激，并从多角度出发来探究人格理想。《人物志》的上承建安，下启正始的独特存在意义，以及对美学的发展有积极作用的观点。《人物志》中关于对人才的审美标准和独特见解，对魏晋人品思潮产生的启发与影响。《人物志》作为'魏晋才性论'的开端代表，具有深厚的学术及时代意义。其时代意义在于承先启后，上承汉代气化思想及王充性命论，下开人物品鉴之风气。其学术意义在于造就了两种超然于世的文士形象：名士与天才。认为才性系统的确立，给魏晋思潮带了新的思想方向。《人物志》是以才性理论和人物鉴识为主要内容,但体现了政治哲学方面的内容,再现了汉末魏初人物批评向玄学变迁的思想轨迹。"可供参考。

(徐 晓)

# 祢 衡 传

**祢衡，字正平，平原般（今山东德州临邑）人。生于汉灵帝熹平二年（173年）。**

《后汉书》本传："祢衡字正平，平原般人也。少有才辩，而尚气刚傲，好矫时慢物。"关于祢衡的生年，《后汉书》本传："衡始弱冠，而融年四十。"由"弱冠"可知衡大约比孔融年少二十岁。孔融于四十四岁时向曹操举荐祢衡，作《荐祢衡表》："窃见处士平原祢衡，年二十四，字正平。"与《文苑传》所记年龄相合。

然而《世说新语·言语》刘孝标注引《文士传》："衡不知先所出，逸才飙举。少与孔融作尔汝之交，时衡未满二十，融已五十；敬衡才秀，共结殷勤，不能相违。"此说若确，则融长于衡者至少三十一年。对此，陆侃如有四点反驳意见，其中后两点反驳有据：其一，史载祢衡曾为孙策作书，而"孙策死于建安五年，融年四十八，衡至多十七岁，还在被荐前七年"，于时间上定不相合；其二，"黄祖死于建安十三年春，融五十六岁，衡至多二十五岁，这与本传二十六岁为黄祖所害的记载便不相合"。俞绍初以为"五十"应作"四十"，当是。

祢衡家世无考。

**汉献帝初平三年（192年），祢衡与孔融为友，二人性格相投，更相赞扬。**

《后汉书》本传："衡始弱冠，而融年四十，遂与为交友。"据《后汉书·孔融传》，融于初平元年为北海相，后于兴平二年迁青州刺史，辖地皆与衡故乡般县相近。

《后汉书·孔融传》载路粹《枉状奏孔融》："……（融）又前与白

衣祢衡跌荡放言，云：'父之于子当有何亲？论其本意，实为情欲发耳。子之于母亦复奚为？譬如寄物瓶中，出则离矣。'夕既而与衡更相赞扬，衡谓融曰：'仲尼不死。'融答曰：'颜回复生。'"由此可见祢衡与孔融之交，主要因为性格相投而成。

**兴平中，祢衡因平原郡周边战乱频仍，避难荆州。**

《后汉书》本传："兴平中，避难荆州。"兴平只有两年，避难荆州许是兴平元年末至二年初事。据考，兴平年间（194—195年）平原郡周边地区战乱频繁：兴平元年，濮阳乱；二年，曹操与吕布战于定陶。《三国志·魏书·武帝纪》："（吕）布到……西屯濮阳……蝗虫起，百姓大饿。"《三国志·魏书·武帝纪》又载："兴平元年春，太祖自徐州还……〔吕〕布到攻鄄城，不能下，西屯濮阳。太祖……遂进军攻之……秋九月，太祖还鄄城……冬十月，太祖至东阿。"又《三国志·魏书·武帝纪》："二年春，袭定陶……会吕布至，又击破之……布夜走，太祖复攻，拔定陶，分兵平诸县。"濮阳位于兖州地区，定陶则位于济阴郡，两地距平原郡俱近。祢衡此次避难荆州，应是与曹操战吕布的影响有所关联。

**汉献帝建安元年（196年），祢衡游许，与孔融、杨修为友。后为孔融所荐入曹。**

《后汉书》本传："建安初，来游许下。始达颍川，乃阴怀一刺。既而无所之，适至于刺字漫灭。是时许都新建，贤士大夫四方来集。或问衡曰：'盍从陈长文，司马伯达乎？'对曰：'吾焉能从屠沽儿耶！'又问：'荀文若、赵稚长云何？'衡曰：'文若可借面吊丧，稚长可使监厨请客。'惟善鲁国孔融及弘农杨修，常称曰：'大儿孔文举，小儿杨德祖，余子碌碌，莫足数也。'融亦深爱其才……上疏荐之。"由此可见祢衡恃才自傲之心性。孔融《荐祢衡表》文辞诚切，大可见出孔融对祢衡之赞赏实乃发于真心，表文内容参见《孔融传笺证》建安元年条。此后祢衡即投曹操麾下。

**建安二年（197年），祢衡随操征张绣，作《吊张衡文》。后忤曹操，操送衡至刘表处。**

《全三国文》卷八十七载衡《吊张衡文》。其创作年代不详。考曹操于此年南征张绣,《三国志·魏书·武帝纪》:"二年春正月,公到宛,张绣降,既而悔之,复反。公与战,军败,为流矢所中。长子昂、弟子安民遇害。公乃引兵还舞阴,绣将骑来钞,公击破之……遂还许。"卢弼《三国志集解》:"宛县故城,今河南南阳府南阳县治。"又考《后汉书·张衡传》:"年六十二,永和四年卒。"章怀注:"向城县南有平子墓。"王先谦《集解校补》:"柳从辰曰:《河南通志》:衡墓在南阳府东北石桥保。"此次征张绣,祢衡可能参与,并途径张衡墓,为文吊之。文曰:"南狱有精,君诞其姿,清和有理,君达其机,故能下笔绣辞,扬手文飞,昔伊尹值汤,吕望遇旦,嗟矣君生,而独值汉。苍蝇争飞,凤皇已散。元龟可羁,河龙可绊。石坚而朽,星华而灭。惟道兴隆,悠永靡绝。君音永浮,河水有竭。君声永流,旦光没发。余生虽后,身亦存游。士贵知己,君其忽忧。"文中赞颂张衡高节,指出虽有小人谗言,然仰慕平子亮节如祢衡者亦众,君可无忧矣。全文表面赞誉平子,实则标扬己志,鲜明表露出自己的人生态度。

《后汉书》本传:"融既爱衡才,数称述于曹操。操欲见之,而衡素相轻疾,自称狂病,不肯往,而数有恣言。操怀忿,而以其才名,不欲杀之。闻衡善击鼓,乃召为鼓史,因大会宾客,阅试音节。诸史过者,皆令脱其故衣,更著岑牟单绞之服。次至衡,衡方为《渔阳》参挝,蹀躞而前,容态有异,声节悲壮,听者莫不慷慨。衡进至操前而止,吏诃之曰:'鼓史何不改装,而轻敢进乎?'衡曰:'诺。'于是先解衵衣,次释余服,裸身而立,徐取岑牟单绞而著之,毕复三挝而去,颜色不怍。操笑曰:'本欲辱衡,衡反辱孤。'孔融退而数之曰:'正平大雅,固当尔邪?'因宣操区区之意,衡许往。融复见操,说衡狂疾,今求得自谢。操喜,敕门者有客便通,待之极晏。衡乃著布单衣疏巾,手持三尺梲杖,坐大营门,以杖捶地大骂。吏白:'外有狂生,坐于营门,言语悖逆,请收案罪。'操怒谓融曰:'祢衡竖子,孤杀之,犹雀鼠耳。顾此人素有虚名,远近将谓孤不能容之。今送与刘表,视当何如?'于是遣人骑送之。临发,众人为之祖道,先供设于城南,乃更相戒曰:'祢衡勃虐无礼,今因其后到,咸当以不起折之也。'及衡至,众人莫肯兴。衡坐而大号,众问其故,衡曰:'坐者为冢,卧者为尸,尸冢之间能不悲乎?'"

侯康《后汉书补注续》:"《抱朴子·弹祢篇》:衡缚角于柱,口就吹之,乃有异声,并摇鼖击鼓,闻者不知其一人也。"

《世说新语·言语》："祢衡被魏武谪为鼓吏，正月半试鼓。衡扬枹为《渔阳》掺挝，渊渊有金石声，四坐为之改容。孔融曰：'祢衡罪同胥靡，不能发明王之梦。'魏武惭而赦之。"刘孝标注引《文士传》："后至八月朝会大阅试鼓节。"

又考《三国志·魏书·武帝纪》："（建安元年）洛阳残破，董昭等劝太祖都许。九月，车驾出轘辕而东，以太祖为大将军，封武平侯。自天子西迁，朝廷日乱，至是宗庙社稷制度始立。"曹操于建安元年九月都许，而祢衡辱曹一事记在八月，故应为建安二年事。

**建安三年（198年），祢衡忤刘表，表送衡至黄祖处，作《鹦鹉赋》。又忤祖，为祖所杀。**

《后汉书》本传："刘表及荆州士大夫先服其才名，甚宾礼之；文章言议，非衡不定。表尝与诸文人共草章奏，并极其才思；时衡出，还见之，开省未周，因毁以抵地。表忱然为骇。衡乃从求笔札，须臾立成，辞义可观，表大悦，益重之。后复侮慢于表，表耻不能容，以江夏太守黄祖性急，故送衡与之。"又《三国志·吴书·张昭传》裴注引《典略》："余曩闻刘荆州尝自作书，欲与孙伯符，以示祢正平。正平蚩之，言'如是为欲使孙策帐下儿读之邪？将使张子布见乎？'"而刘表将祢衡送黄祖处的直接缘由，有《三国志·魏书·荀彧传》裴注引《傅子》曰："衡辩于言而刿于论，见荆州牧刘表曰，所以自结于表者甚至。表悦之，以为上宾。衡称表之美盈口，而论表左右，不废绳墨。于是左右因形而谮之曰：'衡称将军之仁，西伯不过也；惟以为不能断，终不济者必由此也。'是言实指表智短，而非衡所言也。表不详察，遂疏衡而逐之。"不知何据，存之备考。

祢衡在黄祖处作《鹦鹉赋》一篇，因是而留名。《后汉书》本传："衡为作书记，轻重疏密，各得体宜。祖持其手曰：'处士此正得祖意，如祖腹中之所欲言也。'祖长子射为章陵太守，尤善于衡，尝与衡俱游，共读蔡邕所作碑文。射爱其辞，还恨不缮写。衡曰：'吾虽一览，犹能识之，惟其中石缺二字，为不明耳。'因书出之。射驰使写碑还校，如衡所书，莫不叹伏。射时大会宾客，人有献鹦鹉者，射举卮于衡曰：'愿先生赋之，以娱嘉宾。'衡揽笔而作，文无加点，辞采甚丽。"

古之佳作大抵可能引起后人广泛之同情，祢衡《鹦鹉赋》亦是如此。

赋文分两大层面，第一层是咏鸟，即着力赞美鹦鹉在体态以及精神上的超凡脱俗。写鹦鹉即是言己志，对鹦鹉的盛赞表现出对自己高洁志向与出众才智的自许；而后写虞人们奉命布下天罗地网捕捉鹦鹉而献全鸟者受赏的细节，则影射东汉末年权贵压迫忠正控制贤才的行径，以及祢衡被人几经转送的尴尬苦楚。第二层则进一步抒写"鸟之神苦"，即鹦鹉身陷笼槛却时时"想昆山之高岳，思邓林之扶疏"，又暗衬出祢衡自己有才无时的愤懑情怀。曹魏之后文人每每遇到不如意处，一种生不逢时之感萌发于心，这时他们就会发现祢衡的《鹦鹉赋》正写出了他们所承受的那种愤懑情感。如唐代诗人崔颢《黄鹤楼》："晴川历历汉阳树，芳草萋萋鹦鹉洲。"又唐代诗人李白流放夜郎途中被赦返回时，眼望鹦鹉洲而触景生情吟得《望鹦鹉洲悲祢衡》："吴江赋《鹦鹉》，落笔超群英。锵锵振金玉，句句欲飞鸣。鸷鹗啄孤凤，千春伤我情。"《鹦鹉赋》以其具有普遍意义的思想内涵和精妙细腻的文学手法，为后世文人所广泛认同。

关于祢衡之死，《后汉书》本传："后黄祖在蒙冲船上，大会宾客，而衡言不逊顺。祖惭，乃诃之。衡更熟视曰：'死公云等道！'祖大怒，令五百将出，欲加棰。衡方大骂，祖患，遂令杀之。祖主簿素疾衡，即时杀焉。射徒跣来救，不及；祖亦悔之，乃厚加棺敛，衡时年二十六。"又惠栋《后汉书补注》："《衡别传》曰：十月朝，祖在艨冲舟，宾客皆会。作黍臛既至，先在衡前；衡得便饱食，初不顾左右。既毕，复抟弄以戏。时江夏有张伯云亦在坐，调之曰：'礼教云何而食此？'正平不答，弄黍如故。祖曰：'处士不当答之也？'衡谓祖曰：'君子宁闻车前马屁？'祖呵之，衡熟视骂曰：'死锻锡公！'祖大怒，令五百将出，欲杖之；而骂不止，遂令绞杀。黄射来救，无所复及，怆凄流涕曰：'此有异才，曹操及刘荆州不杀，大人奈何杀之？'祖曰：'人骂汝父作锻锡公，奈何不杀？'"此处可见祢衡与黄祖二人性格暴烈褊急之一斑。祢衡已死，后祖虽悔之，无可挽回矣。《鹦鹉赋》见于《全后汉文》卷八十七。

（徐　晓）

# 杨修传

杨修，字德祖，汉灵帝熹平四年（175年）生。弘农华阴（今陕西华阴以东）人。

《三国志·魏书·陈思王传》裴注引《典略》："杨修字德祖，太尉彪子也，谦恭才博。"

《后汉书》本传："（杨彪子）修，字德祖，好学有俊才。"

有关杨修生年，考《后汉书》本传建安二十四年章怀注："《续汉书》曰：人有白修……谤讪鄢陵侯章，太祖闻之，大怒，故遂收杀之，时年四十五矣。"以此推之，杨修当生于熹平四年。

杨修的家族成员在《后汉书》立传者，除杨修本人以外，主要有杨震、杨秉、杨赐、杨彪四人。

《后汉书·杨震传》："杨震字伯起，弘农华阴人也。八世祖喜，高祖时有功，封赤泉侯。高祖敞，昭帝时为丞相，封安平侯。父宝。"震是杨修的高祖父，于安帝时官至太尉，有三子：牧、秉、奉。长子牧，富波相；牧子统，沛相；统子奇，灵帝时为侍中；奇子亮，封阳成亭侯。亮是修的兄弟行。少子奉，黄门侍郎；奉子敷，早卒；敷子众，封蓨亭侯。众是修的伯叔行。

《后汉书·杨秉传》："震中子秉，秉字叔节……（延熹）五年冬，代刘矩为太尉……八年薨，时年七十四，赐茔陪陵，子赐。"

《后汉书·杨赐传》："赐字伯献……后以司空高第，再迁侍中，越骑校尉……迁少府，光禄勋。熹平……二年代唐珍为司空，以灾异免，复拜光禄大夫。"

《后汉书·杨彪传》："〔赐子〕彪，字文先。少传家学……熹平中，以博习旧闻，公车征拜议郎。"以上为杨修家世。另外，对于杨修后嗣的史料记录亦可查证。

《三国志·魏书·陈思王传》裴注引《世语》："……修子嚣，嚣子准，皆知名于晋世。嚣，泰始初为典军将军，受心膂之任，早卒。准字始丘，惠帝末为冀州刺史。"又引荀绰《冀州记》："准子峤，字国彦，髦字士彦，并为后出之俊……峤弟俊，字惠彦，最清出。峤、髦皆为二千石，俊，太傅掾。"是杨修祖上、后嗣皆为官宦士人，受到历朝重用。而在《后汉书·杨彪传》中有"（彪）少传家学"、"博习旧闻"之记载，由此可见弘农杨氏亦有较为深厚的家学功底。

**汉灵帝中平二年（185年），杨修祖父杨赐卒。**

《后汉书·杨赐传》："（中平）二年九月复代张温为司空，其月薨。天子素服，三日不临朝，赠东园梓器襚服，赐钱三百万，布五百匹。"又《后汉书·灵帝纪》："九月特进杨赐为司空。冬十月庚寅，司空杨赐薨。"王先谦《后汉书集解》："钱大昕曰：以四分术推是月丙申朔，无庚寅，庚寅乃九月二十四日也。月日必有一误。"可知《后汉书·杨赐传》所言九月为是。

**汉献帝初平元年（190年），荀爽卒，杨修作《司空荀爽述赞》。**

《后汉书·荀爽传》："献帝即位……视事三日，进拜司空。爽自被征命及登台司，九十五日。因从迁都长安。爽见董卓忍暴滋甚，必危社稷，其所辟举皆取才略之士，将共图之，亦与司徒王允及卓长史何颙等为内谋。会病薨，年六十三。"

严可均《全后汉文》卷载修《司空荀爽述赞》，当作于此时。赞文谨严雅正，言荀爽端和笃诚之性，并及思贤告哀之情。

**汉献帝建安元年（196年），曹操迎天子入许昌，杨修作《许昌宫赋》。**

《三国志·魏书·武帝纪》："建安元年春正月……太祖将迎天子，诸将或疑，荀彧、程昱劝之，乃遣曹洪将兵西迎……洛阳残破，董昭等劝太祖都许。九月，车驾出轘辕而东……自天子西迁，朝廷日乱，至是宗庙社稷制度始立。"汉献帝都许昌时，建许昌宫。严可均《全后汉文》卷五十一载修《许昌宫赋》。赋曰："于是仪北极以构橑，希形制乎太微。

□□□□□，结云阁之崔嵬。植神木与灵草，纷翁蔚以参差。尔乃置天台于宸角，列执法于西南。筑旧章之两观，缀长廊之步栏。重闱禁之窈窕，造华盖之幽深。俭则不陋，奢则不盈。黎民子来，不督自成。于是天子乃具法服，戒群僚。钟鼓隐而雷鸣，警跸嘈而响起。奄蔼低徊，天行地止，以入乎新宫。临南轩而向春，方负黼黻之屏风。凭玉几而按图书，想往昔之兴隆。"全赋描写许昌宫的布局建构与恢弘气势，颇具大赋雄风。有佚文。就"入乎新宫"一句来看，应在都许新建时所作，故系于建安元年。

**杨修举孝廉，除郎中。建安四年（199年），从曹操征袁绍。**

《三国志·魏书·陈思王传》裴注引《典略》："建安中（修）举孝廉，除郎中。"又注引《世语》："修年二十五，以名公子有才能，为太祖所器。"

《世说新语·捷悟》："魏武征袁本初，治装，余有数十斛竹片，咸长数寸。众云并不堪用，正令烧除。太祖思所以用之，谓可为竹椑楯，而未显其言，驰使问主簿杨德祖，应声答之，与帝心同。众伏其辩悟。"考《三国志·魏书·武帝纪》："是时（建安四年），袁绍既并公孙瓒，兼四州之地，众十余万，将进军攻许……九月，（曹）公还许，分兵守官渡……十二月，公军官渡。"可知杨修于建安四年已在曹操麾下，《典略》中所言"建安中举孝廉"似乎时年过晚。另《世说新语·捷悟》中记载杨修时为"主簿"，考其为主簿在建安十三年（见下条），而袁绍已于建安七年病卒（参见《三国志·魏书·袁绍传》）。盖"主簿"乃为"郎中"之误。

**建安十三年（208年），杨修为丞相主簿。**

《后汉书》本传："为丞相曹操主簿，用事曹氏……修又尝出行，筹操有问外事，乃逆为答记，敕守舍儿：'若有令出，依次通之。'既而果然，如是者三。操怪其速，使廉之，知状。"章怀注引《典略》："丞相请署仓曹属主簿，是时军国多事，修总知内外事皆称意，自魏太子以下并争与交好。"

杨修聪颖过人，执行能力颇强，友人颇多，而对曹植特为交好。

《三国志·魏书·陈思王传》裴注引《世语》："修与贾逵、王凌并为主簿，而为植所友，每当就植，虑事有阙，忖度太祖意，豫作答教十余条，敕门下：'教出，以次答。'教裁出，答已入，太祖怪其捷，推问始泄。"又《世说新语·捷悟》："杨德祖为魏武主簿时，作相国门，始构榱桷。魏武自出看，使人题门作活字，便去。杨见，即令坏之；既竟，曰：'门中活，阔字，王正嫌门大也。'人饷魏武一杯酪，魏武啖少许，盖头上题合字以示众。众莫能解，次至杨修，修便啖曰：'公教人啖一口也，复何疑？'"刘孝标注引《文士传》："少有才学思干，魏武为丞相，辟为主簿。修常白事，知必有反复，教豫为答对数纸，以次牒之而行。敕守者曰：'向白事，必教出相反复，若按此次第连答之。'已而风吹纸次乱，守者不别而遂错误。公怒推问，修惭惧，然以所白甚有理，终亦是修。"杨修明辨聪颖至此，然不知蕴藏，尤爱自显，正所谓"恃才自傲"之人也。

**建安十九年（214年），杨修从征孙权，作《出征赋》。劝曹植斩守者事亦在本年前后。**

《三国志·魏书·武帝纪》："十九年……秋七月，公征孙权。"杨修从征。此次南征期间曹植奉命守邺，《三国志·魏书·陈思王传》："十九年，徙封临菑侯。太祖征孙权，使植留守邺，戒之曰：'吾昔为顿邱令，年二十三。思此时所行，无悔于今。今汝年亦二十三矣，可不勉与！'"

严可均《全后汉文》卷五十一载修《出征赋》：有佚文。由"公命临淄，守于邺都"及"茂国事之是勉兮，叹经时而离居；企欢爱之偏处兮，独搔首于城隅"句可知，杨修此时诫勉曹植守邺时要勤于国事，并有惜别之情。

《三国志·魏书·陈思王传》裴注引《世语》："〔修〕与丁仪兄弟皆欲以植为嗣……太祖遣太子及植各出邺城一门，密敕门不得出，以观其所为。太子至门，不得出而还。修先戒植：'若门不出侯，侯受王命，可斩守者。'植从之。"斩守者事具体年代不详，陆侃如认为此事在建魏国之后，考《三国志·魏书·武帝纪》记载曹操建安十八年封爵魏公，建魏国，故此事应发生在建安十八年后。暂系年于此。

**建安二十一年（216年），曹植作《与杨德祖书》，杨修作《答临菑侯笺》以复之。**

《三国志·魏书·陈思王传》裴注引《典略》："又是时临菑侯植以才

捷爱幸，来意投修，数与修书……修答曰……"

杨修于此文之中盛赞曹植之文章已大有长进，并表达出自己对于文章与功业之间关系的见解。在他看来，文章与功业是可以紧密结合的，而曹植在信中所说的扬雄贬低诗赋创作的行为，在杨修看来是一种糊涂的做法。从这个角度来推测，原本以为"辞赋小道不足以揄扬大义，以彰来世"的曹植最后历经苦难仍志于文学创作，以突出的诗文成就留名于世，应该是受到了杨修一部分文学观念的影响。

**建安二十二年（217年），杨修与曹植饮醉，走马于司马门。又作《孔雀赋》。**

《后汉书》本传注引《续汉书》："人有白修与临菑侯曹植饮醉共载，从司马门出。"《文选》卷二十曹植《上责躬应诏诗表》李周翰注："植尝与杨修、应场等饮酒醉，走马于司禁门。"场卒于本年疫病，恐同走马者惟有修一人，参见《应场传笺证》建安二十二年条。正因此事，曹操下定决心要将权位授予曹丕而非曹植。曹植在权位争夺中的失败，从这次不计后果的行为发生之后已经成为定局，杨修亦难辞其咎。

严可均《全后汉文》卷五十一载修《孔雀赋》："魏王园中有孔雀，久在池沼与众鸟同列。其初至也，甚见奇伟，而今行者莫眠。临菑侯感世人之待士亦咸如此，故兴志而作赋，并见命及，遂作赋曰：有南夏之孔雀，同号称于火精。寓鹔鸘以挺体，含正阳之淑灵。首戴冠以饬貌，爰龟背而鸾颈。徐轩骜以俯仰，动止步而有程。"内容未完整，似有佚文。曹植作赋时似已失意，杨修和之，情意略同。陆侃如假定此赋作于建安二十二年曹植失宠于曹操之时，今从之。

**建安二十四年（219年），杨修从征，后漏泄言教被诛，时年四十五。**

《后汉书》本传："及操自平汉中，欲因讨刘备，而不得进；欲守之，又难为功。护军不知进止何依，操于是出教，唯曰'鸡肋'而已。外曹莫能晓，修独曰：'夫鸡肋食之则无所得，弃之则如可惜，公归计决矣。'乃令外白稍严，操于此回师。修之几决多有此类……〔操〕于此忌修，且以袁术之甥虑为后患，遂因事杀之。"章怀注："《续汉书》曰：人有白修……谤讪鄢陵侯章，太祖闻之，大怒，故遂收杀之，时年四十五矣。"又《后汉书·杨彪传》："后子修为曹操所杀。操见彪，问曰：'公何瘦之甚？'对曰：'愧无日䃅先见之明，犹怀老牛舐犊之爱。'操为之改容。"

《三国志·魏书·陈思王传》："太祖既虑终始之变，以杨修颇有才策，而又袁氏之甥也，于是以罪诛修。植益内不自安。"裴注引《典略》："至二十四年秋，公以修前后漏泄言教，交关诸侯，乃收杀之。修临死，谓故人曰：'我固自以死之晚也。'其意以为坐曹植也。修死后百余日而太祖薨。"曹植与杨修不但是为同志好友，而且有着深刻的政治共存关系。杨修被杀，曹植益不自安，二者政治关联之密切由此可见一斑。

历代对杨修的研究资料颇少；而至于当代，对杨修的文学研究亦无所突破。少数涉及杨修的研究性文章，大多着重于分析其孤高自显的性格特点，且与孔融或祢衡等性格相似者作对比分析，然而创新性价值不高。张应斌《杨修文学三题》对佚失严重的杨修文学作品进行了整理，通过考证，确定出除今日可见文章七篇外，杨修还作有《柳赋》、《武湖赋》，另有一篇《鹖赋》杨修未作。修《答临菑侯笺》云："是以对鹖而辞，作《暑赋》弥日而不献。"是曹植命杨修作《鹖赋》，而修婉拒之。张应斌认为此事显示了杨修在曹植、曹丕争夺太子过程中所经受的巨大心理压力，观点较新颖，可观。

**参考文献**

俞绍初：《建安七子集》，中华书局1989年版。
吴云、唐绍忠：《建安七子集校注》，天津古籍出版社1991年版。
夏传才等：《三曹七子之外建安作家诗文合集校注》，河北教育出版社2013年版。

（徐　晓）

# 吴 质 传

**吴质，字季重，济阴鄄城（今天山东菏泽）人。生于汉灵帝熹平六年（177年）。**

《三国志》本传："吴质，济阴人。"裴注引《魏略》："质字季重。"建安二十三年《答魏太子笺》："二月八日庚寅臣质言……然年岁若坠，今质已四十二矣。"由是推之，吴质当生于本年。

有关吴质具体的出生地问题，熊清元在《吴质籍贯小考》中有所考证。《晋书·良吏传·吴隐之传》："吴隐之字处默，濮阳鄄城人，魏侍中质六世孙也。"又《晋书·后妃传上》："（青龙二年）景怀皇后崩，景帝更娶镇北将军濮阳吴质女，见黜，复纳（羊）后。"所言皆是濮阳地域。熊氏《吴质籍贯小考》中认为："《魏志·王粲传》及裴注告诉我们，吴质曹魏时期曾任过振威将军、北中郎将，假节都督河北诸军事，'太和四年，入为侍中'。查清·洪贻孙《三国职官表》，魏侍中也只有一个吴质。因此，可以断定此濮阳吴质当即《魏志·王粲传》中之吴质……考《续汉书·郡国志》，济阴郡属县有'鄄城'。王先谦《集解》云：'《晋志》改属濮阳国。'《晋书·地理志上》濮阳国属县中也正有'鄄城'。原来，吴质是后汉济阴郡鄄城人。《晋书》鄄城改属濮阳国，故与《魏志·王粲传》所记郡望不同。而后汉鄄城在今山东鄄城北不远，因此，吴质的籍贯应是今山东鄄城县。"[1]考证较为合理，今从之。

有关吴质的生平，除了《三国志》中的记载，今人有陆侃如《中古文学系年》、熊清元《吴质籍贯小考》等可资参考。

---

[1] 熊清元：《吴质籍贯小考》，《学术研究》1989年第2期。

**建安中，吴质游于曹氏兄弟间。**

《三国志》本传裴注引《魏略》："以才学通博，为五官将及诸侯所礼爱，质亦善处其兄弟之间，若前世楼君卿之游五侯矣。"下文接叙"及河北平定"，则可知吴质在冀州等地域平定以前即已同曹丕等人相熟。考《三国志·魏书·武帝纪》："（建安）十年春正月，（操）攻谭，破之，斩谭，诛其妻子，冀州平。"陆侃如《中古文学系年》将吴质交游之事系于建安八年之前（即曹操征袁谭以前），也许是考虑到曹操征袁谭期间战事频仍，吴质似无与曹氏兄弟交游之机会。此推论不妥。今根据史料，将吴质与曹氏家族交游的起始时间后推至建安十年之前，以求严谨。

**汉献帝建安十六年（211年），吴质为朝歌长，并与曹氏兄弟同游南皮。**

《三国志》本传裴注引《魏略》："及河北平定，五官将为世子，质与刘桢等并在坐席。桢坐谴之际，质出为朝歌长。"考《世说新语·言语》："刘公幹以失敬罹罪。"刘孝标注引《典略》："建安十六年，世子为五官中郎将，妙选文学，使桢随侍太子。酒酣，坐欢，乃使夫人甄氏出拜。坐上客多伏，而桢独平视。他日，公闻，乃收桢，减死，输作部。"详见《刘桢传笺证》。陆侃如《中古文学系年》将此事系于建安十七年。

吴质与曹丕等人的南皮之游亦大抵在此时开始。曹丕《与吴质书》："每念昔日南皮之游，诚不可忘。"南皮于建安中属冀州，在建安十年被曹操平定。故表面上看，吴质、曹丕的南皮之游最早可以追溯到建安十年。然而俞绍初认为《与吴质书》中所指的"南皮之游"并非是建安十年左右，其理由是据《三国志·文昭甄皇后传》："及冀州平，文帝纳后于邺。"《三国志·魏书·郭嘉传》："（嘉）遂从定邺，又从攻谭于南皮，冀州平。"表明建安十年正月，在曹操攻打南皮之际，曹丕正娶甄氏为妻，他在邺而不在南皮。曹丕《典论·自叙》："建安十年，始定冀州，濊貊贡良弓，燕代献名马。时岁之暮春，句芒司节，和风扇物，弓燥手柔，草浅兽肥，与族兄子丹猎于邺西，终日手获獐鹿九，雉兔三十。"明确说明了曹丕于建安十年三月仍然在邺。

另外，俞绍初进一步指出建安十年左右曹操正兴兵征讨袁谭，战事频繁，曹丕在《与吴质书》中所描述的讲经论书、弹棋博弈、日夜邀游等悠闲安逸的生活与事实无法相符。俞绍初认为此事应发生于魏文帝为五官中郎将之后，即建安十六年正月之后。并且又引唐人萧颖士《清明日南皮泛舟序》云："昔建安中，魏文为王太子，与朋友诸彦有南皮之游。"及李商隐《为淮阳公论皇太子表》亦有"南皮魏副，屡见飞筋"句。魏副乃魏之副君意；称曹丕为魏副，正说明其事在建安十六年正月后。俞绍初考证谨严有据，今从之。

有关游宴之事，参见《曹丕传笺证》。

**建安十九年（214年），吴质过邺时劝曹丕流涕送征，又有废簏纳绢事。迁元城令，作笺与丕；又作《答东阿王书》与植。**

《三国志》本传裴注引《魏略》："后迁元城令。其后大将军西征，太子南在孟津小城，与质书曰：'季重无恙！途路虽局，官守有限，愿言之怀，良不可任。足下所治僻左，书问致简，益用增劳。每念昔日南皮之游，诚不可忘……今果分别，各在一方。元瑜长逝，化为异物，每一念至，何时可言？方今蕤宾纪辰，景风扇物，天气和暖，众果具繁。时驾而游，北遵河曲，从者鸣笳以启路，文学托乘于后车，节同时异，物是人非，我劳如何！今遣骑到邺，故使枉道相过。行矣，自爱！'"曹丕至孟津是在建安二十年，参见《曹丕传笺证》。此处将吴质迁元城令的时间定于十九年与二十年间。

《三国志》本传裴注又引《世语》："魏王尝出征，世子及临菑侯植并送路侧。植称述功德，发言有章，左右属目，王亦悦焉。世子怅然自失，吴质耳曰：'王当行，流涕可也。'及辞，世子泣而拜，王及左右咸欷歔。于是皆以植辞多华，而诚心不及也。"曹植留守邺城即在此年，参见《曹植传笺证》。

又《三国志》本传裴注引《世语》："（杨修）与丁仪兄弟皆欲以植为嗣，太子患之，以车载废簏，内朝歌长吴质与谋。修以白太祖，未及推验。太子惧，告质，质曰：'何患？明日复以簏受绢车内以惑之，修必复重白。重白必推，而无验，则彼受罪矣。'世子从之，修果白，而无人，太祖由是疑焉。"由以上二事可充分见出吴质心机；而更为显而易见的是，曹丕得以立为太子，数吴质的功劳为最大。

严可均《全三国文》卷三十载质《在元城与魏太子笺》。《文选》卷四十李善注引《魏略》："质迁元城令，之官过邺，辞太子。到县，与太子笺。"陆侃如《中古文学系年》中考证认为,《王粲传》注引《魏略》载'二十三年太子又与质书'中有'别来行复四年'的话,可证两人在邺晤叙确在十九年。今从之。吴质《答东阿王书》中有"墨子回车,而质四年"一句,可知此信写于吴质为朝歌长的第四年,即建安十九年。在曹植给吴质的信中,曹植希望吴质能成为自己的臂膀,来"为我张目";而吴质则以"儒墨不同,固以文矣"等言辞拒绝,可见出二者的微妙关系。是年正当曹植受宠之际,吴质选择事丕而远植,从一个侧面显示出他独到的政治眼光。此信称曹植为东阿王,当系后人改,因为曹植于太和四年才徙东阿,本年为临菑侯。参见《曹植传笺证》。

**建安二十三年(218年),作《答魏太子笺》。**

建安二十二年大疫流行,建安文人纷纷病逝,曹丕与吴质对此互通书信感慨万千,此为吴质对曹丕书信的回复。有关曹丕写作《与吴质书》的情况,参见《曹丕传笺证》。

严可钧《全三国文》卷三十载质《答魏太子笺》全文。

**建安二十五年、黄初元年(220年),吴质为长史。**

《三国志》本传裴注引《魏略》:"太子即王位,又与质书曰:'南皮之游,存者三人,烈祖龙飞,或将或侯。今惟吾子,栖迟下仕,从我游处,独不及门。瓶罄罍耻,能无怀愧。路不云远,今复相闻。'初,曹真、曹休亦与质等俱在渤海游处。时休、真亦以宗亲并受爵封,出为列将,而质故为长史。王顾质有望,故称二人以慰之。"烈祖指曹休,休字文烈。曹丕即王位在建安二十五年春正月,参见《曹丕传笺证》。从文中可知此时吴质已为长史。吴质《答文帝笺》:"曹烈、曹丹,加以公室支庶,骨肉旧恩,其龙飞凤翔,实其分也。"

**魏文帝黄初元年(220年),曹丕称帝,吴质迁射声校尉。作《答文帝笺》。拜北中郎将,封列侯,督幽、并两州。**

考卫觊《公卿将军奏上尊号》一文中,有"射声校尉关内侯臣质"参与上奏劝曹丕受禅。曹丕让禅和受禅均发生于延康元年(亦即黄初元年)十月,则卫觊此表应与之几乎同时,可能略偏早一些。从文中可知当时吴质已任射声校尉。按《后汉书·百官志》："射声校尉一人，比二千石。本注曰：掌宿卫兵。"

《三国志》本传裴注："始质为单家，少游遨贵戚间，盖不与乡里相沉浮。故虽已出官本国，犹不与之士名。及魏有天下，文帝征质与车驾会洛阳。到拜北中郎将，封列侯，使持节督幽、并诸军事，治信都。"事当在十一二月间。

**曹丕称帝后，吴质居功，多骄纵自傲。黄初五年（224年），吴质入朝，与曹真等见隙。**

吴质因高位自满，居功骄纵。总体而言，吴质并不具有道德操守以及谦逊品质的君子人格，相反表现出极其明显的利己主义以及功利主义倾向。从他先前向曹丕建议"流涕送征"、"废簏纳绢"到此时的骄纵自傲，这种倾向愈加清晰地显露出来。

《三国志·魏书·崔林传》："文帝践阼，（林）拜尚书，出为幽州刺史。北中郎将吴质统河北军事，涿郡太守王雄谓林别驾曰：'吴中郎将，上所亲重，国之贵臣也。仗节统事，州郡莫不奉笺致敬，而崔使君初不与相闻。若以边塞不修斩卿，使君宁能护卿邪？'……在官一期，寇窃寝息；犹以不事上司，左迁河间太守，清论多为林怨也。"

又《三国志》本传裴注引《质别传》："帝尝召质及曹休欢会，命郭后出见质等。帝曰：'卿仰谛视之。'其至亲如此。质黄初五年朝京师，诏上将军及特进以下皆会质所，大官给供具。酒酣，质欲尽欢。时上将军曹真性肥，中领军朱铄性瘦。质召优，使说肥瘦。真负贵，耻见戏，怒谓质曰：'卿欲以部曲将遇我邪？'骠骑将军曹洪、轻车将军王忠言：'将军必欲使上将军服肥，即自宜为瘦。'真愈恚，拔刀瞋目言：'俳敢轻脱，吾斩尔！'遂骂坐。质案剑曰：'曹子丹，汝非屠几上肉，吴质吞尔不摇喉，咀尔不摇牙，何敢恃势骄邪！'铄因起曰：'陛下使吾等来乐卿耳，乃至此邪？'质顾叱之曰：'朱铄敢坏坐！'诸将军皆还坐，铄性急，愈恚，还拔剑斩地，遂便罢也。"

**黄初七年（226年），曹丕卒，吴质作《思慕诗》。**

吴质因投靠曹丕而得势，丕卒自使质生发出失势之悲，所谓"茕茕靡所恃，泪下如连珠"是也；由于有着强烈的追求功名的渴望，吴质亦不可能就此消沉，所谓"随没无所益，身死名不书"是也。由此可知《思慕诗》确为吴质真实情感之流露，亦明见其心性。

《三国志》本传裴注引《质别传》："及文帝崩，质思慕作诗曰：'怆怆怀殷忧，殷忧不可居。徒倚不能坐，出入步踟蹰。念蒙圣主恩，荣爵与众殊。自谓永终身，志气甫当舒。何意中见弃，弃我归黄垆。茕茕靡所恃，泪下如连珠。随没无所益，身死名不书。慷慨自俛仰，庶几烈丈夫。'"

**魏明帝太和四年（230年），吴质入为侍中，后病卒，先谥丑侯，后改谥威侯。**

《三国志》本传裴注曰："太和中入朝，质自以不为本郡所饶，谓司徒董昭曰：'我欲溺乡里耳。'昭曰：'君且止。我年八十，不能老为君溺攒也。'"又引《质别传》曰："太和四年，入为侍中。时司空陈群录尚书事，帝初亲万机，质以辅弼大臣，安危之本，对帝盛称'骠骑将军司马懿，忠智至公，社稷之臣也。陈群从容之士，非国相之才，处重任而不亲事。'帝甚纳之。明日，有切诏以督责群，而天下以司空不如长文，即群，言无实也。质其年夏卒。质先以怙威肆行，谥曰丑侯。质子应仍上书论枉，至正元中乃改谥威侯。应字温舒，晋尚书；应子康，字子仲，知名于时，亦至大位。"可见吴质直到去世前一直为曹氏政权所重用。

《晋书·后妃传》上："（青龙二年）景怀皇后崩，景帝更娶镇北将军濮阳吴质女，见黜，复纳（羊）后。"以建安二十三年质《答魏太子笺》年四十二推之，卒时年五十四。

**参考文献**

俞绍初：《建安七子集》，中华书局1989年版。
夏传才等：《三曹七子之外建安作家诗文合集校注》，河北教育出版社2013年版。

（徐　晓）

# 蔡琰传

蔡琰，字文姬，又字昭姬，陈留圉（今河南开封杞县）人，生年不详。

蔡琰是东汉杰出的女诗人和书法家，是著名文学家蔡邕的女儿，《后汉书》有传。自幼聪颖，加之受文学艺术气氛浓厚的家庭熏陶和父亲的教导，她在文学、音律和书法等方面的造诣都达到了很高的水平。

《后汉书·列女传》："陈留董祀妻者，同郡蔡邕之女也，名琰，字文姬。博学有才辩，又妙于音律。"章怀注："刘昭《幼童传》曰：邕夜鼓琴，弦绝。琰曰：'第二弦。'邕曰：'偶得之耳。'故断一弦，问之。琰曰：'第四弦'。并不差谬。"

王先谦《集解》引用沈钦韩曰："《御览》五百七十七《蔡琰别传》曰：邕曰：'偶得之耳'。琰曰：'吴札观乐，知兴亡之国；师旷次律，识南风之不竞。由此言之，何不足知也。'"又《校补》："柳从辰曰：文姬之辨绝弦，别传载时年六岁，故刘昭入之《幼童传》也。至援引《左氏》出口成章，恐涉傅会矣。"

对于蔡琰的生年，《后汉书》没有记载。陆侃如先生在《中古文学系年》中参考丁廙《蔡伯喈女赋》"在华年之二八，披邓林之曜鲜……当三春之嘉月，时将归于所天……岂偕老之可期，庶尽欢于余年；何大愿之不遂，飘微躯于逆边"中的叙述，假定蔡琰在被掳前五年结婚，依据文中"在华年之二八"，推测蔡琰生于170年左右。对此，学者王辉斌在《蔡邕蔡琰生平与创作系年》指出此处考据不够严密，结合蔡邕当年三十岁的情况，不符合东汉男子婚娶的惯例。另有陈仲奇在《蔡琰晚年事迹献疑》提出蔡琰在改嫁董祀之后又改嫁羊衜，时间在208年之后，213年之前[①]。结合《晋书·羊祜传》推断蔡琰约生于178年左右，此说仍待考。在此，对蔡琰的生年持存疑，不予标注。

有关蔡琰的生平事迹，除《后汉书》有记载外，今人有陆侃如《中古文学系年》可资参考。

**蔡琰年幼时，听音辨绝弦。**

《后汉书·列女传》李贤注引刘昭《幼童传》："邕夜鼓琴，弦绝。琰曰：'第二弦。'邕曰：'偶得之耳。'故断一弦，问之。琰曰：'第四弦。'并不差谬。"

王先谦《后汉书补校》："柳从辰曰：文姬之辨绝弦，别传载时年六岁，故刘昭入之《幼童传》也。"

**汉献帝初平元年（190年），为南匈奴所获。**

蔡琰在南匈奴所虏之前，曾嫁给卫仲道。《后汉书·列女传》："适河东卫仲道。"但因无子，丈夫死去而回到母家。之后，匈奴入侵，蔡琰被掳到了南匈奴长达十二年，嫁给了匈奴左贤王，育有两子。

《后汉书·列女传》："兴平中，天下丧乱，文姬为胡骑所获，没于南匈奴左贤王。在胡中十二年，生二子。"

**汉献帝建安七年（202年），赎归，重嫁董祀，作《悲愤诗》。**

《后汉书·列女传》："曹操素与邕善，痛其无嗣，乃遣使者以金璧赎之，而重嫁于祀，祀为屯田都尉。"在此，陆侃如先生以《后汉书》中"在胡中十二年"的记载推断，蔡琰当在本年南归。今从陆说。

蔡琰归汉后，有感苦难身世，写下了流传千古的名篇《悲愤诗》。陆侃如先生根据诗中"托命于新人"看来，认为诗当作于嫁董祀后不久，故系于此。今从陆说。

《后汉书·列女传》："后感伤乱离，追怀悲愤，作诗二章。"

《东坡题跋》卷二："今日读《列女传》蔡琰二诗，其词明白感慨，类世传木兰诗，东京无此格也。建安七子犹涵养圭角，不尽发现，况伯喈

---

[①] 陈仲奇：《蔡琰晚年事迹献疑》，《文学遗产》1984年第4期，第22页。

女乎。又琰之流离必在父死之后,董卓既诛,伯喈乃遇祸。今此诗乃云为董卓所驱虏入胡,尤知其非真也。盖拟作者疏略,而范晔荒浅,遂载之本传,可以一笑也。"

《悲愤诗》二章见载于《后汉书》蔡琰本传中。史上对于这两首《悲愤诗》是否为蔡琰所作有过很大的争论。目前,基本认定五言《悲愤诗》为蔡琰所作。但是对于骚体《悲愤诗》却仍在争论,史上苏轼首次对骚体《悲愤诗》进行了质疑,后人多支持此观点。直到胡适和郑振铎提出骚体非伪作说,针对伪作说多质疑骚体诗文学成就不高的论点,他们认为这首诗侧重蔡琰在胡生活的过程,篇幅虽然短小,但内容完整,是写的最为真实的一篇。郑振铎先生在《中国俗文学史》中说:"如果蔡琰写过《悲愤诗》,则最可靠的一篇,还是楚歌体的。她幼年受过文学的教养很深,这样的诗,她是可以写得出的。这一首楚歌,无支辞,无蔓语,全是抒写自己的生世,自己的遭乱被掳的事,自己的在胡中的生活,自己的别子而归,踟蹰不忍相别的情形。而尤着重于胡中的生活情形,全篇不到三百个字,是三篇里最简短的一篇,却写得最为真挚。"[①] 对于此文的真伪,就目前的史料来看无法做出更清晰的判断,在此存疑,重点分析五言《悲愤诗》。

五言《悲愤诗》是蔡琰的代表作,是中国诗歌上文人创作的第一首自传体的五言长篇叙事诗。《后汉书》中收有全文。这首五言《悲愤诗》激昂酸楚,在建安诗歌中别构一体。它一方面受汉乐府民间叙事诗的影响,如《十五从军征》、《孤儿行》等,另一方面又糅进了文人抒情诗的写法。通过个人遭遇反映社会现实的写法,运用细节生动再现各种场景和表现人物内心的手段,深深影响了后世的文人创作,如杜甫的《北征》、《奉先咏怀》等。它与《古诗为焦仲卿妻作》,堪称建安时期叙事诗的双璧。

近代学者吴闿生在《古今诗范》中评价此诗:"吾以谓(悲愤诗)决非伪者,因其为文姬肺腑中言,非他人所能代也。"沈德潜在《古诗源》卷三评《悲愤诗》"由情真,亦由情深也"。

---

[①] 郑振铎:《中国俗文学史》,东方出版社2012年版,第63页。

**建安十二年（207年），蔡琰向曹操请旨以救董祀，奉命缮书。**

董祀因罪犯法当死，蔡琰为此特意面见曹操。请罪之后，曹操还命蔡琰将诵忆的蔡邕的文章写录下来。救董祀一事，《后汉书》没有明确时间记载。陆侃如先生假定在嫁祀后五年左右。

《后汉书·列女传》："祀为屯田都尉，犯法当死，文姬诣曹操请之。时公卿名士及远方使驿坐者满堂，操谓宾客曰：'蔡伯喈女在外，今为诸君见之。'及文姬进，蓬首徒行，叩头请罪，音辞清辩，旨甚酸哀，众皆为改容。操曰：'诚实相矜，然文状已去，奈何？'文姬曰：'明公厩马万匹，虎士成林，何惜疾足一骑，而不济垂死之命乎！'操感其言，乃追原祀罪。时且寒，赐以头巾履袜。操因问曰：'闻夫人家先多坟籍，犹能忆识之不？'文姬曰：'昔亡父赐书四千许卷，流离涂炭，罔有存者。今所诵忆，裁四百余篇耳。'操曰：'今当使十吏就夫人写之。'文姬曰：'妾闻男女之别，礼不亲授。乞给纸笔，真草唯命。'于是缮书送之，文无遗误。"

**建安二十年（215年），蔡琰卒，存疑。**

蔡琰的卒年，史书也没有记载。陆侃如先生认为蔡琰此时正值中年，饱经丧乱的她恐也活不久了，也许在215年。存疑，从陆说。

《后汉书·列女传》末有赞："端操有踪，幽闲有容。区明风烈，昭我管彤。"

蔡琰的作品，《隋书·经籍志四》中收录有后汉董祀妻《蔡文姬集》一卷。丁福保《全汉诗》卷三载蔡琰诗二十篇。

在一些史籍中记载，蔡琰还曾作《胡笳十八拍》。顾櫰三《补后汉书艺文志》卷三："《胡笳调》一卷，蔡琰撰……琴曲谱录：《大胡笳十八拍》、《小胡笳十八拍》、《别胡儿》、《忆胡儿》，并蔡琰制。"姚振宗《后汉艺文志》卷一："蔡琰《胡笳引》一十八章……《书画谱书家传》引《黄山谷集》曰：蔡琰《胡笳引》自书十八章，极可观。《宋史·艺文志》：蔡琰《胡笳十八拍》四卷。按此以书法传，隋唐时编入本集，至宋始别著录。"

对于《胡笳十八拍》是否为蔡琰所作，宋人首先提出疑问。之后，对这个作品一直存有争论，但历史上认为不是蔡琰所作的占了多数。虽然近代以来仍有提出非蔡琰伪作的声音，但是，结合最新的研究成果，《胡笳十八拍》应不是蔡琰所作,理由如下:(1)作品在唐代之前的文献著录中不见评述和征引。(2)郑樵在《通志》中指出,琴曲有辞,起于齐梁。在汉代末年,乐曲没有以拍名的。曲以拍名,兴盛于唐代。(3)蔡琰被南匈奴所虏,地点在山西临汾,诗中的长城、陇水等字与环境不合。(4)"羯"作为种族名到晋代才有,蔡琰所处的汉魏时代不可能出现。(5)诗歌内容与蔡琰在匈奴的经历和家庭情况不符,诗中叙述的匈汉关系也与史实不符。(6)作品的用韵与汉魏诗句用韵不符合,遵循的是唐代的官韵规范。(7)诗中出现有六朝及以后的诗句,如:"为天有眼兮何不见我独漂流?为神有灵兮何事处我天南海北头?""人生倏忽兮如白驹之过隙,然不得欢乐兮当我之盛年。"这种句法是鲍照时代才有的,再有如"杀气朝朝冲塞门,胡风夜夜吹边月",不仅用字琢磨,技巧精致,而且对仗十分工整;汉末七言诗还没有形成,这么工整的七言对句更是不可能有[①]。(8)作品中心理刻画违反逻辑和情理。另外,还有学者李毅夫在《由用韵看〈胡笳十八拍〉的写作时代》用音韵学知识分析了《胡笳十八拍》,认为该诗只能完成于五代,而不会更早。王小盾在《琴曲歌辞〈胡笳十八拍〉新考》中也指出,今存两组琴曲歌辞《胡笳十八拍》都是唐五代人的作品,旧题蔡琰所《胡笳十八拍》是五代南唐蔡翼制谱创辞成型的《小胡笳十八拍》的产物,在唐之前不可能有《胡笳十八拍》辞。罗根泽先生在《〈胡笳十八拍〉作于刘商考》中也指出,此文的作者系唐代的刘商,刘商因怕此文没有来历,便伪托与蔡文姬。十八拍的乐调是董庭兰写的,歌词是刘商作的。

**参考文献**

罗根泽:《罗根泽古典文学论文集》,上海古籍出版社 2009 年版。
叶君远:《中国古代文学史》(一),中国人民大学出版社 2013 年版。

(杨　康)

---

[①] 刘大杰:《中国文学发展史》,复旦大学出版社 2006 年版,第 146 页。

# 繁钦传

**繁钦，字休伯，颍川人。生年不详。约汉献帝初平四年（193年），繁钦依刘表。**

《三国志·魏书·王粲传》："自颍川邯郸淳、繁钦，陈留路粹，沛国丁仪、丁廙，弘农杨修，河内荀纬等，亦有文采，而不在此七人（按指孔融、陈琳、徐幹、阮瑀、应场、刘桢、王粲七子）之列。"裴注曰："繁音婆。《典略》曰：钦字休伯，以文才机辩，少得名于汝、颍。"《文选》卷四十李善注引《文章志》曰："繁钦字休伯，颍川人，少以文辩知名。"繁钦生年不详，据曹道衡、沈玉成《中古文学史料丛考》中结合《三国志·魏书·赵俨传》的考证，繁钦大抵生于汉桓帝延熹至永康年间。

又《三国志·魏书·杜袭传》："袭避乱荆州，刘表待以宾礼。同郡繁钦数见奇于表，袭喻之曰：'吾所以与子俱来者，徒欲龙蟠幽薮，待时凤翔，岂谓刘牧当为拨乱之主，而规长者委身哉？子若见能不已，非吾徒也，吾其与子绝矣。'钦慨然曰：'请敬受命。'"下文接叙建安初事，可见袭、钦到荆在建安前，陆侃如《中古文学系年》假定其到荆州时间与王粲同时，今从之。考《三国志·魏书·王粲传》："（粲）年十七，司徒辟，诏除黄门侍郎，以西京扰乱，皆不就。乃之荆州依刘表。"可知王粲南下荆州是在初平四年，参见《王粲传笺证》。

**汉献帝建安三年（198年），繁钦作《移零陵檄》、《避地赋》。**

严可均《全后汉文》卷九十三载钦为文叔良作《移零陵檄》。《文选》卷二十三王粲《赠文叔良诗》李善注："干宝《搜神记》曰：文颖字叔良，南阳人。《繁钦集》又云：为荆州从事文叔良作《移零陵文》。"《后汉书·刘表传》："（建安）三年长沙太守张羡率零陵、桂阳三郡畔表。"檄当作于此时。此檄今只存"金鼓振天，丹旗曜野，巨埝既没"三句，檄文应颇具气势恢弘之风。

《水经注》卷八载繁钦《避地赋》残句："朝余发乎泗州，夕余宿于留乡。"考东汉时泗州属下邳盱眙县治，而留乡（留县）则位于彭城以北，故由泗州前往留乡是为北行，孙宝将此作并《述行赋》同系于初平三年左右南下逃难荆州时[①]，不妥。彭春艳《繁钦赋研究》考曰："由泗往沛县需经留县，当作于建安三年。"[②] 不知何据，暂录于此。

**建安中，繁钦为豫州从事。**

《文选》卷四十繁钦《与魏文帝笺》李善注引《文章志》："以豫州从事稍迁至丞相主簿。"钦何时自荆至豫，无从推知，陆侃如在《中古文学系年》中假定在为主簿前五年左右（即建安八年），不知何据。现只能确定繁钦入曹为豫州从事在为丞相主簿前，即在建安十三年之前而已。其实早在建安元年（196年），赵俨就建议繁钦投靠曹操。《三国志·魏书·赵俨传》："太祖始迎献帝都许，俨谓钦曰：'曹镇东应期命世，必能匡济华夏，吾知归矣。'建安二年，年二十七，遂扶持老弱诣太祖，太祖以俨为朗陵长。"赵俨归曹后立即受到任用，而当时繁钦并未启程入曹营。可以看出，当时繁钦对于曹氏政权还是采取观望的态度。

**建安十二年（207年），繁钦作《征天山赋》。**

《太平御览》卷三百三十九有载此。此赋亦作《撰征赋》。陆侃如《中古文学系年》认为本赋作于建安十四年曹操东征孙权之时，其说不妥。今据彭春艳《繁钦赋研究》又见成章灿辑残句三：其一"建安十四年十二月甲辰，丞相武平侯曹公东征，临川未济，群舒蠢动，割有潜六，乃俾上将荡寇将军治兵南岳之阳"。其二"天柱而南徂"。其三"清为东南，浑齐边寓，力浅效深，费薄功厚"。考《三国志·魏书·武帝纪》："（建安）十二年……秋八月……斩单于蹋顿"；又《三国志·魏书·张辽传》："斩单于蹋顿。时荆州未定，复遣辽屯长社……陈兰、梅成以氐六县叛，太祖遣于禁、臧霸等讨成，辽督张郃、牛盖等讨兰。成伪降禁，禁

---

[①] 孙宝：《繁钦与建安文风的嬗变》，《西南交通大学学报》（社会科学版）2006年第6期。
[②] 彭春艳：《繁钦赋研究》，《语文教学通讯》2014年第12期。

还。成遂将其众就兰，转入灊山。灊中有天柱山……尽虏其众……太祖论诸将功，曰：'登天山，履峻险，以取兰、成，荡寇功也。'"结合材料可知曹操出征单于后路过天柱山是在建安十二年十二月。建安十四年未见曹操十二月东征之记载，则成章灿所辑材料之"建安十四年十二月甲辰"中"十四"当作"十二"。

**建安十三年（208年），繁钦为丞相主簿。**

《三国志》本传裴注引《典略》："为丞相主簿。"考《三国志·魏书·武帝纪》："十三年春正月，公还邺，作玄武池以肄舟师。汉罢三公官，置丞相、御史大夫。夏六月，以公为丞相。"又《后汉书·献帝纪》："夏六月，罢三公官，置丞相、御史大夫。癸巳，曹操自为丞相。"参见《曹操传笺证》。此年除繁钦外，为丞相主簿的还有杨修，参见《杨修传笺证》。

**建安十六年（211年），繁钦从曹操西征。繁钦于随征期间作《远戍劝戒诗》。**

严可均《全三国文》卷七载曹丕《叙繁钦》："上西征，余守谯，繁钦从。"考《三国志·魏书·武帝纪》："（建安十六年）秋七月，公西征，与超等夹关而军。"

《艺文类聚》卷二十三载繁钦《远戍劝戒诗》："肃将王事，集此扬土。凡我同盟，既文既武。郁郁桓桓，有规有矩。务在和光，同尘共垢。各竟其心，为国蕃辅。闾闾行行，非法不语。可否相济，阙则云补。"创作年代不详。然而就繁钦自建安十二年至十六年间一直随曹操频繁出征的事实来看，本诗基本作于此五年间。

**繁钦作书与曹丕，曹丕作《答繁钦书》、《叙繁钦》以答之。**

严可均《全后汉文》卷九十三载钦《与魏太子书》。

严可均《全三国文》卷七载曹丕《答繁钦书》、《叙繁钦》。参见《曹丕传笺证》。

**建安二十三年（218年），繁钦卒。**

《三国志》本传裴注引《典略》："建安二十三年卒。"

繁钦作品至今可见者不多，且多有残篇。除却上文所述篇章外，《建章凤阙赋》同样值得一提。赋曰："秦汉规模，廓然毁泯。惟建章凤阙岿然独存，虽非象魏之制，亦一代之巨观也。筑双凤之崇阙，表大路以遐通。上规圆以穹隆，下矩折而绳直。长楹森以骈停，修桷揭以舒翼。象玄圃之层楼，肖华盖之丽天。当蒸暑之暖赫，步北楹而周旋。鹩鹏振而不及，岂归雁之能翔。抗神风以甄甍，似虞庭之锵锵。枦六翩以抚跱，俟高风之清凉。华钟金兽，列在南廷。嘉树蓊薆，奇鸟哀鸣。台榭临池，万种千名。周栏辇道，屈绕纡萦。……（阙）桥不雕兮木不龙，反淳丽兮踵元洞，阐所迹兮起遐踪。……（阙）长唐虎圈，回望曼衍。盘旋岩甍，上刺云汉。"赋文吸收汉赋的壮观宏丽之长，又绝少大赋之虚浮，可谓雄文。《史记正义·括地志》云："建章宫在雍州长安县西二十里，长安故城西。"可知此赋作于繁钦至长安时。彭春艳《繁钦赋研究》认为："由颍川避难荆州不需经过长安。建安十六年征马超七月结营于渭南。……九月，进军渡渭。……冬十月军自长安北征杨秋。十月长安。建安二十三年九月至长安，不会如赋言'当蒸暑之暖赫'，姑系于20岁至卒，即初平元年至建安二十三年。"推断可观，然不知系年何据。今将此作录于传后，时间待考。

（徐　晓）

# 何晏传

何晏，字平叔，南阳宛（今河南南阳）人。生于汉献帝建安十二年（207年）。祖父为汉末大将军何进，父何咸，事迹无考。

《世说新语·言语》注引《魏略》："何晏字平叔，南阳宛人，汉大将军何进孙也。或云何苗孙也。"何进乃何苗之弟。《三国志·曹爽传》："晏，何进孙也。"《论语集解·序·邢昺疏》："何晏字平叔，南阳宛人也。何进之孙，咸之子。"此外，序中皇侃疏："何集注皆呼人名，惟包独言氏者，包名咸，何家讳咸，故不言也。"由此，何晏为咸之子无误。

《三国志·魏书·曹爽传》："母尹氏为太祖夫人，晏长于宫省。"又《三国志·魏书·曹爽传》注引《魏略》："太祖为司空时，纳晏母并收养晏。其时秦宜禄儿阿苏亦随母在公家，并见宠如公子。"《世说新语·夙惠》："何晏七岁，明惠若神，魏武奇爱之，因晏在宫中，欲以为子。"《太平御览》三百八十五引《何晏别传》："晏小时养魏宫，七八岁便慧心大悟。"对于何晏的生年，学术界有几种说法。陆侃如《中古文学系年》认为何晏生于190年前后。侯外庐《中国思想通史》认为是195年前后。冯增诠《中国古代著名哲学家评传·何晏》推断为不得早于193年。学者王晓毅从何晏生平活动及思想发展的其他资料推断，尤其注意到了王葆玹先生的考证及浮华案发的人物联系，认为"何晏生年在公元190—208年之间"[1]，可暂定为此年。

有关何晏的生平，散见于《三国志》、《世说新语》、《太平御览》中，今人有陆侃如先生《中古文学系年》、王晓毅《王弼评传附何晏评传》等，可资参考。

---

[1] 王晓毅：《王弼评传附何晏评传》，南京大学出版社1996年版，第345—346页。

**建安十八年（213年），曹操纳其母并收养何晏于魏宫，宠爱如亲子。**

何晏母为尹夫人，身世无考，《三国志·魏书·曹爽传》："母尹氏为太祖夫人。"《三国志·魏书·武文世王公传》将其排于杜夫人、秦夫人之后。魏晋时期，夫人地位仅次于"皇后"而高于其他嫔妃。该传又载，尹夫人生范阳闵王矩，而"范阳闵王矩，早薨，无子"。

何晏早慧，加以绝美形貌深得养父曹操宠爱，曹操常常带他一同出游，待其与他子无异。但是何晏略微察觉后，仍以礼行事对应，幼小的他心理逐渐产生了微妙的变化。

《世说新语·夙惠》："何晏七岁，明惠若神，魏武奇爱之，因晏在宫内，欲以为子，晏乃画地令方，自处其中。人问其故，答曰：'何氏之庐也。'魏武知之，即遣还。"

《太平御览》三百八十五引《何晏别传》："晏时小养魏宫，七八岁便慧心大悟，众无愚智莫不贵异之。魏武帝读兵书有所未解，试以问晏，晏分散所疑，无不冰释。"

《初学记》卷十九引《何晏别传》："晏方年七八岁，慧心大悟，形貌绝美，出游行，观者盈路，咸谓神仙之类。"

《太平御览》三百九十三引《何晏别传》："晏小时，武帝雅奇之，欲以为子，每挟将游观，命与诸子长幼相次。晏微觉，于是坐则专席，止则独立。或问其故，答曰：'礼，异族不相贯坐位。'"

**魏明帝太和元年（227年），何晏组织洛阳上层贵族子弟清谈，品评人物。娶金乡公主。好服妇人之服。**

《三国志·魏书·曹爽传》注引《魏氏春秋》："初，夏侯玄、何晏等名盛于时，司马景王亦预焉。晏尝曰：'唯深也，故能通天下之志，夏侯泰初是也，唯几也，故能成天下之务，司马子元是也；惟神也，不疾而速，不行而至。吾闻其语，未见其人。'盖欲以神况诸己也。"又据《三国志·魏书·傅嘏传》注引《傅子》："是时何晏以材辩显于贵戚之间，邓飏好变通，合徒党，鬻声名于闾阎，而夏侯玄以贵臣子少有重名，为之宗主，求交于嘏而不纳也。嘏友人荀粲，有清识远心，然犹怪之。谓嘏曰：'夏侯泰初一时之杰，虚心交子，合则好成，不合则怨至。二贤不睦，非国之利，此蔺相如所以下廉颇也。'嘏答之曰：'泰初志大其量，能合虚声而无实才。何平叔言远而情近，好辩而无诚，所谓利口覆邦国之人也。邓玄茂有为而无终，外要名利，内无关钥，贵同恶异，多言而妒前；多言多衅，妒前无亲。以吾观此三人者，皆败德也，远之犹恐祸及，况昵之乎？"傅嘏当时与何晏、夏侯玄、邓飏三人并不交好，看出此三人的致命缺陷，三人后来罹难也印证如此。

《三国志·魏书·荀彧传》注引何劭《荀粲传》："（粲）太和初，到京邑与傅嘏谈，嘏善名理而粲尚玄远，宗致虽同，仓卒时或有格而不相得意。裴徽通彼我之怀，为二家骑驿，顷之，粲与嘏善。夏侯玄亦亲。"可见，何晏等青年贵族士人开始清谈的时间是从太和元年开始的。

何晏的妻子是杜夫人与曹操所生之女，沛王林的妹妹金乡公主。《三国志·魏书·曹爽传》裴松之案："《魏末传》云晏取其同母妹为妻，此搢绅所不忍言。"证金乡公主并非何晏同母异父之妹。只是何晏与金乡公主的婚姻不知成于何时，暂系此年。

《三国志·魏书·曹爽传》注引《魏略》："苏（秦朗）性谨慎，而晏无所顾惮，服饰拟于太子，故文帝特憎之，每不呼其姓字，尝谓之为'假子'。晏尚主，又好色，故黄初时无所事任。及明帝立，颇为冗官。"《太平御览》一百五十四引《语林》："何晏以主婿驸马都尉。"驸马都尉是多赐与宗室外戚的礼仪性虚职。故史称太和时期的何晏"颇为冗官"。

史籍多有对何晏服药、外貌的记载。《世说新语·言语》："何平叔云：'服五石散，非唯治病，亦觉神明开朗。'"刘孝标注引秦丞相《寒食散论》曰："寒食散之方虽出汉代，而用之者寡，靡有传焉。魏尚书何晏首获神效，由是大行于世，服者相寻也。"

《三国志·魏书·曹爽传》注引《魏略》："晏性自喜，动静粉白不去手，行步顾影。"

《世说新语·容止》："何平叔美姿仪，面至白；魏明帝疑其傅粉，正夏月，与热汤饼，既啖，大汗出，以朱衣自拭，色转皎然。"

《晋书·五行志上》曰："尚书何晏，好服妇人之服。傅玄曰：'此妖服也，夫衣裳之制，所以定上下殊内外也……若内外不殊，王制失叙，服妖既作，身随之亡。末嬉冠男子之冠，桀亡天下；何晏服妇人之服，亦亡其家，其咎均也。'"

鲁迅在《魏晋风度及文章与药及酒之关系》中讲道："有人说何晏的脸上是搽粉的，又有人说他本来生得白，不是搽粉的。但究竟何晏搽粉不搽粉呢？我也不知道。但何晏有两件事我们是知道的。第一，他喜欢空谈，是空谈的祖师；第二，他喜欢吃药，是吃药的祖师。此外，他也喜欢谈名理。他身子不好；因此不能不服药。"① 显然，鲁迅对之前史料记载何晏擦粉不置可否，而对何晏服药清谈确信不疑。

**太和六年（232年），何晏作《景福殿赋》，为魏明帝歌功颂德。继而，发生"浮华案"，何晏等被黜。**

《三国志·魏书·明帝纪》："三月癸酉行东巡……九月行幸摩陂，治许昌宫，起景福、承光殿。"

《文选》卷十一何晏《景福殿赋》李善注引《典略》："何晏字平叔，南阳人也。尚金乡公主，有奇才，颇有材能，美容貌。魏明帝将东巡，恐夏热，故许昌作殿，名曰景福。既成，命人赋之，平叔遂有此作。"

何晏《景福殿赋》亦云："岁三月，东巡狩，至于许昌……"

何晏作《景福殿赋》，文辞华丽绚烂："尔乃建凌云之层盘，浚虞渊之灵沼。清露瀼瀼，渌水浩浩。树以嘉木，植以芳草。悠悠玄鱼，噰噰白鸟。沈浮翱翔，乐我皇道。若乃虹龙灌注，沟洫交流。陆设殿馆，水方轻舟。篁栖鹓鹭，濑戏鳏鲉。丰侔淮海，富赈山丘。丛集委积，焉可殚筹？虽咸池之壮观，夫何足以比雠？……点以银黄，烁以琅玕。光明熠爚，文彩璘班。清风萃而成响，朝日曜而增鲜。虽昆仑之灵宫，将何以乎侈旃。规矩既应乎天地，举措又顺乎四时。是以六合元亨，九有雍熙。家怀克让之风，人咏康哉之诗。莫不优游以自得，故淡泊而无所思。"《文心雕龙·时序》："至明帝纂戎，制诗度曲；征篇章之士，置崇文之观；何（晏）、刘（劭）群才，迭相照耀。"

然而，何晏此文明为魏明帝歌功颂德，暗却为士大夫及个体争取自由："除无用之言，省生事之政，绝流遁繁礼，反民情于太素。"其向明帝进言之意已十分显著。

以何晏为首的第二代曹魏士人已经无法满足于固有政治，他们以清谈交游的形式为新时代发声，必然遭到保守派的反对与镇压。

《三国志·魏书·曹爽传》："南阳何晏、邓飏、李胜、沛国丁谧、东平毕轨，咸有声名，进趣于时，明帝以其浮华，皆抑黜之。"《三国志·

---

① 鲁迅：《而已集》，人民文学出版社2006年版，第109页。

魏书·董昭传》:"太和四年,行司徒事,六年,拜真。昭上疏陈末流之弊曰:'……窃见当今年少,不复以学问为本,专更以交游为业;国士不以孝悌清修为首,乃以趋势游利为先。合党连群,互相褒叹,以毁誉为罚戮,用党誉为爵赏,附己者则叹之盈言,不附者则作瑕衅……凡此诸事,皆法之所不取,刑之所不赦……'帝于是发切诏,斥免诸葛诞、邓飏等。"

**魏齐王曹芳正始元年(240年),何晏先后任散骑常侍、侍中、吏部尚书。首创贵无论玄学。**

《三国志·魏书·曹爽传》:"南阳何晏、邓飏、李胜……明帝以其浮华,皆抑黜之;及爽秉政,乃复进叙,任为腹心。"

《三国志·魏书·卢毓传》:"齐王即位,赐爵关内侯。时曹爽秉政,将树其党,徙毓仆射,以侍中何晏代毓。"可见,曹爽执政后不久,即起用何晏、夏侯玄等太和浮华案被黜之人等。

《三国志·魏书·曹爽传》注引《魏略》:"(何晏)至正始初,曲合于曹爽,亦以才能,故爽用为散骑侍郎、迁侍中、尚书。"

《三国志·魏书·傅嘏传》亦云:"正始初,除尚书郎,迁黄门侍郎。时曹爽秉政,何晏为吏部尚书,嘏谓爽弟羲曰:'何平叔外静而内铦巧,好利,不念务本。吾恐必先惑子兄弟,仁人将远,而朝政废矣。'晏等遂与嘏不平,因微事以免嘏官。"

《世说新语·文学》注引《文章叙录》:"晏能清言,而当时权势,天下谈士多宗尚之。"《世说新语·文学》:"何晏为吏部尚书,有位望。"《晋书·王衍传》:"魏正始中,何晏、王弼等祖述老庄,立论以为:'天地万物皆以无为本。无也者,开物成务,无往不存者也。阴阳恃以化生,万物恃以成形,贤者恃以成德,不肖恃以免身。故无之为用,无爵而贵矣。'"至此,以何晏为核心的"正始之音"正式奏响。

**正始五年(244年),何晏遇王弼,与之讨论圣人有情无情等玄学命题。随后放弃注《老子》,而作《道德论》。**

《世说新语·文学》:"何晏为吏部尚书,有位望,时谈客盈坐,王弼未弱冠往见之……"

关于圣人有情无情这一时代玄学论题,何晏和王弼都给出了各自明确的答案。《三国志·魏书·钟会传》注引何劭《王弼传》："弼与钟会善，会论议以校练为家，然每服弼之高致。何晏以为圣人无喜怒哀乐，其论甚精，钟会等述之。弼与不同，以为圣人茂于人者神明也，同于人者五情也。神明茂，故能体冲和以通无；五情同，故不能无哀乐以应物。然则圣人之情，应物而无累于物者也。今以其无累，便谓不复应物，失之多矣。"据汤用彤先生的分析，圣人无情说是汉魏间的流行义。关键之一在于何晏尚承汉儒旧统，以阴阳、善恶分别性情。其结论是性为阳、为善；情为阴、为恶。圣人既纯善而无恶，故无情[①]。

《世说新语·文学》："何晏注《老子》未毕，见王弼自说注《老子》旨。何意多所短，不复得作声，但应诺诺，遂不复注，因作《道德论》。"又"何平叔注《老子》，始成，诣王辅嗣。见王注精奇，乃神伏曰：'若斯人，可与论天人之际矣！'因以所注为《道》、《德》二论。"王弼注《老子》约成于正始四年。《隋志》云："梁有《老子道德论》二卷，何晏撰，亡。"余嘉锡案："《列子·天瑞篇》张湛注引何晏《道论》曰：'有之为有，恃无以生；事而为事，由无以成。夫道之而无语，名之而无名，视之而无形，听之而无声，则道之全焉。故能昭音响而出气物，包形神而章光影。玄以之黑，素以之白，矩以之方，规以之员。员方得形，而此无形；白黑得名，而此无名也。'"单就仅存可考文献分析，何晏的注文以偶句见长，并且条理层次清晰了然，简洁有力，与王弼之注确有相类之处。

正因为何晏后来受到王弼玄学思想的影响，他对王弼的精奇理论十分佩服，一遇机会便想要拔擢他，《三国志·魏书·钟会传》裴松之注曰："正始中，黄门侍郎累缺。晏既用贾充、裴秀、朱整，又议用弼。时丁谧与晏争衡，致高邑王黎于曹爽，爽用黎。于是以弼补台郎。初除，觐爽，请间，爽为屏左右，而弼与论道，移时无所他及，爽以此嗤之。时爽专朝政，党与共相进用，弼通俊不治名高。寻黎无几时病亡，爽用王沈代黎，弼遂不得在门下，晏为之叹恨。弼在台既浅，事功亦雅非所长，益不留意焉。"可惜，何、王二人惺惺相惜，而天才的世界也许只有天才之间才懂，由于性格缺陷，他们永远与现实世界不相合宜。

---

① 汤用彤：《魏晋玄学论稿及其他》，北京大学出版社2010年版，第52—59页。

**正始六年（245 年），何晏完成《论语集解》。**

《论语集解序》："……前世传授，师说虽有异同，不为训解。中间为之训解，至于今多矣。所见不同，互有得失。今集诸家之善，记其姓名，有不安者，颇为改易，名曰论语集解。光禄大夫关内侯臣孙邕、光禄大夫臣郑冲、散骑常侍中领军安乡亭侯臣曹羲、侍中臣荀顗、尚书驸马都尉关内侯臣何晏等上。"刘汝霖《汉晋学术编年》将此系于正始六年下。

《论语集解》的唐写本与最早刊刻《论语集解》最早见录于史志，乃《隋书·经籍志》，称《集解论语》，后此史志，或称《何晏集解》，或称《论语》。于集解者，各朝史志皆著录为何晏，唯《宋史·艺文志》在何晏后下一"等"字，标明非何晏一人所为，清人丁国钧《补晋书艺文志》于《论语集解》后著撰者为郑冲，并注曰："是书冲与孙邕、曹羲、荀顗、何晏等共集"，清人翁方纲撰《经义考补正》卷九，亦著录"何氏（晏）郑氏（冲）等论语集解"，盖集解《论语》，郑冲亦为主力。《晋书·郑冲传》："冲与孙邕、曹羲、荀顗、何晏共集《论语》诸家训注之善者，记其姓名，因从其义，有不安者辄改易之，名曰《论语集解》。"又王晓毅："除《论语集解》外，何晏现存的思想资料，只有收录于《全三国文》中的佚文，其中《无名论》、《道论》和《无为论》三篇佚文最为重要。能表现何晏早期玄学本体论思想的作品只有《无名论》一篇，《道论》和《无为论》则属于何晏后期的著作，与王弼哲学的影响有密切关系。"①

**正始八年（247 年），何晏作《奏请大臣侍从游幸》一文，劝诫曹芳。**

《三国志·魏书·少帝纪》："秋七月，尚书何晏奏曰：'善为国者必先治其身，治其身者慎其所习。所习正则其身正，其身正则不令而行；所习不正则其身不正，其身不正则虽令不从。是故为人君者，所与游必择正人，所观览必察正象，放郑声而弗听，远佞人而弗近，然后邪心不生而正道可弘也。季末暗主，不知损益，斥远君子，引近小人，忠良疏远，便辟褻狎，乱生近昵，譬之社鼠；考其昏明，所积然，故圣贤谆谆以为至虑。舜戒禹曰'邻哉邻哉'，言慎所近也，周公戒成王曰'其朋其朋'，

---

① 王晓毅：《王弼评传附何晏评传》，南京大学出版社 2011 年版，第 125 页。

言慎所与也。《诗》书云：'一人有庆，兆民赖之。'可自今以后，御幸式乾殿及游豫后园，皆大臣侍从，因从容戏宴，兼省文书，询谋政事，讲论经义，为万世法。"

何晏这段奏书的儒家意味很浓。何晏对于儒家经典的掌握可谓信手拈来，并能糅合生花，一副义正词严、臣忠不贰的态度。然而，他本人在社会上的口碑却不容乐观。曹爽、何晏、夏侯玄集团上台后，曾进行政治改革，史称正始改制。《三国志·魏书·刘放传》注引《孙资别传》："大将军爽专事，多变易旧章。"《晋书·宣帝纪》："曹爽用何晏、邓飏、丁谧之谋……屡改制度。"改制政策触及了许多在朝传统官员的利益，自正始六年始，何晏集团与传统派魏初名士矛盾开始明朗化。卷入朝政后，何晏更是放纵无度，《三国志·魏书·曹爽传》："晏等专政，共分割洛阳、野王典农部桑田数百顷，及坏汤沐地以为产业，承势窃取官物，因缘求欲州郡。有司望风，莫敢忤旨。"早在正始初年，傅嘏就曾指出："何平叔外静而内铦巧，好利，不念务本。吾恐必先惑子兄弟，仁人将远，而朝政废矣。"一语成谶。

**正始九年（248年），何晏与术士管辂谈《易》，作《鸿鹄诗》。**

《三国志·魏书·管辂传》："正始九年举秀才。十二月二十八日，吏部尚书何晏请之，邓飏在晏许。晏谓辂曰：'闻君著爻神妙，试为作一卦，知位当至三公不？'又问：'连梦见青蝇数十头，来在鼻上，驱之不肯去，有何意故？'辂曰：'夫飞鸮，天下贼鸟，及其在林食椹，则怀我好音，况辂心非草木，敢不尽忠？昔元、凯之弼重华，宣惠慈和，周公之翼成王，坐而待旦，故能流光六合，万国咸宁。此乃履道休应，非卜筮之所明也。今君侯位重山岳，势若雷电，而怀德者鲜，畏威者众，殆非小心翼翼多福之仁。又鼻者艮，此天中之山，高而不危，所以长守贵也。今青蝇臭恶，而集之焉。位峻者颠，轻豪者亡，不可不思害盈之数，盛衰之期。是故山在地中曰谦，雷在天上曰壮；谦则裒多益寡，壮则非礼不履。未有损己而不光大，行非而不伤败。愿君侯上追文王六爻之旨，下思尼父象象之义，然后三公可决，青蝇可驱也。'飏曰：'此老生之常谭。'辂答曰：'夫老生者见不生，常谭者见不谭。'晏曰：'过岁更当相见。'辂还邑舍，具以此言语舅氏，舅氏责辂言太切至。辂曰：'与死人语，何所畏邪？'舅大怒，谓辂狂悖。岁朝，西北大风，尘埃蔽天，十余日，闻晏、飏皆诛，然后舅氏乃服。"

管辂是当时具有名士风度的大术士，不但会占卜而且会清谈义理。何晏接见管辂的时间是正始九年十二月，很明显，管辂在此是用两卦的时义所表达的哲理告诫何晏要谦虚谨慎，居安思危。

何晏的五言诗开后世五言诗之先河，诗中的忧虑、不安以及恐惧完全表现出了正始士人遭逢命运变故时的悲怆心态。

《世说新语·规箴》刘孝标注引《名士传》："是时曹爽辅政，识者虑有危机。晏有重名，与魏姻戚，内虽怀忧，而无复退也。著五言诗以言志曰：'鸿鹄比翼游，群飞戏太清。常畏大网罗，忧祸一旦并。岂若集五湖，从流唼浮萍。永宁旷中怀，何为怵惕惊？'盖因辂言，惧而赋诗。"

**正始十年（249年），司马懿发动高平陵政变，何晏被杀。**

《三国志·魏书·齐王芳纪》："嘉平元年春正月甲午，车驾谒高平陵。太傅司马宣王奏免大将军曹爽、爽弟中领军羲、武卫将军训、散骑常侍彦官，以侯就第。戊戌，有司奏收黄门张当付廷尉，考实其辞，爽与谋不轨。又尚书丁谧、邓飏、何晏、司隶校尉毕轨、荆州刺史李胜、大司农桓范皆与爽通奸谋，夷三族。语在爽传。"

《三国志·魏书·曹爽传》注引《魏氏春秋》："……初，宣王使晏与治爽等狱。晏穷治党与，冀以获宥。宣王曰：'凡有八族。'晏疏丁、邓等七姓。宣王曰：'未也。'晏穷急，乃曰：'岂谓晏乎？'宣王曰：'是也。'乃收晏。"《太平御览》六百五引《魏末传》："宣王欲诛曹爽，呼何晏作奏。曰：'宜上君名。'晏失笔于地。"

何晏作为曹氏的假子，他姿容美丽仪态万千，清谈不辍笔耕不歇。这一位任情自专的皇室后裔，有着众多的爱慕者与敬仰者，无奈一朝投入权术之网便再无可回头之日，他是一位典型的悲剧人物，后代学界对他的评价，也是各有所向。

颜之推《颜氏家训》："何晏、王弼，祖述玄宗，递相夸尚，景附草靡，皆以农、黄之化，在乎己身，周、孔之业，弃之度外。而平叔以党曹爽见诛，触死权之网也；辅嗣以多笑人被疾，陷好胜之阱也"。

鲁迅《魏晋风度及文章与药及酒之关系》："何晏的名声很大，位置也很高，他喜欢研究《老子》和《易经》。至于他是怎样的一个人呢？那真相现在可很难知道，很难调查。因为他是曹氏一派的人，司马氏很讨厌他，所以他们的记载对何晏大不满。因此产生许多传说……"

刘师培《中国中古文学史讲义》："观晏此论（《无名论》），知晏之文学，已开晋、宋之先，而晏、玄（夏侯玄）所持之理，亦可悉其大略矣。"①

侯外庐等《中国思想通史》（魏晋南北朝卷）："他的性情之辩，似为二元论，性静情动，又是君子和小人的分别点。性是发生之全，情是后天之欲。这就是后来宋儒天理人欲论的渊源。"②

任继愈《中国哲学发展史》（魏晋南北朝卷）："何晏只是以倡导者的身分提出了某些基本论点，而王弼则成功地建立了一个完整的体系，成为贵无论玄学的真正的奠基人。"③

余英时《士与中国文化》："正始之世，何晏、夏侯玄之辈虽口唱玄音，然未尝遗落世务，且矜心欲有所为，此固尽人知之矣。……确知王弼、何晏辈主张无为而治之意义，实在批判曹魏之苛政，而为士大夫群体与个体争取自由也。"④

何晏的一生，光怪陆离而又瑰丽神奇。他开启了魏晋男子审美新风尚，他的颖慧与美貌是他一生的得意与骄傲，而对个性与自由的追求又使得他走向了放纵与不羁。他创立贵无玄学，提拔后学王弼，二人合力开拓的魏晋玄学，使得后世数百年士人致力于此，心醉于此。他是那个时代的宠儿，也是政治的牺牲品。聪慧如他可以引领时代思潮，运天下于掌，却终究逃不过天意的安排与命运的因果。

何晏有文集十一卷，著有《论语集解》十卷、《老子道德论》二卷，《新唐书·艺文志》于道家老子下有《何晏讲疏》四类。自何晏撰成《论语集解》后，为其作义疏者代不乏人。至南朝梁时，皇侃广集众说，以南学思想为宗，撰成《论语义疏》。至北宋时，邢昺等又将《论语义疏》改作为《论语注疏》（又作《论语正义》、《论语注疏解经》），被收入《十三经注疏》中。《全晋诗》收录其五言诗《言志诗》。《全三国文》又收录有《景福殿赋》、《奏请大臣侍从游幸》、《祀五郊六宗及厉殃议》、

---

① 刘师培：《中国中古文学史讲义》，上海古籍出版社2006年版，第33页。
② 侯外庐等：《中国思想通史》（魏晋南北朝卷），人民出版社1956年版，第110页。
③ 任继愈：《中国哲学发展史》（魏晋南北朝卷），人民出版社1988年版，第89页。
④ 余英时：《士与中国文化》，上海人民出版社2013年版，第324页。

《明帝谥议》、《与夏侯太初难蒋济叔嫂无服论》、《韩白论》、《白起论》、《冀州论》、《九州论》、《无为论》、《无名论》、《论语集解叙》、《瑞颂》、《斫猛兽刀铭》

（高　丹）

# 阮籍传

阮籍，字元瑜，陈留尉氏（今属河南）人。生于汉献帝建安十五年（210年）。其父阮瑀，"建安七子"之一，是当时著名的文学家和思想家。

《晋书》本传："阮籍，字嗣宗，陈留尉氏人（今河南尉氏县）也。"又云："（阮籍）景元四年（263年）卒，时年五十四"，因此，阮籍的生年应是由景元四年上推五十四年而得出。

关于阮籍的先世情况，除其父阮瑀之外，史籍均无记载。其父瑀，字元瑜，魏丞相掾，知名于世。"建安七子"之一，是当时著名的诗人和散文家，曾做曹操的司空军谋祭酒，掌管记室，后为仓曹掾属。政治上隶属曹氏集团。阮瑀善解音律，能鼓琴，长于书记章表，才思敏捷，落笔成章，得到曹操、曹丕父子二人的欣赏。阮瑀的出仕，非常具有戏剧性。《三国志·魏书·王粲传》记载都护曹洪曾想把他纳为己任，甚至鞭笞于他，终不屈，但答应为曹操效劳。《文士传》的记载更具传奇色彩："太祖（曹操）雅闻瑀名，辟之不应，连见逼迫，乃逃入山中。太祖使人焚山得瑀。"（《三国志·魏书·王粲传》注引）这几条史料互有出入，但阮瑀的出仕很可能受到了曹氏的胁迫，不过也不排除他是待机而起或借此以提高自己的名声的可能，因为这是汉代以来士人所惯用的手段。阮瑀身处乱世，很可能对政局抱着一种消极观望的态度，也可能持有一种安贫乐道、守真退隐的生活情趣。其《吊伯夷》文中对"四皓"、"老莱"、"伯夷"、"许由"这些隐士或贫士津津乐道。大概是要以这些人作为自己生活的榜样。不论如何，阮瑀在出处问题上这种犹豫不决的态度，与其子阮籍倒是有着惊人地相似之处，这或许也是一种家风。《三国志·魏书·王粲传》："瑀少受学于蔡邕。"阮氏与汉末名士蔡邕是同乡，二人有师生之谊。蔡邕是东汉末年学识渊博的大儒，其思想倾向与治学态度很可能对阮瑀有所影响。进一步推测，阮籍早年服膺儒学，后来又转奉老庄道家之学，这种或儒或道的学风，就学术渊源来说，或许也可以追溯到乃父直至蔡邕那里。

是年，阮瑀为曹操作书与孙权，作《为曹公作书与孙权》，表示修好之意。《全后汉文》卷九十三有记载。

有关阮籍的生平事迹，除了《晋书》的记载外，今人有韩传达的《阮籍评传》和高晨阳的《阮籍评传》，以及陆侃如先生《中古文学系年》等，可资参考。

**建安十六年（211 年），曹操征马超。阮瑀作书与韩遂，为文吊伯夷，表示对伯夷的敬仰之情。**

《全后汉文》卷九十三记载有《吊伯夷》。其后阮籍亦写《首阳山赋》，并多次在《咏怀诗》中提到伯夷、叔齐饿死首阳一事。

**建安十七年（212 年），三岁，其父阮瑀以罹疫疾，病卒。**

曹丕悯阮籍母子孤弱，作《寡妇赋》。序称："陈留阮元瑜与余有旧，薄命早亡。每感存其遗孤，未尝不怆然伤心，故作斯赋，以叙其妻子悲苦之情。"又命王粲作之（见《全三国文》）。

**建安二十二年（217 年），八岁，阮籍幼时即能为文，显露出异于常人的性情。**

《魏氏春秋》："阮籍幼有奇才异质，八岁能属文，性恬静。"

**魏文帝黄初四年（223 年），阮籍十四五岁时，表现爱好书诗，有志于儒学的倾向。并也爱好弦歌、喜游山水。**

《咏怀诗》第十五首："昔年十四五，志尚好诗书。被褐怀珠玉，颜闵相与期。""诗书"是儒家的经典。"颜"、"闵"分别指颜回与闵损，他们都是孔子的学生，儒者所崇尚的大贤，前者以守道穷居著称，后者以孝行清高著称。从上面的诗句可以看出，阮籍早年是按照儒家的道德文章予以自我设计的。阮籍除了习文之外，大概还兼习武艺。《咏怀诗》第六十一写道："少年学击剑，妙伎过曲成。英风截云霓，超世发奇声。挥剑临沙漠，饮马九野坰。旗帜何翩翩，但闻金鼓鸣。军旅令人悲，烈烈有哀情。念我平常时，悔恨从此生。"这首诗大概是阮籍的回忆之作，内容是抒发自己的情怀的。可见，少年时期的阮籍，似乎就有治平天下的雄心。

与此同时，阮籍作为一个士族子弟，也难免在行为上有某些放荡失检之处。他曾以感慨的心情追忆了自己年轻时喜好弦歌、游乐无羁的清荡习气："平生少年时，清荡好弦歌。西游咸阳中，赵、李相经过。娱乐未终极，白日忽蹉跎。驱马复来归，反顾望三河。黄金百镒尽，资用常苦多。北临太行道，失路将如何"（《咏怀诗》其五）。这首诗的内容大概不纯是虚写，也可能实有所指。《魏氏春秋》："（阮籍）弹琴长啸，从此终日。"又《太平御览》卷六百十一引《七贤传》说阮籍"或游行丘陵，终日不返"。这两条史料所载内容正与诗的内容契合。阮籍少年就爱好弦歌、喜游山水是极有可能的。就家教的原因看，阮籍之轻荡，很可能与嵇康是一样的，因幼年丧父，以至养成纵放的性格。顺带指出，阮籍早年的轻荡，与其晚年放诞的意义不完全一样。前者纯为一种习性，后者则有政治意味，意在逃避现实或发泄心中对现实的不满情绪。

是年，嵇康生。

**黄初六年（225年），阮籍深受其族兄阮武的赏识，随其叔父至东郡，兖州刺史王昶请与相见，阮籍终日不开一言，王昶以为不能测。**

《世说新语·赏誉》注引杜笃《新书》："阮武字文业，陈留尉氏人。"又引《陈留志》："武，魏末清河太守。族子籍，年总角，未知名，武见而伟之，以为胜之。"

《晋书》本传："籍尝随叔父至东郡，兖州刺史王昶请与相见，终日不开一言，自以不能测。"从这件事可看出两点问题：一是说明阮籍具有宏深的气度；二是说明阮籍性情孤傲、寡合。表现为傲睨外物、纵放任达、遗落世事的倾向。

**魏齐王曹芳正始二年（241年），阮籍可能于此年前后作《乐论》，称"刑教礼乐一体"，主张以礼教化天下。**

明帝曹叡青龙四年，西取长安大钟，高堂隆上疏反对，由此在"乐"的问题上引起一场争论。景初三年，刘劭作《乐论》十四篇，以为宜制礼乐以移风俗，书或未上，会明帝崩，不施行。又《三国志·魏书·高贵乡公髦纪》："甘露元年夏四月丙辰，帝幸太学，问诸儒……于是覆命讲《礼记》。"疑此文乃阮籍为高贵乡公散骑常侍奉命讲《礼记》或与诸儒辩论之作。阮籍《乐论》可作其"济世之志"所怀理想、方案之一部分，且为最重要的一部分。从此文中，可见其政治纲领。此纲领之内容，总言之为礼、乐、刑、教；而此文由于篇幅所限，当然更偏重于乐。对于乐的主张，有如下几个要义：第一，须求其"一"。如何能"一"？首在制乐的器材等上要统一。其次，须求其"和"，而欲"和"则须求其"平"。第三，须求其"乐"（快乐）。必须"乐平其心"，然后"阴阳调和，灾害不生"。做到以上几点，则"乐以化内"，"移风易俗"，并以礼治其外，使凡民皆温然驯服，受治归化，于是乎"天地交泰"，万事咸亨。由此观之，阮籍极不喜民间自由歌唱，谓之"闾里之声"、"永巷之音"，是怕这些歌曲道出民间疾苦而互相鼓扇以成风气不利于统治教化。阮籍所怀的理想及其持论，恰即自周至汉儒家礼、乐、刑、教的理想和理论。阮籍的《乐论》，初未出《礼记·乐记》之范围，虽间有所发挥，而其体统则归于一致，因此，《乐论》代表了阮籍早期的思想。

**正始三年（242年），太尉蒋济征辟阮籍为僚属，阮籍婉言谢绝，作《辞蒋太尉辟命奏记》。蒋济怒。阮籍在乡亲的劝谕下，勉强就职，旋以病归。**

《晋书》本传："太尉蒋济闻其有隽才而辟之，籍诣都亭奏记曰：……"

《奏记》中说，自己"方将耕于东皋之阳，输黍稷之税，以避当涂者之路。负薪疲病，足力不强，补吏之召，非所克堪"，自谦"无邹卜之德而有其陋，猥烦大礼，何以当之"，婉言表示谢绝。关于阮籍拒辞蒋济一事，作为一介书生的阮籍，当时还是政治的局外人，这件事除了与阮籍那种恬静、内向的性格有关外，更重要的原因很可能是阮籍对曹爽等人的作为很是不满，由不满必然导致对政事的回避或观望。

夏侯玄可能在此年前后作《辩乐论》，公开批评阮籍《乐论》中"律吕协则阴阳和，声音适则万物类"的思想。

**正始五年（244年），阮籍可能于此年前后著《通易论》，进而从哲学理论的高度阐明自己的政治主张与社会理想。**

《通易论》的思想倾向与《乐论》大体相同，但其间羼入的道家思想似乎更多一些。例如，《通易论》公开挑明无为而治的主张："大人发挥重光，继明照于四方，万物仰生，合德天地，不为而成。""故寂寞者德之主，恣睢者贼之原。"所谓"寂寞"，也就是"无为"。传统儒者虽然间或也有"无为"的说法，但并不注重或强调它。阮籍直接用"不为"解释儒家《易传》的"合德天地"的思想，反对"恣睢自用"，甚至以"寂寞"或"无为"为"德之主"，显然是以道释儒，颇具玄学意味。

阮籍把六十四卦看作是宇宙万物的象征，又把其间特定的排列次序看作是宇宙万物变化秩序的体现。以此为据，他把宇宙设计为一个具有特定结构和功能，并遵循一定的规律而运化的整体系统，而人类社会作为宇宙整体的一部分必然而且应该与之有着相似的结构、功能和属性。基于对"天人关系"的这种理解，阮籍主张统治者应当依据"自然"而行动，若此，即可消除"德法乖易，上陵下替，君臣不制"的社会无序状态，实现"子遵其父，臣承其君"，"在上而不凌乎下，处卑而不犯乎贵"的理想之世。可见，阮籍强调的不是"无为"，而是"有为"，着眼的是名教礼法和等级结构，而这一社会层面的基本观念又以宇宙论作依据。这是《通易论》的灵魂，与传统儒家哲学的基本精神契合。

**正始七年（246 年），阮籍受玄学思想的影响，可能于此年前后作《通老论》，由儒入玄。**

《通老论》与《乐论》、《通易论》的思想倾向有明显的区别，它会通儒、道（老）两家之说，突破了儒家思想的原有框架，与玄学的思想和学术特征基本相合。《通老论》属于残篇。但即使如此，其玄学化的思想倾向还是相当清楚的：第一，阮籍以"太极"与"道"互释，试图在哲学宇宙观层面上沟通儒老两家的思想。第二，阮籍所说的"天人之理"，实际上讨论的是玄学中的自然与名教的关系问题。第三，阮籍基于对无为与有为关系的理解，表述了自己对历史的理解。"三皇"是"依道"而治，实行的是无为而治的原则，因而当时社会状态是最为理想的。而之后的"五帝"、"三王"、"五霸"、"强国"治理天下分别采取了"仗德"、"施仁"、"行义"、"任智"的方式，离"道"的原则是越来越远，因此，历史表现为一个由优渐劣的下降过程。这一历史观念渊源于老子，但似乎并不像老子那样对仁义礼智持完全否定的消极态度。而是强调应该把视线转向"治化之体"，不可在"用"上下功夫。对于历史的认识，阮籍与王弼的看法有相通之处。以上三点，涉及阮籍对自然、社会及其关系的基本认识，大体上构成了一个"一以贯之"的完备的思想体系。《通老论》不像《乐论》、《通易论》那样只是抽象地引进了道家的一些说法，与其所要阐述的儒家思想格格不入，而恰相反，个中贯穿着综合儒道的玄学精神。

**正始八年（247），阮籍可能在此年为尚书郎。阮籍意识到政局不稳，大乱在即，做尚书郎时间不长，即告病免。其后，曹爽征辟为参军，阮籍以疾辞，屏于田里。岁余而曹爽被诛，时人服其远识。**

《晋书》本传："复为尚书郎，少时，又以病免。"这是阮籍继蒋济征辟之后的第二次出仕，时间当在正始八年前后。"高平陵事变"发生在正始十年正月，曹爽征辟阮籍的时间在正始八年，很可能在这年年底，大概离史实不会相差太远。至于阮籍在尚书郎任上的活动，由于史料无载，我们自然是难以详知了。不过，有一点可以设想，阮籍以病自求免职，大概与当时政治形势日趋险恶有关。《晋书》本传："及曹爽辅政，召（阮籍）为参军，籍因以疾辞，屏于田里。"曹爽征辟阮籍，大概有扩大自己势力的意思。阮籍借口自己"违由鄙钝，学行固野，进无和俗崇誉之高，退无静默恬冲之操"，又自称"旧素羸瘵，受病委劣"，希望"以避清路，毕愿家巷"（《奏记诣曹爽》），断然拒绝赴命。一年以后，曹爽被诛，当时一些人很佩服阮籍有远见。其实，当时曹氏与司马氏的政争已趋公开化，不止阮籍，其他一些人也感到大乱在即。阮籍对当时的政治形势采取的是退隐态度，之中体现着他理想的破灭。

**或作《清思赋》，或为讽明帝而作。**

陈伯君《阮籍集校注》："此文或为讽谏明帝而作，亦未可知"。明帝后期大兴土木，荒淫无度，也有可能成为阮籍写作此文的动因。《三国志·魏书·明帝毛皇后郭皇后传》："明帝赐毛皇后死，爱幸郭皇后。"又据《杨阜传》："时（明帝）初治宫室，发美女以充后庭……"

《清思赋》的佳人意象并不是阮籍的独创，可以说是受屈原《离骚》、宋玉《神女赋》和曹植《洛神赋》等作品中的女神形象而创作出来的。但这些作品中的女神形象都是由现实中的某些事件而引发出来的，《清思赋》中的佳人则不同，她完全是由作者在冥思玄想中创作出的一种幻想境界，更具有一种玄学意味，可以说是作者心灵世界映射出的审美镜像。

在《清思赋》中，作者从"微妙无形，寂寞无听"的玄学命题起笔，阐述了自己心神淳正，希望"感激以达神"的美好愿望。接着他写自己在凝神静思中进入了无所系念、冰清玉洁的心境。在这种心境中，作者的思绪中渐渐出现了一个超脱尘世、美妙绝伦而空灵飘渺的神仙境界，并在这种境界中神思飞驰、上下探索。经过艰难困苦的跋涉与探索，他所梦寐以求的佳人终于出现在面前……作者在与佳人交流中体验到生命的极大欢愉，但世俗的观念却不断干扰作者与佳人接交，就在作者犹豫之时佳人飘然而去，作者悔之莫及，驾车急追，找遍天涯也没有找到。这里的佳人，实际上象征着作者在现实中不可实现的理想。此外，五言《咏怀诗》其二、其六十四、其八十等都是这类作品，表现了阮籍在险恶政治挤压下内心深处对理想的渴望。

**正始九年（248年），王戎时年十五岁，阮籍在尚书郎任上与之相识，遂为忘年交。**

《世说新语·简傲》注引《晋阳秋》："王戎年十五，随父浑在郎舍，阮籍见而说焉。"又引《竹林七贤论》："籍与戎父浑俱为尚书郎。"可知，阮籍为尚书郎时，王戎正好十五岁。《晋书·王戎传》载，王戎卒于永兴二年（305年），时年七十二。照此推断，王戎当生于明帝太和七年（334年），小阮籍二十四岁，二人相会之初，当在正始九年（248年）。

**正始十年（249年），阮籍为太傅司马懿从事中郎。司马懿趁曹爽祭扫明帝高平陵之际，发动政变，收曹爽、何晏等，劾以大逆不道，皆夷三族，造成"同日斩戮，名士减半"的局面。**

裴松之《三国志·王凌传》注引《汉晋春秋》："（王广）曰：'凡举大事，应本人情。今曹爽以骄奢失民，何平叔虚而不治，丁、毕、桓、邓虽并有宿望，皆专竞于世。加变易朝典，政令数改，所存虽高而事不下接，民习于旧，众莫之从。故虽势倾四海，声震天下，同日斩戮，名士减半，而百姓安之，莫或之哀，失民故也。'"王广道出司马懿发动政变的实际原因，是由于曹爽的作为尽失民心，而何晏、丁谧等人的政治教令不接地气种种，给了司马懿乘虚而入大肆屠杀的机会。

阮籍此刻的心情，正如《咏怀诗》第四十二首写道："王业须良辅，建功俟英雄。元凯康哉美，多士颂声隆。阴阳有舛错，日月不常融。天时有否泰，人事多盈冲。园绮遁南岳，伯阳隐西戎。保身念道真，宠耀焉足崇。人谁不善始，鲜能克厥终。休哉上世士，万载垂清风。"阮籍本来对"王业"抱着极大的热情，期望建功立业，扬名后世，有一番轰轰烈烈的作为。但后来形势的实际发展却与自己的愿望相反，魏氏朝廷经过短时期的相对平静后，形势猝变，政局日益恶化。阮籍深感这种"人事盈冲"的剧变，无异于阴阳错舛，天时由泰变否。因此，希望由此转变为失望，由向往功德式的"元凯"之辈变为崇尚超世式的"园绮"、"伯阳"之士。阮籍明确地表示了对老庄道家反朴全真哲理的向往，他要以上世的隐士为楷模，放弃"宠耀"，发誓做个"万载垂清风"之士了。这首诗大概也不是坐空自悼，而是有因而发的。

**魏齐王曹芳嘉平元年（正始十年四月改元）（249年），阮籍或作《猕猴赋》，疑为讽刺或悼叹曹爽而作。**

陈伯君《阮籍集校注·猕猴赋》："此文似有讽而作，否则，不至无端为猕猴写照。"高平陵政变发生后，司马懿许诺免杀曹爽令其退兵，《三国志·魏书·曹爽传》注引《魏氏春秋》曰："爽既罢兵，曰：'我不失作富家翁。'"陈伯君："曹爽'不失作富家翁'之言与项羽之'富贵不归故乡'何其相似！此亦'沐猴而冠'耳！疑此文为讽刺或悼叹曹爽而作。"曹爽本拥有皇帝在侧，并掌握军政大权，竟然目光短浅、优柔寡断，以为司马懿会让他安安稳稳作富家翁，终因其愚蠢浅薄而丧命。正如阮籍赋中所言："外察慧而内无度兮，故人面而兽心。性褊浅而干进兮，似韩非之囚秦……整衣冠而伟服兮，怀项王之思归。"曹爽急躁褊浅的性格及其富贵还乡的意识，被阮籍借猕猴的形象得以描绘得惟妙惟肖。

**嘉平三年（251年），司马懿卒。司马师为抚军大将军，录尚书事。**

阮籍作《鸠赋》，序称："嘉平中得两鸠子，常食以黍稷之旨。后卒为狗所杀，故为此赋。"似有讥刺时事之意。

嘉平四年（252年），阮籍复为大将军司马师从事中郎。之前，可能有一段时间闲居。

在此期间，与嵇康、山涛等人并居山阳，共为竹林之游。史称阮籍、嵇康、山涛等为"竹林七贤"或"竹林名士"。阮籍、嵇康等人，基于对世事的共同感受和对自身生命的忧虑，共结为"竹林之游"。

《世说新语·任诞》："陈留阮籍、谯国嵇康、河内山涛，三人年皆相比，康年少亚之。预此契者，沛国刘伶、陈留阮咸、河内向秀、琅邪王戎，七人常集于竹林之下，肆意酣畅。故世谓'竹林七贤'。"

正始末年，曹氏和司马氏集团的矛盾已经白热化，曹爽专擅朝政，排斥司马氏，司马氏伺机反攻，终于在正始十年给曹爽及其党羽以致命打击。在这种形势之下，"七贤"的主要人物对政治都采取了回避态度。丁冠之《嵇康》："正始末年以后，他们并居山阳，退隐清谈的风气就形成了。"对于竹林之游形成的具体时间，当前学术界的看法并不一致，但有一点相同，即都倾向于它形成于正始之后。丁冠之根据当时的社会历史背景，明确地把它的形成定在七贤"并居山阳"期间，这个说法大体是可信的。

《世说新语·贤媛》："山公与嵇、阮一面，契若金兰。"

《晋书·王戎传》："阮籍与浑为友。戎年十五，随浑在郎舍。戎少籍二十岁，而籍与之交。"山涛、嵇康、阮籍是竹林七贤的中心人物，他们的相识，意味着"竹林之游"的正式形成。

阮籍在诗中很少谈到朋友，即使谈到朋友，也往往不是朋友不至，就是友情破裂，如《咏怀诗》其十七："独坐空堂上，谁可与欢者？"其三十七："挥涕怀哀伤，心酸谁语哉？"其四十九："步游三衢旁，惆怅念所思。"……都说明阮籍孤独抑郁的个性。阮籍的这种个性应当说与其遗传因素有关。据《三国志·魏书·王粲传》注引鱼氏《典略》、挚虞《文章志》云："（阮）瑀建安初辞疾避役，不为曹洪所屈。得太祖召，即投杖而起。"《王粲传》注还引韦诞语说："元瑜病于体弱"，从这些材料中得知，阮籍其父阮瑀的身体也是很羸弱的。请看其《诗》："还坐长叹息，忧忧安可忘。""四支易懈倦，行步益疏迟。常恐时岁尽，魂魄忽高飞。"等等。阮籍的个性中明显有其父体弱多病、抑郁愁思的遗传。《世说新语·德行》："晋文王称阮嗣宗至慎，每与之言，言皆玄远，未尝臧否人物。"可以想见，阮籍是常常闭门不出，独来独往、沉默寡言的。他的这种性格有着年少家庭因素的影响，由于自幼体弱多病，又由寡母含辛茹苦养大，阮籍成年后，在交友活动中表现出孤傲抑郁、耽于幻想、重内心情感体验的内向型性格。

**阮籍作《答伏义书》，在与伏义的辩论中，阮籍明确地表明了自己思想演变的原因及理论意趣所在。**

伏义是曹爽集团中的一个御用文人，写了一封官气十足又臭又长的信给阮籍，责备他的不合作，要求他尽快出山。对于这种无耻的说教劝驾，阮籍只回复了一封极短的信。但这封书信，却透露出阮籍个人思想演变的轨迹。《书》中写道："夫人之立节也，将舒网以笼世，岂樽樽以入网；方开模以范俗，何暇毁质以适检。若良运未协，神机无准，则腾精抗志，邈世高超，荡精举于玄区之表……"阮籍似乎是想有一番轰轰烈烈的作为的，但"良运未协，神机无准"，现实是如此之不合理，并且是越来越不合理，以致失去了任何调整的可能性，以他人为之，既不能与浊世同流合污（"樽樽以入网"），又不愿意改变自己的真性去迎合世俗（"毁质以适检"），因此，他只能另辟蹊径，"腾精抗志，邈世高超，荡精于玄区之表"，以对主观精神自由或逍遥的追索来代替对现实世界的追索，在自我意识的领域重建个体的精神支柱，在无差别的自然混沌中寻求自我的安身立命之地。此举虽然"明有所逮"，不失为明智之为，但却"业无不闻，略无不称"，无功德可言，难怪伏义要深感"可怪"。陈伯君《阮籍集校注》："按：此书辞气颇为傲慢，对伏义似极轻视，与其作'白眼'之态度正复相同，可见其所谓'至慎'及'不臧否人物'乃在朝府时深惧惹祸，其胸中自有许多'块垒'也。"

**嘉平五年（253年），阮籍作《达庄论》。在竹林诸人的鼓动下，由老学转向庄学。**

伏义的信给阮籍巨大的刺激，由此催生出他的《达庄论》。《达庄论》的思想旨趣在于"达"，力图追求庄子式的"达"或精神境界；"达"的根本途径或基本方法为"齐物"。文中借"客"与"先生"对话的形式，介绍了两种根本对立的思想观点。"客"所坚持的观点，实际是儒家的历来主张，认为圣人依据自然之道而设立名分礼法，每个社会成员遵循圣人所修订的原则而行动，即可以使社会整体归于和谐和稳定。而"先生"在《达庄论》里所要坚持和阐述的观点可纳为三项内容：一是"齐祸福"；二是"一死生"，或称"齐生死"；三是"以天地为一物，以万类为一指"，也即是《达庄论》所说的"万物一体"。这三个方面的内容采用庄子的说法，可以概括为"齐物"。其中，"万物一体"是阮籍的最基本命题。可以说，后者不仅在逻辑上而且在内容上都包容了其他两个方面。需要指出的是，阮籍所说的"齐物"并不是目的，而是方法，他的真实目的在于追求一种精神境界。具有这种精神境界的人格，阮籍在《达庄论》里称之为"至人"，而在《大人先生传》中则称之为"大人先生"。"至人"或"大人先生"是一种绝对的自由人格。阮籍把这种人格描绘为："至人者，恬于生而静于死，生恬则情不惑，死静则神不离。故能与阴阳化而不易，从天地变而不移；生究其寿，死循其宜，心气平治，消息不亏。""至人"的人格是通过"齐物"的方法获得的，但这里阮籍只讲到了"齐生死"的问题，而没有涉及其他方面"齐"的问题。

**魏高贵乡公正元元年（254年），阮籍被封为关内侯，徙散骑常侍。其后，阮籍作《首阳山赋》，借咏伯夷表示自己的感慨之情。此赋显然系阮籍徙官后回忆之作，时间当在这年年末或之后不久。**

这一年，司马师废齐王曹芳，改立高贵乡公曹髦为帝，并改年号为正元。对于这场事变，阮籍究竟取何种态度，史籍没有明确的记载。不过，从他自己所作的诗赋中，还是透露出一点端倪："嘉粟屏而不存兮，故甘死而采薇。彼背殷而从昌兮，投危败而不迟；此进而不合兮，又何称乎仁义。肆寿夭而弗豫兮，竞毁誉以为度。察前载之是云兮，何美论之足慕。"

武王伐纣，伯夷兄弟表示反对，批评武王说："以臣弑君，可谓仁乎？"后义不食周粟，饿死于首阳山。司马迁称赞伯夷兄弟是"积仁洁行"，孔子称赞伯夷兄弟是"求仁得仁"。而阮籍一反前人之见，直斥他们二人的行为是"肆寿夭"，"竞毁誉"，不得"称呼仁义"。阮籍批评伯夷兄弟之行，表面上似乎是对司马师行废立之事的肯定和支持，实际上这很可能是正话反说。特别是赋中"秽群伪之乱真"一句，我们很难与伯夷兄弟联系起来，而使我们联想到的却是司马氏一伙包藏祸心、以假乱真、虚伪丑恶的卑劣行径。他的《咏怀诗》多次提到"首阳山",可见,伯夷兄弟的高德洁行在他的心灵中曾引起了强烈的共鸣。

正元二年(255年),阮籍任散骑常侍,非己所好,乃自求为东平相,从容言于司马昭说:"籍平生曾游东平,乐其风土。"阮籍骑驴到任,旬日而归。回到京师后,又任大将军司马昭的从事中郎。作《东平赋》、《亢父赋》,抒发对现实的失望之情。

《晋书》本传:"及文帝辅政,籍常从容言于帝曰:'籍生平曾游东平,乐其风土。'帝大悦,即拜东平相。籍乘驴到郡,坏府舍屏障,使内外相望。法令清简,旬日而还。帝引为大将军从事中郎。"

从现存的史料看,这是阮籍在仕途上第一次主动提出的要求,并且在东平任上只十余日就回来了,其中含有某种政治原因。陈伯君先生指出,阮籍称"乐其风土",可是,《阮籍集校注·东平赋》题解中说:"今观此赋,无一语道其风土有可乐者,反之,则极道其风土之恶,甚至谓'孰斯邦之可即',可见籍当时对司马昭之语,不过托辞求去。"

阮籍以从事中郎转为散骑常侍,意味着由司马氏的属官转为皇帝的臣属,这一转变大概使他在政治上处于一种非常尴尬的境地。一旦任散骑常侍,他实际上应该成为司马氏的耳目。以阮籍的性格与为人,他担当这个角色一定感到很为难。《竹林七贤论》:"高贵乡公以(阮籍)为散骑常侍,非其好也。"阮籍不愿作散骑常侍,绝非仅仅是个人兴趣爱好,而隐藏着深刻的政治内容。因此,他主动要求去东平,只不过是他想要摆脱政治困境的借口。再看他在东平相任上,其政绩仅仅是拆毁了东平相府的一堵影墙。史书上所谓"法令清简"或"教令清宁",大概是虚饰之词。阮籍这种近于游戏的政治态度,在时人看来似乎是一种"名士"风度,实际对于自己而言,这里面含着难言的苦衷,对于司马氏来说,似乎也担心他做了散骑常侍,真的与曹氏王室结合,因此,对于其作东平相的请求,也表示欢迎。

他还有一篇《亢父赋》,也是做东平相时所作,描述当地的风俗与东平是同样的情状:"故人民被害嚼啮,禽性兽情","故其人民狼风豺气,蛰电无厚",等等,可见阮籍对东平、亢父之地充满了厌恶和愤恨之情。

**魏高贵乡公甘露元年（256年），阮籍闻步兵厨营人善酿，有贮酒三百斛，乃自求为步兵校尉。遗落世事，虽去佐职，恒游大将军府内，朝宴必参与其中。**

阮籍从东平返回京师洛阳后，马上又作了司马昭的从事中郎，他担任此职的时间大概一年左右。于是年，阮籍请求作步兵校尉。刘汝霖把阮籍自求任步兵校尉时间定在此年，且有详细考证①。这是阮籍在仕途上的第二次主动请求。《晋书》本传："籍闻步兵厨营人善酿，有贮酒三百斛，乃求为步兵校尉。"步兵校尉原为汉武帝所置京师屯兵八校之一，执掌上林苑门兵，地位很重要。东汉以降，此职在军事上的地位已不重要，且常以文士担任。魏晋时期，步兵校尉大概并不真正掌握兵权。阮籍自求此职，大概与自求东平一样是出于政治上的考虑。阮籍借口营厨里有美酒，其实也是借口而已，背后掩盖着的是他企图摆脱政治麻烦的目的。

阮籍担任步兵校尉后，依然保持着与司马氏这种若即若离的关系。《晋书》本传："遗落世事。虽去佐职，恒游府内，朝宴必与焉。"《世说新语·简傲》："晋文王功德盛大，坐席严敬，拟于王者。唯阮籍在座，箕踞啸歌，酣放自若。"阮籍虽然不再担任司马昭的从事中郎，但还是经常到大将军府去，并不表现为对司马氏关系的疏远；而是在府内每每狂放不羁，不以礼法自拘。在阮籍一生的仕官生涯中，他担任步兵校尉一职的时间最长，计有七八年之久，且终没有升职与转职，个中原因值得玩味。

**阮籍遭母丧，不拘常礼，饮酒食肉，为礼法之士何曾等不容，赖司马昭庇护而得保全。**

《晋书》本传："（阮籍）性至孝，母终，正与人围棋，对者求止，籍留与决赌。既而饮酒二斗，举声一号，吐血数升。及将葬，食一蒸肫，饮二斗酒，然后临诀，直言穷矣，举声一号，因又吐血数升。毁瘠骨立，殆致灭性。裴楷往吊之，籍散发箕踞，醉而直视，楷吊唁毕便去。或问楷：'凡吊者，主哭，客乃为礼。籍既不哭，君何为哭？'楷曰：'阮籍既方外之士，故不崇礼典。我俗中之士，故以轨仪自居。'时人叹为两得。籍又能为青白眼，见礼俗之士，以白眼对之。及嵇喜来吊，籍作白眼，喜不怿

---

① 刘汝霖：《汉晋学术编年》（下册），华东师范大学出版社2010年版，第19—21页。

而退。喜弟康闻之，乃赍酒挟琴造焉，籍大悦，乃见青眼。由是礼法之士疾之若仇，而帝每保护之。"

他这样不拘礼法，当然有人看不过去，《晋书·何曾传》就有何曾当面质问过他，"时步兵校尉阮籍负才放诞，居丧无礼，曾面质籍于文帝座曰：'卿纵情背礼，败俗之人，今忠贤执政，综核名实，若卿之曹，不可长也。'因言于帝（司马昭）曰：'公方以孝治天下，而听阮籍以重哀饮酒食肉于公座，宜摈四裔，无令污染华夏。'帝曰：'此子羸病若此，君不能为吾忍耶！'曾重引据，辞理甚切。帝虽不从，时人敬惮之。"何曾的批评和建议对于阮籍来说，并不是没有危险的。司马昭打着"以孝治天下"的幌子，而阮籍在母丧期间饮酒食肉，这种"不孝"的行为，正是触犯了司马氏的大忌。嵇康的至友吕安被杀的罪名之一，就是因为牵涉到了这个问题。大概由于阮籍"至慎"、"出口玄远"，从来不对具体事情或某个人发表意见，且与司马氏有过长期的僚属关系，不像嵇康那样"刚肠嫉恶"或"性烈"，对于司马氏表示公开的反对，才保住了自己的性命。

**甘露二年（257年），阮籍约于此年前后去苏门山访隐士孙登，与商略终古及栖神导气之术，孙登皆不应。阮籍归著《大人先生传》，所言皆自己胸怀间本趣。**

《晋书》本传："籍尝于苏门山遇孙登，与商略终古及栖神道气之术。"

《三国志·王粲传》注引《魏氏春秋》说："籍少时尝游苏门山。苏门山有隐者……籍从之，与谈太古无为之道，及论五帝三王之义。……籍乃假苏门先生之论以寄所怀。"

《世说新语·栖逸》注引《竹林七贤论》说："籍归，遂著《大人先生论》，所言皆胸怀间本趣。大意谓先生与己不异也。"

综上所述，"大人先生"似乎与孙登有些关系，但实际上"大人先生"并不就是孙登，孙登也不就是"大人先生"。孙登是一个隐士。隐士作为一种现实存在的人也可能追求"大人先生"式的人格或思想，也可能不必追求"大人先生"的人格或思想。而"大人先生"作为一种人格象征，代表着具有"大人先生"一类人的思想。有这种思想的人可能是类同于孙登那样的隐士，也可以是类似于阮籍那样的人。因此，《大人先生传》不仅反映了阮籍自己的思想旨趣,而且也反映了当时一些士人的思想旨趣,代表了与正始玄学的不同、以追求个体自我的精神自由为内容的玄学倾向。

《大人先生传》首先肯定了一个理想的人格——"至人"或"大人先生"式的人格。这个"大人先生"具有"以万里为一步,以千岁为一朝,行不赴而居不处,求乎大道而无所寓";"以应变为和,天地为家";"与造化推移,故默探道德,不与世同"的理想精神境界。然后,阮籍又以"大人先生"的人格及其精神境界为尺度,对"士君子"、"隐士"、"薪者"的思想观点进行了批评,最后又重新肯定了"大人先生"的人格及其精神境界。《大人先生传》一共讨论了四个方面的问题。第一个问题是对当时现存的礼法名教及"士君子"的批判。"士君子"是纯世俗人格,他们对名教礼法的肯定实际是对现实的肯定。第二个问题是对"隐士"的批判。"隐士"代表着一种超世绝俗的人格,反映了一种不满现实,试图从现实中解放出来、消极避世的思想倾向。第三是对"薪者"的批评。"薪者"代表着一种追求精神解脱的人格,反映了齐生死的思想倾向。阮籍基本上肯定了这一人格及其思想,但又指出了它的不足。第四个问题说明了最高精神境界的内容,并指出具有这种境界的人格是最为理想的人格。阮籍通过对前三种思想或人格的批判,最后肯定了"大人先生"的自由人格及其所代表的以精神的绝对自由为基本内容的思想。"士君子"、"隐士"、"薪者"、"大人先生"很可能代表了当时社会上现存的四种思想观点。同时,他们极有可能反映着阮籍在早期理想破灭之后从事的新的探索。

**魏元帝景元四年(263年),阮籍作《为郑冲劝晋王笺》,是年冬,卒。**

阮籍卒于景元四年冬,也即是在他写了《劝进表》之后的一二个月,享年五十四岁。两件事相隔是如此之近,使人不得不怀疑其间有某种因果关系。书写《劝进表》,本来是阮籍极不情愿的事,但他还是写了,可以设想,阮籍写过《劝进表》后,其心理的懊悔和自我失落感肯定是相当强烈的。特别是,嵇康于景元二年竟被司马氏冤死。这篇《劝进表》既是其生命的暂时的保护神,又同时是促其生命走向死亡的催命符。阮籍对自己的作为,大概也是很不满意的。《晋书》本传记载,其子阮浑要学自己的放达，他表示反对："仲容已豫吾此流，汝不得复尔。"这与嵇康临终前教子不要走自己纵放的道路，应当谦恭守礼的用意是完全相同的。

阮籍一生郁闷坎坷，后世不少人对他产生非议或责难，同时也有人表示同情和理解。

宋人叶梦得《避暑录话》认为：阮籍"应为公卿作'劝进表'，若论于嵇康前，自应杖死"。

叶梦得《石林诗话》卷下："今《文选》载蒋济《劝进表》一篇，乃籍所作。籍忍至此，亦何所不可为。籍著论鄙世俗之士，以为犹虱处乎裈中。籍委身于司马氏，独非裈中乎？观康尚不屈乎钟会，肯卖魏而附晋乎？世俗但以迹之近似者取之，概以为'嵇阮'，我每为之太息也。"

苏轼《少年游·送元素》："千古风流阮步兵，平生游宦爱东平。千里远来还不住。归去。空留风韵照人清。"

任继愈《中国哲学发展史》："阮籍探索的终点，也同时是他的探索的起点，与其说他得到了什么精神境界，无宁说他只得到了一个孤悬的、毫无凭据的、痛苦不安的自我意识本身。"[①]

即便如此，后世对其文学、美学上的评价依然很高。

钟嵘《诗品》："《咏怀》之作，可以陶性灵，发幽思。言在耳目之内，情寄八荒之表。洋洋乎会于风雅，使人忘其鄙近，自致远大，颇多感慨之词。厥旨渊放，归趣难求。"

李泽厚、刘纲纪《美的历程》："阮籍82首咏怀诗确乎隐晦之至，但也很明白，从诗的意境情绪中反映出来的，正是这种与当时残酷政治斗争和政治迫害相密切联系的人生慨叹和人生哀伤……把受残酷政治迫害的疼楚哀伤曲折而强烈地抒发出来，大概从来没有人像阮籍写得这样深沉美丽。"[②]

李泽厚《中国美学史》（魏晋南北朝卷）："阮籍的美学主要是通过他的文学作品而对后世发生影响的。如李白、陈子昂都明显地受到阮籍的影响。"[③]

纵观阮籍的一生，从表面上看，其仕途应该说是一帆风顺，官场得

---

① 任继愈：《中国哲学发展史》，人民出版社1988年版，第172页。
② 李泽厚：《美的历程》，生活·读书·新知三联书店2009年版，第106—107页。
③ 李泽厚、刘纲纪：《中国美学史》，天津教育出版社2005年版，第109页。

意，也深得司马氏父子的赏识。但由于客观现实与他的理想差距太大，以至于他追求的"济世志"根本无法实现。实际看来，他在政治上应该说一直是处于失意的状态。在残酷的现实面前，阮籍不得不通过扭曲自身形象的方式来换取一条自全之路。与嵇康相比，由于阮籍处世的态度更为谨慎和小心，在其身上体现的矛盾也更多，其内心的压抑也更为强烈。阮籍尽管免受一刀，但他的死却更为痛苦、艰难，震撼人心。

阮籍的作品今存赋六篇、散文较完整的九篇、诗九十余首。《晋书》本传："籍能属文，初不留思。作《咏怀诗》八十余篇，为世所重。"阮籍的《咏怀诗》代表了他的主要文学成就。阮籍的著作，《隋书·经籍志》著录有集十三卷。原集已亡佚。明代曾出现多种辑本，张溥辑《阮籍集》。注本有近人黄节的《阮步兵咏怀诗注》，陈伯君的《阮籍集校注》等。阮籍研究的专著有多种，全面研究的有韩传达的《阮籍评传》和高晨阳的《阮籍评传》两种，此外，徐公持《阮籍与嵇康》将阮籍与嵇康对比研究，邱镇京《阮籍咏怀诗研究》对阮籍咏怀诗进行分类研究，并对其艺术特色进行分析。

**参考文献**

黄节：《阮步兵咏怀诗注》，人民文学出版社1957年版。
邱镇京：《阮籍咏怀诗研究》，文津出版社1980年版。
徐公持：《阮籍与嵇康》，上海古籍出版社1986年版。
陈伯君：《阮籍集校注》，中华书局1987年版。
高晨阳：《阮籍评传》，南京大学出版社1994年版。
韩传达：《阮籍评传》，北京大学出版社1997年版。

（高　丹）

# 嵇康传

**嵇康，字叔夜，谯国铚人。生于魏文帝黄初四年（223年）。乃会稽上虞奚氏，先人为避仇家之怨，移居铚地。**

关于嵇康的先祖与出生地，历代的文献记载大致有这些：《三国志·魏书·王粲传》注引虞预《晋书》曰："康家本姓奚，会稽人。先自会稽迁于谯之铚县，改为嵇氏，取'稽'字之上，加山以为姓，盖以志其本也，一曰铚有嵇山，家于其侧，遂氏焉。"《世说新语·德行》注引王隐《晋书》曰："嵇本姓奚，其先避怨徙上虞，移谯国铚县。以出自会稽，取国一支，音同本奚焉。"唐修《晋书·嵇康传》综合诸材料曰："其先姓奚，会稽上虞人，以避怨，徙焉。铚有嵇山，家于其侧，因而命氏。"从此条记载看来，嵇康的先人与出生地，与东汉王充的情况有些相似。《后汉书·王充传》："王充，字仲任，会稽上虞人也，其先自魏郡元城徙焉。充少孤，乡里称孝。"先祖越地，或使他们血液里便传承了刚直峻急的性格因子。

关于嵇康出生的地望，《广韵·十二齐》："嵇，山名，亦姓，出谯郡，河南（郡）二望。"嵇氏在嵇昭、嵇康以前，史传并没有嵇姓，只有稽姓。铚县，据《读史方舆纪要·宿州》，在后汉属沛国，今属安徽省宿县（宿州市）西南。卢弼集释引《一统志》："谯县故城今安徽颍州府亳州治，秦置谯县，汉属沛郡，后汉属沛国，豫州刺史治……建安中置谯郡，二十二年沛穆王林徙封谯，改为国。"《方舆纪要》在"亳州废谯县"下说："曹操生长于谯，自言于谯东五十里筑精舍，欲春夏读书，秋冬射猎，建安中，往往治兵于谯，以击孙权，曹丕篡位，改建五郡，谯其一也……"从地理位置上看，谯郡作为曹魏政权的发迹地，也是魏国政治、军事的重要活动据点。谯称为谯国，是在建安二十二年（217年）嵇康妻子的祖父沛穆王曹林封于谯而开始的，一直到魏黄初四年嵇康生时仍称谯国。曹魏发源地的谯地氛围对于嵇康的身份产生了直接的影响。

关于嵇康的确切生年，史无明载。《晋书》本传载其被害"时年四十"。其时属魏元帝景元三年或景元四年，由此前推，则当生于魏文帝黄初四年或黄初五年。抛开错误最大的年份——高贵乡公正元二年（干宝、孙盛、习凿齿所持之观点），目前学界尚存两种说法：一是以司马光为首，姜亮夫、萧登福、侯外庐等认为前者时间正确，萧登福《嵇康研究》以钟会作司隶校尉尽于景元三年冬为由，侯外庐《中国思想通史》曾加以论证，童强《嵇康评传》在"最后的时光"一节综合各家言论对嵇康死于何时有详细考辨。二是以陆侃如、刘汝霖、戴明扬、庄万寿为代表，由山涛除吏部郎、"举康自代"、康作绝交书、《嵇绍传》、钟会辞任司隶校尉等材料肯定其卒年于景元四年。本文汲取多方考辨，以黄初四年为嵇康生年，景元三年为嵇康卒年。

有关嵇康生平事迹及作品记载、评议史料甚多，由《三国志注》、《世说新语》及注、《艺文类聚》、《太平御览》等书可知，记载嵇康的史书有：王隐的《晋书》、虞预的《晋书》、干宝的《晋纪》、孙盛的《晋阳秋》或《魏氏春秋》、习凿齿的《汉晋春秋》、邓粲的《晋纪》、嵇喜的《嵇康别传》、不知名作者的《嵇氏谱》、张骘的《文士传》；臧荣绪的《晋书》由于时代较晚，乏善可陈；最后便是由房玄龄、褚遂良等于唐太宗贞观年间主编，吸收十八家晋史资料写成的《晋书》卷四十九《嵇康传》；鲁迅曾校《嵇康集》，今以戴明扬《嵇康集校注》最具集成意义。

**嵇康早年丧父，由母亲与兄长鞠育成人。**年少有奇才，学不师受，博闻强识，尤与老庄投缘。有二兄，一兄名喜，有当世之才，在魏晋之际历任要职，深得司马氏政权信任，与嵇康之人生志趣大相径庭，然而兄弟之间尚有情谊；另一兄长，记载不明。

记载嵇康父亲的史料仅存《三国志·魏书·王粲传》注引《嵇氏谱》："康父昭，字子远，督军粮治书侍御史。"侯外庐在《中国思想通史》第三卷依据相关文献分析："俱未举出其先世有怎么辉煌的人物，似从其父起，才发迹起来，这是很可疑的。……考康家居谯国，乃曹魏发迹之地,则自其父由贱族而攀附升腾,实极可能之事。"① 这也许是后来嵇康与曹家结亲的政治基础。

嵇康在《与山巨源绝交书》中称自己:"少加孤露,母兄见骄,不涉经学。"于《幽愤诗》中称:"嗟余薄祜,少遭不造;哀茕靡识,越在襁褓。母兄鞠育,有慈无威。"《晋书》本传:"康早孤,有奇才,远迈不群。身长七尺八寸,美词气,有风仪,而土木形骸,不自藻饰,人以为龙章凤姿,天质自然。恬静寡欲,含垢匿瑕,宽简有大量。学不师受,博览无不该通,长好老庄。"《文选注》卷十八《琴赋》李善注引臧荣绪《晋书》亦称嵇康"幼有奇才,博览无所不见"。《三国志·王粲传》注引其兄嵇喜的《嵇康传》:"家世儒学,少有俊才,旷迈不群,高亮任性,不修名誉,宽简有大量。学不师受,博洽多闻,长而好老、庄之业,恬静无欲。"

嵇康少时受母亲、兄长的呵护,在无拘无束的家庭环境中成长起来,自学成才,卓荦不凡。而对于嵇喜所言"家世儒学"这一背景有必要指明,嵇康早期的家庭教育中应该有儒学教育的基础。从其父作"督军粮治书侍御史"这一官职来看,《晋书·职官志》记载,汉魏以来治书侍御史之职"掌律令",即掌管文牍律令者,嵇康之父应受过儒学教育。另外,从后来嵇康早期论说文中,如《释私论》、《明胆论》、《声无哀乐论》等引《左氏传》史例笔法纯熟,足以说明其"家世儒学"的可能性。

《晋书》本传亦言嵇康兄长嵇喜:"有当世才,历太仆、宗正。"嵇喜早年即以秀才身份从军,后来逐渐步入仕途。而另外一位兄长,则是《与山巨源绝交书》中"母兄见骄"的那位,文中又言"吾新失母兄之欢,意常凄切",嵇喜在嵇康遇害后仍健在,因此,这位长兄不可能是嵇喜。黄振民《嵇康研究》中的《嵇康传略》认为:"他大概有两个哥哥……嵇喜外,好像他还有一个哥哥,因为在《与山巨源绝交书》……《思亲诗》……推此诗文之意,好像他还有一个哥哥已先他而逝,但可断定这死去的哥哥决不是嵇喜,因为嵇喜死在嵇康后,并曾为康作传。"② 戴明扬《嵇康集·幽愤诗》中在"母兄鞠育"下也注:"此处所谓兄者,

---

① 侯外庐:《中国思想通史》第三卷,人民出版社2011年版,第127页。
② 庄万寿:《嵇康研究及年谱》,台湾学生书局1990年版,第18页。

必非公穆（嵇喜），当别有长兄也。"① 嵇康一生中，这两位兄长对他的成长意义很大，嵇康对先逝的那位兄长常怀感激思念之情，而对与自己人生观、政治观相抵触的嵇喜虽然敦睦，但道不同不相与谋。嵇康创作《赠秀才入军诗》，临刑东市前向嵇喜索琴弹奏《广陵散》，嵇喜在嵇康死后作《嵇康传》，系嵇康最早的传记。这说明二人尚有兄弟之情，体现了孔子所说"君子和而不同"的品格。

**青年时代，嵇康大约一直闲居在家。他喜音乐，读老庄，擅书画，抚琴咏诗，清谈高论。通过这些修养，培育出他才子与名士相融合的个性气质。**

嵇康《五言诗三首答二郭》之二："昔蒙父兄祚，少得离负荷，因疏遂成懒，寝迹北山阿。"《与山巨源绝交书》："老子、庄周，吾之师也……性复疏懒，筋驽肉缓。头面常一月十五日不洗，不大闷痒，不能沐也。每常小便而忍不起，令胞中略转乃起耳。又纵逸来久，情意傲散，简与礼相背，懒与慢相成。而为侪类见宽，不攻其过。又读老庄，重增其放，故使荣进之心日颓，任实之情转笃"；"吾每读尚子平，台孝威传，慨然慕之，想其为人"。

在母兄宽松的家教下，嵇康在生活上随性而散漫，但这并不意味其不思进取，无所事事。他的才华自然流露，少了经学的种种羁绊，更彰显其品质天然之可贵。

嵇喜《嵇康传》言其："善属文论，弹琴咏诗，自足于怀抱之中。"嵇康《琴赋》："余少好音声，长而玩之。"从小喜读老庄，爱好音乐，长大开始学习乐器，最擅古琴。这些，使得嵇康养成了魏晋时代名士特有的精神气质，浸润文学才华，呈现出他旷迈不群、遗世独立的人格世界。因而他的文华与哲思超轶世俗。

关于嵇康弹琴的各种奇闻异谈历来被小说家们所乐道。《北堂书钞》一百九引《语林》："嵇中散夜灯下弹琴，忽有一人：面甚小，斯须转大，遂长丈余，单衣革带。嵇视之既熟，乃吹灯灭之，曰：'耻与魑魅争光。'"《太平御览》六百四十四引《语林》："嵇中散夜弹琴，忽有一鬼，著械来，叹其手快曰：'君一弦不调。'中散与琴，调之，声更清婉。闻

---

① 戴明扬：《嵇康集校注》，人民文学出版社1962年版，第26页。

其名，不对，疑是蔡伯喈。伯喈将亡，亦被桎梏。"《太平御览》百九十四引司马彪《郡国志》："冀州华阳亭，即嵇康夜学琴于此。"传作《嵇氏四弄》、《风入松》等琴曲。

这些怪谈体现了后人对嵇康高超琴技的猜想，而其刚正不阿的品格，"耻与魑魅争光"的风骨通过小说家们的渲染，更加生动有味，表达了后人对嵇康的敬佩与追念。

嵇康长于书法。到后世仍留有其真迹。唐书家张怀瓘《书议》："嵇叔夜身长七尺六寸，美音声，伟容色……尝有其草写绝交书一纸，非常宝惜……"又说"叔夜善书，妙于草制，观其体势，得之自然，意不在乎笔墨。若高逸之士，虽在布衣，有傲然之色。故知临不测之水，使人神清；登万仞之崖，自然意远。"韦续《墨薮》："嵇康书，如抱琴半醉，酣歌高眠。又若众鸟时翔，群乌乍散。"

嵇康亦能作画。侯康《补三国志艺文志》记录有嵇康《狮子击象图》、《巢父许由图》等。

**魏齐王曹芳正始初年，嵇康从谯郡移居山阳。临别前，作《五言诗三首答二郭》，之后便与阮籍等"七贤"结识，遂成竹林之游。嵇康龙章凤姿，内外兼秀，令"七贤"等时人赞叹不已。**

正始初年，嵇康移居山阳。离开谯郡前，友人郭遐周、郭遐叔赠诗，嵇康作《五言诗三首答二郭》酬答。陈祚明曰："此诗颇类黄初，以有质直之气故也。"又曰："慨世甚深，故决意高蹈，不能随世浮沉，虽逸亦已难，盖欲矫拂本性，此事诚甚难也。羲皇已远，与非薄汤、武同意。"方东树却认为："陈义甚高，然文平事繁，以诗论之，无可取则。"（《昭昧詹言》）庄万寿《嵇康研究及年谱》将二人酬答定于甘露二年（257年），认为嵇康要到河东之时，二郭有诗赠别。亦有理由可叙。《艺文类聚》卷六十四引郭缘生《述征记》曰："山阳县城东北二十里，魏中散大夫嵇康园宅，今悉为丘墟，而父老犹谓嵇公竹林地，以时有遗竹也。"《太平寰宇记》卷五十三"修武县"记载："山阳城北有秋山，即嵇康园宅也。"不过，这些记载一时难以确证。河内郡山阳镇，即今河南省黄河以北的修武县之西。河内是指河南省黄河以北的一大块地方，即河南省焦作市东南。山阳在太行山南麓，也是其支脉苏门山（或白鹿山）的山下，因在山南朝阳处而称山阳。山边可能有竹林，或竹丛。

《世说新语·任诞》:"陈留阮籍、谯国嵇康、河内山涛,三人年皆相比,康年少亚之,预此契者,沛国刘伶、陈留阮咸、河内向秀、琅琊王戎,七人常集于竹林之下,肆意酣畅,故世谓竹林七贤。"《太平御览》四百七引《魏氏春秋》:"嵇康寓居河内,与之游者,未尝见其喜愠之色,与陈留阮籍、河内山涛、向秀、籍兄子咸、琅琊王戎、沛人刘伶,相与友善,游于竹林,号曰:'竹林七贤'。"

《晋书》本传记载"竹林七贤"交游时云:"以高契难期,每思郢质。所与神交者惟陈留阮籍、河内山涛,豫其流者河内向秀、沛国刘伶、籍兄子咸、琅邪王戎,遂为竹林之游,世所谓'竹林七贤'也。戎自言与康居山阳二十年,未尝见其喜愠之色。"

《世说新语·德行》:"王戎云:'与嵇康居二十年,未尝见其喜愠之色。'"戴明扬《嵇康集校注·嵇康集附录·事迹》引《世说新语·德行》:"王戎云:'与嵇康居,三十年未尝见其喜愠之色。'"应是误载。嵇康居山阳前后大约有二十年,当近事实,则移居山阳应在正始初年。所谓"居"是指从头到尾经常在山阳一起游息,而不是指一同生活起居。

《资治通鉴》卷七十八景元三年:"谯郡嵇康,文辞壮丽,好言老、庄而尚奇任侠,与陈留阮籍、籍兄子咸、河内山涛、河南向秀、琅邪王戎、沛人刘伶特相友善,号竹林七贤。皆崇尚虚无,轻蔑礼法,纵酒昏酣,遗落世事。"

在河内郡山阳县的竹林中交游清谈,前后加入的士人主要有七人,他们出身有的是士族,有的较清寒,当时嵇康住河内,他似乎就成为交游的核心。七人也并非同时相识或同时游息,可能阮籍与嵇康相识,阮籍与王戎的关系,再使嵇康与王戎相识,但七人中主要人物是阮籍、嵇康、山涛,山涛年最高,阮籍次之,嵇康又次之。从此,由嵇康、阮籍首领,"竹林七贤"便成为历史上魏晋风度的时代象征。南朝刘宋时颜延之作《五君咏》,以山涛作了司马昭的官、王戎贪吝为由,将此二人逐出"七贤"之列。

《世说新语·贤媛》:"山公与嵇阮一面,契若金兰。山妻韩氏觉公与二人异于常交,问公,公曰:'我当年可以为友者,唯此二生耳。'妻曰:'负羁之妻亦亲观狐、赵。意欲窥之,可乎?'他日二人来,妻劝公止之宿,具酒肉。夜穿墉以视之,达旦忘反。公入曰:'二人何如?'妻曰:'君才致殊不如,正当以识度相友耳。'公曰:'伊辈亦常以我度为胜。'"

山涛与嵇康的金兰之契，成为历史上一段佳话。嵇康、阮籍的风姿识度令山涛的妻子也油然而敬。

《世说新语·容止》："嵇康身长七尺八寸，风姿特秀。见者叹曰：'萧萧肃肃，爽朗清举。'或云：'肃肃如松下风，高而徐引。'山公曰：'嵇叔夜之为人也，岩岩若孤松之独立，其醉也，傀峨若玉山之将崩。'"《文选》卷二十一《五君咏》李善注引《嵇康别传》曰："康美音气，好容色。"

嵇康内外兼美，羡煞时人。同时也引来钟会等人的妒忌与司马氏集团的侧目。

**正始七年（246 年），嵇康勤奋读书，耽思旁讯，以独立之精神，对于传统思想，以及世风展开反思，不惮抨击前人，大胆怀疑，约是时作《声无哀乐论》、《琴赋并序》、《养生论》、《答难养生论》。**

正始时，雅乐与俗乐并辔而驰，名士们对音乐有所论辩，形成清谈之题目，阮籍有《乐论》，夏侯玄著《辨乐论》，驳斥阮籍所谓"天下无乐而欲阴阳调和，灾害不生亦难矣"之论，嵇康反对音乐本身可以移风易俗，或有哀乐的作用，因此加入辩论。另，何晏有《圣人无喜怒哀乐论》，王弼以为圣人应物而无累于物，五情受制于神明，所以虽有哀乐而不累于物。以上诸种社会思潮，促使嵇康作《声无哀乐论》。《晋书》本传曰："复作《声无哀乐论》，甚有条理。"此文以秦客主声音（包括音乐）有哀乐，主人即嵇康主声无哀乐，采用问答体，共八问八答。嵇康认为人的情感上的哀乐是因为人心中先有哀乐，音乐起着诱导和媒介的作用，音乐本身的变化和美与不美，与人在情感上的哀乐是毫无关系的。刘勰曰："叔夜之辨声……师心独见，锋颖精密，盖人伦之英也。"（《文心雕龙·论说》）余元熹曰："以无碍辩才，发声律妙理，回旋开合，层折不穷。如游武夷三十六峰，愈转愈妙，使人乐而忘倦。"（《汉魏名文乘》）

《琴赋》为嵇康赋的代表作，它是继王褒《洞箫赋》、马融《长笛赋》咏物赋的更进一步发展。《琴赋》中对于琴器之用材、巧匠之制琴、琴的外在刻绘、琴的演奏情状、琴曲的音乐发展、风格特色，以及琴曲之美感等，作了多方面的描述。萧统《文选》将其选入赋体的"音乐类"之中，作为重要的音乐类赋作。

《晋书》本传："常修养性服食之事，弹琴咏诗，自足于怀。以为神仙禀之自然，非积学所得，至于导养得理，则安期、彭祖之伦可及，乃著《养生论》。"

孙绰《嵇中散传》："嵇康作《养生论》，入洛，京师谓之神人。向子期难之，不得屈。"入洛阳前，嵇康撰《养生论》，并与向秀作《难养生论》辩之。庄万寿认为嵇康写此文于嘉平五年（253年），为时太晚，有待商榷。《养生论》是很被后世重视的作品。东晋初王导只说三理，其中二理便是《声无哀乐论》和《养生论》。苏轼《跋嵇叔夜养生论后》也称"嵇叔夜养生论颇中余病"，还手写数本，赠与他人。

嵇康此论受到他的朋友向秀驳难，向秀作《难养生论》。《晋书·向秀传》："又与康论养生，辞难往复，盖欲发康高致也。"他认为人"有生则有情，称情则自然，若绝而外之，则与无生同，何贵于有生哉？"对于向秀的发难，嵇康回应作了《答难养生论》，提出："夫嗜欲虽出于人，而非道之正。"他给了一个很形象的比喻："犹木之有蝎，虽木之所生，而非木之宜也。故蝎盛则木朽，欲盛则身枯。"余元熹称赞嵇康的《答难养生论》："发古今人未有之秘义，有含道独往，弃智遗身，朝发太华，夕宿神州之概。"牟宗三先生说："全篇严整周洽，无余蕴矣，经向秀之难，而盛发之。比原论更进一步也。其持论甚质实，而玄义亦赅具中。向秀承其'高致'，发为庄子注，益精练而肆。"牟先生谈到读向秀《难养生论》："纯是世间俗情之言。然康之答难，几每句予以开导辩白。辞不惮烦，思理绵密。自今日观之，本有许多不必置答者，而亦一一辩示。此可谓以思辨为乐者，甚可贵也。盖此为致生哲学之道也。"① 比之向秀，无论从思想上还是文学上，嵇康显然棋高一筹，二人互相辩难启发，碰撞出伟大的思想火花。

嵇康此年与阮侃（德如）、阮种往来。《答难养生论》中提及阮种，则向秀亦当相知。

**正始八年（247年），嵇康娶沛穆王曹林孙女为妻，迁郎中，拜中散大夫。入洛阳。**

《晋书》本传："与魏宗室婚，拜中散大夫。"丁冠之认为："嵇康和

---

① 牟宗三：《才性与玄理》，吉林出版集团有限责任公司2010年版，第327页。

魏宗室婚，拜中散大夫，从年龄上推断，可能就在正始年间。"①

《世说新语·德行》注引《文章叙录》："以魏长乐亭主婿，迁郎中，拜中散大夫。"《三国志·沛穆王林传》裴松之注曰："案《嵇氏谱》：'嵇康妻，林子之女也。'"《文选》卷十六《恨赋》李善注引王隐《晋书》："嵇康妻，魏武帝孙、穆王林女也。"其中，"或作'魏武帝子穆王林孙女也'，传钞之异耳"，童强认为，"林"字也有可能是讹误，应为曹林子曹纬。"王隐《晋书》所谓'魏武帝孙穆王'本指曹纬，而非曹林。后人多闻穆王曹林，即误作'林'，或误改'纬'为'林'字。"②如此，嵇康妻应为沛穆王曹林的孙女。

关于"中散大夫"一职，《汉书·百官公卿表上》曰：光禄勋下属"郎掌守门户，出充车骑，有议郎、中郎、侍郎、郎中，皆无员，多至千人。议郎、中郎秩比六百石，侍郎比四百石，郎中比三百石"。《百官志》又曰："中散大夫，六百石。本注曰：无员"；"凡大夫、议郎皆掌顾问应对，无常事，唯诏令所使。"《通典》卷二十五《官职七》："建安末，复改光禄勋为郎中令。魏黄初元年，复为光禄勋。"嵇康初为郎中，充当宫廷侍卫，后为中散大夫，负责"顾问应对"，皆非显要之职。

嵇康的婚姻，是决定他一生命运的重要因素。曹嵇联姻，两家同为谯人是一个原因。这门婚事，是谁的安排，无从知晓，也许是他父亲嵇昭与曹操儿子曹林交往的结果。嵇康自幼父亲去世，大概嵇家仍继续与曹家往来，这是士族的需要，这种大族的通婚，既是权利的垄断，也是政治的延伸。然而，正如史书记载，嵇康的非显要官职说明了他并没有真正进入曹氏的权力圈，他的政治立场始终是中立的，这也是为什么嵇康得以避免魏嘉平元年（249年）高平陵事变中司马懿屠杀的原因之一。从他的思想学说来看，这位好谈老庄的名士对权力并不感兴趣，甚至有避而远之的心理。这与他的哥哥嵇喜"奋发有为"、热衷权门的志愿截然相反。但是他不能忍受司马氏对他的拉拢与束缚及其残酷的黑暗统治。所以，嵇康作为曹魏的女婿在司马氏眼中早已是具有威胁的异类，在防范的同时又加以拉拢，最后因嵇康执意拒绝合作而罗织罪名冤

---

① 方立天、于守奎：《中国古代著名哲学家评传》第二卷，齐鲁书社1980年版，第159页。

② 童强：《嵇康评传》，南京大学出版社2011年版，第73—74页。

杀之。

**正始九年（248年），感受到政治危机，辞官，寓居山阳。女儿出生。**

正始八年，阮籍、山涛见当时的政治局势危机四伏，朝中处处显露杀机，遂相继辞官而去。嵇康见此，归隐山阳。

嵇康于《与山巨源绝交书》记载当时"女年十三，男年八岁"。据此书信写于景元元年（260年），前推长女应生于是年。

**魏齐王曹芳嘉平元年（249年），司马懿猝然发动高平陵政变，翦灭曹爽集团，杀害许多名士，改元嘉平。事变后，嵇康、阮籍等改变了之前对社会发展所持有的乐观态度，转而产生悲愤、怀疑。嵇喜应征，康作《兄秀才公穆入军赠诗》，表达出内心的婉曲。**

249年，司马懿趁曹爽陪曹芳离洛阳至高平陵祭明帝曹叡之际，起兵政变并控制京都。自此曹魏军权政权落入司马氏手中，史称高平陵事变。"同日斩戮，名士减半。"曹爽失败被诛，何晏、夏侯玄等俱被杀。嵇康没有牵涉这次政变。但是他周围的亲朋好友被司马氏拉拢分化了，阮籍任司马懿的从事中郎，兄长嵇喜也应征入伍了。

《三国志·魏书·王粲传》注引《嵇氏谱》："兄喜，字公穆，晋扬州刺史。"《文选·幽愤诗》注引《嵇氏谱》："康兄喜字公穆，历徐、扬州刺史、太仆、宗正卿。母孙氏。"《晋书·嵇康传》："兄喜，有当世才，历太仆、宗正。"嵇喜大概在曹魏时被地方推举为秀才。后来入军伍为官，二人曾以诗相和。嵇康劝戒哥哥做官后宜防止"鸟尽良弓藏，谋极身心危"（《兄秀才公穆入军赠诗》第一首），但嵇喜认为君子应变通无碍："君子体变通，否泰非常理，当流则蚁行，时游则鹊起，达者鉴通塞，盛衰为表里。"（《秀才答》第二首）嵇康全身养性的态度与嵇喜善处兴废的志愿形成鲜明对比，由于人生观的差异，二人在政治上分道扬镳。

对于嵇喜入仕随俗，名士们多不待见。嵇康在临刑前，嵇喜也在场。嵇康入狱后，不曾闻得嵇喜对弟弟的牢狱之灾有何救援，但嵇康临刑前索琴弹奏《广陵散》时，嵇喜携琴相送，也算尽了兄弟之情。嵇康去世后，嵇喜官运亨通，晚年出任掌管皇族事物的宗正。嵇康临终托孤嵇绍与山涛，而不是嵇喜，《晋书·山涛传》有"康后坐事，临诛，谓子绍曰：'巨源在，汝不孤矣。'"之文，说明了兄弟二人的离合关系。

**嘉平三年（251），约于是年作《酒会诗》。**

嵇康此时所作《酒会诗》，其中五言诗一首、四言诗六首，乃怡情山水、遨游竹林之作。没有用典，不拟《诗》《骚》，为嵇康最美山水诗："乐哉苑中游，周览无穷已。百卉吐芳华，崇台邈高跱。林木纷交错，玄池戏鲂鲤。轻丸毙翔禽，纤纶出鳣鲔。临川献清酌，微歌发皓齿。素琴挥雅操，清声随风起。"又如："淡淡流水，沦胥而逝。泛泛柏舟，载浮载滞。微啸清风，鼓楫容裔。放棹投竿，优游卒岁。"

何焯《义门读书记》："四言诗，叔夜、渊明，俱为秀绝。"

陈祚明于《采菽堂古诗选》："每能于风雅体外，别造新声，淡宕有致。"

**嘉平四年（252年），嵇康作《太师箴》。又作《兄秀才公穆入军赠诗》后十二首，其中"目送归鸿，手挥五弦"诗句，成为其超迈形象之代言。**

关于《太师箴》，清李兆洛《骈体文钞》卷四称："此为司马氏言也。若讽若惜，词多纡回。"侯外庐等论者认为，它是讽刺司马氏"僭妄凶残"的作品，这一说法缺乏证据。通过汉晋官箴史的考察，可以说明当时的官箴写作一直坚持着劝谏君主即"官箴王阙"的传统，嵇康同样遵循了这一特殊文体的惯例。此箴当与司马氏无关。主要讨论国家的政治，也可以视为对魏明帝纵情声色、大兴土木的直接规劝。

《兄秀才公穆入军赠诗》的后十二首分别是：《人生寿促》（八首）、《我友焉之》（九首）、《良马既闲》（十首）、《携我好仇》（十一首）、《凌高远眄》（十二首）、《轻车迅迈》（十三首）、《浩浩洪流》（十四首）、《息徒兰圃》（十五首）、《闲夜肃清》（十六首）、《乘风高游》（十七首）、《琴诗自乐》（十八首）、《流俗难悟》（十九首）。

这些作品大抵情致悠远，字句自然，一扫前七首的缺乏个性，苦涩呆板，是嵇康四言诗的奇葩。其中《息徒兰圃》最为后世称赞："息徒兰圃，秣马华山，流磻平皋，垂纶长川，目送归鸿，手挥五弦，俯仰自得，游心太玄。嘉彼钓叟，得鱼忘筌。郢人已逝，谁可尽言。"

范晞文《对床夜语》："古人句法极多，有相袭者……若嵇叔夜'目送归鸿，手挥五弦。俯仰自得，游心太玄'，则运思写心，迥不同矣。"

王士禛《古夫于亭杂录》："'手挥五弦，目送归鸿'，妙在象外。"此诗以凝练的语言传写出高士飘然出世、心游物外的风神，传达出一种悠然自得、与造化相伴的哲理境界，也是嵇康借此写出自己在此时逍遥游放的心志。

**嘉平五年（253年），嵇康子绍生。与向秀打铁，与吕安灌园种菜。**

由《与山巨源绝交书》载："吾新失母兄之欢，意常凄切。女年十三，男年八岁，未及成人，况复多病。"（写于景元元年）则前推是年嵇绍生。庄本《嵇康研究与年谱》有明显矛盾，其书：嘉平五年"儿子嵇绍生，一岁，他姊姊六岁"。而于前又道："嵇康死于263年，当时他十岁，则他生于254年，魏高贵乡公正元元年。"这里以此年为准。

向秀《思旧赋》序："余与嵇康、吕安，居止接近。"《世说新语·言语》注、《文选》卷二十一颜延年《五君咏》李善注皆引《向秀别传》。今引《太平御览》卷四百九《向秀别传》："秀字子期，少为同郡山涛所知，又与谯国嵇康、东平吕安友善，其趣舍进止无不必同，造事营生，业亦不异。常与康偶锻于洛邑，与吕安灌园于山阳，收其余利，以供酒食之费。或率尔相携，观原野，极游浪之势，亦不计远近，或经日乃归，复修常业。"《世说新语·简傲》注引张骘《文士传》："康性绝巧，能锻铁，家有盛柳树，乃激水以圜之，夏天甚清凉，恒居其下傲戏，乃身自锻。家虽贫，有人说锻者，康不受直。唯亲旧以鸡酒往，与共饮啖，清言而已。"可见，这种田园式的生活方式表示了嵇康不愿随波逐流，蔑视司马氏的统治。

至于嵇康与吕安的关系，他在《与吕长悌绝交书》中有说明："昔与足下年时相比，故数面相亲，足下笃意，遂成大好，又是许足下以至交，虽出处殊途，而欢爱不衰也，及中间少知阿堵（吕安），志力开悟，每喜足下家复有此弟。"《世说新语·简傲》注引干宝《晋纪》："初，安之交康也，其相思则率尔命驾。"可见，吕安是嵇康一生的知己，嵇康也因卷入吕安与其兄长吕巽的案子而死于非命。

**钟会两次来访，均遭冷遇。会撰《四本论》，欲使嵇康见之。终畏嵇康诘难，于户外遥掷后，疾走了之。**

《世说新语·简傲》："钟士季精有才理，先不识嵇康。钟要于时贤俊之士,俱往寻康。康方大树下锻,向子期为佐鼓排。康扬槌不辍,傍若无人,移时不交一言。钟起去,康曰:'何所闻而来?何所见而去?'钟曰:'闻所闻而来,见所见而去。'"

钟会率众来访嵇康,嵇康却旁若无人,不交一言,钟会十分难堪。嵇康的态度足以表现其性情之刚烈,绝不媚于世俗。

明代李贽《初潭集》:"甚矣,史之文胜质也,方其扬槌不顾之时,目中无钟久矣,其爱恶喜怒,为何如者?此虽中散之累,而不足以损中散之高,胡为乎盖之哉?"李贽认为史家的描述言过其实,多有文饰,当嵇康扬槌而锻时,必专心致志,看不见钟会也在情理之中,何来的爱恶喜怒?他对钟会的"无礼",不足以损害其高致。虽此言有理,但想必作者的意图在于二人之间的答话:"何所闻而来?何所见而去?""闻所闻而来,见所见而去。"问答间尽显语言玄机,嵇康的漫不经心与钟会的悻悻而去,微妙地表现了二人关系的尴尬与紧张。从而也反映了嵇康与时局的不谐。

《世说新语·文学》:"钟会撰《四本论》,始毕,甚欲使嵇公一见,置怀中,既定,畏其难,怀不敢出,于户外遥掷,便回急走。"注引《魏志》曰:"会论才性同异传于世,四本者:言才性同、才性异、才性合、才性离也。尚书傅嘏论同,中书令李丰论异,侍郎钟会论合,屯骑校尉王广论离。文多不载。"可见,钟会对于嵇康的词锋还是相当害怕的。关于钟会才性四本论与当时政治斗争之关系,陈寅恪先生在《书世说新语文学类钟会撰四本论始毕条后》中曾加以详细分析,同时指出:"今考嵇、钟两人,虽为政治上之死敌,而表面上仍相往还。"①

**嵇康在汲郡山中遇隐士孙登,从之游。孙登预言嵇康难免于今世。**

《晋书》本传:"至汲郡山中见孙登,康遂从之游。登沈默自守,无所言说。康临去,登曰:'君性烈而才俊,其能免乎!'"。

《世说新语·栖逸》:"嵇康游于汲郡山中,遇道士孙登,遂与之游。康临去,登曰:'君才则高矣,保身之道不足。'"注引《康集序》:"孙登者,不知何人。无家,于汲郡北山土窟住,夏则编草为裳,冬则披发自覆。好读《易》,鼓一弦琴,见者皆亲乐之。"《太平御览》五百七十九引

---

① 陈寅恪:《金明馆丛稿初编》,上海古籍出版社1980年版,第47页。

某家《晋纪》:"孙登字公和,不知何许人,散发宛地,行吟乐天,居白鹿苏门二山,弹一弦琴,善啸,每感风雷。嵇康师事之,三年不言。"从这些记载来看,孙登大约是一位山中隐士,住土窟、穿草衣。在孙登看来,嵇康既不能隐又不应召,结果必然应了如上文所说的"难免于世"的伏笔。

**嵇康约于此时作《释私论》。**

《释私论》中提出"越名教而任自然",而反对小人的匿情作伪:"夫君子者,心无措乎是非,而行不伪乎道者也。何以言之?夫气静神虚者,心不存于衿尚;体亮心达者,情不系乎所欲……"《释私论》是嵇康探讨人生的代表作之一。《晋书》本传论曰:"盖其胸怀所寄。"此文致力于个体精神境界的审美超越,时至今日仍给我们以深省与启迪。

**魏高贵乡公正元元年(254年),嵇康或在本年前后,遇隐士王烈,得素书、石髓。**

《晋书》本传:"康又遇王烈,共入山,烈尝得石髓如饴,即自服半,余半与康,皆凝而为石。又于石室中见一卷素书,遽呼康往取,辄不复见。烈乃叹曰:'叔夜志趣非常而辄不遇,命也!'其神心所感,每遇幽逸如此。"

《文选》卷二十二沈休文《游沈道士馆诗》注引袁彦伯《竹林名士传》:"王烈服食养性,嵇康甚敬信之,随入山。烈尝得石髓,柔滑如饴,即自服半,余半,取以与康,皆凝而为石。"

戴明扬《嵇康集校注》附录对此有所说明:"晋人虚无,类多欺诞。子观王烈入山得石髓,怀以饷嵇叔夜,视之,则已为石矣。然《抱朴子》云:'石中黄子,所在有之,近水之山尤多,在大石中,其石长温润不燥,打石见之,赤黄溶溶,如鸡子之在壳者,便饮之,不尔,则坚凝成石也。'据此,与王烈所谓石髓何异,恐所得者,只是此耳。按《仙经》:'神山五百年一开,石髓出,饮之者寿,与天地齐。'故东坡因谓:'康使当时杵碎或错磨食之,岂不贤于云母钟乳辈?然神山要有定分,不可力求也。'晋人固好奇不实,而坡复以《仙经》为信,无乃一径庭耶?"嵇康遇隐士却错失了得道成仙的时机,种种奇闻怪事,皆不足取,正如戴氏所言其所服的石髓即是钟乳。这些叙述可以看作后人对嵇康不免于世的一种心理补偿。

**嵇康借《楚辞·远游》之意作《游仙诗》，借用汉乐府古辞《秋胡行》的形式作《重作四言诗七首》、《秋胡行》，《杂诗》四言、五言各俱，因失其题目故杂以归之。**

嵇康《游仙诗》一韵到底，畅流雅丽，下开郭璞五言游仙之风。"遥望山上松，隆谷郁青葱，自遇一何高，独立迥无双，愿想游其下，蹊路绝不通……"诗中说他在山中寻仙求道，采药服食，反映他心中对自然的饥渴，但如何蜕弃他的秽累，如何长与俗人相别，又必须面临一番自我的挑战。

《秋胡行》借用汉乐府古辞《秋胡行》的形式，来表达自己追求自然的柔弱，自由无羁的意念，与这个时期的行止、思想相近。《秋胡行》是相和歌清调曲，依曹操的两曲《秋胡行》，都是首两句，重复歌咏一次，这是民歌的本色。如首句"绝智弃学，游心于玄默"，再一次"绝智弃学，游心于玄默"然后是下文，嵇康的七首便全用重调，曹丕所作及后世的《秋胡行》大多没有用重调。七首都用首句四言、五言（或四言）重调两次共四句，然后再六句四言。最末两句，一句都用"歌以言之"四言，末句五言，而且用韵与第二句用韵同字。朱乾《乐府正义》："人未有不生于忧患，而死于安乐，多金者昏志，耽色者伐性，皆此五年宦陈心骄气盈之所致也，故篇中以富贵贫贱发端，以极欲疾枯为戒，而叹脱然于财色之不如神仙也。"陈祚明《采菽堂古诗选》说："《秋胡行》别为一体，贵取快意，此犹有魏武遗风。"就整体形式来说，确是受曹操《秋胡行》的影响，但就曹操浪漫的游仙色彩言，则只有末三首相近，才有陈氏所说的"快意"。

《杂诗》四言四首：《泆泆白云》、《眇眇翔鸾》、《有舟浮覆》、《羽化华岳》；《杂诗》五言三首：《人生譬朝露》、《修夜家无为》、《俗人不可亲》。都是嵇康向往自然仙道的作品，但文字平平，了无创意，与游仙诗同类。

**正元二年（255年），毌丘俭反，嵇康欲助俭，山涛制止。大约此时，司马昭征召嵇康，康避之河东。作《卜疑》、《明胆论》、《难自然好学论》。**

《三国志·王粲传》注引《世语》："毌丘俭反，康有力，且欲起兵应之，以问山涛，涛曰：'不可。'俭亦已败。"《晋书·嵇康传》："康欲助毌丘俭，赖山涛不停。"在司马昭回洛阳之时，嵇康可能又上山找孙登。山涛接着出任新职。

《卜疑》是模拟屈原《卜居》的一篇辞赋。他以一个道德极其高尚的"宏达先生"，在"大道既隐，智巧滋繁"的时代，感到无比的失望、怀疑，他不知如何前进，乃求见"太史贞父"求卜疑问，全文只一问一答，他所问的就是嵇康所面临如何抉择自己扮演的角色的问题，也是当时社会士人如何去选择道路的问题。

《明胆论》，"明胆"，一言以蔽之即"知行"，明是明其理，胆是果其行。本篇是嵇康对才性论较具体表明态度的论著，嵇康在钟会的干扰下，他与吕安讨论明胆问题，皆是异、离派，公开表示与钟会合派的不同立场。嵇康主张明与胆无关，不能相生，明只是事物的分析，而胆是事物的决行，进一步以明胆二者比喻是阴阳两气，只能合于一体，没有相互的因果关系，唯有"至人特钟纯美，兼周外内，无不毕备"。

《难自然好学论》是驳斥张邈（字辽叔）《自然好学论》的论文，本文与《明胆论》用一样的方法把自然与好学加以分离，用来说明传统学术道德是斫伤自然的。

正元二年，文钦、毌丘俭反司马的军事行动失败，文钦投奔吴国，毌丘俭被杀，都夷三族。司马懿死，司马昭进位大将军。此前嵇康似乎意寄毌丘俭，被山涛劝阻，但在紧张的政治气氛中，他的内心始终波澜不平。而此时的创作，表现出其内心对现实与理想的矛盾、疑惑，反叛心理到了一个极点。

**魏高贵乡公甘露元年（256年）**，嵇康与孙登学"养生之术"三年，约于本年初左右离开苏门山。**阮籍母逝世，前往吊丧。著《管蔡论》、《高士传》、《六言十首》。**

《世说新语·简傲》注引《晋百官名》："嵇喜，字公穆……康兄也。阮籍遭丧，往吊之。籍能为青白眼，见凡俗之士，以白眼对之。及喜往，籍不哭，见其白眼，喜不怿而退。康闻之，乃赍酒挟琴而造之，遂相与善。"嵇康深知阮籍不为礼法所缚，二人同受庄子自然观思想的影响，康"鼓盆而歌"的举动是对人生死自然的"欢送"，虽然不合礼教，却正中阮籍下怀。

曹髦在太学怀疑姬旦杀兄管叔及弟蔡叔，本身负有责任未尽的过失，但太学博士庾峻不敢作答，嵇康乃对这个历史事件加以评论，立场是支持曹髦的。本篇也是他后来在《与山巨源绝交书》中所说的"又每非汤、武，而薄周、孔"的作品，对司马昭所谓"以孝治天下"加以揭露。

《晋书》本传："康善谈理，又能属文，其高情远趣，率然玄远。撰上古以来高士，为之传赞，欲友其人于千载也。"南朝宋人周续之注（见《宋书》本传），《隋书·经籍志》著录三卷，周续之注。唐刘知幾看过《高士传》，《史通·杂说》下："嵇康撰《高士传》，取《庄子》、《楚辞·渔父》事，合成一篇。"到宋、元间亡佚，佚文散见类书，明、清以来学者陆续辑佚，现以戴明扬《圣贤高士传赞》收录最全，附于《嵇康集校注》附录中。嵇康以他自己的政治观点，选远古到东汉一百一十九位高士成一篇。其中有子虚乌有的神仙人物，有市井传说的人物，可见不是作历史资料，可能是一种对太学生，或道士的教材，亦未可知。

六言诗十首，歌咏远古高尚无为的社会，及高洁的贤士，与《高士传》可能同时而作。嵇康六言诗是存世最早的完整作品。例如，《楚子文善仕》："三为令尹不喜，柳下降身蒙耻，不以爵禄为己，静恭古惟二子。"又《老莱妻贤名》："不顾夫子相荆，相将避禄隐耕，乐道闲居采萍，终厉高节不倾。"

**甘露二年（257年），嵇康在洛抄经，引得少年赵至追随。或作《春秋左氏传音》。司马昭下令征召。**

《世说新语·言语》注引嵇绍《赵至叙》："（赵）至年十四，入太学观，时先君在学写石经古文，事讫去。遂随车问先君姓名。先君曰：'年少何以问我？'至曰：'观君风器非常，故问耳。'先君具告之。至年十五，阳病，数数狂走五里三里，为家追得，又灸身体十数处。年十六，遂亡命，径至洛阳，求索先君不得。"嵇康风姿绰约，吸引少年赵至的追随。

《三国志·王粲传》引《魏氏春秋》："大将军尝欲辟康，康既有绝世之言，又从子不善，避之河东，或云避世。"时间约在司马昭七月出征之前。河东，即山西夏县。

《隋书·经籍志》："《春秋左氏传音》三卷，魏中散大夫嵇康撰。"《唐书》不著录，知亡佚于唐代。此书于本年初或去年在洛阳太学所作。

足证嵇康家世儒学,熟悉经学。

**或于此时作《难宅无吉凶摄生论》、《答释难宅无吉凶摄生论》。作《述志诗》。**

《难宅无吉凶摄生论》及《答释难宅无吉凶摄生论》,记录了嵇康与阮德如(一说张邈)针对养生与卜宅而作出的辩论过程。阮先作了一篇《宅无吉凶摄生论》,嵇康作《难宅无吉凶摄生论》难之。阮不服气,再作《释难宅无吉凶摄生论》予以回复,嵇康于是作《答释难宅无吉凶摄生论》进行反驳。阮信卜相说和命定论主张宅无吉凶而难摄生,嵇康虽反对命定论,但认为宅之吉凶与摄生皆可信证。嵇康批评的主要是阮文中的漏洞和谬误,辩论的焦点不在"有吉凶"与"无吉凶"之间,而是所论之"理"能否成立。文章重点是在逻辑,而不在观点;在推理,而不在立论。

《述志诗》主要表达自己向往山野自然的志向:"逝将离群侣,杖策追洪崖。焦鹏振六翮,罗者安所羁。浮游太清中,更求新相知。比翼翔云汉,饮露餐琼枝。多念世间人,凤驾咸驱驰。冲静得自然,荣华安足为。"

**甘露三年(258年),嵇康隐居河东。**

此年,诸葛诞被杀。从此,反司马家的军事力量彻底被消灭,剩下的只有嵇康这些意识上不投降的读书人,已经不足以阻挡司马昭全面夺权。嵇康离开,隐居河东,也是自然之理。

**甘露四年(259年),嵇康在邺城,赵至求为相识,后随康返山阳。闻山涛举荐入仕。作《与阮德如诗》一首。**

《世说新语·言语》:"嵇中散语赵景真:'卿瞳子白黑分明,有白起之风,恨量小狭。'赵曰:'尺表能审玑衡之度,寸管能测往复之气,何必在大?但问识如何耳!'"注引嵇绍《赵至叙》:"先君到邺,至具道太学中事,便逐先君归山阳经年……先君尝谓之曰:'卿头小而锐,瞳子白黑分明,视瞻停谛,有白起风。'"赵至在洛阳随嵇康至邺城。嵇康观其容貌特征,说他瞳孔之间,黑白分明,有秦将白起风范,却可惜太小了。于是赵至为自己辩解,小狭之物,尚有大用,识量却不一定小。赵至有狂疾，善文章，他的《与嵇茂齐书》被收入《文选》，又被刘勰在《文心雕龙·书记》篇推为"书记"类佳作，与嵇康并提："嵇康绝交，实志高而文伟矣；赵至叙离，乃少年之激切也。"

《与山巨源绝交书》："前年，从河东还，显宗、阿都说足下议以吾自代；事虽不行，知足下故不知之"嵇康从公孙崇、吕安那知道山涛要推荐他任尚书郎的消息。

《与阮德如诗》一首，表达怀思之情及淡泊之志："泽雉穷野草，灵龟乐泥蟠，荣名秽人身，高位多灾患，未若捐外累，肆志养浩然。"这也许也是拒绝山涛推荐他做官的表白。

**魏元帝景元二年（261年）**，嵇康母没。拒山涛举荐，作《与山巨源绝交书》，获罪司马昭。

《与山巨源绝交书》："吾新失母兄之欢，意常凄切。"

《文选》卷四十三载嵇叔夜《与山巨源绝交书》，李善注引《魏氏春秋》："山涛为选曹郎，举康自代，康答书拒绝，因自说不堪流俗，而非薄汤武。大将军闻而恶焉。"

《晋书》本传："山涛将去选官，举康自代。康乃与涛书告绝，曰：'……今但欲守陋巷，教养子孙，时时与亲旧叙离阔，陈说平生，浊酒一杯，弹琴一曲，志意毕矣，岂可见黄门而称贞哉！若趣欲共登王途，期于相致，时为欢益，一旦迫之，必发狂疾。自非重仇，不至此也。既以解足下，并以为别。'此书既行，知其不可羁屈也。"刘勰《文心雕龙·书记》篇论曰："嵇康《绝交》，实志高而文伟矣。"嵇康的这封书信，不仅以文风犀利、言辞激烈著称，被称作魏晋第一文，而且其中也寓含着嵇康的文学观念，这就是将文艺作为心志的宣泄与情感的寄托，他渴望在音乐与诗歌中摆脱世俗的浊秽，升华精神的境界，达到心灵的平和。表现出魏晋名士的人生志趣与文艺观念，即为人生的艺术，而不是如两汉那样，为政教而缘饰。关于此信写作年代，侯外庐《中国思想通史》和童强《嵇康评传》认为此信作于景元元年（260年）。刘汝霖《汉晋学术编年》则考订为景元二年，北京大学中国文学史教研室编《魏晋南北朝文学史参考资料》定为魏元帝景元二年到三年之间。陆侃如先生定为景元二年，刘学智、徐兴海编《中国学术思想编年》（魏晋南北朝卷）也定为景元二年。今综合诸家之说，定于景元二年。

**吕安于同年遭放逐，途中寄信给嵇康，康撰《与吕长悌绝交书》。**

《文选》卷十六载向秀《思旧赋》："嵇志远而疏，吕心旷而放，其后各以事见法。"注引干宝《晋书》："嵇康谯人，吕安东平人，与阮籍、山涛及兄巽友善。康有潜遁之志，不能被褐怀宝，矜才而上人。安，巽庶弟，俊才妻美，巽使妇人醉而幸之。丑恶发露，巽病之，告安谤己。巽于钟会有宠，太祖遂徙安边郡，遗书与康，昔李叟入秦，及关而叹云云。太祖恶之，追收下狱。康理之，俱死。"又引《魏氏春秋》曰："康寓居河内之山阳。钟会为大将军（即司马昭）所昵，闻而造之。乘肥衣轻，宾从如云。康方箕踞而锻，会至不为礼，会深恨之。康与东平吕昭子巽友、弟安亲善。会巽淫安妻徐氏，而诬安不孝，囚之。安引康为证，义不负心，保明其事。安亦至烈，有济世志。钟会劝大将军因此除之。杀安及康。"

吕家兄弟一案本是一起家庭纠纷，因嵇康好心从中斡旋，反成了司马氏杀人灭口的理由，其中吕巽的恶行是否受司马氏指使成为一个谜团。

**景元三年（262年），嵇康因吕安事而下狱。**

《世说新语·雅量》注引《文士传》："吕安罹事，康诣狱以明之。钟会庭论康曰：'今皇道开明，四海风靡，边鄙无诡随之民，街巷无异口之议，而康上不臣天子，下不事王侯，轻时傲世，不为物用，无益于今，有败于俗。昔太公诛华士，孔子诛少正卯，以其负才乱群惑众也。今不诛康，无以清洁王道。'于是录康，闭狱。"

《文选》卷十六江文通《恨赋》注引臧荣绪《晋书》："嵇康拜中散大夫，东平吕安家事系狱，囊阅之。始安尝以语康辞，相证引，遂复收康。"《文选》六臣本《思旧赋》李善注引臧荣绪《晋书》："安妻甚美，兄巽报之。巽内惭，诬安不孝，启太祖，徙安远郡，即路与康书。太祖见而恶之，收安付廷尉，与康俱死。"

《世说新语·雅量》注引王隐《晋书》："康之下狱，太学生数千人请之。于时豪俊皆随康入狱，悉解喻，一时散遣；康竟与安同诛。"

艺海楼钞本《大唐类要》六十七引王隐《晋书》："晋文王收嵇康，学生三千人上书，请嵇康为博士。"

由此可见，嵇康实际上是当时知识分子的精神领袖。但也有人怀疑太学生三千为之上书之事由钟会伪造。见明吴骐《读书偶见》:"嵇、阮脱略礼法,纵酒跌荡,当时名教之士疾之如仇,此其与太学风气相去远矣。嵇康临刑,何得太学三千人上疏请以为师乎?太学求师,必不求第一放达人,此易知也。时钟会谮康于司马公曰:'嵇康,卧龙也。公无忧天下,当忧嵇康。'此疏必会所伪作,使司马忌康得人心,而必杀之耳。夏侯太初以一坐皆起,遂至不免,情事亦颇相同。会尝截邓艾表文,改其词句,以构成其罪。又尝伪荀氏书,以窃其宝剑。生平惯作此等狡狯,太学一疏,必出其手,可以理测也。"

**嵇康于狱中作《幽愤诗》、《家诫》。临刑前弹奏《广陵散》,从容就死。**

《晋书》本传:"后安为兄所枉诉,以事系狱,辞相证引,遂复收康。康性慎言行,一旦缧绁,乃作《幽愤诗》。"《幽愤诗》是嵇康在激动的心情下所作的四言诗。其在狱中,自知已无来生,而以自传的形式,叙述他一生的遭遇和理想:"欲寡其过,谤议沸腾,性不伤物,频致怨憎,昔惭柳惠,今愧孙登。"可见本来是要明哲保身,苟全性命于乱世,但刚烈的本性,使他身不由己,以至有今日。

《家诫》一文是专门告诫子女的遗书,当时长女十五岁,儿子嵇绍十岁。这篇散文以儒家传统的道德观作基础,来教诲子女如何明哲保身。主要强调"守志"与"避祸远害"的处事方式,是他自己归纳出来的一套内方外圆的处世哲学。语言质朴,内容具体,见其文,而如闻其声。

《资治通鉴》卷七十八景元三年叙嵇康死因:"康与涛书,自说不堪流俗,而非薄汤、武。昭闻而怒之。康与东平吕安亲善,安兄巽诬安不孝,康为证其不然。会因谮'康尝欲助毌丘俭,且安、康有盛名于世,而言论放荡,害时乱教,宜因此除之。'昭遂杀安及康。康尝诣隐者汲郡孙登,登曰:'子才多识寡,难乎免于今之世矣!'"

《三国志·魏书·王粲传》注引《魏氏春秋》:"康临刑自若,援琴而鼓,既而叹曰:'雅音于是绝矣。'时人莫不哀之。初,康采药于汲郡共北山中,见隐者孙登,康欲与之言,登默然不对。逾时将去,康曰:'先生竟无言乎?'登乃曰:'子才多识寡,难乎免于今之世。'及遭吕安事,为诗自责曰:'欲寡其过,谤议沸腾,性不伤物,频致怨憎。昔惭柳下,今愧孙登,内负宿心,外赧良朋。'康所著诸文论六七万言,皆为世所玩咏。"

《三国志·魏书·王粲传》注引《嵇康别传》："临终曰：'袁孝尼尝从吾学广陵散，吾每固之不与，广陵散于今绝矣！'"

《世说新语·雅量》："嵇中散临刑东市，神气不变，索琴弹之，奏广陵散，曲终曰：'袁孝尼尝请学此散，吾靳固不与；广陵散于今绝矣！'太学生三千人上书，请以为师，不许。文王亦寻悔焉。"

《世说新语·雅量》注引《文士传》："咸与共别，康颜色不变，问其兄曰：'向以琴来不邪？'兄曰：'以来。'康取调之，为太平引，曲成，叹曰：'太平引于今绝也。'"

《文选》卷十六载江淹《恨赋》："中散下狱，神气激扬，浊醪夕引，素琴晨张。秋日萧索，浮云无光，郁青霞之奇意，入修夜之不旸。"

宗白华《论〈世说新语〉和晋人的美》对此评价："这是一班在文化衰堕时期替人类冒险争取真实人生道德的殉道者。他们殉道时何等的勇敢，从容而美丽。"①

嵇康死后，留下故人无尽的哀思与怀念，而他的敌人犹耿耿于怀。《晋书·向秀传》："康既被诛，秀应本郡计入洛。文帝问曰：'闻有箕山之志，何以在此？'秀曰：'以为巢许狷介之士，未达尧心，岂足多慕。'帝甚悦。秀乃自此役，作《思旧赋》云：'……悼嵇生之永辞兮，顾日影而弹琴。托运遇于领会兮，寄余命于寸阴。听鸣笛之慷慨兮，妙声绝而复寻。仰驾言其将迈兮，故援翰以写心。'"

《世说新语·伤逝》："王濬冲为尚书令，著公服，乘轺车，经黄公酒垆下过，顾谓后车客：'吾昔与嵇叔夜、阮嗣宗共酣饮于此垆。竹林之游，亦预其末。自嵇生夭、阮公亡以来，便为时所羁绁。今日视此虽近，邈若山河。'"

《职官分纪》卷六引臧荣绪《晋书》："向秀为散骑侍郎，公使乘轺车，经昔嵇、阮共游酒垆前过，乃叹曰：'吾昔与嵇康、阮籍屡游此垆，自嵇生及阮公没，吾便为时所羁绁，今日视此虽近，邈若山河也。'"

对于嵇康之死，历代学者或撰文写诗，各抒己见，无不感慨万端。

沈约《七贤论》道："嵇生是上智之人，值无妄之日，神才高杰，故为世道所莫容，风邈挺特，荫映于天下，言理吐论，一时所莫能参，属马

---

① 宗白华：《美学散步》，上海人民出版社1981年版，第189页。

氏执国,欲以智计倾皇祚,诛锄胜己,靡或有遗,玄伯太初之徒,并出嵇生之流,咸已就戮,嵇审于此时,非自免之运,若登朝进仕,映迈当时,则受祸之速,过于旋踵,自非霓裳羽带,无用自全,故始以饵术黄精,终于假涂托化。阮公才器宏广,亦非衰世所容,但容貌风神,不及叔夜,求免世难,如为有涂,若率其恒仪,同物俯仰,迈群独秀,亦不为二马所安,故毁行废礼,以秽其德,崎岖人世,仅然后全……自嵇阮之外,山向五人,止是风流器度,不为世匠所骇……"

颜之推《颜氏家训·勉学篇》:"嵇叔夜排俗取祸,岂和光同尘之流也。"

李清照《咏史》:"两汉本继绍,新室如赘疣。所以嵇中散,至死薄殷周。"

赵秉文《题王致叔书嵇叔夜养生论后》:"嵇中散龙章凤姿,高情远韵,当世第一流也。不幸当魏晋之交,危疑之际,且又魏之族婿,钟会嗾司马昭以卧龙比之,此岂昭弑逆之贼,所能容哉?前史称会造公,公不为礼,谓会:'何所闻而来?何所见而去?'会以是衔之。向无此言,公亦不免。世人喜以成败论士,遂以公为才多识寡,难乎免于今之世,过矣。自古奸雄窥伺神器者,鲜不维絷英豪,使不得遁。如中郎死于董卓,文举死于魏武,司空图仅以疾免,杨子云几至辱身,亦时之不幸也。如公重名,安所遁哉!人孰无死,惟得死为不没。如会劝司马昭啄丧魏室,既灭刘禅,遂据蜀叛,竟以诛死。若等犬彘耳,死与草木共腐。而公之没,以今望之,若神人然,为不死矣。尚何訾云,故备论之。至于书之工拙,亦何足言之与有。"赵氏评价,越前人藩篱,以为嵇康之死乃生不逢时,即使没有钟会挑唆,像他这般盖世才华,又加以坚决与统治者不合作之态度,亦是难逃死劫。

近代以来,关于嵇康的论述颇多,代表性的有这样一些评价。

鲁迅《魏晋风度及文章与药及酒之关系》:"嵇康的论文,比阮籍更好,思想新颖,往往与古时旧说反对。"[①]

刘师培《中国中古文学史讲义》:"嵇、阮之文,艳逸壮丽,大抵相同。若施以区别,则嵇文近汉孔融,析理绵密,阮所不逮;阮文近汉祢衡,托体高健,嵇所不及:此其相异之点也。至其为诗,则为体迥异,大

---

[①] 鲁迅:《魏晋风度及其他》,上海古籍出版社2010年版,第178页。

抵嵇诗清峻，而阮诗高浑。彦和所谓遥深，即阮诗之旨言，非谓阮诗之体也。……要之，魏初诗歌渐趋轻靡，嵇、阮矫以雄秀，多为晋人所取法。故彦和评论魏诗，亦惟推重二子也。"①

陈寅恪先生在《书世说新语文学类钟会撰四本论始毕条后》指出："嵇公于魏、晋嬗替之际，为反司马氏诸名士之首领。"②

汤用彤《魏晋玄学论稿》指出："至若嵇叔夜则宅心旷达，风格奔放。其学与辅嗣大异，然得意废言之旨，固亦其说之骨干，兹请略陈之。盖王氏谨饰注重者本体之宗统，嵇氏奔放欣赏者天地之和美。"③

侯外庐《中国思想通史》评价："嵇康的文化论，一句话说完，就是反礼乐，反名教，反教育，主观上要修正两汉的博士的意识形态。而他所否定的，却是司马氏偷盗着以欺蒙天下人耳目的法宝，因此，客观上也具有政治的意味。"④

任继愈《中国哲学发展史》（魏晋南北朝卷）分析："嵇康在论辩中特别强调从自我意识出发，从自我的独立思考和理性判断出发，打破经典权威和习俗成见的束缚，反对'多同'之见和'思不出位'的观点。""他的玄学理论来说，只有实行自我克制才能把握本体，矜尚之心与情欲之累都不值得赞许。但是嵇康在实际行为上，特别是政治行为上，偏偏不能自我克制，而要坚持自己的个性。"⑤

李泽厚、刘纲纪编著《中国美学史》第二卷（魏晋南北朝部分）指出："在嵇康身上，演着和阮籍同一的悲剧，即有'济世志'而又不能施展其志，只好到老、庄那里去求取解脱。同时，由于处在魏晋的特定历史条件下，这种解脱也和阮籍一样，是和道家对个体人格精神的绝对自由的追求分不开的，不同于儒家一般所说的'独善其身'。但是，和阮籍比较起来，嵇康在个性、思想上都有自己的鲜明特点。"⑥

罗宗强《玄学与魏晋士人心态》认为："嵇康的意义，就在于他把庄子的理想的人生境界人间化了，把它从纯哲学的境，变为一种实有的境

---

① 刘师培：《中国中古文学史讲义》，上海古籍出版社2006年版，第37页。
② 陈寅恪：《金明馆丛稿初编》，上海古籍出版社1980年版，第47页。
③ 《汤用彤学术论文集》，中华书局1983年版，第219页。
④ 侯外庐：《中国思想通史》第三卷，人民出版社1957年版，第189页。
⑤ 任继愈：《中国哲学发展史》，人民出版社1988年版，第174—179页。
⑥ 李泽厚、刘纲纪：《中国美学史》第二卷，中国社会科学出版社1987年版，第202页。

界，把它从道的境界，变成诗的境界。""嵇康的人生悲剧，也可以说是玄学理论自身的悲剧：从现实需要中产生而脱离现实，最后终于为现实所抛弃。"①

　　总起来说，嵇康生于魏晋易代之际，也是中国社会与文化出现巨大转变的时代，作为这个特定年代的杰出人物，嵇康以其特立独行、任真自得、才情奇俊、不泥世俗的人格精神与诗文创作，卓然标峙于当时，为自己的人格理想而求仁得仁，既为当世所称赞，更为后世留下了不朽的影响，成为魏晋才子中最具个性风采的人物。

　　关于嵇康的著作，《隋书·经籍志》著录有集十三卷，又别有十五卷本，宋代原集散失，仅存十卷本。明代诸本卷数与宋本同，但篇数减少。明本常见的有汪士贤刻《嵇中散集》（收入《汉魏六朝二十名家集》），张溥刻《嵇中散集》（收入《汉魏六朝百三家集》中），等等。1924年，鲁迅辑校《嵇康集》，是他在1913年从吴宽丛书堂钞本钞出，用黄省曾等刻本，以及类书、古注等引文，加以校勘，1924年校订完成，1938年收入《鲁迅全集》第九卷中。戴明扬校注的《嵇康集》1962年由人民文学出版社出版，此书除校、注外，还收集了有关嵇康的事迹、评论材料。戴明扬《嵇康集校注》十卷是目前最细致的整理本，此书以明黄省曾嘉靖乙酉年（1525年）仿宋刻本为底本，以别本及诸书引载者校之。黄本漏落之处较多，依吴宽丛书堂钞本补入。注释部分全录李善注文，五臣注及唐人旧注则加以节录，明清诸人评语等共计七十余种校注，正文字理旧说，是一部研究嵇康作品比较完备的专集，具有较高的参考价值。此外，殷翔、郭全芝注的《嵇康集注》（黄山书社1986年版）词语注释较详，也具有一定参考价值。

（高　丹）

---

①　罗宗强：《玄学与魏晋士人心态》，南开大学出版社2003年版，第85—104页。

# 刘伶传

**刘伶，字伯伦，沛国（今安徽濉西西北）人。竹林七贤之一。**

《晋书》本传："刘伶，字伯伦，沛国人也。"吴士鉴、刘承幹《晋书斠注》："《文选·思旧赋》注、《五君咏》注引臧荣绪《晋书》亦均作刘灵。……《文选·酒德颂》五臣注引臧荣绪《晋书》：'刘灵，字伯伦。'《文苑英华》卷十三皇甫湜《醉赋》：'昔刘灵作《酒德颂》。'彭叔夏《辩证》云：'颜延之《五君咏》："刘灵善闭关。"今《文选》仍作伶，盖后人据《晋书》改。文中子刘灵古之闭关人也。《语林》："天生刘灵，以酒为名。"并作"灵"。而唐太宗《晋书》本传作伶，故他书通用伶云云。'"余嘉锡《世说新语笺疏·文学》注案："胡氏刻仿宋本《文选》李善注于《思旧赋》注引臧荣绪《晋书》，《五君咏》注引《竹林名士传》及臧书，均作灵。惟《酒德颂》注引臧书，误作伶。然文选集注九十三《酒德颂》下引李善注仍作灵，不误也。"看来刘伶原作刘灵，不误。但考虑现实情况，本笺证仍按一般习惯，暂写作"刘伶"。

刘伶生年不详。伶父刘进，魏国大将，与曹操有同乡之好。《文选集注》九十三公孙罗《文选钞》引臧荣绪《晋书》曰："刘灵父为太祖大将军掾，有宠，早亡。"

**刘伶容貌短小，然而性格放达自得，深得竹林精味。**

《晋书》本传："身长六尺，容貌甚陋。放情肆志，常以细宇宙齐万物为心。澹默少言，不妄交游。……初不以家产有无介意。"吴士鉴、刘承幹《晋书斠注》："《初学记》十九梁祚《魏国统》曰：'刘伶形貌丑陋，身长六尺，然肆意放荡，悠焉独畅，自得一时，常以宇宙为狭。'《文选·酒德颂》注臧荣绪《晋书》曰：'貌甚丑悴而悠悠忽忽土木形骸。'又《文学篇》注《名士传》曰：'伶处天地间，悠悠荡荡无所用心。'"又《世说新语·容止》："刘伶身长六尺，貌甚丑悴，而悠悠忽忽，土木形骸。"文句相类。

《世说新语·任诞》："刘伶恒纵酒放达，或脱衣裸形在屋中，人见讥之。伶曰：'我以天地为栋宇，屋室为裈衣，诸君何为入我裈中？'"注引邓粲《晋纪》曰："客有诣伶，值其裸袒，伶笑曰：'吾以天地为宅舍，以屋宇为裈衣，诸君自不当入我裈中，又何恶乎？'其自任若是。"

刘伶性嗜酒。尝因醉与俗人相忤。常乘鹿车，携一壶酒，使人荷锸而随之，就死以埋。

《晋书》本传："常乘鹿车，携一壶酒，使人荷锸而随之，谓曰：'死便埋我。'其遗形骸如此。"又《世说新语·文学》注："《名士传》曰：'伶字伯伦，沛郡人。肆意放荡，以宇宙为狭。常乘鹿车，携一壶酒，使人荷锸随之，云："死便掘地以埋。"土木形骸，遨游一世。'"余嘉锡笺证："《文选集注》九十三公孙罗《文选钞》引臧荣绪《晋书》曰：'……灵长六尺，貌甚丑悴，而志气旷放，以宇宙为狭也。与阮籍、嵇康为友，相遇欣然，怡神解裳。乘鹿车，携一壶酒，使荷锸自随，以为死便埋之。留连于酒中之德，乃著《酒德颂》。'嘉锡案：此叙事与《名士传》略同而加详，录之以广佚闻。"

刘伶又有酒后纠纷事。《晋书》本传："尝醉与俗人相忤，其人攘袂奋拳而往。伶徐曰：'鸡肋不足以安尊拳。'其人笑而止。"其事又见《世说新语·文学》注："《竹林七贤论》曰：'伶处天地间，悠悠荡荡，无所用心。尝与俗士相牾，其人攘袂而起，欲必筑之。伶和其色曰："鸡肋岂足以当尊拳！"其人不觉废然而返。'"

**其妻尝哭劝刘伶戒酒，刘伶不听，并饮酒而祝。**

《晋书》本传："尝渴甚，求酒于其妻。妻捐酒毁器，涕泣谏曰：'君酒太过，非摄生之道，必宜断之。'伶曰：'善！吾不能自禁，惟当祝鬼神自誓耳。便可具酒肉。'妻从之。伶跪祝曰：'天生刘伶，以酒为名。一饮一斛，五斗解酲。妇儿之言，慎不可听。'仍引酒御肉，隗然复醉。"又《世说新语·任诞》："刘伶病酒，渴甚，从妇求酒。妇捐酒毁器，涕泣谏曰：'君饮太过，非摄生之道，必宜断之！'伶曰：'甚善。我不能自禁，唯当祝鬼神，自誓断之耳。便可具酒肉。'妇曰：'敬闻命。'供酒肉于神前，请伶祝誓。伶跪而祝曰：'天生刘伶，以酒为名，一饮一斛，五斗解酲。妇人之言，慎不可听。'便引酒进肉，隗然已醉矣。"注引"见《竹林七贤论》"。用语几同《晋书》一致，想是《晋书》从此处抄录。余嘉锡笺疏："黄生《义府》下曰：'《世说》："天生刘伶，以酒为名。"古名、命二字通用，谓以酒为命也。'"

刘伶如此爱酒嗜酒，甚至公然宣称"以酒为名"，其背后有着十分深刻的社会历史背景。面对司马氏政权对于文人的高压政策，当时具有独立思想的名士纷纷以自己的方式自保。比如，阮籍选择了对政治的沉默（"口不臧否人物"，《晋书·阮籍传》），而嵇康则仍旧保持着锋芒毕露的性格（"有必不堪者七，甚不可者二"，《与山巨源绝交书》）。而在竹林名士之中，相较于其他人而言，刘伶更可以算作是最具个性的名士。他毫不热衷于政治，不但同阮籍一样同政治保持着距离，而且将对社会的失望与回避全部寄托在酒上。刘伶嗜酒表现的是一种对现实世界的彻底否定，同样也是对自我价值的强烈认同。正如乔攀、衣乾坤在《酒名背后刘伶的思想世界》中评价的那样："我们可以将魏晋玄学由纯粹的玄理而扩及到名士的具体行为，当然，这些名士的行为亦是魏晋玄学义理之实践的具体表现。如作如是理解，那么刘伶无疑是这些名士中对于玄学最为彻底的践行者。从刘伶的身上我们亦可以看出魏晋时期士人意识的自我觉醒以及由此而张扬出的主体精神。"[①]

**著《酒德颂》，并以此留名。**

《晋书》本传："伶虽陶兀昏放，而机应不差。未尝厝意文翰，惟著《酒德颂》一篇。其辞曰：有大人先生，以天地为一朝，万期为须臾，日月为扃牖，八荒为庭衢。行无辙迹，居无室庐，幕天席地，纵意所如。止则操卮执觚，动则挈榼提壶，惟酒是务，焉知其余。有贵介公子、搢绅处士，闻吾风声，议其所以，乃奋袂攘襟，怒目切齿，陈说礼法，是非蜂起。先生于是方捧罂承槽，衔杯漱醪，奋髯箕踞，枕曲藉糟，无思无虑，其乐陶陶。兀然而醉，恍尔而醒。静听不闻雷霆之声，熟视不睹泰山之形。不觉寒暑之切肌，利欲之感情。俯观万物，扰扰焉若江海之载浮萍。二豪侍侧焉，如蜾蠃之与螟蛉。"与《世说新语·文学》刘孝标注对照，

---

[①] 乔攀、衣乾坤：《酒名背后刘伶的思想世界》，《焦作大学学报》2011年第4期。

文句多合，想又当为《晋书》从《世说》抄录。《世说新语·文学》曰："刘伶著《酒德颂》，意气所寄。"

萧统《文选》选录《酒德颂》入"颂"类，但和同门类入选的其他四篇颂文（王褒《圣主得贤臣颂》、杨雄《赵充国颂》、史岑《出师颂》、陆机《汉高祖功臣颂》）在情感表现方面截然不同，分类颇值得商榷。

不论在思想方面还是在文学方面，对《酒德颂》的研究向来是刘伶研究的重点。近代学者余嘉锡对这篇作品的评价并不高，将其作品与向秀并论曰："子期以注《庄》显，伯伦以《酒德》著。流风余韵，蔑尔无闻，不足多讥，聊可备数。"[1] 是言有所失虑。实际上，刘伶《酒德颂》对中国文人性格特征的塑造有着深刻的影响，现有刘小兵《"酒神精神"的传承——王绩对刘伶及其〈酒德颂〉的接受》[2]、《论白居易对刘伶及其〈酒德颂〉的接受》[3] 等文章比较深入地探讨了《酒德颂》在后世的影响与接受情况。

文学创作方面，梁谋燕在《刘伶简论》中重点分析了《酒德颂》的创作特点[4]。梁谋燕认为，《酒德颂》的总特点是突破了颂体普遍具有的应制以及粉饰的固有特点，而完全用于表达个人情感。但是，值得指出的是，刘伶并不是最早写出这样个人化颂赞作品的文人，考曹植《柳颂序》曰："予以闲暇，驾言出游，过友人杨德祖家。视其居宇寥廓。庭中有一柳树，聊戏刊其枝叶。故著斯文，表之遗翰，遂因辞势，以讥当世之士。"从这个角度而言，刘伶的《酒德颂》可以被看做是一次对曹植个人化颂赞作品体制的继承和发扬。

**约魏齐王曹芳正始九年（248 年）前后，刘伶与阮籍、嵇康相遇，携手入林。**

《晋书》本传："澹默少言，不妄交游，与阮籍、嵇康相遇，欣然神解，携手入林。"又《太平御览》四百七引《魏氏春秋》："康寓居河

---

[1] 余嘉锡：《世说新语笺疏》，中华书局 1983 年版，第 636 页。
[2] 刘小兵：《"酒神精神"的传承——王绩对刘伶及其〈酒德颂〉的接受》，《文艺评论》2011 年第 2 期。
[3] 刘小兵：《论白居易对刘伶及其〈酒德颂〉的接受》，《焦作师范高等专科学校学报》2015 年第 4 期。
[4] 梁谋燕：《刘伶简论》，《许昌学院学报》2012 年第 1 期。

内之山阳县，与之游者，未尝见其喜愠之色。与陈留阮籍、河内山涛、河南向秀、籍兄子咸、琅邪王戎、沛人刘伶相与友善，游于竹林，号为七贤。"有关刘伶加入竹林之游的时间问题，史书未有明确记载，但由于最晚加入的王戎的竹林之游的起始时间为正始九年（参见《阮籍传笺证》），而刘伶与王戎入林时间相去不远，则可以大致推测出刘伶入林时间大致在此之前。

**魏高贵乡公甘露元年（256年），阮籍自求为步兵校尉。刘伶屡会阮籍，酣饮步兵厨中酒。**

《世说新语·任诞》："步兵校尉缺，厨中有贮酒数百斛，阮籍乃求为步兵校尉。"注："《文士传》曰：'……后闻步兵厨中有酒三百石，忻然求为校尉。于是入府舍，与刘伶酣饮。'《竹林七贤论》又云：'籍与伶共饮步兵厨中，并醉而死。'此好事者为之言。籍景元中卒，而刘伶泰始中犹在。"

阮籍在此年自求为步兵校尉，参见《阮籍传笺证》。

**尝为建威参军，晋武帝泰始初（约265年）对策，因被视无用而罢官。**

《晋书》本传："尝为建威参军。泰始初对策，盛言无为之化。时辈皆以高第得调，伶独以无用罢。"

刘伶生性孤傲，在竹林名士之中与之亲近者似只有阮籍、嵇康二人。泰始初，刘伶被罢免时，正是山涛、钟会和王戎等人在朝中日益得势之时。《晋书·山涛传》："咸熙初，（涛）封新沓子。转相国左长史，典统别营。时帝以涛乡闾宿望，命太子拜之。帝以齐王攸继景帝后，素又重攸，尝问裴秀曰：'大将军开建未遂，吾但承奉后事耳。故立饮，将归功于兄，何如？'秀以为不可，又以问涛。涛对曰：'废长立少，违礼不祥。国之安危，恒必由之。'太子位于是乃定，太子亲拜谢涛。"二年，"及武帝受禅，以涛守大鸿胪，护送陈留王诣邺"。以山涛当时的地位和权势，保住刘伶的官职是轻而易举的。而另一方面，正元二年，王戎在钟会的力荐下，被司马昭辟为相国掾。《世说新语·德行》注引《晋诸公赞》曰："文皇帝辅政，钟会荐之曰：'裴楷清通，王戎简要。'即俱辟为掾。"从此处可以看出，刘伶与当时名士的关系大多比较疏远。

**刘伶竟以寿终，时间不早于泰始中（约 270 年）。**

《晋书》本传："竟以寿终。"《世说新语·任诞》注："《竹林七贤论》又云：'籍与伶共饮步兵厨中，并醉而死。'此好事者为之言。籍景元中卒，而刘伶泰始中犹在。"

有关刘伶墓址，同样众说纷纭。据张富春《刘伶墓址诸说辨》[①] 考证，最早的宋人记载，便有北宋山东峄县说、南宋浙江嘉兴说、南宋浙江镇海说三种。其一，北宋《太平寰宇记》卷二十三《河南道二十三·沂州·承县》："刘灵墓在县东北二十里。"其二，成书于南宋理宗时的《方舆胜览》卷三《嘉兴府·嘉兴》："刘伶墓，在嘉兴县东二十七里。"因避吴越王钱镠讳，此墓又名金伶墓。《至元嘉禾志》卷十三《冢墓·嘉兴县》："刘伶墓在县西北二十七里。考证：刘伶，晋人也。钱氏讳镠改呼刘为金，俗因呼为金伶墓。"此谓刘伶墓在县西北二十七里，异于《方舆胜览》。其三，仇远（1247—1326 年）《刘伶墓》诗："凤浦鸳湖西有坟，此茔寂寞海边村。"镇海有凤浦湖、鸳湖（今称南湖）。民国《镇海县志》卷首《镇海县志图》载《宝庆志县治图》，图上标有刘伶墓位置。至于清代，刘伶墓址的说法更加复杂，在此从略。

关于刘伶的著述情况，《隋书·经籍志》、新旧唐书等未见收录其文集。考《世说新语·文学》刘孝标注引《竹林七贤论》："（伶）未尝措意文章，终其世，凡著《酒德颂》一篇而已。"又《晋书·刘伶传》："伶虽陶兀昏放，而机应不差。未尝厝意文翰，惟著《酒德颂》一篇。"然观刘伶作品，存世者除《酒德颂》，还有《北芒客舍诗》一首，诗曰："泱漭望舒隐，黮黤玄夜阴。寒鸡思天曙，拥翅吹长音。蚑蚋归丰草，枯叶散萧林。陈醴发悴颜，巴歈畅真心。缊被终不晓，斯叹信难任。何以除斯叹？付之与瑟琴。长笛响中夕，闻此消胸襟。"全诗悲凉，乃触景生情之作。又考南宋朱弁《风月堂诗话》："东坡云：'诗文岂在多，一颂了伯伦。'是伯伦他文字不见于世矣。予尝阅唐史《艺文志》，刘伶有文集三卷，则伯伦非无他文章也，但《酒德颂》幸而传耳。东坡之论，岂偶然得于落笔之时乎？抑别有所闻乎？"余嘉锡案曰："东坡即本之《世说》注耳。考《新唐志》并无刘伶集，《隋志》、《旧唐志》亦未著录，朱氏之说盖误。然《艺文类聚》七引有魏刘伶《北邙客舍诗》，则伶之文章不

---

① 张富春：《刘伶墓址诸说辨》，《求索》2011 年 12 月。

止一篇。盖伶平生不措意于文，故无文集行世。而《酒德颂》则盛传，谈者因以为只此一篇，实不然也。"而卫绍生在《刘伶著述中的几个问题》一文中则认为刘伶可能是有集传世的，但在南北朝时期不幸散佚。另外，卫绍生还考证出刘伶另写过两篇作品《问乐》和《酒祝》，其中《酒祝》正是刘伶在其妻劝其戒酒时祝颂的六句："天生刘伶，以酒为名。一饮一斛，五斗解酲。妇儿之言，慎不可听。"而另一篇《问乐》，卫绍生则认为是阮籍写作《乐论》的缘起。卫绍生在文中论道："阮籍《乐论》，今存全篇。其文开篇便是'刘子问曰'，接下即是刘伶向阮籍询问有关音乐的问题。……他对'移风易俗莫善于乐'之说提出了质疑，而阮籍的《乐论》就是针对刘伶这种质疑而发。"[1] 这种推测成立的可能性不小，但由于文中并未明说"刘子"的真实身份，故仍然有待进一步考证。

**参考文献**

魏徵等：《隋书》，中华书局1973年版。
萧统编，李善注：《文选》，上海古籍出版社1986年版。
陈伯君：《阮籍集校注》，中华书局1987年版。
房玄龄等：《晋书》，中华书局1996年版。
韩格平：《竹林七贤诗文全集译注》，吉林文史出版社1997年版。
欧阳询等：《艺文类聚》，上海古籍出版社1998年版。
徐坚：《初学记》，中华书局2004年版。
刘勰撰，范文澜注：《文心雕龙注》，人民文学出版社2006年版。
吴士鉴、刘承幹：《晋书斠注》，中华书局2008年版。
余嘉锡：《世说新语笺疏》，中华书局2008年版。
戴明扬：《嵇康集校注》，中华书局2014年版。

（徐　晓）

---

[1] 卫绍生：《刘伶著述中的几个问题》，《焦作师范高等专科学校学报》2011年6月。

# 向 秀 传

**向秀，字子期，河内怀（今河南武陟西南）人。生卒年史籍无载，约生于魏文帝黄初四年（223年）。**

《晋书》本传："向秀字子期，河内怀人也。"河内怀县，即现在的河南省武陟县西尚村，西尚村位于武陟县西北二十五里，属三阳乡所辖，与焦作市高新区接壤，距焦作市中心二十余里。清朝乾隆二十一年（1756年）"重修关帝庙记"篆额的《怀庆府武陟县西北路向村重建关帝君勒马停锋亭碑记》碑刻载："武陟西北二十五里许有村曰向村，乃晋向侍郎之故里也，其居止莫考焉，而璞玉浑金之遗风，人所慕仰……"乾隆五十年（1785年）《重修龙泉寺序》碑刻载："尚村，向侍郎之故里。旧有龙泉寺，因居运、沁两河之中，故名焉。"清朝道光年间的《武陟县志·古迹志》载："龙泉寺，在向村，有龙泉井，传为向秀憩饮之所。""西尚村"原名"向村"，是向秀故里。"向秀墓，位于武陟县城西25华里尚村西南500米的冢头村东百米处，县级文物保护单位。……西北与其子墓相对而置。"①

关于向秀的家世，魏晋南北朝文献与唐修《晋书》均未作记载。除却向秀，关于向氏家族在《晋书》中还有向雄一人有载。《晋书》卷四十八列传第十八："向雄字茂伯，河内山阳人也。父韶，彭城太守。"虽然同为河内人，关于向雄父辈的记载确切详细。向秀堪称当时的名士，这在极重家世的时代，只能说明其父祖辈身份寒微，向秀应出身于平民阶层。

《晋书·山涛传》："山涛字巨源，河内怀人也。"向秀《思旧赋》曰："余与嵇康、吕安居止接近。"向秀所居，与竹林名士山涛同县；与

---

① 程峰：《向秀故里调查》，《寻根》2009年第2期。

好友嵇康所居山阳县相邻。从向秀与嵇康的密切交游来看，年龄不会相差太大，嵇康生年为黄初四年（223年），向秀生年或约为同时。

有关向秀的生平，除了《晋书》的记载，今人有陆侃如《中古文学系年》、王晓毅《郭象评传》等著作，可资参考。

**魏齐王曹芳正始三年（242年），向秀雅好老庄之学，与同县山涛结交。或作《儒道论》。**

《晋书》本传："清悟有远识，少为山涛所知，雅好老庄之学。"而《武陟县志》的《人物志》（按：应为《先贤传》）载：向秀在晋朝时，为侍郎，朝中的职位是散门常侍（按：应为黄门侍郎、散骑常侍）。当时，他与沁河以南的山涛（按：山涛，武陟西小虹村人。西小虹村位于沁河以南，与西尚村相距二十余里）是亲戚关系。根据《武陟县志》所载，向秀与山涛是亲戚关系，这与《晋书》所言有所出入。《晋书》向秀本传与山涛本传均未提及此事，言"少为山涛所知"，应是由于二人所居同县，而向秀又以"清悟远识"闻名。

由此可知，向秀年少时便与老庄结下不解之缘，与竹林七贤中的山涛结识最早。其实，除了老庄之学，少年向秀应该也熟读儒家经典。《世说新语·言语》注引《向秀别传》："弱冠著《儒道论》，弃而不录，好事者或存之。或云是其族人所作，困于不行，乃告秀，欲假其名。"若此事为真，从文中"弱冠"一词来看，向秀作《儒道论》，年纪也不过二十岁左右。年纪轻轻便作儒道之论，定对儒家经典也是烂熟于心，这方面的情况与嵇康类似，即使信奉老庄，但也有儒学作为根基。我们发现，在后来的《答难养生论》与庄注中，向秀很多地方是拿《周易》与《论语》注解庄义的。例如"至当"、"得当"、"无不当"、"吉凶悔吝"、"感应旁通"皆为《周易》之言；而"天何言哉"、"士志于仁者，有杀身以成仁，无求生以害仁"、"中庸之德"等等则多出于《论语》。

**正始六年（245年），向秀与嵇康到洛阳清谈，针对嵇康的成名作《养生论》，撰《难养生论》驳之，展示出其作为名士的任性与才情。**

《晋书》本传："又与康论养生，辞难往复，盖欲发康高致也。"《文选》卷二十一颜延年《五君咏》李善注引孙绰《嵇中散传》："嵇康作《养生论》，入洛，京师谓之神人，向子期难之，不得屈。"由于嵇康与魏宗室通婚被任命为郎中、中散大夫，故该年应在洛阳参加清谈。嵇康作《养生论》一时间洛阳纸贵，向秀不同意他的观点，于是撰《难养生论》驳之，却愈发其高致。

嵇康的《养生论》在魏晋六朝时期是一篇颇为著名的文章。东晋初丞相王导只说"三理"，《世说新语·文学》："旧云，王丞相过江左，止道《声无哀乐》、《养生》、《言尽意》，三理而已，然宛转关生，无所不入。"其中便包括嵇康的《养生论》。借此以用来指导其施政与人生。苏轼也称："嵇叔夜养生论颇中余病"（《跋嵇叔夜养生论后》），并手写数本赠与他人。

嵇康撰《养生论》，认为养生的要义在于精神与形体的和谐，而养神乃是重中之重，要清心寡欲，心胸坦荡，不为外物所惑，不为情欲所累，"守之以一，养之以和"。与嵇康对人性的看法不同，向秀则认为："且夫嗜欲，好荣恶辱、好逸恶劳，皆生于自然。夫天地之大德曰生，圣人之大宝曰位，崇高莫大于富贵。然富贵，天地之情也。贵则人顺己以行义于天下，富则所欲得以有财聚人，此皆先王所重，关之自然，不得相外也。""若闭而默之，则与无智同，何贵于有智哉？有生则有情，称情则自然，若绝而外之，则与无生同，何贵于有生哉？"如果摈弃欲望、去掉智慧，人类与其他生物的区别何在？即使能活千年、百年，这样的人生又有什么意义？向秀言辞犀利而尖锐，指出嵇康所谓的养生乃是："顾影尸居，与木石为邻，所谓不病而灸，无忧而自默，无丧而蔬食，无罪而自幽……长生且犹无欢，况以短生守之耶？"

牟宗三先生曾谈到读向秀《难养生论》："纯是世间俗情之言。然康之答难，几每句予以开导辩白。辞不惮烦，思理绵密。自今日观之，本有许多不必置答者，而亦一一辩示。此可谓以思辨为乐者，甚可贵也。盖此为致生哲学之道也。"① 比之嵇康，向秀的难文无论从思想上还是文学上，多遭后人的嘲讽与漠视。不过，经过向秀的辩难，嵇康不屈于此，又趁热打铁作《答难养生论》再辩之。余元熹《汉魏名文乘》称赞嵇康的《答难养生论》："发古今人未有之秘义，有含道独往，弃智遗身，朝发太华，夕宿神州之概。"牟宗三先生亦言："全篇严整周洽，无余蕴矣，经向秀之难，而盛发之。比原论更进一步也。其持论甚质实，而玄义亦赅具中。

---

① 牟宗三：《才性与玄理》，吉林出版集团有限责任公司2010年版，第327页。

向秀承其'高致',发为庄子注,益精练而肆。"然而,学界也注意到,向秀的难文并不是通俗不堪一无是处。在某种程度上他指出了嵇康的理论缺陷与社会真实。最重要的是,通过向秀的辩难,使嵇康的答难更上一层楼!

至此,向秀就养生问题没有再与嵇康辩论,因为他知道,关于养生问题的讨论实际涉及两种不同的人生价值观,可谓道不同不相为谋,他要以另一种方式去构建自己的理论框架——即后来发奋注释《庄子》的工程。两位名士的这次伟大辩论,可以看作魏晋玄学分野的一个重要标志,二人凭借各自卓绝的智慧与非凡的辩才,创造了魏晋时人逻辑思维推理的一个高峰。袁济喜《魏晋南北朝思想对话与文艺批评》以为嵇康与向秀的思想对话达到了中国思想史上的最高境致,触及人生与天道的最深玄的地方,并且毫不回避对孔圣的价值观念的批评。

**正始九年(248年),向秀在山阳嵇康寓所参加"竹林之游"。**

《三国志·魏书·王粲传》注引《魏氏春秋》:"康寓居河内之山阳县,与之游者,未尝见其喜愠之色。与陈留阮籍、河内山涛、河南向秀、籍兄子咸、琅邪王戎、沛人刘伶相与友善,游于竹林,号为七贤。"

《世说新语·任诞》:"陈留阮籍、谯国嵇康、河内山涛,三人年皆相比,康年少亚之,预此契者,沛国刘伶、陈留阮咸、河内向秀、琅琊王戎。七人常集于竹林之下,肆意酣畅,故世谓竹林七贤。"

《太平御览》四百七引《魏氏春秋》:"嵇康寓居河内,与之游者,未尝见其喜愠之色,与陈留阮籍、河内山涛、向秀、籍兄子咸、琅琊王戎、沛人刘伶,相与友善,游于竹林,号曰:'竹林七贤'。"

《晋书》卷四十九《嵇康传》记载"竹林七贤"交游时云:"以高契难期,每思郢质。所与神交者惟陈留阮籍、河内山涛,豫其流者河内向秀、沛国刘伶、籍兄子咸、琅邪王戎,遂为竹林之游,世所谓'竹林七贤'也。"

以上多方材料可知,在嵇康寓居山阳之时,向秀已经参与竹林之游。王晓毅以为时间发生在前期正始九年的可能性最大,因为该年七贤均无官职,有可能同在山阳。上文提到,向秀少年时先与同县山涛结识,后来由山涛引荐,认识了寓居临县的嵇康并成为挚友。王晓毅先生认为,竹林之游可分为前后两个时段,前期的核心人物是嵇康、阮籍、山涛,特点是避开洛阳的政治漩涡；后期的核心人物为嵇康、吕安、向秀，特点是消极抵制司马氏的名教统治。虽然向秀曾作《难养生论》与嵇康辩论，但是意见相左的两人并未因此而分道扬镳，凭借对老庄的雅好与造诣，加之与嵇康的文章往来，此时的向秀成为竹林之游的一分子。

**魏高贵乡公甘露四年（259年），向秀在山阳与嵇康锻铁、与吕安灌园，继续"竹林之游"。其雅好读书，初注《庄子》，被誉为"庄周不死"。**

《晋书》本传："康善锻，秀为之佐，相对欣然，旁若无人。又共吕安灌园于山阳。"《太平御览》卷四百九十引《向秀别传》曰："又与谯国嵇康、东平吕安友善，其趣舍进止无不必同，造事营生业亦不异。常与康偶锻于洛邑，与吕安灌园于山阳，收其余利，以供酒食之费。或率尔相携，观原野，极游浪之势，亦不计远近，或经日乃归复修常业。"

《晋书》卷四十九《嵇康传》："性绝巧而好锻。宅中有一柳树甚茂，乃激水圜之，每夏月，居其下以锻。……初，康居贫。尝与向秀共锻于大树之下，以自赡给。颍川钟会，贵公子也，精练有才辩，故往造焉。康不为之礼，而锻不辍。"钟会拜访嵇康的时间已无从考证，但据《三国志·魏书·王粲传》注引《魏氏春秋》"钟会为大将军所昵，闻康名而造之。……大将军尝欲辟康"之言，可断"大将军"无疑指司马昭。故此事应发生在司马昭开始执政的正元二年（255年）至嵇康著《与山巨源绝交书》景元二年（261年）之间。

此时的向秀与嵇康、吕安感情升温。由于正始十年的高平陵政变，使得竹林七贤的许多士人不得已而纷纷投入官场……阮籍在政变发生之后即为司马懿从事中郎；山涛于次年嘉平六年（254年）投靠司马师，任郎中；王戎于甘露元年（256年）任吏部郎，而向秀、吕安则始终伴随嵇康左右。

《晋书》本传："始，秀欲注，嵇康曰：'此书讵复须注，正是妨人作乐耳。'及成，示康曰：'殊复胜不？'"《世说新语·文学》注引《秀别传》："秀与嵇康、吕安为友，趣舍不同。嵇康傲世不羁，安放逸迈俗，而秀雅好读书。二子颇以此嗤之。后秀将注《庄子》，先以告康、安，康、安咸曰：'此书讵复须注？徒弃人作乐事耳！'及成，以示二子。康曰：'尔故复胜不？'安乃惊曰：'庄周不死矣！'后注《周易》，大义可观，而与汉世诸儒互有彼此，未若隐庄之绝伦也。"

向秀与嵇康、吕安三人交往密切，此时拿与嵇康、吕安参看的稿子应为在早期创作中的草稿，《秀别传》中称其"雅好读书"，说明此时的向秀在幼年就喜好的老庄之学上一直勤学苦思不辍。他的这种性格受到了好友嵇康与吕安的嗤笑，从此条材料可以窥知，向秀的性格并非开朗外向。首先，他没有嵇康、山涛那样皇亲贵胄的家世，后人连他的祖上都没有记载一笔，对于他的家庭成员也没有提及，想必是人丁稀薄，生活不易，比之嵇康的"母兄见骄"在生活环境上有很大的差距；其次，他从小喜好老庄之学，在老庄学术的熏染下，对仕途也并不为意；最后，受现实社会的影响，在名士少全的魏晋，许多士人过着朝不保夕的生活，对现实环境的失望与质疑，使得他全副精力都投入对于《庄子》的研究上，希望从中得到获得幸福生活的启示。

《晋书·郭象传》："先是注《庄子》者数十家，莫能究其旨统。向秀于旧注外而为解义，妙演奇致，大畅玄风……"可知，在向秀注《庄子》之前已经有许多注家存在，但都莫能达到旨统。唐代陆德明在《经典释文·序录》里评道："《汉书·艺文志》'庄子五十二篇'，即司马彪、孟氏所注是也。言多诡诞，或似《山海经》，或类《占梦书》，故注者以意去取。"现录《经典释文·序录》中其他晋代注《庄》文献如下。

崔撰《注》十卷，二十七篇。（清河人，晋议郎。《内篇》七，《外篇》二十。）（按：《世说新语·文学》刘孝标注："秀本传或言：秀游托数贤，萧屑卒岁，都无注述，唯好《庄子》，聊应崔撰所注，以备遗忘云。"）

向秀《注》二十卷，二十六篇。（一作二十七篇，一作二十八篇，亦无《杂篇》。为《音》三卷。）

司马彪《注》二十一卷，五十二篇。（字绍统，河内人，晋秘书监。《内篇》七，《外篇》二十八，《杂篇》十四，《解说》三。为《音》三卷。）

郭象《注》三十三卷，三十三篇。（字子玄，河内人，晋太傅主簿。《内篇》七，《外篇》十五，《杂篇》十一。为《音》三卷。）

李颐《集解》三十卷，三十篇。（字景真，颍川襄城人，晋丞相参军，自号玄道子。一作三十五篇，为《音》一卷。）

孟氏《注》十八卷，五十二篇。（不详何人。）

可见，晋代注《庄》者大有人在，嵇康与吕安开始没有看好向秀的隐解，是由于当时注《庄》者繁多且注解并无新意可言。他们对向秀注《庄》不以为意，认为只是供人消遣罢了。然而，后来稿子出来时再看，皆大为惊诧，吕安甚至大呼其"庄周不死矣！"可见向秀于前人之外另辟蹊径，其会通儒道的阐释功力非可小觑。后来他又注《周易》，但成就不及注《庄》。

**魏元帝景元四年（263年），在嵇康被杀后被迫入仕，向秀作《思旧赋》以缅怀故人与逝去的自由生活。**

《晋书》本传："康既被诛，秀应本郡计入洛。文帝问曰：'闻有箕山之志，何以在此？'秀曰：'以为巢、许狷介之士，未达尧心，岂足多慕。'帝甚悦。秀乃自此役，作《思旧赋》。"

《世说新语·言语》："嵇中散既被诛，向子期举郡计入洛，文王引进，问曰：'闻君有箕山之志，何以在此？'对曰：'巢、许狷介之士，不足多慕。'王大咨嗟。"注引《向秀别传》："……后康被诛，秀遂失图。乃应岁举，到京师，诣大将军司马文王，文王问曰：'闻君有箕山之志，何能自屈？'秀曰：'常谓彼人不达尧意，本非所慕也。'一坐皆说，随次转至黄门侍郎、散骑常侍。"

嵇康成为魏晋动乱政治的祭品之后，向秀成了竹林之下最后一位名士。"越名教而任自然"的理想在现实的拷打下灰飞烟灭。向秀怀揣着无限的苦闷与纠结踏上了宦途，在权力的威逼之下，他告别了隐逸生活，成为西晋王朝的一枚至关重要的"战利品"。

《晋书》本传全录其《思旧赋》及序："余与嵇康、吕安居止接近，其人并有不羁之才。嵇意远而疏，吕心旷而放，其后并以事见法。嵇博综伎艺，于丝竹特妙，临当就命，顾视日影，索琴而弹之。逝将西迈，经其旧庐。于时日薄虞泉，寒冰凄然。邻人有吹笛者，发声寥亮。追想曩昔游宴之好，感音而叹，故作赋曰：将命适于远京兮，遂旋反以北徂。济黄河以泛舟兮，经山阳之旧居。瞻旷野之萧条兮，息余驾乎城隅。践二子之遗迹兮，历穷巷之空庐。叹黍离之愍周兮，悲麦秀于殷墟。惟追昔以怀今兮，心徘徊以踌躇。栋宇在而弗毁兮，形神逝其焉如。昔李斯之受罪兮，叹黄犬而长吟。悼嵇生之永辞兮，顾日影而弹琴。托运遇于领会兮，寄余命于寸阴。听鸣笛之慷慨兮，妙声绝而复寻。仗驾言其将迈兮，遂援翰以写心。"

序中，向秀道出《思旧赋》创作之原委。嵇康临刑的这一幕，时时在他心中萦绕。他之举郡计入洛并非自愿，而是惧祸，是死亡的威胁与自全的欲望迫使他改节的。赋文里他描述了此次行程的路线：向秀离开洛阳北上，越邙山，渡黄河，然后东行至山阳。特地去回访嵇康山阳故居。此时正值冬日黄昏，万籁萧条，巷宇空寂，他久久伫立于寒风之中，凭吊往昔的理想与繁华，唯有远处的笛声慷慨悲凉，于无声处胜有声。从向秀引《黍离》与《麦秀》之叹看来，其隐藏的真实意蕴乃是故国之悲；与嵇康一样，他的人生旨趣是崇尚自然的，因此这种悲凉来自他对往昔无羁生活留恋之深重。

**晋武帝咸宁元年（275年），向秀位至散骑常侍，未注释完《庄子》而卒。留有二子纯、悌。**

《晋书》本传："后为散骑侍郎，转黄门侍郎、散骑常侍，在朝不任职，容迹而已。卒于位。二子，纯、悌。"《世说新语·赏誉》："林下诸贤，各有俊才子。……秀子纯、悌，并令淑有清流。"注引《竹林七贤论》："纯字长悌，位至侍中。悌字叔逊，位至御史中丞。"事实上，向秀并没有进入司马氏政权的核心，只是空留一个官衔而已，而他的两个儿子后来却都做了高官。

《世说新语·文学》："初，注《庄子》者数十家，莫能究其旨要。向秀于旧注外为解义，妙析奇致，大畅玄风。唯《秋水》、《至乐》二篇未竟而秀卒。秀子幼，义遂零落，然犹有别本。郭象者，为人薄行，有俊才。见秀义不传于世，遂窃以为己注。乃自注《秋水》、《至乐》二篇，又易《马蹄》一篇，其余众篇，或定点文句而已。后秀义别本出，故今有向、郭二《庄》，其义一也。"《晋书》卷五十《郭象传》与其文字略同。

《世说新语·文学》注引《竹林七贤论》："秀为此义，读之者无不超然，若已出尘埃而窥绝冥，始了视听之表。有神德玄哲，能遗天下，外万物。虽复使动竞之人，顾视所徇，皆怅然自有振拔之情矣。"

关于向秀与郭象《庄子注》之公案已经成为一个历史谜题。《晋书》卷五十："史臣曰：'……窃人之财，犹谓之盗；子玄假誉攘善，将非盗乎？'""赞曰：'……象既攘善，秀惟瘅恶。'"侯外庐在《中国思想通史》第三卷特列出向注与郭注之对比，认为郭象盗窃向注文义一目了然。汤用彤先生也曾在文章里公开认同《晋书》的观点："《庄子》向秀、郭象二注之异同，近人多有论列。郭钞向注，其例至多。《秋水》、《至乐》子期亦似实未注（《秋水篇》、《释文》所引，均出于向之《庄子音》）。则《世说》所载，非全诬枉。然据今所考，向、郭所用《庄子》版本，互有不同。而子玄之注不但文字上与向注有出入，其陈义亦有时似较子期圆到。则《晋书·向秀传》所谓郭因向注'述而广之'，固是事实。"[①]

魏晋之际，钦慕并围绕着嵇康的名士众多，向秀的表现并不十分突出，他一直都默默地追随着嵇康，安安静静地读书、思考。然而，他作为最后一位走出竹林的名士，在魏晋玄学中却起着承上启下的重要作用。《庄子注》诠释了他一生的价值，他的《庄子注》，开辟了以"入世"精神诠释《庄子》的新思路，反映了西晋前期玄学思潮的时代精神，即正始、竹林名士经过魏晋禅代的思想变异之后，在西晋前期的文化心态，是西晋前期玄学思潮的代表作。然而，向秀《庄子注》的历史意义在于，它是魏晋玄学以来第一部系统注释《庄子》的著作。建立了以"性分"说为基础的"冥物"方法，以消除"有为无为"、"出世入世"、"名教与自然"的对立，基本上奠定了魏晋玄学诠释《庄子》的框架，成为郭象《庄子注》继承发展的基础。

向秀的一生也同《庄子注》的未完成一样令人惋惜与无奈。后人在经过他的故居或读到他的作品时难免会发出同样的慨叹。

明人刘咸作《武陟咏古》一诗："虹桥百尺控南滩，沁水微芒野色寒。明月院荒春草满，法云寺古暮钟残。山涛废墓谁能识，樊哙遗城自可叹。偶过向村闲纵目，犹闻风笛起林端。"

鲁迅在《为了忘却的记念》中说道："年青时读向子期《思旧赋》，很怪他为什么只有寥寥的几行，刚开头却又煞了尾。然而，现在我懂得了。……我只能用这样的笔墨，写几句文章，算是从泥土中挖一个小孔，自己延口残喘……"

侯外庐《中国思想通史》评价："到了晋人笺注经典，则一反汉儒所为，尤以向秀'隐解'更厉害，一切章句训诂，都不在话下，反而要背

---

[①] 汤用彤：《魏晋玄学论稿及其他》，北京大学出版社2010年版，第73页。

于章句言意，寻求作述之初意。"①

罗宗强在《玄学与魏晋士人心态》中总结："《思旧赋》提供给我们的向秀的心态的这一讯息，明白无误地告诉我们：向秀的改节，实在是一种无可选择的选择。"②

向秀作为魏晋竹林七贤中的名士，其容止与才情皆属中流，既没有嵇康那样的龙章凤姿、高迈任性，也不类阮籍、刘伶式的佯狂醉酒、放浪形骸，更不消说与山涛、王戎居止接近。其实，他就是一个崇尚自然、热爱自由的读书人，他希望得到现世最安稳的幸福，希望能够获得作为一个独立个体最基本的人格与尊严。不幸的是，前半生挚友殉道，后半生著作失传，其间却又不得不向现实低头，他是竹林玄学"最后的勇士"，他的一生却只能被历史定义为永远的配角。

**参考文献**

王晓毅：《郭象评传》，南京大学出版社2006年版。

（高　丹）

---

① 侯外庐：《中国思想通史》第三卷，人民出版社1957年版，第224页。
② 罗宗强：《玄学与魏晋士人心态》，天津教育出版社2005年版，第137页。

# 钟 会 传

钟会，字士季，颍川长社人（今河南长葛东北人），生于魏文帝黄初六年（225年）。

魏太傅钟繇最小的儿子。钟会曾祖父钟皓为汉末名士，清议领袖，"为士大夫所归慕"。祖父钟迪和钟敷，均遭党锢之祸。父钟繇乃钟迪之子，曹操称之为"在世萧何"，曹丕称之为"一代之伟人"。

《三国志·魏书·钟繇传》："太祖与繇书曰：……昔萧何镇守关中，足食成军，亦适当尔。""文帝罢朝，谓左右曰：此三公者，乃一代之伟人也，后世殆难继矣！"

《三国志·魏书·钟繇传》："钟繇字元常，颍川长社人也。尝与族父瑜俱至洛阳，道遇相者曰：'此童有贵相。'"注引《先贤行状》："钟皓字季明……皓二子迪、敷，并以党锢不仕。繇则迪之孙。"

又《三国志》本传："钟会字士季，颍川长社人，太傅繇小子也。少敏惠夙成。"注引《会母传》："夫人张氏字昌蒲，太原兹氏人，太傅定陵成侯之命妇也。世长吏二千石。夫人少丧父母……贵妾孙氏摄嫡专家，心害其贤，数谗毁无所不至……及妊娠，愈更嫉妒，乃置药食中。夫人中食，觉而吐之，瞑眩者数日……（成侯）遂讯侍者具服，孙氏由是得罪出……黄初六年生会，恩宠愈隆。成侯既出孙氏，更纳正嫡贾氏。"又引《魏氏春秋》："会母见宠于繇，繇为之出其夫人。卞太后以为言，文帝诏繇复之。繇恚愤，将引鸩，弗获，餐椒致噤，帝乃止。"梁章钜《三国志旁证》卷十八："赵一清曰：会母庶也，孙，夫人也，繇宠庶出嫡而更纳贾氏。乃以二母愤争之故，斥孙氏为贵妾，何其诞也？繇素有名德，而于伦理悖谬如此。传所谓深山大泽实生龙蛇，果由会覆族，哀哉！"以张夫人卒年推之，本年生会时年二十七。钟会是魏齐王曹芳正始年间的重要政治人物与思想人物，曾经挑唆司马昭杀害嵇康，帮助司马昭剪灭政敌，率军伐蜀时，又欲与蜀将姜维联合反魏，拥兵自立，后被部将所杀。

关于钟会的事迹，除《三国志·魏书·钟会传》及《世说新语》的记载外，今人有曹道衡、沈玉成《中古文学史料丛考·〈全三国文〉钟会小传误记》，陆侃如《中古文学系年》，袁济喜主编《汉末三国两晋文学批评编年》，梅新林、俞樟华主编《中国学术编年》等，可资参考。

**魏明帝太和元年（227年），钟会见曹叡。**

《世说新语·言语》："钟毓、钟会少有令誉，年十三，魏文帝闻之，语其父钟繇曰：'可令二子来。'于是敕见，毓面有汗，帝曰：'卿面何以汗？'毓对曰：'战战惶惶，汗出如浆。'复问会：'卿何以不汗？'对曰：'战战栗栗，汗不敢出。'钟毓兄弟小时，值父昼寝，因共偷服药酒。其父时觉，且托寐以观之。毓拜而后饮，会饮而不拜。既而问毓：'何以拜？'毓曰：'酒以成礼，不敢不拜。'又问会：'何以不拜？'会曰：'偷本非礼，所以不拜。'"

据陆侃如《中古文学系年》，钟会出生次年曹丕便去世，所以召见者应是曹叡。钟繇卒时钟会仅六岁，所谓十三岁一定是指钟毓。钟毓传说十四岁为散骑侍郎。太和中谏曹叡西征诸葛亮。征蜀在二年，故假定召见在元年。今从之。

**太和二年（228年），钟会习《孝经》。**

《三国志》本传注引《母传》："夫人性矜严，明于教训。会虽童稚，勤见规诲。年四岁，授《孝经》。"

**太和三年（229年），钟会见蒋济。**

《三国志》本传："中护军蒋济著论，谓'观其眸子足以知人'。会年五岁，繇遣见济，济甚异之，曰：'非常人也。'"

**太和四年（公元230年），钟会遭父丧。**

《三国志·魏志·钟繇传》："太和四年，繇薨，帝素服临吊，谥曰成侯。子毓嗣。初文帝分毓户邑，封繇演及子劭、孙豫列侯。"

**太和五年（231年），钟会七岁诵《论语》。**

《三国志》本传注引会《母传》："（钟会）七岁诵《论语》。"表明他自小曾受儒学的训练。

**太和六年（232年），钟会习《诗经》。**

《三国志》本传注引会《母传》："八岁诵《诗》。"

**魏明帝青龙二年（234年），钟会诵《尚书》。**

《三国志》本传注引会《母传》："十岁诵《尚书》。"

**青龙三年（235年），钟会诵《易》。**

《三国志》本传注引会《母传》："十一诵《易》……（夫人）雅好书籍，涉历众书，特好《易》、《老子》。每读《易》孔子说'鸣鹤在阴，劳谦君子，籍用白茅，不出户庭'之义，每使会反覆读之，曰：'《易》三百余爻，仲尼特说此者，以谦恭慎密，枢机之发，行己至要，荣身所由故也。顺斯术已往，足为君子矣。'"

**青龙四年（236年），钟会诵《春秋左氏传》、《国语》。**

《三国志》本传注引会《母传》："十二诵《春秋左氏传》、《国语》。"

**魏明帝景初元年（237年），钟会诵《周礼》、《礼记》。**

《三国志》本传注引会《母传》："十三诵《周礼》、《礼记》。"

**景初二年（238年），钟会诵成侯《易记》。**

《三国志》本传注引会《母传》："十四诵成侯《易记》。"侯康《补三国艺文志》卷一著录钟繇《易记》，说："《世说》卷一注引《魏志》曰：繇家贫好学，为周易老子训。今《魏志》无此文，当是《魏书》或《魏略》之伪。"姚振宗《三国艺文志》卷一著录繇《周易训》，说："案《易记》疑'记'为'说、训、注'字之伪。"

**景初三年（239年），钟会入太学，开始系统学习太学各项功课。**

《三国志》本传注引其《母传》："夫人性矜严，明于教训，会虽童稚，勤见规诲。年四岁授《孝经》，七岁诵《论语》，八岁诵《诗》，十岁诵《尚书》，十一诵《易》，十二诵《春秋左氏传》、《国语》，十三诵《周礼》、《礼记》，十四诵成侯《易记》，十五使入太学问四方奇文异训。谓会曰：'学猥则倦，倦则意怠；吾惧汝之意怠，故以渐训汝，今可以独学矣。'雅好书籍，涉历众书，特好《易》、《老子》，每读《易》孔子说'鸣鹤在阴，劳谦君子、籍用白茅、不出户庭'之义，每使会反覆读之，曰'《易》三百余爻，仲尼特说此者，以谦恭慎密，枢机之发，行己至要，荣身所由故也，顺斯术已往，足为君子矣。'"

**魏齐王曹芳正始八年（247年），钟会任秘书郎，迁尚书中书侍郎，与王弼并齐名。**

《三国志》本传："钟会字士季，颍川长社人，太傅繇小子也。少敏惠夙成。中护军蒋济著论，谓'观其眸子，足以知人'。会年五岁，繇遣见济，济甚异之，曰：'非常人也。'及壮，有才数技艺，而博学精练名理，以夜续昼，由是获声誉。正始中，以为秘书郎，迁尚书中书侍郎。""初，会弱冠与山阳王弼并知名。"注引其母传曰："正始八年，会为尚书郎，夫人执会手而诲之曰：'汝弱冠见叙，人情不能不自足，则损在其中矣，勉思其戒！'是时大将军曹爽专朝政，日纵酒沉醉，会兄侍中毓宴还，言其事。夫人曰：'乐则乐矣，然难久也。居上不骄，制节谨度，然后乃无危溢之患。今奢僭若此，非长守富贵之道。'"

注引《世语》："司马景王命中书令虞松作表，再呈辄不可意，命松更定。以经时，松思竭不能改，心苦之，形于颜色，会察其有忧，问松，松以实答。会取视，为定五字，松悦服，以呈景王。王曰：'不当尔邪？谁所定也？'松曰：'钟会。向亦欲启之，会公见问，不敢饕其能。'王曰：'如此，可大用，可令来。'会问松王所能，松曰：'博学明识，无所不贯。'会乃绝宾客，精思十日，平旦入见，至鼓二乃出。出后，王独拊手叹息曰：'此真王佐材也。'"松为边让外孙。会为秘书郎年月无考，今假定在入太学后五年左右。

**魏齐王曹芳嘉平元年（249年），钟会迁中书郎。**

《三国志》本传注引其《母传》："嘉平元年，车驾朝高平陵，会为中书郎，从行。相国宣文侯始举兵，众人恐惧，而夫人自若。中书令刘放、侍郎卫瓘、夏侯和等家皆怪问：'夫人一子在危难之中，何能无忧？'答曰：'大将军奢僭无度，吾常疑其不安。太傅义不危国，必为大将军举耳。吾儿在帝侧何忧？闻且出兵无他重器，其势必不久战。'果如其言，一时称明。"正始中，钟会为秘书郎，迁尚书中书侍郎，高贵乡公即尊位，赐爵关内侯。洪饴孙《三国职官表》卷中："中书侍郎……诸纪传亦称中书郎。"

**嘉平五年（253年），钟会撰《才性四本论》。**

《才性四本论》对于魏晋才性论争与文论批评中的才性观念影响甚大。才、性关系问题的讨论，包括对品鉴人物、选举标准的看法，是魏晋玄谈的一个重要论题。此一争论开始于曹魏初年，延续到东晋[①]。

《三国志》本传："会尝论《易》无互体，才性同异。及会死后，于会家得书二十篇，名曰《道论》，而实刑名家也，其文似会。"

《三国志·傅嘏传》："嘏常论才性同异，钟会集而论之。"裴注引《傅子》曰："嘏既达治好正，而有清理识要，好论才性，原本精微，鲜能及之。司隶校尉钟会年甚少，嘏以明智交会。"钟会论才性四本，因撰《四本论》，谓"《四本》"者，言才性同，才性异，才性合，才性离也。尚书傅嘏论同，中书令李丰论异，侍郎钟会论合，屯骑校尉王广论离。至是，会遂集而论之。"

《世说新语·文学》："钟会撰《四本论》，始毕，甚欲使嵇公一见。置怀中，既定，畏其难，怀不敢出，于户外遥掷，便回急走。"注引《魏志》曰："会论才性同异，传于世。四本者：言才性同，才性异，才性合，才性离也。尚书傅嘏论同，中书令李丰论异，侍郎钟会论合，屯骑校尉王广论离。文多不载。"

又《世说新语·文学》："傅嘏善言虚胜，荀粲谈尚玄远。每至共语，有争而不相喻。裴冀州释二家之义，通彼我之怀，常使两情皆得，彼此俱畅。"

《世说新语》刘孝标注引《魏志》这四种观点（同、异、离、合）显然是对当时才、性问题论证的概况和总结。《四本论》久佚，对其内

---

[①] 关于才性之辩对于魏晋文艺批评的影响，参见袁济喜《从"才性之辩"看魏晋文艺批评的人文蕴涵》，《中国美学》（第二辑），上海古籍出版社2011年版，第101页。

容，学术界众说纷纭。"傅嘏论同"，主张人的道德修养与其才能是一致的，主才德统一论；"李丰论异"，把才、性做了严格区分，认为人的德行和事功效果与个人的才质不一定一致；"钟会论合"，认为才能与性格不是一物，却可结合于一体，性、才被视为体与用的关系；"王广论离"，认为德行与事功不能统一于一身，与曹操所谓"有行之士，未必能进取，进取之士，未必能有行"的说法相近。从倾向上说，"才性'合、同'旨在强调才性的统一"，而"才性'异、离'论则是强调才性的区别和对立"。从其理论上说，"四本才性"之辨，"使原来汉末'清议'曾有过的'臧否人物'的具体评论发展为对鉴识人物的抽象标准、抽象原则的本体探讨，从而使中国古代人才学向哲理化方向迈进了一步"[①]。

**嵇康与钟会因冲突而交恶，为最终罹害埋下祸根。**

钟会虽为新进才俊，但是他迎合司马氏集团的需要，鼓吹才性相合，主张因名立教，以名教作为口实来打击政敌。他想与嵇康就《四本论》进行对话与讨论，无奈嵇康从骨子里就瞧不起他的为人，不愿与之对话和讨论，钟会于是怀恨在心，再加上嵇康《与山巨源绝交书》中提出非汤武、薄周孔的话，引起了司马氏的嫉恨，于是钟会在司马氏面前谗害嵇康，说他是卧龙，上不臣天子，下不事王侯。司马氏以不孝的名义杀了嵇康，可见所谓"才性合"已经变为司马氏修理不合政见之人的口实。

《晋书·嵇康传》："性绝巧而好锻。宅中有一柳树甚茂，乃激水圜之，每夏月，居其下以锻……初，康居贫，尝与向秀共锻于大树之下，以自赡给。颍川钟会，贵公子也，精练有才辩，故往造焉。康不为之礼，而锻不辍。良久，会去，康谓曰：'何所闻而来？何所见而去？'会曰：'闻所闻而来，见所见而去。'会以此憾之。及是，言于文帝曰：'嵇康，卧龙也，不可起。公无忧天下，顾以康为虑耳。'因谮'康欲助毌丘俭，赖山涛不听。昔齐戮华士，鲁诛少正卯，诚以害时乱教，故圣贤去之。康、安等言论放荡，非毁典谟，帝王者所不宜容。宜因衅除之，以淳风俗。'帝既昵听信会，遂并害之。"

《晋书·向秀传》："康善锻，秀为之佐，相对欣然，傍若无人。又共吕安灌园于山阳。"吴士鉴、刘承幹《斠注》："《元和郡县图志》十六曰：

---

[①] 刘学智：《儒道哲学阐释》，中华书局2002年版，第100、102页。

天门山今谓之百家岩，在修武县西北三十七里，以岩下可容百家因名。上有精舍，又有锻社处所，即嵇康所居也。"

《世说新语·简傲》："钟士季精有才理，先不识嵇康，钟要于时贤俊之士，俱往寻康。康方大树下锻，向子期为佐鼓排。康扬槌不辍，傍若无人，移时不交一言。钟起去，康曰：'何所闻而来？何所见而去？'钟曰：'闻所闻而来，见所见而去。'"注引《文士传》："康性绝巧，能锻铁。家有盛柳树，乃激水以圜之。夏天甚清凉，恒居其下傲戏，乃身自锻。家虽贫，有人说锻者，康不受直；唯亲旧以鸡酒往，与共饮啖，清言而已。"又引《魏氏春秋》："钟会为大将军兄弟所昵，闻，康名而造焉。会，名公子，以才能贵幸，乘肥衣轻，宾从如云。康方箕踞而锻，会至，不为之礼，会深衔之。"

**魏高贵乡公正元元年（254年），钟会赐爵关内侯，夏侯玄拒与交。**

《三国志》本传："高贵乡公即尊位，赐爵关内侯。"

《三国志·夏侯玄传》注引《世语》："毓弟会，年少于玄，玄不与交。是日于毓坐狎玄，玄不受。"又引孙盛《杂语》："玄在囹圄，会因欲狎而友玄，玄正色曰：'钟君何相逼如此也？'"

《世说新语·方正》："夏侯玄既被桎梏，时钟毓为廷尉。钟会先不与玄相知，因便狎之。玄曰：'虽复刑余之人，未敢闻命。'"

**正元二年（255年），钟会迁黄门侍郎，封东武侯亭。傅嘏劝其戒骄自矜。**

《三国志》本传："毌丘俭作乱，大将军司马景王东征，会从，典知密事，卫将军司马文王为大军所继。景王薨于许昌，文王总统六军，会谋谟帷幄。时中诏敕尚书傅嘏，以东南新定，权留卫将军屯许昌为内外之援，令嘏率军诸军还。会与嘏谋，使嘏表上，辄与卫将军俱发，还到雒水南屯住。于是朝廷拜文王为大将军、辅政，会迁黄门侍郎，封东武亭侯，邑三百户。"

《三国志·魏书·傅嘏传》："会由是有自矜色，嘏戒之曰：'子志大其量，而勋业难为也，可不惧哉！'"

**魏高贵乡公甘露元年（256年），钟会作《论夏少康汉高祖》。**

《三国志·魏志·高贵乡公纪》甘露元年注引《魏氏春秋》："二月丙辰，帝宴群臣于太极东堂；与侍中荀顗，尚书崔赞、袁亮、钟毓，给事中中书令虞松等并讲述礼典，遂言帝王优劣之差。帝慕夏少康，因问顗等曰……于是侍郎钟会退论次焉。"裴注并引傅畅《晋诸公赞》曰："帝常与中护军司马望、侍中王沈、散骑常侍裴秀、黄门侍郎钟会等讲宴于东堂，并属文论。名秀为儒林丈人，沈为文籍先生，望、会亦各有名号。"

**甘露二年（257年），钟会遭母丧，作《母传》。钟会因助谋破诸葛诞于寿春，受到司马昭的重用。**

《三国志》本传："甘露二年，征诸葛诞为司空，时会丧宁在家，策诞必不从命，驰白文王。文王以事已施行，不复追改。及诞反，车驾住项，文王至寿春，会复从行。……寿春之破，会谋居多，亲待日隆，时人谓之子房。军还，迁为太仆，固辞不就。以中郎在大将军府管记室事，为腹心之任。以讨诸葛诞功，进爵陈侯，屡让不受。诏曰：'会典综军事，参同计策，料敌制胜，有谋谟之勋，而推宠固让，辞指款实，前后累重，志不可夺。夫成功不处，古人所重，其听会所执，以成其美。'迁司隶校尉。虽在外司，时政损益，当世与夺，无不综典。嵇康等见诛，皆会谋也。"

《三国志·魏书·高贵乡公纪》："令散骑常侍裴秀、给事黄门侍郎钟会咸与大将军俱行。"

《晋书·裴秀传》："帝之讨诸葛诞也，秀与尚书仆射陈泰、黄门侍郎钟会以行台从，豫参谋略，及诞平，转尚书，进封鲁阳乡侯，增邑千户。"

《资治通鉴》卷七十七："司马昭之克寿春，钟会谋画居多；昭亲待日隆，委以腹心之任，时人比之子房。"

《三国志》本传注引会《母传》："年五十有九，甘露二年二月暴疾薨。比葬，天子有手诏，命大将军高都侯厚加赗赠。丧事无巨细，一皆供给。议者以为公侯有夫人，有世妇，有妻，有妾，所谓外命妇也。依《春秋》成风、定姒之义，宜崇典礼，不得总称妾名，于是称成侯命妇。殡葬之事，有取于古制，礼也。"侯康《补三国艺文志》卷三著录《母传》，章宗源《隋书经籍志考证》卷十三著录《母传》及《生母传》，姚振宗《三国艺文志》卷二著录《母传》，以为章宗源"误以传注所引两节为二传，此两节实一篇也"。

**甘露三年（258年），钟会以中郎在大将军府管记室事，推荐裴楷与王戎。**

《三国志》本传："军还，迁为太仆，固辞不就，以中郎在大将军府管记室事，为腹心之任。以讨诸葛诞功，进爵陈侯，屡让不受。"据《晋书·文帝纪》，司马昭于四月归京师。

《三国志》本传："寿春之破，会谋居多，亲待日隆，时人谓之子房。军还，迁为太仆，固辞不就。以中郎在大将军府管记室事，为腹心之任。"

《世说新语·赏誉》："钟士季目王安丰：'阿戎了了解人意。'谓裴公之谈，经日不竭。吏部郎阙，文帝问其人于钟会，会曰：'裴楷清通，王戎简要，皆其选也。'于是用裴。""王濬冲、裴叔则二人，总角诣钟士季。须臾去，后客问钟曰：'向二童何如？'钟曰：'裴楷清通，王戎简要。后二十年，此二贤当为吏部尚书，冀尔时天下无滞才。'"注："按诸书皆云钟会荐裴楷、王戎于晋文王，文王辟以为掾，不闻为吏部郎。"又："《晋阳秋》曰：戎为儿童，钟会异之。"陆侃如认为，从《晋书·裴楷传》及《晋书·王戎传》的记载看来，钟会荐二人似在管记室时。今从之。

**魏元帝景元元年（260年），钟会迁司隶校尉。**

《三国志》本传："迁司隶校尉，虽在外司，时政损益，当世与夺，无不综典。"陆侃如认为："迁官年月，史无明文。洪饴孙《三国职官表》卷下假定在'景元初'，尚合理。据《陈留王纪》，本年十二月王祥由司隶校尉迁司空，钟会可能是继祥任。"（《中古文学系年》），今从陆说。

**景元三年（262年），钟会为镇西将军，假节都督关中诸军事。**

《三国志》本传："文王以蜀大将姜维屡扰边陲，料蜀国小民疲，资力单竭，欲大举图蜀。惟会亦以为蜀可以取，豫共筹度地形，考论事势。景元三年冬，以会为镇西将军，假节都督关中诸军事。文王敕青、徐、兖、豫、荆、扬诸州，并使作船，又令唐咨作浮海大船，外为将伐吴者。"

**景元四年（263年），钟会伐蜀，作《与姜维书》、《与蒋斌书》、《移蜀将吏士民檄》及《蜀平上言》，迁司徒。**

《三国志·魏书·陈留王纪》："五月……又命镇西将军钟会由骆谷伐蜀……十一月，大赦。自邓艾、钟会率众伐蜀，所至辄克。是月，蜀主刘禅诣艾降，巴蜀皆平。十二月……乙卯以……镇西将军钟会为司徒。"又卷二十八《钟会传》："先命牙门将许仪在前治道，会在后行，而桥穿，马足陷，于是斩仪。仪者许褚之子，有功王室，犹不原贷，诸军闻之，莫不震竦……会径过，西出阳安口，遣人祭诸葛亮之墓……会移檄蜀将吏士民曰……刘禅诣艾降，遣使敕姜维等令降于会。维至广汉郪县，令兵悉放器仗，送节传于胡烈，便从东道诣会降。会上言曰……十二月诏曰：'……其以会为司徒，进封县侯，增邑万户，封子二人亭侯，邑各千户。'"注引《世语》："夏侯霸奔蜀，蜀朝问司马公如何德，霸曰：'自当作家门。'京师俊士，曰：'有钟士季，其人管朝政，吴蜀之忧也。'"

钟会与姜维战，维退保剑阁以拒会，会作《与姜维书》。姜维降，会又作《蜀平上言》及《移蜀将吏士民檄》。会至汉城，作《与蒋斌书》，斌为蒋琬子。《蜀志》卷十四《姜维传》："皆退保剑阁以拒会，会与维书……"又《蒋琬传》："魏大将军钟会至汉城，与斌书……"

**魏元帝咸熙元年（264年）钟会入蜀，意欲叛魏，事败被杀。**

正月壬戌，魏钟会诬邓艾反，诏以槛车征邓艾。钟会至成都，谋据蜀反，矫诏起兵废司马昭。军乱，诸将杀钟会及姜维。

《三国志》本传："会内有异志，因邓艾承制专事，密白艾有反状，于是诏书槛车征艾。司马文王惧艾或不从命，敕会并进军成都，监军卫瓘在会前行，以文王手笔令宣喻艾军，艾军皆释仗，遂收艾入槛车。会所惮惟艾，艾既禽而会寻至，独统大众，威震西土。自谓功名盖世，不可复为人下，加猛将锐卒皆在己受，遂谋反。……会以五年正月十五日至，其明日，悉请护军、郡守、牙门骑督以上，及蜀之故官，为太后发丧于蜀朝堂，矫太后遗诏，使会起兵，废文王……或谓会可尽杀牙门骑督以上，会犹豫未决。十八日日中，烈军兵与烈儿雷鼓出门，诸军兵不期皆鼓噪出……牙门、郡守各缘屋出，与其卒兵相得。姜维率会左右战，手杀五六人。众既格斩维，争赴杀会。会时年四十，将士死者数百人。……会兄毓以四年冬薨，会竟未知问。会兄子邕随会，与俱死。会所养兄子毅及峻、辿等下狱，当伏诛。司马文王表天子下诏……峻、辿兄弟特原，有官爵者如故。惟毅及邕息伏法。或曰：毓曾密启司马文王，言会挟术难保，不可专任，故宥峻等。"

钟会论《易》无互体、才性同异。曾作《道论》二十篇，亡佚。《隋书·经籍志一》著录其《周易尽神论》一卷，梁有《周易无互体论》三卷，亡。"《周易尽神论》一卷，魏司空钟会撰。梁有《周易无互体论》三卷，钟会撰，亡……《老子道德经》二卷，钟会注……梁有……《刍荛论》五卷，钟会撰。"侯康《补三国艺文志》卷四及姚振宗《三国艺文志》卷三均著录《道论》二十篇，姚志以为"即《刍荛论》"。姚志卷四又著录《圣人无情论》，并说："《隋志》道家云，梁有《圣人无情》六卷。不著撰人，似即此书。大抵始于何晏，而钟会等述之，王弼非之，其后或亦有所傅益，故多至六卷。七录以出自众人，非一家言，故不著撰人。》《隋书》卷三十五《经籍志四》著录魏司徒《钟会集》九卷，梁二卷，录一卷。""《魏司徒钟会集》九卷，梁十卷，录一卷。"严可均《全三国文》卷二十五载其文十五篇。

**参考文献**

洪饴孙：《三国职官表》，中华书局1985年版。
刘学智：《儒道哲学阐释》，中华书局2002年版。
王晓毅：《钟会——名法世家向玄学转化的典型》，《中国史研究》1997年第2期。

（李小青）

# 王弼传

**王弼，字辅嗣，山阳高平（今山东金乡县）人。生于魏文帝黄初七年（226年）。**

《三国志·魏书·钟会传》注引何劭《王弼传》云，王弼死于正始十年（249年），"时年二十四岁"。古代年龄按虚一岁计算，故实际年龄为23岁，以此上推其生年，当为公元226年。

《世说新语·文学》注引《王弼别传》："弼字辅嗣，山阳高平人。"又《金乡县志·舆地》说，县北门内西，有"王弼注《易》处"。这虽属传说，但却可以印证王弼确为山阳高平人。

汉末至曹魏，祖上世代为豪族，均是汉末名士、魏初名士与正始名士的领袖人物或中坚分子。祖父王凯。父王业，任魏尚书郎，谒者仆射。后为王粲嗣，得以继承蔡邕的万卷书籍。其家族学术与荆州学派有渊源关系。有一兄，名宏。

《后汉书·王龚传》称山阳高平王氏"世为豪族"。首先见于史传的是王龚，"王龚，字伯宗，山阳高平人也，世为豪族，初举孝廉，稍迁青州刺史……拜尚书。建光元年，擢为司隶校尉，明年迁汝南太守，政崇温和，好才爱士，引进郡人黄宪、陈蕃等"，后于永和元年拜太尉，成为打击宦官而深受士人爱戴的汉末名士的先驱人物。他任汝南太守期间，起用了当地两位颇有影响的中青年名士，陈蕃和黄宪，后来二人分别为汉末名士在朝和在野两种类型士人的代表。王龚到汝南选拔陈蕃入仕，不但预示着汉末清议运动的序幕即将拉开，也使山阳王氏与汝颍名士结下了不解之缘，从而使这一家族与士族社会的发展主流融为一体。山阳王氏像汉魏之际多数士族那样是以儒术起家的，但是面对名教的虚伪，他们开始追求道家的自然思想，呈现出儒道兼综的新气象。

王龚其子王畅官至司空，在汉末清议中与陈蕃互相支持，共为领袖人物。王畅入东汉"八俊"之一。王氏家族所在的山阳郡在汉末清议中成为引人注目的地区——第二次党锢之祸的导火索就是该郡以张俭、刘表等人为代表的郡级"八俊"、"八顾"、"八及"等二十四位名士的结社活动，而这些人物都与王畅有着千丝万缕的联系。但王畅之子王谦史籍并无过多记载，只知他曾被何晏的祖父大将军何进辟为长史。而王谦的儿子王粲则是著名的建安七子之一。是山阳王氏在汉魏之际最重要的文化名人。他对儒家经典有着独到的研究，著论向郑玄的《尚书注》挑战，鼓吹儒学教化的同时又宣扬道家清心寡欲的学说。但此时王粲的思想尚未把儒道融为一体，二者依然处于对峙的矛盾状态。

王粲与族兄王凯关系密切，其思想很有可能对王凯产生影响。《三国志·魏书·钟会传》注引《博物记》："初，王粲与族兄凯俱避地荆州，刘表欲以女妻粲，而嫌其形陋而用率，以凯有风貌，乃以妻凯。凯生业，业即刘表外孙也。蔡邕有书近万卷，末年载数车与粲。粲亡后，相国掾魏讽谋反，粲子与焉。既被诛，邕所与书悉入业。业字长绪，位至谒者仆射。子宏，字正宗，司隶校尉。宏，弼之兄也。"

《博物志》卷六《人名考》："蔡邕有书万卷，末年载数车与王粲。粲亡后，相国掾魏讽谋反，粲子与焉。既被诛，邕所与粲书悉入粲族子业，字长绪，即正宗父，正宗即辅嗣兄也。"

《三国志·魏书·钟会传》注引《魏氏春秋》："文帝既诛粲二子，以业嗣粲。"

《三国志·魏书·王粲传》："献帝西迁，粲徙长安，左中郎将蔡邕见而奇之。时邕才学显著，贵重朝廷，常车骑填巷，宾客盈坐。闻粲在门，倒屣迎之。粲至，年既幼弱，容状短小，一坐尽惊。邕曰：'此王公孙也，有异才，吾不如也。吾家书籍文章，尽当与之。'"

如材料所述，王弼的祖父王凯（即王粲的族兄），于汉末战乱中投奔荆州牧刘表，刘表招他为女婿，生子王业，即王弼之父。王粲死后，其子因魏讽谋反案被杀，绝后。魏文帝命王业为王粲嗣子，继承王粲爵位及来自蔡邕的近万卷书籍。蔡邕是汉末著名大文豪，收藏了万卷书籍，他十分欣赏王粲的才华，在迁都长安时，曾许诺这些书籍由王粲继承。不久蔡邕被杀，这些书籍也随之为王粲所有，王粲死后，自然由其嗣子王业继承，顺理成章地传至王弼。

再则，王弼的家世与荆州颇有关系。荆州官学的创始人是王弼的曾外祖父，割据该地区十九年之久的荆州牧刘表。刘表受学于同郡王畅。张湛《列子注序》谓王弼之兄王宏（字正宗）与弼均好文籍，《列子》有六卷，原为王弼女婿所藏。王弼之家学，上溯荆州，出于宋氏。宋氏重性与天道，王弼喜好玄理，其中演变应有相当之连系也。汤用彤先生推考认为，"按王肃从宋衷读《太玄》，而更为之解。张惠言说，王弼注《易》，祖述肃说，特去其比附爻象者。此推论若确，则由首称仲子，再传子雍，终有辅嗣，可谓一脉相传者也"。宋衷为荆州儒生最有影响者，其专长似在《太玄》。而荆州之学喜张异议，表现为反对繁琐虚伪，追求简约自然的思想风尚，有儒道兼容的倾向。汉末荆州之学甚盛，学风以《周易》见重，并及《太玄》，而"王弼之《易》，则继承荆州之风，而自有树立者也"[①]。

山阳王氏的文化氛围，影响着少年王弼思想的成长，王弼的天才禀赋与其得天独厚的家庭文化氛围、特殊的时代背景直接相关。

有关王弼的生平事迹，除了《三国志》的记载，今人有陆侃如《中古文学系年》，王晓毅《王弼评传》等，可资参考。

**魏齐王曹芳正始四年（243年），王弼的玄学思想初步形成，与裴徽论圣人与老子。才情逐渐显露。**

王弼的成名，发端于与吏部郎裴徽的一次对话。

《三国志·魏书·钟会传》注引何劭《王弼传》："弼幼而察惠，年十余，好老氏，通辩能言。父业，为尚书郎。时裴徽为吏部郎，弼未弱冠，往造焉。徽一见而异之，问弼曰：'夫无者诚万物之所资也，然圣人莫肯致言，而《老子》申之无已者何？'弼曰：'圣人体无，无又不可以训，故不说也；老子是有者也，故恒言无所不足。'寻亦为傅嘏所知。"

《世说新语·文学》："王辅嗣弱冠诣裴徽，徽问曰：'夫无者，诚万物之所资，圣人莫肯致言，而老子申之无已，何邪？'弼曰：'圣人体无，无又不可以训，故言必及有。老庄未免于有，恒训其所不足。'"

据《三国志·魏书·管辂传》注引《辂别传》说，管辂曾在三十六岁（35岁）时拜会了冀州刺史裴徽。管辂生卒年为209年至256年，其

---

[①] 汤用彤：《魏晋玄学论稿及其他》，北京大学出版社2010年版，第61—62页。

三十六岁（35岁）拜见裴徽时应为正始五年，可见裴徽在正始五年已任该职，那他任吏部郎的时间应在此之前，所以将王弼与其辩论时间定于正始四年。

王弼会合儒道最著之处为圣人观念，与裴徽一事是为首次体现。答裴徽语，可见其融会儒道之用心。将儒道融为一体，既维护了圣人的地位，又提高了道家经典，为玄学思想的理论大厦奠定了基础。然而，当时王弼以好老氏虚无之旨见称，虽推崇孔子的理想人格，但其所悟圣人所说在于训俗，老子所谈，乃万物所资。实为阳尊儒圣，阴崇道术。王弼未弱冠之年便能轻而易举地解决困扰当时清谈名士裴徽的疑惑，不得不让人叹为奇才。虽然此时有钟会、裴秀、卫瓘、嵇康等为代表的一批才华横溢的贵族青少年，然而王弼的才情却与众不同，他所擅长的是其自身对形而上学的特殊体会。然又因其颖悟绝伦的特质，于前人的著述之取舍，均随意所适，因此在理解圣人与老子过程中，常常能以会通、机敏地方式说明，给人以茅塞顿开的情感体验。

**正始五年（244年）**，王弼参加何晏举办的清谈，一举成名。注《老子》，被何晏称为"后生可畏，可与言天人之际"。此后，又注释了《易经》，奠定了其玄学的理论基础。

关于王弼与何晏第一次见面及清谈的情景，《世说新语·文学》有如下记载："何晏为吏部尚书，有位望，时谈客盈坐。王弼未弱冠，往见之。晏闻弼名，因条向者胜理语弼曰：'此理仆以为极，可得复难不？'弼便作难，一坐人便以为屈，于是弼自为客主数番，皆一坐所不及。"

又《世说新语·文学》注引《续晋阳秋》曰："正始中，王弼、何晏好庄、老玄胜之谈，而世遂贵焉。"

据上文所言，这次清谈时，王弼"未弱冠"，故当在正始六年之前。又据何劭《王弼传》将此事记于正始四年王弼见裴徽之后，故可能发生于正始五年，从"晏闻弼名"看，王弼与何晏为初次会面。

何晏当时作为吏部尚书，在曹魏政权中颇有位望，并堪称一代谈宗。所谓清谈，就是知识分子的学术辩论会，类似现代的学术沙龙。它往往在官员或学者的客厅中举行，参加者的身份从皇帝官员到平民僧侣各异，属于非官方性质的自发聚会，其典型形式有甲、乙两个主辩人，一个主持人和四座听众。主辩人甲首先提出某个观点，主辩人乙对此观点发难，一问一答为一回合，叫"一番"。双方轮番进攻，反复诘难，理屈词穷者为败方或由听众评判胜负。上文材料是说，年方18岁的王弼，进入何晏家举行的一次清谈会，由于之前胜负已分，何晏便把胜者之理向王弼说明并提出是否还能对此发难，于是王弼作难，一座中人理屈词穷。于是王弼便自己分别扮演主客角色（即甲、乙主辩人）开始自问自答数番，一座无人能及。叹为观止！

《经典释文序录》："其后谈论者，莫不宗尚玄言，唯王辅嗣妙得虚无之旨。"《晋书·卫玠传》："昔王辅嗣吐金声于中朝，此子复玉振于江表，微言之续，绝而复续。不意永嘉之末，复闻正始之言，何平叔若在，当复绝倒。"说的是永嘉末年后人对王弼非凡的辩才依然念念不忘、大力称道。但或许也正是因为有如此禀赋天才，形成了他后来"多笑人所短"的狂傲性格。

王弼与何晏的交游是王弼一生中最重要的大事件。何、王二人于历史的风云际会开创了中国哲学思想的新纪元。何晏年长王弼二十岁左右，属于正始名士中的老派思想领袖，自正始元年任散骑侍郎时起，就在清谈场上"论道"，创立了贵"无"论哲学。何晏自幼就聪明异常，虽是曹操的养子却也深受曹操的赏识与宠爱，但寄人篱下体弱多病的童年使其自卑怯懦，养父与母亲的溺爱加上漂亮的容貌和聪明伶俐又使其清高孤傲。而王弼，虽然没有确切史料记载他的童年生活，但从父母给他起的名字或许可以看出些问题。王弼的长兄王宏，字正宗，肯定了他嫡长子正统的身份，意味着要宏大家族，兴旺发达。而小儿子以"弼"命名，字"辅嗣"，其意思是辅助，表示帮助兄长共同振兴家族的含义。非正统继承人的身份，对王弼年幼的教育及其思想自由之发展很可能会有影响。他的早慧、清高、孤傲与何晏是何等相似！这可看作二人能够交往的性格基础。学术上，何晏的贵无论哲学尽管比较粗糙，但是却唤醒、影响了王弼、钟会等玄学新秀的崛起，是导致王弼哲学体系出现的重要因素之一。

**在这次清谈之后，王弼注《老子》。**

《世说新语·文学》："何平叔注《老子》始成，诣王辅嗣，见王注精奇，乃神伏曰：'若斯人可与论天人之际矣。'因以所注为《道》、《德》二论。""何晏注《老子》未毕，见王弼自说注《老子》旨，何意多所短，不复得作声，但应诺诺。遂不复注，因作《道》、《德》论。"

《三国志·魏书·钟会传》注引何劭《王弼传》："于时，何晏为吏部尚书，其奇弼，叹之曰：'仲尼称后生可畏，若斯人者，可与言天人之际乎！'"

以上文字说明，王弼与何晏讨论各自的《老子注》似乎已不是初次见面，应当发生在上述第一次清谈之后。王弼《老子注》的出现，使何晏积极接受了其思想并重新改造了自己的旧学说，可以说何晏后期的贵无论有王弼的影子。《世说新语·文学》中已指出，《道论》是何晏看了《王弼》的《老子注》后受启发而创作的，而其《无为论》则表达了何、王二人共同的观点。《晋书·王衍传》："魏正始中，何晏、王弼等祖述老庄，立论以为：'天地万物皆以无为本。无也者，开物成务，无往而不存者也。阴阳恃以化生，万物恃以成形，贤者恃以成德，不肖恃以免身。故无之为用，无爵而贵矣。'"说明《无为论》的形成时间只能是王弼哲学形成之后。这些材料充分说明，何、王二人玄学思想的形成是在共同切磋探讨之间相互影响相互推动的。而后他们之间的感情不温不火，并没有像阮籍与王戎那样成忘年之交，这二人各自生活在自己的理念世界中，对他人的情感并不在意。但可悲的是，他们却又摆脱不了世俗的名利诱惑不能善终。何晏懦弱地死于非命，王弼愤恨地早夭。这两位自恃清高的才子挥洒了自己的才华后便匆匆走向人生的终点。

"从对正始贵'无'本体论哲学理论贡献看，王弼的《老子注》与《老子指略》在他全部理论著述中最为重要。"[①] 王弼通过对《老子》思想的新释，重点阐述了君主无为的意义，创建了以政治哲学为核心的本体论哲学系统，为正始玄学奠定了基础。

一、对老子"道"的改造问题。王弼用形名学方法将《老子》中的"道"变成"无"，将万物变为"有"。推出了他的第一个宇宙哲学之理——"以无为本"。在注释过程中，王弼去掉了汉儒在宇宙生成论方面的神秘细致的描述与教化成分，以简单的语词加以概括。如《老子》第一章："道可道，非常道，名可名，非常名。"王弼注："可道之道，可名之名，指事造形，非其常也。故不可道，不可名也。"[②]

《老子道德经河上公章句》："谓经术政教之道也。非自然长生之道

---

① 王晓毅：《王弼评传》，南京大学出版社2011年版，第241页。
② 楼宇烈：《王弼集校注》，中华书局1980年版，第1页。

也。常道当以无为养神,无事安民,含光藏晖,灭迹匿端,不可称道。谓富贵尊荣,高世之名也。非自然常在之名也。常名当如婴儿之未言,鸡子之未分,明珠在蚌中,美玉处石间,内虽昭昭,外如愚顽。"

《老子指归》:"太上之象,莫高乎道德,其次莫大乎神明,其次莫大乎太和,其次莫宗乎天地,其次莫著乎阴阳,其次莫明大圣。夫道德所以可道而不可原也,神明所以可存而不可伸也,太和所以可体而不可化也,天地所以可行而不可宣也,阴阳所以可用而不可传也,大圣所以可观而不可言也。故,度之所度者知,而数之可数者少;知之所知者浅,而为之所为者薄。至众之众不可数,而至大之大不可度;微妙穷理,非智之所能测;大成之至,非为之所能得;天地之间,祸乱患咎,非事之所能克也。故,不道之道,不德之德,政之元也;不名之名,亡功而功,化之根也。"

显而易见,王弼的注释语言简洁明了,句式整齐,直言其意,突破了汉注的思想。章太炎回顾老子注说源流时对王弼的注释十分推崇:"说《老子》者,以韩非《解老》为至,虽未完具,其已解者不可易也。王辅嗣说抑为其次,而文义缴绕,已多汉时训说,今所不传……窃意汉人述作质厚有余,眇义固非尽解。及张鲁、想余之注作,黄巾依以为名。唐世传本虽多,多出羽士,若傅奕之流是也。由今追观,安得不以辅嗣本为正邪!"[①]

二、王弼的宇宙本体论的两个命题:"以无为本"与"以无为用"。"以无为本"这个命题的出发点是宇宙生成论,但是这个命题的归宿却是本体论。王弼之所以讲"无"生于"有",其目的是为了说明"无"是"有"的内在本体。而为了推出"以无为用"这个命题,他曾以器皿、房屋、车轴、吹管等有形物(有)为例,只有使用了它们无形的中空部分(无)才能发挥各自的盛物、住人、载物、演奏等功能。

《老子道德经河上公章句》:"三十辐共一毂,当其无,有车之用。""古者车三十辐,法月数也。共一毂者,毂中有孔,故众辐共凑之。治身者当除情去欲,使五藏空虚,神乃归之。治国者寡能,聚弱共扶强也。无谓空虚。毂中空虚,轮得转行;中空虚,人得载其上也。"

《老子指归》:"太古圣人之牧民也,因天地之所为,不事乎智巧,饮

---

① 傅杰编校:《章太炎学术史论集》,云南人民出版社2008年版,第248页。

则用瓢，食则用手，万物齐均，无有高下。及至王者有为，赋重役烦，百姓疲极，上求不厌，贡献辽远，男女负载，不胜其任，故智者作为推毂，驾马服牛，负重致远，解缓民劳。后世相承，巧作滋生，雕琢斑毂朱轮，饰以金银，加以翠玑，一车之费，足以贫民。饰以老氏伤创作之害道德，明为善之生祸乱也，故举车、器、室三事，说有、无、利、用之相资，因以垂戒云。"

材料中，河上公主要强调治身之道，严遵强调治国之道，而且不厌其烦地描述世道之乱。将老子的"有""无"观念直接与政治教化相连。王弼注却简单明了，概括力强，"以寡统众"一语便将问题阐明。他将《老子》中关于万物使用"道"才能发挥自身效益的思想，从形名角度转换为"有以无为用"，推出第二个宇宙哲理"以无为用"，为其最后证明"君主无为"之理奠定了哲学基础。

三、崇本息末。他在《老子指略》的后半部分，集中阐述了"崇本息末"的思想，指出这一思想是《老子》一书的中心内容和精神实质。《老子指略》是王弼对《老子注》的简要总结。

这篇文章中，王弼首先批判了前人对《老子》一书研究的错误方法。法、名、儒、墨等流派都在《老子》中发现了与自己学说一致的因素，从而各家都陷入了片面性。而王弼认为，对老子的阐释，绝不能拘泥于其中的个别论述，作孤立的理解，不能从其思想的枝叶"末"开始，应首先把握其根干"本"："《老子》之书，其几乎可一言而蔽之。噫！崇本息末而已矣。观其所由，寻其所归，言不远宗，事不失主。文虽五千，贯之者一；义虽广赡，众则同类。解其一言而蔽之，则无幽而不识；每事各为意，则虽辩而愈惑。"

同时，王弼在这篇文章中也充分地显示了他的文学才能。王弼不仅在哲学上做出了重大的贡献，他的文学造诣也是精深的。值得注意的是只有二书中的《老子指略》和《周易略例》堪为结构完整的篇章。下面就针对《老子指略》部分内容的文学特色进行分析。

首先，作为哲理散文，在风格上属于"远奥""精约"的类型，没有华丽的词采与鲜明的形象，纯粹是思辨性的。其所用语言不像先秦两汉的散文那样质朴厚重，却透出精致工巧。其最为突出而显著的特点是在句式上大量运用对偶。句式上，多见否定句，以"不……不……"或"不……则……"为主。如王弼对宇宙本根的描述充满了否定词"不"，以此去说明它不是什么，而从来没有用肯定词说它是什么"无形无名者，万物之宗也。不温不凉，不宫不商。听之不可得闻，视之不可得而彰，体之不可得而知，味之不可得而尝。故其为物也则混成，为象也则无形，为音也则希声，为味也则无呈。故能为品物之宗主，苞通天地，靡使不经也"。其目的在于说明本根的最重要特征是无形无象。"天不以此，则物不生；治不以此，则功不成。……故闲邪在乎存诚，不在善察；息淫在乎去华，不在滋章；绝盗在乎去欲，不在严刑；止讼存乎不尚，不在善听。故不攻其为也，使其无心于为也；不害其欲也，使其无心于欲也。"句式的变化多样，也使文章读起来朗朗上口，富于节奏变化。

其次，用典如："解其一言而蔽之，则无幽而不识。""一言以蔽之"出自《论语·为政》。"夫途虽殊，必同其归；虑虽百，必均其致。"出自《周易·系辞下》："天下同归而殊途，一致而百虑。"使注释的文辞具有高度的概括力与典雅性。

**自正始五年之后，王弼在思想舞台上十分活跃，经常参加清谈论辩。与何晏、钟会论圣人无喜怒哀乐。除了注释《老子》之外，又注释了《周易》，撰写《周易略例》、《论语释疑》，这些活动的具体年代已不可详考。**

《三国志·魏书·钟会传》注引何劭《王弼传》："淮南人刘陶善论纵横，为当时所推，每与弼语，尝屈弼。弼天才卓出，当其所得，莫能夺也。性和理，乐游宴，解音律，善投壶。其论道，傅会文辞，不如何晏，自然有所拔得，多晏也。颇以所长笑人，故时为士君子所疾。弼与钟会善，会论议校练为家，然每服弼之高致。何晏以为圣人无喜怒哀乐，其论甚精，钟会等述之。弼与不同，以为圣人茂于人者神明也，同于人者五情也。神明茂故能体冲和以通无，五情同故不能无哀乐以应物，然则圣人之情，应物而无累于物者也。今以其无累，便谓不复应物，失之多矣。"

对王弼的性格爱好，我们所知不多，只知道他像大多数京洛少年贵族子弟一样，喜欢参加游宴及投壶等活动，并酷爱音乐，但最热衷的娱乐莫过于清谈了。这位早熟的思想家才思敏捷，能言善辩，具有超人的抽象思维能力。善论纵横的淮南人刘陶对王弼也甘拜下风。他的天才论辩，当时已到了无人能及的地步。当时他与钟会也有交往。钟会年龄与王弼相仿，钟会也是校练名理的名家，论议《四本论》，依然对王弼的高致佩服不已。鲁迅在《魏晋风度及文章与药及酒之关系》中谈及王弼还是服药的祖师："吃散发热源于何晏，和他同志的，有王弼和夏侯玄两个人，与晏同为服药的祖师。"可以看出王弼的行为是受到何晏等名士影响的。

圣人无情乃汉魏间流行学说应有之结论，而为当时名士之通说，圣人无情之说，盖出于圣德法天。此所谓天就是自然，非有意志之天。何晏认为圣人纯乎天道，未尝有情，贤人以情当理，而未尝无情。被钟会等人认同。"辅嗣既深知体用之不二，故不能言静而废动，故圣人虽德合天地（自然），而不能不应物而动，而其论性情，以动静为基本观点。圣人既应物而动，自不能无情。平叔言圣人无情，废动言静，大乖体用一如之理，辅嗣所论天道人事以及性情契合一贯，自较平叔为精密。何劭《玉弼传》：'其论道附会文辞不如何晏，自然有所拔得多晏也。'盖亦有所见之评判也。"①

然而对人情世故却所知甚少，缺乏必要的处世能力，尤其是恃才傲物，喜欢以自己的长处讥笑他人。这些特点决定了未来的王弼在哲学领域的理想思维巨人和社会实践中凡人的双重形象。

《三国志·魏书·钟会传》注引何劭《王弼传》："弼注《易》，颍川人荀融难弼《大衍义》。弼答其意，白书以戏之曰：'夫明足以寻极幽微，而不能去自然之性。颜子之量，孔父之所预在。然遇之不能无乐，丧之不能无哀。又常狭斯人，以为未能以情从理者也。而今乃知自然之不可革。足下之量，虽已定乎胸怀之内，然而隔逾旬朔，何其相思之多乎！故知尼父之于颜子，可以无大过矣。'弼注《老子》，为之《指略》，致有理统；著《道略论》。注《易》，往往有高丽言。太原王济好谈，病《老》、《庄》，尝云：'见弼《易》注，所悟者多。'"

刘勰在举例中，特别注意到了王弼的《周易注》，说："若毛公之训《诗》、安国之传《书》、郑君之释《礼》、王弼之解《易》，要约明畅，可为式矣。"（《文心雕龙·论说》）

一、在《易》学发展史上，王弼是一位划时代的重要人物，他扭转了汉代易学的象数思维定势，开创了魏晋义理易学的新纪元。汉代象数易学从人类社会之外的超自然力量去探索命运之谜，因而注重天文历数，最终陷入了迷信和妖妄。为了明白起见，兹摘举《易注》讼卦中二例，将

---

① 汤用彤：《魏晋玄学论稿及其他》，北京大学出版社2010年版，第59页。

王注与荀虞二家注并列于后以作对比。

讼上九："或锡之鞶带，终朝三褫之。"

王注："处讼之极，以刚居上，讼而得胜者也。以讼受锡，荣何可保？故终朝之间褫带者三也。"

荀注："二四争三，三本下体，取之有缘。或者，疑之辞也，以三锡二，于义疑矣，争竞之世，分理未名，故或以锡二。终朝者，君道明，三者，阳成功也；君明道盛，则夺二与四，故曰终朝三褫夺之也。鞶带，宗庙之服，三应于上，上为宗庙，故曰鞶带也。"

虞注："锡，谓王之锡命。鞶带，大带，男子鞶带。初四已易位，三二之正，巽为腰带，故鞶带。位终乾上，二变时，坤为终。离为日，乾为甲，日出甲上，故称朝。应在三，三变时，艮为手，故终朝三褫之。使变应已，则去其鞶带，体坎乘阳，故《象》曰：'不足敬也。'"

汤用彤先生指出，"王弼注《易》摈落象数而专敷玄旨。其推陈出新，最可于其大衍义见……王弼之说韩康伯注曾引之，此必即荀融所难之大衍义。立论极精，扫除象数之支离，而对于后世之易学并有至深之影响，诚中华思想史上之一大事因缘也"[1]。刘师培先生较早谈及王弼的文学成就，并注意到了王注与汉人笺注文体的不同。他在《中国中古文学史》第四课《魏晋文学之变迁·傅嘏及王何诸人》一章专门引证了何晏、王弼二人的几段文字，并作了文学上的评价：

又按：王、何注经，其文体亦与汉人迥异。如《易乾卦》三爻，王注云："处下体之极，居上体之下，在不中之位，履重刚之险。上不在天，未可以安其尊也；下不在田，未可以宁其居也。纯修下道，则居上之德废；纯修上道，则处下之礼旷。故终日乾乾，至于夕惕，犹若厉也。"……而汉人笺注文体无复存矣。[2]

二、改窜《周易》以经附传，恢复十翼义理。王弼十分严谨地把握

---

[1] 汤用彤：《魏晋玄学论稿及其他》，北京大学出版社2010年版，第46页。
[2] 刘师培：《中国中古文学史讲义》，上海古籍出版社2006年版，第33页。

十翼思想以注易的情形，根据十翼思想注经，除乾坤二卦注文以外，其他三十六卦确有不少地方表现出精辟独到的见解与阐理明晰的优点，使后人不得不佩服他的"察惠"：

困九四："来徐徐，困于金车，吝，有终。"

《象曰》："来徐徐，志在下也，虽不当为，有与也。"

王注："金车，谓二也，二，刚以载者也，故谓之金车。徐徐者，疑惧之辞也，志在于初而隔于二，履不当位，威令不行，弃之则不能，欲往则畏二，故曰来徐徐困于金车也。有应而不能济之，故曰吝也。然以阳居阴，履谦之道，量力而处，不与二争，虽不当位，物终与之，故曰有终也。"

我们读《象传》文，总觉得过于简略，义犹未明，王弼注后，卦义便明白易知看，这正是王注的价值。何劭《王弼传》中谈及太原王济常道见王弼《易注》，"所悟者多"正是此意。

三、王弼的言意理论主要表现在他的《周易略例·明象篇》中。他成功地融儒家"言不尽意"，"立象以尽意"和道家的"得意忘言"于一炉，把几个看起来似乎矛盾的命题有机地结合在一起，构成了他崭新的儒道融合的玄学言意观。汤用彤："王弼为玄宗之始，深于体用之辩，故上采言不尽意之义，加以变通，而主得意忘言。"[1]

刘师培于《中国中古文学史讲义》中道：

又按：弼文传于世者，今鲜全篇，惟《易注》、《易略例》、《老子注》均为完书。其《易略例·明象篇》曰："自统而寻之，物虽众，则知可以执一御也；由本以观之，义虽博，则知可以一名举也。处旋机以观大运，则天地之动，未足怪也；据会要以观方来，则六合辐凑，未足多也。故举卦之名，义有主矣；观其象词，则思过半矣。夫古今虽殊，军国异容，中之为用，故未可远也。品制万变，宗主存焉。"又《明爻篇》曰："情伪之动，非数之所求也。故合散屈伸，与体相乖。形躁好静，质柔爱刚，体与情反，质与愿违。巧历不能定

---

[1] 汤用彤：《魏晋玄学论稿及其他》，北京大学出版社2010年版，第21页。

其算数，圣明不能典要，法制所不能齐，度量所不能均也。召云者龙，命吕者律。二女相违，而刚柔合体。隆坻永叹，远壑必盈。投戈散地，则六亲不能相保；同舟而济，则胡、越何患乎异心？故苟择其情，不忧乖远；苟明其趣，不烦强武。"观此二则，可以窥辅嗣文章之略，盖其为文，句各为义，文质兼茂，非惟析理之精也。①

正如刘师培先生所言，《周易略例》的文学特点也比较鲜明，可谓句各为义，文质并茂。句式上看，以设问句或判断句开头居多。如：

夫彖者，何也？统论一卦之体，明其所由之主者也。（《明彖篇》）

夫爻者，何也？言乎变者也。变者何也？情伪之所为也。（《明爻通变篇》）

夫卦者，时也；爻者，适时之变者也。（《明卦适变通爻》）

夫象者，出意者也。言者，明象者也。（《明象》）

文中也可多见反问之句式：

阳苟一焉，五阴何得不同而归之？阴苟只焉，五阳何得不同而从之？（《明彖》）

义苟在健，何必马乎？类苟在顺，何必牛乎？爻苟和顺，何必坤乃为牛？义苟应健，何必乾乃为马？（《明象》）

另外，文章还出现了四六形式的句式：如"投戈散地，则六亲不能相保；同舟而济，则吴越何患乎异心"，其中蕴含着用典的成分，加强了文章的艺术性。又如"犹蹄者所以在兔，得兔而忘蹄；筌者所以在鱼，

---

① 刘师培：《中国中古文学史讲义》，上海古籍出版社2006年版，第33页。

得鱼而忘筌也",出自《庄子·外物》。

《论语释疑》则宣告了玄学《论语》研究时代的开始。我们可以比较郑玄注《论语》与王弼注的不同。《论语·述而》:"子曰:志于道,据于德,依于人仁,游于艺。"

  志,慕也,道不可体,故志之而已。(郑玄注)

  道者,无之称也,无不通也,无不由也。况之曰道。寂然无体,不可为象。是道不可体,故但志慕而已。(王弼注)

郑注的着眼在如何解释"志",为何用"志"字,就是因为"道"不易表述。但这个"道"到底是什么,他就无能为力了。而王弼以老释孔,把孔子的"道"也改造了。孔子的"道",指道德,王弼却把它变成了老子的本体论的"道"。从"道"的性质、形态来说明,作一种纯抽象的表述,离开《论语》而加以发挥了。

对于王弼的哲理散文,汤用彤先生曾把他与嵇康作比较:"盖王氏谨饬注重者本体之宗统,嵇氏奔放欣赏者天地之和美。"[1] 说明了其行文谨饬,注重宗统的创作特点。他的三部注释性著作《老子注》、《周易注》和《论语释疑》,都是有意识地运用了"本末"或"一众"这一学术方法重新解释儒道圣贤的思想。而"体用"作为一对哲学范围被明确提出并作为哲学思维运用,是由王弼开始的。王弼以本末体用方法融合儒道,是魏晋玄学最鲜明的理论特征。

**正始九年(248年),王弼任尚书郎。但人际关系却始终不能融洽。**

《三国志·魏书·钟会传》注引何劭《王弼传》:"正始中,黄门侍郎累缺,晏既用贾充、裴秀、朱整。又议用弼。时丁谧与晏争衡,致高邑王黎于曹爽。爽用黎,于是以弼补台郎。初除,觐爽,请间。爽为屏左右,而弼与论道移时,无所他及,爽以此嗤之。时爽专朝政,党与共相进用,弼通俊不治名高。寻黎无几时病亡,爽用王沈代黎,弼遂不得在门下。晏为之叹恨。"

---

[1] 汤用彤:《魏晋玄学论稿及其他》,北京大学出版社2010年版,第24页。

《三国志·魏书·裴潜传》注引《文章叙录》说，裴秀"年二十五，迁黄门侍郎……年四十八，泰始七年薨"。可以推知裴秀生于黄初五年（224年），其24岁任黄门侍郎的时间应为正始九年（248年）。故王弼任尚书郎亦应在此年。

王弼不擅长政务及处理人际关系。《三国志·魏书·钟会传》注引何劭《王弼传》："弼在台既浅，事功亦雅非所长，益不留意焉……然弼为人，浅而不识物情。初与王黎、荀融善，黎夺其黄门郎，于是恨黎，与融亦不终。"

《世说新语·文学》注引《弼别传》："以弼补台郎。弼事功雅非所长，益不留意，颇以所长笑人，故为时士所嫉。又为人浅而不识物情，初与王黎、荀融善，黎夺其黄门郎，于是恨黎，与融亦不终好。"

《三国志·魏书·荀彧传》注引《荀氏家传》曰："绍子融，字伯雅，与王弼、钟会俱知名，为洛阳令，参大将军军事，与弼、会论《易》、《老》义，传于世。"

这位在著中论宏观宇宙变化、体悟自然无为真理的大哲学家，却无法"自然无为"地超越现实的卑微利益，与好朋友相处终不能善。

**正始十年（249年），王弼病亡，仅二十三岁。何晏于高平陵政变后被司马懿所杀。**

《三国志·魏书·钟会传》曰："弼好论儒道，辞才逸辩，注《易》及《老子》，为尚书郎，年二十余卒。"

裴松之注引何劭《王弼传》曰："正始十年，曹爽废，以公事免。其秋，遇疠疾亡，时年二十四，无子，绝嗣。弼之卒也。晋景王闻之，嗟叹者累日。其为高识所惜如此。"

《世说新语·文学》注引《王弼别传》："正始中，以公事免，其秋遇厉疾亡，时年二十四。弼之卒也，晋景王嗟叹之累日，曰：'天丧予。'其为高识悼惜如此。"

又《世说新语·文学》注引《文字志》："（王濛之子王修）未拜而卒，时年二十四。昔王弼之没，与修同年，故修弟熙乃叹曰：'无愧于古人，而年与之齐也。'"

王弼兄王宏，字正宗。详见《晋书》卷九十《良吏·王宏传》。王弼无子，又议女儿嫁赵季子。见张湛《列子序》。

少年天才王弼的离世，后人除了赞叹、惋惜，更多的是对他早慧的惊讶，对其思想与作品经久不衰的思考。

刘师培："魏代自太和以迄正始，文士辈出。其文约分两派：一为王弼、何晏之文，清峻简约，文质兼备，虽阐发道家之绪，实与名、法家言为近者也。……一为嵇康、阮籍之文，文章壮丽，总采骈辞，虽阐发道家之绪，实与纵横家言为近者也。"①

侯外庐："魏晋人物多早熟，王弼就是一个典型。天人之际的玄学，不同于皓首穷经的儒学，他的'自然有所拔得'只是对于纯粹概念来讲的，至于'物情不识'，本是玄学家的自我空虚的规定。玄学家之所以早熟，因为他们在研究范围内是以简御繁的。"②

任继愈："其所以如此，并不单纯是由于王弼'幼而察慧'，'通辩能言'，而主要是因为他通过《周易略例》和《老子指略》对方法问题进行了深入的探索，取得了实质性的突破。"③

蔡锺翔："鲁迅先生曾以'清峻、通脱、华丽、壮大'概况魏晋文章的时代风格，那么，何、王之文盖偏于'清峻、通脱'，而阮、嵇之文则偏于'华丽、壮大'。文学风格的歧异与学术思想的差别是密切关联的。在魏晋玄学家中，何、王属于'温和派'，阮、嵇属于'激烈派'。"④

汤用彤："王弼虽深知否泰有命，而未尝不劝人归于正。然则其形上学，虽属道家，而其于立身行事，实仍赏儒家之风骨也。"⑤

李泽厚："王弼从政治的角度所发挥的何晏'贵无'，实质上与道家所讲的'无为而治'，'君人南面之术'相似，却并不是王弼思想最重要的东西。就有无问题而言，王弼的重要贡献，首先在于他比何晏更为充分具体地阐述了何晏所提出的'夫唯无名，故可遍以天下之名名之'的思想。""在王弼看来，'大美'就是'圣人'能守母存子，崇本举末，不为有限所局限而能达于无限的表现……所达到的美又非那种外在的华饰的美，而是真实永恒的朴素的美。推崇真实、自然、永恒、素朴的美是和玄

---

① 刘师培：《中国中古文学史讲义》，上海古籍出版社2006年版，第28页。
② 侯外庐：《中国思想通史》第三卷，人民出版社2011年版，第110—111页。
③ 任继愈：《中国哲学发展史》，人民出版社1988年，第116页。
④ 蔡锺翔：《生生不息的中国文论》，中国书店出版社2010年版，第268页。
⑤ 汤用彤：《魏晋玄学论稿及其他》，北京大学出版社2010年版，第72页。

学相连的魏晋美学的一个重要风尚。"①

王晓毅："他以不可思议的超人智慧，刷新了儒道学说，给影响中国历史进程的《周易》、《论语》、《老子》三本名著注入了新的生机和活力，完成了由汉代经学向魏晋玄学的划时代转折。因此，他那二十三岁就停止了的思想，也就成了中国哲学史上无法回避的学术重镇。这不能不说是一个奇迹。""换句话说，王弼双重人格的最后支点仍是生命的自然本色。这是一个哲学怪圈：力求超越生命的哲学思辨，经过复杂的旅行之后，居然回到了原始起点。这是原始道家哲学的根本缺陷，也是王弼哲学的致命缺陷。"②

王弼的一生，短暂而炫丽，他凭借卓绝的才能，成功地运用本末体用方法融儒道于一体，从根本上回答了汉魏之际的历史课题。而由他创立的魏晋玄学，将中国文化带入儒道融合的新时代。他的才情高致令后人钦佩，甚至掩盖了其性格上的瑕疵。王弼完成了他的哲学体系的创建后便停止了思想，使这位才子的一生变得更加神秘而传奇。

**参考文献**

楼宇烈：《王弼集校释》，中华书局1980年版本。

王卡点校：《老子道德经河上公章句》，中华书局1993年版。

罗宗强：《玄学与魏晋士人心态》，南开大学出版社2003年版。

严遵著，王德有译注：《老子指归译注》，商务印书馆2004年版。

刘师培：《中国中古文学史讲义》，上海古籍出版社2006年版。

高怀民：《两汉易学史》，广西师范大学出版社2007年版。

（高　丹）

---

① 李泽厚、刘刚纪：《中国美学史》（魏晋南北朝编），安徽文艺出版社1999年版，第113、116页。

② 王晓毅：《王弼评传》，南京大学出版社2011年版，第165页。

# 诸葛亮传

**诸葛亮，字孔明，琅邪阳都人也。生于汉灵帝光和四年（181年）。汉司隶校尉诸葛丰后也。父珪，字君贡，汉末为太山郡丞。**

诸葛亮祖籍琅邪阳都。清代卢弼《三国志集解》："阳都，今山东沂州府沂水县南。"

关于诸葛亮的生卒，《三国志》本传云："（建兴）十二年春……其年八月，亮疾病，卒于军，时年五十四。"推知为汉灵帝光和四年（181年）生。

关于诸葛氏的来历，在先秦典籍中未见记载。《汉书》卷七十七有《诸葛丰传》，这是诸葛氏有记载的第一个人物。南宋的史学家郑樵在《通志·氏族略》于"葛氏"条列有四说，其二是引《英贤传》："旧居琅邪诸县，后徙阳都，时人谓之诸葛。"《三国志·吴书·诸葛瑾传》注引韦昭《吴书》，和《英贤传》的说法一致："其先葛氏，本琅邪诸县人，后徙阳都。阳都先有姓葛者，时人谓之诸葛，因以为氏。"《吴书》的作者韦昭与诸葛瑾及瑾子诸葛恪是同国、同时代人，诸葛氏得氏原因的这一说法，极有可能来自诸葛瑾或诸葛恪。又，"诸葛氏"经常仅称"葛氏"，如刘禅说"政由葛氏，祭则寡人"（《三国志》本传后裴注引《魏略》）；《诸葛瞻传》称当时"每朝廷有一善政佳事，虽非瞻所建倡，百姓皆传相告曰：'葛侯之所为也'"；刘知幾《史通·曲笔》载，"蜀老犹存，知葛亮之多枉"。后世葛姓，多为"诸葛"之省，证明"诸"与"葛"原先是分开的。

诸葛亮的家世，《三国志》本传有载。其祖诸葛丰，据《汉书·诸葛丰传》说："诸葛丰字少季，琅邪人也。以明经为郡文学，名特立刚直。贡禹为御史大夫，除丰为属，举侍御史。元帝时，擢为司隶校尉，刺举无所避，京师为之语曰：'问何阔，逢诸葛。'"诸葛丰生活的西汉时期距诸葛亮出生的东汉末年，已经有两百多年的距离。诸葛亮父亲诸葛珪，字君贡（一作"子贡"），东汉末年任梁父县尉，后升迁为泰山郡丞。

诸葛亮同母兄弟有诸葛瑾、诸葛均。《三国志·吴书·诸葛瑾传》说："诸葛瑾字子瑜，琅邪阳都人也，汉末避乱江东。"所谓"避乱"，按照诸葛瑾自述为"遭本州倾覆，生类殄尽，弃坟墓，携老弱，披草莱，归圣化"。《三国志》本传："亮弟均，官至长水校尉。"此外，诸葛诞是诸葛亮的族弟。诸葛亮、诸葛瑾、诸葛诞分别在蜀、吴、魏"并有盛名"，"于时以为蜀得其龙，吴得其虎，魏得其狗"。《魏志·诸葛诞传》："诸葛诞字公休，琅邪阳都人，诸葛丰后也。初以尚书郎为荥阳令，入为吏部郎。"钱大昕云："亮、瑾、诞兄弟分仕三国，各为立传，首皆著其郡县，可合可分，取其首尾完具，不嫌重复也。"

诸葛亮曾过继其兄诸葛瑾之子诸葛乔。《三国志》本传："乔字伯松，亮兄瑾之第二子也，本字仲慎。与兄元逊俱有名于时，论者以为乔才不及兄，而性业过之。初，亮未有子，求乔为嗣，瑾启孙权遣乔来西，亮以乔为己適子，故易其字焉。……诸葛恪见诛于吴，子孙皆尽，而亮自有胄裔，故攀还复为瑾后。"建兴五年诸葛亮有《与兄瑾言子乔书》，"乔本当还成都"，但诸葛亮将他留下与诸将子弟同甘共苦，意在锻炼其品质，可谓要求严格。诸葛瑾长子诸葛恪。诸葛乔之子诸葛攀。

诸葛亮有子诸葛瞻，诸葛瞻长子诸葛尚、次子诸葛京。《三国志》本传云："亮子瞻，嗣爵。"注引《诸葛氏谱》说："（诸葛）京字行宗。"

**亮早孤，随其从父玄依荆州刘表。师从庞德公、司马徽，与黄承彦相友善。**

诸葛亮年少时，母章氏与父诸葛珪相继卒。《三国志·吴书·诸葛瑾传》注引《吴书》："瑾少游京师，治《毛诗》、《尚书》、《左氏春秋》。遭母忧，居丧至孝；事继母恭谨，甚得人子之道。"清人张澍《诸葛忠武侯文集》引《诸葛氏谱》谓"诸葛玄卒时，瑾年十三，亮年八岁"。此"玄"应为"珪"之误。则诸葛珪卒于中平五年（188年）。

诸葛亮与其弟随从父诸葛玄。玄先为豫章太守，后依荆州刘表。《三国志》本传裴注引《献帝春秋》曰："初，豫章太守周术病卒，刘表上诸葛玄为豫章太守，治南昌。汉朝闻周术死，遣朱皓代玄。皓从扬州刺史刘繇求兵击玄，玄退屯西城……"《后汉书·袁绍刘表列传》："初平元年……催以表为镇南将军、荆州牧，封成武侯，假节，以为己援。"诸葛玄于此时投奔刘表。

诸葛亮在襄阳，与当时名士庞德公及司马徽均有来往。《襄阳记》："庞德公，襄阳人。居岘山之南沔水上，未尝入城府。……诸葛孔明每至公家，独拜床下，德公殊不令止。司马德操尝造公，值公渡沔，祀先人墓。德操径入其室上，呼德公妻子，使速作黍，'徐元直向言，有客当来就我与公谈论。'其妻子皆罗列，拜于堂下，奔走供设。须臾，德公还，直入相就，不知何者是客也。"又云："（司马）德操小德公十岁，以兄事之，呼作庞公也。"庞德公对他二人有很高评价，《先贤传》："乡里旧语，目诸葛孔明为卧龙，庞士元为凤雏，司马德操为水镜，皆德公之题也。"

**汉献帝建安二年（197年），玄卒，诸葛亮携弟、妹入隆中躬耕守孝。亮游学交友，与徐庶、崔州平等相友善。好为《梁父吟》。**

《三国志》注引《献帝春秋》："皓入南昌。建安二年正月，西城民反，杀玄，送首诣繇。"[①] 诸葛玄死时，诸葛亮十七岁，携弟、妹来到南阳邓县守孝。《三国志》裴注引习凿齿《汉晋春秋》曰："亮家于南阳之邓县，在襄阳城西二十里，号曰隆中。"《一统志》："邓县故城，今湖北襄阳府襄阳县北。"《文选·出师表》注引《荆州图》曰："邓城旧县西南一里，隔沔有诸葛宅，是刘备三顾处。"《水经注·沔水注下》："沔水又东径隆中"条注"历孔明旧宅北。亮语刘禅云'先帝三顾臣于草庐之中，咨臣以当世之事'，即此宅也。"

徐庶、崔州平是诸葛亮的好友。关于二者的身世，《太平御览》卷四百八十一引梁祚《魏国统》云："崔州平者，汉太尉烈之孙也。"《三国志》本传裴注按《崔氏谱》："州平，太尉烈子，均之弟也。"《三国志》本传裴注引《魏略》曰："庶先名福，本单家子，少好任侠击剑……初平中，中州兵起，乃与韬南客荆州，到，又与诸葛亮特相善。及荆州内附，

---

① 据此，诸葛玄当死于建安二年。然而《三国志集解》考《吴志·刘繇传》"笮融杀太守朱皓，繇进讨融，融为民所杀，繇寻病卒"以及《通鉴》"献帝兴平二年，笮融杀皓，代领郡事。刘繇讨融，融为民所杀。诏以前太傅掾华歆为豫章太守"，认为《献帝春秋》误以兴平二年豫章太守笮融为民所杀之事，混为刘玄之死，故《三国志》不采《献帝春秋》之说。若此，则刘玄之死当别论。

孔明与刘备相随去，福与韬俱来北。"

裴松之引《魏略》云："亮在荆州，以建安初与颍川石广元、徐元直、汝南孟公威等俱游学，三人务于精熟，而亮独观其大略。"即谓石广元等人读书斟字酌句，记得很牢，而诸葛亮则提纲挈领，善抓中心要害。《三国志》本传记载诸葛亮"每自比于管仲、乐毅"，表明了文能治国、武能安邦的才干和志向，对此，时人以为狂言而已，唯徐庶、崔州平"谓为信然"，盖因其交往中交流思想，相互论争，相知甚深。诸葛亮任蜀汉丞相时，作《与群下教》："夫参署者，集众思广忠益也。若远小嫌，难相违覆，旷阙损矣。违覆而得中，犹弃弊屩而获珠玉。然人心苦不能尽，惟徐元直处兹不惑。"《又与群下教》："昔初交州平，屡闻得失；后交元直，勤见启诲。"（载《三国志·蜀书·董和传》）可见其对友人的感念之深。

诸葛亮吟《梁父吟》之事，学者多有考证。《艺文类聚》卷十九《吟部》引《蜀志》诸葛亮《梁父吟》曰："步出齐城门，遥望荡阴里，里中有三坟，累累正相似。问是谁家墓，田疆、古冶子，力能排南山，文能绝地理，一朝被谗言，二桃杀三士。谁能为此谋？国相齐晏子。"这首诗说的是春秋时期齐国相晏婴设谋"二桃杀三士"之事，事见《晏子春秋》卷二《内篇·谏下第二》。《梁父吟》的基调是哀悼"三士"被杀，谴责晏子。张澍《诸葛忠武侯文集》卷二《梁父吟》按语引张衡《四愁诗》云："'欲往从之梁父艰'，注云'泰山东岳也。君有德则封此山，愿辅佐君王，致于有道，而为小人谗邪之所阻。梁父，泰山下小山名'。诸葛好为此吟，恐取此义。"

**建安八年（203年），诸葛亮娶黄承彦之女黄月英为妻。**

《三国志》注引《襄阳记》："黄承彦者，高爽开列，为沔南名士，谓诸葛孔明曰：'闻君择妇；身有丑女，黄头黑色，而才堪相配。'孔明许，即载送之。时人以为笑乐，乡里为之谚曰：'莫作孔明择妇，正得阿承丑女。'"

卢弼《三国志集解》："蔡讽长女为黄承彦妻，小女为刘表后妇。黄承彦女，孔明妇也。"

**建安十二年（207年），诸葛亮出佐刘备，作《隆中对》、《令游户自实》。为刘琦谋自安之术。**

《三国志》本传注引《襄阳记》："刘备访世事于司马德操。德操曰：'儒生俗士，岂识时务？识时务者在乎俊杰。此间自有伏龙、凤雏。'备问为谁，曰：'诸葛孔明、庞士元也。'"司马徽，字德操，《庞统传》云"颍川司马徽清雅有知人鉴"，裴注又引《襄阳记》云："诸葛孔明为卧龙，庞士元为凤雏，司马德操为水镜，皆庞德公语也。"可见"卧龙"之喻语出庞德公，司马徽借他的话向刘备引荐诸葛亮。

《三国志》本传记叙了刘备"三顾茅庐"的始末，诸葛亮《出师表》回忆这段往事，不无感慨："先帝不以臣卑鄙，猥自枉屈，三顾臣于草庐之中，咨臣以当世之事。"《文选·出师表》注引《荆州图》云："郡城旧县西南一里，隔沔有诸葛亮宅，是刘备三顾处。"

诸葛亮在隆中向备提出战略性意见，后人称之为《隆中对》，它是促使刘备建立蜀汉的开端。诸葛亮这一"隆中对策"，指出"今操已拥百万之众，挟天子而令诸侯，此诚不可与争锋。孙权据有江东，已历三世，国险而民附，贤能为之用，此可以为援而不可图也"，在分析这一番形势之后确立了"跨有荆、益，保其岩阻，西和诸戎，南抚夷越，外结好孙权，内修政理"，然后争夺天下以实现"兴复汉室"的目标。

《三国志》本传注引《魏略》诸葛亮向刘备献"令游户自实"一计："今荆州非少人也，而著籍者寡；平居发调，则人心不悦；可语镇南，令国中凡有游户，皆使自实，因录以益众可也。"借刘表的名义，让流民登记户口入籍，趁机招人当兵。刘备从其言，很快扩充了军队数量。

刘表爱次子琮，长子刘琦为前途担忧，故向诸葛亮求自安之术。诸葛亮以春秋时期晋国的太子申生留在晋国被害死、公子重耳跑到国外反而安全的故事，暗示其求出外任，事见《三国志》本传。于是建安十三年，刘琦借孙权屠城掠民的机会，出为江夏太守。

**建安十三年（208年），诸葛亮奉命出使东吴说孙权，结成孙、刘联盟抗曹。赤壁之战后，亮任军师中郎将，镇荆州。**

建安十三年刘表次子刘琮降曹操，刘备逃往夏口。《三国志》本传："先主至于夏口，亮曰：'事急矣，请奉命求救于孙将军。'时权拥军在柴桑，观望成败。"《三国志集解》："夏口，即今湖北汉口。"

"说孙权"是诸葛亮为刘备联吴抗曹的第一步。《三国志·吴主传》注引《江表传》载曹操给孙权的信曰："近者奉辞伐罪，旄麾南指，刘琮束手。今治水军八十万众，方与将军会猎于吴。"孙权部下"诸议者皆望风畏惧，多劝权迎之"，《三国志·周瑜传》："议者咸曰：'曹公豺虎也，然托名汉相，挟天子以征四方，动以朝廷为辞，今日拒之，事更不顺。且将军大势，可以拒操者，长江也。今操得荆州，奄有其地，刘表治水军，蒙冲斗舰，乃以千数，操悉浮以沿江，兼有步兵，水陆俱下，此为长江之险，已与我共之矣。而势力众寡，又不可论。愚谓大计不如迎之。'"指出了孙权面临的危险以及对于迎操还是拒操的踌躇不决。当此之时，诸葛亮说孙权之言，对时局转变乃至成败起到了决定性作用。

诸葛亮劝说孙权，第一步是激起对方的勇气，使其下定抗曹的决心："吾不能举全吴之地、十万之众，受制于人。吾计决矣！"第二步是抓住曹军的弱点，"曹操之众，远来疲弊"，"北方之人，不习水战"，"荆州之民附操者，逼兵势耳，非心服也"，打消孙权的顾虑，使他认识到战则能胜。第三步是指出"操军破，必北还，如此则荆、吴之势强，鼎足之形成矣"，"鼎足之形"形成的机会就在这次战争的胜利。孙权听了诸葛亮这一席谈话非常高兴，"即遣周瑜、程普、鲁肃等水军三万，随亮诣先主，并力拒曹公"（《三国志》本传）。在促进孙、刘两个军事集团联合抵抗曹操这一问题上，诸葛亮取得了成功，这也是"隆中对策"中"联吴思想"的实践。

赤壁之战胜利后，孙权惜诸葛亮之才华，故让其兄诸葛瑾劝说他留在江东，兄弟团聚，但诸葛亮在《答劝留问》中拒绝诸葛瑾："孙将军可谓人主，然观其度，能贤亮而不能尽亮，吾是以不留。"诸葛亮在择主一事上明确表现了自己希望一展雄才大略的壮志，而刘备正是他选择的理想人物。确实，刘备经此一战，十分重用诸葛亮，任他为军师中郎将，督守南部三个郡的赋税。《三国志》本传："先主遂收江南，以亮为军师中郎将，使督零陵、桂阳、长沙三郡，调其赋税，以充军实。"《三国志》注引《零陵先贤传》："亮时住临烝。"《三国志集解》卢弼按："诸葛亮驻临烝，为汉末置县无疑。此县居长沙、零陵、桂阳三郡之中，调其赋税，最为要地也。"

**建安十九年（214年），诸葛亮与张飞、赵云进军益州。益州平，亮为军师将军，任用贤良，推行法治。作《论刘巴》、《称庞统廖立》、《为蒋琬请主公左将军》、《答法正书》。**

建安十九年，诸葛亮始出荆州，与刘备共取益州。《三国志》本传："先主自葭萌还攻璋，亮与张飞、赵云等率众溯江，分定郡县，与先主共围成都。成都平，以亮为军师将军，署左将军府事。"胡三省曰："署府事者，总录军府事也。"

诸葛亮为军师中郎将，十分注重招贤纳才。《三国志·蜀书·刘巴传》记载，零陵人刘巴在"先主奔江南，荆、楚群士从之如云"的时候，"北诣曹公，曹公辟为掾，使招纳长沙、零陵、桂阳"，然赤壁之战后曹操北归，让刘巴留在荆州，"巴往零陵，事不成，欲游交州，道还京师，时诸葛亮在临烝……"诸葛亮去信劝刘巴事刘备，书曰"刘公雄才盖世，据有荆土"，即当时的武陵、长沙、桂阳、零陵四郡。二人书信来往系在此时。亦有《论刘巴》、《与刘巴论张飞书》二文，均辑自《三国志·刘巴传》裴注引《零陵先贤传》，为建安十九年初定益州时所作。

诸葛亮为刘备招贤纳士的苦心，不仅见于劝降刘巴一事，也见于他对庞统、廖立的引荐。《三国志·蜀书·廖立传》载诸葛亮称庞统、廖立之辞曰："庞统、廖立，楚之良才，当赞兴世业者也。"《三国志·蜀书·庞统法正传》记载，庞统"以从事守耒阳令，在县不治，免官。吴将鲁肃遣先主书曰：'庞士元非百里才也，使处治中、别驾之任，始当展其骥足耳。'诸葛亮亦言之于先主，先主见与善谭，大器之，以为治中从事。亲待亚于诸葛亮，遂与亮并为军师中郎将。"可见诸葛亮举荐人才无丝毫嫉妒嫌忌之心，为刘备广纳天下贤士，用心如斯，实在难得。

在这一过程中，诸葛亮识人的慧眼也得以显现出来。《与兄瑾论陈震书》、《称董厥》两篇，与上三篇并为诸葛亮称赞同事下属的文章。李伯勋《诸葛亮集笺论》精要地谈道："汉代三国，品评称扬人物成为社会风气，特别是曹操、诸葛亮在这方面尤为突出。品评人物，可见知人之明；区分良莠，以利正确黜纳"，并且指出"廖立而后走向了诸葛亮称赞的反面……说明人不是一成不变的，识人非易事"。

建安十九年蒋琬随刘备入蜀，因醉不理政而受责，诸葛亮上《为蒋琬请主公左将军》称其"社稷之器，非百里之才。其为政以安民为本，不以修饰为先",肯定刘备重新审查他。建兴元年《答蒋琬教》说服他接受举荐,建兴八年《称蒋琬》亦曰"公琰托志忠雅,当与吾共赞王业者也"。后来蒋琬接替诸葛亮秉政十二年,保国安民,方正稳健,是蜀汉中期的梁柱,证明了诸葛亮"识治之良才"的远见卓识和排除万难任用贤士的忠赤之心。

诸葛亮在用人上非常懂得权衡人心、协调人际关系。关羽性格自傲,建安二十四年《论拜黄忠》一文曰:"忠之名望,素非关、马之伦也,而今便令同列……关遥闻之,恐必不悦",说明诸葛亮非常了解包括关羽在内诸将的性格,以及擢升新将在将领内部造成的不平衡后果。建安十九年(214年)刘备久攻成都不下,恰逢马超自汉中投靠刘备,受封平西将军。关羽在荆州听闻此事便来打听消息,诸葛亮知关羽性傲,去了一封《答关羽书》。《三国志·关羽传》:"孟起兼资文武,雄烈过人,一世之杰,黥、彭之徒,当与益德并驱争先,犹未及髯之绝伦逸群也。"诸葛亮窥见了关羽心中不服、耻居人下心思所在,一面回应马超的事,一面又将二人对比,赞扬他人皆不及关羽,由此抚慰关羽,求取诸将的团结。

建安十九年诸葛亮以法正助刘备夺取益州有功,对他的不法行为向外做出辩解,《亮集》录以为《答非法正者》。历来对法正评价褒贬不一,陈寿以为"法正著见成败,有奇画策算,然不以德素称也";《三国志·蜀书·法正传》注引晋代孙盛评:"正务眩惑之术,违贵尚之风,譬之郭隗,非其伦矣。"此皆非法正之言,然当时诸葛亮能以大局为重,宽容待下,给予下属认识纠正错误的机会,正是因为他看到法正瑕不掩瑜,有可施展"行其意"的大才华。揭示法正的错误,却不追究,诸葛亮显示出一种"示恩"的处理艺术,因此法正能在之后感激自新,辅佐刘备取汉中、定大业。

诸葛亮还作过《答法正》一文,见于《三国志》本传裴松之注引王隐《蜀记》郭冲五事之一。建安十九年诸葛亮为军师将军,署左将军府事,主持行政工作,以"立法施度"为当务之急,革除弊政,厉行法治,打击贪官污吏、豪强恶霸,也因此遭到许多人的反对。法正以汉高祖德政为例,劝他"缓刑弛禁"。诸葛亮反驳他,认为制定政策应当审时度势、因时制宜。文章分析当时蜀中"德政不举、威刑不肃",君臣失序的局面,认为"宠之以位,位极则贱;顺之以恩,恩竭则慢"是政局弊壅的根源所在,明确提出陟罚臧否,恩威并施,"荣恩并济,上下有节"的治下方针。

建安二十六年（221年）诸葛亮进言，刘备在成都称昭烈帝，建蜀汉政权。蜀汉昭烈帝章武元年，刘备伐吴，诸葛亮留守成都。作《与群下教》、《又与群下教》、《与参军掾属教》、《答法正书》。

建安二十五年曹丕称帝，刘备手下的臣子以汉代谶纬之学来说服刘备"应天顺民，速即洪业"，"太傅许靖、安汉将军糜竺、军师将军诸葛亮、太常赖恭、光禄勋（黄权）〔黄柱〕、少府王谋等上言：'曹丕篡弑，湮灭汉室，窃据神器，劫迫忠良……惟神飨祚于汉家，永绥四海！'"这大致是诸位臣子一起上书，故《亮集》未纳入诸葛亮之名下。

刘备推辞称帝，盖因自谦。诸葛亮劝说刘备之词，见于《三国志》本传："昔吴汉、耿弇等初劝世祖即帝位，世祖辞让，前后数四，耿纯进言曰：'天下英雄喁喁，冀有所望。如不从议者，士大夫各归求主，无为从公也。'世祖感纯言深至，遂然诺之。今曹氏篡汉，天下无主，大王刘氏苗族，绍世而起，今即帝位，乃其宜也。士大夫随大王久勤苦者，亦欲望尺寸之功如纯言耳。"诸葛亮此处表现出的劝谏艺术，在于并不是站在刘备的角度为刘备一己之私考虑，而是站在追随刘备的臣子的立场上，感慨"士大夫随大王久勤苦者，亦欲望尺寸之功如纯言耳"，这就使得刘备表面上不得不为臣下的期冀而作出选择，实际上也为自己的称帝找到了合理的台阶。于是乎，刘备"章武元年夏四月，大赦，改年。以诸葛亮为丞相，许靖为司徒。置百官，立宗庙，祫祭高皇帝以下"（《三国志·蜀书·先主传》），成功地实现了帝王功业。而诸葛亮"以丞相录尚书事，假节。张飞卒后，领司隶校尉"（《三国志》本传）。

章武二年，刘备伐吴，诸葛亮在后方镇守成都。《三国志·蜀书·先主传》："二年春正月……冬十月，诏丞相亮营南北郊于成都。"

章武元年，诸葛亮作《与群下教》、《又与群下教》（见《三国志·蜀书·董和传》），文章提到了他隆中时期的好友徐庶和崔州平，以及与他共署左将军大司马府事的董幼宰、主簿胡伟度。他称赞这几人能够直言规谏他，使他不至于犯下大错误，也因此向群下表明集思广益，虚心纳言的希望。另有建兴初所作《与参军掾属教》（辑自《太平御览》卷二百四十九），亦为称赞董幼宰之言。

《答法正书》，见于《三国志》本传裴注引郭冲五事。书曰："君知其一，未知其二。秦以无道，政苛民怨，匹夫大呼，天下土崩，高祖因之，可以弘济。刘璋暗弱，自焉已来有累世之恩，文法羁縻，互相承奉，德政不举，威刑不肃。蜀土人士，专权自恣，君臣之道，渐以陵替；宠之以位，位极则贱，顺之以恩，恩竭则慢。所以致弊，实由于此。吾今威之以法，法行则知恩，限之以爵，爵加则知荣；荣恩并济，上下有节。为治之要，于斯而著。"虽此文真实性存疑，但审时度势、条分缕析，剖析蜀汉政权屡弱的局势，提出需要严刑厉法，体现出一个政治家的深刻思想，亦富文学价值。胡三省曰："孔子谓政宽则济之以猛，孔明其知之。"

**章武三年（223年），诸葛亮受遗诏辅佐后主，总揽蜀汉军政。作《泣答皇帝托孤》、《请宣大行皇帝遗诏表》、《追尊皇思夫人为昭烈皇后表》。曹魏人士劝降，亮作《正议》严辞斥责。蜀汉后主建兴二年作《八阵教》。**

《三国志·蜀书·先主传》："三年春二月，丞相亮自成都到永安。三月……先主病笃，托孤于丞相亮，尚书令李严为副。"《三国志·诸葛亮传》："章武三年春，先主于永安病笃，召亮于成都，属以后事，谓亮曰：'君才十倍曹丕，必能安国，终定大事。若嗣子可辅，辅之；如其不才，君可自取。'亮涕泣曰：'臣敢竭股肱之力，效忠贞之节，继之以死！'"《左传·庄公二十八年》记载晋国骊姬之乱。晋献公托孤于太傅荀息，荀息曰："臣竭其肱股之力，加之以忠贞，其济，君之灵也；不济，则以死继之！"荀息后因拥护奚齐、卓子被杀，晋文公赞他"忠节可嘉"。诸葛亮用其辞以答先主，足以见其忠诚。

其后，诸葛亮作《请宣大行皇帝遗诏表》（见《三国志·蜀书·先主传》）、《追尊皇思夫人为昭烈皇后表》（见《三国志·蜀书·二主妃子传·甘皇后》），追使甘夫人为昭烈皇后，与先主合葬。

建兴元年，"封亮武乡侯，开府治事。顷之，又领益州牧"（《三国志》本传）自此，诸葛亮尽心辅佐后主刘禅，"政事无巨细，咸决于亮"。武乡侯，《方舆纪要》卷五十六："武乡谷在汉中府南郑县，蜀汉封丞相亮为武乡侯，盖邑于此。"梁章钜《三国志旁证》引潘眉语，考证诸葛亮的官职是以武乡侯督琅琊事，"皆邑侯，非乡侯也"。

刘备去世后，曹魏人士劝言诸葛亮带领蜀汉降曹。裴注引《诸葛亮集》曰："是岁，魏司徒华歆、司空王朗、尚书令陈群、太史令许芝、谒者仆射诸葛璋各有书与亮，陈天命人事，欲使举国称藩。"面对曹魏的一批规劝者，诸葛亮作出公开斥责。因诸葛亮以扶持蜀汉为正义之事，称此文为《正议》。他以曹魏比项羽，讽刺其"起不由德"，必面临灭亡。其次引据事实，表明以正讨贼，不在多寡。最后借《军诫》之言"万人必死，横行天下"表明自己的立场和决心。全文讥诮痛骂、酣畅淋漓，表明了诸葛亮忠贞不贰、兴复汉室的志向。

诸葛亮《八阵教》（《亮集》作《八阵图法》），约作于建兴二年闭关息民、教兵练武之时，辑自《水经注·江水》，其文称"八阵既成，自今行师，庶不覆败。"《诸葛亮传》："推演兵法，作八陈图，咸得其要云。"

**建兴三年（225 年），诸葛亮率军南征，统一西南地区。发布《南征教》，执行"和抚"政策。作《弹廖立表》、《荐吕凯王伉表》。**

三国时期的南中地区包括永昌、益州、越巂、牂柯四郡（在今四川省大渡河以南及云南、贵州两省）。南中豪强雍闿叛乱后，益州、越巂、牂柯三郡相继发生叛乱。《三国志·蜀书·后主传》："三年春三月，丞相亮南征四郡，四郡皆平。改益州郡为建宁郡，分建宁、永昌郡为云南郡，又分建宁、牂柯为兴古郡。十二月，亮还成都。"《三国志·诸葛亮传》："三年春，亮率众南征，其秋悉平。"

诸葛亮《出师表》也提到了平定南部四郡的事："受命以来，夙夜忧叹，恐托付不效，以伤先帝之明，故五月渡泸，深入不毛。"注引《汉书·地理志》曰："泸惟水出牂柯郡句町县。"《三国志旁证》引《水经注·若水注》云："泸津东去朱提县八十里，水广六七百步，深十数丈，多瘴气，鲜有行者……三月、四月，径之必死，非此时，犹令人闷吐；五月以后，行者差得无害。故诸葛亮表言，五月渡泸，并日而食。……《益州记》云：泸水源出曲罗巂下三百里，曰泸水。两峰有杀气，暑月旧不行，故武侯以夏渡为艰。"金沙江一带在三国时期仍是蛮荒之地，瘴气笼罩，难以深入，诸葛亮选择五月渡泸，堪堪是不至于死的时节。饶是如此，南征之行艰难也可见一斑。

《南征教》言"用兵之道，攻心为上，攻城为下；心战为上，兵战为下"，此言见于《三国志·马良传》附马谡裴注引《襄阳记》，为马谡进献诸葛亮之言。诸葛亮纳马谡策，以此为教谕发布。"攻心"说最早见于《通典》卷一百六十一"战国齐孙膑谓齐王曰：'凡伐国之道，攻心为上，务先服其心。'"诸葛亮平定南中，果采纳了"攻心"的政策，裴注引

《汉晋春秋》记载诸葛亮采取"南抚夷越"的方针，不派遣军队和汉官，"即其渠帅而用之"，任用当地土著人为政府官吏进行自治，保持了南中稳定局面。其言收入《亮集》为《谕谏》一文。

《弹廖立表》辑自《三国志·蜀书·廖立传》。建兴三年诸葛亮准备南征四郡，与时任长水校尉的廖立商讨，廖立妄言，因而获罪流放。诸葛亮在表中列举斥责"立奉先帝无忠孝之心，守长沙则开门就敌，领巴郡则有暗昧阘茸其事"，没有做好自己职位上的事情，并且"坐自贵大，臧否群士"，有诽谤朝政之过，性格狂妄自大。南征为团结巩固蜀汉政权的大事，岂容廖立妄言生事影响内部安定？

维护蜀汉政权之巩固，陟罚臧否不宜异同，诸葛亮还作《荐吕凯王伉表》，表彰二者在章武三年益州郡豪强叛乱之时，吕凯、王伉守关闭城三年的维稳之功。

**建兴五年（227年），诸葛亮上《前出师表》，率军北驻汉中，有《为后帝伐魏诏》。是年，其子诸葛瞻生。**

《三国志·蜀书·后主传》："五年春，丞相亮出屯汉中，营沔北阳平石马。"《三国志》本传："五年，率诸军北驻汉中，临发，上疏曰……"此疏《文选》题曰《出师表》。

诸葛亮《出师表》当北伐临行前作，意图在于劝谏后主任用贤臣、远离小人。首先追思先帝，言明时局："先帝创业未半而中道崩殂，今天下三分，益州疲弊，此诚危急存亡之秋也。"

因时局紧张，提醒后主小心谨慎，向后主引荐贤臣："亲贤臣，远小人，此先汉所以兴隆也；亲小人，远贤臣，此后汉所以倾颓也。"其次，诸葛亮言辞恳切地谈到了自己："臣本布衣，躬耕于南阳……后值倾覆，受任于败军之际，奉命于危难之间，尔来二十有一年矣。"裴松之按："刘备以建安十三年败，遣亮使吴，亮以建兴五年抗表北伐，自倾覆至此整二十年。然则备始与亮相遇，在败军之前一年时也。"感念先主的知遇之恩的同时，更表明北伐的志向："今南方已定，兵甲已足，当奖率三军，北定中原，庶竭驽钝，攘除奸凶，兴复汉室，还于旧都。"全文叮咛周至，情辞恳切，被刘勰誉为"志尽文畅"，"表之英也"。

诸葛亮进驻汉中，"屯于沔阳"。《三国志集解》："阳平，今陕西汉中府沔县西北。"诸葛亮在阳平有"空城计"之传说故事，见于《三国志》

注引"郭冲五事"之其三。裴松之难之,认为"郭冲五事"皆为虚事。然而"郭冲五事"之中,诸如"七擒七纵"、"空城计"等极富戏剧性,凸显了诸葛亮的智慧英谋,成为三国民间故事乃至戏曲乐于流传、搬演的题材。

《为后帝伐魏诏》是建兴五年诸葛亮上表后,代后帝刘禅草拟的诏书。诏书以四言为主,文风中正坚定、述古言今,言"天人所怨,奉时宜速……所向必克",大有奉时行道、昭告天下、鼓舞人心之效。

**建兴六年(228年)春,诸葛亮率军第一次北伐,痛失街亭,上《街亭自贬疏》自降三级。作《与孙权书》。同年十一月二次北伐,上《后出师表》,围陈仓,因粮尽退兵。**

《三国志》本传:"六年春……亮身率诸军攻祁山,戎陈整齐,赏罚肃而号令明,南安、天水、安定三郡叛魏应亮,关中响震。"然而,此次北伐并不顺利,箕谷堪堪守住,蜀军失掉街亭,三郡也未能保。《三国志·赵云传》:"明年,亮出军,扬声由斜谷道,曹真遣大众当之。亮令云与邓芝往拒,而身攻祁山。云、芝兵弱敌强,失利于箕谷,然敛众固守,不至大败。军退,贬为镇军将军。"《三国志·魏明帝传》:"右将军张郃击亮于街亭,大破之。亮败走,三郡平。"

马谡失街亭,诸葛亮上书自贬三级。《集解》:"街亭在今甘肃秦州秦安县东北。"《街亭自贬疏》见于《三国志》本传:"疏曰:'臣以弱才,叨窃非据,亲秉旄钺以厉三军,不能训章明法,临事而惧,至有街亭违命之阙,箕谷不戒之失,咎皆在臣授任无方。臣明不知人,恤事多暗,春秋责帅,臣职是当。请自贬三等,以督厥咎。'"言辞之中全然是对自己用人失误的深切悔恨,与肩负复兴汉室之责任的承担精神。马谡虽缺乏实战经验,但无疑是一个善于运筹帷幄的参谋,因此斩马谡后,蒋琬对诸葛亮叹息:"天下未定而戮智计之士,岂不惜哉!"诸葛亮回答他:"孙武所以能制胜于天下者,用法明也。若复废法,何用讨贼哉!"严格执行军法,是诸葛亮自始至终贯彻的核心军事思想之一。

诸葛亮引咎自责,还见于《劝将士勤攻己阙教》:"此病不在兵少也,在一人也。"可见诸葛亮确实是以一己之力肩负着重大的责任,承担了常人难以想象的压力。这也与前《出师表》的临别肺腑之言、后《出师表》的无力回天之叹相映证。或谓,诸葛亮将战争过错独担、过度谦虚菲薄自身,然而反观蜀汉时局,刘禅孱弱,诸葛亮以丞相之位实则行君王之事,上下内外全依靠他，陟罚臧否也于他最有见地，事务纷杂，再加上领兵对外征伐，诸葛亮在蜀汉是最重要的也是不二的顶梁支柱，未免他对自己的要求和苛责多一些。个人的性格放在责任之中，是最容易显现的，诸葛亮在深重的责任中、危亡的时局里，显现出了一个"两朝开济老臣"的赤诚之"心"。

《与孙权书》是诸葛亮去信孙权请求结盟之书，书言"今大兵已会于祁山，狂寇将亡于渭水"，可推知是出祁山北伐之前作，而云"以同盟之义，共匡汉室"则明显是在建兴七年孙权称帝、吴蜀并言之前，所以归于建兴六年所作。但于时曹休屯扬州，司马懿屯荆州，对东吴摆出钳击态势，不利于东吴过江主动出击，所以这次军事同盟并未结成。

诸葛亮《后出师表》，辑自《三国志》注中《汉晋春秋》引张俨《默记》的内容[①]。《后出师表》明确提到继续北伐的原因："今贼适疲于西，又务于东，兵法乘劳，此进趋之时也。"诸葛亮虽则提出"六不解"，认为北伐艰难重重，蜀汉力量不足，然而却抱有"凡事如是，难可逆见"的想法，希望自己"鞠躬尽瘁，死而后已"能够有意料之外的胜利。即便是有着必死的决心，也无法保证结局，这是诸葛亮对后主刘禅开诚布公的心声，是臣下对君王忠诚相待的表现，分析蜀汉的时局，北伐也是箭在弦上、不得不发。诸葛亮《后出师表》虽无雄狮必胜的志气，然有杜鹃泣血的忠诚，更加之诸葛亮誓死力搏的决心，后人不当妄言责备他盲目出军。诸葛亮以一身之力救危急存亡的形象深深地打动人心，使后世对他感念不忘，"出师未捷身先死，长使英雄泪满襟"。

**建兴七年（229年），诸葛亮第三次北伐，收复武都、阴平。孙权称帝，亮作《绝盟好议》。**

《三国志》本传："七年，亮遣陈式攻武都、阴平。魏雍州刺史郭淮率众欲击式，亮自出至建威，淮退还，遂平二郡。"刘禅下诏恢复诸葛亮的丞相之位。

---

[①] 陈寿《三国志》本传中不采此表，裴松之注亦称此表《诸葛亮集》所无。《后出师表》真伪历来有争议。清代袁枚列举了诸般理由证明此表乃伪作：1. 未有先自危怯，昭布上下而后出师者也。2. 与《前出师表》风格迥异。3. 蜀汉局势并非无力回天，历数前人之败且"归命于天"是"日者家言"，不像诸葛亮说的话。4. 抱"六不解"而贸然出师，不像诸葛亮会有的行为。5. 亮无法预言自己"当死时"，也不能说蜀汉"坐而待亡"。他认为此表系"蜀亡后，好亮者附会董广川明道不计功之说，以夸亮之贤且智，而不知适以毁亮也"。

建兴七年（229年）四月，东吴孙权称帝，蜀汉大臣欲绝其盟好。诸葛亮持相反意见，上《绝盟好议》向后主分析利弊，说服后主与孙权结好。《三国志》本传注引《汉晋春秋》："是岁，孙权称尊号，其群臣以并尊二帝来告。议者咸以为交之无益，而名体弗顺，宜显明正义，绝其盟好。"诸葛亮提出三点不能与吴国断交的原因：其一，"若加显绝，仇我必深，便当移兵东伐"，会加重蜀汉的军事负担；其二，"彼贤才尚多，将相缉穆，未可一朝定也，顿兵相持，坐而须老，使北贼得计，非算之上者"，鹬蚌相争渔翁得利；其三，"应权通变，弘思远益，非匹夫之为忿者也"，以大局为重，放眼长远，不宜意气用事。接着，诸葛亮又分析了孙权渡江发动征战，"非力有余而利不取也"，乃是因为实力不足只能自保，因此与东吴的结盟相当于保障了东边的暂时稳定，有利蜀汉一心北伐。《绝盟好书》全文条分缕析，有理有据，乃是诸葛亮智慧之见。因此，蜀汉"乃遣卫尉陈震庆权正号"。

《三国志·吴主传》："六月，蜀遣卫尉陈震庆权践位。权乃参分天下，豫、青、徐、幽属吴，兖、冀、并、凉属蜀。其司州之土，以函谷关为界，造为盟曰……"随着孙权称帝，三国鼎立的局势正式形成。

**建兴九年（231年），诸葛亮发动第四次北伐，大败魏军。作《谕参佐停更》。上《弹李平表》、《又弹李平表》、《公文上尚书》。次年休士劝农于黄沙，作"木牛""流马"，教兵讲武。**

建兴九年（231年）二月，诸葛亮第四次北伐，再出祁山，企图以祁山为据点，夺取陇右。《三国志》本传："九年，亮复出祁山，以木牛运，粮尽退军，与魏将张郃交战，射杀郃。"《水经·漾水注》云："（祁）山上有城，极为严固。……城南三里，有亮故垒，垒之左右，犹丰茂宿草，盖亮所植也。"

是年，诸葛亮作《弹李平表》、《又弹李平表》、《公文上尚书》黜李平。李平"尚为小惠，安身求名，无忧国之事"，"不思忠报，横造无端，危耻不办，迷罔上下，论狱弃科，导人为奸"，可以说是蜀汉内部一颗老鼠屎，诸葛亮虽然顾全大局"以大事未定，汉室倾危，伐平之短，莫若褒之"，委以重任希望他改过，可是李平仍然只思名利，存心反覆，建兴九年春，李平督运粮草误期，玩弄两面派诡计，被诸葛亮识破，上表刘禅请求弹劾。《三国志·蜀书·李平传》裴注载诸葛亮去信其子李丰，表明自己对他父子可谓"至心感动，终始可保"，哪里料到李平中途背离！望李丰"详思斯戒，明吾用心"。蜀汉倾危之际，诸葛亮内外操劳，北伐失利更添白鬓，何况内部还有如此不攻自破的腐朽之士？明白诸葛亮的处境，他的忧心与焦虑，便能更进一步明白他从《前出师表》到《后出师表》的心路历程。

《谕参佐停更》一文，引自《郭冲五事》，虽不可尽信，然诸葛亮"统武行师，以大信为本"、"虽临征难，义所不废"的主张和决心，与《后出师表》"知其不可为而为之"的悲壮精神同源，二者互参，更有助于对诸葛亮崇高责任感、忠诚坚毅之人格精神的领会。

**建兴十二年（234年），诸葛亮率军第五次北伐，驻军五丈原。八月，积劳成疾，病逝军中，临终前有《渭南退军遗令》、《五丈原遗嘱魏延等》、《诫子书》，并有前作《自表皇帝》。后主葬其于定军山（今陕西省勉县），谥"忠武侯"。**

建兴十二年（234年）二月，诸葛亮集中最大的兵力十万人，进行第五次北伐，并"遣使约吴，同时大举"。四月，蜀军沿褒斜道出斜谷进入陇东，在郿县渭水南原筑垒，曹然、司马懿率军拒诸葛亮。《三国志》本传："十二年春，亮悉大众由斜谷出，以流马运，据武功五丈原，与司马宣王对于渭南。"诸葛亮《师徒远涉帖》："师徒远涉，道里甚艰，自及褒斜，幸皆无恙。"

《三国志·魏书·明帝纪》："是月，诸葛亮出斜谷，屯渭南，司马宣王率诸军拒之。"司马懿见诸葛亮驻兵五丈原，早已做好了与他对峙、耗尽蜀军粮草的准备。《晋书·宣帝纪》："遣将军胡遵、雍州刺史郭淮共备阳遂，与亮会于积石，临原而战，亮不得进，还于五丈原。会有长星坠亮之垒。"古来圣人之逝，必伴随有异象，长星坠落，暗喻诸葛亮之死。《三国志》本传："相持百余日。其年八月，亮疾病，卒于军，时年五十四。"建安十二年（234年）八月，诸葛亮于军中病逝。

在这段时间里，诸葛亮先后作《与陆逊书》、《与步骘书》、《与兄瑾言子瞻书》、《上皇帝密表》、《与李福书》，殷切嘱咐身前身后的人事，已将生死置之度外，唯念手足舐犊之情，与国家存亡之计。《诫子书》是诸葛亮临终对其子诸葛瞻的人生训诫，全文不过百字，然而言近旨远，含意隽永，是诸葛亮的人生修养、为人处世的智慧结晶。诸葛亮提出君子明心静性是修养德行、志向的基础，"静以修身，俭以养德，非澹泊无以明志，非宁静无以致远"，进而谆谆教导诸葛瞻做学问要心静、不焦躁："淫慢则不能励精，险躁则不能冶性。"他的人生思想源自于心灵深处的博学深思和丰富人生阅历背后的深刻沉淀，静心明志，正是青年人最缺乏的珍贵品质，因此他用以劝诫儿子。

诸葛亮临终前，有《渭南退军遗令》，嘱咐魏延断后，姜维接应退兵。又有《五丈原遗嘱魏延等》言："我之死后，但谨自守，慎勿复来也。"令属下不要再发起进攻。习凿齿《汉晋春秋》曰："杨仪等整军而出，百姓奔告宣王，宣王追焉。姜维令仪反旗鸣鼓，若将向宣王者，宣王乃退，不敢逼。于是仪结陈而去，入谷然后发丧。宣王之退也，百姓为之谚曰：'死诸葛走生仲达。'"入谷发丧乃指入斜谷。"死诸葛走生仲达"的故事，亦见于《晋书·宣帝纪》，《三国志》虽不录，民间故事却广为流传，以蜀军假拟诸葛亮未死，于轿中指挥迎战司马懿，使魏军不明虚实而退兵。谚语中的对比，充分体现了诸葛亮在人们心中的地位；"死而复生"的孔明传达出人们希望诸葛亮英魂长在的祈愿。

《三国志》本传："亮遗命葬汉中定军山，因山为坟，冢足容棺，敛以时服，不须器物。"《水经注·沔水注》："沔水又东径武侯垒南，诸葛武侯所居也。南枕沔水，水南有亮垒……沔水又东径沔阳县故城南……其城南临汉水，北带通逵……南对定军山。"《集解》引《一统志》："定军山在陕西汉中府沔县东南十里，两峰对峙，山上平坂，可驻万军。"

诸葛亮曾经自表后主言身后事，载于《本传》："成都有桑八百株，薄田十五顷，子弟衣食，自有余饶。至于臣在外任，无别调度，随身衣食，悉仰于官，不别治生，以长尺寸。若臣死之日，不使内有余帛，外有赢财，以负陛下。"及卒，如其所言。

有关诸葛亮的著录，最先进行整理的是西晋陈寿。《华阳国志·陈寿传》："（张）华又表令（陈寿）次定《诸葛亮故事集》为二十四篇，时寿良亦集，故颇不同。"陈寿所集藏于秘府，而寿良所辑是私家编纂，故不见流传。《隋书·经籍志》记载诸葛亮著作六种（《论前汉事》、《诸葛武侯诫》、《诸葛武侯集诫》、《诸葛武侯女诫》、《诸葛亮集》、梁有《诸葛亮兵法》亡）。到了《旧唐书》时，仅有两种见载；北宋修《新唐书》复增为六种，与《隋书》相比多出《汉书音》、《贞洁纪》、《阴符经》，前两者系原《论前汉事》及《女诫》中单独抄出成篇，后者显然是后人附会，非诸葛亮作。《太平广记》所载诸葛亮著作仅五种，郑樵《通志》载十五种，多为伪作。元修《宋史·艺文志》收诸葛亮著作十三种，《亮集》仅十四卷，较之陈寿所辑已多所亡佚。宋元辑录诸葛亮著作已经有许多伪作篡入明清两代的王士骥、杨时伟、诸葛羲、严可均、朱璘、张鹏翮辑本均未能去芜存真。清人张澍的《诸葛亮集》可以说是其中较好的辑本，有《文集》四卷、《附录》二卷、《诸葛故事》五卷，共计十一卷。资料完备，体例妥当，可资后人详参。

近现代对诸葛亮生平的研究成果颇为丰富，要之集大成者，年谱方志类主要有清代张鹏翮辑《三国蜀诸葛忠武侯亮年表》，方鹏程《三国两晋人物小传年表》，古直《诸葛忠武侯年谱》，王云五《三国志考证》等；诸葛亮作品集，则以清人张澍辑《诸葛武侯集》为最佳，万家常据此本译注《诸葛亮文集全释》，中华书局也以张本为根据编辑整理《诸葛亮集》。诸葛亮的军事才能历来受到重视，探讨诸葛亮政治谋略、军事思想、民族策略的文章非常多，今人发挥阐释的专著亦极丰富，在此不一一赘述。此外，诸葛亮作为三国群雄中的智慧典范，在后世的戏曲、小说中形象得到不断丰富和延展，对文学艺术中诸葛亮形象的研究，专著有陈翔华《诸葛亮形象史研究》（浙江古籍出版社1990年版），文章有中国社会科学院研究生院博士生贯井正的《〈三国志演义〉诸葛亮形象生成史》，等等。

**参考文献**

杨万昌：《诸葛武侯及其论著》，台湾师范大学硕士学位论文，1981年。
卢弼：《三国志集解》，中华书局1982年版。
陈翔华：《诸葛亮形象史研究》，浙江古籍出版社1990年版。
李伯勋：《陈寿编〈诸葛亮集〉二三考——兼谈整理诸葛亮著作的一些做法》，《成都大学学报》（社会科学版）1995年第3期。
张澍辑，万家常译注：《诸葛亮文集全释》，贵州人民出版社1997年版。
李伯勋：《诸葛亮集笺论》，陕西人民出版社1997年版。
王瑞功：《诸葛亮研究集成》，齐鲁书社1997年版。
梁章钜：《三国志旁证》，福建人民出版社2000年版。
诸葛亮著，段熙仲、闻旭初校：《诸葛亮集》，中华书局2012年版。

（刘安妮）

# 第二编

## 西 晋

# 皇甫谧传

**皇甫谧，字士安，幼名静，安定朝那（今宁夏固原）人，生于汉献帝建安二十年（215年）。**

居新安，自号玄晏先生。安定皇甫氏原是汉魏时期的名门大族。皇甫谧的祖上累世有人在汉廷为官。四世祖皇甫规曾以中郎将之职，持节监关西兵，为方面重臣，并以功封寿成亭侯。曾祖皇甫嵩职任太尉，得封槐里侯。但到皇甫谧父祖一辈已无人入仕，家道衰败，以务农为生。皇甫谧从小过继给叔父，并随之徙居新安（今河南灵宝县）。

《晋书》本传："皇甫谧字士安，幼名静，安定朝那人。汉太尉嵩之曾孙也，出后叔父，徙居新安。"

《世说新语·文学》注引王隐《晋书》："祖叔献，灞陵令。父叔侯，举孝廉。谧族从皆累世富贵。"

对于皇甫谧祖籍安定朝那，今属地现有两说，一为甘肃平凉，二为宁夏固原。甘肃、宁夏学者多有撰文，有曹文柱《皇甫谧研究》、赵以武《皇甫谧生平新探》、杨东晨《论晋代儒士皇甫谧的家世和业绩》和丁宏武《皇甫谧籍贯及相关问题考论》进行分析探讨，本文从宁夏固原说[①]。

朝那皇甫氏族中，皇甫规和皇甫嵩是重要的人物。此二人使皇甫氏族名声显扬。《古今图书集成》记皇甫规能征善战，足智多谋。他在抗羌抚羌、安定凉州、护卫安定郡东迁的战事中功绩卓著，被称为西州豪杰，他的功就使皇甫氏族变得兴旺。皇甫嵩，字义真，皇甫规的侄子。皇甫嵩是

---

① 参见丁宏武《皇甫谧籍贯及相关问题考论》，《文史哲》2008年第5期；杨东晨《论晋代儒士皇甫谧的家世和业绩》，《固原师专学报》（社会科学版）2004年第5期；赵以武《皇甫谧生平新探》，《西北师大学报》（社会科学版）1993年第1期；曹文柱《皇甫谧研究》，《兰州学刊》1988年第1期。

汉王朝的大功臣，功拜车骑将军冀州牧，汉太尉，封槐里、美阳两县八千户。皇甫嵩功绩显赫，官居上品，使皇甫氏成为士族大姓。安定皇甫氏累世效命边郡，出任武职。在此过程中，逐渐形成习兵尚武、崇尚事功之家风。经皇甫规、皇甫嵩叔侄两代的努力进取，安定皇甫氏不仅有了成为西州望族的政治基础，而且也有了跻身衣冠世族的好名声。晋代史臣华峤，称其父华表（光禄大夫）每言其祖华歆（魏太尉）云："时人说皇甫嵩之不伐，汝豫之战，归功朱俊，张角之捷，本之于卢植，收名敛策，而己不有焉。"《后汉书·皇甫嵩朱俊列传》平原华歆祖孙三代，魏晋时期位望通显，堪称衣冠世族的代表，其称誉皇甫嵩如此，足以说明安定皇甫氏已经被中原世族认可接纳。皇甫谧也是皇甫氏族中最杰出的人物之一。他名高望重，所以西晋建国之初，朝廷屡次征召；时人张华、左思、卫权等也视其为"西州高士"、"西州之逸士"（《世说新语·文学》、《晋书·左思传》）。皇甫谧在学术文化方面的成就和影响，使安定皇甫氏的社会地位得到进一步的巩固和提高。正是由于他的出现，才使得皇甫氏成员在"西州豪杰"的基础上，又赢得了"西州高士"的美誉，皇甫氏家族真正实现了从武力强宗向衣冠士族的转变。皇甫谧有两子，长子皇甫童灵生平不详；次子皇甫方回曾为陶侃所器重，后被杀于四川。《晋书》本传记皇甫方回："少遵父操，兼有文才，永嘉初，博士征，不起。避乱荆州，闭户闲居，未尝入城府。蚕而后衣，耕而后食，先人后己，尊贤爱物，南土人士咸崇敬之……大行诛戮以立威，以方回为侃所敬，责其不来诣己，乃收而斩之。荆土华夷，莫不流涕。"

皇甫谧的生平事迹，除《晋书》的记载外，还有陆侃如《中古文学系年》，袁济喜主编《汉末三国两晋文学批评编年》，梅新林、俞樟华主编《中国学术编年》等著作，以及丁宏武《皇甫谧籍贯及相关问题考论》、赵以武《皇甫谧生平新探》、安正发《皇甫谧史学成就探微——以〈帝王世纪〉为例》、魏明安《皇甫谧〈高士传〉初探》、安正发《皇甫谧的赋学观念——以〈三都赋序〉为例》等文章，可资参考。

**魏明帝青龙二年（234年），皇甫谧从席坦受书。**

青少年时期的皇甫谧性格憨直，游荡贪玩。二十多岁还不知读书，被人讥为"痴"。

章宗源《隋书经籍志考证》卷十三："《北堂书钞·武功部》：谧年十

七,未通经史;编荆为盾,执枝为戈……《太平御览》……学部云:十七年,余长七尺四寸……并引《元晏春秋》。"吴士鉴、刘承幹《晋书斠注》卷五十一:"《御览》四百六十四《玄晏春秋》曰:'予朴讷不好戏弄,口又不能戏谈。'又六百七《玄晏春秋》曰:'十七年,予长七尺四寸,未通史书;与从姑子梁柳等或编荆为楯,执枝为殳,分陈相刺,有若习兵。'"后全靠叔母苦心教育,皇甫谧开始转变上进。

《晋书》本传:"年二十,不好学,游荡无度,或以为痴。尝得瓜果,辄进所后叔母任氏。任氏曰:'《孝经》云:三牲之养,犹为不孝。汝今年馀二十,目不存教,心不入道,无以慰我。'因叹曰:'昔孟母三徙以成仁,曾父烹豕以存教。岂我居不卜邻,教有所阙,何尔鲁钝之甚也?修身笃学,自汝得之,于我何有?'因对之流涕。谧乃感激,就乡人席坦受书,勤力不怠。居贫,躬自稼穑,带经而农,遂博综典籍百家之言。"

皇甫谧下决心改掉游惰的恶习,于是就乡人席坦受书。当时,家境贫寒,他只能半耕半读,皇甫谧异常珍惜时间,谢绝一切迎来送往,利用农闲的时间废寝忘食苦读。他曾回忆说:"唯季冬裁得一旬学,或兼夜寐,或戏独否,或对食忘餐,或不觉日夕,居家游出之事,吉凶略绝。富阳男数以全生之道诲,子方知好色,号予为书帙。"(《玄晏春秋》)为此,他得到一个"书淫"的绰号。

吴士鉴、刘承幹《斠注》:"《御览》二十七皇甫谧《玄晏春秋》曰:'余家贫,昼则憨于作劳,夜则甘于疲寐;以三时之务,卷帙生尘,篋不解缄;惟季冬末才得一旬学耳……'又八百二十四《玄晏春秋》曰:'又好农桑种藏之事,且养鸡鹜,园圃之事,勤不舍力焉。'"《世说新语·文学》注引王隐《晋书》:"谧乃感激,年二十余,就乡里席坦受书。遭人而问,少有宁日。"章宗源《隋书经籍志考证》卷三《帝王世纪》:"又谧言封帝挚于高辛氏,本于东海卫宏所传。卫宏从杜林受古文《尚书》,谧得其传,则不徒资诸梁柳矣。"

**皇甫谧著有《高士传》和《三都赋序》。**

《高士传》一书"采古今八代之士,身不屈于王公,名不耗于始终,自尧至魏,凡九十余人"而成,塑造了一系列高人隐士的动人形象,实际上可以看作是作者皇甫谧特殊的政治宣言,表现了他对魏晋时期社会政治的批判态度。现存《高士传》分为上、中、下三卷共九十一篇,其中上卷二十八篇，中卷三十五篇，下卷二十八篇，记载了九十六个高人隐士的动人事迹。

清人吴士鉴在《晋书斠注》卷五十一中综述《高士传》流传情况："《隋志》：皇甫谧《高士传》六卷。《宋志》作十卷，今存本三卷。隋、唐《志》：皇甫谧《逸士传》一卷。《三国志》注，《文选》注并引之。《御览》四百九十六引作皇甫谧《达士传》。"又云："孙志祖《读书脞录》曰：《续博物志》云，皇甫谧《高士传》亦七十二人，而《直斋书录解题》则云，《高士传》十卷，自被衣至管宁八十七人，是宋本已不同矣。今本《高士传》止三卷，自被衣至焦先九十一人，卷数少而人数多。盖亦出于后人之增损也。"《四库全书提要》也持此论，认为"后人杂取《御览》，又稍摭他书附益之耳"。但钱熙祚以为，"宋人所见固已参差不齐。古书流传日久往往如此，未可执李氏（《续博物志》）一家之说，以绳此书也"。今本《高士传》分别为《说郛》、《增订汉魏丛书》（清乾隆辛亥王氏本）、《广汉魏丛书》（清嘉庆本）、《古今逸史》、《指海》、《秘书》等丛书收入。《逸士传》无辑本。从《御览》存文来看，逸士、高士并无明显区别，《御览》将《高士传》直接收入逸士部大概就是这个原因。

皇甫谧为左思《三都赋》作序，第一个对赋的写作特点、发展源流、社会功用等做了较系统的阐述，指出："然则赋也者，所以因物造端，敷弘体理，欲人不能加也。引而申之，故文必极美；触类而长之，故辞必尽丽。然则美丽之文，赋之作也。昔之为文者，非苟尚辞而已，将以纽之王教，本乎劝戒也。"皇甫谧赋论，在中古诗赋理论发展史上占有重要位置，他开始修正汉儒以政治功用论排斥诗赋审美价值的见解，明确要求把两者完美结合起来，为儒家诗学在新时期的发展开辟了一条新的途径。

**魏齐王曹芳正始元年（240年），皇甫谧作《礼乐圣真论》，始著《帝王世纪》及《年历》。**

《晋书》本传："沉静寡欲，始有高尚之志，以著述为务。自号玄晏先生，著礼乐圣真之论……又撰《帝王世纪》、《年历》。"《帝王世纪》是皇甫谧对自伏羲至魏晋间历代帝王及其事迹的记载，是魏晋学者研究上古史的重要成果。为考据古史之作，起传说人物太昊，止于汉献帝，补救汉朝史籍在记述三皇五帝以来史事之残缺。主要记叙了自三皇至汉魏的帝王世系、年代及事迹，分星野，考都邑，叙垦田，计户口，书中第一次记载我国的疆域和田亩数字，虽为附会，然亦为后来史家借鉴。"本宣圣之成典，复内史之遗则，远追绳契，附会恒滋，揆于载笔，足资多识"（清宋翔凤《帝王世纪集校序》），具有很高的史料价值，反映了皇甫谧的史学思想、观念和成就。

《文选》卷四十五《三都赋序》李善注："谧自序曰：始志乎学，而自号玄晏先生。玄，静也；晏，安也；先生，学人之通称也。"《隋书》卷三十三《经籍志二》："《帝王世纪》十卷，皇甫谧撰，起三皇，尽汉魏。"孔颖达《尚书·尧典疏》："又《晋书·皇甫谧传》云：姑子外弟梁柳边得古文《尚书》，故作《帝王世纪》，往往载孔传五十八篇之书。"章宗源《隋书经籍志考证》卷三："《玉海》书目曰：晋正始初，安定皇甫谧以汉纪残缺，博案经传，旁观百家，著《帝王世纪》，并《年历》，合十二篇，起太昊帝，讫汉献帝……《御览·皇王部》引高贵乡公为成济所害，陈留王就国治邺，正符《隋志》尽汉魏之语，宋人书目谓讫汉献帝误也。"又："《年历》六卷，皇甫谧撰写，《隋志》不著录，见《唐志》。"姚振宗《隋书经籍志考证》卷十三："按正始为魏齐王芳年号，此称晋正始者，犹《汉书叙例》称魏建安也，或是泰始之误。"王鸣盛《十七史商榷》卷三则对《帝王世纪》持负面评价："《帝王世纪》，谧恣意妄造以欺世；所说世系纪年，亦皆以意为之；几于无一可信，幸其书已亡。"又卷四十八："颖达所据，似别是一种《晋书》……古文《尚书》惟郑氏康成所传者，系孔壁真本。唐人作疏之本并《孔传》，则谧所造托名者。"

《帝王世纪》在两晋南北朝最为通行。吕思勉先生说："观义言古事，多引此书，罕引《史记》可知。"[①] 所以当时就有为书作音注、义注者。《隋志》载虞绰曾撰《帝王世纪音》四卷。至于《帝王世纪注》一书则是北魏宗室元延明所撰。此后，仿作、续作者也大有人在。来奥之《帝王本纪》十卷，杨晔之《华夷帝王世纪》三十卷，何茂才之《续帝王世纪》十卷皆为其中卓著者。《帝王世纪》所提供的丰富史料为后人注古史创造了便利条件。《史记》三家注、《汉书》颜注、《后汉书》李贤注、《续汉志》刘昭注、《三国志》裴注都广泛吸收利用了皇甫谧的学术成果。

---

[①] 吕思勉：《两晋南北朝史》，上海古籍出版社2005年版，第1264页。

历代对《帝王世纪》卷数记载不一。《隋书·经籍志》："《帝王世纪》十卷,皇甫谧撰,起三皇,尽汉魏。"两唐书志仍作十卷。而《宋书·艺文志》云:"皇甫谧《帝王世纪》九卷。"说明是书其时已残。南宋人王应麟作《玉海》时称,"《帝王世纪》并《年历》,合十二篇"。大约是后人对残本的一次加工。《帝王世纪》原书,今已不存。清人钱熙祚推测其书散失当在宋元之际:"皇甫谧《帝王世纪》,南宋人犹及见之。至宋末始亡,元明人所称述,皆即诸书中展转援引。非尚见全书也。"元末明初,陶宗仪第一个为《帝王世纪》辑佚。陶本收在《说郛》(清顺治丁亥年本)中,仅十三条。以后王谟、张澎、臧质、宋翔凤、顾观光、钱保塘、王仁俊等人继续陶宗仪的工作。其中以收在《指海》中的顾观光辑本收罗繁富,最为出色,共得三百四十六条。今人徐宗元在前人的基础上搜集补正,精加校勘,并仿《隋志》之数,编次为十卷,题为《帝王世纪辑存》。徐本虽未溢出顾本范围,但条理清晰,出处明确,使用起来比较便当。

皇甫谧著《帝王世纪》的目的,后人多认为是"补司马迁之缺漏",所以《隋志》、《唐志》将其归入杂史类。但也有人说是为不满意《汉纪》的残缺而作,故《宋志》列其到编年类。吕思勉先生判定《帝王世纪》属东吴史家韦耀的《洞记》之类,意在网罗放佚,求其完备,甚至著传记于竹帛,为使它们不致湮灭。吕先生的意见比较全面,《帝王世纪》应属具有补缺正闻性质的编年史。

《年历》的主要内容是讲历法的,大约为配合《帝王世纪》而作,后人把两书合编即与此有关。《旧唐书·经籍志》:"皇甫谧《年历》六卷。"到宋代《年历》已同《帝王世纪》合书,不知面貌发生何种变化。它的散佚大约与《帝王世纪》同时,清人马国瀚从《太平御览》、《开元占经》诸书中辑得佚文二十条,录成一卷,收入《玉函山房辑佚书目补·杂编杂史类》中。清人张澎云"(皇甫谧)精于历法,如刘子骏,故作年代历,与此书(《帝王世纪》)相附以行"。

**正始九年(248年),皇甫谧得风痹疾,习医,作《玄守论》,抒发了士人玄默自守的心境。**

皇甫谧作《玄守论》以答劝其修明广交者,以为"非圣人孰能兼存出处,居田里之中亦可以乐尧舜之道,何必崇接世利,事官鞅掌,然后为名乎？"抒发了在动乱之世文士的忧患精神与远祸全身的心志，并且彰显到文学观念上面，表现出魏晋文士自觉为文的审美意识。

《晋书》本传："后得风痹疾，犹手不辍卷。或劝谧修名广交，谧以为非圣人孰能兼存出处，居田里之中亦可以乐尧舜之道，何必崇接世利，事官鞅掌，然后为名乎？作《玄守论》以答之。"

吴士鉴、刘承幹《斠注》："《御览》七百二十二引《晋书》曰：'后得风痹疾，因而学医，习览经方，手不辍卷，遂尽其妙。案所引非书，盖诸家逸书也。'"汤球《九家旧晋书辑本》录入臧荣绪《晋书》卷九。据陆侃如本考，谧于泰始三年上疏，有"久婴笃疾，躯半不仁，右脚偏小，十有九载"的话，则得病当始于本年。

**魏高贵乡公正元元年（254年），皇甫谧遭后母丧，还本宗。**

《晋书》本传："叔父有子既冠，谧年四十，丧所生后母，遂还本宗。城阳太守梁柳，谧从姑子也，当之官。人劝谧饯之，谧曰：'柳为布衣时过吾，吾送迎不出门，食不过盐菜。贫者不以酒肉为礼。今作郡而送之，是贵城阳太守而贱梁柳。岂中古人之道？是非吾心所安也。'"汤球《九家旧晋书辑本》载皇甫谧《自序》："士安每母病，辄推燥居湿，以祫易单。"

**魏元帝景元元年（260年），皇甫谧服含食药中毒，自杀未果。魏郡召上计掾，举孝廉，皆不行。撰《甲乙经》及《论寒食散方》。**

《晋书》本传："时魏郡召上计掾，举孝廉……皆不行……初服食寒食散，而性与之忤，每委顿不伦。尝悲恚叩刃欲自杀，叔母谏之而止。"谧于泰始三年上疏，有"服寒食药，违错节度，辛苦荼毒，于今七年；隆冬裸袒食冰，当暑烦闷，加以咳逆，或若温疟，或类伤寒，浮气流肿，四肢酸重"的话，据陆侃如本推断中毒自杀当在本年。《让征聘表》所述也可知，魏正始九年（248年）皇甫谧三十四岁时得风痹疾；魏景元元年（260年），皇甫谧四十六岁时始服寒食药。再据《晋书》本传记载和《甲乙经自序》，他服寒食药后中毒加苦聋，自杀未果。郡举不行，必在四十岁还宗以后，四十九岁相国辟以前，故假定在本年前后。

还有学者认为[①]，皇甫谧不仕不一定由于高蹈，其身体原因也可能是

---

① 赵以武：《皇甫谧生平新探》，《西北师大学报》（社会科学版）1993年第1期。

主因。皇甫谧《答辛旷书》中称其"疾夺其志，神迷其心"。所谓"疾夺其志"，《让征聘表》陈述得非常具体，其文曰："……而小人无良，致灾速祸，久婴笃疾，躯半不仁，右脚偏小，十有九载；又服寒食药，违错节度，辛苦荼毒，于令七年。隆冬裸袒食冰，当暑烦闷，加以咳逆，或若温疟，或类伤寒，浮气流肿，四肢酸重。于今困劣，救命呼喻。父兄见出，妻息长诀。仰迫天威，扶舆就道，所苦加焉。不任进路，委身待罪，伏枕叹息……"这段文字说明，皇甫谧长期身患"笃疾"，即本传所言"风痹疾"，使他已成残废不全之人；后来又服用寒食散这种先期治病强身后致上瘾中毒的药物，从而行止乖常，出现种种"不堪情状"，连父兄妻息都无法忍受。皇甫谧很清楚，以他这样的身体状况、这般不雅的行为举止，入朝做官任事，那恐怕是很成问题的。所以即便有其志，也只有"伏枕叹息"了，故曰"疾夺其志"。

虽然身患顽疾，但皇甫谧不仅在史学方面成就突出，对于文学、天文、历法也有很深的造诣。同时在医学方面也有独到之处，他根据《素问》、《针经》、《明堂孔穴针灸治要》等古人医学著作，研究编撰成《针灸甲乙经》，是我国现存最早的针灸专书。著有《针灸甲乙经》十二卷，一百二十八篇，分为医学、针灸学的基础理论和临床治疗两个部分。内容包括内、外、妇、儿各科的生理、病理及诊断治疗。书中从整体观念出发，在"辨证论治"思想指导下叙述针灸的部位和疗法，把生理、解剖、脏腑、经络、腧穴、病机、诊断、治疗等相关的内容加以系统和规范化，又创造性地总结出一套针灸操作手法和各种注意事项等，此书对后世影响极大，隋唐时期被列为太医院学习、考核的教材，后代许多针灸专著也大多参考此书修撰而成。书中对自然和人体的见解也是我们研究皇甫谧自然观的一个重要依据。

皇甫谧另著《论寒食散方》，已佚。《隋志》医方类："皇甫士安《依诸方撰》一卷。"又云："皇甫谧、曹翕《论寒食散方》二卷，亡。"前书《唐志》已不载，大约到唐末也亡佚了。后一书并非皇甫氏、曹氏合撰，据《三国志·魏书·东平灵王徽传》注裴松之案云："泰始二年，（曹）翕遣世子琨奉表来朝。……翕撰《解寒食散方》，与皇甫谧所撰并行于世。"南北朝之世，皇甫谧所著医方影响甚大。《颜氏家训·杂艺》："医方之事，取妙极难，不劝汝曹以自命也。微解药性，小小和合，居家得以救急，亦为胜事，皇甫谧、殷仲堪则其人也。"

**景元四年（263年），皇甫谧不就相国辟。**

《晋书》本传："景元初，相国辟，皆不行。"司马昭于本年十月始受相国之命，谧被辟当在其后，已是景元末了。

**晋武帝泰始元年（265年），皇甫谧作《释劝论》。**

《晋书》本传："其后乡亲劝令应命，谧为《释劝论》以通志焉，其辞曰：'相国晋王辟余等三十七人。及泰始登禅，同命之士莫不毕至，皆拜骑都尉，或赐爵关内侯，进奉朝请，礼如侍臣。唯余疾困，不及国宠……'"司马炎于本年十二月十七日篡位。

《晋书》本传有载《释劝论》："故曰，天玄而清，地静而宁，含罗万类，旁薄群生，寄身圣世，托道之灵。若夫春以阳散，冬以阴凝，泰液含光，元气混蒸，众品仰化，诞制殊征。故进者享天禄，处者安丘陵。是以寒暑相推，四宿代中，阴阳不治，运化无穷，自然分定，两克厥中，二物俱灵，是谓大同；彼此无怨，是谓至通。……一明一昧，得道之概；一弛一张，合礼之方；一浮一沉，兼得其真。"皇甫谧笃志稽古，嗜好老庄，沉静履素，与流俗异趣，有高尚之志，《释劝论》可以见其安于恬退、沉静寡欲的高尚之志，与西晋初年重臣的浮竞之风相异。这对西晋文风也有一定影响。

**泰始三年（267年），皇甫谧作《让征聘表》。**

《晋书》本传："其后武帝频下诏敦逼不已，谧上疏自称草莽臣曰……谧辞切言至，遂见听许。"事在举贤良方正之前"岁余"。故知作于本年。表中言及婴疾十九年。中毒七年，都可由此上推。

**泰始四年（268年），晋武帝诏王公卿尹及郡国守相，举贤良方正直言之士，皇甫谧拒召不起。表上向帝借书，帝送一车书与之。文立表请绝其礼币，谧以古礼讥之。**

《晋书·武帝纪》："泰始四年……十一月……己未，诏王公卿尹及郡国守相，举贤良方正直言之士。"皇甫谧举贤良方正，拒召不起。皇甫谧虽患重病，但性格恬退，朝廷屡次征辟，而他屡辞不就，向往"索隐于傅岩，收钓于渭滨"的隐士生活，这也是当时西晋士人的一种理想人格。

《晋书》本传："岁余，又举贤良方正，并不起。自表就帝借书，帝送一车书与之。谧虽羸疾，而披阅不怠……济阴太守蜀人文立，表以命士有赘为烦，请绝其礼币，诏从之。谧闻而叹曰：'亡国之大夫不可与图存，而以革历代之制，其可乎？夫束帛戋戋，易之明义，玄纁之赘，自古之旧也。故孔子称夙夜强学以待问，席上之珍以待聘，士于是乎三揖乃进，明致之难也。一让而退，明去之易也。若殷汤之于伊尹，文王之于太公，或身即莘野，或就载以归。唯恐礼之不重，岂吝其烦费哉？且一礼不备，贞女耻之，况命士乎？孔子曰：赐也，尔爱其羊，我爱其礼。弃之如何！政之失贤，于此乎在矣。'"

《世说新语·文学第四》注引王隐《晋书》："武帝借其书二车，遂博览。"

**晋武帝咸宁二年（276年），皇甫谧不就太子中庶子。**

《晋书》本传："咸宁初，又诏曰：'男子皇甫谧沉静履素，守学好古，与流俗异趣。其以谧为太子中庶子。'谧固辞笃疾。"

吴士鉴、刘承幹《斠注》："《书钞》六十六引《晋起居注》作：武帝咸宁二年诏曰。《御览》二百四十五《翰苑新书前集》六，均引作元年。"《晋书》卷三《武帝纪》有："二年……十二月征处士安定皇甫谧为太子中庶子"的记载，应以二年为是。

**咸宁三年（277年），皇甫谧不就议郎及著作郎。**

《晋书》本传："帝初虽不夺其志，寻复发诏征为议郎，又召补著作郎……并不应。"《文选》卷四十五谧《三都赋序》李善注引臧荣绪《晋书》："又辟著作，不应。"事在辞中庶子及辞功曹之间，故系于本年。

**咸宁四年（278年），皇甫谧辞司隶校尉功曹之命，作《笃终》。**

据万斯同《晋将相大臣年表》，刘毅于本年为司隶校尉。《晋书》本传："司隶校尉刘毅请为功曹，并不应。著论为葬送之制，名曰《笃终》。"

皇甫谧所作《笃终论》，是预为自己的死葬事宜而写的，他主张薄葬速葬，并对墓制、葬仪、祭礼乃至棺式、服式等具体方面，向子息亲人一一交代叮嘱。皇甫谧在《笃终论》中谈到形神问题，认为人死则神升归于天，而形藏于地，形神不隔，天地之性。他提倡薄葬，戒奢昭俭，对西晋奢靡的士风有警示作用。

《晋书》本传史臣评曰："皇甫谧素履幽贞，闲居养疾，留情笔削，敦悦丘坟，轩冕未足为荣，贫贱不以为耻，确乎不拔，斯固有晋之高人者欤！洎乎《笃终》立论，薄葬昭俭，既戒奢于季氏，亦无取于王孙，可谓达存亡之机矣。"

陆侃如本认为，《笃终论》一文作于本年，而赵以武据《笃终论》文内容断应作于晋泰始八年（272年）。《笃终论》有言："吾年虽未制寿，然婴疢弥纪，仍遭丧难，神气损劣，困顿数矣，常惧夭陨不期，虑终无素，是以略陈至怀。"其中"虽未制寿"，说明写本文时作者还不满六十岁；"婴疢弥纪"是指的服寒食药中毒成癖，已有十二年光景了。这里"婴疢"不是指早年所得的"风痹疾"，而是指的服寒食药带来的种种中毒症状，所以紧接着言及"神气损劣，困顿数矣"云云。皇甫谧应是在景元元年（260年）四十六岁时始服寒食药的。那么，十二年后，即晋泰始八年（272年）皇甫谧五十八岁时，写了《笃终论》。《笃终论》写出距皇甫谧去世，尚有十年之久[①]。

**晋武帝太康三年（282年），皇甫谧卒。**

《晋书》本传"太康三年卒，时年六十八。子童灵，方回等遵其遗命……门人挚虞、张轨、牛综、席纯皆为晋名臣。"

皇甫谧是魏晋时期著名的医学家、文学家、历史学家，他一生研读经史，拒绝仕途。魏元帝曹奂、晋武帝司马炎等数次征召皇甫谧入朝为官，他皆著文推脱，终身不仕，潜心著述，可谓著作等身，共计数约十二种著作合计五十余卷，涉及文学、历史、医学诸领域。作《玄守论》、《释劝论》、《笃终》，安贫乐道，居于恬退，认为："居田里之中，亦可以乐尧舜之道，何必崇接世利，事官鞅掌，然后为名乎"，"贫者士之常，贱者道之实，处常得实，没齿不忧，孰与富贵扰神耗精者乎！"表现了他独立遗世的人格精神。皇甫谧的史学著作最为著名，他著有《帝王世纪》、《年历》、《玄晏春秋》等，又有《高士传》、《逸士传》、《列女传》、《韦氏家传》等史传文学。因自己患风痹病，皇甫谧孜孜研究医学。他根据《素问》、《针经》、《明堂孔穴针灸治要》等古人医学著作，研究编撰成

---

① 赵以武：《皇甫谧生平新探》，《西北师大学报》（社会科学版）1993年第1期。

《针灸甲乙经》，是我国现存最早的针灸专书。虽然在传世的过程中，皇甫谧作品多有遗失，但现存且有篇目可考者尚有十余种，其门人挚虞、张轨、牛综、席纯等皆为晋代名臣。

皇甫谧著作颇丰，《晋书》本传："谧所著诗、赋、诔、颂、论难甚多，又撰《帝王世纪》、《年历》、《高士》、《逸士》、《列女》等传，《玄晏春秋》，并重于世。"

《隋书》卷三十三《经籍志二》著录其撰《帝王世纪》十卷、《高士传》六卷、《逸士传》一卷、《玄晏春秋》三卷、《列女传》六卷；卷三十四《经籍志三》著录其注《鬼谷子》三卷；梁有《朔气长历》二卷；《隋书》卷三十五《经籍志四》著录晋征士《皇甫谧集》二卷，录一卷。严可均《全晋文》卷七十一载其文十三篇，逯钦立《晋诗》卷二载其诗二首，丁福保《全晋诗》卷二载一篇。

**参考文献**

魏明安：《皇甫谧〈高士传〉初探》，《兰州大学学报》1982年第4期。

赵以武：《皇甫谧生平新探》，《西北师大学报》（社会科学版）1993年第1期。

丁宏武：《皇甫谧籍贯及相关问题考论》，《文史哲》2008年第5期。

安正发：《皇甫谧史学成就探——以〈帝王世纪〉为例》，《宁夏师范学院学报》（社会科学）2009年第8期。

安正发：《皇甫谧的赋学观念——以〈三都赋序〉为例》，《广西社会科学》2009年第9期。

（李小青）

# 傅玄传

**傅玄，字休奕，北地泥阳（今甘肃宁县）人。汉献帝建安二十二年（217年），傅玄生于邺城。**

傅玄，《晋书》有传。对于傅玄的家世，《晋书》本传："傅玄字休奕，北地泥阳人也。祖燮，汉汉阳太守。父幹，魏扶风太守。"关于北地泥阳的位置，学术界有不同的看法：一曰今甘肃宁县；一曰今陕西耀县东南；一曰河南。《宋书·傅弘之传》："傅氏旧属灵州，汉末郡境为虏所侵，失土寄寓冯翊，置泥阳、富平二县，灵州废不立，故傅氏悉属泥阳。晋武帝太康三年复立灵州县，傅氏还属灵州。"然郡望是士人相互标榜的资质，旧属籍作为识别人物身份的渊源，并非其出生或居住的地方。根据汉晋以来的地理变迁以及傅氏家族的发展，其郡望应系于甘肃宁县。北地傅氏自西汉名将傅介子始。《傅子·补遗下》载其自叙："傅氏之先，出自陶唐傅说之后。"《元和姓纂》："殷相说之后，筑于傅岩，因以为姓。北地人，汉末，傅氏居南阳。"又云："本自傅说，出傅岩，又黄帝裔孙大由傅邑，因以为氏。出北地、清河二望。"《后汉书·傅燮传》："傅燮，字南容，北地灵州人也。"曾镇压黄巾起义，又以身殉职于羌胡叛乱，其人刚直正义，重在事功。《三国志·魏书·武帝纪》建安十九年注引《九州春秋》："幹字彦材，北地人，终于丞相仓曹属。有子曰玄。"官职与《晋书》异，其为曹操霸业的开创有功，机敏乘时，偏于计谋。傅玄在一定程度上继承了其父祖的秉性，而其父祖的功绩也奠基了傅玄的仕途地位。另外有傅玄的从兄傅嘏，《三国志·魏书·傅嘏传》："傅嘏，字兰石，北地泥阳人，傅介子之后也。伯父巽，黄初中为侍中尚书。"《傅子》："嘏祖父睿，代郡太守。父充，黄门侍郎。"但二人虽系同族，却有二支尊卑之分，亲族关系渐疏。傅玄对傅嘏推崇备至，二人的政见有较明显的传承关系，而二人之间最大的共同点便是崇儒尚实，与以何晏为代表的玄学之士不容。

《晋书》本传："献皇后崩于弘训宫……寻卒于家，时年六十二，谥曰刚。"《晋书·武帝纪》："（咸宁四年）六月丁未……弘训皇后羊氏崩。"由此相推可知傅玄生于此年。此时其父傅幹居邺城丞相府仓曹属之职。

关于傅玄的事迹，除《晋书》本传记载外，还有傅玄《傅子》中多有自叙。唐魏徵编纂《群书政要》、唐马总《意林》以及《太平御览》、《北堂书钞》、《初学记》、《艺文类聚》、《永乐大典》等类书亦收录其文，傅玄存文散佚甚多，直至清修《四库全书》后才渐渐重视。当代魏明安、赵以武《傅玄评传》，高新民《傅玄思想研究》，台湾王绘絜《傅玄及其诗文研究》，王寿南总编《中国历代思想家·傅玄》等论述，可资参考。

**傅玄幼年丧父。少时避难于河内，专心诵学，并进入洛阳太学。**

《晋书》本传："玄少孤贫，博学善属文，解钟律。"又"玄少时避难于河内，专心诵学，后虽显贵，而著述不废"。循例，其年十五，约明帝太和五年进入太学。《太平御览》引《魏书·马钧传》为傅玄存文："马先生与高堂隆、朗争言，及指南车二子，谓古典无记言之虚也。先生曰：'古有之明帝，乃召先生作之，指南车成也。'"《傅玄评传》以为太和末傅玄已在洛阳太学，作《马钧传》时有言事交涉的便利，说明已经入仕。其时风可见于《资治通鉴·魏纪》董昭上书明帝："窃见当今年少不复以学问为本，专更以交游为业；国士不以孝悌清修为首，乃以趋执游利为先。合党连群，互相褒叹，以毁誉为罚戮，用党誉为爵赏，附己者则叹之盈言，不附者则为作瑕衅。"或给予了傅玄许多反思。这段求学生涯对傅玄的人生经历以及思想特点影响甚重。

**魏明帝景初元年（237年），傅玄作《正都赋》。**

《正都赋》保存在各类书中，其中《艺文类聚》卷六十一《居处部》引"百戏"片段，《太平御览》卷五百二十七《郊丘》引"郊祀"段，《北堂书钞》卷一百二十二引"剑器"段等。魏明安、赵以武《傅玄评传》以为在魏明帝青龙年间开始写赋，然俞士玲《西晋文学考论》以为当作于魏明帝景初元年十二月郊祭。可见在魏晋之交，文风逐渐走向绮靡，诗文的装饰性逐步增强。而在傅玄更被后世赞赏的乐府中，则较多继承了汉魏文人质朴自然、不尚雕琢的文风。

**约魏齐王曹芳正始年间，傅玄州举秀才，除郎中，与东海缪施俱以时誉选入著作，撰集《魏书》。**

《晋书》本传："郡上计吏，再举孝廉，太尉辟，皆不就。州举秀才，除郎中，与东海缪施俱以时誉选入著作，撰集《魏书》。"

《史通·古今正史》载，始自黄初、太和中，累载不成，又命"侍中韦诞、应璩，秘书监王沈，大将军从事中郎阮籍，司徒右长史孙该，司隶校尉傅玄等，复共撰定，其后王沈独就其业"。陆侃如《中古文学系年》以为"州举秀才，除郎中"之事年月无考，假定在撰《魏书》五年左右；又定"撰集《魏书》"于正始五年。

作《魏书》事，魏明安、赵以武系于景初三年，钱志熙或以为正元年间王沈、阮籍撰集《魏书》这一次。曹道衡、沈玉成《中古文学史料丛考》以为："刘氏所记司隶校尉为玄入晋以后之最终官职，《文选》卷二十九《杂诗》李善注引臧荣绪《晋书》亦云玄'州举秀才，稍迁至司隶校尉，卒'，文虽节删，然司隶校尉为其最终官职则与唐修《晋书》同。疑刘氏所书不确，或为'典农校尉'之误。"①

**正始五年（244年），傅玄续娶杜有道女杜韡。**

曹魏时期，因为曹爽与司马氏互斗，傅玄又属于司马氏集团，而此时傅嘏已遭免官，可见正始年间傅玄的处境艰难。并且，从杜有道与严氏结亲、傅玄又与杜氏成婚可见此支傅氏不是高门。

《晋书·杜有道妻严氏传》："杜有道妻严氏，字宪，京兆人也。贞淑有识量。年十三，适于杜氏，十八而嫠居。子植、女韡并孤藐……韡亦有淑德，傅玄求为继室，宪便许之。时玄与何晏、邓飏不穆，晏等每欲害之，时人莫肯共婚。及宪许玄，内外以为忧惧。或曰：'何、邓执权，必为玄害，亦由排山压卵，以汤沃雪耳，奈何与之为亲？'宪曰：'尔知其一，不知其他。晏等骄侈，必当自败，司马太傅兽睡耳，吾恐卵破雪销，行自有在。'遂与玄为婚。晏等寻亦为宣帝所诛。……玄前妻子咸年六

---

① 曹道衡、沈玉成：《中古文学史料丛考》，中华书局2003年版，第109—110页。

岁，尝随其继母省宪，谓咸曰：'汝千里驹也，必当远至。'以其妹之女妻之。咸后亦有名于海内。其知人之鉴如此。年六十六卒。"又《晋书·傅咸传》："元康四年卒官，时年五十六。"时傅咸年六岁，故可推之。

**魏高贵乡公正元二年（255年），傅玄参安东、卫军军事，转温令。又迁弘农太守，领典农校尉。**

《晋书》本传："后参安东、卫军军事，转温令。再迁弘农太守，领典农校尉。所居称职，数上书陈便宜，多所匡正。"《晋书·文帝纪》："及景帝疾笃，帝自京都省疾，拜卫将军。景帝崩……自帅军还，至洛阳，进位大将军。"傅玄随司马昭的升迁，由安东参军迁卫将军参军。可知司马昭由安东将军迁卫将军乃高贵乡公正元二年一月，再迁大将军为同年二月，即傅玄任职温令之时。

关于傅玄由温县令迁弘农太守的时间，陆侃如系于景元元年，以为"假定在迁温令五年左右"。魏明安、赵以武据《通典·选举》"皆经六周"与王昶、杜元凯等人的建议，以为系于景元二年初。傅玄大概因与曹党交恶而被司马氏引纳，温县为司马氏家族的故乡，可见信任之意。傅玄多为亲民事之官，在史学、军事、农经方面得到了才能的锻炼，有助于其政论的精辟与思想的独到。

**魏元帝咸熙元年（264年），傅玄封鹑觚男。**

《晋书》本传："五等建，封鹑觚男。"

《晋书·文帝纪》："（咸熙元年七月）始建五等爵。"《晋书·裴秀传》："秀议五等之爵，自齐督已上六百余人皆封。"《资治通鉴·魏纪》亦有记载。

**咸熙二年（265年），八月，傅玄参与制礼作乐，擢升散骑常侍。晋武帝泰始元年（265年），进爵为子，加驸马都尉，议正朔服色。作《元日朝会赋》。**

《晋书》本传："武帝为晋王，以玄为散骑常侍。及受禅，进爵为子，加驸马都尉。"

《晋书·武帝纪》："（咸熙二年）八月辛卯，文帝崩，太子嗣相国、晋王位。"

严可均《全晋文》系《正朔服色议》于正始元年。

**泰始二年（266年），傅玄上疏论谏职，陈要务，迁侍中，作《治体》、《贵教》、《戒言》、《通志》、《检商贾》及《郊祀歌》五篇、《天地郊明堂歌》六篇、《宗庙歌》十一篇、《鼓吹曲》二十二篇。**

《晋书》本传："帝初即位，广纳直言，开不讳之路，玄及散骑常侍皇甫陶共掌谏职。……俄迁侍中。"

《晋书·武帝纪》："（泰始二年）九月乙未，散骑常侍皇甫陶、傅玄领谏官，上书谏诤，有司奏请寝之。"故傅玄初掌谏职当在泰始二年九月或稍前。又"（二月）庚午，诏曰：'古者百官，官箴王阙。然保氏特以谏诤为职，今之侍中、常侍实处此位。择其能正色弼违匡救不逮者，以兼此选。'"可知二人任职在其后。又《晋书·乐志》："及武帝受命之初，百度草创。泰始二年，诏郊祀明堂礼乐权用魏仪，遵周室肇称殷礼之义；但改乐章而已，使傅玄为之词云。"又"及武帝受禅，乃令傅玄制为二十二篇，亦述以功德代魏。"

**泰始三年（267年），傅玄被免官。泰始四年（268年），为御史中丞，上疏陈便宜五事，作《举贤》、《安民》、《授职》、《平赋役》、《重爵禄》。**

《晋书》本传："初，玄进皇甫陶，及入而抵，玄以事与陶争，言喧哗，为有司所奏，二人竟坐免官。"又"泰始四年，以为御史中丞。时颇有水旱之灾，玄复上疏曰……"

**泰始五年（269年），傅玄迁太仆，作《四厢乐歌》十八篇、《宣武舞歌》四篇、《宣文舞歌》二篇及《鞞舞歌》五篇。**

《晋书》本传："五年，迁太仆。时比年不登，羌胡扰边，诏公卿会议。玄应对所问，陈事切直，虽不尽施行，而常见优容。"又见《晋书·乐志》："至泰始五年，尚书奏使太仆傅玄、中书监荀勖、黄门侍郎张华各造正旦行礼，及王公上寿酒、食举乐歌诗。"《宋书·乐志》亦有载。又《晋书·乐志》："鞞舞未详所起，然汉代已施于燕享矣……及泰始中又制其辞焉。"附载《鞞舞歌诗》五篇，无撰人，《宋书·乐志》亦未载。唯郭茂倩《乐府诗集》卷五十三谓傅玄作。陆侃如以为"所谓泰始中，不知何年，姑附于此"。

**泰始九年（273年），傅玄作《正德》、《大豫》二舞歌。**

《宋书》卷十九《乐志》："九年，荀勖遂典知乐事，使郭琼、宋识等造正德大豫之舞，而勖及傅玄、张华又各造此舞哥诗。"又："晋《正德》、《大豫》二舞哥二篇，傅玄造。"

**晋武帝咸宁元年（275年），傅玄转司隶校尉。**

《晋书》本传："转司隶校尉。"据《晋书·李胤传》："咸宁初，皇太子出居东宫，帝以司隶事任峻重，而少傅有旦夕辅导之务，胤素羸，不宜久劳之，转拜侍中，加特进。"

《晋书·武帝纪》："（咸宁元年六月）戊申，置太子詹事官。"

傅玄转任司隶校尉即补李胤的空缺。万斯同《晋将相大臣年表》、陆侃如《中古文学系年》亦系于此年。另曹道衡、沈玉成《中古文学史料丛考》据《资治通鉴考异》，以为当系于泰始五年。

**咸宁四年（278年），以弘训皇后设丧位事，坐免官，寻卒于家。卒前，作《龟鹤篇》。**

《晋书》本传："献皇后崩于弘训宫，设丧位。旧制，司隶于端门外坐，在诸卿上，绝席。其入殿，按本品秩在诸卿下，以次坐，不绝席。而谒者以弘训宫为殿内，制玄位在卿下。玄恚怒，厉声色而责谒者。谒者妄称尚书所处，玄对百僚而骂尚书以下。御史中丞庾纯奏玄不敬，玄又自表不以实，坐免官。然玄天性峻急，不能有所容；每有奏劾，或值日暮，捧白简，整簪带，竦踊不寐，坐而待旦。于是贵游慑伏，台阁生风。寻卒于家，时年六十二，谥曰刚……其后追封清泉侯，子咸嗣。"后世士人往往借此对他加以讥讽，如刘勰《文心雕龙·程器》："傅玄刚隘而詈台。"颜之推《颜氏家训·文章篇》："自古文人多陷轻薄……傅玄忿斗免官。"王世贞《艺苑卮言》亦以"玷缺"概之。《晋书》史臣的评价较为公允："傅玄体强直之姿，怀匪躬之操，抗辞正色，补阙弼违，谔谔当朝，不忝其职者矣。及乎位居三独，弹击是司，遂能使台阁生风，贵戚敛手。虽前代鲍葛，何以加之！然而惟此褊心，乏弘雅之度，骤闻竞爽，为物议所讥，惜哉！古人取戒于韦弦，良有以也。"

《龟鹤篇》今不存。此事见鲍照《松柏篇》序："余患脚上气四十余日，知旧先借《傅玄集》，以余病剧，遂见还。开帙，适见乐府诗《龟鹤篇》，于危病中见长逝词。恻然酸怀抱。如此重病，弥时不差，呼吸乏喘，举目悲矣，火药间阙而拟之。"

**傅玄著述散佚较多。** 其撰论经国九流及三史故事，评断得失，各为区例，名为《傅子》，为内、外、中篇，凡有四部、六录，合百四十首，数十万言，并文集百余卷行于世。

《晋书》本传："玄少时避难于河内，专心诵学，后虽显贵，而著述不废。撰论经国九流及三史故事，评断得失，各为区例，名为《傅子》，为内、外、中篇，凡有四部、六录，合百四十首，数十万言，并文集百余卷行于世。玄初作内篇成，子咸以示司空王沈。沈与玄书曰：'省足下所著书，言富理济，经纶政体，存重儒教，足以塞杨墨之流遁，齐孙孟于往代。每开卷，未尝不叹息也。"不见贾生，自以过之，乃今不及"，信矣！'"

有关《傅子》的历代辑录，《隋书·经籍志·杂家》："《傅子》百二十卷，晋司隶校尉傅玄撰。"《旧唐书·经籍志》与《新唐书·艺文志》著录与《隋志》并同；《宋史·艺文志》著录为五卷，宋以后散佚；元以后多辑本，其中以叶德辉辑本较为详尽。以上是研究傅玄思想的史料。

关于《傅子》的内容，严可均《铁桥漫稿》卷六有内外中篇的分别。内篇撰论经国九流；外篇三史故事，评论得失；中篇以《魏书》为底本，而以《自叙》结束。其《全晋文·傅子》按："百四十首而百二十卷者，或元有缺篇，或数篇合卷，今莫能详。"关于《傅子》内、外、中篇的大体划分，总体的意见是：内篇为"撰论经国"的内容；外篇、中篇为撰论"九流、三史故事"的内容，因遗文不多故难以区别。

至于《傅子》的成书时间，大致内篇、中篇完成于入晋以前，而外篇关于制礼作乐等文章大致为入晋以后所作。傅玄兼容各家的思想，其政论以荀子思想为宗，又吸收了汉魏思想家、政论家的思想成分，显示了儒法兼济的特点，观其内篇，应归入"杂家"。

另外，傅玄不仅有关于对历史人物、前代典籍以及"三史"得失成败方面的言论，而且有撰写《魏书》的实践，以为"良史"应有直笔的特点。而在礼乐典制方面的议论被沈约《宋书》、萧子显《南齐书》、唐修《晋书》、杜佑《通典》诸志收录。此外，关于傅杨学派，即侯外庐提出的"傅玄—杨泉学派"，以为傅玄《傅子》与杨泉《物理论》合为一家之学，见其《中国思想通史》。概因二人的作品在流传过程中发生混杂以至于难以分辨，故招致后人的误解，对此，魏明安、赵以武《傅玄评传》有所详述。

又作有《七谟序》和《连珠序》，提出了"引其源而广之"的文学创作理论。傅玄在《七谟序》中说："通儒大才马季长、张平子亦引其源而广之。"《太平御览》卷五百九十《连珠序》云："连珠者，兴于汉章帝之世，班固、贾逵、傅毅三子受诏作之，而蔡邕、张华之徒又广焉。其文体，辞丽而言约，不指说事情，必假喻以达其旨，而贤者微悟，合于古诗讽兴之义，欲使历历如贯珠，易睹而可悦，故谓之连珠也。班固喻美辞壮文，体裁弘丽，最得其体。蔡邕言质辞碎，然其旨笃矣。贾逵儒而不艳，傅毅文而不典。"傅玄在评论连珠体时特别提到了其中的"讽兴之义"，以假喻而达其旨，这在他的一些乐府诗中便可见出。他又称"历历如贯珠，易睹而可悦"，这便是对连珠饶有风趣的文体特点的说明。

傅玄提出创作需要拓展题材、体认风格。他在自己的文学创作中，做到文章体裁丰富多样，有三言、四言、五言、七言等。杂言诗、骚体诗、乐府诗中的六言等他都作了尝试。

傅玄的诗文集，《隋书·经籍志》："晋司隶校尉《傅玄集》十五卷，梁五十卷，录一卷，亡。"（又："《相风赋》七卷，傅玄等撰。"）《旧唐书·经籍志》与《新唐书·艺文志》著录皆为五十卷。《宋史·艺文志》著录仅为一卷，可知此书宋以后已散佚，明清多辑本。

值得注意的是，晋初庙堂乐府，多出傅玄之手。曹道衡："今《乐府诗集》所存玄庙堂乐章凡五十九首，《先秦汉魏晋南北朝诗》复据《初学记》补辑二篇，数量之多，为唐以前诗人之冠。"

傅玄在文学上擅长乐府，多采用拟篇法，开西晋以后拟古之风。王瑶先生《拟古与作伪》："前人的诗文是标准的范本，要用心地从里面揣摩，模仿，以求得其神似。所以一篇有名的文字，以后有好些人的类似的作品出现，这都是模仿的结果。"[①] 此外，"这种风气既盛，作者也想在同一类的题材上，尝试着与前人一较短长，所以拟作的风气便越盛了"。其乐府

---

① 王瑶：《中古文学史论》，商务印书馆2011年版，第224页。

分雅、俗两体，其中雅颂乐章都是晋初为朝廷创作的，前文有录。

王澧华《两晋诗风》以为晋初郊庙歌辞影响开国诗风，有歌功颂德的倾向。"武帝后期，朋党竞起，浮华之风渐盛，趋附之辈得势……体现在文学创作中，便是躁进诗风的蔓延"[1]；其文学成就集中于俗乐歌诗，均用汉魏旧曲，多为女性主题，为重情文学思潮的余波。但创作时间含混不清，大致为入晋以前，以至于后人难以将傅玄在诗史流变中作出准确定位。

萧涤非《汉魏六朝乐府文学史》以为晋诗拟古，约可分为两派：一派借古题咏古事，一派借古题咏古意，则大抵就前人原意，敷衍成篇。

钱志熙《魏晋诗歌艺术原论》以为西晋诗人中在艺术上代表西晋诗歌的主流，对一代诗风产生过较大影响的诗人，当推傅玄、张华、陆机三人。其中傅玄在晋初具有崇重文臣的地位，加之他的寒素出身，因而使得他对西晋寒素诗人产生了很大的影响，成为西晋诗风的开启者。其《中国诗歌通史·魏晋南北朝卷》以为从写作方法上看傅氏乐府存在两种类型，一者为继承汉乐府的叙事艺术，如《苦相篇》、《秦女休行》、《秋胡行》两首、《惟汉行》等；一者为渊源于建安三曹乐府的抒情言志与赋物之法，开启了西晋诗歌的体制，如《放歌行》、《长歌行》、《白杨行》、《鸿雁生塞北行》、《云中白字高行》等。在语言艺术上，其俗歌诗还是属于入乐歌词体的语言艺术，并不刻意追求文人化，故有拙率之嫌。同时我们在研究傅玄乐府诗时，要充分重视其与音乐的关系[2]。

在诗歌思想方面，傅玄与同时代的阮籍、嵇康分别流派，与张华一齐开启了此后西晋的古典化、模拟化的诗风。关于傅玄的赋文，题材广泛，亦有文体批评论。其文学思想既有"宗经"的一面，亦有"通变"的一面。另外，学者多在"傅玄是否为太康作家"这一问题上有所争论：有以代表傅玄文学成就的俗体乐府集中创作的时间点为标准，以为并非太康作家的，如魏明安《傅玄是太康作家吗？》以为傅玄是魏晋之际的作家，钱志熙亦持此说；有以其文学创作实现当世价值为标准的，如游国恩等主编《中国文学史》将其列入晋初作家的行列；而更多学者以其与太康文

---

[1] 王澧华：《两晋诗风》，上海古籍出版社2005年版，第300页。
[2] 葛晓音以为"西晋统一吴蜀后，宗庙歌辞中吸取了少量的吴舞歌辞。傅玄既为宫廷乐府的作手，当不难接触到由吴地流传过来的民歌，何况他虽然极力将宫廷乐府雅化，但对于新声也很欣赏。"见葛晓音《八代诗史》，中华书局2012年版，第105页。

学的沿承关系,而将其列入太康作家的行列。

傅玄在乱世中得以独善其身,儒家之立德、立功、立言三不朽兼备,实属不易。以下附录历代诸家对其评论。

刘勰《文心雕龙·乐府》:"逮于晋室,则傅玄晓音,创定雅歌,以咏祖宗。"《时序》:"应傅三张之徒,孙挚成公之属,并结藻清英,流韵绮靡。"《才略》:"傅玄篇章,义多规镜。"

钟嵘《诗品》卷下:"长虞父子,繁富可嘉。"

严羽《沧浪诗话·诗体》:"又有古诗,有近体,有绝句,有杂言,有三五七言,有半五六言(晋傅玄《鸿雁生塞北》之篇是也)……"

吴龙翰《诗境》:"古貌绮心,微情远境,汉后未睹其俦。乐府淋漓排荡,位置三曹,材情妙丽,似又过之。"

范晞文《对床夜语》卷一:"傅玄词云:'美女一何丽,颜若芙蓉花。一顾乱人国,再顾乱人家,未乱犹可奈何。'全是李延年歌。延年歌云:'北方有佳人,绝世而独立。一顾倾人城,再顾倾人国。宁不知倾城与倾国,佳人难再得。'"

陈绎曾《诗谱》:"(傅玄)思切清古,失之太工。"

张溥《汉魏六朝百三家集题辞》:"晋代郊祀宗庙乐歌,多推傅休奕,顾其文采,与荀张等耳。苦相篇与杂诗二首,颇有四愁定情之风。历九秋诗,读者疑为汉古词,非相如枚乘不能作。其言文声永,诚诗家六言之祖也。休奕天性峻急,正色白简,台阁生风。独为诗篇,新温婉丽,善言儿女,强直之士怀情正深,赋好色者何必宋玉哉。后人致疑广平,抑固哉高叟也!晋武受禅,广纳直言,休奕时务便宜诸疏,剀切中理。至云:'魏武好法术,天下好刑名;魏文慕通远,天下贱守节。'请退虚鄙,如逐鸟雀,晋衰薄俗,先有隐忧。干令升论曰:'览傅玄刘毅之言,而得百官之邪,核傅咸之奏,钱神之论,而睹宠赂之彰。'悼祸乱而美知几,清泉药石,可世守也。争言骂座,两遭免官,褊心有诮,亦汲长孺之微戆乎?"

胡应麟《诗薮·内编》卷一:"傅玄复托夫妇,咸自足传,玄诗遂为六言绝唱。"又:"傅玄《庞烈妇》,盖效《女休》作者,辞意高古,足乱东、西京。乐府叙事,魏晋仅此二篇。"

陆时雍《诗镜总论》:"傅玄《秦女休行》,其事甚奇,而写之不失尺寸。夫情生于文,文生于情,未有事离而情合者也。"又:"傅玄得古之神。汉人朴而古,傅玄精而古。朴之至,妙若天成;精之至,粲如鬼画。

二者俱妙于思虑之先矣。"

吴淇《六朝选诗定论》："此公才大而心细，故其为诗，极慷慨磊落之至。而布景之中，却善于体物，凡物形物性，无不穷极精微。四唐诗人，全以此为本领。固知作诗贵博物，犹贵格物云。"又评张溥之题辞曰："观天如此论，可见文生于情，无情之人，决不能诗。所以休奕之作，不惟《杂诗》、《苦相》，即其郊祀宗庙，一代乐歌，盖亦有其本云。"

陈祚明《采菽堂古诗选》："休奕乐府力摹汉魏，神到之语，往往情长，时代使然，每沦质涩。然矫健之气，亦几几优孟之似叔敖矣。"

永瑢、纪昀主编《四库全书总目提要》："独玄此书（《傅子》）所论皆关切治道，开启儒风，精意名言，往往而在，以视《论衡》、《昌言》，皆当逊之。残篇断简，收拾之余，尚得考见其什之一，是亦可为宝贵也。"

方濬师《傅鹑觚集序》："李吏部尝谓濬师曰：'傅氏书在诸子家上，笔力雄硕苍浑，上继江都，下启昌黎。'善哉言也，实获我心。"

王士禛等《师友诗传录》："风雅之盛衰，存乎上人之振起。……迨于张华、傅玄以及潘、陆而风斯漓。"

沈德潜《古诗源》卷七："休奕诗聪颖处时带累句，大约长于乐府，而短于古诗。"

毛先舒《诗辩坻》卷二："张茂先诗，粗厉少姿制，却能存魏骨于将夷。傅休奕亦然。"

田雯《古欢堂集杂著》卷二："晋世群才，以绮情藻思，争长竞胜。然采缛于正始，力弱于建安，或析文以为妙，或流靡以自妍，视汉、魏一变焉。茂先、休奕、二陆、三张均称作者，而气体弱矣。"

李调元《雨村诗话》卷上："晋武受命，百度草创，泰始二年，诏郊庙明堂礼乐，权用魏仪，遵周室肇称殷礼之义，但使得傅玄改其乐章而已。"

陈沆《诗比兴笺》："值不讳之朝，蒙特达之顾。生司喉舌，没谥刚侯。人臣遭遇，如傅休奕亦仅矣。而犹霜禽夜吟，哀鹤秋唳，若大不得已于中者，何哉？……昔人称休奕刚正疾恶，而善言儿女之情，岂知求有娀之佚女，托鸠鸟以媒劳，言文声哀，情长语短。剑去已久，而刻舟是求，不亦远夫！其诗尤长拟古，借他酒樽，浇我块垒，明远、太白皆出于此。"

叶德辉《傅玄集·叙》："至其诗赋杂辞，皆以行气为主，即无两汉高格,终不入六朝纤靡之径。昔元遗山论诗,以刘越石不及见建安为恨。余则谓傅子与曹、刘同时,当亦可称鼎足。"

**参考文献**

钱志熙:《魏晋诗歌艺术原论》,北京大学出版社1993年版。
高新民:《傅玄思想研究》,兰州大学出版社1996年版。
王绘絜:《傅玄及其诗文研究》,文津出版社1997年版。
魏明安、赵以武:《傅玄评传》,南京大学出版社2011年版。
王寿南总编:《中国历代思想家·魏晋南北朝》,九州出版社2011年版。
萧涤非:《汉魏六朝乐府文学史》,人民文学出版社2011年版。

(刘　睿)

# 张华传

**张华，字茂先，范阳方城人（今河北固安人），生于魏明帝太和六年（232年）。**

张华，字茂先，范阳方城人（今河北固安人）。

《晋书》本传："张华字茂先，范阳方城人也。"关于张华生年并无明确记载，只有其卒年记载。按《晋书》本传"永康元年被害，时年六十九"，推断张华应生于魏明帝太和六年（232年）。张华墓位于河北徐水县城西的张华村东，墓前原有乾隆年间重修墓碑一通，现不存。据《安肃县志》记载："旧志曰：士人挖之，见墓中四壁绘书，宛有生气，盖茂先之精灵耿耿所致。"据县志载，清乾隆年间，知县谢昌言重修刘伯伦墓后，探求张华墓旧址，并植树立碑。相传张华村为张华故里村，张华墓于1982年被列为河北省文物保护单位。张华的父亲张平，曾任魏渔阳太守，其祖父张孟城，曾任肥如侯。《晋书》本传："父平，魏渔阳郡守。"张华出身庶族，才学出众，为官清正勤谨，有台辅之望，性好人物，诱进不倦，为西晋太康政坛与文学的领袖人物。

张华的生平事迹，除了《晋书》和《世说新语》的记载，还有范宁《博物志校正》、张溥在《汉魏六朝百三名家集》收有《张茂先集》等。今人有姜亮夫的《张华年谱》，陆侃如《中古文学系年》，袁济喜主编《汉末三国两晋文学批评编年》，梅新林、俞樟华主编《中国学术编年》等著作，可资参考。

**张华少孤贫，学业优博，得卢钦、刘放赏识，数荐之。**

《晋书》本传："华学业优博，辞藻温丽，朗赡多通，图纬方伎之书莫不详览。少自修谨，造次必以礼度。勇于赴义，笃于周急。器识弘旷，时人罕能测之。"张华学识渊博，辞藻温润华丽，他聪敏而多才，遍览图卦谶纬方技之书。少年时即修养身心，言行举止谨慎合礼。气量宽宏，颇具胆识，《世说新语·排调》注引《文士传》："华为人少威仪，多姿态。"《书钞》一百一《文士传》："张华穷览古今。"

张华少年孤苦贫寒，靠帮别人牧羊来养活自己，因为人品才华出众而受到同郡卢钦的器重。《晋书》本传："华少孤贫，自牧羊，同郡卢钦见而器之。"吴士鉴、刘承幹《斠注》："《魏志·卢毓传》注虞预《晋书》：'同郡张华，家单少孤，不为乡邑所知，惟钦贵异焉。'"《艺文类聚》徐广《晋纪》："张华少自牧羊，而笃志好学。初为县吏，卢钦奇其才，数称荐之。"

同乡刘放也称羡张华之才，将女儿许配给张华。《晋书》本传："乡人刘放亦奇其才，以女妻焉。"据《三国志》张华妇翁刘放时为中书监，加给事中、散骑常侍，进爵西乡侯，位登九卿，一时重臣。张华少孤贫，能达到后来的成就，与其妇翁的扶持不无关系，两晋时代取士用人注重门阀，张华能在这样的环境下脱颖而出，其文采事功，必有得于妇翁。

**魏齐王曹芳嘉平元年（249年），张华为县吏，娶刘放女，作《感婚赋》及《感婚诗》。**

《感婚赋》是张华有年份可考最早的著作。严可均《全晋文》卷五十八载张华《感婚赋》，《艺文类聚》四十、《初学记》十均有载。《感婚赋》序："方今岁在己巳，将次四仲，婚姻者竞赴良时，粲丽之观，相继于路，虽葩英肯顾，嫁娶之会不乏平时。乃作感婚赋。"有"方今岁在己巳"句，当作于嘉平元年（249年），另有丁福保《全晋诗》卷二载华《感婚诗》，词意与赋近，疑为同时作。

《艺文类聚》卷五十三载徐广《晋纪》："张华少自牧羊，而笃志好学。初为县吏，卢钦奇其才，数称荐之。"按照张华的年龄，正当盛年，有婚宦的可能，而其妇翁刘放因为告老家居，次年而卒，张华也有文诔之，他们的婚期应该就在当年。且《晋书》本传也有记载华"少孤贫""乡人刘放亦奇其才，以女妻焉"。张华的仕途之始应该由其岳父开始。因此，《感婚赋》应为《求婚赋》，作于此年可能性比较大。

**嘉平二年（250年），张华作《刘骠骑诔》。**

骠骑将军刘放卒，华为文诔之。《三国志·魏书·刘放传》："六年，放转骠骑……嘉平二年，放薨，谥曰敬侯。"严可均《全晋文》卷五十八载华《魏刘骠骑诔》，即作于此时。《艺文类聚》卷四十八亦有载《魏骠骑诔》。

**魏高贵乡公正元二年（255年），张华为太常博士，后荐成公绥为博士。**

《晋书》本传"郡守鲜于嗣荐华为太常博士。"张华起家为太常博士，郡守鲜于嗣推荐，究竟在何年，史无明文。据姜亮夫《张华年谱》考，《晋书·职官志》载，太常博士魏文帝时期初置，掌导引乘舆，王公以下应追谥者由博士议定，都以文学优异之士任之。废帝以来，唯高贵乡公好学，时诣太学，与诸儒问对经义，而张华之进，以晋司马氏，正逢文王新嗣当权，必且自引贤达，以充宫禁，张华选入应在此时。《太平御览》六百三十二《文士传》载"华有书移太常荐成公绥"，有"东郡成公绥，年二十五"。严可均《全晋文》卷五十八载张华有《移书太常荐成公绥》，内有"成公绥二十五"，成公绥长华一岁，张华引荐成公绥，应在今年被荐。

张华对后进之辈甚为提携，《晋书》本传："华性好人物，诱进不倦，至于穷贱候门之士有一介之善者，便咨嗟称咏，为之延誉。"《晋书·陆机传》："与弟云俱入洛，造太常张华，华素重其名，如旧相识，曰：'伐吴之役，利获二俊。'""张华荐之诸公，后太傅杨骏辟为祭酒。"

**魏高贵乡公甘露三年（258年），张华转河南尹丞，未拜，除佐著作郎。**

卢钦向文帝推荐张华，《晋书》本传："卢钦言之于文帝，转河南尹丞，未拜，除佐著作郎。"转河南尹丞，未拜，除佐著作郎究竟在何时，史无明文。据姜亮夫先生考，以文帝执政在乙亥，则卢钦之荐，不得前于此。而司马炎受禅仅此后五年。因此应在这个时间段。

**魏元帝咸熙元年（264年），张华迁长史，兼中书郎，作《鹪鹩赋》。**

正月，钟会反于蜀，为众所讨，晋王奉天子西征，以华兼中书侍郎。

《晋书》本传:"卢钦言之于文帝……顷之,迁长史,兼中书郎。朝议表奏,多见施用,遂即真。"吴士鉴、刘承幹《晋书斠注》卷三十六:"按《书钞》五十七引《晋书》赞曰:'大驾西征钟会,兼中书郎,奏议众文,多施用,遂即真。'又《艺文类聚》五十八、《太平御览》五百九十七引《张华别传》:'华兼中书侍郎,从行,掌军事中书疏表檄,文帝善之。'"张华由著作郎转中书侍郎,乃是由司马昭西征钟会时迁官。

《鹪鹩赋》可以说是张华的成名作,作于何年,史无明文。姜亮夫先生认为《鹪鹩赋》应该最迟不超过高贵乡公正元元年甲戌(254年)。华初未知名,作《鹪鹩赋》以自寄,《晋书》本传记载"初未知名,著《鹪鹩赋》以自寄……陈留阮籍见之,叹曰:'王佐之才也!'由是声名始著。"《文选》卷十三《鹪鹩赋》李善注引臧荣绪《晋书》:"转兼中书郎,虽栖处云阁,慨然有感,作《鹪鹩赋》。"陆侃如先生认为臧荣绪说更为可信。理由有二:第一,从内容来看,赋中的牢骚不像二十岁左右的人所有的,移于三十左右较合理。第二,汤球辑臧荣绪《晋书》卷五及王隐《晋书》卷六,均有"中书郎成公绥亦推华文义胜己"的记载,绥为中书郎在景元年间,不应当在嘉平初。曹道衡先生认为,华之"初未知名"应该是未被洛中士大夫所知,及其作《鹪鹩赋》,为阮籍所推,遂知名于洛下,唐修《晋书》或以行文便利而叙此事于洛前。今暂从陆说。

萧统《文选》将《鹪鹩赋》收入"鸟兽"之部,作者以鹪鹩自拟,谓己穷居乡里,略无名器之累,而"委命顺理,与物无患"亦为全身远害之道。《鹪鹩赋》的思想感情取之庄子《逍遥游》,纯乎老、庄恬退自安之旨,设喻取譬鹪鹩则自以居卑小而安适,全篇主旨在于"任自然以为资,无诱慕于世伪"二句,阮籍以放诞去名教来求取现实生活中的暂安,张华《鹪鹩赋》的主旨则取于老氏柔弱恬退以自适之旨,两者相通,因此得到了阮籍"王佐之才"的赞许。《鹪鹩赋》继承了贾谊《鵩鸟赋》、祢衡《鹦鹉赋》的传统,设譬言志,辞采丰赡,是魏晋咏物赋的代表作之一。傅咸有吊华之被害而作,《初学记》卷三十、《艺文类聚》卷九十载傅咸《仪凤赋》序云:"鹪鹩赋者,广武张侯之所造也。以其形微处卑,物莫之害也。而余以为物生则有害,有害而能免,所以贵乎才智也。赋鹪鹩既无智足贵,亦祸害未免。免乎祸害者,其唯仪凤也。"张华处暗主虐后之朝,不能以才智自免于祸害,傅咸与张华年龄相仿,以此文惜之以成哀感,亦以此自喻,故曰"起以美贾害,固以德而见荣",又曰"而君子之是忽兮，赋微物以申情，虽绮靡之可玩兮，悲志大之所营"。前两句以己与张华对比，后四句则言张华之失。

**晋武帝泰始元年乙酉（265年），张华议司马昭谥。作《晋文王谥议》。**

秋八月，晋王薨，张华议晋文王谥。《艺文类聚》卷四十、严可均《全晋文》卷五十八载张华《晋文王谥议》。

**泰始二年（266年），张华作《景怀皇后诔》。**

严可均《全晋文》卷五十八载张华《章怀皇后诔》。据陆侃如先生考，晋无章怀后，疑是景怀后之误。景怀后为夏侯尚女，名徽，字媛容，青龙二年鸩死，泰始二年十一月始加谥号。诔当作于追谥时，故系于此。

**泰始三年（267年），张华拜黄门侍郎，封关内侯。晋武帝诏称张华。**

《晋书》本传："晋受禅，拜黄门侍郎，封关内侯。"吴士鉴、刘承幹《斠注》："《书钞》五十八王隐《晋书》曰：泰始三年诏张华为黄门侍郎，博览图籍。四海之内，若指诸掌。"严可均《全晋文》卷二武帝《诏称张华》："张华为黄门侍郎，博览图籍，四海之内，若指诸掌。"姜亮夫、陆侃如著认为此年张华始授黄门侍郎，曹道衡、沈玉成《中古文学史料丛考·张华仕历》认为，"'诏称张华'者，下诏褒之也。其时华为黄门侍郎，非必授黄门侍郎即在此年。"今从姜、陆之说。

张华的记忆力极强，而且学识渊博，对天下古今之事了如指掌，时人把张华比作春秋时郑国的良相子产。《晋书》本传："华强记默识，四海之内，若指诸掌。武帝尝问汉宫室制度及建章千门万户，华应对如流，听者忘倦，画地成图，左右属目。帝甚异之，时人比之子产。"张华对帝言汉宫室制度及建章千门万户，应对如流，听者忘倦，画地成图。《世说新语·言语》注引《晋阳秋》作世祖尝问汉事，及建章千门万户。又云"应对如流，张安世不能过也"。又《艺文类聚》卷四十八引王隐《晋书》"画地成图"作"画地便成"。

**泰始四年（268年），张华表请悬示新律死罪条目**

正月，贾充上所修刊律令，中书侍郎张华请抄新律死罪条目，悬之亭传，以示民，从之。《晋书·刑法志》："四年正月大赦天下，乃班新律……是时侍中卢珽，中书侍郎张华又表抄新律诸死罪条目，悬之亭传，以示兆庶。有诏从之。"

**泰始五年（269年）**，张华作《王公上寿酒食举乐歌诗表》、《四厢乐歌》十六篇、《冬至初岁小会歌》、《宴会歌》、《命将出征歌》、《劳还师歌》、《中宫所歌》及《宗亲会歌》各一篇。

二月，帝谋伐吴，以尚书左仆射羊祜都督荆州诸军事，诸臣多以为不可，唯华赞其议。《晋书》本传："初，帝潜与羊祜谋伐吴，而群臣多以为不可，唯华赞成其计。"

《晋书·乐志上》："至泰始五年，尚书奏使太仆傅玄、中书监荀勖、黄门侍郎张华各造正旦行礼，及王公上寿酒食举乐歌诗……华以为魏上食举诗，及汉氏所施用，其文句长短不齐，皆未合古，尽以依咏弦节，本有因循，而识乐知音，亦以制声度曲，法用率非凡近之所能改。二代三京，袭而不变，虽诗章辞异，废与随时，至其韵逗曲折，皆系于旧，有由然也。是以一皆因就，不敢有所改易。"《宋书·乐志一》："晋武泰始五年，尚书奏使太仆傅玄、中书监荀勖、黄门侍郎张华各造正旦行礼及王公上寿酒食举乐哥诗……张华表曰：'……是以一皆因就，不敢有所改易。'"张华提倡魏"古"，认为上寿、食举歌应该依照魏诗体制而作，接受了魏以来杂言、五言等新兴诗体的发展与兴盛，避免了雅诗完全退回到四言诗的倒退现象，也使得五言新兴诗体进入雅诗创作当中，推动了五言诗体的继续发展，直至永明间谢朓、王融等作雅诗融入了新的声律规则，亦是促进了新兴诗体的成熟。

张华所作王公上寿诗共四句一首；食举东西厢乐诗十一章，三四五言不等；正旦大会行礼诗四章；晋冬至初岁小会歌一首，四言二十句；宴会歌四言二十二句一首；晋中宫所歌五言十六句一首；晋宗亲会歌五言十六句一首；凯歌二首，其一命将出征歌五言二十句，其二劳远师歌五言二十句，皆见《晋书·乐志》。又《宋书·乐志二》载："华《王公上寿诗》一章，《食举东西厢乐诗》十一章、《雅乐正旦大会行礼诗》四章，总称《四厢乐歌》。又《冬至初岁小会歌》、《宴会歌》、《命将出征歌》、《劳还师歌》、《中宫所歌》及《宗亲会歌》。"《晋书·乐志上》均附于泰始五年之下，疑亦同时之作。另冯惟讷《诗纪》晋第二十及丁福保《全晋诗》

卷一以《命将出征歌》及《劳还师歌》合称《凯歌》。

**泰始七年（271年），张华拜中书令，与荀勖整理记籍。**

《晋书》本传："数岁，拜中书令。"又《晋书·荀勖传》："俄领秘书监，与中书令张华依刘向《别录》整理记籍。"万斯同《晋将相大臣年表》，以华任中书令，始于泰始七年，终于咸宁五年。

**泰始九年（273年），张华加散骑常侍，亦作《正德舞歌》及《大豫舞歌》，遭母丧。**

张华在母亲去世时非常悲哀，武帝下诏劝勉，并强令他管理政事。《晋书》本传："后加散骑常侍。遭母忧，哀毁过礼，中诏勉励，逼令摄事。"姜亮夫系于泰始八年，陆侃如系于九年。万斯同《晋将相大臣年表》假定咸宁五年和峤继华为中书令，陆侃如据陈寿在泰始十年二月奏上《诸葛亮集目录》时，和峤已是中书令，疑张华十年前已经遭母忧去职，所谓中诏令摄事，恐仅摄散骑而非中书。

《宋书·乐志一》："（泰始）九年，荀勖遂典知乐事，使郭琼、宋识等造正德、大豫之舞，而勖及傅玄、张华又各造此舞歌诗。"按《晋书·乐志上》，"泰始九年，光禄大夫荀勖以社稷所制律吕，校大乐总章鼓吹八音，与律吕乖错，乃制古尺，作新律吕，以调声韵。律成，遂班下太常，使太乐总章鼓吹清商施用，使郭琼、宋识等造正德、大豫二舞，其乐章亦张华所作。《正德舞歌》（张华）：曰皇上天……《大豫舞歌》（张华）：惟天之命……"华作正德舞歌词四言二十四句，大豫舞歌词四言二十四句。又见《律历志》："泰始九年，中书监荀勖校大乐，八音不和，始知后汉至魏尺长于古四分有余，勖乃部著作郎刘恭依周礼制尺，所谓古尺也，依古尺更铸铜律吕，以调声韵，以尺量古器，与本铭尺寸无差。"《书钞》一百十二王隐《晋书》："荀勖以魏社稷所制律吕，检校定太乐，作鼓吹八音，与律吕乖错，始知后汉至魏，度渐长于古四分余，而夔依为律吕，故致不韵，而乃部佐著作刘恭，依周礼制尺所余魏谓古尺也。依古尺作新律吕，以调声韵，以律量黍，以尺度古乐器，皆与本铭尺寸无差。"《世说新语·述解》注引干宝《晋纪》曰："荀勖……乃依周礼，积粟以起度量，以度古器，符于本铭，遂以为式，用之郊庙。"

**泰始十年（274年），张华撰《武元皇后哀策文》。**

《晋书·武元皇后传》："武元皇后，讳艳，字琼芝，弘农华阴人……泰始十年，崩于明光殿，绝于帝膝，时年三十七。……于是有司卜吉，窀穸有期，乃命史臣作哀策叙怀。其词曰……"严可均《全晋文》卷五十八载华《元皇后哀策文》，又见《艺文类聚》卷十五。

**晋武帝咸宁三年（277年），张华奏《博物志》四百卷于帝，帝诏嘉之，且芟截浮疑。作《祖道赵王应诏诗》。**

张华奏《博物志》四百卷于帝，帝诏嘉之，且命芟截浮疑。东晋王嘉《拾遗记》："张华字茂先，挺生聪慧之德，好观秘异图纬之部，捃采天下遗逸，自书契之始，考验神怪，及世间闾里所说，造《博物志》四百卷，奏于武帝。帝诏书诘问：'卿才综万代，博识无伦，远冠羲皇，近次夫子，然记事采言，亦多浮妄，宜更删翦，无以冗长成文！昔仲尼删《诗》《书》，不及鬼神幽昧之事，以言怪力乱神；今卿《博物志》，惊所未闻，异所未见，将恐祸乱于后生，繁芜于耳目，可更芟截浮疑，分为十卷！'即于御前赐青铁砚。"

姜亮夫《张华年谱》："考华一生，文事之盛，当在中年，盖自参伐吴之役以后，已为国家重臣，必不能专精于搜奇寻怪，无干时政之业。惟参与荀勖，依向，歆旧例，整理记籍之时，其职专在艺文，得以中秘之藏，与私家载籍相比堪，则随兴札记之札牍，容以类想从而成书，以助谈异，为政余之余兴，故不觉其辑录之多，至于四百卷矣。且就武诏而观，则其文之繁富，就删为十卷，盖亦君臣有此同好。武帝在咸宁以前，锐意图吴，而吴将平，而意志荒矣，则神异之说，实所以助豪主色荒意荒之兴。故余以《博物志》之作，断为整理记籍之时，当不甚远也。"[1] 此书"载历代四方奇物异事"，与张华收藏天下奇秘，世所稀有之书，并且图纬方技之书莫不详览有关，张华"博览洽闻，无不贯综"（《世说新语·言语》注引《晋阳秋》），以高名显位，领袖群伦，多见奇籍，尤为志怪者所宗，堪比前代东方朔和葛洪。宋连江叶氏本《博物志》载华自序云："余视山海经及禹贡、尔雅、说文、地志，虽曰悉备，各有所不载者，作略说出所不见，粗言远方，陈山川位象吉凶有征，诸国境界，犬牙相入，

---

[1] 姜亮夫：《姜亮夫全集》，云南人民出版社2002年版，第441页。

春秋之后，并相侵伐，其土地不可详具，其山川地泽，略而言之，正国十二，博物之士，览不卸焉。"

《博物志》成书年月不可考，《隋书·经籍志》杂家类著录《博物志》十卷，是中国第一部博物学著作。西晋文士在文学创作中以儒学与博学为基本，张华的博闻强识是当时文士的榜样，他所作的《博物志》是魏晋博物学的典型代表，也影响到文学创作中的题材、用典及意象等的独特风貌。《博物志》共十卷，分类记载了山川地理、飞禽走兽、人物传记、神话古史、神仙方术等，是继《山海经》后，中国又一部包罗万象的奇书，填补了中国自古无博物类书籍的空白，在中国小说史上具有重要地位。

张华《祖道赵王应诏诗》亦作于本年。《晋书·武帝纪》："三年……八月癸亥徙……琅邪王伦为赵王。"又卷五十九《赵王伦传》："咸宁中，改封于赵，迁平北将军，督邺城守事。"丁福保《全晋诗》卷二载华《祖道赵王应诏诗》有"光宅旧赵，作镇冀方"句，当作于此时。另《艺文类聚》卷二十九有载。

**咸宁五年（279年），张华迁度支尚书。**

《晋书》本传："初，帝潜与羊祜谋伐吴，而群臣多以为不可，唯华赞成其计。其后，祜疾笃，帝遣华诣祜，问以伐吴之计，语在祜传。及将大举，以华为度支尚书，乃量计运漕，决定庙算。"

吴士鉴、刘承幹《晋书斠注》："《御览》二百十七《晋起居注》曰：咸宁五年诏曰'……其以散骑常侍中书令张华为度支尚书。'"

**晋武帝太康元年（280年），张华封广武县侯，议封禅。**

初帝大举伐吴，三月，吴未下，贾充请斩张华以谢天下。三月壬寅，王濬军下建业，吴主孙皓降，克州郡四十三，户五十二万三千，兵二十三万，群臣皆贺。尚书关内侯张华，进封广武县侯，增邑万户。

《晋书》本传："众军既进，而未有克获，贾充等奏诛华以谢天下。帝曰：'此是吾意，华但与吾同耳。'时大臣皆以为未可轻进，华独坚执，以为必克。及吴灭，诏曰：'尚书、关内侯张华，前与故太傅羊祜共创大计，遂典掌军事，部分诸方，算定权略，运筹决胜，有谋谟之勋。其进封为广武县侯，增邑万户，封子一人为亭侯，千五百户，赐绢万匹。'"

九月庚寅，贾充等以天下一统，屡请封禅，具议六奏，皆华为之。

《晋书·魏舒传》："太康初，拜右仆射，舒与卫瓘、山涛、张华等以六合混一，宜用古典，封禅东岳。前后累陈其事，帝谦让不许。"严可均《全晋文》卷五十八载华《封禅议》："太康元年九月庚寅……""冬王公有司又奏……"《艺文类聚》卷三十九、《初学记》卷十三、《太平御览》卷五百三十六和《宋书·礼志》皆引张华封禅议。陆云《与平原书》二十六书云："寻得李宠劝封禅草，信自有才，颇多烦长耳，令送问人。又有张公所作，已全写别送。"又第十四书云："顷得张公封禅事，平平耳，不及李耳。其文无比，恐非其所作。"是当时封禅诸文，传皆张华之作。《晋书》本传载："华名重一世，众所推服，晋史及礼仪宪章并属于华，多所损益，当时诏诰皆所草定，声誉益盛，有台辅之望焉。"

**太康三年（282年），张华出为持节都督幽州诸军事，领护乌桓校尉，安北将军。**

《晋书·武帝纪》："三年春正月……甲午，以尚书张华都督幽州诸军事。"又《晋书》本传："华名重一世，众所推服，晋史及礼仪宪章并属于华，多所损益，当时诏诰皆所草定，声誉益盛，有台辅之望焉。而荀勖自以大族，恃帝恩深，憎疾之，每伺间隙，欲出华外镇。会帝问华：'谁可托寄后事者？'对曰：'明德至亲，莫如齐王攸。'既非上意所在，微为忤旨，间言遂行。乃出华为持节，都督幽州诸军事、领护乌桓校尉、安北将军。"

《晋书·冯紞传》："初谋伐吴，紞与贾充、荀勖同共苦谏，不可；吴平，紞内怀惭惧，疾张华如仇。"《资治通鉴》卷八十一："华至镇，抚循夷夏，誉望益振，帝复欲征之。"冯紞谏不征张华，帝从之。

**太康六年（285年）张华自幽州征还为太常，作《太康六年三月三日后园会诗》四首。**

据陆侃如考，张华还后，唐彬继镇幽州，两人交替年月，史无明文。但据游园诗歌，自张华太康三年正月出镇，至作诗恰是三年又两个月，因此假定张华还于游园前不久。《晋书》本传："抚纳新旧，戎夏怀之。东夷马韩、新弥诸国依山带海，去州四千余里，历世未附者二十余国，并遣使朝献。于是远夷宾服，四境无虞，频岁丰稔，士马强盛。朝议欲征华入相，又欲进号仪同。初，华毁征士冯恢于帝，紞即恢之弟也，深有宠于帝。纮尝侍帝，从容论魏晋事，因曰：'臣窃谓钟会之衅，颇由太祖。'帝变色曰：'卿何言邪？'纮免冠谢曰：'臣愚冗瞽言，罪应万死。然臣微意，犹有可申。'帝曰：'何以言之？'纮曰：'臣以为善御者必识六辔盈缩之势，善政者必审官方控带之宜，故仲由以兼人被抑，冉求以退弱被进，汉高八王以宠过夷灭，光武诸将由抑损克终。非上有仁暴之殊，下有愚智之异，盖抑扬与夺使之然耳。钟会才见有限，而太祖夸奖太过，嘉其谋猷，盛其名器，居以重势，委以大兵，故使会自谓算无遗策，功在不赏，辀张跋扈，遂构凶逆耳。向令太祖录其小能，节以大礼，抑之以权势，纳之以轨则，则乱心无由而生，乱事无由而成矣。'帝曰：'然。'纮稽首曰：'陛下既已然微臣之言，宜思坚冰之渐，无使如会之徒复致覆丧。'帝曰：'当今岂有如会者乎'纮曰：'东方朔有言谈何容易，《易》曰臣不密则失身。'帝乃屏左右曰：'卿极言之。'纮曰：'陛下谋谟之臣，著大功于天下，海内莫不闻知，据方镇总戎马之任者，皆在陛下圣虑矣。'帝默然。顷之，征华为太常。"

《晋书·荀崧传》："荀崧上书，请置博士，曰：'世祖武皇帝，圣德钦明，崇儒兴学，营造辟雍，太学有石经古文，置博士十九人，九州之中，师徒相传，学士如林，犹选张华、刘寔居太常之官，以重儒教。'"

丁福保《全晋诗》卷二载张华《太康六年三月三日后园会诗》一首，有"悉恩于外，攸攸三期；犬马惟慕，天实为之；灵启其愿，邀愿在兹；于以表情，爰著斯诗"等句。描绘了"暮春元日，阳气清明"的清丽春景图，展现了园会相聚的热闹场景，又以"于以表情，爰著斯诗"作结，表达了他先情后辞、情不违辞的诗歌创作理念。

**太康八年（287年），张华免官。**

《晋书·武帝纪》："八年春正月戊申朔，日有蚀之。太庙殿陷。"《晋书》本传："以太庙屋栋折，免官，遂终帝之世，以列侯朝见。"又《晋书·礼志上》："六年，因庙陷，当改修创。"

**晋惠帝永熙元年（290年），张华为太子少傅，与王戎、裴楷、和峤俱以德望为杨骏所忌，皆不与朝政，作《武帝哀策文》。**

《晋书·惠帝纪》："秋八月壬午，立广陵王遹为皇太子。"

《晋书》本传："惠帝即位，以华为太子少傅，与王戎、裴楷、和俱以德望为杨骏所忌,皆不与朝政。"帝卒于本年四月,张华作《武帝哀策文》:"感大飨之无亏,哀樽俎之虚设,叩龙辒以长叫,痛灵晖之潜逝。"

《武帝哀策文》载于严可均《全晋文》卷五十八、《艺文类聚》卷十三。

**晋惠帝元康元年（291年），张华议废杨太后事，拜右光禄大夫，侍中，中书监，作《女史箴》。**

《晋书·武悼杨皇后传》:"初壬辰既大赦,改元。贾后矫诏迁太后永宁宫,复讽群公有司,奏太后阴危社稷,宜废为庶人。华议曰:'……宜依汉废赵太后为孝成后故事,贬太后之号,还称武皇后,居异宫,以全贵终之意。'"

《晋书》本传:"及骏诛后,将废皇太后,会群臣于朝堂,议者皆承望风旨,以为'春秋绝文姜,今太后自绝于宗庙,亦宜废黜'。惟华议以为'夫妇之道,父不能得之于子,子不能得之于父,皇太后非得罪于先帝者也。今党其所亲,为不母于圣世,宜依汉废赵太后为孝成后故事,贬太后之号,还称武皇后,居异宫,以全贵终之恩。'不从,遂废太后为庶人。楚王玮受密诏杀太宰汝南王亮、太保卫瓘等,内外兵扰,朝廷大恐,计无所出。张华白帝以'玮矫诏擅害二公,将士仓卒,谓是国家意,故从之耳。今可遣驺虞幡使外军解严,理必风靡'。上从之,玮兵果败。及玮诛,华以首谋有功,拜右光禄大夫、开府仪同三司、侍中、中书监,金章紫绶。固辞开府。贾谧与后共谋,以华庶族,儒雅有筹略,进无逼上之嫌,退为众望所依,欲倚以朝纲,访以政事。疑而未决,以问裴𬱖,𬱖素重华,深赞其事。华遂尽忠匡辅,弥缝补阙,虽当昏主虐后之朝,而海内晏然,华之功也。华惧后族之盛,作《女史箴》以为讽。贾后虽凶妒,而知敬重华。"

吴士鉴、刘承幹《晋书斠注》:"《书钞》五十七引王隐《晋书》曰为中书监,永平元年,诏曰'……以华为中书监,加侍中。'《御览》二百四十三《晋起居注》曰:元年诏曰:'……其以华为光禄大夫,仪同三司,本职如故,又给亲信满百人。'《御览》二百二十《晋诸公赞》曰:陈准为中书令,张华为监;准与华俱处机密,准推崇之;每直日有诏书,无大小辄先示华,了不措意;华得诏书,不以示准;省中号准为中书五郎,其从容如此。"

《文选》卷四十九干宝《晋纪总论》李善注引《晋纪》："张华以二公既亡，楚必专权，使董猛言于后，遣谒者李云宣诏免玮付廷尉，玮以矫诏伏诛。"

《晋书》本传："华惧后族之盛，作《女史箴》以为讽。"贾后虽凶妒，而知敬重张华。《女史箴》作于何年，史无明文，但是贾后专政，亲党盘互，都在此时，张华以此发文，则必在此时无疑。严可均《全晋文》卷五十八载《女史箴》，《太平御览》卷一百三十五，《艺文类聚》卷十五，《初学记》卷十亦有载。《女史箴》言辞激烈，大有深意，以天地转入夫妇，再转入妇德。裴頠也作有《女史箴》，张华与裴頠都是西晋重臣，且为当时士人所信赖和敬仰，他们参与西晋政权并在贾后执政期间维护西晋朝廷尊仪与稳定，张华和裴頠的《女史箴》在一定程度上反映了当时的部分士人对朝政的关注，采用箴诫的形式来提出意见。《文心雕龙·铭箴》中说："箴者，针也，所以攻疾防患，喻针石也。""义典则弘，文约为美。"刘勰提出要特别注意箴文的规范和意义，《文选》箴体，选录了张华的《女史箴》也是充分体现了箴这一文体浓厚的政治色彩。

**元康四年（294年），张华封壮武郡公。**

《晋书》本传："贾后虽凶妒，而知敬重华。久之，论前后忠勋，进封壮武郡公。华十余让，中诏敦譬，乃受。"《太平御览》卷二百引王隐《晋书》"封华郡公，三千户。主者择近郡平上，详依典制施行，华让前后十余，辞义恳诚，诏不听，遂受封。"《元和郡县图志》十一："壮武故城，在即墨县西六十里，晋封张华为壮武侯。"

**元康五年（295年），张华救武库火灾。**

《晋书·惠帝纪》："五年……冬十月，武库火，焚累代之宝。"

《晋书》本传："武库火，华惧因此变作，列兵固守，然后救之，故累代之宝及汉高斩蛇剑、王莽头、孔子屐等尽焚焉。时华见剑穿屋而飞，莫知所向。"

**元康六年（296年），张华为司空，领著作，与赵王伦、孙秀结怨，作《祖道征西应诏诗》。**

《晋书·惠帝纪》："六年春正月……以中书监张华为司空……五

月……征征西大将军赵王伦为车骑将军,以太子太保梁王肜为征西大将军,都督雍、梁二州诸军事,镇关中。"又《晋书》本传:"数年,代下邳王晃为司空,领著作……初,赵王伦为镇西将军,扰乱关中,氐羌反叛,乃以梁王肜代之。或说华曰:'赵王贪昧,信用孙秀,所在为乱,而秀变诈,奸人之雄。今可遣梁王斩秀,刘赵之半,以谢关右,不亦可乎!'华从之,肜许诺。秀友人辛冉从西来,言于肜曰:'氐羌自反,非秀之为。'故得免死。伦既还,谄事贾后,因求录尚书事,后又求尚书令。华与裴𫖮皆固执不可,由是致怨,伦、秀疾华如仇。"张华是年正月为司空,赵王伦是年五月回京。

丁福保《全晋诗》卷二载华《祖道征西应诏诗》,有"贰迹陕西,实在我王"句。晋初诸王以征西大将军镇雍、凉者,有咸宁二年十月的汝阴王骏,元康元年四月的梁王肜,九月的赵王伦以及本年五月的梁王肜。骏于泰始六年七月出镇,初称镇西大将军,至咸宁中改称征西,当无祖道之事。诗的年代只有元康元年及本年两个可能,今从本年。

### 元康七年(297年),张华作《轻薄篇》、《游猎篇》,以贬时俗。

《晋书·五行志上》:"晋惠帝元康中,贵游子弟,相与为散发裸身之饮,对弄婢妾,逆之者伤好,非之者负议,希世之士,耻不与焉。"

张华的《轻薄篇》正对此而作。张华《轻薄篇》云:"末世多轻薄,骄代好浮华。志意既放逸,赀财亦丰奢……人生若浮寄,年时忽蹉跎,促促朝露期,荣乐遽几何。念此肠中悲,涕下自滂沱。但畏执法吏,礼防且切磋。"张华此篇正是描写当时统治阶层的荒淫奢侈的生活。诗中首先极写贵族士人衣食住行的奢侈豪华,后写其歌舞酒宴、寻欢作乐的荒淫生活,最后感叹:人生倏忽短暂,而如此奢侈无度,虚度光阴,没有礼制的约束。《游猎篇》也是反映贵族游猎的娱乐生活,最后劝诫"游放使心狂,覆车难再履"。张华作诗抨击时俗,仍保存着儒家的礼制观念以及诗教的传统文学观。

### 元康九年(299年),张华谏废太子,与裴𫖮等戏洛水。

《晋书·惠帝纪》:"九年……十二月壬戌,废皇太子遹为庶人,及其三子幽于金墉城。"

《晋书》本传:"及贾后谋废太子,左卫率刘卞甚为太子所信遇,每会宴,卞必预焉。屡见贾谧骄傲,太子恨之,形于颜色,谧亦不能平。卞以贾后谋问华,华曰:'不闻。'卞曰:'卞以寒悴,自须昌小吏受公成拔,以至今日。士感知己,是以尽言,而公更有疑于卞邪!'华曰:'假令有此,君欲如何?'卞曰:'东宫俊乂如林,四率精兵万人。公居阿衡之任,若得公命,皇太子因朝入录尚书事,废贾后于金墉城,两黄门力耳。'华曰:'今天子当阳,太子,人子也,吾又不受阿衡之命,忽相与行此,是无其君父,而以不孝示天下也。虽能有成,犹不免罪,况权戚满朝,威柄不一,而可以安乎!'及帝会群臣于式乾殿,出太子手书,遍示群臣,莫敢有言者。惟华谏曰:'此国之大祸。自汉武以来,每废黜正嫡,恒至丧乱。且国家有天下日浅,愿陛下详之。'尚书左仆射裴頠以为宜先检校传书者,又请比校太子手书,不然,恐有诈妄。贾后乃内出太子素启事十余纸,众人比视,亦无敢言非者。议至日西不决,后知华等意坚,因表乞免为庶人,帝乃可其奏。"

《世说新语·言语》:"诸名士共至洛水戏。乐令问王夷甫曰:'今日戏,乐乎?'王曰:'裴仆射善谈名理,混混有雅致。张茂先论史、汉,靡靡可听。我与王安丰说延陵子房,亦超超玄著。'"据陆侃如先生,事当在本年八月頠为仆射后,次年四月华、頠被害前。此次洛水之戏是一种审美的玄言清谈,又是名士们的文义赏会,其中的山水审美与超然玄著的玄谈相结合,构成了其时的名士聚会。

**晋惠帝永康元年(300年),张华少子张韪及阎缵劝张华辞官,华未从。因拒赵王伦,张华被杀。**

《晋书·惠帝纪》:"三月……癸未,贾后矫诏害庶人遹于许昌。夏四月……癸巳梁王肜、赵王伦矫诏废贾后为庶人,司空张华、尚书仆射裴頠皆遇害。"

《晋书》本传:"初,华所封壮武郡有桑化为柏,识者以为不详。又华第舍及监省数有妖怪。少子韪以中台星坼,劝华逊位。华不从,曰:'天道玄远,惟修德以应之耳。不如静以待之,以俟天命。'及伦、秀将废贾后,秀使司马雅夜告华曰:'今社稷将危,赵王欲与公共匡朝廷,为霸者之事。'华知秀等必成篡夺,乃距之。雅怒曰:'刃将加颈,而吐言如此!'不顾而出。华方昼卧,忽梦见屋坏,觉而恶之。是夜难作,诈称诏召华,遂与裴頠俱被收。华将死,谓张林曰:'卿欲害忠臣耶?'林称诏诘之曰：'卿为宰相，任天下事，太子之废，不能死节，何也？'华曰：'式乾之议，臣谏事具存，非不谏也。'林曰：'谏若不从，何不去位？'华不能答。须臾，使者至曰：'诏斩公。'华曰：'臣先帝老臣，中心如丹。臣不爱死，惧王室之难，祸不可测也。'遂害之于前殿马道南，夷三族，朝野莫不悲痛之。时年六十九。"

《晋书》本传："性好人物，诱进不倦，至于穷贱候门之士有一介之善者，便咨嗟称咏，为之延誉。雅爱书籍，身死之日，家无余财，惟有文史溢于机篋。尝徙居，载书三十乘。秘书监挚虞撰定官书，皆资华之本以取正焉。天下奇秘，世所希有者，悉在华所。由是博物洽闻，世无与比……华著博物志十篇。"

张华被杀后，陆机作诔诔之，又为《咏德赋》，以悼之。

张华是西晋时期政治家、文学家。其辞藻温丽，诗、赋、文皆能，他是西晋尚繁缛、重技巧风气的第一位代表，对西晋主流文风的形成起了推波助澜的作用。今存诗歌八十余首，其中四十余首为郊庙歌辞，其余四十首包括乐府诗、四言诗和五言诗。其诗文创作领导了西晋之风气。《诗品》卷中评其作品："其源出于王粲。其体华艳，兴托不寄。巧用文字，务为妍冶。虽名高曩代，而疏亮之士，犹恨其儿女情多，风云气少。谢康乐云'张公虽复千篇，犹一体耳。'今置之中品疑弱处之下科恨少，在季、孟之间矣。"

他的诗文在形式上追求华美辞藻，精巧结构，文辞工丽，笔力柔弱，汉魏风骨大为减弱。张华在文学创作中，提倡"先情而后辞"，把情感放在诗歌创作的首位。他在《答何劭诗》中说："是用感嘉贶。写心出中诚。发篇虽温丽，无乃违其情。"强调诗歌创作中要情辞结合，先情后辞，辞不违情。《晋书·文苑传》记载，左思作《三都赋》成，"司空张华见而叹曰：'班、张之流也。使读之者尽而有余，久而更新。'"张华赞美《三都赋》"尽而有余，久而更新"，在言意之外还有更无限的艺术张力，这对后来刘勰提出的"深文隐蔚，余味曲包"，钟嵘的"文已尽而意有余"产生了一定的影响。

张华之文，今存以奏议铭诔书序为多，其《女史箴》被萧统收入《文选》，为箴类唯一作品，其作《博物志》是中国第一部博物学著作，填补了中国自古无博物类书籍的空白。张华雅爱书籍。精通目录学，曾与荀勖等人依照刘向《别录》整理典籍。《册府元龟·聚书》称其"天下奇秘，世所稀有者，悉在华所"。他对汉代典章制度，知其源流，武帝和群臣无不感到叹服。《宣和书谱》载有张华的草书作品《得书帖》及行书作品《闻时帖》。称他："作字尤工草书，不在模仿，其规矩气度似其人物。见索靖，遂雅相厚善，深与结纳。"《淳化阁帖》有其《得书帖》四行。

张华还有作文"清省"的文学理论，影响了陆云的文学观。陆云在《与兄平原书》中说："张公文无他异，正自情省无烦长，作文正尔自复佳。"而张华提倡"清省"的同时，其文章创作亦重视文采。钟嵘《诗品》评价"其体华艳，兴托不奇，巧用文字，务为妍冶"。刘勰《文心雕龙·时序》亦有"茂先摇笔而散珠"，都是对其诗文辞采华丽的肯定。如张华《情诗》绮艳浓重，这也与西晋文学中结藻清英、流韵绮靡的创作倾向有关。《文心雕龙·明诗》评论道："晋世群才，稍入轻绮。张潘左陆，比肩诗衢，采缛于正始，力柔于建安。或析文以为妙，或流靡以自妍，此其大略也。……故铺观列代，而情变之数可监，撮举同异，而纲领之要可明矣。若夫四言正体，则雅润为本；五言流调，则清丽居宗；华实异用，惟才所安。故平子得其雅，叔夜含其润，茂先凝其清，景阳振其丽，兼善则子建仲宣，偏美则太冲公幹。"《文心雕龙·章表》："逮晋初笔札，则张华为俊。其三让公封，理周辞要，引义比事，必得其偶，世珍《鹪鹩》，莫顾章表。"《文心雕龙·才略》："张华短章，奕奕清畅，其《鹪鹩》寓意，即韩非之《说难》也。"

徐公持所编《魏晋文学史》中将张华的人生分为两个时期，"他作风修谨，为人忠亮，性好人物……是西晋一朝少数能保持个人清操的士人之一。张华晚年仕于暗主虐后之朝，不知进退，甚获恋栈之讥"①。

对张华其人和作品，学者们基本分持两态。明张溥《汉魏六朝百三家集题辞·张茂先集》云："张壮武博物君子，晋室老臣，弥缝暗主虐后之间，足称补衮，竟以犹豫族诛，横尸前殿，悲哉。壮武初未知名，作《鹪鹩赋》以寄意，感其不才善全，有庄周木雁之思。既赋相风朽社，亦踌躇于在高戒险，盛衰交心。……汉王京兆不念牛衣，遂沉牢狱。然死以直谏，诚重泰山，壮武岂忘牧羊时乎？名位已极，笃于守经，徒为贾氏而死，适资人口耳！晁氏《书目》云：'张司空集有诗一百二十，哀词册文二十一，赋三。'今予所辑缀，赋数过之，文不及全，诗歌八十余，中间

---

① 徐公持：《魏晋文学史》，人民文学出版社 1999 年版，第 284 页。

拂舞、白纻舞、杯盘舞诸篇，晋代无名氏之作，藏书家本亦有系之《张司空集》者。然观其壮健顿挫，类非司空温丽之素。余诗平雅，近代诗家，深贬其博学为累，岂所谓听古乐而卧乎？壮武文章，赋最苍凉，文次之，诗又次之。大抵去汉不远，犹存张蔡之遗。《诗薮》论诗：'晋以下，若茂先励志，广微补亡、季伦吟叹等曲，尚有前代典刑。'余于司空诸文亦云。"谢榛的《四溟诗话》卷一有云："张华《励志》诗曰'甘心恬淡，栖志浮云'，竟以贪位被杀。……予笔此数事，以为行不顾言之诫。"马一浮在评价张华的《鹪鹩赋》时也大发感慨："茂先此赋作于魏晋时，阮嗣宗见之，叹为才堪王佐，乃誉过其实。乃与羊叔子共定伐吴之际，亦功名之士耳。惠帝时与裴颜俱附贾氏，终为赵王伦所害。'委命顺理，与物无害'何？其处身之智，不如鹪鹩远矣。余每诵其言而悲之。惜哉此才！虽辞美可称，而不能脱于世网，可为文士追名者戒也。"

张华著作较多，《隋书》卷三十五《经籍志四》著录"晋司空《张华集》十卷，录一卷。"散佚。《隋书》卷三十三《经籍志二》著录其注《神异经》一卷；卷三十四《经籍志三》著录其撰《博物志》十卷，又著录《张公杂记》一卷，梁有一卷，与《博物志》稍异，又有《杂记》十一卷。后世诸史志及书目皆有著录《博物志》，今存周日用注本、《说郛》本、《经籍佚文》本等。严可均《全晋文》卷五十八载其文三十五篇，逯钦立《晋诗》卷三载其诗四十五篇，丁福保《全晋诗》卷一载诗二十四篇，卷二载诗四十三篇。

**参考文献**

姜亮夫：《张华年谱》，古典文学出版社1957年版。

谢榛：《四溟诗话》，人民文学出版社1961年版。

虞万里：《马一浮集》，浙江古籍出版社1996年版。

（李小青）

# 陈 寿 传

**陈寿，字承祚，巴西安汉（今四川南充、广安地区）人。生于魏明帝青龙元年（233年）。**

《晋书》本传："陈寿字承祚，巴西安汉人也。"

《世说新语·排调》刘孝标注引王隐《晋书》："初寿父为马谡参军，诸葛亮诛谡，髡其父头。"以元康七年卒年六十五推之，当生于本年，时谡被诛已五年。

关于陈寿故里，古皆认同《晋书》所载巴西安汉郡（即今四川南充）。唐李吉甫《元和郡县图志》："陈寿故宅，在南充县郭内。"然而1987年于四川广安文庙出土"陈寿故里碑"，上刻有"同治癸酉夏晋散骑常侍陈寿宋宣和状元何涣故里广安州事姜凤仪"二十八字，认为陈寿故里应为广安县。当今学者对陈寿故里的归属问题多有争论，然而考虑到汉晋之际的安汉县辖域较广，今南充市高坪、顺庆、嘉陵区、西充、蓬安及今广安市的岳池、武胜、广安县部分区域皆属于汉晋安汉县辖。陈寿故里系安汉县哪个乡里或哪个甲地，文献亦无明证。据此，认为陈寿故里为今之南充抑或广安，皆缺乏足够依据。

陈寿家世的记载不多。只知其父作马谡参军，因谡败，被处髡刑。《华阳国志·后贤志》："（寿）兄子符，字长信，亦有文才，继寿著作佐郎，上廉令。符弟莅，字叔度，梁州别驾，骠骑将军齐王辟掾，卒洛下。莅从弟阶，字达芝，州主簿，察孝廉，褒中令、永昌西部都尉、建宁兴古太守。皆辞章粲丽，驰名当世。凡寿所述作二百余篇，符、莅、阶各数十篇。二州先达及华夏文士多为作传，大较如此。"其余无考。

有关陈寿的生平，除了《晋书》、《华阳国志·后贤志》的记载外，今人有陆侃如《中古文学系年》，可资参考。

**陈寿少时好学，师事谯周，文史兼通。不久，初应州命。**

《晋书》本传："少好学，师事同郡谯周。"

《华阳国志·后贤志》："少受学于散骑常侍谯周，治《尚书》三传，锐精《史》、《汉》，聪警敏识，属文富艳。"可见少年陈寿史学功底颇为特出。

《华阳国志·后贤志》："（寿）初应州命。"本事年月无考，今暂系于师事谯周之后。

**魏元帝景元二年（261年），陈寿为护卫将军主簿，后迁东观秘书郎。**

《三国志·蜀书·诸葛瞻传》："景耀四年，为行都护卫将军，与辅国大将军南乡侯董厥并平尚书事。"裴注曰："陈寿尝为瞻吏，为瞻所辱。"景耀四年与景元二年是为同年。

《晋书》本传："（寿）仕蜀为观阁令史。"

《华阳国志·后贤志》："（寿为护）卫将军主簿，东观秘书郎。"

汤球《九家旧晋书辑本·张华别传》亦有陈寿"少仕蜀，在观阁为郎"的记载。不知二事是否是在同年，待考。

**景元三年（262年），陈寿迁散骑黄门侍郎，居父丧不谨被贬。**

《晋书》本传："宦人黄皓专弄威权，大臣皆曲意附之，寿独不为之屈，由是屡被谴黜。遭父丧，有疾，使婢丸药。客往见之，乡党以为贬议。及蜀平，坐是沈滞者累年。"

《华阳国志·后贤志》："（寿迁）散骑黄门侍郎。"迁散骑年月无考，陆侃如假定在迁秘书郎的次年，今从之。居父丧年月亦无考，然而蜀于景元四年即被曹魏所灭，而据《晋书·陈寿传》记载，父丧时间必早于此，故暂系于景元三年。

**晋武帝泰始七年（271年），陈寿因作《益部耆旧传》，除佐著作郎。**

《晋书》本传："（寿）除佐著作郎。"

《华阳国志·后贤志》："散骑常侍文立表呈其《（益部耆旧）传》，武帝善之，再为著作郎。"

吴士鉴、刘承幹《晋书斠注》："《书钞》五十七引王隐《晋书》作

'除中书著作佐郎'。"

汤球《九家旧晋书辑本·张华别传》所载陈寿官职名称同《晋书斠注》。又考万斯同《晋将相大臣年表》，以张华任中书令，始于泰始七年，终于咸宁五年。据此，寿被举盖亦在泰始七年。

《益部耆旧传》是陈寿的一部重要著作，原十卷，现已残缺。就今本辑录情况来看，《传》中选评九十一位益部旧老事迹，选评标准以儒家思想为本；语言极具情境感，并夹杂民谣民谚，可读性较强，颇似于王粲《英雄记》；在史学研究领域可与《华阳国志》、《晋书》等诸史料互证互补，有着珍贵的史料价值。

然而，这部著作的成书时间有所争议。《华阳国志·后贤志》："常侍文立表呈其《（益部耆旧）传》，武帝善之，再为著作郎。"似说明此传上呈之时是陈寿第一次任著作郎改职之后。李纯蛟在《陈寿行年钩沉》中认为陈寿初任著作郎在泰始十年，咸宁四年十一月"去著作郎之职"，改任治书侍御史；而"文立卒于咸宁五年"，故"文立表呈其传"与"再为著作郎"二事，"当在咸宁五年"。然据曹书杰《陈寿〈益部耆旧传〉成书年代考》的进一步考证，文立乃卒于咸宁四年的四五月间，此时陈寿"尚在著作郎任上"，故而涉及不到"再为著作郎"的问题；而有关"著作郎"的称谓实乃"佐著作郎"的简称，于西晋为多见。另对于陈寿《益部耆旧传》作于泰始六年末七年初的观点，曹书杰给出了六点理由：其一，泰始四年三月，陈寿尚未得晋朝叙用，滞于家乡；其二，文立入为太子中庶子在泰始四五年间，而其表荐陈寿诸作当在入为太子中庶子之后；其三，陈寿在泰始五年已为本郡中正；其四，《益部耆旧传》记泰始六年冬事，故成书时间最早不能早于泰始六年末；其五，陈寿入京任佐著作郎的时间，当在泰始七年；其六，张华任中书令在泰始六年间，而陈寿迁佐著作郎，正在张华到任后不久[①]。综合来看，曹书杰的考证比较详尽可信，今从之。

**泰始十年（274年），陈寿迁平阳侯相，撰《诸葛亮集》，表上目录。**

《晋书》本传："（寿）出补阳平令，撰蜀相《诸葛亮集》，奏之。"

---

[①] 曹书杰：《陈寿〈益部耆旧传〉成书年代考——兼对成书咸宁四年、五年说质疑》，《古籍整理研究学刊》1995年第3期。

《三国志·蜀书·诸葛亮传》："诸葛氏集目录……臣寿等言：臣前在著作郎，侍中领中书监济北侯臣荀勖，中书令关内侯臣和峤，奏使臣定故蜀丞相诸葛亮故事……泰始十年二月一日癸巳，平阳侯相臣陈寿上。"

《全晋文》卷七十一载有陈寿《进〈诸葛亮集〉表》。陈寿对诸葛亮十分推崇，据此文可见出，诸葛亮乃一蜀国军师，所谓"于治戎为长，奇谋为短，理民之干，优于将略"，即指出诸葛亮实是一忠厚爱民、治军有方的儒者形象。

陈寿于泰始十年辑《诸葛亮集》二十四篇，乃慕先贤遗风，用以叙志并表达渴望朝廷重用之愿，有着较显明的个人倾向。然陈寿的《诸葛亮集》于南宋时就已经残缺不全，至后竟完全散佚。今日所见《诸葛亮集》，皆为明清辑本，陈寿之本已然不可得见了。

有关陈寿《诸葛亮集》编订问题的考证，重要的论文有李伯勋《陈寿编〈诸葛亮集〉二三考》[1]，对《诸葛亮集》编订过程、体例和性质等方面作了一些考订，可参阅。其中以为"陈寿编《诸葛亮集》就是奉命'定诸葛亮故事'"，与缪钺认为的陈寿先编《诸葛亮故事》，后为《诸葛亮集》的观点不同。然李文考论稍详，合于情理，今从之。

**晋武帝咸宁四年（278年），陈寿迁长广太守，不就。后授御史治书，作《官司论》、《释讳》及《广国论》。今三论皆不存。**

《晋书》本传："张华将举寿为中书郎，荀勖忌华而疾寿，遂讽吏部迁寿为长广太守，辞母老不就，杜预将之镇，复荐之于帝，宜补黄散，由是授御史治书。"

《华阳国志·后贤志》："镇南将军杜预表为散骑侍郎，诏曰：'昨适用蜀人，寿良具员耳，可以为侍御史。'上《官司论》七篇，依据典故，议所因革。又上《释讳》、《广国论》。华表令兼中书郎，而寿魏志有失勖意，勖不欲其处内，表为长广太守。"

丁国钧《补晋书艺文志》卷二著录《官司论》。《释讳》、《广国论》与《官司论》三作皆佚，无法知其详。

---

[1] 李伯勋：《陈寿编〈诸葛亮集〉二三考——兼谈整理诸葛亮著作的一些做法》，《成都大学学报》（社会科学版）1995年第3期。

**晋武帝太康元年（280年）**，陈寿除著作郎，作《三国志》、《古国志》二史，因是而留名。又因朝廷群议王昌之父再娶之事，作《驳虞溥议王昌前母服》，论理甚明。

《晋书》本传："除著作郎，领本郡中正。撰魏、吴、蜀《三国志》凡六十五篇，时人称其善叙事，有良史之才……张华深善之，谓寿曰：'当以《晋书》相付耳。'其为时所重如此。或云：丁仪、丁廙有盛名于魏，寿谓其子曰：'可觅千斛米见与，当为尊公作佳传。'丁不与之，竟不为立传。"王鸣盛《十七史商榷》卷三十九："索米一说，周柳虹，唐刘允济、刘知幾皆信之。近朱氏彝尊、杭氏世骏辨其诬。"今人则有杨耀坤等细论索米一说之不可能，颇有理据。今谨慎起见，存之待考。

《三国志》是陈寿最重要的著作，列"四史"之一，有《魏志》三十卷、《蜀志》十五卷、《吴志》二十卷，共六十五卷。其时，魏、吴两国先已有史，如王沈《魏书》、鱼豢《魏略》、韦昭《吴书》等，此三书亦是陈寿著史依据的基本材料；蜀国无史，陈寿自行采集，故卷数最少。三国志最早以《魏志》、《蜀志》、《吴志》三书单独流传，迟至北宋咸平六年（1003年），三书已合为一书，称"三国志"。

有关后世对《三国志》评价的考察。两晋南北朝学者对《三国志》的评价多为赞誉。陈寿卒后，有梁州大中正尚书郎范頵等上表："昔汉武帝诏曰：司马相如病甚，可遣悉取其书。使者得其遗书，言封禅事，天子异焉。臣等案：故治书侍御史陈寿作《三国志》，辞多劝诫，明乎得失，有益风化，虽文艳不若相如，而质直过之，愿垂采录。"《文心雕龙·史传》篇："及魏代三雄，记传互出。《阳秋》、《魏略》之属，《江表》、《吴录》之类，或激抗难征，或疏阔寡要，唯陈寿三志，文质辨洽，荀张比之于迁固，非妄誉也。"北魏崔浩与毛修之论曰："（寿）有古良史风，其所著述，文义典正，班史以来无及寿者。"

然而，并不是说唐以前对《三国志》的评论对《三国志》的书写特点毫无异义。裴松之在为《三国志》作注时，已经看到了《三国志》书写方面的一个很重要的问题。他在《上三国志注表》中说："寿书铨叙可观，事多审正，诚游览之苑囿，近世之嘉史。然失在于略，时有所脱漏。"相对于叙论精详的《史记》、《汉书》而言，《三国志》虽然语言谨严质实，然而确实过于简略，这是裴松之选择为其作注的最主要原因之一。另一方面，东晋习凿齿对于陈寿以魏为本纪，蜀、吴为列传的尊魏抑蜀的做法表示了强烈的不满。他说："今若以魏有代王之德，则其道不足；有静乱之功，则孙刘鼎立。道不足则不可谓制当年，当年不制于魏，则魏未曾为天下之主；王道不足于曹，则曹未始为一日之王矣。"（《晋书·习凿齿传》）在习氏看来，晋应越魏而承汉统。这种对《三国志》写作体例的批判更加深刻，以至于影响到后世对陈寿治史思想的多元认识。

唐刘知幾以为陈寿著史"故为曲笔"。至于南宋，则甚至因理学思潮的兴起以及对正统观的重新重视而出现了对《三国志》进行集体批判的情况，而这种批判的产生在很大程度上又是因为朱熹对蜀汉正统观的宣扬与坚持。此时批判《三国志》的代表人物有黄震。《黄氏日钞》："汉室既衰，曹氏为贼。昭烈以宗室之英，信义闻于天下。帝故授之密诏，俾之除之，使昭烈之计行，则汉室之鼎安。操特一狐鼠耳，不幸天不祚汉，昭烈不得已，起兵于外。曹既篡汉，昭烈又大不得已，即位于益。昭烈之心何心哉？诚不忍四百年之宗社，一旦为他人窃耳，然昭烈之汉在，则高帝之汉犹未亡。江东孙氏，不过以戴汉为名，而曹氏之篡汉，则罪不容于天地间矣。何物鬼魅，窃弄史笔，谓贼为帝，而谓帝为贼；且黜汉之号而蜀其名。呜呼！不知蜀之名其何所据乎？"宋代对《三国志》正统观之质疑大多如是。

至于明清之时，思想渐渐开放，对《三国志》的评价亦从正统观的支配中渐渐脱离出来，而走向对前朝诸家评议的调和与重审。这一阶段对《三国志》的总结虽然显示出对古代史籍多元的理解思路，然而整体而言则体现着对南宋批驳陈寿史学思想的一种反拨。如钱大昕在《潜研堂文集》中所言："魏氏据中原日久而晋承其禅，当时中原人士知有魏不知有蜀吴也。自承祚书出，始正三国之名，且先蜀而后吴，又于《杨戏传》末载《季汉辅臣赞》，亹亹数百言，所以尊蜀殊于魏吴也；存'季汉'之名者，明乎蜀之实汉也。习凿齿作《汉晋春秋》，不过因其意而推阐之，而后之论史者辄右习而左陈，毋乃好为议论而未审乎时势之难易与？夫晋之祖宗所北面而事者，魏也，蜀之灭，晋实为之，吴蜀既亡，群然一词，指为伪朝，乃承祚不唯不伪之，且引魏以匹二国，其秉笔之公，视南、董何多让焉！而晋武不以为忤，张茂先且欲以晋书付之，其君臣度量之宏，高出唐宋万万，岂非去古未远，三代之直道犹存，故承祚得以行其志乎？厥后琅邪绍统，即仿汉中承制之局，凿齿建议祧魏而承汉，直易易耳！考亭生于南宋，事势与蜀汉相同，以蜀为正统，固其宜矣。"钱大昕在这里不但没有认为陈寿有尊魏之嫌，反而以为其书实为崇蜀。后又有刘咸炘不同于钱大昕，认为陈寿尊魏不假，但这种尊魏观念其实是魏晋士人共有的心理认知，是无可厚非的。由上观之，后世对于陈寿《三国志》的品评体现出各有侧重、褒贬不一的特点，然而主要的评价依据则未有脱出儒家思想观念的范围。

《晋书》本传："寿又撰《古国志》五十篇。"

《华阳国志·后贤志》："吴平后，寿乃鸠合三国史，著魏吴蜀三书六十五篇，号《三国志》。又著《古国志》五十篇，品藻典雅，中书监荀勖、令张华，深爱之，以班固、史迁不足方也。"《古国志》今亡佚。

《晋书·礼志》中："太康元年，东平王楙上言：相王昌父毖本居长沙，有妻息，汉末使入中国，值吴叛，仕魏为黄门郎，与前妻息死生隔绝，更娶昌母。今江表一统，昌闻前母久丧，言疾求平议。"都令史虞溥以为改娶之时，即为与前妻恩绝之日，而今欲两名正妻同祭，于礼大为不合，陈寿因之而作《驳虞溥议王昌前母服》，今见于《全晋文》卷七十一。此文辨礼甚明，可观。

**晋惠帝永熙元年（290年）（四月以前为武帝太熙元年，以后为惠帝永熙元年）前数岁，陈寿以母忧去职。因遵母命而未将其归葬，再致废辱。**

《晋书》本传："以母忧去职。母遗言令葬洛阳，寿遵其志。又坐不以母归葬，竟被贬议。初，谯周尝谓寿曰：'卿必以才学成名，当被损折，亦非不幸也，宜深慎之。'寿至此再致废辱，如周言。"父母亡而归葬，此乃社会公认之义务；谨尊母之遗命，此乃孝子必行之责任。然其二者相抵，则抉择见难；抉择见难，则考其真心。陈寿放弃社会之毁誉而谨尊母命，观寿之行为，则益见其孝。母忧年月无考，只知在陈寿被起为太子中庶子的前几年。起为太子中庶子事见下条。

**永熙元年（290年）（四月以前为武帝太熙元年，以后为惠帝永熙元年），陈寿起为太子中庶子。**

《晋书》本传："后数岁，起为太子中庶子，未拜。"

《晋书·张华传》："惠帝即位，以华为太子少傅。"惠帝即位正在此年。寿拜中庶子，疑在张华为少傅时，恐即为张华所举荐。

《世说新语·排调》刘孝标注引王隐《晋书》："仕至中庶子。"依王隐的记载，寿似无"未拜"之事，待考。

**晋惠帝元康三年（293年），陈寿又迁散骑常侍。**

《华阳国志·后贤志》："传从后，再兼散骑常侍。"廖寅注："按'传从'当作'转徙'，谓愍怀太子被废，一徙金墉城，再徙许也。事具《晋书》。"

陆侃如《中国文学系年》认为："太子被废，在寿卒后，注误。寿迁官当在拜中庶子与去世的中间。"今从陆氏之说，系于此年。

**元康七年（297年），陈寿病卒，时年六十五。**

《晋书》本传："元康七年，病卒，时年六十五。"

《华阳国志·后贤志》："（张）华表欲登九卿，会受诛。忠贤排摈，寿遂卒洛下。位望不充其才，当时冤之。兄子符，字长信……符弟莅，字叔度……从弟阶，字达之……凡寿述作二百余篇。"

关于陈寿的评价，目前就大陆学术界现已公开发表的有关论文和专著来看，对陈寿的关注点主要集中于以《三国志》为主要文本，来考察陈寿的治史才能及史学思想的方面。庞天佑《论陈寿的历史哲学思想》一文主要挖掘归纳陈寿的史学思想观，并将其综合为四个方面，即天命观、人事观、民本思想和正统思想；而张子侠《论〈三国志〉谋篇布局》一文主要赞誉陈寿用纪传体撰写分裂时期的历史，且能把三个独立的、互不统属的政治实体统一在一部史著中，这种编撰体例和方法反映出其伟大的史学创新思维和历史综合意识，此种品评思路颇值得借鉴。而有关近现代研究陈寿的专著，有缪钺《陈寿评传》较全面的评价了陈寿的史学贡献和《三国志》的文献价值；还有李纯蛟《三国志研究》、张大可《三国史研究》、杨耀坤《陈寿评传》等诸多研究成果皆可参考。综合来看，对陈寿的质疑文章在现当代学者群体中愈加少见，这表明了陈寿《三国志》以及其他作品的史料价值之重要性在近现代得以提高，愈加得到史家与文论研究者的承认与赞许。

### 参考文献

缪钺:《中国史学家评传·陈寿评传》,中州古籍出版社 1985 年版。
杨耀坤:《陈寿裴松之评传》,南京大学出版社 1998 年版。
张子侠:《论〈三国志〉的谋篇布局》,《安徽史学》2004 年第 3 期。
庞天佑:《论陈寿的历史哲学思想》,《史学理论研究》2003 年第 4 期。

(徐　晓)

# 何劭传

**何劭，字敬祖，陈郡阳夏（今河南太康县）人，生于魏明帝青龙四年（236年）。**

何劭，字敬祖，陈郡阳夏（今河南太康县）人，出身世家大族。其祖何熙曾官至车骑将军，何夔迁太守，《三国志·魏书·何夔传》："何夔字叔龙，陈郡阳夏人也。曾祖父熙，汉安帝时官至车骑将军……夔迁太守……封成阳亭侯……谥曰靖侯。"注引《魏书》："汉末阉宦用事，夔从父衡为尚书，有直言，由是在党中，诸父兄皆禁锢。"《晋书·何曾传》："何曾字颖考，陈国阳夏人也。父夔，魏太仆、阳武亭侯。曾少袭爵……魏明帝初为平原侯，曾为文学；及即位，累迁散骑侍郎、汲郡典农中郎将、给事黄门侍郎……顷之，迁散骑常侍……二子：遵、劭。劭嗣。"又《晋书·何遵传》："遵字思祖，劭庶兄也。少有干能，起家散骑黄门郎、散骑常侍、侍中，累转大鸿胪……太康初，起为魏郡太守，迁太仆卿，又免官，卒于家。"

何劭与武帝同年，关系十分要好。《晋书》本传："劭字敬祖，少与武帝同年，有总角之好。"《文选》卷二十一劭《游仙诗》李善注引臧荣绪《晋书》"何劭字敬宗，陈国人也。"《晋书·武帝纪》载："太熙元年……夏四月……己酉，帝崩于含章殿，时年五十五。"推司马炎生于本年，劭与其同年，当亦生于此时，时祖夔已前卒，父曾正在散骑常侍任上，年三十八。

何劭有子何岐。《晋书》本传："劭初亡，袁粲吊岐。岐辞以疾。粲独哭而出曰：'今年决下婢子品。'王诠谓之曰：'知死吊死。何必见生？岐前多罪，尔时不下；何公新亡，便下岐品，人谓中正畏强易弱。'粲乃止。"吴士鉴、刘承幹《斠注》："《魏志·何夔传》注引《晋诸公赞》作子蕤嗣。《御览》五百六十一王隐《晋书》曰：养子岐为嗣。《类聚》五十一《晋中兴书》曰：泰元二年兴灭继绝。何曾后阐为朗陵侯。《石勒载记》又有朗陵公何袭。案，袭、阐名不见本传，当是岐之后人。傅赞作蕤。误文。"汤球辑臧荣绪《晋书》卷五《何劭传》亦称"养子岐"，黄奭辑无此条。

何劭的生平事迹，除《晋书》本传的记载，今人有陆侃如《中古文学系年》，曹道衡、沈玉成《中古文学史料丛考》，袁济喜《汉末三国两晋文学批评编年》，梅新林、俞樟华主编《中国学术编年》等著作，可资参考。

**魏高贵乡公正元二年（255年），何劭以未冠带为父曾所谴。**

何劭接待武帝不戴冠不束带，让武帝留在他住处很久，何曾严厉训斥了何劭。何曾谨慎得当的言行举止，对何劭也有一定的影响，何氏在魏晋政权交替的残酷争夺中能得以保全，与这种豫严周全的思虑关系密切。

《晋书·何曾传》："出补河内太守……征拜侍中，母忧去官。嘉平中，为司隶校尉……迁尚书。正元年中为镇北将军，都督河北诸军事，假节。将之镇，文帝使武帝、齐王攸辞送数十里。曾盛为宾主，备太守之馔，侍从吏驺莫不醉饱。帝既出，又过其子劭。曾先敕劭曰：'客必过汝，汝当豫严。'劭不冠带，停帝良久，曾深以谴劭。"

**魏元帝景元四年（263年），何劭为相国掾。作《游仙诗》。**

何劭博学善文。《文选》收其《游仙诗》，《文选》卷二十一何劭《游仙诗》李善注引臧荣绪《晋书》："博学多闻，善属篇章，初为相国掾。"

何劭《游仙诗》"长怀慕仙类，眩然心绵邈"。这是一首比较典型的追慕思仙诗，作者感于松柏之常青而思话玄远，渴慕长生。其中也有对神奇动物的描写，"迢递陵峻岳，连翩御飞鹤，抗迹遗万里，岂恋生民乐。"从中不难看出这些神奇动物是人神之间的桥梁，是人追求自由的途径，这些上下于天、自由飞行的思想及介于人神之间的神奇动物是人由于受到空间的局限想追求自由而幻想出来的。

钟嵘《诗品》将何劭列为中品，对其诗歌给予了高度评价："清河之方平原，殆如陈思之匹白马……季伦、颜远，并有英篇。笃而论之，朗陵为最。"钟嵘于陆云、石崇、曹摅、何劭四家，推何劭为最。此外，何劭有诗作《赠张华》："四时更代谢，悬象迭卷舒。"述四时气象，叙人事变迁，"既贵不忘俭，处有能存无。镇俗在简约，树塞焉足摹。在昔同班司，今者并园墟。私愿偕黄发，逍遥综琴书"。对张华劝他避祸勇退，有先见之明。《文选》收入其诗作《赠张华》、《游仙诗》及《杂诗》三首，反映了萧统对何劭诗作的充分肯定。

**晋武帝泰始元年（265年），何劭为王太子中庶子，转散骑常侍。**

《晋书》本传："帝为王太子，以劭为中庶子。及即位，转散骑常侍，甚见亲待。劭雅有姿望，远客朝见，必以劭侍直。每诸方贡献，帝辄赐之，而观其占谢焉。"司马炎于上年十月为晋王世子，本年五月为王太子，十二月即帝位。

**晋武帝咸宁元年（275年），何劭以袁毅事被劾。**

《晋书》本传："咸宁初，有司奏劭及兄遵等受故鬲令袁毅货，虽经赦宥，宜皆禁止。事下廷尉。诏曰：'太保与毅有累世之交，遵等所取差薄，一皆置之。'"何劭此事可见晋室司马政权对权臣势族的偏袒，不能严格奖惩、令行禁止，导致政失准的。

何劭生活奢侈，有其父风，《晋书》本传称其"食之必尽四方珍异，一日之供，以钱二万"。

**咸宁四年（278年），何劭遭父丧，袭封朗陵郡公。**

《晋书·何曾传》："迁征北将军，进封颖昌乡侯。咸熙初，拜司徒，该封朗陵侯……武帝袭王位，以曾为晋丞相，加侍中。与裴秀、王沈等劝进，践阼，拜太尉，进爵为公，食邑千八百户。泰始……为太保，侍中如故，久之，以本官领司徒……进位太傅……进太宰……咸宁四年薨，时年八十。"

《三国志·魏书·何夔传》注引《晋诸公赞》："位至太宰，封朗陵县公，年八十余薨。"

《文选》卷二十五傅咸《赠何劭王济诗》李善注引臧荣绪《晋》："何劭袭封朗陵郡公。"

**晋武帝太康四年（283年），何劭迁侍中。**

《晋书》本传："迁侍中尚书。"

吴士鉴、刘承幹《斠注》："《书钞》五十八《晋起居注》曰：武帝太康四年诏曰：'……其以劭为侍中。'"

**太康九年（288年），何劭迁尚书。**

《晋书》本传："迁……尚书。"在万斯同《晋将相大臣年表》中，太康八年以前何劭是侍中，十年以后是中书令，那么他做尚书应该在九年。

**太康十年（289年），何劭迁中书令，请改父谥。**

《晋书·何曾传》："将葬，下礼官议谥，博士秦秀谥为缪丑，帝不从，策谥曰孝。太康末，子劭自表改谥为元。"

**晋惠帝永熙元年（290年），何劭迁中书令，作《武帝遗诏》，迁中书监，改太子太师。**

《晋书·惠帝纪》："秋八月壬午……以中书监何劭为太子太师。"又《晋书》本传："惠帝即位，初建东宫。太子年幼，欲令亲万机，故盛选六傅，以劭为太子太师，通省尚书事。"壬午已见前。劭何时由中书令迁监，史无明文。据《晋书·华廙传》，廙于惠帝即位后免中书监，则劭继廙任当在四五月间。万斯同《晋将相大臣年表》以为在八月，恐太晚。严可均《全晋文》卷十八载劭作《武帝遗诏》。据《晋书·杨骏传》，劭与华廙同被召作诏，不知是劭作抑廙作。

**晋惠帝元康元年（291年），何劭为都督豫州诸军事，镇许昌。**

《晋书·惠帝纪》："八月庚申以……何劭为都督豫州诸军事，镇许昌。"庚申为九日。

**元康三年（293年），何劭入为秘书监。**

《晋书·华峤传》："所撰书《十典》未成而终。秘书监何劭奏峤中子彻为佐著作郎，使踵成之。"劭出镇许昌，万斯同《晋将相大臣年表》谓至元康二年止，吴廷燮《晋方镇年表》谓至四年止。从《华峤传》的记载看来，劭被召当在本年峤卒前。

**元康七年（297年），何劭迁尚书左仆射。**

《晋书》本传："后转特进，累迁尚书左仆射。劭博学，善属文；陈说近代事，若指诸掌。"《晋书·惠帝纪》："九月以……太子太师何劭为尚书左仆射。"

**元康九年（299年），何劭迁左光禄大夫。**

秦锡圭《补晋执政年表》："考《纪》以左光禄拜徒，而九年《纪》有裴𬱟为仆射事，则劭是时已转左光禄矣。"何劭《本传》未言及左光禄大夫事。

**晋惠帝永康元年（300年），何劭迁司徒。**

《晋书》本传："永康初，迁司徒。"《晋书·惠帝纪》："夏四月……丁酉以……左光禄大夫何劭为司徒。"丁酉为七日。

**晋惠帝永宁元年（301年）何劭为太宰，迁司空，卒。**

何劭生活奢侈华贵，却不贪权势，诸王交争，何劭优游其间，不参与其中，无怨之者，得以善终。

《晋书》本传："赵王伦篡位，以劭为太宰。及三王交争。劭以轩冕而游其间，无怨之者。而骄奢简贵，亦有父风。衣裘服玩，新故巨积。食必尽四方珍异，一日之供以钱二万为限。时论以为太官御膳，无以加之。然优游自足，不贪权势。常语乡人王诠曰：'仆虽名位过幸，少无可书之事，惟与夏侯长容谏授博士，可传史册耳。'……永宁元年薨，赠司徒，谥曰康。"

《晋书·惠帝纪》："永宁元年春正月乙丑，赵王伦篡帝位……夏四月……诛赵王伦……六月……甲戌，以齐王冏为大司马都督中外诸军事，成都王颖为大将军录尚书事。河间王颙为太尉……十二月，司空何劭薨。"

何劭留存作品相对较少，《晋书》本传："所撰荀粲、王弼传及诸奏议、文章并行于世。"《隋书·经籍志四》："梁有……《太宰何劭集》二卷，录一卷……亡。"严可均《全晋文》卷十八载三篇：《作武帝遗诏》、《荀粲传》及《王弼传》。丁福保《全晋诗》卷二载四篇：《洛水祖王公应诏》、《赠张华》、《游仙诗》及《杂诗》。丁国钧《补晋书艺文志》卷二于王弼、荀粲两传外，又著录《王粲传》，丁辰注："见本书《劭传》。"《劭传》却未言及。

（李小青）

# 傅咸传

**傅咸，字长虞，北地泥阳（今甘肃宁县）人。生于魏明帝景初三年（239年），傅玄之子。**

《晋书》本传："咸字长虞，刚简有大节。"又"元康四年卒官，时年五十六"。可推生年。清吴淇《六朝选诗定论》："长虞立朝刚介，有乃父休奕之风。休奕生平著述最富，长虞不及，而所传之篇什相垺。论其诗，休奕所诣最深，而长虞之作亦复楚楚。至《七经诗》中毛诗一首，则后人集句之始。"言简意赅地指明了傅咸的文学成就。然《晋书》所传二人文字数量均夥，可见父子二人在当时的影响。

有关傅咸的生平，除了《晋书》的记载外，今人有陆侃如先生的《中古文学系年》，可资参考。

**晋武帝泰始九年（273年），傅咸举孝廉，拜太子洗马，作《喜雨赋》。**

《晋书》本传："咸宁初，袭父爵，拜太子洗马。"

《文选》之《赠何劭王济诗》注王隐《晋书》："举孝廉，拜太子先马。"傅咸袭父爵在咸宁四年，拜太子洗马应在之前。

严可均《全晋文》卷五十一载《喜雨赋》："泰始九年，自春不雨，以涉夏节，草木共然。百姓以尧有九载之水，汤有七年之旱，恐遭斯运，并有惧心。……犹以畴咨为美谈，躬祷为勋伐。"西晋时期，咏物赋相对于汉大赋而言更受青睐，赋家开始突破汉赋夸饰传统，以更加简单直接的方式关注生活细节。而傅咸与其父傅玄多作咏物赋。在其现存的赋篇中，关于天气的有《患雨赋》、《感凉赋》，物品摆设的有《相风赋》、《纸赋》、《羽扇赋》、《扇赋》、《狗脊扇赋》、《栉赋》、《镜赋》、《污卮赋》、

《烛赋》等，描写动植物的有《款冬花赋》、《芸香赋》、《桑树赋》、《梧桐赋》、《仪凤赋》、《燕赋》、《班鸠赋》、《青蝇赋》等。

傅咸整体文风较为平实，体现了"触类是长"的写作原则。通过联想达到"赋微物以申情"、"物小而喻大"的抒情目的——这也是咏物赋创作的一般原则。于此展现出深远的意蕴。但是简化了对事物的铺陈描写，一定程度上背离了赋的写作传统——这大概是后代对傅咸之赋评价不高的原因之一。其写作思维更加注重物事之外所能体会到的为人之道与为政之道，与老庄思想颇类。

**晋武帝咸宁二年（276年），傅咸作《申怀赋》、《感别赋》。**

严可均《全晋文》卷五十一载傅咸《申怀赋》："余自咸宁，谬为众所许，补太子洗马，才不称职，而意常阙然。"金泽文库本《太平御览》卷二百四十六引傅咸《申怀赋序》作"余自无施，谬为众论所许，补太子洗马"。

《全晋文》又载《感别赋序》："友人鲁庶叔……选太子洗马。俄而谬蒙朝私，猥忝斯职……周旋三载，鲁生迁尚书郎。"可证作于拜洗马后三年。傅咸作赋，体现了他的"感物缘事"的文学观。

**咸宁四年（278年），傅玄免官，卒，追封清泉侯。傅咸袭爵。咸宁五年（279年），累迁尚书右丞，继而为冀州刺史，自表解职。寻迁司徒左长史，上书言并官兴农之利。作诗答潘尼。**

《晋书》本传："咸宁初，袭父爵。"然咸宁共六年，玄于咸宁四年卒，此为记事之疏。又"出为冀州刺史，继母杜氏不肯随咸之官，自表解职。三旬之间，迁司徒左长史。时帝留心政事，诏访朝臣政之损益。咸上言曰：'……然泰始开元以暨于今，十有五年矣。……'"可知上书时为咸宁五年。

《答潘尼诗（并序）》："司州秀才潘正叔，识通才高，以文学温雅为博士。余性直，而处清论褒贬之任，作诗以见规。虽褒饰之举，非所敢闻，而斐粲之辞，良可乐也。答之虽不足以相酬报，所谓盖各言志也。贻我妙文，繁春之荣。匪荣斯尚，乃新其声。吉甫作颂，有馥其馨。实由樊仲，其德克明。授此瓦砾，厕彼瑶琼。贶非其喻，闻宠若惊。"傅咸言"虽褒饰之举，非所敢闻，而斐粲之辞，良可乐也"，反映为西晋诗文中追求"绮靡"的一大特点。潘尼《答傅咸诗》,序称咸为左长史,当作于本年。

**晋武帝太康五年(284年),傅咸以夏侯骏事转为车骑司马,上书请诘奢,作《答栾弘诗》及《赠何劭王济》。王济复为侍中。**

《晋书》本传:"咸在位多所执正。豫州大中正夏侯骏上言,鲁国小中正、司空司马孔毓,四移病所,不能接宾,求以尚书郎曹馥代毓,旬日复上毓为中正。司徒三却,骏故据正。咸以骏与夺惟意,乃奏免骏大中正。司徒魏舒,骏之姻属,屡却不署,咸据正甚苦。舒终不从,咸遂独上。舒奏咸激讪不直,诏转咸为车骑司马。咸以世俗奢侈,又上书曰……"万斯同《晋将相大臣年表》以为夏侯骏事当在五六年间。

《晋书》载《答栾弘诗(并序)》和《赠何劭王济》。

《晋书·王济传》:"数年,入为侍中。"《晋将相大臣年表》以济复侍中为本年,故系于此。清吴淇《六朝选诗定论》:"诗颂二子之美,似有攀附之意,而不知实讥之也。"傅咸其时深受排挤,感怀舛途,便在与何劭、王济的赠诗中抒幽婉之情。其中以《诗经》中得风而落的木叶自拟,悲叹现在的命运,并以西汉直臣诸葛丰刚直不阿的人格和儒家乐道忘忧的修养来自我调解,最后发出"但愿隆弘美,王度日清夷"的意愿,希望儒士人格不被掩盖,同时也表达了其清静恬淡的心境。

**太康九年(288年),傅咸议移县狱于郡,上表请立二社。**

《晋书》卷十九《礼志上》:"至太康九年,改建宗庙,而社稷坛与庙俱徙。乃诏曰:'社实一神,其并二社之祀。'于是车骑司马傅咸表曰……"《晋书》本传:"又议移县狱于郡及二社应立,朝廷从之。"

**太康十年(289年),傅咸迁尚书左丞,上表,作诗及序答辛旷。**

《晋书》本传:"迁尚书左丞。"

严可均《全晋文》卷五十二载咸《迁尚书左丞上表》,当作于初受命时。又载《答辛旷诗序》,同时作。《答辛旷诗序》:"尚书左丞,弹八座以下,居万机之会,斯乃皇朝之司直,天台之管辖。余前为右丞,具知此职之要,后忝此任,黾勉从事,日慎一日。"

**晋惠帝永熙元年（290年），傅咸作《与杨骏笺》、《奏劾荀恺》、《答李斌书》、《答杨济书》。咸转为太子中庶子，迁御史中丞。**

《晋书》本传："惠帝即位，杨骏辅政。咸言于骏曰：'事与世变，礼随时宜，谅闇之不行尚矣。由世道弥薄，权不可假，故虽斩焉在疚，而躬览万机也。逮至汉文，以天下体大，服重难久，遂制既葬而除。世祖武皇帝虽大孝烝烝，亦从时释服，制心丧三年，至于万机之事，则有不违。今圣上欲委政于公，谅闇自居，此虽谦让之心，而天下未以为善。天下未以为善者，以亿兆颙颙，戴仰宸极，听于冢宰，惧天光有蔽。人心既已若此，而明公处之固未为易也。窃谓山陵之事既毕，明公当思隆替之宜。周公圣人，犹不免谤。以此推之，周公之任既未易而处，况圣上春秋非成王之年乎！得意忘言，言未易尽。苟明公有以察其悾款，言岂在多。'"

又"时司隶荀恺从兄丧，自表赴哀，诏听之而未下，恺乃造骏。咸因奏曰：'死丧之戚，兄弟孔怀。同堂亡陨，方在信宿，圣恩矜悯，听使临丧。诏未下而便以行造，急谄媚之敬，无友于之情。宜加显贬，以隆风教。'"

又"帝以骏管朝政，有诏不问，骏甚惮之。咸复与骏笺讽切之，骏意稍折，渐以不平。由是欲出为京兆、弘农太守，骏甥李斌说骏，不宜斥出正人，乃止。骏弟济素与咸善，与咸书曰：'江海之流混混，故能成其深广也。天下大器，非可稍了，而相观每事欲了。生子痴，了官事，官事未易了也。了事正作痴，复为快耳！左丞总司天台，维正八坐，此未易居。以君尽性而处未易居之任，益不易也。想虑破头，故具有白。'咸答曰：'卫公云酒色之杀人，此甚于作直。坐酒色死，人不为悔。逆畏以直致祸，此由心不直正，欲以苟且为明哲耳！自古以直致祸者，当自矫枉过直，或不忠允，欲以亢厉为声，故致忿耳。安有悾悾为忠益，而当见疾乎！'居无何，骏诛。"又见《晋书·杨济传》，杨济与傅咸交好，亦相互交换外戚与宗室关系的意见。足见其一代诤臣之风。

**晋惠帝元康二年（292年），傅咸为本郡中正，遭继母忧去官，又以议郎长兼司隶校尉，作《遭继母忧上书》、《摄司隶上表》。**

《晋书》本传："咸再为本郡中正，遭继母忧去官。顷之，起以议郎，长兼司隶校尉。咸前后固辞，不听，敕使者就拜，咸复送还印绶。公车不通，催使摄职。咸以身无兄弟，丧祭无主，重自陈乞，乃使于官舍设灵坐。咸又上表曰……诏曰：'但当思必应绳中理，威风日伸，何独刘毅！'"

**元康三年（293年），傅咸奏免河南尹、左将军及廷尉等，作《奏劾王戎》、《上事自辩》、《司隶校尉教》、《皇太子释奠颂》。**

《晋书》本传："时朝廷宽弛，豪右放恣，交私请托，朝野溷淆。咸奏免河南尹澹、左将军倩、廷尉高光、兼河南尹何攀等，京都肃然，贵戚慑伏。咸以'圣人久于其道，天下化成。是以唐虞三载考绩，九年黜陟。其在《周礼》，三年大比。孔子亦云，"三年有成"。而中间以来，长吏到官，未几便迁，百姓困于无定，吏卒疲于送迎。'时仆射王戎兼吏部，咸奏：'戎备位台辅，兼掌选举，不能谧静风俗，以凝庶绩，至令人心倾动，开张浮竞。中郎李重、李义不相匡正。请免戎等官。'诏曰：'政道之本，诚宜久于其职，咸奏是也。戎职在论道，吾所崇委，其解禁止。'御史中丞解结以咸劾戎为违典制，越局侵官，干非其分，奏免咸官。诏亦不许。咸上事以为……咸累自上称引故事，条理灼然，朝廷无以易之。"《皇太子释奠颂》，据《潘尼传》引《释奠颂》知在本年。

**元康四年（294年），司隶校尉傅咸卒，谥曰贞。**

《晋书》本传："元康四年卒官，时年五十六。"又："（咸）刚简有大节。风格峻整，识性明悟，疾恶如仇，推贤乐善。……吴郡顾荣常与亲故书曰：'傅长虞为司隶，劲直忠果，劾按惊人。虽非周才，偏亮可贵也。'"傅咸诸赋，以今所见，并多短篇。其"好属文论，虽绮丽不足，而言成规鉴。颍川庾纯常叹曰：'长虞之文近乎诗人之作矣！'"《资治通鉴》卷八十二："咸性刚简，风格峻整，初为司隶校尉，上言：'货赂流行，所宜深绝。'时朝政宽弛，权豪放恣，咸奏免河南尹澹等官，京师肃然。"他的正直刚简的性格表现在他的诗赋创作中。

傅咸之文重劝谏、批判，亦颇有儒家雅正的审美取向——这与其家学与其父傅玄的影响是分不开的。其诗歌多为四言，庄重典雅；五言则情真意切，时见深婉。值得一提的是，傅咸有《七经诗》，元陈绎《诗谱》将其追溯为我国最早的集句诗。今已不全，仅余《孝经诗》、《论语诗》、《毛诗诗》、《周官诗》、《左传诗》各两首，《周易诗》一首，共十一首。均采用儒家经典的语句成诗，基本上选取原文而作成的四言诗。反映其宗经思想，也影响了北宋王安石等人的创作。《文心雕龙·才略》："傅玄篇章，义多规镜；长虞笔奏，世执刚中；并桢幹之实才，非群华之韡萼也。"《文心雕龙·奏启》："傅咸劲直，而按辞坚深。"钟嵘《诗品》："长虞父子，繁富可嘉。"张溥《汉魏六朝百三家集题辞·傅中丞集》："长虞短篇，时见正性，《治狱明意赋》云'吏砥身以存公，古有死而无柔'，一生骨鲠，风尚显白。"

有关傅咸的著录，《隋书·经籍志四》："晋司隶校尉傅咸集十七卷，梁三十卷，录一卷。"《旧唐书·经籍志》、《新唐书·艺文志》著录皆为三十卷。宋代散佚。明以后辑本主要有张燮《七十二家集》本、张溥《汉魏六朝百三家集》本等。其文又见严可均《全晋文》卷五十一、五十二。其诗见逯钦立《先秦汉魏晋南北朝诗·晋诗》卷三。其中《赠何劭王济诗》选入《文选》卷二十五。其传附《晋书》卷四十七《傅玄传》。

（刘　睿）

# 挚 虞 传

**挚虞，字仲洽，京兆长安（今陕西西安）人。约生于240年。三国时期魏国太仆卿挚模之子。**

《晋书》本传："挚虞，字仲洽，京兆长安人也。父模，魏太仆卿。"

有关挚虞的生年，史籍没有明确记载。陆侃如先生根据其卒于311年，268年举贤良前已为郡主簿，推其当生于240年。马胜利在《挚虞生平及〈文章流别集〉研究》中考论认为，按照皇甫谧隐居宜阳女几山并设帐授徒的时间在261年，根据古代十五岁成童受之蒙师的习俗，挚虞生年当在246年。邓国光在《挚虞研究》中将其生年系于245年。在此存疑，从陆说。

有关挚虞的家世，马胜利在《挚虞生平及〈文章流别集〉研究》中有着详细的梳理："禹阳（黄帝少子）—（禹阳十二世孙）—仲胞（奚仲十二世孙）—臣扈—祖巳—成侯（祖巳七世孙）—挚峻（活动于西汉武帝时期）—挚恂（攀峻十二世孙，活动于东汉安帝、顺帝时期）—挚模（挚虞父，活动于曹魏时期）—挚育（挚虞兄）—挚虞—挚瞻（挚育子，活动于东晋）。"[①] 可资参考。

关于挚虞的父亲挚模，仅在《晋书·挚虞传》中有"父模，魏太仆卿"这样简单的记载，而其他史料对于挚模亦无提及。此外，《世说新语·言语》注引《挚氏世本》有挚育、挚瞻的相关记载："瞻字景游，京兆长安人，太常虞兄子也。父育，凉州刺史。瞻少善属文，起家著作郎。中朝乱，依王敦为户曹参军。历安丰、新蔡、西阳太守。"由此可知，挚虞有兄挚育，兄子挚瞻。

---

① 马胜利：《挚虞生平及〈文章流别集〉研究》，山东大学硕士学位论文，2012年，第9页。

有关挚虞的生平事迹，除了《晋书》的记载，今人有陆侃如《中古文学系年》、邓国光《挚虞研究》、俞士玲《西晋文学考论》等著作，以及马胜利《挚虞生平及〈文章流别集〉研究》、徐昌盛《挚虞生平补考》等文，可资参考。

**魏元帝景元元年（260年），挚虞师从皇甫谧，才学通博，著述不倦。**
《晋书》本传："挚虞，字仲洽，京兆长安人也。父模，魏太仆卿。虞少事皇甫谧，才学通博，著述不倦。"
陆侃如先生在《中古文学系年》将从师时间系于此年，挚虞约二十岁，今从之。

**晋武帝泰始元年（265年），挚虞为郡主簿，作《思游赋》。**
《晋书》本传："郡檄主簿。虞尝以死生有命，富贵在天。天之所佑者义也，人之所助者信也。履信思顺，所以延福，违此而行，所以速祸。然道长世短，祸福舛错，怵迫之徒，不知所守，荡而积愤，或迷或放。故借之以身，假之以事，先陈处世不遇之难，遂弃彝伦，轻举远游，以极常人罔惑之情，而后引之以正，反之以义，推神明之应于视听之表，崇否泰之运于智力之外，以明天任命之不可违，故作《思游赋》。"

有关《思游赋》，《晋书》本传有载。中国古代远游文学自屈原始，以描写远游至天上神仙世界与神人交往来表达自己的隐遁思想。后又有司马相如《大人赋》、张衡《玄思赋》及挚虞《思游赋》等。挚虞的思想属于传统儒家，面对世事动荡，内心期望的是"乐自然兮识穷达，澹无思兮心恒娱"的境界，但又"以明天任命之不可违"，见其安命之思。罗宗强先生在《魏晋南北朝文学思想史》中指出："西晋士人的另一种普遍心态，便是求自全。不婴世务，依阿无心，成为此时名士立身处世之准则。"[1] 挚虞便体现了这种典型的心态。这种心态，对两晋年间的文学理论批评的主体价值观念形成了潜在的影响。穷达任命、游心自我的审美观念成为士人看待万物，包括文学活动与文学作品的尺度[2]。

---

[1] 罗宗强：《魏晋南北朝文学思想史》，中华书局1996年版，第82页。
[2] 袁济喜：《汉末三国两晋文学批评编年》，辽海出版社2014年版，第319页。

**泰始三年（267年），挚虞作《迁宅诰》。**

严可均《全晋文》卷六十七载挚虞《迁宅诰》："惟太始三年九月上旬，涉自洛川，周于原阿，乃卜昌水东，黄水西，背山面隰惟此良。"袁济喜编《汉末三国两晋文学批评编年》中系于此年，今从之。

**泰始四年（268年），举贤良，挚虞与夏侯湛十七人策为下第，拜中郎。作《泰始四年举贤良方正对策》。**

《晋书》本传："举贤良，与夏侯湛等十七人策为下第，拜中郎。……因诏诸贤良方正直言，会东堂策问……虞对曰：'臣闻古之圣明，原始以要终，体本以正末。故忧法度之不当，而不忧人物之失所；忧人物之失所，而不忧灾害之流行。诚以法得于此，则物理于彼；人和于下，则灾消于上。其有日月之眚，水旱之灾，则反听内视，求其所由，远观诸物，近验诸身。耳目听察，岂或有蔽其聪明者乎？动心出令，岂或有倾其常正者乎？大官大职，岂或有授非其人者乎？赏罚黜陟，岂或有不得其所者乎？河滨山岩，岂或有怀道钓筑而未感于梦兆者乎？方外遐裔，岂或有命世杰出而未蒙膏泽者乎？推此类也，以求其故，询事考言，以尽其实，则天人之情可得而见，咎征之至可得而救也。若推之于物则无忤，求之于身则无尤，万物理顺，内外咸宜，祝史正辞，言不负诚，而日月错行，夭疠不戒，此则阴阳之事，非吉凶所在也。……'"

**泰始八年（272年），挚虞作《新婚箴》赠潘岳，潘岳回作《答挚虞新婚箴》。**

严可均《全晋文》卷七十七载挚虞《新婚箴》，乃赠潘岳之作。《新婚箴》云："今在哲文，遭家不造，结发之丽，不同偕老。既纳新配，内芬外藻，厚味腊毒，大命将夭。色不可耽，命不可轻，君子是惮，敢告后生。"《全晋文》卷九十二又载潘岳《答挚虞新婚箴》："先王制礼，随时为正，俯从企及，岂乖物性，女无二归，男有再聘，女实存色，男实存德，德在居正，色在不惑，故新旧兼弘，义申理得。然性情之际，诚难处心，君子过虑，爰献明箴，防微测显，文丽旨深，敬纳嘉诲，敢酬德音。"

**泰始九年（273年），挚虞为太子舍人。**

《晋书》本传："擢为太子舍人。"据陆侃如《中古文学系年》，假定在拜中郎后五年左右，今从之。

**泰始十年（274年），挚虞作《答杜预书》及《连理颂》。**

《晋书》本传："元皇后崩，杜预奏：'谅闇之制，乃自上古，是以高宗无服丧之文，而唯文称不言。汉文限三十六日。魏氏以降，既虞为节。皇太子与国为体，理宜释服，卒哭便除。'虞答预书曰：'唐称遏密，殷云谅闇，各举事以为名，非既葬有殊降。周室以来，谓之丧服。丧服者，以服表丧。今帝者一日万机，太子监抚之重，以宜夺礼，葬讫除服，变制通理，垂典将来，何必附之于古，使老儒致争哉！'"据袁济喜编《汉末三国两晋文学批评编年》，此事发生在本年七月。

严可均《全晋文》卷七十七载挚虞《连理颂》："东宫正德之内，承华之外。槐树二枝，连理而生。二干一心，以蕃本根。"疑作于舍人任上。

**晋武帝太康元年（280年），挚虞除闻喜令，作《太康颂》。**

《晋书》本传："除闻喜令。时天子留心政道，又吴寇新平，天下乂安，上《太康颂》以美晋德。"《晋书》本传载有《太康颂》全文。

西晋灭吴之后，天下承平，一片轻松欢快、歌舞颂德的景象，挚虞《太康颂》和张载《平吴颂》以及华林园集会的诗歌等，都是在这样的社会背景下产生的。这也在一定程度上推进了西晋诗风的潮流。

**太康六年（285年），挚虞解职。**

《晋书》本传："以母忧解职。"陆侃如先生假定在补尚书郎前三年，今从之。

**太康九年（288年），挚虞补尚书郎，作《驳潘岳古今尺议》及《族姓昭穆》十卷。**

《晋书》本传："久之，召补尚书郎。将作大匠陈勰掘地得古尺，尚书奏：'今尺长于古尺，宜以古为正。'潘岳以为习用已久，不宜复改。

虞驳曰……又表论封禅，见《礼志》。虞以汉末丧乱，谱传多亡失，虽其子孙不能言其先祖，撰《族姓昭穆》十卷，上疏进之，以为足以备物致用，广多闻之益。以定品违法，为司徒所劾，诏原之。"

**太康十年（289年），挚虞议率百官迁神主于新庙。**

《晋书》卷十九《礼志》上："至十年，乃更改建筑与宣阳门内，穷极壮丽，然坎位之制犹如初尔。庙成，帝用挚虞议，率百官迁神主于新庙，自征西以下，车服导从皆如帝者之仪。"

**晋武帝太熙元年（290年），挚虞约是年作《谏改除普增位一等表》。**

《晋书》本传："时太庙初建，诏普增位一等。后以主者承诏失旨，改除之。虞上表曰……诏从之。"

"时太庙初建，诏普增位一等"在上年太康十年，诏书及"先帝遗惠余泽，普增位一等，以酬四海欣戴之心"，则此文应作于晋武帝卒后。《中国学术编年（三国两晋卷）》认为，本传将此事叙于"元康中，迁吴王友"前，假定是年。今从之。

**晋惠帝永平元年（291年），挚虞迁吴王友，与荀颛讨论新礼。作《典校五礼表》、《奏定二社》、《奏祀六宗》、《明堂郊祀议》、《祀皋陶议》、《庙设次殿议》、《挽歌议》、《丧佩议》、《吉驾导从议》、《公为所寓服议》、《傍亲服议》、《师服议》、《诸侯觐见旗议》、《皇太子称臣议》及《夫人不答妾拜议》。**

《晋书》本传："元康中，迁吴王友。时荀颛撰《新礼》，使虞讨论得失而后施行。"根据《晋书》卷十九《礼志》上，挚虞表上新礼在元康元年。

《晋书》卷十九《礼志》上："虞表所宜增损曰……虞讨论新礼讫，以元康元年上之。所陈惟明堂五帝、二社六宗及吉凶王公制度，凡十五篇。有诏可其议。后虞与傅咸缵续其事，竟未成功。"又"至太康九年改建宗庙，而社稷坛一庙俱徙。乃诏曰：'社实一神，其并二社之祀。'……其后挚虞奏以为……诏从之。"

陆侃如先生在《中古文学系年》指出："严可均《全晋文》卷七十六载《典校五礼表》等十二篇，卷七十七载《诸侯觐见旗议》等三篇。丁国钧《补晋书艺文志》卷三著录《杂礼议》，秦荣光《补晋书艺文志》卷二著录《新礼讨论》十五篇、《晋礼续制》《新礼仪志》及《杂祀议》；吴士鉴《补晋书经籍志》卷二著录挚虞《新礼杂礼议》。黄逢元《补晋书艺文志》卷二著录《杂记》及《新礼仪志》，注：'见《御览》五百六十七，又二百七十四引作挚虞《新礼》。《书钞》八十八，又九十引作《新礼仪》。又《酉阳杂俎·贬误篇》引作《初礼仪》，注云，一曰《新礼》。'这些不同的名称，都是指挚虞讨论荀颉《新礼》的作品，《全晋文》根据《礼志》而收的几篇是其中尚存者。"

**晋惠帝元康四年（294年），挚虞作《册陇西王泰为太尉文》。**

《初学记》卷十一及《太平御览》卷二百七载有此文。严可均《全晋文》卷六十七有辑录。

《晋书》卷四《惠帝纪》："四年春正月丁酉朔，侍中、太尉、安昌公石亮薨。"陇西王泰应该继石亮后任太尉。万斯同《晋将相大臣年表》以王泰是年正月迁太尉。

**晋惠帝永宁元年（301年），挚虞致笺齐王冏，为张华讼冤。**

《晋书》卷三十六《张华传》："后伦、秀伏诛，齐王冏辅政，挚虞致笺于冏曰……冏于是奏曰……议者各有所执，而多称其冤。壮武国臣竺道又诣长沙王，求复华爵位，依违者久之。"

**晋惠帝太安元年（302年），挚虞迁秘书监，作《议为皇太孙服》。**

《晋书》本传："皇太孙尚薨，有司奏'御服齐衰期'。诏令博士议。虞曰：'太子生，举以成人之礼，则殇理除矣。太孙亦体君传重，由位成而服全，非以年也。'从之。"

《晋书》卷二十《礼志》中："惠帝太安元年三月，皇太孙尚薨。有司奏，御服齐衰期。昭下通议……秘书监挚虞云：'太子初生，举以成人之礼，则殇理除矣。太孙亦体君传重，由位成而服，全非以年也。天子无服殇之义，绝期故也。'"

**晋惠帝永兴元年（304年），挚虞迁卫尉卿，从惠帝入长安。**

《晋书》本传："后历秘书监、卫尉卿，从惠帝幸长安。"《中国学术编年（三国两晋卷）》系于此年，今从之。

**永兴二年（305年），挚虞乱中流离。**

《晋书》本传："及东军来迎，百官奔散，遂流离鄠、杜之间，转入南山中，粮绝饥甚，拾橡实而食之。"《中国学术编年（三国两晋卷）》系于此年，今从之。

**永兴三年（306年），挚虞还洛阳，为光禄勋。**

《晋书》本传："后得还洛，历光禄勋、太常卿。"《中国学术编年（三国两晋卷）》系于此年，今从之。

**晋怀帝永嘉元年（307年），挚虞迁太常卿，考正旧典。**

《晋书》本传："后得还洛，历光禄勋、太常卿。时怀帝亲郊。自元康以来，不亲郊祀，礼仪弛废。虞考正旧典，法物粲然。"

陆侃如先生《中古文学系年》系于此年，认为《世说新语·文学》注引王隐《晋书》，以挚虞为太常始于从惠帝至长安前，与本传不合。自太安元年皇太孙卒，至永兴元年惠帝西迁，仅有三十一月，遍历秘书、卫尉、光禄、太常四职，似乎不太合乎常理，故从本传。今从陆说。

**永嘉五年（311年），挚虞以馁卒。**

《晋书》本传："及洛京荒乱，盗窃纵横，人饥相食。虞素清贫，遂以馁卒。"

《世说新语·文学》注引王隐《晋书》："永嘉五年，洛中大饥，遂饿而死。"

挚虞的《文章流别集》，是我国历史上第一部文章总集。《文章流别集》早已经亡佚，根据《隋书·经籍志》的记载，梁朝有六十卷，其规模不在《文选》之下，现在只有《文学流别论》能从类书中辑出若干条，张溥《汉魏六朝百三家名集》、严可均《全晋文》和张鹏一《关陇丛书》中可以出若干条。《文章流别论》追溯文章的起源，考察其发展，列举名家作品并加以评论，这也是当时人比较普遍的做法。王瑶先生在《中古文学史论》中说，总集的兴起和发展，是在作者繁多以后的时代风气的必然产物。而总集发展的时代，是恰好与文论发生和发展的时代相符合的①。不过，挚虞的论述在当时是最为完整全面的。《文章流别论》以论述文体问题为主，对每一文体的性质、源流、功能和体制等都予以说明，具有史家之眼光。

挚虞的宗经思想很突出，他认为三言至九言各体都源于《诗经》。不仅如此，在五言诗成为汉魏诗歌发展新潮流的情况下，挚虞却指出，四言诗才是雅音之韵，经典之正："夫诗虽以情志为本，而以成声为节。然则雅音之韵，四言为正，其余虽备曲折之体，而非音之正也。"对此，王运熙和顾易生在《中国文学批评史新编》中指出，这一方面出于宗经，一方面也确实反映了汉代以来朝廷和民间音乐诗歌的实际情况，即用语隆重场合的朝廷雅乐多为四言为主，而朝野用于娱乐的俗乐多歌唱五言。当时人对四言诗、五言诗的态度，可以说反映了雅俗两种欣赏趣味并存的情况。挚虞以"音之正"与"非正"来说四言诗及其他诗体，反映了他的立场偏于雅的一面②。挚虞的"宗经"思想，也影响了后世刘勰《文心雕龙》的"宗经"思想。

《文章流别论》还涉及《诗经》的六义，其解释大多沿袭了汉儒，但是对兴的解释却有了新的因素。在解释"兴"时，他说："兴者，有感之辞也。"强调"兴"是有感而发，这与汉魏以来重视感兴与应感之会的文学思想有关。这一命题的提出，对中国古代文论史上的论兴产生了直接的影响。挚虞的文体论继承了班固《汉书·艺文志》辨章学术、考镜源流的传统，他在《文章流别论》中讨论每一种文体，都采取了"究其原始，释其名义，论其演变得失"的方法，有的还对某种问题提出了基本的要求。挚虞对四言诗的评论以及讨论文体的方法，对刘勰论文产生了直接的影响。挚虞以馁卒，反映出西晋末年战乱给人民带来的深重灾难，也是魏晋六朝时代文士生命悲剧的一种类型，文学创作与文学批评的以悲为美，与士人的生命悲剧直接相关③。

对于挚虞的这部著作，后世也给予了很高的评价。钟嵘《诗品序》："挚虞《文志》，详而博赡，颇曰知言。"颜延之《庭诰》：挚虞文论，足

---

① 王瑶：《中古文学史论》，商务印书馆2011年版，第102页。
② 王运熙、顾易生：《中国文学批评史新编》，复旦大学出版社2007年版，第86页。
③ 袁济喜：《汉末三国两晋文学批评编年》，辽海出版社2014年版，第485—486页。

称优洽。张溥《汉魏六朝百三家集题辞·挚太常集》:"《流别》旷论,穷神尽理,刘勰《雕龙》,钟嵘《诗品》,缘此起议,评论日多矣。"《文心雕龙·才略》:"其品藻流别,有条理焉。"对后代文论家颇有影响。《四库提要总集类序》:"文籍日兴,散乱无纪,于是总集作焉。一则网罗放佚,使零章残什,并有所归;一则删汰繁芜,使莠稗咸除,菁华毕出。是固文章之衡鉴,著作之渊薮矣。《三百篇》既列为经;王逸所裒,又仅《楚辞》一家,故体例所成,以挚虞《流别》为始。"章学诚《文史通义·文集》:"两汉文章渐富,为著作之始衰。然贾生奏议,编入《新书》;相如词赋,但记篇目,皆成一家之言,与诸子未甚相远,初未尝有汇次诸体,裒焉而为文集者也。自东京以降,迄乎建安、黄初之间,文章繁矣。然范、陈二史,所次文士诸传,识其文笔,皆云所著诗、赋、碑、箴、颂、诔若干篇,而不云文集若干卷,则文集之实已具,而文集之名犹未立也。自挚虞创为《文章流别》,学者便之,于是别聚古人之作,标为别集;则文集之名,实仿于晋代。"刘师培在《中国中古文学史讲义》中也说:"文学史者,所以考历代文学之变迁也。古代之书,莫备于晋之挚虞。"①

从文体学发展史的角度来看,《文章流别论》标志着中国古代的泛文学观念的正式形成,并对后代目录学著作"集部"的产生有着深远的影响②。贾奋然在《挚虞〈文章流别集〉〈文章志〉的文学史意义》中从文学史的角度,认为挚虞以"文章"笼括众家之体,显示了文学史"全史"的建构意识;其以流别为主纲,以作者为辅线的编撰思路对今天的文学史也是有所帮助的③。

有关挚虞的著录,《晋书》本传:"虞撰《文章志》四卷,注解《三辅决录》,又撰古文章,类聚区分为三十卷,名曰《流别集》,各为之论,辞理惬当,为世所重。"《隋书·经籍志四》:"《文章流别集》四十一卷梁六十卷,志二卷,论二卷,挚虞撰。《文章流别志论》二卷挚虞撰。"《经籍志二》:"《文章志》四卷挚虞撰。"严可均《全晋文》卷七十六、

---

① 刘师培:《中国中古文学史讲义》,上海古籍出版社2006年版,第100页。
② 贾奋然:《六朝文体批评研究》,北京大学出版社2005年版,第83页。
③ 贾奋然:《挚虞〈文章流别集〉〈文章志〉的文学史意义》,《中国文化研究》2015年第4期。

七十七载其文六十篇。逯钦立《晋诗》卷二载其诗五首。

**参考文献**

邓国光:《挚虞研究》,香港学衡出版社1990年版。
俞士玲:《西晋文学考论》,南京大学出版社2008年版。

(杨　康)

# 夏侯湛传

**夏侯湛，字孝若，谯国谯（今安徽亳县）人。生于魏齐王曹芳正始四年（243年）。**

夏侯湛生于魏晋之际著名的谯郡夏侯氏家族。

《晋书》本传："元康初，卒，年四十九。"又潘岳《夏侯常侍诔》："春秋四十有九，元康元年夏五月壬辰，寝疾卒于延喜里第。"可推之湛生于本年。

《三国志·魏书·武帝纪》："曹腾为中常侍大长秋，封费亭侯。养子嵩嗣，官至太尉，莫能审其生出本末。嵩生太祖。"裴松之引吴人作《曹瞒传》及郭颁《世语》："嵩，夏侯氏之子，夏侯惇之叔父。太祖于惇为从父兄弟。"

《三国志·魏书·夏侯渊传》："夏侯渊字妙才，惇族弟也……长子衡……中子霸……霸弟威，官至兖州刺史。"注引《世语》："威字季权，任侠，贵历荆兖二州刺史。子骏，并州刺史。次庄，淮南太守。庄子湛，字孝若，以才博文章，至南阳相、散骑常侍。庄，晋景阳皇后姊夫也，由此一门侈盛于时。"

梁章钜《三国志旁证》卷十引陈景云："景阳当作景羊，此晋景献穆皇后也。"又《夏侯尚传》："夏侯尚字伯仁，渊从子也。"其子为正始名士夏侯玄。其后"评曰：夏侯、曹氏，世为婚姻，故惇、渊、仁、洪、休、尚、真等并以亲旧肺腑，贵重于时，左右勋业，咸有效劳。爽德薄位尊，沈溺盈溢，此固大易所著，道家所忌也。玄以规格局度，世称其名，然与曹爽中外缱绻；荣位如斯，曾未闻匡弼其非，援致良才。举兹以论，焉能免之乎！"

《晋书》本传："夏侯湛字孝若，谯国谯人也。祖威，魏兖州刺史。

父庄，淮南太守。"又引其《昆弟诰》："……呜呼！惟我皇乃祖滕公，肇鳌厥德厥功，以左右汉祖，弘济于嗣君，用垂祚于后。世世增敷前轨，济其好行美德。明允相继，冠冕胥及。以逮于皇曾祖愍侯，寅亮魏祖，用康乂厥世，遂启土宇，以大综厥勋于家。我皇祖穆侯，崇厥基以允鳌显志，用恢阐我令业。维我后府君侯，祗服哲命，钦明文思，以熙柔我家道，丕隆我先绪。……且九龄而我王母薛妃登遐，我后孝思罔极，惟以奉于穆侯之继室蔡姬，以致其子道。蔡姬登遐，隘于穆侯之命，厥礼乃不得成，用不祔于祖姑。……我母氏羊姬，宣慈恺悌，明粹笃诚，以抚训群子。……用缉和我七子，训谐我五妹。惟我兄弟姊妹束修慎行，用不辱于冠带，实母氏是凭。予其为政蘉尔，惟母氏仁之不行是戚，予其望色思宽。……呜呼！惟母氏信著于不言，行感于神明。若夫恭事于蔡姬，敦穆于九族，乃高于古之人。"

严可均《全晋文》卷九十三载潘岳《夏侯常侍诔》："禹锡玄珪，实曰文命，克明克圣，光启夏政。其在于汉，迈勋惟婴。思弘儒业，小大双名。显祖曜德，牧兖及荆。父守淮岳，治亦有声。"

有关夏侯湛的生平，除了《晋书》本传的记载，今人有陆侃如《中古文学系年》、高武斌《夏侯湛仕宦经历四考》等，可资参考。

**魏元帝景元三年（262年），夏侯湛为太尉掾。少与潘岳为友。**

《晋书》本传："少为太尉掾。"潘岳《夏侯常侍诔》："少知名，弱冠辟太尉府。"李善注引《礼记》："人生二十曰弱冠。"暂定为此年。

《晋书》本传："湛幼有盛才，文章宏富，善构新词，而美容观。与潘岳友善，每行止同舆接茵，京都谓之'连璧'。"

《世说新语·容止》："潘安仁、夏侯湛并有美容，喜同行，时人谓之'连璧'。"注引《八王故事》曰："岳与湛著契，故好同游。"

《文选》卷四十七《东方朔画赞》李善注引臧荣绪《晋书》："美容仪，才华富盛，早有名誉。"

**晋武帝泰始四年（268年），夏侯湛举贤良，作《对策》，拜郎中。**

《晋书》本传："泰始中，举贤良，对策中第，拜郎中。"

《晋书·武帝纪》："（泰始四年十一月）己未，诏王公卿尹及郡国守相，举贤良方正直言之士。"《晋书·挚虞传》："举贤良，与夏侯湛等十七人策为下第,拜中郎。"

严可均《全晋文》载《泰始四年举贤良方正对策》:"民之初生,未有上下之序、长幼之纪,穴居野处,慢愠游而苟作。"挚虞亦有此文。

**泰始五年(269年),夏侯湛外祖母辛宪英卒,作传。其后作《抵疑》。约晋武帝咸宁二年(276年),补太子舍人。**

《三国志·魏书·辛毗传》注引《世语》:"毗女宪英,适太常泰山羊耽,外孙夏侯湛为其传曰……宪英年至七十有九,泰始五年卒。"

《晋书》本传:"累年不调,乃作《抵疑》以自广。"陆侃如《中古文学系年》:"假定在拜郎中后五年左右。"张溥《汉魏六朝百三家集题辞·夏侯常侍集》:"《抵疑》之作,班固宾戏、蔡邕释诲流也。"

《晋书》本传:"后选补太子舍人。"陆侃如《中古文学系年》假定此事在作《抵疑》后一二年,今从之。

**咸宁四年(278年),夏侯湛转尚书郎。**

对于夏侯湛转尚书郎的时间,陆侃如《中古文学系年》以为咸宁三年。高武斌《夏侯湛仕宦经历四考》据山涛任职吏部尚书的时间以及《晋书·乐志》"太康元年……侍郎夏侯湛皆从溥议"的名称转变,以为应系于咸宁四年。今从高说。

《晋书》本传:"转尚书郎。"

**晋武帝太康元年(280年),夏侯湛同荀勖制礼作乐。太康初,出为野王令,作《昆弟诰》,并拟撰《魏书》。**

《晋书·乐志》"太康元年……侍郎夏侯湛皆从溥议。"所作概多为三言体诗歌。

《晋书》本传:"出为野王令,以恤隐为急,而缓于公调。政清务闲,优游多暇。乃作《昆弟诰》。"

张溥《汉魏六朝百三家集题辞·夏侯常侍集》:"见弟诰总训群子,绍闻穆侯,人伦长者之书也。但规模帝典,仅能形似,刻鹄画虎,不无讥焉。"

陆侃如《中古文学系年》以为泰始元年:"湛为令大概在征吴北返

后，作诰未必在本年，但总在野王任上数年中。"高武斌《夏侯湛仕宦经历四考》以为此次被贬与晋武帝末年围绕帝位继承人所引发的太子司马衷与齐王司马攸党派纷争关系密切，而夏侯湛受齐王司马攸的提携，被视为此党，受此牵连。

又《晋书·陈寿传》："撰魏、吴、蜀《三国志》凡六十五篇，时人称其善叙事，有良史之才。夏侯湛时著《魏书》，见寿所作，便怀己书而罢。"故夏侯湛与陈寿撰史时间大致相同，又《华阳国志》卷十一《后贤制》："吴平后，寿乃鸠合三国史，著魏吴蜀三书六十五篇，号《三国志》。"其书影可见于裴松之注于后世补志的著录中。

**太康六年（285年），除中书侍郎。**

《晋书》本传："居邑累年，朝野多叹其屈，除中书侍郎。"

陆侃如《中古文学系年》假定于太康六年。高武斌《夏侯湛仕宦经历四考》因夏侯湛与荀勖不和，据万斯同《晋将相大臣年表》，以荀勖太康八年迁尚书令，中书令由华廙代任为由，以为当在太康八年。今从陆说。

**太康八年（287年），夏侯湛出补南阳相，作《张平子碑》。**

陆侃如《中古文学系年》假定于中书侍郎后一二年。今从之。

《晋书》本传："出补南阳相。"吴士鉴、刘承幹《晋书斠注》："《晋书校文》三曰：'太康十年改王国相为内史，此南阳不当复称相。然列传中往往混淆。'"

《文选》卷五十七潘岳《夏侯常侍诔》李善注引臧荣绪《晋书》："秦王柬，武帝第三子也；初封南阳王，后徙封秦王。"

冷卫国《夏侯湛以"味"论赋》一文，据《张平子碑》："《二京》、《南都》，所以赞美畿辇者，与雅颂争流，英英乎其有味欤！……文无择辞，言必华丽，自属文之士，未有如先生之善选言者也……"[①] 以为其反映了夏侯湛的文学批评思想：汉大赋在当时依旧具有典范地位，这样固有的文学传统依然在理性的价值判断这一层次上影响时代的文学观念。同时对藻采所呈现的美感进行了充分肯定。尤其是以"味"论赋，对于"味"

---

① 冷卫国：《夏侯湛以"味"论赋》，《文学遗产》2001年第1期。

这一概念上升为中国古典美学的重要范畴有推动作用,开启其后陆机以"味"谈诗、刘勰以"味"言文章之美以及钟嵘的"滋味"说的文艺论先声。

严可均《全晋文》卷六十九《张平子碑》:"南阳相夏侯湛……历兹邑而怀夫子……遂纠集旧迹,摄载新怀,而书之碑侧。"

**同年,作《离亲咏》、《江上泛歌》。**

《离亲咏》:"剖符兮南荆,辞亲兮遐征。发轫兮皇京,夕臻兮泉亭。抚首兮内顾,案辔兮安步。仰恋兮后涂,俯叹兮前路。既感物以永思兮,且归身乎怀抱。苟违亲以从利兮,匪曾闵之攸宝。视微荣之琐琐兮,知吾志之愈小。独申愧于一心兮,惭报德之弥少。"《江上泛歌》:"悠悠兮远征,倏倏兮暨南荆。南荆兮临长江,临长江兮讨不庭。江水兮浩浩,长流兮万里……"

陆侃如《中古文学系年》:"这些话与湛本传所载事迹无一相合。若说是后人伪作,其风格却与湛其他作品颇一致(如《春可乐》、《秋可哀》、《寒苦谣》、《长夜谣》等篇)。我疑他曾以尚书郎随贾充征吴,而本传偶略。"据《晋书·贾充传》:"伐吴之役,诏充为使持节假黄钺大都督,总统六师……充虑大功不捷,表陈:'西有昆夷之患,北有幽并之戍,天下劳扰,年谷不登,兴军致讨,惧非其时。又臣老迈,非所克堪。'诏曰:'君不行,吾便自出。'充不得已,乃受节钺。"又《晋书·武帝纪》:"五年……十一月大举伐吴……以太尉贾充为大都督。"故定于咸宁五年。然曹道衡、沈玉成《中古文学史料丛考》对此阙疑。

**太康九年(288年)左右,夏侯湛家艰乞还,后迁太子仆,转散骑常侍。其后作《家风诗》。**

《晋书》本传:"迁太子仆,未就命而武帝崩。惠帝即位,以为散骑常侍。"

《夏侯常侍诔》:"少知名,弱冠辟太尉府,贤良方正征,仍为太子舍人,尚书郎,野王令,中书郎,南阳相。家艰乞还。顷之,选为太子仆,未就命而世祖崩。天子以为散骑常侍,从班列也。"

又"乃眷北顾,辞禄延喜。余亦偃息,无事明时。畴昔之游,二纪于兹。班白携手，何欢如之。"夏侯湛卒于元康元年，故在晚年夏侯湛与潘岳有交游。

有关《家风诗》的写作时间，傅璇琮认为在永熙元年。俞士玲《西晋文学考论》认为作于咸宁二年，潘岳父亡后。现系于晋武帝太康九年之后。

《世说新语·文学》："夏侯湛作周诗成，示潘安仁。安仁曰：'此非徒温雅，乃别见孝悌之性。'潘因此遂作《家风诗》。"注："岳《家风诗》载其宗祖之德及自戒也。"《晋书》本传亦载。

《汉魏六朝百三家集》："《周诗》者《南陔》、《白华》、《华黍》、《由庚》、《崇丘》、《由仪》六篇，有其义而亡其辞。湛续其亡，故云周诗也。"诗曰："既殷斯虔，仰说洪恩。夕定晨省，奉朝侍昏。宵中告退，鸡鸣在门。孳孳恭诲，夙夜是敦。"潘岳《家风诗》："绾发绾发，发亦鬓止。曰祇曰祇，敬亦慎止。靡专靡有，受之父母。鸣鹤匪和，析薪弗荷。隐忧孔疚，我堂靡构。义方既训，家道颖颖。岂敢荒宁，一日三省。"

张溥《汉魏六朝百三家集题辞·夏侯常侍集》："周诗上叙白华，志犹束皙补亡，安仁诵之，亦赋家风，友朋具尔，殆文以情生乎？"

**晋惠帝元康元年（291年），夏侯湛亡。潘岳作《夏侯常侍诔》。**

《晋书》本传："元康初卒，年四十九。"又"湛族为盛门，性颇豪侈，侯服玉食，穷滋极珍。及将没，遗命小棺薄敛，不修封树。论者谓湛虽生不砥砺名节，死则俭约令终，是深达存亡之理。"《晋书·文苑传》："潘、夏连辉，颉颃名辈，并综采繁缛，杼轴清英。"

刘勰《文心雕龙·时序》："岳湛曜联璧之华。"《诗品下》："孝若虽曰后进，见重安仁。"可参见本书《潘岳传》。

**夏侯湛著论三十余篇，别为一家之言。**

夏侯湛之文，所作人物赞、叙、传颇多，其中以《东方朔画赞》、《夏侯称夏侯荣叙》、《羊秉叙》等著名。其赋今存二十篇左右，其题材以咏物居多，大凡不出天气四时、动物植物、歌舞游乐、日用杂品之类，篇幅一般亦颇短小。然可托物言志，如《浮萍赋》、《雀钗赋》等。亦有个别如《猎兔赋》这样场面较大的赋。其诗今存十余首，其中骚体九首，依逯钦立《先秦汉魏晋南北朝诗》，为《山路吟》、《江上泛歌》、《离亲咏》、《长夜谣》、《寒苦谣》、《春可乐》、《秋可哀》、《秋夕哀》、《征迈辞》。严可均《全晋文》亦录，以其为赋之变体。曹道衡、沈玉成《中古文学史料丛考》从挚虞、刘勰诸家分类未见此类文体辨别，历代类书的收录亦属类不伦。其后又有湛方生、谢庄、沈约等杂言骚体，亦不辨其为文为诗。其三言体诗歌已亡佚，严羽《沧浪诗话》："三言起于晋夏侯湛。"郭绍虞校释引《文章缘起》："三言诗晋散骑常侍夏侯湛所作。"以为疏忽乐府诗，曰："民间三言体亦早已成立，不必始于夏侯湛也。"但是也能看出夏侯湛将三言体文人化的贡献。又《南齐书·乐志》："夏侯湛又造宗庙歌十三篇。"可知题材多为朝廷祭祀的宗庙歌。参考《晋书·礼志》为太康元年。其四言体诗歌仅存《周诗》，然无一五言诗——这在五言勃兴的魏晋诗坛上异峰突起，或因不为流俗，或因流传散佚。

夏侯湛的著作，《晋书》本传载有："著论三十余篇，别为一家之言。"《补晋书·艺文志》著录："夏侯湛《辛宪英传》、夏侯湛《羊秉叙》。"《隋书·经籍志三》著录："《新论》十卷，晋散骑常侍夏侯湛撰。"《经籍志四》又著录："晋散骑常侍《夏侯湛集》十卷，梁有录一卷。"《旧唐书·经籍志》、《新唐书·艺文志》皆著录："《新论》十卷，《夏侯湛集》十卷。"《宋史·艺文志》未见著录，可见原集约在宋代已经散佚。现存夏侯湛著作多为残篇，集中见于明代以后的各家辑本，主要有：明张燮《七十二家集》本，辑录《夏侯常侍集》二卷附录一卷。明张溥辑有《夏侯常侍集》一卷收入《汉魏六朝百三家集》。另外还有明冯惟讷《古诗纪》卷四十辑录其诗六首。清马国翰《玉函山房辑佚书》从《太平御览》中辑出《新论》六节，且以《抵疑》为《新论》中一篇。清王仁俊辑《玉函山房辑佚书续编三种》从《意林》（见于《说郛三种》卷十一）中辑出三节。清严可均《全上古三代秦汉三国六朝文·全晋文》卷六十八、六十九辑录其文五十四篇，并注明出处，较为详备。近人丁福保《全汉三国晋南北朝诗·全晋诗》卷四辑录其诗六首。今人逯钦立《先秦汉魏南北朝诗·晋诗》卷二辑录其诗十首，是目前收录夏侯湛诗歌最为完备的辑本。

**参考文献**

俞士玲:《西晋文学考论》,南京大学出版社2008年版。
高武斌:《夏侯湛仕宦经历四考》,《山西农业大学学报》(社会科学版)2009年第2期。

(刘　睿)

# 潘 岳 传

潘岳，字安仁，荥阳中牟（今河南）人。生于魏齐王曹芳正始八年（247年）。姿容甚美，少年颇有奇才。

潘岳祖籍中牟县。据《晋书·地理志》，中牟县汉魏时属于陈留郡，晋代属于荥阳郡。但是，潘岳实际居住之地在巩县。《水经注》卷十五"洛水"云："北流注于罗水，罗水又西北径袁公坞北，又西北径潘岳父子墓前，有碑'岳父此琅琊太守'，碑石破落，文字缺败。岳碑题云：'给事黄门侍郎潘君之碑'。碑云：'君遇孙秀之难，阖门受祸，故门生感覆醢以增恸，乃树碑以记事。'太常潘尼之辞也。"又有潘岳《西征赋》之"眷巩洛而掩涕，思缠绵于坟茔"，《在怀县作》之"眷然顾巩洛"、"愿言旋旧乡"可证。

《晋书》本传："潘岳字安仁，荥阳中牟人也。"

《三国志·武帝纪》"建安十八年"条，裴松之注称其叔潘勖为陈留中牟人。

关于潘岳家系有二说。唐林宝《元和姓纂》："岳家谱云：潘氏，楚公族，芈姓之后。崇子尪，生党。汉潘瑾，后汉潘勖。"宋郑樵《通志·氏族略·以字为氏》楚人字条："潘氏，芈姓，楚之公族，以字为氏。潘崇之先，未详其始。或言毕公高之子季孙，食采于潘，谬矣。潘岳《家风诗》自可见。晋亦有潘父，恐自楚往也。汉有潘瑾，后汉有潘勖。又有破多罗氏，改姓潘氏，虏姓也。"另一说见于《广韵》，以为出自曾有潘之采地的周毕公之子季孙。

潘氏世居河南，自潘瑾以下名见史传。《晋书》本传："祖瑾，安平太守。父芘，琅邪内史。"《文选·金谷集作诗》注以及《世说新语·仇隙》注引王隐《晋书》："岳父文德，为琅邪太守。"又《怀旧赋》注引臧荣绪《晋书》："岳父茈，琅邪内史。"可见其多在地方任职。并且多儒士之流。《三国志》引《文章志》称潘勖"明习旧事"、勖子潘满"以学行称"、勖孙潘尼"有清才，文辞温雅"。潘勖更是建安时期著名的文章家，后世所作的九锡文多步其后尘。

潘岳之母为王堪之父烈之姐妹。岳有兄释与弟豹、据、诜等昆仲四人，及早逝弟、妹等。在同龄亲属之中，潘岳与从子潘尼以文名并重。《秋兴赋》："晋十有四年，余春秋三十有二，始见二毛，以太尉椽兼虎贲中郎将，寓直于散骑之省。"自此推之，可知潘岳生于正始八年。

古有"颜如宋玉，貌比潘安"之语。《世说新语·容止》："潘岳妙有姿容，好神情。少时挟弹出洛阳道，妇人遇者，莫不连手共萦之。左太冲绝丑，亦复效岳游遨，于是群妪齐共乱唾之，委顿而返。"注引《语林》曰："安仁至美，每行，老妪以果掷之，满车。张孟阳至丑，每行，小儿以瓦石投之，亦满车。"二说不同。元代剧作家高文秀以此作《潘安掷果》杂剧，后有明传奇《金雀记》。兴膳宏定为泰始四年（268年），傅璇琮以为泰始二年（266年），今从卢文弨、余嘉锡之说，定为少年之时。

又《晋书》本传："岳少以才颖见称，乡邑号为奇童，谓终贾之俦也。"《文选》卷七《藉田赋》注引臧荣绪《晋书》曰："总角辩惠，摛藻清艳，乡邑称为奇童。"《世说新语·文学》注《晋阳秋》曰："夙以才颖发名，善属文，清绮绝世，蔡邕未能过也。"潘岳与夏侯湛为友。《世说新语·容止》："潘安仁、夏侯湛并有美容，喜同行，时人谓之'连璧'。"注引《八王故事》曰："岳与湛著契，故好同游。"《晋书·夏侯湛传》："湛幼有盛才，文章宏富，善构新词，而美容观，与潘岳友善，每行止同舆接茵，京都谓之'连璧'。……泰始中，举贤良，对策中第，拜郎中。"魏晋时人对于士人的容止美十分赞赏，对仪容仪表、举止风度的欣赏已经成为社会风气，并反映出士人们的审美趣向。这种审美风尚对南朝时期士人心态及文学创作的柔美倾向产生了一定的影响。

关于潘岳的事迹，除《晋书》本传及《世说新语》的记载外，文章有傅璇琮《潘岳系年考证》、兴膳宏《潘岳年谱稿》等，专书有陈淑美《潘岳及其诗文研究》、王晓东《潘岳研究》、高胜利《潘岳研究》等对潘岳生平作品研究，可资参考。

**魏高贵乡公甘露三年（258年），潘岳受知于杨肇。**

《怀旧赋》序："余十二，而获见于父友东武戴侯杨君。"赋云："余总角而获见，承戴侯之清尘。名余以国士，眷余以嘉姻。"李善注引贾弼之《山公表注》："杨肇女适潘岳。"

杨肇一家在魏晋之际为名门望族。潘岳《杨荆州诔》："伊君祖考，方事之殷。鸟则择木，臣亦简君。投心魏朝，策名委心。奋跃渊途，跨腾风云。或统骁骑，或据领军。"李善注引潘岳《杨肇碑》序："肇骁骑府君之嫡孙，领军肃侯之嗣子。"又引贾弼之《山公表注》："杨恪，字仲义，骁骑将军。生暨，字休先，领军将军。"在世家大族联姻的背景之下，潘岳受知于杨肇并结亲，在一定程度上为其仕途进取奠定了基础。对于杨家对自身的提携赞誉与许配婚嫁，潘岳在相关的诔文中也表示感激之情。

**魏元帝景元四年（263年）前后，潘岳娶妻。**

传统的说法是根据《悼亡赋》之"伊良嫔之初降，几二纪以迄兹"。其妻死于元康八年，前推二十四年，故陆侃如以为潘岳第一次婚姻在泰始十年（二十八岁）；兴膳宏定于咸宁元年（二十九岁）[①]；傅璇琮以为杨肇以长女许其为妻，结婚于何时无史料可考，大概在咸宁元年以前[②]。此处采纳顾农《潘岳的婚姻史与相关作品》之说[③]。

**晋武帝泰始元年（265年），潘岳随父至任琅邪，在此期间作《射雉赋》、《登虎牢山赋》、《沧海赋》、《吊孟尝君文》、《内顾诗》。**

《晋书》本传："父芘，琅邪内史。"《晋书·武帝纪》："（泰始元年冬十二月）伦为琅邪王。"《晋书·赵王伦传》："武帝受禅，封琅邪郡王。"《晋书·职官志》："诸王国以内史掌太守之任。"又有《晋书》本传："初，芘为琅邪内史，孙秀为小史给岳，而狡黠自喜。岳恶其为人，数挞辱之，秀常衔忿。"此事为潘岳的悲剧结局埋下伏笔。

---

[①] 兴膳宏：《六朝文学论稿》，岳麓书社1986年版，第197—198页。
[②] 傅璇琮：《唐诗论学丛考》，京华出版社1999年版，第542页。
[③] 顾农：《潘岳的婚姻史与相关作品》，《文学遗产》2013年第4期。

刘勰《文心雕龙·诠赋》以潘岳在内的八人为"魏晋之赋首"。《文选》选录赋中潘岳最多，占其六分之一。《文选》卷九《射雉赋》李善注："《射雉赋》序曰：'余徙家于琅邪，其俗实善射，聊以讲肄之余暇，而习媒翳之事，遂乐而赋之也。'"兴膳宏以为"《射雉赋》似是少时习作"。傅璇琮以为"这是现在可以考知的潘岳最早的作品"。在文中，潘岳详细叙述了当时盛行的风俗——在隐蔽自身的条件下设媒翳为诱饵捕捉野禽。情节十分真切，可见其叙事之功底。从此赋亦可以看出潘岳的少年时代养尊处优，学习与闲暇的时光充实且快乐。

《登虎牢山赋》是宦游外地登高思乡之作，脱离汉大赋的"假称珍怪"，直接描写途经的景物；《沧海赋》依循前代咏海的赋篇，总写汤汤荡荡之状，再及海中山岳岛屿、奇珍异兽。傅璇琮以为"蓬莱、青丘都在今胶东半岛，于琅邪为近。潘岳后期踪迹未再至山东，则此《沧海赋》当也在琅邪时游历蓬莱等地所作"。傅璇琮又以为《吊孟尝君文》亦游齐时作。以上或为之后回忆之作，现姑系于此时。先言其招贤纳士，掌控齐、秦国大权；又言善待贤士，故总能化险为夷。可见孟尝君为潘岳倾慕的对象，在吊祭古人之时，借古人古事咏怀。

《内顾诗》叙述远行游子对家室的眷恋之情。傅璇琮以为"综观潘岳一生踪迹，似并无远行三千里以外之绝域。此诗是否潘岳所作，尚有可疑"。俞士玲《西晋文学考论》沿袭其说，并依据《广文选》将此诗系于潘尼名下，结合潘尼约元康八年至永康间任职秦中陇右，此处可谓"绝域"，以为潘尼倒是最可能的作者[①]。按：诗歌中的意象切忌做实，此或为抽象意义上的心理感触，通过时空的改变与山水、云朵的描写，含蓄表达着绵绵情思。顾农《潘岳的婚姻史与相关作品》以为潘岳与其第一位夫人的感情很好，并且有两首情意浓烈的《内顾诗》，其中《古诗十九首》作为潘岳学习和模仿的典范。分别距离的远度，实则增加了感情的浓度。姑系于此。

**约泰始三年（267年），潘岳被辟为司空掾，潘尼赠其诗。或作《羊夫人诔策文》。**

《晋书》本传："早辟司空太尉府。"《文选·藉田赋》引臧荣绪《晋

---

[①] 俞士玲：《西晋文学考论》，南京大学出版社2008年版，第151页。

书》:"弱冠辟司空太尉府,举秀才。高步一时,为众所疾。"潘岳《河阳县作》:"微身轻蝉翼,弱冠忝嘉招。"任职期间,从子潘尼有《赠司空掾潘岳诗》。俞士玲以为"羊夫人"为武帝母王皇后之母。《羊夫人谥策文》:"光启洪祚庆流万国。"

陆侃如以为其事在泰始四年(268年)。曹道衡承其说以为"陆说似得其实,惟所'丢开'者不仅裴秀,且有荀顗"①。傅璇琮以为被辟为司空掾约在泰始二年(266年),并认为潘岳先后任职于荀顗、裴秀与贾充的掾属。徐公持提出潘岳只任贾充的掾属②。据《晋书》本传载,荀顗于泰始十年薨,自武帝践祚以来任职司空太尉等职。《晋书·武帝纪》:"(泰始)四年春正月辛未,以尚书令裴秀为司空。"《晋书·贾充传》:"从容任职,褒贬在己,颇好进士,每有所荐达,必终始经纬之,是以士多归焉。帝舅王恂尝毁充,而充更进恂。或有背充以要权贵者,充皆阳以素意待之。而充无公方之操,不能正身率下,专以谄媚取容。"

**泰始四年(268年),潘岳作《藉田赋》。**

《晋书》本传:"泰始中,武帝躬耕藉田,岳作赋以美其事,曰:'伊晋之四年正月丁未,皇帝亲率群后藉于千亩之甸,礼也。'"然《晋书·武帝纪》:"丁亥,帝耕于藉田。"《文选·藉田赋》引臧荣绪《晋书》:"泰始四年正月丁亥,世祖初藉于千亩,司空掾潘岳作《藉田颂》也。"又曰:"丁亥藉田,戊子大赦。"《耕藉诏》见《晋书·礼志上》、《宋书·礼志一》,《大赦诏》见《晋书·武帝纪》。俞士玲据《闲居赋》"所奉之主,即太宰鲁武公其人也",以为潘岳担任司空掾在泰始八年贾充上任之后,故作此赋时潘岳无职务。文章的叙述多有跳跃,必须加以考辨。

"藉田"乃天子亲耕以劝农,为西晋统一之后一件盛事。刘师培称其"义典言弘,亦典诰之遗音也"。于光华《评注〈昭明文选〉》卷二引方廷珪批语:"按只中间数句为藉田正文,余俱从题之前后紧就藉田发意,既不失之肤泛,行文亦绰然有余地矣。文之正位,原自无多。"王澧华《两晋诗风》以为其"独冠侪类",其妙处有三③。

---

① 曹道衡、沈玉成:《中古文学史料丛考》,中华书局2003年版,第159页。
② 徐公持:《潘岳早期任职及徙官考辨》,《文学遗产》2001年第5期。
③ 王澧华:《两晋诗风》,上海古籍出版社2005年版,第334—335页。

**泰始九年（273年），潘岳作《司空密陵侯郑袤碑》。娶杨氏为妻，挚虞作《新婚箴》，潘岳回敬《答挚虞新婚箴》。**

《晋书·武帝纪》："九年春正月辛酉，司空密陵侯郑袤薨。"《晋书·郑袤传》："九年薨，时年八十五。"陆侃如则定于泰始八年。兴膳宏以为在元康九年。顾农《潘岳的婚姻史与相关作品》以为挚虞称潘岳为"后生"可知再婚为年富力强之时，定于泰始十年。《悼亡赋》："伊良嫔之初降，几二纪以迄兹。"其妻死于元康八年，前推至此约二十四年。再联系《晋书·武帝纪》："（泰始九年）十月辛巳，晋诏女年十七，父母不遣嫁者，使长吏配之。"又杨肇刚刚贬为庶人去官，存在于此年前后再娶的可能性，故定是年。潘岳文曰："先王制礼，随时为正。俯从企及，岂乖物性。女无二归，男有再聘。女实存色，男实存德。德在居正，色在不惑。故新旧兼弘，义申理得。然性情之际，诚难处心。君子过虑，爰献明箴。防微测显，文丽旨深。敬纳嘉诲，敢酬德音。"按：《怀旧赋》："名余以国士，眷余以嘉姻也。""国士"一词，又见《晋书·刘寔传》："为一国所让则一国士也。"《晋书·庾亮传》："既眷同国士，又申以婚姻。遂阶亲宠，累忝非服。弱冠濯缨，沐浴芳风。"应为潘岳成人并有才名之后，杨肇对其赞誉倚重之辞。世家大族赞誉才干之士而又相结为亲之事，可见时为惯象。

**泰始十年（274年），潘岳其父潘芘去世。**

《杨荆州诔》："仰追先考执友之心。"可知其父在泰始年间卒。《河阳县作》："在疚防贤路，再升上宰朝。"所指即潘岳服丧，后复任职。《怀旧赋》："不幸短命，父子凋殒。余既有私艰，且寻役于外，不历嵩丘之山者，九年于兹矣。"故知二人卒年接近。因无直接谈到潘岳之父去世的文献，但与杨氏结婚应居其前，故定于此年。

**晋武帝咸宁元年（275年），杨肇死，潘岳作《杨荆州诔》及《荆州刺史东武戴侯杨史君碑》。**

杨肇的有关记载如下。《晋书·武帝纪》："（泰始八年）九月，吴西陵督步阐来降……吴将陆抗攻阐，遣车骑将军羊祜帅众出江陵，荆州刺史杨肇迎阐于西陵，巴东监军徐胤击建平以救阐……十二月，肇攻抗，不克而还。阐城陷，为抗所禽。"《晋书·职官志》："（泰始八年）有步阐、杨肇之败，死伤甚众，不聪之罚也。"《晋书·羊祜传》："遣荆州刺史杨肇攻抗，不克，阐竟为抗所擒。有司奏：'祜所统八万余人，贼众不过三万。祜顿兵江陵，使贼备得设。乃遣杨肇偏军入险，兵少粮悬，军人挫衂。背违诏命，无大臣节。可免官，以侯就第。'竟坐贬为平南将军，而免杨肇为庶人。"《资治通鉴》与《三国志》并有记载。从《杨荆州诔》"余以顽蔽，覆露重阴"与"岂忘载奔，忧病是沈。在疾不省，于亡不临"可知受杨肇恩泽的潘岳在岳父临终并未至现场，此事在心中留下余憾。《荆州刺史东武戴侯杨史君碑》采用传记的手法，先写其字、封号，再写其仕宦经历，文字生动。另陆机《辩亡论》："逮步阐之乱……陆公以偏师三万，北据东阮，深沟高垒，案甲养威。反旁踠迹待戮，而不敢北窥生路，强寇败绩宵遁，丧师太半。分命锐师五千，西御水军，东西同捷，献俘万计。信哉，贤人之谋，岂欺我哉！"此事为潘、陆之后的关系埋下了伏笔。

**咸宁元年后，潘岳作《寡妇赋》、《为任子咸妻作孤女泽兰哀辞》。**

《文选》李善注："寡妇者，任子咸之妻也。子咸死，安仁序其寡孤之意，故有赋焉。"贾弼之《山公表注》："杨肇次子适任护。"赋曰："其妻又吾姨也，少丧父母。"《杨荆州诔》："维咸宁元年夏四月乙丑，晋故折冲将军、荆州刺史、东武戴侯荥阳杨使君薨。"陆侃如以为在咸宁二年。兴膳宏系于太康元年。按：此文多用毛诗、魏文帝与丁廙妻的同题之作，并不能简单归为拼贴之作，而是当时人碰触到这一题材便重现其知识体系之故。文中先叹命运不济，自幼丧父；再叙嫁人之后谨遵妇道；更多描述风华正茂之时丧夫，以情景交融的笔法塑造出一位形容枯槁，欲以死而明志的妇女形象，所谓"亡魂逝而永远兮，时岁忽其遒尽。容貌儡以顿悴兮，左右凄其相愍。感三良之殉秦兮，甘捐生而自引。鞠稚子于怀抱兮，羌低徊而不忍。独指景而心誓兮，虽形存而志陨"。另外，中国古代存在男子自拟女子的抒情传统，潘岳也许并未置身现场进行仔细的观察，只是落于臆想。

未题"任子咸"而独题其"妻"，概其时任护已死。陆侃如以为"当作于《寡妇赋》后二年许"。俞士玲以为作于太康年间。文中泽兰为任子咸之女，年幼而殒。文中回忆赞美了此女，后以其母的视角代其言哀。

**咸宁二年（276年），司空贾充为太尉，潘岳为太尉掾。**

《晋书·武帝纪》："（咸宁二年八月）司空贾充为太尉。"

《闲居赋》："仆少窃乡曲之誉，忝司空太尉之命，所奉之主，即太宰鲁武公其人也。举秀才为郎。"《河阳县作》："猥荷公叔举，连陪厕王寮。"潘岳此年秋冬时父丧满。

**咸宁四年（278年），潘岳为太尉掾兼虎贲中郎将，寓直于散骑之省，作《秋兴赋》。《萤火赋》或作于此时。**

《文选》卷十三《秋兴赋》李善注引臧荣绪《晋书》："贾充为太尉。"又"岳为贾充掾"。《世说新语·言语》："桓玄既篡位，将改置直馆，问左右：'虎贲中郎省，应在何处？'有人答曰：'无省。'当时殊忤旨。问：'何以知无？'答曰：'潘岳《秋兴赋》叙曰：余兼虎贲中郎将，寓直散骑之省。'玄咨嗟称善。"注引刘谦之《晋纪》云："玄欲复虎贲中郎将，疑应直与不，访之僚佐，咸莫能定，参军刘简之对曰，昔潘岳《秋兴赋》叙云：余兼虎贲中郎将，寓直于散骑之省。以此言之，是应直也。玄欢然从之。"顾农《〈文选〉中潘岳六首释证》以为潘岳以较低的身份寄寓在散骑省，作为贾充扩张权力的一种试探性安排，但以失败告终[①]。俞士玲《西晋文学考论》以为"其真意则在斥骂散骑省一帮与贾充为敌，因而也对自己怀有敌意之人"。

《秋兴赋》因感秋而兴。人受感于秋日节气而变化，外在"于是乃屏轻箑，释纤绤。藉莞蒻，御袷衣"，内在则"悟时岁之遒尽兮，慨俯首而自省"。时光如白驹过隙，早年的得志的情形似乎还在昨日，但而立之年却庸庸碌碌，无人赏识，只能远远望见达官显贵的荣光。四时的更替如此规律，但是如四时盛衰的人生却难以把握。对于生死，潘岳反讽那些春风得意之人，忘记背后隐藏的巨大隐患。潘岳对于"安""危"的论证也是其"重生"的一种表现，即退守自安的考虑。作者的期冀是闲居逍遥，俨然是隐居的场景，山野田园的气息。

然而，潘岳不仅仅没有身退，反而卷入政治斗争中，以其文反映对现实政治的不满，被调任河阳令也有"岂敢陋微官，但恐忝所荷"的担当

---

[①] 顾农：《〈文选〉中潘岳六首释证》，《广西师范大学学报》（哲学社会科学版）2011年第6期。

与施行仁义的决心。转看潘岳晚年，在去官之后，依旧高情为赋，也依旧起身重新步入仕途。因人废言。

俞士玲提出《萤火赋》"与《秋兴赋》命意同，为其辞官归家后之作，故系于此"。按：《萤火赋》中对萤火虫在阴暗中带来光明的"琦玮"，还有"无干欲于万物，岂顾恤于网罗"、"随阴阳以飘飘，非饮食之是营"的超然表示钦羡，实质也有标举萤火虫以立身的意旨。

**同年，又作《景献皇后哀策文》、《阁道谣》。屏居天陵山，作《天陵诗》。**

《晋书·武帝纪》："（咸宁四年）弘训皇后羊氏崩。秋七月己丑，祔葬景献皇后羊氏于峻平陵。"《晋书·景献羊皇后传》："景献羊皇后讳徽瑜，泰山南城人。父衟，上党太守；后母陈留蔡氏，汉左中郎将邕之女也。后聪敏有才行。景怀皇后崩，景帝更娶镇北将军濮阳吴质女，见黜，复纳后，无子。武帝受禅，居弘训宫，号弘训太后。泰始九年，追赠蔡氏济阳县君，谥曰穆。咸宁四年，太后崩，时年六十五，祔葬峻平陵。"

《晋书》本传："出为河阳令，负其才而郁郁不得志。时尚书仆射山涛领吏部，王济、裴楷等并为帝所亲遇，岳内非之，乃题阁道为谣曰……"《世说新语·政事》："山公以器重朝望，年逾七十，犹知管时任。贵胜年少若和、裴、王之徒，并共宗咏。有署阁柱曰：'阁东有大牛，和峤鞅，裴楷鞦，王济剔嬲不得休。'"注引王隐《晋书》曰："初，涛领吏部，潘岳内非之，密为作谣曰：'阁东有大牛，王济鞅，裴楷鞦，和峤刺促不得休。'"又引《竹林七贤论》："涛之处选，非望路绝，故贻是言。"

《秋兴赋》："耕东皋之沃壤兮，输黍稷之余税。"《河阳县作二首》："长啸归东山，拥耒耨时苗。幽谷茂纤葛，峻岩敷荣条。落英陨林趾，飞茎秀陵乔。"李善注引岳《天陵诗序》："岳屏居天陵东山下。"天陵山可能是隐者乐居的名山。又有"卑高亦何常，升降在一朝。徒恨良时泰，小人道遂消。譬如野田蓬，斡流随风飘"。可见在风物优渥的隐居生活中，诗人的心境并不平静。陆侃如以为于贾充卒后，出令河阳前曾归耕东山。曹道衡、沈玉成《中古文学史料丛考》沿袭其说。傅璇琮之文未及此条。高胜利《潘岳隐居考》一文从隐居的时间与地点上肯定了潘岳隐居的事实。其隐居为时尚短。

咸宁五年（279年），潘岳举秀才为郎，出为河阳令，潘尼作《赠河阳诗》。结识公孙宏。作《河阳县作》及《河阳庭前安石榴赋》二首。《笙赋》、《狭室赋》或亦作于此时。

《晋书》本传："岳才名冠世，为众所疾，遂栖迟十年。出为河阳令，负其才而郁郁不得志。"《闲居赋》："仆少窃乡曲之誉，忝司空太尉之命，所奉之主，即太宰鲁武公其人也。举秀才为郎。"又潘尼《赠河阳诗》之"弱冠步鼎铉，既立宰三河"，故此时年纪三十余岁。陆侃如以为当为太康三年："岳调外任，当在本年四月贾充卒后，作谣当在初奉命时。"

《晋书》本传："初，谯人公孙宏少孤贫，客田于河阳，善鼓琴，颇能属文。岳之为河阳令，爱其才艺，待之甚厚。"唐白居易《白氏六帖·事类集》："潘岳为河阳令，树桃李花，人号曰：'河阳一县花'。"可见其美名传颂后世。

《河阳县作诗》其一先叙身世，接以写景，借景抒怀，全诗笼罩在一种忧怨的情绪下，卑高无常的慨叹有左思"世胄蹑高位，英俊沉下僚"之意。自己任职之地与京城地理位置不远，但是山水阻隔了其视线，让他的内心有一种深深的距离感，有命运无依、人生短暂的忧虑。本以为凭借德行教化可以施惠于民、美名远扬，却不料政绩平平，又被外调到更远的怀县。

关于《河阳庭前安石榴赋》，招祥麒《潘尼赋研究》以为"其所见的赋中，许多与潘尼之赋相同或相似，不是辑录出现失误，便是一方先作，另一方摹拟……此赋由花及人，寄寓怀才不遇之感而制胜他人。"[1] 相关论述又见陈伟强《"两潘"的两篇〈安石榴赋〉校订》[2]。按：此赋结尾有"处悴而荣，在幽弥显"如同高士处贫而不逆其志；"其华可玩，其实可珍"，即表里相称。最后延及于人："岂伊仄陋，用渝阙真，果犹如此，而况于人。"亦是自比安石榴，自负奇才，却处于河阳县而远离京城，仕途不得。如此更不能因其地僻远而易其本心，可见他的横溢之才华与一心仕宦的心志。写物喻志，拟人比情。

《笙赋》推陈出新，没有按照常人的套路去描写乐器。何焯："详叙笙声，各有层次，先出吹笙之人，次及吹笙，次及曲调，次及吹笙之时与

---

[1] 招祥麒：《潘尼赋研究》，上海古籍出版社2011年版，第48页。
[2] 陈伟强：《"两潘"的两篇〈安石榴赋〉校订》，《书目季刊》32卷第1期。

地，以见其妙也。"俞士玲以为定于此年"似以笙自况，颇合岳此时情形"。姑系于此年。回到时代背景，魏晋时代礼乐分离，乐渐渐堕落为对现实的模仿，开始无节制表达具体哀乐之情，成为一种点缀。对比嵇康《声无哀乐论》的根本指向，在于否定音乐的政治功能而存留其社会功能——为圣人用乐的本意。

《狭室赋》描写了居处的狭窄、简陋，抒发对贫穷的感受。兴膳宏以为此赋可能也是河阳时代的作品。然俞士玲以为于《秋兴赋》意同，概作于其时。

**晋武帝太康三年（282年），潘岳转怀令，作《在怀县作诗》二首、《上客舍议》。贾充薨，作《太宰鲁武公诔》。**

吴淇《六朝选诗定论》："《河阳》二作，乍离京师，故怨外补之意多，《怀县》二作，外补已久，故望入京之意多。"陈祚明《采菽堂古诗选》："安仁工于写景……投外之怨，深蓄于中，反言见谓得体，然弥为宣露。独喜其情真语迫，能故作婉笔，意极佳。"按：正值盛夏，反衬出诗人身心疲乏，内心焦急与夏季燥热又相衬。《诗品序》："安仁倦暑。"然"感此还期淹"言在此处看似短暂的时间，与之前漫长却让人发觉短促的时光相比。任职应为冬末初春，故"冰未泮"。潘岳自负其才，本欲在朝中大展宏图，却屈居小邑，诗中处处矛盾与不平之气，却万般无奈，欲归不得。

《上客舍议》先述设置客舍的用途："行者赖以顿止，居者薄收其直，交易贸迁，各得其所，官无役赋，而因民成利，惠加百姓，而公无所费。"以史为鉴，再聚焦当世。傅璇琮："按此处所议之事，乃属于尚书度支郎职务范围之内……《晋书》本传系之于怀令时似不确。"王晓东《潘岳研究》以为在任职怀县四年不可取，并有所考证。

《晋书·武帝纪》："（太康三年）夏四月庚午，太尉鲁公贾充薨。"《晋书·贾充传》："太康三年四月薨，时年六十六。"大致是奉命应制之作。

**约太康四年（283年），潘岳卸任怀令赴任尚书度支郎，途中作《怀旧赋》。**

《晋书》本传："岳频宰两邑，勤于政绩，调补尚书度支郎。"《闲居赋》："逮事世祖武皇帝，为河阳、怀令，尚书郎，廷尉平。"其文从登车上路写起后及陵墓旧屋，其后回忆抒情，再回忆现实，其哀情透过文中层次变化递进着。

陆侃如《中古文学系年》系于太康五年，以为"这九年不知究应如何算法，如从杨肇卒年算起，则赋应作于本年"。兴膳宏以为潘岳父卒于泰始五年，疑应后置，以为此赋作于太康十年。傅璇琮以为太康六年："在怀县或亦为四年，秩满，入为尚书度支郎，则当在今年或明后年。"俞士玲《西晋文学考论》："知杨肇茔近嵩山，此处亦有旧馆。据潘尼《东武馆赋》，肇泰始十年营新居，岳或至旧馆亲迎其妇，自当时至是年正九年。"按：咸宁元年杨肇去世，"余既有私艰"概丧服未除，故潘岳父亲应卒于泰始末。据《杨仲武诔》"八岁丧父"，绥卒于惠帝元康九年，故杨肇子、其父杨潭（字道元）卒于咸宁四年。太康四年后卸任怀令，途径嵩山，吊岳父杨肇冢，作此赋。

**约太康五年（284年），刘毅请废九品中正制，潘岳作《九品议》。**

政之本在于人。对于九品官人法之辅弼朝政的作用，却因中正官德素质良莠不齐，故潘岳提议以"进贤受赏，不进贤受戮"为原则，同时以"举之当否，实司其事，考绩累名，施黜陟焉"防止滥举，以政绩为升迁的依据，从而达到"庶公道大行，而私谒息矣"的效果。此文反映出潘岳仕途困难的背景以及他对此进行的反思。

**约太康八年（287年），潘岳与挚虞就古尺长短事与潘岳有所驳难，挚虞作《驳潘岳古今尺议》。**

任尚书郎一事，《晋书·索靖传》："太子仆同郡张勃特表，以靖才艺绝人，宜在台阁，不宜远出边塞。武帝纳之，擢为尚书郎。与襄阳罗尚、河南潘岳、吴郡顾荣同官，咸器服焉。"

《晋书·挚虞传》："将作大匠陈勰掘地得古尺，尚书奏：'今尺长于古尺，宜以古为正。'潘岳以为习用已久，不宜复改。虞驳曰……"《晋书·武帝纪》："（太康）五年……五月丙午，宣帝庙梁折。"《晋书·五行志》："武帝太康五年五月，宣帝庙地陷，梁折。八年正月，太庙殿又陷，改作庙，筑基及泉。其年九月，遂更营新庙，远致名材，杂以铜柱，陈勰为匠，作者六万人。至十年四月乃成，十一月庚寅梁又折。"《晋书·职官志》："将作大匠，有事则置，无事则废。"

**太康九年（288年），潘岳任职廷尉平。后以公事免，作《家风诗》。**

陆侃如将迁廷尉平一事定于太康十年，稍后。《晋书·夏侯湛传》："迁太子仆，未就命而武帝崩。"《夏侯常侍诔》："乃眷北顾，辞禄延喜。余亦偃息，无事明时。畴昔之游，二纪于兹。班白携手，何欢如之。"夏侯湛卒于元康元年，故在晚年二人有交游。《世说新语·文学》："夏侯湛作周诗成，示潘安仁。安仁曰：'此非徒温雅，乃别见孝悌之性。'潘因此遂作《家风诗》。"注："岳《家风诗》载其宗祖之德及自戒也。"《汉魏六朝百三家集》："《周诗》者《南陔》、《白华》、《华黍》、《由庚》、《崇丘》、《由仪》六篇，有其义而亡其辞。湛续其亡，故云周诗也。"诗曰："既殷斯虔，仰说洪恩。夕定晨省，奉朝侍昏。宵中告退，鸡鸣在门。孳孳恭诲，凤夜是敦。"傅璇琮定于永熙元年。俞士玲《西晋文学考论》以为《家风诗》作于咸宁二年，潘岳父亡后。

《家风诗》："绾发绾发，发亦鬓止。曰祇曰祇，敬亦慎止。靡专靡有，受之父母。鸣鹤匪和，析薪弗荷。隐忧孔疚，我堂靡构。义方既训，家道颖颖。岂敢荒宁，一日三省。"《家风诗》中"鸣鹤匪和，析薪弗荷"与"义方既训，家道颖颖"都体现了子承父业与做人之道的传承，对自己家族的认同与责任。钱穆《略论魏晋南北朝学术文化与当时门第之关系》："当时门第传统共同理想，所希望于门第中人，上自贤父兄，下至佳子弟，不外两大要目：一则希望其能具孝友之内行，一则希望其能有经籍文史学业之修养。此两种希望，并合成为当时共同之家教。其前一项之表现，则成为家风。后一项之表现，则成为家学。"[①]

**晋惠帝永熙元年（290年），杨骏辅政。潘岳为太子舍人，转太傅主簿。作《世祖武皇帝诔》。**

《晋书·惠帝纪》："夏五月，辛未，葬武皇帝于峻阳陵。"

《晋书·杨骏传》："惠帝即位，进骏为太傅、大都督、假黄钺，录朝政，百官总己。"

《晋书》本传："杨骏辅政，高选吏佐，引岳为太傅主簿。"

《晋书斠注·潘岳传》："《书钞》六十六，《御览》四百六十五引

---

[①] 钱穆：《中国学术思想史论丛》（卷三），安徽教育出版社2004年版，第159页。

王隐《晋书》曰：'岳为太子舍人。'案本传不载为太子舍人，附注于此。"

在《西征赋》中亦有所回忆。《文选》潘岳为《贾谧赠陆机诗》注引臧荣绪《晋书》："太熙末，太傅杨骏辟机为祭酒。"姜亮夫："太熙之号，为时仅四月，而骏为太傅，在惠帝即位改元永熙后，则臧书显误。王隐《晋书》：'吴平，太傅杨骏辟为祭酒。'则追言耳。"[①] 潘岳概奉命代作《世祖武皇帝诔》。

**晋惠帝元康元年（291年），杨骏被诛。潘岳坐杨骏除名，以公孙宏救得免，除名为民。夏侯湛亡，作《夏侯常侍诔》。**

《晋书·惠帝纪》："（永平元年）三月辛卯，诛太傅杨骏。"

《晋书》本传："至是，宏为楚王玮长史，专杀生之政。时骏纲纪皆当从坐，同署主簿朱振已就戮。岳其夕取急在外，宏言之玮，谓之假吏，故得免。"《西征赋》："夕获归于都外，宵未中而难作。"李善注引王隐《晋书》："潘岳为杨骏府主簿，骏被诛日，岳取急，对人朱振代夷三族。"《闲居赋》："今天子谅闇之际，领太傅主簿，府主诛，除名为民。"傅璇琮以为杨骏被杀的当夜潘岳恰巧在都外，又公孙宏救助，又潘岳为贾充府故吏，故幸免。又朝廷采纳傅祗建议避免牵涉过多。

《晋书·夏侯湛传》："元康初卒，年四十九。"《晋书·文苑传》："潘、夏连辉，颉颃名辈，并综采繁缛，杼轴清英。"《夏侯常侍诔》先叙其家世，其后叙其仕途。诔文中提及二人的少年之情"畴昔之游，二纪于兹。班白携手，何欢如之"。从中可见潘岳与夏侯湛立身原则是不同的，即"道固不同"。潘岳性竞躁，与当时世风相合；夏侯湛却保持超脱独立，并非像当世之人追逐名利，虽未登显位，却保全其身。而此时，这位挚友的离世象征着潘岳心中残存的超然独立形象的彻底寂灭，故有"非子为恸，吾恸为谁"的质问。这篇诔文之悲恸，不单因夏侯湛的故去，更因自己原本的人格追求已支离破碎，故真挚感人。

---

① 姜亮夫：《陆平原年谱》，上海古典文学出版社1957年版，第50页。

**元康二年（292年），潘岳除长安令，潘尼作《献长安君安仁诗》。携老幼赴任途中丧幼子，作《伤弱子辞》及《思子诗》，又作《西征赋》。**

《晋书》本传："未几，选为长安令，作《西征赋》，述所经人物山水，文清旨诣。"

潘岳在新安时丧幼子，作《伤弱子辞》："奈何兮弱子，邈弃尔兮丘林。还眺兮坟瘗，草莽莽兮木森森。伊遂古之遐胄，逮祖考之永延。咨吾家之不嗣，羌一适之未甄。仰崇堂之遗构，若无津而涉川。叶落永离，覆水不收。赤子何辜？罪我之由。"诉说丧子的悲痛与弃子异地的凄凉。《思子诗》："造化甄品物，天命代虚盈。奈何念稚子，怀奇陨幼龄。追想存仿佛，感道伤中情。一往何时还，千载不复生。"《文心雕龙·指瑕》："潘岳为才，善于哀文；然悲内兄，则云感口泽；伤弱子，则云心如疑。礼文在尊极，而施之下流，辞虽足哀，义斯替矣。"

《文选》卷十《西征赋》李善注："岳，荥阳中牟人。晋惠元康二年，岳为长安令，因行役之感而作此赋。岳家在巩县东，故言西征。"又"岳《伤弱子序》曰：元康二年五月，余之长安。以历推之，元康二年，岁在壬子，乙未五月十八日也。"又《西征赋》："于是孟秋爰谢，听览余日，巡省农工，周行庐室。"傅璇琮以为"盖途首在五月，作赋于八月"。《文心雕龙·才略》："潘岳敏给，辞自和畅，钟美于《西征》，贾余于哀诔，非自外也。"傅璇琮据《水经注·洛水》以为北魏崔浩曾为之注。此赋以为文之缘起、时空的转换、以作者为第一人称、"因地及古"地叙述展开整个山水行旅的画卷。不仅如此，潘岳将其哀情抒发在字里行间的同时，也深层地表达了他对过往历史的沉思。将这种深思投射到帝王将相的历史与杨骏失势的现实中，借古讽今，颇多家国兴亡的慨叹。《西征赋》是一篇体制宏大的纪行赋，而纪行赋是汉魏六朝辞赋史上的一个重要类别。

**约元康五年（295年），潘岳被召为博士，未拜职，因亲疾去官，居洛阳。概于次年作《闲居赋》。**

《晋书》本传："征补博士，未召，以母疾辄去官，免，寻为著作郎，转散骑侍郎，迁给事黄门侍郎。……既仕宦不达乃作《闲居赋》曰……"可见《晋书》的排列顺序有颠倒。《闲居赋》有"自弱冠涉于知命之年"之句，可知作赋之年为五十岁。依据潘岳对其仕途的回顾，未及著作郎事，可知此赋作于其前。又有"于是凛秋暑退，熙春寒往"，可见已闲居一段时间。

《闲居赋》的研究多与文品与人品的关系相连。潘岳此赋以"拙"为中心，从仕宦不得志再到闲居。引和峤品评潘岳之语，故退而侍奉母亲，是继《秋兴赋》之后潘岳对其人生仕宦的第二次反省，希企隐逸的情怀因为时光的荡涤而更加深刻，历来与《秋兴赋》并举。对于文赋与现实的矛盾，历代多从人品与文品处着眼。《晋书》史臣曰："安仁思绪云骞，词锋景焕，前史俦于贾谊，先达方之士衡。贾论政范，源王化之幽赜；潘著哀词，贯人灵之情性。机文喻海，韫蓬山而育芳；岳藻如江，濯美锦而增绚。混三家以通校，为二贤之亚匹矣。然其挟弹盈果，拜尘趋贵，蔑弃倚门之训，干没不逞之间。斯才也而有斯行也，天之所赋，何其驳欤。"

**元康六年（296年），潘岳参加"金谷园集会"，作《金谷集作诗》。又作《贾充妇宜城宣君诔》。**

《晋书·石崇传》："顷之，拜太仆，出为征虏将军，假节、监徐州诸军事，镇下邳。崇有别馆在河阳之金谷……"石崇《金谷诗序》："余以元康六（《水经注》作'七'）年，从太仆卿出为使持节，监青、徐诸军事、征虏将军。有别庐在河南县界金谷涧中……时征西大将军祭酒王诩当还长安，余与众贤共送往涧中，昼夜游宴，屡迁其坐。或登高临下，或列坐水滨。……遂各赋诗，以叙中怀……"

《晋书·刘琨传》："年二十六为司隶从事。时征虏将军石崇河南金谷涧中有别庐，冠绝时辈，引致宾客，日以赋诗。琨预其间，文咏颇为当时所许。"

《晋书·王羲之传》："或以潘岳《金谷诗序》方其文，羲之比于石崇，闻而甚喜。"可见此集会对后世文人雅集的影响，可参考兴膳宏《石崇与王羲之》。

关于金谷的地理位置，《水经注》卷十六："谷水又东，左会金谷水，水出太白原，东南流历金谷，谓之金谷水，东南流径晋卫尉卿石崇之故居也。石季伦《金谷诗集叙》曰：'余以元康七年，从太仆出为征虏将军，有别庐在河南界金谷涧中……"《金谷集作诗》首先言明聚集的缘由是离别，之后描摹景色，宴饮不舍。其后名句"春荣谁不慕，岁寒良独希。

投分寄石友,白首同所归"述其情,今日一别不知道何时再见。吴淇《六朝选诗定论》:"在序是石率诸人送王,在诗又是潘同诸人送王兼送石也。此诗石之意单注于王,而潘之意又单注于石也。"徐大渭等《魏晋南北朝社会生活史》提到士族庄园的布置除了有山石林泉,还有果树和蔬菜①。

关于《贾充妇宜城宣君诔》,《北京图书馆藏中国历代石刻拓本汇编》载《贾充妻郭槐柩记》可知郭槐元康六年薨②。其文曰:"行成于己,名生于人,考终定谥,实曰宣君。祝宗莅事,卿相奉引,轻车整驾,介士列阵,鸾辂依容,辒车升檖。"《晋书·谢琰传》:"潘岳为贾充妇《宜城宣君诔》云:'昔在武侯,丧礼殊伦。伉俪一体,朝仪则均。'谓宜资给葬礼,悉依太傅故事。"

**元康七年(297年),潘岳为著作郎,作《马汧督诔》。**

《晋书》本传:"寻为著作郎。"

《南齐书·文学传》:"颜延《杨瓒》,自比《马督》,以多称贵,归庄为允。"

张溥《汉魏六朝百三家集题辞·潘黄门集》:"予读潘安仁《马汧督诔》,恻然思古义士,如班孟坚之传苏子卿也。"

高步瀛《魏晋文举要》:"词旨沉郁,声情激越,部司之妒才,烈士之怨愤,俱能曲曲传出。"③ 其中涉及赵王伦,在一定程度上反映了潘岳的态度与二人的关系,或与他最终的悲剧结局有关。相关论述见俞士玲《西晋文学考论》、蔡彦峰《潘岳〈马汧督诔〉与西晋品官荫客制》④。

其序文叙述汧督马敦衔冤而死的经过,赞颂他舍己为人、临危不惧的品质,为其冤魂鸣不平、述吊慰。在激情中见其哀,在马敦建树奇功之后反被诬入狱,含冤而死,虽然平反昭雪,却难以挽回功臣"发愤而卒"而小人得志的事实。

---

① 徐大渭等:《魏晋南北朝社会生活史》,中国社会科学出版社2005年版,第128页。
② 北京图书馆金石组编:《北京图书馆藏中国历代石刻拓本汇编》(第二册),中州古籍出版社1989年版,第62页。
③ 高步瀛:《魏晋文举要》,中华书局1989年版,第125页。
④ 蔡彦峰:《潘岳〈马汧督诔〉与西晋品官荫客制》,《许昌学院学报》2009年第6期。

元康八年（298年），贾谧为秘书监。潘岳转散骑侍郎，预"二十四友"。作《于贾谧坐讲汉书诗》，代贾谧作《晋书限断》、《代贾谧作赠陆机诗》。又代乐广作让表。

《晋书》本传："岳性轻躁，趋世利，与石崇等谄事贾谧，每候其出，与崇辄望尘而拜……谧二十四友，岳为其首。谧《晋书》限断，亦岳之辞也。"

"二十四友"的结成见于《晋书》诸篇。其具体记载见《晋书·贾谧传》："渤海石崇欧阳建、荥阳潘岳、吴国陆机陆云、兰陵缪徵、京兆杜斌挚虞、琅邪诸葛诠、弘农王粹、襄城杜育、南阳邹捷、齐国左思、清河崔基、沛国刘瓌、汝南和郁周恢、安平牵秀、颍川陈眕、太原郭彰、高阳许猛、彭城刘讷、中山刘舆刘琨皆傅会于谧，号曰二十四友，其余不得预焉。"又见《晋书·刘琨传》。

但是，并非所有文人欲挤入"二十四友"之列。《晋书·嵇绍传》："元康初，为给事黄门侍郎。时侍中贾谧以外戚之宠，年少居位，潘岳、杜斌等皆附托焉。谧求交于绍，绍距而不答。及谧诛，绍时在省，以不阿比凶族，封弋阳子，迁散骑常侍，领国子博士。"

关于"二十四友"的结成时间，《资治通鉴·晋纪四》以为"惠帝元康元年"，姜亮夫《陆平原年谱》亦将此事系于此年，兴膳宏亦执此说。一说为元康六年左右[1]。后以张国星为代表的学者对此说加以否定，以为"'二十四友'之称出现在元康七年末到八年间"[2]。

再看"二十四友"成员的履历。在元康六年，其成员之间便有交游活动。金谷集会有多次，但不能与"二十四友"相等同——虽然其中的成员有重合。故以为"二十四友"成员的固定应系于元康八年，即使在此前"二十四友"的主要人物与贾谧有交游活动。"二十四友"名称的由来有一个发展过程。它并非一个单纯的文学群体，而是以政治利益聚集的

---

[1] 见傅璇琮《潘岳系年考证》，曹道衡、沈玉成《中古文学史料丛考》之"潘岳与贾谧'二十四友'"条。徐公持：《浮华人生——徐公持讲西晋二十四友》，天津古籍出版社2010年版，第50—53页。

[2] 张国星：《关于〈晋书·贾谧传〉中的"二十四友"》，载《文史》第二十七辑，第210—213页。

一个团体①。

《晋书·石崇传》："与潘岳谄事贾谧，谧与之亲善，号曰'二十四友'。广城君每出，崇降车路左，望尘而拜，其卑佞如此。"张国星对"望尘而拜"的事实加以否认，王晓东《潘岳研究》对此进行反驳。贾谧以外戚之宠，年少居位，主动求交于人。而文人才士也可以借此仕途迁转、传扬名声。由于贾氏家族后来的倒行逆施，使后代史家对依附于贾氏的人进行重新评判。并对"友"的意义进行了历史考察，本身就具有属官与师友的性质，见于《于贾谧坐讲汉书诗》："治道在儒，弘儒由人。显允鲁侯，文质彬彬。笔下摛藻，席上敷珍。前疑既辨，旧史惟新。惟新尔史，既辨尔疑。延我寮友，讲此微辞。"

又《晋书·贾谧传》："朝廷议立晋书限断，中书监荀勖谓宜以魏正始起年，著作郎王瓒欲引嘉平已下朝臣尽入晋史，于时依违未有所决。惠帝立，更使议之。谧上议，请从泰始为断。于是事下三府，司徒王戎、司空张华、领军将军王衍、侍中乐广、黄门侍郎嵇绍、国子博士谢衡皆从谧议。骑都尉济北侯荀畯、侍中荀藩、黄门侍郎华混以为宜用正始开元。博士荀熙、刁协谓宜嘉平起年。谧重执奏戎、华之议，事遂施行。"《北堂书钞》卷五十七引王隐《晋书》："陆机，字士衡，以文学为秘书监虞濬所请，议晋书限断。"佐藤利行《西晋文学研究》以为二者反映出北人与南人的对立意识②。

《代贾谧作赠陆机诗》以时间为序，言及历代朝堂相继，分合情势，

---

① 关于"二十四友"的性质，第一种看法是文学集团。万绳楠《魏晋南北朝文化史》以为"这二十四友的结合完全是文学的结合，而非政治的结合"。依据是个体才性不同，并且举左思为例，以文识人，认为仅仅因文史爱好而与贾谧为伍（万绳楠《魏晋南北朝文化史》，东方出版中心2007年版，第152页）。又有师飙《西晋二十四友》、徐公持《魏晋文学史》持有此说。第二种看法是政治集团。孙明君以为"二十四友是一个士人依附于权贵的政治性团体"（孙明君《两晋士族文学研究》，中华书局2010年版，第58页）。王瑶《潘陆与西晋文士》与沈玉成《"竹林七贤"与"二十四友"》亦持此说。第三种看法是一个侍从文人集团。郭英德以为"二十四友"具有强烈的政治依附性，"既没有明确的社会团体宗旨，也没有自觉的文学风格追求，他们只是为某一政治中心所吸引而聚合成群的。而且这种集团的构成是相当松散的，很不固定，在某种意义上说只是一种自由流动型的集团，而缺乏一种内在的群体凝聚力。在社会动荡或分裂时期，呈现为'良禽择木而栖，贤士择主而事'的政治局面"（见郭英德《中国古代文人集团与文学风貌》，中国人民大学出版社2012年版，第45页）。

② ［日］佐藤利行著，周延良译：《西晋文学研究》，中国社会科学出版社2004年版，第69页。

至于三国鼎立，伪孙归晋以下，叙述陆机的身世、名望、仕宦先后，直至入为尚书中兵郎，再写贾谧、陆机之交往。王晓东《潘岳研究》以为贾谧请潘岳作诗的根本目的是希望陆机能够接受自己的延揽，为己所用，并且此诗得体得法、雍容典雅。潘、陆之关系可见于《裴子语林》："士衡在坐，安仁来，陆便起去。岳曰：'清风至，尘飞扬。'陆应声答曰：'众鸟集，凤凰翔。'"吴淇《六朝选诗定论》："此诗见潘安仁满肚轻薄、满怀倾险，总生于一炉。……安仁自恃为晋朝一代巨匠，再无出其右者，忽有人焉陵江而来，以羁旅之人而高名居其上，便有万分不快处，因而作诗以轻薄之也。"然应当注意贾谧授意潘岳作诗，其中以恩威并施等方式招揽陆机。

《世说新语·文学》："乐令善于清言，而不长于手笔。将让河南尹，请潘岳为表。潘云：'可作耳。要当得君意。'乐为述已所以为让，标位二百许语。潘直取错综，便成名笔。时人咸云：'若乐不假潘之文，潘不取乐之旨，则无以成斯矣。'"《晋书·乐广传》并有记载。陆侃如据万斯同《晋将相大臣年表》以为"广由侍中迁河南尹在本年"。

**同年，潘岳妻杨氏卒，《杨氏七哀诗》似作于此时。岳葬妻，作《哀永逝文》、《悼亡赋》、《离合诗》。**

《杨仲武诔》："德宫之艰，同次外寝。惟我与尔，对筵接枕。自时迄今，曾未盈稔，姑侄继陨，何痛斯甚。"据傅璇琮考证，仲武卒于元康九年五月，去姑之卒期不到一年，则岳妻之卒当在元康八年六、七月间。兴膳宏亦持此说。陆侃如以为时为元康六年。《杨氏七哀诗》以"叶落树"、"雨绝天"为兴，以景托情，言及自身的心境。后以"人居天地间，飘若远行客。先后讵能几，谁能弊金石"作结，以《古诗十九首》为典范，感叹生命的脆弱与人生行迹的飘忽不定。陈祚明《采菽堂古诗选》："起语是乐府佳唱，反复嗟叹，总是无穷之悲，情真，语自警。"顾农《潘岳的婚姻史与相关作品》以为当作于杨氏去世之初。

《哀永逝文》为亡妻送殡之辞，描写哭别、送葬、安葬、归来哭祭的殡葬仪式。并且与《悼亡诗》句法及描写手段类似，将仪式、哀伤、幻觉和无奈相融。

《悼亡赋》为潘岳对于妻子骤然而逝的哀情之作。在结为连理二十四年之后，薄命而早终。欲借灵媒与妻子相会，却"何此夕之一促"。妻子去世如丧失"全身之半体"。依据丧礼之在妻"制重而哀轻",诗人突出了情感的重要性。

《离合诗》描述上古人民的生活纯朴,与大自然和谐共处,以此对比现实社会的繁杂,人伦常道德不复存在。离合诗是一种文字游戏,前人已据诗句推知其离合之结果为"思杨容姬难堪"六字,以"咏史"的形式含蓄地表述对妻子的哀思。

**元康九年(299年),潘岳迁给事黄门侍郎,表上《关中诗》,又作《北芒送别王世胄诗》。**

《晋书·惠帝纪》:"(元康)九年春正月,左积弩将军孟观伐氐,战于中亭,大破之,获齐万年。"

《晋书·周处传》:"处著《默语》三十篇及《风土记》,并撰集吴书。时潘岳奉诏作《关中诗》曰:'周徇师令,身膏齐斧。人之云亡,贞节克举。'"

《文选》卷二十潘岳《关中诗》李善注:"岳上诗表曰:'诏臣作《关中诗》,辄奉诏竭愚,作诗一篇。'"五臣注吕周翰曰:"晋惠帝元康六年,氐贼齐万年与杨茂于关中反乱,人多疲敝。既定,帝命诸臣作《关中诗》。"

今《潘黄门集》中《关中诗》有小序云:"元康六年,氐贼齐万年于关中反。乱既平,帝命诸臣作《关中诗》。"

《关中诗》是以战事为题材的叙事诗,一共十六章,叙述了西晋抵抗以齐万年为首的氐羌外族动乱的历史事件。战争缘起于西晋的内灾,戎狄又蓄意挑衅,故紧急调兵遣将以应敌。其后出征之时,屡遭败绩,人民处于水深火热之中;其后西晋军队进行反击,派遣孟观整顿军旅,之后"重围克解,危城载色",收复失地,战争结束,最后阐明对人民的关切。其形式符合应制之作,但是内容却不仅限于此,难能可贵的是潘岳以跌宕悲怆的情感诉说战争带给人民的苦难,这种对世事的体察关心与建安诗歌一脉相承。吴淇《六朝选诗定论》:"此诗序事,繁简得宜,是非不谬,真堪奉为诗史云。"

《世说新语·赏誉》:"谢胡儿作著作郎,尝作《王堪传》。不谙堪是何似人,咨谢公。谢公答曰:'世胄亦被遇。堪,烈之子,阮千里姨兄弟,潘安仁中外。安仁诗所谓"子亲伊姑,我父唯舅"。是许允婿。'"注引《晋诸公赞》:"堪字世胄。"引《岳集》曰:"堪为成都王军司马。岳送至北邙别,作诗曰:'微微发肤,受之父母。峩峩王侯,中外之首。子亲伊姑,我父唯舅。'"《晋书·成都王传》:"为平北将军镇邺,转镇北大将军。"《晋书·惠帝纪》:"成都王颖为镇北大将军镇邺。"此诗章法井然。先言二人关系,后言离别缘起于王堪赴职外任,其后鼓励嘉勉,述其依依不舍之情。这是一首赠别诗,以第一人称传达情感,将情景很好地融合起来。

**同年,潘岳作《悼亡诗》,又作《杨仲武诔》、《为杨长文作弟仲武哀祝文》。丧女金鹿,作《金鹿哀辞》。**

《悼亡诗》是在潘岳经历了亲友相继故去后,又丧妻足年的背景下,回忆为文。

此诗一方面叙其悲。第一首充满时间感,诗句穿梭于今昔时间对比中。在无奈于坚守自己私心的情况之下,理性地决定回朝复命,但是"回心"二字透露了心底沉浸在守丧悲痛中的情感。而情感与思念如春风不经意进入内心,又如屋檐滴下不间断的水滴,不能忘却,反而一点点积累。结尾依旧与开头相映,"庶几有时衰,庄缶犹可击",表达自己能克制丧妻的悲伤,如庄子击缶一样豁达。第二首因体寒牵发出心寒,现实与梦境均无法捕捉到亡妻的踪影。"上惭东门吴,下愧蒙庄子。赋诗欲言志,此志难具纪。命也可奈何,长戚自令鄙。"与第一首相对,惭愧自己不能像东门吴与庄子一样豁达。西晋人多情,而潘岳更是情长之子。但是魏晋风度是"置身事外,矫情镇物"的,人物品评也多依据此,形成当时审美的观念。若长期常怀忧愁,于他人、于自己都是不允许的。第三首,"投心遵朝命,挥涕强就车。谁谓帝宫远,路极悲有余"。如此悲痛,在漫漫路途中也不能排遣,使得本来漫长的回京之路也变得短暂。另一方面蕴其人。潘岳的哀伤系于生与死的见证,在动荡不居的时代深埋的生命隐患意识,以及衍生出更加强烈的求生愿望。《悼亡诗》之外,相关哀伤的作品亦然,都是提供诗人情感宣泄的平台,从中读到诗人个人形象的投射。守丧期间潘岳隔离于俗事,其不忍割舍这份情感、不愿离去也是心底不愿面对复杂多变的政局的反映,然而自身的价值追求与更加强烈的求生愿望还是推动他在仕途中展示自我。只是这样奋力一搏,如飞蛾扑火,自己毁灭于司马越的政治清洗中。总之,其悲在这三首中层层推进,悲之切,恰恰是对前叙之志的背离。但是这种矛盾与背离,也同时统一于潘岳的生命忧患与个人选择中，从潘岳以后，"悼亡"就成了中国古代抒情文学中一大类型。

《杨仲武诔》、《为杨长文作弟仲武哀祝文》二文侧重于情感的描写，述其生平。二人情同兄弟，而之前的相互扶持，依然历历在目，本应大展宏图，现在却撒手人寰，让人叹惋悲哀。

兴膳宏以为《金鹿哀辞》作于元康九年。其文写于妻女同亡逝后，潘岳无所依靠，形容枯槁："胡忍我门？良嫔短世，令子夭昏。既披我干，又翦我根。槐如瘣木，枯荄独存。捐子中野，遵我归路。将反如疑，回首长顾。"笼罩在凄凉的哀情中。

**同年，潘岳作《愍怀太子祷神文》。**

《晋书》本传："迁给事黄门侍郎……构愍怀之文，岳之辞也。"

《晋书·愍怀太子传》："（九年）十二月，贾后将废太子……使黄门侍郎潘岳作书草，若祷神之文，有如太子素意，因醉而书之，令小婢承福以纸笔及书草使太子书之……废太子为庶人。"陆侃如据下文太子至许遗妃书之"到二十八日暮，有短函来，题言东宫发，疏云：'言天教欲见汝。'即便作表求入。二十九日早入见国家，须臾遣至中宫。"以为代作于二十八日。

《文心雕龙·程器》："潘岳诡祷于愍怀……况班马之贱职，潘岳之下位哉？"

《愍怀太子祷神文》："陛下宜自了，不自了，吾当入了之。中宫又宜速自了，不了，吾当手了之。并谢妃共要克期而两发，勿疑犹豫致后患。茹毛饮血于三辰之下，皇天许当扫除患害，立道文为王，蒋为内主；愿成当三牲祠北君，大赦天下，要疏如律令。"因潘岳涉及密谋废除愍怀太子之士，故多遭后人诟病。

**晋惠帝永康元年（300年），贾后害愍怀太子于许昌。四月二十五，赵王伦等政变杀贾后、贾谧等。潘岳或受牵连，一度免官。孙秀诬告潘岳以及石崇、欧阳建谋奉淮南王允、齐王冏为乱，岳被诛灭三族，唯其兄释之子伯武逃难得免。**

《晋书·惠帝纪》："三月……癸未，贾后矫诏害庶人遹于许昌。夏四月……癸巳，梁王彤、赵王伦矫诏废贾后为庶人。"《石崇传》："及贾谧诛，崇以党与免官。"兴膳宏以为"潘岳在贾谧受诛后曾受到免官的处分"。

《晋书》本传："初，芘为琅邪内史，孙秀为小史给岳，而狡黠自喜。岳恶其为人，数挞辱之，秀常衔忿。及赵王伦辅政，秀为中书令。岳于省内谓秀曰：'孙令犹忆畴昔周旋不？'答曰：'中心藏之，何日忘之！'岳于是自知不免。俄而秀遂诬岳及石崇、欧阳建谋奉淮南王允、齐王冏为乱，诛之，夷三族。岳将诣市，与母别曰：'负阿母！'初被收，俱不相知。石崇已送在市，岳后至，崇谓之曰：'安仁，卿亦复尔邪？'岳曰：'可谓"白首同所归"。'岳《金谷诗》云：'投分寄石友，白首同所归。'乃成其谶。岳母及兄侍御史释，弟燕令豹，司徒掾据，据弟诜，兄弟之子，已出之女，无长幼一时被害。唯释子伯武逃难得免，而豹女与其母相抱号呼不可解，会诏原之。"

《晋书·石崇传》："秀怒，乃劝伦诛崇、建。崇、建亦潜知其计，乃与黄门侍郎潘岳阴劝淮南王允、齐王冏，以图伦、秀。秀觉之，遂矫诏收崇及潘岳、欧阳建等。"《晋书·惠帝纪》："永康元年……秋八月，淮南王允举兵讨赵王伦，不克，允及其二子秦王郁、汉王迪皆遇害。"《晋书·淮南王传》："坐允夷灭者数千人。"

《晋书·赵王伦传》："前卫尉石崇，黄门郎潘岳，皆与秀有嫌，并见诛，于是京邑君子，不乐其生矣。"

戴章笙《晋潘岳生卒年考》以为岳卒于永宁元年（301年）[①]。陆侃如就进行考辨，以为当从旧说为永康元年八月，诸家皆同[②]。《西征赋》李善注引《河南郡图经》："潘岳父冢，巩县西南三十五里。"《水经·洛水》注："（罗水）又西北径潘岳父子墓前，有碑'岳父芘琅邪太守'，碑石破落，文字缺败。岳碑题云：'给事黄门侍郎潘君之碑'。碑云：'君遇孙秀之难，阖门受祸，故门生感覆醢以增恸，乃树碑以记事。'太常潘尼之辞也。"

**潘岳美姿仪，辞藻绝丽，尤善为哀诔之文。现存《潘黄门集》。**

钟嵘《诗品》评潘岳诗："其源出于仲宣。"二者均"悲而不壮"：其"悲"可以追溯源流至《楚辞》，指向的是悲哀诽怨之作。在王粲与潘岳的

---

① 戴章笙：《晋潘岳生卒年考》，《国立中央图书馆馆刊》1947第4期。
② 陆侃如：《〈晋潘岳生卒年考〉书后》，《大公报·图书周刊》1937年8月。

五言诗中，可见文辞秀丽、感情悲哀的诗作特征；其"不壮"，《诗品》评王粲诗："发愀怆之词，文秀而质羸。"五言诗中王粲诗歌体貌羸弱的特征表现在对世事无常与困难险阻表现出的消极心态。而潘岳多有情牵妻儿、难遣悲伤之作，知识与伦理的规正也让深厚的悲思在纠结中委婉托出，却平添了一丝细腻与纤弱——钟嵘此说是可以从"情"的角度被理解的。

潘岳是与陆机齐名的"太康之英"，他的文学创作透露出太康文学结藻清英、流韵绮靡的特点。《三国志·魏书·卫颢传》注引《岳别传》："岳美姿容，夙以才颖发名，其所著述清绮绝伦。为黄门侍郎，为孙秀所杀，尼岳文翰并见重于世。"又注："尼从子滔，字汤仲，《晋诸公赞》：滔以博学才量为名，永嘉末，为河南尹，遇害。"《文心雕龙·时序》评"岳湛曜联璧之华"，其诗清浅绮丽。大概受当时清谈风气的影响，文字语句优美、融于自然，并且情景交融，多有汉魏民歌的色彩，率真浅易——以此使五言诗趋向成熟，影响到齐梁宫体诗和之后的田园山水诗，有承上启下之功。此外，他的诗文意婉情深。潘岳为"情深之子"，一生多遭亲人离世的打击，甚至丧子、丧女，多怀哀情。他"为情造文"，虽然为文绮丽，但是感情真挚，含蓄内敛；看似矫情镇物，实则千情万种，思之不尽。在对亲友之间的赠别、哀诔之中，涉及范围广至长辈、平辈与晚辈。其中丧妻杨氏带给他极大的怆痛，《悼亡诗》对后世题材产生较大影响。此"情"亦言及应制的僚属之作，但是应该进行不同的价值评估——由此潘岳成为六朝叙哀之首。其散文在西晋岿为大家，远承两汉，近接建安，具有个人的特色。其中以《文选》所收的《秋兴赋》、《闲居赋》、《藉田赋》、《射雉赋》、《西征赋》、《怀旧赋》、《寡妇赋》、《笙赋》八篇最为完整，价值较高。综观潘岳一生，大半仕途不顺，在追逐名利与希企隐逸之间矛盾摇摆，却竟躁功名一生；之后结交谄事贾谧等人，遭人诟病——体现古代文人士大夫"仕"与"隐"的矛盾与反覆，也反映出当时士人的行为和心理状况。所以，潘岳一生和其文学创作是复杂的，不能因一些瑕疵就否定其人、其文，而要进行更加深入的研究。

有关潘岳的著录，《隋书·经籍志四》："晋黄门郎《潘岳集》十卷。"又见于《旧唐书·经籍志》、《新唐书·艺文志》。《宋史·艺文志》著录七卷。又见《全晋文》、《汉魏六朝百三家集》等。姚振宗《隋书经籍志考证》："又两唐志有潘岳《关中记》一卷，本志不著录，或亦编入本集。"丁国钧《补晋书艺文志》卷二、文廷式《补晋书艺文志》卷二、秦荣光《补晋书艺文志》卷二、吴士鉴《补晋书经籍志》卷二以及黄逢元《补晋书艺文志》卷二，均单独著录。又有张鹏一《潘岳关中记辑佚》。丁、吴、黄三志卷二著录《潘氏家谱》。古代对潘岳的研究，大体分为三个阶段：六朝人重其才，唐宋人非其行，明清人辑其集——对其诗文的品评是贯穿始终的主线。现代关于潘岳集校注及作品补辑，中国香港地区有刘殿爵、陈方正、何志华主编《潘岳集逐字索引》，内地有王增文《潘黄门集校注》和董志广《潘岳集校注》，以张溥《汉魏六朝百三家集》中的《潘黄门集》为底本，参考其他辑本和类书进行校注，对潘岳作品进行了全面整理与注解，各有特色。

**参考文献**

张鹏一：《潘岳关中记辑佚》，《陕西省教育厅教育月刊》1937年第3期。
陈淑美：《潘岳及其诗文研究》，文津出版社1999年版。
王增文：《潘黄门集校注》，中州古籍出版社2002年版。
刘殿爵、陈方正、何志华：《潘岳集逐字索引》，香港中文大学出版社2005年版。
董志广：《潘岳集校注》，天津古籍出版社2005年版。
俞士玲：《西晋文学考论》，南京大学出版社2008年。
高胜利：《潘岳研究》，中国文史出版社2015年版。

（刘　睿）

# 石崇传

**石崇，字季伦，渤海南皮（今河北南皮东北）人。魏齐王曹芳嘉平元年（249年）生于青州。少敏惠，勇而有谋。**

石崇，《晋书》有传。《晋书·石苞传》："石苞字仲容，渤海南皮人也。……有六子：越、乔、统、浚、俊、崇。……崇字季伦，生于青州，故小名齐奴。"

石崇父石苞，字仲容，渤海南皮人。《晋书·石苞传》称"雅旷有智局，容仪伟丽，不修小节"。石苞出身卑微，初为渤海县吏，给事典农司马。后为晋景帝司马师中护军司马。景帝评之："苞虽细行不足，而有经国才略。夫贞廉之士，未必能经济世务。是以齐桓忘管仲之奢僭，而录其匡合之大谋；汉高舍陈平之污行，而取其六奇之妙算。苞虽未可以上俦二子，亦今日之选也。"遂委以重任，擢升其为典农中郎将，后历东莱、琅邪太守，又升为徐州刺史、奋武将军、假节、监青州诸军事。诸葛诞寿春叛乱时，石苞率军镇压，获得军功。石苞或参与了曹髦被害事件，是司马炎禅晋代魏的有功之臣，成为西晋王朝的开国元勋，官至司徒，位列三公，跻身于司马政权的豪族集团之中。晋武帝即位以后，石苞迁大司马，进封乐陵郡公，加侍中，羽葆鼓吹。石苞于泰始末卒，谥曰武。咸宁初，列于铭飨。子越、乔、统、浚、儁、崇。统为嗣。

《晋书》本传："崇字季伦，生于青州，故小名齐奴。"又曰："时赵王伦专权……（孙秀）遂矫诏收崇及潘岳、欧阳建等。……崇母兄妻子无少长皆被害，死者十五人。崇时年五十二。"赵王伦于晋惠帝永康元年（300年）夏四月矫诏废贾后为庶人，并杀害包括石崇在内的一批著名士人，时石崇五十二岁。以此年推之，石崇应生于魏齐王嘉平元年（249年）。

《晋书》本传："（崇）少敏惠，勇而有谋。苞临终，分财物与诸子，独不及崇。其母以为言，苞曰：'此儿虽小，后自能得。'"石崇少时，父亲石苞便看中他的聚敛财富的能力，因此不分配财物给他，言其长大之后能自得。石崇以后的经历也确如其父所言。

有关石崇的生平，除了《晋书》的记载外，今散见于陆侃如《中古文学系年》，曹道衡、沈玉成《中古文学史料丛考》等，可资参考。

**晋武帝咸宁元年（275年），石崇出仕为修武令。**

《晋书》本传："年二十余，为修武令，有能名。"

逯钦立《先秦汉魏晋南北朝诗》载石崇《思归引并序》："弱冠登朝，历位二十五年，五十以事去官。"吴士鉴、刘承幹《斠注》："案《书钞》七十八引王隐《晋书》作年三十余，《文选·思归引序》注引臧荣绪《晋书》亦作二十余，则三十误也。"则其出仕于二十五六岁。

石崇约在其父石苞卒后，服阕后入仕。《晋书·武帝纪》："泰始……九年……二月癸巳，司徒、乐陵公石苞薨。"《晋书·石苞传》又曰："泰始八年薨。"陆侃如《中古文学系年》证云泰始八年二年无癸巳日，因此石苞卒于泰始九年，由此而定其入仕于咸宁元年。而曹道衡、沈玉成《中古文学史料丛考》卷二"石崇入仕年"认为其父石苞卒于泰始八年，因此将崇入仕定于泰始十年[①]。今依陆。石崇的任侠本性与豪奢行为在其以后的官场仕途中逐渐显现出来。

**约咸宁二年（276年），石崇入为散骑郎，后迁城阳太守。咸宁末，石崇参与伐吴，因功封安阳乡侯。**

石崇任修武令后约一二年，入京任散骑郎。又约一二年后，任城阳太守。

《晋书》本传："入为散骑郎，迁城阳太守。"

咸宁末，晋武帝伐吴，此时石崇在城阳任上。石崇参与了伐吴之战，并获得军功，受晋武帝封赏为安阳乡侯。

《晋书》本传："伐吴有功，封安阳乡侯。在郡虽有职务，好学不倦，以疾自解。"

---

① 曹道衡，沈玉成：《中古文学史料丛考》，中华书局2003年版，第122页。

**晋武帝太康三年（282年），石崇拜黄门郎，因兄石统事上表自理。**

《晋书》本传："顷之，拜黄门郎。兄统忤扶风王骏，有司承旨奏统，将加重罚，既而见原。以崇不诣阙谢恩，有司欲复加统罪。崇自表……"石崇兄石统被奏劾忤逆扶风王骏，受到宽宥之后，有司又因为石崇没有诣阙谢恩，欲复加其罪。石崇上表自理而得事解。

**太康年间，石崇迁散骑常侍、侍中。与王恺、羊琇等争豪，救刘琨于王恺舍。**

《晋书》本传："累迁散骑常侍、侍中。武帝以崇功臣子，有干局，深器重之。"石崇拜黄门郎约一二年后迁散骑常侍，又约一二年后迁侍中。陆侃如《中古文学系年》定石崇迁散骑常侍于太康五年（284年），迁侍中于太康七年（286年）。今从之。

西晋时期，士族中多有豪奢者如何充何劭父子、夏侯湛、王戎等。聚敛财富、炫耀财富的生活趣味在两晋掀起一股风潮，正是士人们私欲高涨的产物。《世说新语·汰侈》中记有石崇与王恺、羊琇等争豪炫富的故事。

《晋书》本传："（石崇）财产丰积，室宇宏丽。后房百数，皆曳纨绣，珥金翠。丝竹尽当时之选，庖膳穷水陆之珍。与贵戚王恺、羊琇之徒以奢靡相尚。恺以饴澳釜，崇以蜡代薪。恺作紫丝布步障四十里，崇作锦步障五十里以敌之。崇涂屋以椒，恺用赤石脂。崇、恺争豪如此。……"

《资治通鉴》卷八十一："（羊）琇，景献皇后之从父弟也；后将军王恺，文明皇后之弟也；散骑常侍石崇，苞之子也。三人皆富于财，竞以奢侈相高。"

《晋书》和《世说新语》都记载有石崇挺身救刘玙兄弟之事。

《晋书》本传："刘舆兄弟少时为王恺所嫉，恺召之宿，因欲坑之。崇素与舆等善，闻当有变，夜驰诣恺，问二刘所在，恺迫卒不得隐。崇径进于后斋索出，同车而去。语曰：'年少何以轻就人宿！'舆深德之。"

《世说新语·仇隙》："刘玙兄弟少时为王恺所憎，尝召二人宿，欲默除之。令作坑，坑毕，垂加害矣。石崇素与玙、琨善，闻就恺宿，知当有变，便夜往诣恺，问二刘所在。恺卒迫不得讳，答云：'在后斋中眠。'石便径入，自牵出，同车而去。语曰：'少年，何以轻就人宿？'"注引刘璨《晋纪》："琨与兄玙俱知名，游权贵之间，当世以为豪杰。"年月无考，陆侃如《中古文学系年》定在太康六年，琨十五岁左右。今从之。

**晋惠帝永熙元年（290年），杨骏辅政，大开封赏，石崇奏议。石崇出为南中郎将、荆州刺史，领南蛮校尉，加鹰扬将军。**

晋惠帝永熙元年四月，晋武帝司马炎崩，晋惠帝司马衷即位，杨骏辅政，大开封赏。石崇奏议封赏当依准泰始、太康旧事，惠帝不纳。

《晋书》本传："元康初，杨骏辅政，大开封赏，多树党援。崇与散骑郎蜀郡何攀共立议，奏于惠帝曰：'陛下圣德光被，皇灵启祚，正位东宫，二十余年，道化宣流，万国归心。今承洪基，此乃天授。至于班赏行爵，优于泰始革命之初。不安一也。吴会僭逆，几于百年，边境被其荼毒，朝廷为之旰食。先帝决独断之聪，奋神武之略，荡灭逋寇，易于摧枯。然谋臣猛将，犹有致思竭力之效。而今恩泽之封，优于灭吴之功。不安二也。上天眷祐，实在大晋，卜世之数，未知其纪。今之开制，当垂于后。若尊卑无差，有爵必进，数世之后，莫非公侯。不安三也。臣等敢冒陈闻。窃谓泰始之初，及平吴论功，制度名牒，皆悉具存。纵不能远遵古典，尚当依准旧事。'书奏，弗纳。"

《晋书·惠帝纪》："尊皇后杨氏曰皇太后，立妃贾氏为皇后。……以太尉杨骏为太傅，辅政。"

是年，石崇出为南中郎将，领南蛮校尉，加鹰扬将军。

《晋书》本传："出为南中郎将、荆州刺史，领南蛮校尉，加鹰扬将军。"

《晋书·惠帝纪》："秋八月……遣南中郎将石崇、射声校尉胡奕、长水校尉赵俊、扬烈将军赵欢将屯兵四出。"

**晋惠帝元康元年（291年）（三月以前为永平元年），石崇赠鸩与王恺，为傅祗所纠。作《思归叹》。**

石崇在南中时，以赠鸩被纠。

《晋书》本传："崇在南中，得鸩鸟雏，以与后军将军王恺。时制，鸩鸟不得过江，为司隶校尉傅祗所纠，诏原之，烧鸩于都街。崇颖悟有才气，而任侠无行检。在荆州，劫远使商客，致富不赀。"

《晋书·外戚传》："石崇与恺将为鸩毒之事，司隶校尉傅祗劾之，有司皆论正重罪，诏特原之。"

《世说新语·汰侈》第四条注引《晋诸公赞》："旧制，鸩不得过江，为其羽栎酒中，必杀人。恺为翊军时，得鸩于石崇而养之，其大如鹅，喙长尺余，纯食蛇虺。司隶奏按恺、崇，诏悉原之，即烧于都街。"

又于荆州任上劫夺杀人，以致巨富。《世说新语·汰侈》第一条注引王隐《晋书》："石崇为荆州刺史，劫夺杀人，以致巨富。"

石崇作《思归叹》。逯钦立《先秦汉魏晋南北朝诗》载石崇《思归叹》。其中有"登城隅兮临长江"等句，似作于荆州任上。

**元康三年（293年），石崇为国子博士，约次年拜太仆。与王敦入太学，有"士当身名俱泰"之叹。**

晋征石崇为大司农，后以征书未至擅去官免。

《晋书》本传："征为大司农，以征书未至擅去官免。"万斯同《晋方镇年表》系于元康三年（293年）。

元康三年（293年），又征为国子博士，拜太仆。《三国志·魏书·武文世王公传》："楚王彪……世子嘉。"裴松之注："嘉入晋封高邑公，元康中与石崇俱为国子博士。"石崇为国子博士，《晋书》本传中未提及，仅记载免大司农之后："顷之，拜太仆，出为征虏将军，假节、监徐州诸军事，镇下邳。"《三国志·魏书·武文世王公传》裴注又曰："嘉后为东莞太守，崇为征虏将军，监青、徐军事，屯于下邳。"可知国子博士、太仆应为官免之后、镇下邳之前的官职。

石崇与王敦同入太学。《晋书》本传："尝与王敦入太学，见颜回、原宪之象，顾而叹曰：'若与之同升孔堂，去人何必有间。'敦曰："不知余人云何，子贡去卿差近。'崇正色曰：'士当身名俱泰，何至瓮牖哉！'其立意类此。""士当身名俱泰"是西晋士人普遍信奉的人生准则，士人一方面求名，希望获得令誉；一方面逐利，追求纵欲与奢靡的生活风尚。这也影响到了当时的奢靡文风。

**元康六年（296年），石崇出为征虏将军，假节、监徐州诸军事，镇下邳。石崇谄事贾谧，参与贾谧"二十四友"，常游宴于河阳别业金谷园。是年，发起金谷诗会，作《金谷诗序》。**

《晋书·贾谧传》："（谧）开阁延宾，海内辐辏。"

《晋书》本传："与潘岳谄事贾谧。谧与之亲善，号曰'二十四友'。"

广城君每出，崇降车路左，望尘而拜，其卑佞如此。"

《资治通鉴》卷八十二："贾谧、郭彰权势愈盛，宾客盈门。谧虽骄奢而好学，喜延士大夫，郭彰、石崇、陆机、机弟云、和郁及荥阳潘岳、清河崔基、勃海欧阳建、兰陵缪徵、京兆杜斌、挚虞、琅邪诸葛诠、弘农王粹、襄城杜育、南阳邹捷、齐国左思、沛国刘瓌、周恢、安平牵秀、颍川陈眕、高阳许猛、彭城刘讷、中山刘舆、舆弟琨皆附于谧，号曰二十四友。……崇与岳尤谄事谧，每候谧及广城君郭槐出，皆降车路左，望尘而拜。"

二十四友是围绕贾谧为核心逐渐形成的文学集团，主要由外戚贵胄、高族世宦的士人组成，但也不乏寒门士人，如左思等人。他们经常举行宴饮，互相酬答。阎缵在《皇太孙立上疏言事》中提到："世俗浅薄，士无廉节；贾谧小儿，特宠恣睢。而浅中弱植之徒，更相禽习，故世号'鲁公二十四友'"。关于所谓"二十四友"，历来存在争议，而且这当中的人员也是很复杂的，未可一概而论[①]。

晋惠帝元康六年（296年），石崇从太仆卿任上出为征虏将军，假节、监徐州诸军事，镇下邳。临行前，石崇在河阳别业金谷园发起了一场盛大的士人聚会。

《晋书》本传："出为征虏将军，假节、监徐州诸军事，镇下邳。崇有别馆在河阳之金谷，一名梓泽，送者倾都，帐饮于此焉。"

《世说新语·品藻》第五十七条："谢公云：'金谷中苏绍最胜。'绍是石崇姊夫，苏则孙，愉子也。"注引石崇《金谷诗叙》："余以元康六年，从太仆卿出为使持节，监青、徐州诸军事、征虏将军。有别庐在河南县界金谷涧中，或高或下，有清泉茂林，众果竹柏、药草之属，莫不毕备。又有水碓、鱼池、土窟，其为娱目欢心之物备矣。时征西大将军祭酒王诩当还长安，余与众贤共送往涧中，昼夜游宴，屡迁其坐。或登高临下，或列坐水滨。时琴瑟笙筑，合载车中，道路并作；及住，令与鼓吹递奏。遂各赋诗，以叙中怀。或不能者，罚酒三斗。感性命之不永，惧凋落之无期。故具列时人官号、姓名、年纪，又写诗著后。后之好事者，其览之哉！凡三十人，吴王师、议郎、关中侯、始平武功苏绍字世嗣，年五十，为首。"《水经注》卷十六："谷水又东，左会金谷水，水出太白

---

[①] ［日］佐藤利行：《西晋文学研究》，周延良译，中国社会科学出版社2004年版。

原，东南流历金谷，谓之金谷水，东南流径晋卫尉卿石崇之故居。石季伦《金谷诗集叙》曰：'余以元康七年，从太仆出为征虏将军……'"两注引六七年异，从《世说新语》注。

金谷宴集中参与的士人很多，留下了许多宴游唱酬之诗作。现存的有欧阳建《答石崇赠诗》、曹摅《赠石崇诗》、杜育《金谷诗》残篇、枣腆《赠石季伦诗》等。金谷宴集对士人流连山水的心态的影响是很深远的。石崇在后来的《思归引并序》中也叙写了别业中的生活：流连山水，入有琴书之娱，出有游目弋钓，既服食练气又纵陈伎乐。石崇周围的士人们，也都共同领略了此种生活的美。石崇的《金谷诗序》更是以闲适的心态描画了一副士人理想人生的图景。正是在这金谷雅集中，众多的士人感受到了流连山水的放逸舒适，将诗文创作作为流连宴乐的雅事置放于山水品赏之中。因此诗文中常常慨叹人生之短促与岁月易逝，却又都注重娱乐性、悦情性。这也是将世俗活动融入文化大气氛中去。后来东晋的兰亭之会，显然是受到了金谷宴集的影响。《世说新语·企羡》第三条有："王右军得人以《兰亭集序》方《金谷诗序》，又以己敌石崇，甚有欣色。"从中可见一斑。唐人李白还在《春夜宴从弟桃李园序》中说："如诗不成，罚依金谷酒数。"

**约元康七年（297年），石崇作《答曹嘉诗》及《赠枣腆诗》。**

《晋书》本传："出为征虏将军，假节、监徐州诸军事，镇下邳。"

《三国志·魏书·武文世王公传》裴松之注："（曹）嘉后为东莞太守，崇为征虏将军，监青、徐诸军事，屯于下邳，嘉以诗遗崇曰：'文武应时用，兼才在明哲。嗟嗟我石生，为国之俊杰。入侍于皇闼，出则登九列。威检肃青、徐，风发宣吴裔。畴昔谬同位，情至过鲁、卫。分离逾十载，思远心增结。愿子鉴斯诚，寒暑不逾契。'崇答曰：'昔常接羽仪，俱游青云中，敦道训胄子，儒化涣以融，同声无异响，故使恩爱隆。岂惟敦初好，款分在令终。孔不陋九夷，老氏适西戎。逍遥沧海隅，可以保王躬。世事非所务，周公不足梦。玄寂令神王，是以守至冲。'"

逯钦立《先秦汉魏晋南北朝诗》载崇《赠枣腆诗》："久官无成绩，栖迟于徐方。寂寂守空城，悠悠思故乡。恂恂二三贤，身远屈龙光。携手沂泗间，遂登舞雩堂。文藻譬春华，谈话犹兰芳。消忧以觞醴，娱耳以名娟。博弈逞妙思，弓矢威边疆。"

石崇与曹嘉、枣腆等的赠答诗中，多流露出他们留名于世的期望和宦海浮沉以求自全的心态，同时在官宦生活中辗转受挫之后以流连闲适生活作为安抚。二三贤子，因为没有受到朝廷的重用而被隐没才华，于是作舞雩之咏，逍遥沂泗之间，以酒乐为娱，最后却仍然希望能够"弓矢威边疆"。另一首《答枣腆诗》中明确的提到："赠尔话言，要在遗名。惟此遗名，可以全生。"这是石崇提出的"士当身名俱泰"的一个诠解。他向往"弓矢威边疆"而不得，便期望得到精神上的安抚。而这种"玄寂令神王，是以守至冲"的精神世界他却基本没有涉足过。或许他多次纠结的逍遥生活，最终没有引导他走向"至冲"，而是在财富与权力欲望下于政治斗争的漩涡中殒殁，临死前自叹"奴辈利吾家财"。对于财富与权力的占有和享受成为西晋士人所追求的人生趣味，他们期望"身名俱泰"，而没有清虚宁静、安然自适的心境，他们努力在名教与自然中求得一种平衡，却只能于政权利益斗争里挣扎沉浮。

**约元康八年（298年），石崇与徐州刺史高诞争酒相侮，为军司所奏，免官。作《思归引并序》。复拜卫尉。**

《晋书》本传："至镇，与徐州刺史高诞争酒相侮，为军司所奏，免官。复拜卫尉。"

逯钦立《先秦汉魏晋南北朝诗》载崇《思归引并序》。《思归引序》中，石崇叙说了他营建的河阳别业，为西晋士人们描绘了一幅理想人生的图画，是在流连山水之中求得精神的超脱和生命的归宿。石崇卒年五十二，此云五十，当是元康八年（298年）之时。此时正处在西晋乱亡前夕。石崇从少有大志至晚年放逸，经历了西晋初创至八王之乱，他向往着游目弋钓、琴书服食，常思归而咏叹，表现出对闲适心态和优游生活的向往。然而他又极度流连仕途，在被免官之后又任卫尉，至永康元年贾谧被诛，赵王伦专权，他终被杀害。他向往逍遥绝尘的生活，实际上是希望从中得到"福亦不至兮祸不来"的庇佑，这种求自全的心理，也是当时士人们所共有的。

石崇时年五十，以卒年五十二推之，当在此年。《文选》卷四十五李善注引臧荣绪《晋书》本传："崇为大司农，坐未被书擅去官，免。"李善以为此处免官是从大司农任上免。陆侃如《中古文学系年》

指出，若说免官后拜太仆，镇下邳，迁卫尉等事均在此二年内，既不甚合理，且与《金谷诗序》的年份相矛盾，故假定指因高诞事而免官。今从之。

**晋惠帝永康元年（300年），贾后杀司马遹，后赵王伦废贾后，杀贾谧及党与。石崇免官，遂被害。**

《晋书·惠帝纪》："永康元年……三月……贾后矫诏害庶人（司马）遹于许昌。夏四月……癸巳，梁王肜、赵王伦矫诏废贾后为庶人，司空张华、尚书仆射裴𬱟皆遇害，侍中贾谧及党与数十人皆伏诛。"

《晋书》本传："及贾谧诛，崇以党与免官。时赵王伦专权，崇甥欧阳建与伦有隙。崇有妓曰绿珠，美而艳，善吹笛。孙秀使人求之。崇时在金谷别馆，方登凉台，临清流，妇人侍侧。使者以告。崇尽出其婢妾数十人以示之，皆蕴兰麝，被罗縠，曰：'在所择。'使者曰：'君侯服御丽则丽矣，然本受命指索绿珠，不识孰是？'崇勃然曰：'绿珠吾所爱，不可得也。'使者曰：'君侯博古通今，察远照迩，愿加三思。'崇曰：'不然。'使者出而又反，崇竟不许。秀怒，乃劝伦诛崇、建。崇、建亦潜知其计，乃与黄门郎潘岳阴劝淮南王允、齐王冏以图伦、秀。秀觉之，遂矫诏收崇及潘岳、欧阳建等。崇正宴于楼上，介士到门。崇谓绿珠曰：'我今为尔得罪。'绿珠泣曰：'当效死于官前。'因自投于楼下而死。崇曰：'吾不过流徙交、广耳。'及车载诣东市，崇乃叹曰：'奴辈利吾家财。'收者答曰：'知财致害，何不早散之？'崇不能答。崇母兄妻子无少长皆被害，死者十五人。崇时年五十二。初，崇家稻米饭在地，经宿皆化为螺，时人以为族灭之应。有司簿阅崇水碓三十余区，苍头八百余人，他珍宝货贿田宅称是。及惠帝复阼，诏以卿礼葬之。封崇从孙演为乐陵公。"

《晋书》本传史臣曰："石崇学乃多闻，情乖寡悔，超四豪而取富，喻五侯而竞爽。春畦蘸靡，列于凝沍之晨；锦障逶迤，亘以山川之外。撞钟舞女，流宕忘归，至于金谷含悲，吹楼将坠，所谓高蝉处乎轻阴，不知螳螂袭其后也。"

明代王世贞《艺苑卮言》卷三："石卫尉纵横一代，领袖诸豪，岂独以财雄之，正才气胜耳。《思归引》、《明君辞》情质未离，不在潘陆下，刘司空亦俦也。《答卢中郎》五言，磊块一时，涕泪千古。"

有关石崇的著录，《隋书·经籍志四》有"晋卫尉卿《石崇集》六卷，梁有录一卷"。严可均《全晋文》卷三十三载文九篇。丁福保《全晋诗》卷四载诗八篇。

（黎　臻）

# 左思传

**左思，字太冲，齐国临淄（今山东淄博）人。生年不详。**

左思出身儒学世家，父亲左雍，妹妹左棻，

《晋书》本传："其先齐之公族，有左右公子，因为氏焉。家世儒学。父雍，起小吏，以能擢授殿中侍御史。"

《太平御览》卷二十七引《曹氏传》："左拥起于碎吏，武帝以为能，擢为殿中侍御史。"又有《书钞》卷一百二引王隐《晋书》、《世说新语·文学》注引《左思别传》相关记载。然据《左棻墓志》，"父熹字彦雍，太原相弋阳太守。"可知史籍尽误。

其妹左棻，字兰芝。《晋书·后妃传上》："少好学，善缀文，名亚于思，武帝闻而纳之。"以文名被晋武帝纳为贵嫔，无子，以兄幼子左聪奇奉祭祠。《墓志》："兄思字泰冲……嫂翟氏。"然史传无载二人何时成婚。左思子嗣如下：长子左髦，字英髦；二女左芳，字惠芳；三女左媛，字纨素；幼子左聪奇，字骠亲。

左思生年，史传无载。徐传武《左思左棻研究》系于魏齐王芳正始九年（248年），陆侃如《中古文学系年》定于魏齐王芳嘉平二年（250年），《中国历代著名文学家评传》以为魏齐王芳嘉平四年（252年）。存疑。

左思其貌不扬与口才不佳，很难融入当时崇尚玄学清谈的社交场合，这或许可以解释在西晋雅诗盛行的情况下，左思别开一种质朴的抒情风格，并且以文史为自身发展方向的原因。

《晋书》本传："思少学钟、胡书及鼓琴，并不成。雍谓友人曰：'思所晓解，不及我少时。'思遂感激勤学，兼善阴阳之术。貌寝，口讷，而辞藻壮丽。不好交游，惟以闲居为事。"

《世说新语·容止》："潘岳妙有姿容，好神情。少时挟弹出洛阳道，妇人遇者，莫不连手共萦之。左太冲绝丑，亦复效岳游遨，于是群妪齐共乱唾之，委顿而返。"左思出身庶族，放于魏晋重人物品评的时代背景下，"容止"的衡量尺度亦关乎其家世背景。其乡品之不佳，《世说新语·文学》注引《左思别传》："思为人无吏干而有文才，又颇以椒房自矜，故齐人不重也。"

有关左思的生平，除了《晋书》的记载外，今人有陆侃如《中古文学系年》、徐传武《左思左棻研究》、刘文忠《左思·刘琨》、叶日光《左思生平及其诗之析论》、郑训佐《左思与左棻》等，可资参考。

**晋武帝泰始六年（270年），左思作《齐都赋》。**

《晋书》本传："造《齐都赋》，一年乃成。复欲赋三都，会妹芬入宫。"据《晋书·后妃传上》："泰始八年，拜修仪。"概左思作《齐都赋》在前一二年，在"移家京师"之前。故系于此。

《北堂书钞》卷一百二引王隐《晋书》："雍曰：'思不及我少时也。'思乃发愤造《齐都赋》，一年不出户牖。"参考《初学记》卷十二引王隐《晋书》："左思专思《三都赋》，绝人伦之事。"可见左思偏于学者之风，勤于著作。

写作京都大赋，鉴于其体制内容的庞杂，对作者的构思安排与学识的要求比较高。临淄旧乃齐国旧都，左思对其历史地理、人情风俗应有一定的了解，因此写作起来比较便利。而《齐都赋》为《三都赋》的创作奠定了基础。今已亡佚，散见于《初学记》、《北堂书钞》等书。其内容涉及齐都临淄的繁华景象、地理风物与文化积淀。

左思之前，建安七子之一的徐幹，曾撰《齐都赋》，今散佚，可与左思之赋相互参考。左思之后，有清人于际飞《古齐都赋》："（客）曰：'晋者太冲，研精伟，长覃思，赋齐都者盛已。子非其乡人耶？当强为续之。'余乱以和，余避席跪曰：'前之赋齐都者，南抵艾陵，北穷溟渤，东至之众，西竟亢父。柏寝回镳，情移海外；稷丘炙轂，神驰九州。博矣！赜矣！……'"

**泰始八年（272年），左思移居洛阳城东，博览群书，并开始构思《三都赋》。**

《晋书》本传："复欲赋三都，会妹芬入宫，移家京师。"其《招隐诗》："经始东山庐，果下自成榛。"可见其妹入宫、移居京城打断了左思原本的创作计划。

《文选》卷二十二《招隐诗》二首有"经始东山庐，果下自成榛"。李善注引王隐《晋书》曰："左思徙居洛城东，著《经始东山庐诗》。"亦有《咏史诗》其一："弱冠弄柔翰，卓荦观群书。"

《唐钞文选集注·三都赋序》吕向曰："三都者，刘备都益州，号蜀。孙权都建业，号吴。曹操都邺，号魏。思作赋时，吴蜀以平，见前贤文之是非，故作斯赋以辨众惑也。"高步瀛《文选李注义疏》引姚范："《蜀都》以前后东西及封域城市为经，而以物产地毛纬其中，末乃及宴游禽渔之乐。《吴都》首言山川之所函育，次及草木竹石禽兽瑰异之属，而后侈其都邑公馆人物，后亦夸饰禽鱼乐游之盛，末略及往古风气所收场。《魏都》先言地望宫阙，以及墉洫寺署官贾，而后言其武以戡乱，以至太平觐享之仪，禅受之事，以建国法度考室举黡括之。后略及山川物产前修以终之，大义归于典训，事垂于模，则以张拓宇中夏之规。三篇布置各殊，所以避复也。"可见其结构安排具有严密性。

其写作动机见《文选集注》卷八引王隐《晋书》："当思之时，吴国为晋所平，思乃赋此《三都》，以极眩曜。其蜀事访于张载，吴事访于陆机，后乃成之。"王鸣盛《十七史商榷》卷五十一："左思于西晋初，吴、蜀既平之后，作《三都赋》，抑吴都、蜀都而申魏都，以晋承魏统耳。"又余嘉锡《读已见书斋随笔·左思三都赋》："……是特吴蜀之人相与问答，魏不与焉。辩论既竟，文义已足。疑其所赋，两都而已。"推测先有吴蜀两都赋，其后因为形势的趋于统一，西晋吞吴，故增加《魏都赋》。钱锺书《管锥编》："窃谓《三都》承两都、《二京》之制，而文字已较轻清，非同汉人之板重，即堆垛处亦如以发酵面粉作实心馒头矣。三篇中《吴》、《蜀》二篇为胜。"[①] 其优劣等差，亦可证之。

左思作为寒素文人，崇尚实学，曾研究《汉书》，这样长篇的征实创作也为其提供跻身文坛、社会的方式。其可贵之处在于，以武力为前提，而更重要的是用中原的思想文化统一全国。

---

① 钱锺书：《管锥编》，生活·读书·新知三联书店 2001 年版，第 1825 页。

**泰始十年（274年），左思作《悼离赠妹诗》两首。**

泰始八年，左棻"受诏作愁思之文"，即《离思赋》，叙述其离别父兄亲人之苦。左思见其文而作是文，其一："自我不见，于今二龄。""岂唯二龄，相见未克。"故系于是年。左棻有回赠《感离诗》："骨肉至亲，化为他人，永长辞兮。惨怆愁悲，梦想魂归，见所思兮。惊寤口兆，心不自聊，泣涟洏兮。"《诗纪》："此答左思《赠妹》之作。"

左棻回宫后，左思作《悼离妹诗》其二，以《诗》、《书》、《列女传》勉励妹妹。左思幼年丧母，据《墓志》："思蚤丧母。"左思《悼离妹诗》其一："早丧先妣，恩百常情。"长兄与幼妹在失去母爱的情况下显得尤为亲近，二人亦颇有学养，从二人的赠诗中可窥。

**约晋武帝咸宁二年（276年），左思起家为秘书郎。**

《晋书》本传："自以所见不博，求为秘书郎。"

《晋书·职官志》："及晋受命，武帝以秘书并中书省，其秘书著作之局不废。"

秘书郎为六品清官，魏晋有特殊背景者方可起家为秘书郎。而左思之父起于小吏，自身乡品不佳。而其妹左棻为贵嫔，据《晋书·舆服志》以"贵人、夫人、贵嫔"为"三夫人"，位视三公，左思应该是得其恩荫。

秘阁读书的经历为左思《三都赋》的写作奠定了文献基础。另外，又据《和峤传》，此时张华接替和峤为中书令，在作《博物志》时或参考秘阁藏书。同时，张华力主伐吴，对地理名物的著述应该有军事战略上的动机，从中也能看出左思的作《三都赋》的政治志向，魏灭蜀，晋灭魏，而攻吴是大势所趋——指向的是全国统一的愿景与对西晋的歌颂。而这样的文学基调在西晋建立就渐渐形成，典例是晋初傅玄等人制礼作乐，多产庙堂乐府。

**约咸宁四年（278年），左思诣著作郎张载，访岷、邛之事。**

《晋书》本传："复欲赋三都……乃诣著作郎张载，访岷、邛之事。"可见左思造访张载的目的是想了解张载入蜀后掌握的蜀中情况。

据沈玉成、傅璇琮《中古文学丛考·三张小考》引张载《叙行赋》："岁大荒之孟夏，余将往乎蜀都；脂轻车而秣马，循路轨以西徂。"大荒即荒落，即岁星在巳之谓。其时应为癸巳，即泰始九年（273年）其父时为蜀郡太守——可证《晋书·张载传》记载的失实之处。张载约于咸宁四年返回洛阳,据《晋书·张载传》:"载又为《濛汜赋》,司隶校尉傅玄见而嗟叹……起家著作郎。"因为傅玄卒于咸宁四年,故张载在此前已经入蜀省父并回归洛阳。张载《剑阁铭》:"惟蜀之门,作固作镇。是曰剑阁,壁立千仞。穷地之险,极路之峻。世浊则逆,道清斯顺。……昔在武侯,中流而喜。山河之固,见屈吴起。兴实在德,险亦难恃。……凭阻作昏,鲜不败绩。"参照左思《魏都赋》:"剑阁虽嶤,凭之者蹶,非所以根深蒂固也……"二人均有"险不可恃"的观点。

**咸宁年间(275—280年),左思作《杂诗》。**

《文选》卷二十九《杂诗》李善注云:"冲于时贾充征为记室,不就,因感人年老,故作此诗。"或谓史书未见贾充征左思为记室之事,李善将齐王冏征左思为记室督之事误记。

据《晋书·武帝纪》:"(太康三年)夏四月庚午,太尉鲁公贾充薨。"《晋书·贾充传》:"太康三年四月薨,时年六十六。"暂系于此年。又"伐吴之役……充虑大功不捷,表陈'西有昆夷之患,北有幽并之戍,天下劳扰,年谷不登,兴军致讨,惧非其时。又臣老迈,非所克堪。'诏曰:'君不行,吾便自出。'充不得已,乃受节钺,将中军,为诸军节度,以冠军将军杨济为副,南屯襄阳。吴江陵诸守皆降,充乃徙屯项。"可见其立场与左思《三都赋》的写作动机是有差距的。诗曰:"秋风何冽冽,白露为朝霜。柔条旦夕劲,绿叶日夜黄。明月出云崖,皦皦流素光。披轩临前庭,嗷嗷晨雁翔。高志局四海,块然守空堂。壮齿不恒居,岁暮常慨慷。"

清吴淇《六朝选诗定论》:"霜而谓之朝者,夕降犹露,以冽冽夜风,故至朝则凝为霜矣。时光如此,壮齿那得恒居耶?……总出不得门前一步,如四方之高志何哉?"按:左思此时犹壮年,"感人年老"或是时势催人老,并非真实的老去。高志依然在胸,渴盼出仕——与晚年不仕的心境亦不相合。

**晋武帝太康二年(281年)左右,左思完成《三都赋》初稿,皇甫谧为之作《三都赋序》。**

《文选》卷四十五皇甫谧《三都赋序》,李善注引臧荣绪《晋书》:"左思作《三都赋》,世人未重。皇甫谧有高名于世,思乃造而示之,谧称善，为其赋序也。"然而《世说新语·文学》刘孝标注引《左思别传》："思造张载，问岷、蜀事，交接亦疏。皇甫谧西州高士，挚仲治宿儒知名，非思伦匹。刘渊林、卫伯舆并蚤终，皆不为思赋序注也。凡诸注解，皆思自为，欲重其文，故假时人名姓也。"此实为诬陷之辞，严可均、吴士鉴、王士祯、余嘉锡、傅璇琮等均加以驳论，大概可以归结为其出身庶族与乡品不佳。

《晋书》本传："初，陆机入洛，欲为此赋，闻思作之，抚掌而笑，与弟云书曰：'此间有伧父，欲作《三都赋》，须其成，当以覆酒瓮耳。'及思赋出，机绝叹伏，以为不能加也，遂辍笔焉。"因此，《三都赋》是当时人们向往的题材，但是想要写好却很不容易，故有陆机的讥讽与后人对左思为文的诟病。

然而，左思经过勤奋努力最终成功地完成了写作，其篇幅超过班固《两都赋》、张衡《二京赋》，成为两汉魏晋以来的第一长赋。《文心雕龙·赋诠》中将其与王粲、成公绥、潘岳、陆机、郭璞、袁宏等同为一列，推为"魏晋之赋首"。

《晋书》本传："遂构思十年，门庭藩溷皆著笔纸，遇得一句，即便疏之。自以所见不博，求为秘书郎。及赋成，时人未之重。思自以其作不谢班张，恐以人废言，安定皇甫谧有高誉，思造而示之。谧称善，为其赋序。张载为注《魏都》，刘逵注《吴》《蜀》而序之曰：'观中古以来为赋者多矣，相如《子虚》擅名于前，班固《两都》理胜其辞，张衡《二京》文过其意。至若此赋，拟议数家，傅辞会义，抑多精致，非夫研核者不能练其旨，非夫博物者不能统其异。世咸贵远而贱近，莫肯用心于明物。斯文吾有异焉，故聊以余思为其引诂，亦犹胡广之于《官箴》，蔡邕之于《典引》也。'陈留卫权又为思赋作《略解》……自是之后，盛重于时，文多不载。司空张华见而叹曰：'班张之流也。使读之者尽而有余，久而更新。'于是豪贵之家竞相传写，洛阳为之纸贵。"《全晋文》一百五注："《晋书·左思传》作陈留卫瓘，乃权之误。"然余嘉锡《世说新语笺疏》："然据《思传》所载瓘序，乃是并注《三都》，与《魏志》注言权但注《吴都》者不同。未详孰是。"按：卫瓘字伯玉，河东安邑人，《晋书》有传；卫权字伯舆，陈留人。应作"卫权"。东晋綦毋邃亦为《三都赋》作注，《隋书·经籍志》曾著录三卷，今亡佚，并混入到刘逵的注中。

《世说新语·文学》："左太冲作《三都赋》初成，时人互有讥訾，思意不惬。后示张公。张曰：'此二京可三，然君文未重于世，宜以经高名之士。'思乃询求于皇甫谧，谧见之嗟叹，遂为作《叙》。于是先相非贰者，莫不敛衽赞述焉。"注引《左思别传》曰："齐王冏请为记室参军，不起，时为《三都赋》未成也。后数年，疾终。其《三都赋》改定，至终乃上。初，作《蜀都赋》云：'金马电发于高冈，碧鸡振翼而云披。鬼弹飞丸以磳磴，火井腾光以赫曦。'今无'鬼弹'，故其赋往往不同。"《御览》卷八百八十四引《文士传》亦有载。以此推测，《三都赋》的文本形态是不断变化的，从构思到定稿竟达数十年时间。陆侃如将《三都赋》之作系于太安二年，即左思卒前；姜亮夫《陆平原年谱》依据陆机与陆云书讥伧父作《三都赋》欲以覆酒瓮事，以为成于元康元年（291年）；傅璇琮《左思〈三都赋〉写作年代质疑》根据"会妹芬入宫，移家京师……遂构思十年"及《魏都赋》"成都迄已倾覆，建业则亦颠沛"等，系于太康元年以前。按：《魏都赋》写魏而非晋，故不应局限在太康之前。又皇甫谧明年卒，则将此事姑系于此年。

由于此后左思在不断写作与修改《三都赋》，而皇甫谧序言与左思自序多有相同，故疑《三都赋》序或是假托于皇甫谧之作。如王梦鸥《关于左思〈三都赋〉的两首序》中有此说；陆侃如以为左思像请教张载一样造访皇甫谧，《序》却是假托的；徐传武《左思左棻研究》以为左思自序是受到皇甫谧的影响，故二者多有雷同。近年来，学界已普遍认定皇甫谧《三都赋序》并非伪作，依据是作序一事明见于《世说新语》、《晋书·文苑传》以及卫权《〈三都赋〉略解序》，反观《左思别传》则不足为信；此文见于萧统《文选》；陆云《与兄陆平原书》中提到"又思《三都》，世人已作是语，触类长之，能事可见"与《三都赋序》印证[①]。按：概二人赋学思想的相同之处，反映出共同时代背景下的一种文学思想。

值得注意的是，皇甫谧《序》以时序为结构，自夏商追溯赋史。其中提出了一些重要的赋学批评观念："然则赋也者，所以因物造端，敷弘体理，欲人不能加也。引而申之，故文必极美；触类而长之，故辞必尽丽。然则美丽之文，赋之作也。昔之为文者，非苟尚辞而已，将以纽之王教，本乎劝戒也。"提出了赋的两个特点，一是赋作应是美丽之文，另一个便是肯定赋的写实价值。皇甫谧与左思《三都赋序》同时反映出这一

---

① 王紫薇：《左思〈三都赋〉成篇历程新考》，《中国文化与典籍》2014 年第 3 期。

时期对辞赋创作原则、方法的探讨，总体而言是沿着扬雄"丽以则"与"丽以淫"的区别进行的。

**太康四年（283年），左思为陇西王司马泰辟为国子祭酒。**

《世说新语》注引《左思别传》："司空张华辟为祭酒。"

汤球辑王隐《晋书》："左思少好学，司徒陇西王泰辟为祭酒。"

《晋书·武帝纪》："（太康四年八月）以陇西王泰为尚书右仆射。"又"出为镇西将军"。

《晋书·宗室传》："太康初，入为散骑常侍、前将军，领邺城门校尉，以疾去官。后代下邳王晃为尚书左仆射。"

**太康年间（280—289年），左思作《咏史诗》八首，或此时作《招隐诗》、《娇女诗》。**

《咏史诗》为左思借古喻今、寄托言志之作。其写作时间有三说：一主灭吴之前；一主第一首完成于灭吴之前，另七首为西晋统一之后陆续完成；一主八首皆为左思后期作品（葛晓音、钱志熙）。三说各有道理，其一："志若无东吴……左眄澄江湘，右盼定羌胡。"与灭吴前期的历史背景相符，如程千帆《左太冲〈咏史〉诗三论》以为作于咸宁五年武帝"伐吴诏"下达不久，兴膳宏以为在灭吴的前二三年间，等等，但是却不能全部解释这八首诗。值得注意的是，八首《咏史诗》具有整体性。从组诗的整体性可以看出它们的写作时间是较为集中的，又综合左思的相关材料，太康后以及永康间都有迹可循，独太康中踪迹寥寥，再据《左棻墓志》中有关太康三、四年间左思遭父丧，服满后久不见招的记载，可见当时诗人年届不惑而人生失意，暂系于太康年间。

另外，从诗歌的内容上，八首诗的主题分别为：进与退、卑与高、功与禄、闹与静、进与退、穷与达、荣与衰——其中主题之间也是交互的。值得注意的是，《咏史诗》是以理想的方式书写左思的内心，如《其一》想象自身在平定南北之后功成身退——这种理想人格引导他在政治动乱中得以全生。其不得志之处，如"当其未遇时，忧在填沟壑。英雄有迍邅，由来自古昔。何世无奇才，遗之在草泽"，也反映出与自身同病相怜之先贤的共鸣。而对门阀制度的批判是时人关注的热点，如刘毅、潘岳等人在太康年间都有过讨论。

在咏史诗发展史上，东汉班固直接以"咏史"为题，标志着此种诗体类型的正式形成。到了魏晋时期，曹植、石崇、张协等都有此类创作，左思《咏史诗》则呈现出一个高峰。

胡应麟在《诗薮·内编》卷二评："太冲《咏史》，骨力莽苍，虽途辙稍歧，一代杰作也。"

何焯《义门读书记》卷四十六云："咏史者，不过美其事而咏叹之，隐括本传，不加藻饰，此正体也。太冲多摅胸臆，乃又其变。"又"题云'咏史'，其实乃咏怀也"。

沈德潜《古诗源》卷七："太冲咏史，不必专咏一人，专咏一事，咏古人而己之性情俱见。此千秋绝唱也，后惟明远、太白能之。"

王夫之《古诗评选》："太冲一往，全以结构养其深情。三国之降为西晋，文体大坏，古度古心不绝于来兹者，非太冲其焉归？"足见其文学地位。

《招隐诗》其一："踌躇足力烦，聊欲投吾簪。"其二："经始东山庐，果下自成榛。"《文选》注引王隐《晋书》："左思徙居洛城东，著《经始东山庐诗》。"暂系于是年。又有"结绶生缠牵，弹冠去埃尘"与其一所引之句意味相似。"惠连非吾屈，首阳非吾仁。相与观所尚，逍遥撰良辰。"诗人不若柳下惠、少连降志辱身，也不同伯夷、叔齐一样隐于首阳山，其志向集中在"撰"字之上，即写隐居生活的画面。值得注意的是，两首招隐诗从头至尾只是"隐"贯穿而下，而不见"招"。清吴淇《六朝选诗定论》以为其一为卜隐地，"是未成庐荒途远景"，其二为"既成庐绕庐近景"——"前篇竟是周公卜洛，后篇竟是宣王考室，有此等大本领、大经济，方称隐士，方称隐士领袖"。

左思《招隐诗》对山水诗的发展产生了影响。同时，其诗句为后人所引用，其意境为后人希慕。《世说新语·任诞》："王子猷居山阴，夜大雪，眠觉，开室命酌酒，四望皎然。因起彷徨，咏左思招隐诗。忽忆戴安道。时戴在剡，即便夜乘小舟就之。经宿方至，造门不前而返。人问其故，王曰：'吾本乘兴而行，兴尽而返，何必见戴？'"《梁书·昭明太子传》："性爱山水，于玄圃穿筑，更立亭馆，与朝士名素者游其中。尝泛舟后池，番禺侯轨盛称'此中宜奏女乐。'太子不答，咏左思《招隐诗》曰：'何必丝与竹，山水有清音。'侯惭而止。"《招隐诗》："非必丝与竹，山水有清音。何事待啸歌，灌木自悲吟。"从事物本身倾听其中的韵律，反映出左思质朴自然的美学观念，这与西晋总体追求形式与藻饰的文风相异。

《娇女诗》亦是闲暇所作，权且赘于此。运用散句、白描的手法，有意识避免了时俗俳偶体，却偏向于乐府叙事体。反映了女儿美丽可爱与憨态可掬的情态，对后代白话诗产生影响，其语言内容也影响了陶渊明《责子》、杜甫《北征》等。在当时虽然不是主流，但从左思诗歌中可见晋诗中依然有质朴一体的存在。许学夷《诗源辩体》卷五："张孟阳五言，篇什不多，体虽未入俳偶，语虽未见雕刻，然气格不及太冲。"

**晋惠帝元康六年（296年），左思为张华祭酒。元康八年（298年），贾谧为秘书监。左思为贾谧讲《汉书》，为"二十四友"之一。**

《世说新语·文学》注引《思别传》："司空张华辟为祭酒。"张华本年继陇西王司马泰为司空。《晋书·贾谧传》："广城君薨，去职。丧未终起为秘书监。"

又《晋书·贾谧传》："齐国左思……皆傅会于谧，号曰二十四友。"又"渤海石崇欧阳建、荥阳潘岳、吴国陆机陆云、兰陵缪征、京兆杜斌挚虞、琅邪诸葛诠、弘农王粹、襄城杜育、南阳邹捷、齐国左思、清河崔基、沛国刘瑰、汝南和郁周恢、安平牵秀、颍川陈眕、太原郭彰、高阳许猛、彭城刘讷、中山刘舆刘琨皆傅会于谧，号曰二十四友，其余不得预焉。"《晋书·刘琨传》："石崇、欧阳建、陆机、陆云之徒并以文才降节事谧，琨兄弟亦在其间，号曰'二十四友。'"《晋书》本传："秘书监贾谧请讲《汉书》。"

据《晋书·惠帝纪》与《职官志》，秘书监始置于晋惠帝十年，其属官为秘书丞与秘书郎。贾谧与左思的交游，主要是基于二人共同的外戚背景以及左思崇尚实学、研习《汉书》的学术背景。后人对此多有诟病，以为与《咏史诗》中的人格塑造相悖，实则不必对此太过计较，"二十四友"是一个比较松散的集体，贾谧借此扩大自身的影响力，为编纂《晋书》而广招治史之才，作《三都赋》因而洛阳纸贵的左思恰好能够为其带来"名人效应"——左思以才而征召，为年少的贾谧讲授《左传》也是情理之中的。

**晋惠帝永康元年（300年），左思退居宜春里，专思著述。**
《晋书》本传："谧诛，退居宜春里，专意典籍。"
《世说新语·文学》注引《思别传》："谧诛，归乡里，专思著述。"

**晋惠帝永宁元年（301年），左思辞齐王记室督之命。晋惠帝太安二年（303年），左思避难冀州，作《三都赋》成，寻卒。**

《晋书》本传："齐王冏命为记室督，辞疾，不就。及张方纵暴都邑，举家适冀州。数岁，以疾终。"

《世说新语·文学》注引《思别传》："齐王冏请为记室参军，不起。时为《三都赋》未成也。后数年，疾终。其《三都赋》改定，至终乃止。"又见《思别传》。

左思《三都赋》明确表达了他对作赋"征实"的基本观点。他首先批评了前代赋家作品中的失实："然相如赋《上林》而引'卢橘夏熟'，杨雄赋《甘泉》而陈'玉树青葱'，班固赋《西都》而叹以出比目，张衡赋《西京》而述以游海若。假称珍怪，以为润色，若斯之类，匪啻于兹。考之果木，则生非其壤；校之神物，则出非其所。于辞则易为藻饰，于义则虚而无徵。"提出了"贵本"、"宜实"特征："发言为诗者，咏其所志也；升高能赋者，颂其所见也。美物者贵依其本，赞事者宜本其实。匪本匪实，览者奚信？"左思运用咏物赋的写作经验于大赋的写作中，注重写物之本实。然高步瀛《文选李注义疏》引张云璈："按：《西京赋》海若游于玄渚，乃极言清渊之大，将使海若亦来游于此也。上文神山、瀛洲、方丈、蓬莱，皆属形容之辞，非谓游于海也。太冲讥之似过。要之赋不厌侈，如《吴都》之巨鳌大鹏，《魏都》之迁善罔匮，即太冲亦不免虚夸。杨、马之'卢橘'、'玉树'，或有所喻，非全属漫然涉笔。若必一一核实，恐乏风人之致。"结合西晋文坛的特殊语境与京都大赋的写作传统，左思这种"矛盾"概以借古讽今方式来看待当世的文坛，在结藻清英、流韵绮靡文学风格之外，以谨慎细心的态度，重视事物真实的展现。《文心雕龙·时序》："左思奇墨而横锦。"

另外，左思又有《白发赋》，赋言"值君念暮"，可知作于晚岁，"聊用拟辞，比之国风"。以白发喻"世之途"，有所寄寓于讽刺——有别于《三都赋》的写作风格。又有《七讽》，而"七"体为赋之分蘖。刘勰《文心雕龙·指瑕》："左思《七讽》，说孝而不从，反道若斯，余不足观矣！"又《文选·齐安陆王碑文》注引作《七略》，当从《文心雕龙》。然原作已佚。

《文心雕龙·才略》："左思奇才，业深覃思，尽锐于《三都》，拔萃于《咏史》。"钟嵘《诗品》："其源出于公幹。文典以怨，颇为清切，得讽谕之致。虽浅于陆机，而深于潘岳。谢康乐常言：'左太冲诗，潘安仁诗，古今难比。'"将其诗列为上品，称"左思风力"，标举其《咏史》为"五言之警策"。然而清沈德潜《古诗源》卷七："钟嵘评左诗，谓野于陆机，而深于潘岳。此不知太冲者也。太冲胸次高旷，而笔力又复雄迈。陶冶汉魏，自制伟词，故是一代作手。岂潘陆辈所能比垮？"刘熙载《艺概》亦谓太冲豪放，"非野也"，均不知此为讹字之故。详见曹旭《诗品集注》"左思"条校异。严羽《沧浪诗话·诗评》："黄初之后，惟阮籍《咏怀》之作，极为高古，有建安风骨。晋人舍陶渊明、阮嗣宗外，惟左太冲高出一时。陆士衡独在诸公之下。"

余冠英《汉魏六朝诗选》："豪迈高亢的情调和劲挺矫健的笔调是左思《咏史》诗的特色，这也就是钟嵘所说的'左思风力'。这个'左思风力'和'建安风骨'正是一脉相承的。"[1]

顾农《说"左思风力"及其背景》以为左思诗作中构成"风力"的三个主要成分：追求建功立业之志、不满门阀观念之意和不得已而退避并安于个人心灵自由小天地的隐居模式，都与左思个人特殊的家世以及个人经历有密切的关系[2]。

有关左思的著录，《隋书·经籍志四》："晋齐王府记室左思集二卷。梁有五卷，录一卷……亡。"《旧唐书·经籍志》、《新唐书·艺文志》著录皆为五卷。《宋史·艺文志》不见著录，或宋时已散佚。丁福保《汉魏六朝名家集》辑存《左太冲集》。今存诗十五首，其中五言诗十三首。其文又见严可均《全晋文》卷七十四。其事见《晋书》卷九十二《文苑传》。

**参考文献**

叶日光：《左思生平及其诗之析论》，文史哲出版社1979年版。
徐传武：《左思左棻研究》，中国文联出版社1999年版。
刘文忠：《左思·刘琨》，春风文艺出版社1999年版。
郑训佐、张晨：《左思与左棻》，山东文艺出版社2004年版。
俞士玲：《西晋文学考论》，南京大学出版社2008年版。

（刘　睿）

---

[1] 余冠英：《汉魏六朝诗选》，中华书局2012年版，第13页。
[2] 顾农：《说"左思风力"及其背景》，《山东师大学报》（社会科学版）1999年第3期。

# 张载、张协、张亢传

**张载，字孟阳，安平武邑（今河北武邑县境内）人也。父收，蜀郡太守。**

张载，张协、张亢之兄。张载生年无考，陆侃如先生疑约在250年左右，即嘉平二年左右。

《晋书》本传："张载字孟阳，安平人也。父收，蜀郡太守。"汤球《九家旧晋集本》有臧荣绪《晋书》曰："张载字孟阳，武邑人也，有才华。载父收，为蜀郡太守。载随父入蜀。"吴士鉴、刘承幹《斠注》："《御览》五百九十引王隐《晋书》，收作牧。"张收史书无载。《晋书·王濬传》载，张牧为军司，曾随王濬、冯𫄧一同伐吴。《华阳国志·大同志》又云："以蜀多羌夷，置西夷府，以平吴军司张牧为校尉，持节统兵。"清吴廷燮《晋方镇年表》中认为太康六年至九年间，张牧为益州刺史。蒋碧薇、曹旭《张载张协年谱汇考》认为，张牧、张收很有可能为一人[1]。

张载生年无考，《中古文学系年》中疑约250年左右，即嘉平二年[2]。蒋碧薇、曹旭《张载张协年谱汇考》亦以为在嘉平二年（250年）左右[3]。

《世说新语·容止》第七条注引《语林》："安仁至美，每行，老妪以果掷之满车。张孟阳至丑，每行，小儿以瓦石投之，亦满车。"而《容

---

[1] 范子烨：《中古作家年谱汇考辑要》（卷一），世界图书出版西安有限公司2014年版，第647—649页。

[2] 陆侃如：《中古文学系年》，人民文学出版社1985年版，第666页。

[3] 范子烨：《中古作家年谱汇考辑要》（卷一），世界图书出版西安有限公司2014年版，第649页。

止》第七条正文曰:"左太冲绝丑,亦复效岳游遨,于是群妪齐共乱唾之,委顿而返。"故不知此说是张载还是左思。

有关张载的生平,除了《晋书》的记载,今人有陆侃如《中古文学系年》,可资参考。

**张载性闲雅,妙擅文章。约晋武帝咸宁元年(275年),张载入洛,为佐著作郎,作《榷论》、《濛汜赋》。**

《晋书》本传:"载性闲雅,博学有文章。……载又为《榷论》……载又为《濛汜赋》,司隶校尉傅玄见而嗟叹,以车迎之,言谈尽日,为之延誉,遂知名。起家佐著作郎,出补肥乡令。"《文选》卷二十三载《七哀诗》,李善注引臧荣绪《晋书》:"有才华。起家拜佐著作郎。"

吴士鉴、刘承幹《斠注》:"《书钞》一百《张载别传》曰:载素有清才,曾为《濛汜池赋》,傅玄见之叹息,称为妙赋。"又"《书钞》五十七王隐《晋书》曰:张载为著作佐郎,才通经史,能作《晋书》。"

《中古文学系年》以傅玄于咸宁元年为司隶,故系于咸宁元年(275年)。今从之。

《榷论》,《晋书》录有全文。此文显示了张载在咸宁、太康时期强烈的功名心,其中列举了大量历史上因时而遇、立功扬名的例子,反复论证"时"对于建功扬名的重要性。同时,张载批判了西晋社会中"庸庸之徒,少有不得意者,则自以为枉伏。莫不饰小辩、立小善以偶时,结朋党、聚虚誉以驱俗",又言"今士循常循故,规行矩步,积阶级,累阀阅,碌碌然以取世资",他认为士林之弊主要是求虚名与凭阀阅,他对于当时的社会中要荣求利、碌碌无为的士人亦进行了猛烈抨击,反映了他追求功名的思想已经开始出现破灭的迹象。他后来在《述怀诗》中说:"杨子哭歧,墨氏感丝。"这种感伤便是在他抨击这个社会之后产生与世乖离的心绪的表现。

《濛汜赋》是张载为西晋皇家园林中的一个人工湖所作的赋:"丽华池之湛淡,开重壤以停源。激通渠于千金,承瀍洛之长川。挹洪流之汪汸,包素濑之寒泉。既乃北通醴泉,东入紫宫。左面九市,右带阊风。周埔建乎其表,洋波回乎其中。幽渎傍集,潜流独注。仰承河汉,吐纳云雾。缘以采石,殖以嘉树。水禽育而万品,珍鱼产而无数。苍苔泛滥,修条垂干。绿叶覆水,玄荫珍岸。红莲炜而秀出,繁葩艳以焕烂。游龙跃翼而上征，翔凤因仪而下观。想白日之纳光，睹洪晖之皓旰。于是天子乘玉辇，时遨游，排金门，出千秋，造绿池，镜清流。翳华盖以逍遥，揽鱼钓之所收。纤绪挂而鳏鲔来，芳饵沈而鳏鲤浮。丰夥逾于巨壑，信可乐以忘忧。"赋中采用丰富庞大的笔触描写了这个人工湖"仰承河汉、吐纳云雾"的气势，同时也仍旧带有对西晋王朝的强烈希望。

**晋武帝太康元年（280年），武帝灭吴，张载出补肥乡令，作《平吴颂》。**

《晋书》本传："出补肥乡令。"《中古文学系年》假定在张载为佐著作郎五年后，即太康元年（280年）。今从之。

严可均《全晋文》卷八十五载《平吴颂》，当作于吴灭之年。

张载作《平吴颂》，是当时士人对于西晋灭吴这一重大举措的肯定，以及对西晋王朝统一盛世的赞扬，文章同张载早期作《濛汜赋》等同样都充满了对西晋王朝和个人仕途的理想。

《平吴颂》："闻之前志，尧有丹水之阵，舜有三苗之诛，此圣帝明王，平暴静乱，未有不用兵而制之也。夫大上成功，非颂不显；情动于中，非言不彰。狁狁既攘，出车以兴；淮夷既平，江汉用作：斯故先典之明志，不刊之美事，乌可阙欤？遂作颂曰：上哉仁圣，曰惟皇晋。光泽四表，继天垂胤。帝道焕于唐尧，义声邈乎虞舜。蠢尔鲸吴，凭山阻水。肆虐播毒，而作豺虺。菁茅阙而不贡，越裳替其白雉。正九伐之明典，申号令之旧章。布亘地之长罗，振天网之修纲。制征期于一朝，并箕驱而慕张。尔乃拔丹阳之峻壁，屠西陵之高埸。日不移晷，群丑率从。望会稽而振铎，临吴地而奋旅。众军竞趣，烽飚具举。挫其轻锐，走其守御。"

**太康六年（285年），张载至蜀省父，作《叙行赋》、《剑阁铭》、《登成都白菟楼》。**

《晋书》本传："太康初，至蜀省父，道经剑阁。载以蜀人恃险好乱，因著铭以作诫曰：……益州刺史张敏见而奇之，乃表上其文，武帝遣使镌之于剑阁山焉。"

张载入蜀时间有异议。《华阳国志·大同志》："太康……三年……以蜀多羌夷，置西南夷府，以平吴军司张牧为校尉，持节统兵，州别立治，西夷治蜀，各置长史司马。"严可均《全晋文》卷八十五载《叙行赋》：

"岁大荒之孟夏，余将往乎蜀都。"陆侃如先生考证"大荒为巳年，太康惟六年为乙巳"，因此系《剑阁铭》、《叙行赋》、《登成都白菟楼》年均为太康六年（285年）。韩泉欣亦认为张载于太康六年初夏入蜀[1]。姜剑云《太康文学研究》亦持此观点。而曹道衡、沈玉成《中国文学家大辞典·先秦汉魏晋南北朝卷》称张载入蜀于泰始九年（273年）："武帝泰始九年（273），载入蜀省父，道经剑阁。以形势险要，公孙述、刘备等皆凭阻割据，乃撰《剑阁铭》谓'兴实由德，险亦难恃'。……在途又作《叙行赋》。在蜀作《等成都白菟楼诗》。"[2]张载在周览名山大川的同时，依然兴起对生活的热爱和建功立业的人生愿景。

《叙行赋》："岁大荒之孟夏，余将往乎蜀都。脂轻车而秣马，循路轨以西徂。朝发轫于京宇兮，夕予宿于谷洛。践有周之旧墟，块丘荒以寥廓。赞王孙于北门，问九鼎于东郭。实公目之所卜，曷斯土之渍薄。入函谷而长驱，历新安之卤阜。行逶迤以登降，涉二崤之重阻。经嶔岑之险巇，想姬文之避雨。出潼关以回逝，仰华岳之崔嵬。勤大禹之疏导，豁龙门之洞开。舍予车以步趾，玩卉木之璀错。翳青青之长松，荫肃肃之高柞。缘阻岑之绝崖，蹈偏梁之悬阁。石壁立以切天，岚蘦瑰其欲落。超阳平而越白水，稍幽薆以回深。秉重峦之百层，转木末于九岑。浮云起于毂下，零雨集于麓林。上昭晰以清阳，下杳冥而昼阴。闻山鸟之晨鸣，听玄猿之夜吟。虽处者之所乐，嗟寂寞而愁予心。造剑阁之崇关，路盘曲以腌蔼。山峥嵘以峻狭，仰青天其如带。兼习坎之重固，形束隘以要害。岂乾坤之分域，将隔绝乎内外。"

西汉末年始，刘歆作有《遂初赋》，后来又有东汉班彪《北征赋》，班昭《东征赋》，蔡邕《述行赋》，繁钦《述行赋》，魏晋时曹植的《述行赋》，张载《叙行赋》，潘岳《西征赋》，南朝谢灵运《撰征赋》，张瓒《南征赋》等。

另外，丁福保《全晋诗》卷四载《登成都白菟楼诗》，当作于旅蜀时。诗云："重城结曲阿，飞宇起层楼。累栋出云表，峣櫱临太虚。高轩

---

[1] 韩泉欣：《张载传》，载《中国历代著名文学家评传》（续编一），山东教育出版社1989年，第256页。

[2] 曹道衡、沈玉成：《中国文学家大辞典·先秦汉魏晋南北朝卷》，中华书局1996年版，第237页。

启朱扉，回望畅八隅。西瞻岷山领，嵯峨似荆巫。蹲鸱蔽地生，原隰殖嘉蔬。虽遇尧汤世，民食恒有余。郁郁小城中，岌岌百族居。街术纷绮错，高甍夹长衢。借问杨子宅，想见长卿庐。程卓累千金，骄侈拟五侯。门有连骑客，翠带腰吴钩。鼎食随时进，百和妙且殊。披林采秋橘，临江钓春鱼。黑子过龙醢，果馔逾蟹蝑。芳茶冠六清，溢味播九区。人生苟安乐，兹土聊可娱。"

《文选》卷五十六载《剑阁铭》李善注引臧荣绪《晋书》："载随父入蜀，作《剑阁铭》。"文中描写了剑阁的险要环境，并总结历史教训，告诫蜀人不要恃险作乱。歌颂了西晋统一、盛德远扬，具有一定的政治价值，也体现了张载前期作文中对西晋王朝的理想和强烈的士人功名心。《文心雕龙·箴铭》评曰："唯张载《剑阁》，其才清采，迅足骎骎，后发前至，勒铭岷汉，得其宜矣！"

**太康末，张载复为著作郎。左思诣张载，访岷邛之事。**

张载复为著作郎之事，《中古文学系年》假定在其转舍人前一二年。今从之。《晋书》本传："复为著作郎。"臧荣绪《晋书》："稍迁领著作。"

张载在蜀地期间，凭借父亲提供的便利条件游览蜀地山川，并对其历史风物等作了深入的考察和了解。因而左思写《三都赋》时，曾造访张载，询问岷邛之事。

《晋书·左思传》："（左思）复欲赋三都，会妹芬入宫，移家京师，乃诣著作郎张载，访岷、邛之事。遂构思十年，门庭藩溷皆著笔纸，遇得一句，即便疏之。自以所见不博，求为秘书郎。及赋成，时人未之重。思自以其作不谢班张，恐以人废言，安定皇甫谧有高誉，思造而示之。谧称善，为其赋序。"今本《文选》卷四十五录有皇甫谧《三都赋序》。

张载还曾为《三都赋》训诂，《晋书·左思传》引卫权《略解》："余观《三都》之赋……中书著作郎安平张载、中书郎济南刘逵，并以经学洽博，才章美茂，咸皆悦玩，为之训诂。"《文选》卷四《三都赋序》李善注："《三都赋》成，张载为注《魏都》，刘逵为注《吴》《蜀》，自是之后，渐行于俗也。"

**晋武帝太熙元年（290年），张载转太子中舍人。晋惠帝元康中，张载作《元康颂》，迁乐安相。约永康元年（300年），迁弘农太守。约太安元年（302年），为长沙王记室督。**

《晋书》本传："转太子中舍人。"《中古文学系年》疑与张华为少傅、何劭为太师同年，为司马衷之太子舍人。蒋碧薇、曹旭《张载张协年谱》以为在太康九年（288年），乃为司马遹之太子中舍人。

严可均《全晋文》卷八十五载《元康颂》："开元建号，班德布化。"

《晋书》本传："迁乐安相、弘农太守。长沙王乂请为记室督。"

张载约转太子中舍人五年后迁安乐相，又约五年后迁弘农太守。张载为长沙王记室督约在晋惠帝太安元年（302年），长沙王乂杀齐王而为太尉时。

**晋惠帝永兴元年（304年），张载拜中书侍郎；光熙元年（306年），复领著作，撰《晋书》，作《招隐诗》。**

《晋书》本传："拜中书侍郎。"《中古文学系年》认为此事当在永兴元年（304年）长沙王败后。今从之。

《晋书》本传："复领著作。"假定在拜侍郎后一二年。又《晋书·华峤传》："后监缪徵又奏峤少子畅为佐著作郎，克成《十典》，并草《魏晋纪传》，与著作郎张载等俱在史官。"汤球辑王隐《晋书》卷七《张载传》："载才通经史，能作晋书。"

**晋怀帝永嘉二年（308年），张载称疾归，寻卒。**

《晋书》本传："载见世方乱，无复进仕意，遂称疾笃告归，卒于家。"

臧荣绪《晋书》："遂称疾，抽簪告归。卒于家。"

**张载工诗文，与弟协、亢，时号"三张"。**

张载性闲雅，博学有文章，与其弟张协、张亢齐名"三张"。张载的《濛汜赋》、《剑阁铭》等都为时人称赞。刘勰《文心雕龙·铭箴》称《剑阁铭》："唯张载《剑阁》，其才清采。迅足骎骎，后发前至。勒铭岷汉，得其宜矣。"他的诗歌充满真情，浓烈感怆，颇为动人情怀。钟嵘

《诗品》列之于下品："孟阳诗，乃远惭厥弟，而近超两傅。"张载还作《七哀诗》、《拟四愁诗》等。宋葛立方《韵语阳秋》卷四称张载《七哀诗》云："张孟阳之《七哀》，哀在于已毁之园寝。"陈祚明《采菽堂古诗选》谓："孟阳长于言愁，触绪哀生，垄涓不能自止。笔颇古质，不落建安以后。"

有关张载的著录，《隋书·经籍志四》："晋中书郎《张载集》七卷，梁一本二卷，录一卷。"张溥《汉魏六朝百三家集》辑有《张孟阳景阳集》，题辞见下文《张协传》。严可均《全晋文》卷八十五载十三篇，丁福保《全晋诗》载十五篇。

**张协，字景阳，晋安平武邑（今河北省武邑县境内）人。约生于魏高贵乡公正元二年（255年），张载弟，少有俊才，与载齐名。**

《晋书》本传："协字景阳，少有俊才，与载齐名。"

《文选》卷第二十一李善注："臧荣绪《晋书》曰：张协，字景阳，载弟也。兄弟守道不竞，以属咏自娱。少辟公府，后为黄门侍郎。因托疾，遂绝人事，终于家。"张协生年无考，约在魏高贵乡公正元二年（255年）。

**晋武帝咸宁中，张协辟公府掾。后转秘书郎，不久补华阴令。约晋惠帝永宁元年（301年），迁征北大将军从事中郎。**

《晋书》本传："辟公府掾，转秘书郎，补华阴令、征北大将军从事中郎。"关于张协此仕历之时间，有以下几种说法。

1. 陆侃如《中古文学系年》假定张协年二十五至三十岁间辟公府，约在太康四年（283年）；又假定于太康六年（285年）转秘书郎，太康八年（287年）补华阴令。陆侃如判断，"西晋为征北大将军者，惟卫瓘一人，在泰始末。时兄载尚未出仕，而协在为从事已历三职，可证协非卫瓘从事。其后征北者，有杨济与和郁，惟无'大'字。郁在永嘉初，显然太晚。杨济在太康十年及永熙元年，时间似正合，协当是济之从事中郎"。因此系张协迁征北大将军从事中郎为太康十年（289年）。

2. 曹道衡、沈玉成《中国文学家大辞典·先秦汉魏晋南北朝卷》谓张协"约于（晋）武帝咸宁中辟公府掾……仿《七发》作《七命》，……其时当在晋平吴一统之后，故心情奋发如此。转秘书郎，补华阴令。惠帝永宁元年（301年）或稍后，入征北大将军成都王颖府为从事中郎"。

3. 姜剑云《太康文学研究》认为张协许在咸宁年间业已步入仕途，假定在太康六年（285年）转秘书郎，而为征北大将军从事中郎时间则从曹道衡、沈玉成。

4. 蒋碧薇、曹旭《张载张协年谱》以为太康四年（283年）张协辟公府掾，元康元年（291年）转秘书郎，五年后补华阴令，再五年后即永宁元年（301年）迁征北大将军从事中郎。

《晋书·成都王颖传》云："赵王伦之篡也，进征北大将军，加开府仪同三司。"《晋书·惠帝纪》亦有："永宁元年……三月，平东将军、齐王冏起兵讨伦，传檄州郡，屯于阳翟。征北大将军、成都王颖，征西大将军、河间王颙……皆举兵应之，众数十万。"由此可见，西晋征北大将军者，除卫瓘之外，尚有成都王颖。因此，张协或为司马颖从事中郎，时间约在永宁元年。而张协除辟公府掾时间，本文从咸宁年间。

**晋惠帝太安二年（303年），张协迁中书侍郎。后转河间内史，在郡清简寡欲。**

《晋书》本传曰："迁中书侍郎，转河间内史，在郡清简寡欲。"

陆侃如《中古文学系年》中以张协迁中书侍郎在杨济迁太子太保时。又假定转河间内史在迁中书侍郎后五年左右。由于杨济未任过征北大将军，因此张协迁征北大将军时间未定，陆氏的假定也未见可成立。若以张协为司马颖从事中郎，则后之职任约在太安元年至永嘉元年之间。

蒋碧薇、曹旭《张载张协年谱》疑张协于河间王司马颙卒前一年任河间内史，即永兴二年（305年）。

**晋惠帝太安至晋怀帝永嘉年间，天下大乱，张协屏居草泽，守道不竞，以属咏自娱。拟诸文士作《七命》。**

《晋书》本传："于时天下已乱，所在寇盗，协遂弃绝人事，屏居草泽，守道不竞，以属咏自娱。拟诸文士作《七命》。"

七体文在唐前创作颇丰，以对浮奢生活的铺排描述进行讽谏。唐前的七体文遗存约四十七篇[①]，完整的仅有十篇。洪兴祖《楚辞补注·七谏章

---

① 郭建勋：《七体的形成发展及其文体特征》，《北京大学学报》2007年第5期。

句）："昔枚乘作《七发》，傅毅作《七激》，张衡作《七辩》，崔骃作《七依》，曹植作《七启》，张协作《七命》，皆《七谏》之类。李善云：《七发》者，说七事以起发太子也。犹《楚辞·七谏》之流。五臣云：七者，少阳之数，欲发阳明于君也。"谢榛《四溟诗话》卷一云："枚乘始作《七发》，后有傅毅《七激》、张衡《七辩》、崔骃《七依》、马融《七广》、刘向《七略》、刘梁《七举》、崔琦《七蠲》、桓麟《七说》、李尤《七款》、刘广世《七兴》、曹子建《七启》、徐幹《七喻》、王粲《七释》、刘邵《七华》、陆机《七徵》、孔伟《七引》、湛方生《七欢》、张协《七命》、颜延之《七绎》、竟陵王《七要》、萧子范《七诱》。诸公驰骋文词，而欲齐驱枚乘，大抵机括相同，而优劣判矣。赵王枕易曰：'《七发》来自《鬼谷子七箝》之篇。'"

刘勰《文心雕龙·杂文》中列评枚乘《七发》以后至西晋各家七体作品，首曰："及枚乘摛艳，首制《七发》，腴辞云构，夸丽风骇。盖七窍所发，发乎嗜欲，始邪末正，所以戒膏粱之子也。"又云："自《七发》以下，作者继踵。观枚氏首唱，信独拔而伟丽矣。及傅毅《七激》，会清要之工；崔骃《七依》，入博雅之巧；张衡《七辩》，结采绵靡；崔瑗《七厉》，植义纯正；陈思《七启》，取美于宏壮；仲宣《七释》，致辨于事理。自桓麟《七说》以下，左思《七讽》以上，枝附影从，十有余家，或文丽而义暌，或理粹而辞驳。观其大抵所归，莫不高谈宫馆，壮语畋猎，穷瑰奇之服馔，极蛊媚之声色；甘意摇骨体，艳词动魂识，虽始之以淫侈，而终之以居正。然讽一劝百，势不自反。子云所谓先'骋郑卫之声，曲终而奏雅'者也。唯《七厉》叙贤，归以儒道，虽文非拔群，而意实卓尔矣。"刘勰在文中未提及张协《七命》，而《晋书》张协传中全文收录，萧统《文选》卷三十五亦收录。

《七命》中，张协首先对音曲之至妙、宴居之浩丽、畋游之壮观、希世之神兵、天下之骏乘以及感官上的享乐六事进行渲染铺排，最后又盛赞晋朝的清明盛世。张协作《七命》之时，约在晋惠帝永康元年（300年），本年三月贾后矫诏害废太子司马遹，四月梁王肜、赵王伦矫诏废贾后，并杀之。而张华、裴𬱟、潘岳、石崇、欧阳建等在这场政治变乱中皆被害。在此天下大乱之时，左思、张协等人便退居草泽，弃绝人事，专思著述。也是在这样的情况下，张协作《七命》，显然与七体文一贯的招隐主旨不同。文中所铺陈的声色畋猎等生活也是西晋末年八王之乱时期社会习尚的一个真实反映，而盛赞晋朝之盛世，或许也是对西晋王朝的幻想，也深含着自己入仕理想未能实现的惋叹。

**晋怀帝永嘉初年，张协征黄门侍郎，托疾不就，寻卒于家。**

《晋书》本传："永嘉初，复征为黄门侍郎，托疾不就，终于家。"《文选》之《咏史诗》李善注引臧荣绪《晋书》："后为黄门侍郎，因托疾，遂绝人事，终于家。"卒年难于考定，大约在永嘉四年（310年）左右。

**张协与兄载、弟亢齐名三张，文不及载，而诗胜之。**

张协是"三张"中成就最高的。其创作风格洗净明炼，善用精工又不失自然，后人多将他的诗与陶渊明田园诗的幽雅淡远并举。张协作有《咏史》、《杂诗》十首、《游仙》等。《文选》之《咏史诗》六臣注引臧荣绪《晋书》曰："协见朝廷贪禄位者众，故为咏史诗以刺之。"张协在《咏史诗》中以汉代疏广、疏受二大夫之贤，讽在朝之人贪恋权位利禄，同时也表达了自己的人生哲学。疏广、疏受位至太子太傅、太子家令，身受恩荣，却能"知足不辱，知止不殆"，于是叔侄二人相随出关，归老故乡。功成名立之后隐退归乡，是张协在西晋末年乱亡之际的理想。这首诗或是作于诸文士永康年间被害之后，张协屏居草泽期间。而张协的《杂诗》十首也足以代表其在文学上的成就。《杂诗》内容广泛，有闺中怀远、远宦思乡，亦有怀才不遇、仕途多蹇之感。字里行间渗透着强烈的忧患意识，又充满了建功立业的人生理想与渴望。

钟嵘《诗品》列其为上品："晋黄门郎张协诗，其源出于王粲。文体华净，少病累。又巧构形似之言，雄于潘岳，靡于太冲。风流调达，实旷代之高才。词彩葱蒨，音韵铿锵，使人味之，亹亹不倦。"钟嵘列张协为上品，张载为下品，主要还是就其五言诗而言。刘勰《文心雕龙·明诗》："晋世群才，稍入轻绮，张、潘、左、陆，比肩诗衢，采缛于正始，力柔于建安，或析文以为妙，或流靡以自妍，此其大略也。""景阳振其丽。"《文心雕龙·才略》："孟阳、景阳，才绮而相埒，可谓鲁卫之政，兄弟之文也。"《诗谱》云："张协，逐句锻炼，辞工制率。"何焯《义门读书记》以为"胸次之高，言语之妙，景阳与元亮之在两晋，盖犹长庚、启明之丽天矣。"刘熙载《艺概·诗概》："景阳诗开鲍明远，明远遒警绝人，然练不伤气，必推景阳独步。"张协的山水描写亦对后来山水诗的形成产生了重要的影响。沈德潜《古诗源·例言》："茂先、休奕，莫能轩轾；二陆、潘、张，亦称鲁卫。太冲拔出于众流之中，丰骨峻上，尽掩诸家。"

张溥《汉魏六朝百三家集》辑《张孟阳景阳集》题辞评三张曰："晋代文人，有二陆三张之称，三张者，孟阳载、景阳协、季阳亢也。季阳才藻不逮二昆，文不甚显。孟阳《濛汜》，司隶延誉，景阳《七命》，举世称工，安平《棣华》，名岂虚得。然揆其旨趣，语亦犹人，不能不远惭枚叔，近愧平原也。《剑阁》一铭，文章典则，砻石蜀山，古今荣遇。景阳文稍让兄，而诗独劲出，盖二张齐驱，诗文之间，互有短长。若论才家庭，则伯难为兄，仲难为弟矣。二子守道，嫉众贪位，高尚之怀，每形歌咏，时或訾之玄之尚白。及观二凤齐倾，金谷并殒，华亭上蔡，嗟呼叹晚，然后知达人早识长谣，二疏高歌招隐，所以能自脱于巫山之火也。"其中评论了张载、张协兄弟二人在文学上的优劣短长。

钟嵘《诗品序》在谈到张协的文学地位时称："太康中，三张二陆两潘一左，勃尔复兴，踵武前王，风流未沫，亦文章之中兴也。"但又云："陆机为太康之英，安仁、景阳为辅。"则张协在陆机之下，可与潘岳并列。而他评张协诗时言："雄于潘岳，靡于太冲。"清陈祚明《采菽堂古诗选》卷十一云："《诗品》谓雄于潘岳，靡于太冲，此评独当。一反观之，正是靡类安仁，其情深语尽同，但差健；有斩截处，正是雄类太冲，其节高调亮同，但不似太冲简老，一语可当数语。固当胜潘逊左。"张协诗对谢灵运也产生了一定的影响。黄子云《野鸿诗的》云："景阳琢辞，实祖太冲，而写景渐启康乐。"钟嵘《诗品》评谢灵运诗亦有"杂有景阳之体，故尚巧似，而逸荡过之，颇以繁富为累"。

有关张协的著录，《隋书·经籍志四》："晋黄门郎《张协集》三卷，梁四卷，录一卷。"明张溥辑有《张孟阳景阳集》。丁福保《全晋诗》卷四载张协诗十三篇。严可均《全晋文》卷八十五载其文十五篇。逯钦立《先秦汉魏晋南北朝诗》载诗十四篇。

**张亢字季阳。张载、张协弟，与二兄齐名。时人谓陆机、陆云、张载、张协、张亢曰"二陆"、"三张"。张亢才藻不及二兄，亦有属缀，又解音乐技术。**

《晋书》本传："亢字季阳。才藻不逮二昆，亦有属缀，又解音乐伎术。时人谓载、协、亢、陆机、云曰：'二陆''三张'。"

**东晋元帝建武元年（317年），张亢过江，拜散骑侍郎。**
《晋书》本传："中兴初过江，拜散骑侍郎。"

**东晋成帝咸和元年（326年），张亢作《历赞》，秘书监荀崧举为佐著作郎。约咸和三年（328年）荀崧卒后，张亢出补乌程令，后入为散骑常侍，复领佐著作，寻卒。**
《晋书》本传："秘书监荀崧举亢领佐著作郎，出补乌程令，入为散骑常侍，复领佐著作。"

《晋书·荀崧传》："又领秘书监，给亲兵百二十人。"事在苏峻反之前，苏峻于咸和二年冬反，因此系荀崧领秘书监于前一年。张亢为荀崧所举。

《晋书》本传："述《历赞》一篇，见《律历志》。"《中古文学系年》云："汤球辑王隐《晋书》卷七《张亢传》曰：'张载弟，前乌程令，名亢。依蔡邕注《明堂月令中台要解》，又缀诸说历数，而为《历赞》。秘书监荀崧见《赞》异之云："信该罗历表义矣。"'丁国钧《补晋书经籍志》卷三……及黄逢元《补晋书艺文志》卷四，均著录《述历赞》。文廷式《补晋书艺文志》卷四作《宗历赞》。其实'述'、'宗'二字都不应有，原名当是'历赞'。唐修《晋书》的《律历志》，并无此《赞》。从王隐的话看来，当作于荀崧未卒前；也许因赏识此《赞》而荐亢领著作的。"

又《晋书》本传："出补乌程令，入为散骑常侍，复领佐著作。"此后事迹不详。《中古文学系年》以为张亢出补乌程令当在咸和三年（328年）荀崧卒后，假定补乌程令后一二年入为散骑常侍，又后一二年复领著作，约卒于咸康元年（335年）左右，享年六十余。今从之。

**参考文献**

吕慧娟、刘波、卢达：《中国历代著名文学家》（续编一），山东教育出版社1989年版。

姜剑云：《太康文学研究》，中华书局2003年版。

俞士玲：《西晋文学考论》，南京大学出版社2008年版。

（黎　臻）

# 裴頠传

**裴頠，字逸民，河东闻喜（今属山西）人，晋武帝泰始三年（267年）生。**

《晋书》本传："初，赵王伦谄事贾后，頠甚恶之。伦数求官，頠与张华复固执不许，由是深为伦所怨。伦又潜怀篡逆，欲先除朝望，因废贾后之际遂诛之，时年三十四。"裴頠在永康元年（300年）被害，时年三十四岁，由此推之，当于泰始三年（267年）生。

裴頠出身名门，裴頠曾祖父裴茂，后汉灵帝时历任郡守、尚书；祖父裴潜；父裴秀。《三国志·魏书·裴潜传》："裴潜字文行，河东闻喜人也……拜光禄大夫，正始五年薨，追赠太常，谥曰贞侯，子秀嗣。"注引《魏略》："潜世为著姓。父茂，仕灵帝时，历县令、郡守、尚书。建安初，以奉使率导关中诸将讨李傕有功，封列侯。"又引《文章叙录》："秀字季彦……年二十五，迁黄门侍郎，爽诛，以故吏免。迁卫国相，累迁散骑常侍，尚书仆射令，光禄大夫。咸熙中，晋文王始建五等，命秀典为制度，封广川侯。晋室受禅，进左光禄大夫，改封钜鹿公，迁司空。"《晋书·裴秀传》："裴秀字季彦，河东闻喜人也。祖茂，汉尚书令。父潜，魏尚书令……有二子：濬、頠……初裴王二族盛于魏晋之世，时人以为八裴王方八王：徽比王祥，楷比王衍，康比王绥，绰比王澄，瓒比王敦，遐比王导，頠比王戎，邈比王玄云。"吴士鉴、刘承幹《斠注》："《书钞》五十二引王隐《晋书》作字彦卿，《初学记》十一引王书作季彦。"又《晋书》本传："頠字逸民。弘雅有远识，博学稽古，自少知名。"

**泰始七年（271年）裴頠遭父丧。**

《晋书·裴秀传》："泰始七年薨，时年四十八……有二子：濬，頠。

濬嗣，位至散骑常侍，早卒。"裴頠之父裴秀少好学能文，有才名，时人称"后进领袖有裴秀"。司马昭时参与改革官制，议五等之爵。昭立司马炎为世子，秀多为有言。司马炎禅魏，官司空。创"制图六体"理论，为中国制图者所遵循，在世界地图史上有重要地位。

**晋武帝咸宁元年（275年）贾充上表称颂裴頠，頠袭父爵，封为钜鹿公。**

《晋书》本传："贾充即頠从母夫也，表：'秀有佐命之勋，不幸嫡长丧亡，遗孤稚弱。頠才德英茂，足以兴隆国嗣。'诏頠袭爵，頠固让，不许。"《晋书·武帝纪》："咸宁元年……十二月……封裴頠为钜鹿公。"

**晋武帝太康二年（281年）裴頠征为太子中庶子，迁散骑常侍。**

《晋书》本传："太康二年，征为太子中庶子，迁散骑常侍。"

**太康八年（287年）裴頠迁散骑常侍，娶王戎女。**

《晋书》本传："迁散骑常侍。"假定在为中庶子五年左右。又《晋书·王戎传》："裴頠，戎之婿也。"假定裴頠在二十岁左右娶戎女。

**晋武帝太熙元年（290年）裴頠转国子祭酒，兼右军将军，奏刻石经。**

《晋书》本传："惠帝即位，转国子祭酒，兼右军将军……时天下暂宁，頠奏修国学，刻石写经。"吴士鉴、刘承幹《斠注》："《书钞》六十七、《类聚》三十八《晋诸公赞》曰：裴頠惠帝时拜为国子祭酒，奏立国子太学，起讲堂，筑门阙，刻石以写五经。案奏立太学当在为祭酒时，傅畅所言是也。本传叙修国学于迁侍中之下，未允。"顾炎武《石经考》及朱彝尊《经义考》卷二百八十八均以刻经在祭酒任上。

**晋惠帝元康元年（291年）（三月以前为永平元年）裴頠领左军将军，迁侍中，上言改度量。与乐广清言。**

《晋书》本传："初頠兄子憬为白衣，頠论述世勋，赐爵高阳亭侯。杨骏将诛也，骏党左军将军刘豫陈兵在门，遇頠问太傅所在，頠绐之曰：'向于西掖门遇公，乘素车从二人西出矣。'豫曰：'吾何之？'頠曰：'宜至廷尉。'豫从頠言，遂委而去。寻而诏頠代豫领左军将军，屯万春门。及骏诛，以功当封武昌侯。頠请以封憬，帝竟封頠次子该。頠苦陈：憬本承嫡，宜袭钜鹿；先帝恩旨，辞不获命；武昌之封，己之所蒙，特请以封憬。该时尚主，故帝不听。累迁侍中。……又令荀藩终父勖之志，铸钟凿磬，以备郊庙朝享礼乐。頠博通多闻，兼明医术。荀勖之修律度也，检得古尺短世所用四分有余。頠上言：'宜改诸度量。……'卒不能用。乐广尝与頠清言，欲以理服之，而頠辞论丰博，广笑而不言。时人谓頠为言谈之林薮。"万斯同《晋将相大臣年表》以頠侍中在本年。

罗宗强《魏晋南北朝文学思想史》中评论："此时之清谈，实为求名欲望所驱使。此时士人之名望，常常以其清谈之本领定高下。谈玄之领袖人物，常常门庭若市，应接不暇。史称王衍因来谈者过多，劳累不堪，以致只好推荐给裴頠谈。一次成功之谈论，往往远近播扬，传为美事。从清谈中获致令誉，从清谈中得到精神之愉悦与感情之满足。如果说正始清谈为一哲学时代士人沉迷于哲思的表现的话，那么西晋的清谈，主要的已经演变为士人普遍的一种生活享受，一种表示风流素养的手段了。"①

**元康三年（293年）裴頠等奏请国学。**

《晋书》本传："时天下暂宁，頠奏修国学，刻石写经。皇太子既讲，释奠祀孔子，饮飨射侯，甚有仪序。"《通典》卷二十七《国子监》注："袁瓌字山甫，为国子祭酒。时屡经丧乱，礼教陵迟。瓌上疏求立学徒，帝从之。国学之兴，自瓌始也。又裴頠为祭酒，奏立太学，起讲堂，筑门，刻石写五经也。"

**元康五年（295年）裴頠兼吏部尚书，加光禄大夫，上书言刑法，作《让吏部尚书表》及《陈刑法过当表》。**

《晋书》本传："迁尚书，侍中如故，加光禄大夫，每授一职，未尝不殷勤固让，表疏十余上，博引古今成败以为言，览之者莫不寒心。"《晋书·刑法志》："至惠帝之世，政出群下，每有疑狱，各立私情，刑法不定，狱讼繁滋。尚书裴頠表陈之曰……頠虽有此表，曲议犹不止。会五年二月有大风，主者惩惧前事。臣新拜尚书始三日……"据表知頠拜尚书

---

① 罗宗强：《魏晋南北朝文学思想史》，中华书局2006年版，第67页。

在本年二月。

《让吏部尚书表》见《初学记》卷十一，《陈刑法过当表》见《晋书·刑法志》。严可均《全晋文》卷三十三载颜《让吏部尚书表》及《陈刑法过当表》，当均作于此时。

**元康六年（296年）裴𬱟谋废贾后，未成。**

《晋书》本传："𬱟深虑贾后乱政，与司空张华、侍中贾模议废之，而立谢淑妃。华、模皆曰：'帝自无废黜之意，若吾等专行之，上心不以为是。且诸王方刚，朋党异议，恐祸如发机，身死国危，无益社稷。'𬱟曰：'诚如公虑。但昏虐之人无所忌惮；乱可立待，将如之何？'华曰：'卿二人犹且见信，然勤为左右陈祸福之戒，冀无大悖。幸天下尚安，庶可优游卒岁。'此谋遂寝，𬱟旦夕劝说从母广城君，令戒喻贾后，亲待太子而已。或说𬱟曰：'幸与中宫内外可得尽言，言若不行，则可辞病屏退。若二者不立，虽有十表，难乎免矣。'𬱟慨然久之，而竟不能行。"又《晋书·后妃传》："侍中贾模，后之族兄……模知后凶暴，恐祸及己；乃与裴𬱟、王衍谋废之，衍悔而谋寝。"

**元康七年（297年）刘颂转吏部尚书，建九班之制，裴𬱟驳之。**

《晋书·刘颂传》曰："久之，转吏部尚书，建九班之制，欲令百官居职希迁，考课能否，明其赏罚。贾、郭专朝，仕者欲速，竟不施行。"万斯同《晋将相大臣年表》以刘颂是年为吏部尚书。《文选》卷四十九干宝《晋纪总论》"子雅制九班而不得用"句李善注引王隐《晋书》："刘颂字子雅，转吏部尚书，为九班之制，裴𬱟有所驳。"

**元康九年（299年）张华与裴𬱟等戏洛水。**

《世说新语·言语》有："诸名士共至洛水戏。还，乐令问王夷甫曰：'今日戏乐乎？'王曰：'裴仆射善谈名理，混混有雅致；张茂先论史、汉，靡靡可听；我与王安丰说延陵、子房，亦超超玄著。'"事当在裴𬱟为仆射后，次年四月张华、裴𬱟被害前。注引《冀州记》曰："𬱟弘济有清识，稽古，善言名理。履行高整，自少知名。"此次洛水戏是一种审美的玄言清谈，又是名士们的文义赏会。其中的山水审美与超然玄著的玄谈相结合，构成了其时的名士聚会。

**裴頠迁尚书左仆射，专任门下事，上言外戚不宜专任，上表辞专任门下事，谏东宫侍从失人，作《崇有论》及《贵无论》。**

《三国志·魏书·裴潜传》注引荀绰《冀州记》："（裴頠）元康末，为尚书左仆射。"又引陆机《惠帝起居注》："頠理具渊博，赡于论难，著《崇有》、《贵无》二论，以矫虚诞之弊，文辞精富，为世名论。"《晋书·惠帝纪》："九年……秋八月以尚书裴頠为尚书仆射。"又《晋书》本传："乐广尝与頠清言，欲以理服之，而頠辞论丰博，广笑而不言。时人谓頠为言谈之林薮。……迁尚书左仆射，侍中如故。頠虽后之亲属，然雅望素雅，四海不谓之以亲戚进也，惟恐其不居位。俄复使頠专任门下事，固让，不听。頠上言……又表云……表上，皆优诏敦譬。时以陈准子匡、韩蔚子嵩并侍东宫，頠谏曰……愍怀太子之废也，頠与张华苦争不从，语在《华传》。頠深患时俗放荡，不尊儒术，何晏、阮籍素有高名于世，口谈浮虚，不遵礼法，尸禄耽宠，仕不事事；至王衍之徒，声誉太盛，位高势重，不以物务自婴，遂相放效，风教陵迟，乃著崇有之论以释其蔽曰……王衍之徒攻难交至，并莫能屈。"《世说新语·文学》有："裴成公作《崇有论》，时人攻难之，莫能折。唯王夷甫来，如小屈。时人即以王理难裴，理还复申。"刘孝标注引《晋诸公赞》曰："自魏太常夏侯玄、步兵校尉阮籍等，皆著《道德论》。于时，侍中乐广、吏部郎刘汉，亦体道而言约，尚书令王夷甫讲理而才虚，散骑常侍戴奥以学道为业，后进庾敳之徒，皆希慕简旷。頠疾世俗尚虚无之理，故著《崇有》二论以折之。才博喻广，学者不能究。后乐广与頠清闲欲说理，而頠辞喻丰博，广自以体虚无，笑而不复言。"王衍于本年为尚书令。

裴頠为人弘雅，甚有见识，以博学稽古知名，著有《崇有论》、《辩才论》。认为万有的整体是最根本的"道"，万有不是由"无"产生的，而是"自生"的，"自生而必体有"，万物生化有其规律。从"崇有论"出发，他重视现实存在的事物，不满轻视事功的放达风气，力图论证封建等级制的合理性。时何晏、王弼推崇"贵无论"，裴頠认为时俗放荡，士人多口谈浮虚，不尊儒术。王衍之徒，位高势重，风教陵迟，裴頠便"著崇有之论以释其蔽"。《崇有论》是与"贵无论"分庭抗礼的思想，在"有"和"无"的玄学话题上进行论争，在一定程度上维护了正统儒家思想，对文学理论批评的崇儒思想产生影响，推动了文学批评观念的深化，同时也启迪了佛学般若学对于文论的建构作用。刘勰《文心雕龙·论说》中说："次及宋岱郭象，锐思于几神之区；夷甫裴頠，交辨于有无之域；并独步当时，流声后代。然滞有者，全系于形用；贵无者，专守于寂寥；徒锐偏解，莫诣正理；动极神源，其般若之绝境乎。逮江左群谈，惟玄是务；虽有日新，而多抽前绪矣。"

**晋惠帝永康元年（300年）裴頠作《辨才论》，未成而被害。**

《三国志·魏书·裴潜传》注引荀绰《冀州记》："赵王伦以其望重，畏而恶之，知其不与贾氏同心，犹被枉害。"《晋书》本传："又著《辨才论》，古今精义皆辨释焉，未成而遇祸。初，赵王伦谄事贾后，頠甚恶之，伦数求官，頠与张华复固执不许，由是深为伦所怨。伦又潜怀篡逆，欲先除朝望，因废贾后之际遂诛之，时年三十四。二子：嵩、该……徙带方。惠帝反正，追复頠本官，改葬以卿礼，谥曰成，以嵩嗣爵，为中书黄门侍郎。该出后从伯凯，为散骑常侍。并为乞活贼陈午所害。"吴士鉴、刘承幹《斠注》："《类聚》五十一《晋中兴书》书曰：泰元二年兴灭继绝，裴秀后球为钜鹿公。《晋书校文》三曰：《魏志》注言嵩为中书郎，早卒，此云并为陈午所害，疑有误。"

裴頠著作，《隋书·经籍志四》著录"晋尚书仆射《裴頠集》九卷"。严可均《全晋文》卷三十三载其文十五篇。丁国钧《补晋书艺文志》卷二，文廷式《补晋书艺文志》卷一，秦荣光《补晋书艺文志》卷二及卷四，吴士鉴《补晋书艺文志》卷二及黄逢元《补晋书艺文志》卷四，均著录《冠礼》。事迹见《晋书》三十五，还有陆侃如《中古文学系年》，袁济喜主编《汉末三国两晋文学批评编年》，汪春泓主编《中国文学编年史·两晋南北朝卷》，梅新林、俞樟华主编《中国学术编年》等。今有张立文《裴頠之崇有论》、罗洪启《现实关怀与名理玄思——裴頠〈崇有论〉略论》、祝捷《"中朝名士"思想对话的历史考析——裴頠〈崇有论〉与郭象〈庄子注〉》对裴頠生平作品进行研究，可资参考。

裴頠作《崇有论》、《贵无论》，为世名论，又曾奏修国学，刻写石经，并议定度量制度，信奉《老子》、《周易》，属于"正始之音"的清淡名士流派。杨慎《升庵集》卷四十九《裴頠王坦之》："晋世人皆尚虚无，而裴頠著《崇有论》；皆尚庄学，而王坦之作《废庄论》。二子之言可谓卓然自立,不随俗尚矣。然夷考其所为,裴之欲而无厌,自取伊戚,徒能言之耳;坦之风格忠鲠,始终不易,殆不愧其言云。"①

(李小青)

---

① 影印文渊阁四库全书本,台湾商务印书馆1986年版。

# 郭 象 传

**郭象，字子玄，洛阳（今河南洛阳）人。约生于晋武帝泰始元年（265年）。出身平民。年少时便好老庄之学，有才理，能清言。**

郭象生年史籍无载，暂系于265年，与西晋王朝同时诞生。关于郭象出生地，《世说新语·文学》注引《文士传》："象字子玄，河南人，少有才理，慕道好学，托志老庄，时人咸以为王弼之亚。"皇侃《论语集解义疏·序》称之为"晋黄门郎颍川郭象字子玄"，陆德明《经典叙录》作"河内人"，虽《晋书》本传里没有记载其生地，但在别传等其他文献里均记载为河南人，《晋书》卷三十五《裴楷传》、卷五十《庾敳传》均称"河南郭象"，《太平御览》卷四百四十五引王隐《晋书》亦曰："河南郭象著文。"对于郭象的家世，未有文献记载，从当时重门阀的时代环境来看，郭象家族应是平民出身。

《晋书》本传："郭象字子玄，少有才理，好老庄，能清言。"《世说新语·文学》注"时人咸以为王弼之亚"，一方面说明郭象也是个天才型的少年，从小便以才学清言赢得众人的欣赏；另一方面说明郭象从小也是在王弼玄学思想的影响之下成长起来。《北堂书钞》卷六十九《设官部二十一·主簿》"子玄无滞"条引《文士传》："东海闻郭子玄才用为主簿，天性闲朗，事无疑滞"这种闲朗无疑滞的性格是其天性使然，也影响到他后来的为人处世。

有关郭象的生平，除《晋书》的记载外，今人有陆侃如先生的《中古文学系年》、王晓毅《郭象评传》，可资参考。

**晋惠帝元康七年（297年），郭象受到王衍"贵无派"的赞誉，名声大振，不就辟召，闲居以文论自娱。**

元康七年，王衍在政界身居要职，为清谈领袖，他注意到了这位平民出身的思想家，其清谈竟能如悬河泻水一般，流畅、自然、气势如注、令人鼓舞。

《晋书》本传："太尉王衍每云：'听象语，如悬河泻水，注而不竭。'州郡辟召，不就。常闲居，以文论自娱。"载其"每云"，说明王衍与郭象已经不是一次两次的会面了。

裴遐娶王衍的女儿为妻，婚后第三天，各位女婿大聚会，当时的名士，王家、裴家的子弟都来了。郭象在座位上，挑头跟裴遐谈论玄理。郭象的才气很是丰厚，开始的几次交锋，未感到畅快。然而他陈述铺张极其盛气凌人，裴遐则慢慢地理清前面谈到的话语，思想情趣极其精微深奥，满座的人赞叹称快。郭象与裴遐此番论辩风姿各有不同，前者以才气见长，后者析理为擅，前者在短短的几回交辩之中锋芒毕露、英气逼人，神俊之气跃然纸上，后者沉着应战、徐徐道来，精微却不欠博达、绵密而不失浑厚。

《世说新语·文学》："裴散骑娶王太尉女，婚后三日，诸婿大会。当时名士，王裴子弟悉集。郭子玄在坐，挑与裴谈。子玄才甚丰赡，始数交，未快，郭陈张甚盛，裴徐理前语，理致甚微，四坐咨嗟称快。王亦以为奇。谓诸人曰：'君辈勿为尔，将受困寡人女婿。'"

郭象的玄谈可以说很大程度上是受到"正始之音"的影响。想当年，年少的王弼就是以清谈闻名，无怪乎《世说新语》称郭象为"王弼之亚"，其"如悬河泻水，注而不竭"的气势与才华，有着"贵无"始祖王弼的影子，然而，当时他还尚未形成自己的玄学理论体系，而是沿着前人的理路继续向前探索。

不过，此时的郭象已经凭借其非凡的才辩顺理成章地出入上流社会并几乎成为中心人物。能够得到当时权臣王衍的赞誉并与之交游，平民出身的郭象自此可谓名声大振，仕途大开。即使得到当地州郡的辟召，也不为所动，而是闲居以文自娱，待价而沽。

**晋惠帝太安元年（302年），郭象为司马越司空掾。**

关于郭象入仕途径，有"司徒掾"和"司空掾"两种记载。《晋书》本传："后辟司徒掾，稍至黄门侍郎。"《世说新语·文学》注引《文士传》："慕道好学，托志老庄，时人咸以为王弼之亚。辟司空掾、太傅主簿。"《晋书》卷五《惠帝纪》："（太安元年五月）东海王越为司空。"王晓毅在考查自元康至永嘉之际任司徒、司空人物表后，认为郭象在太安二年（303年）为司马越司空掾的可能性最大。今从之。

此时，郭象迈出了进入仕途的第一步，为他日后的玄学理论形成铺垫了现实基础。

**晋惠帝永兴元年（304年）（正月改太安三年为永安，七月改元建武，十一月复为永安，十二月改为永兴），郭象任黄门侍郎，参加荡阴之战。**

《晋书》本传："后辟司徒掾，稍至黄门侍郎。"

《太平御览》卷四百四十五引王隐《晋书》："河南郭象著文，称'嵇绍父死在非罪，曾无耿介，贪位死暗主，义不足多。'"文中所录，是郭象对嵇康之子嵇绍在荡阴之战中壮烈牺牲一事的激烈评价。而事实乃《晋书》卷八十九《嵇绍传》："值王师败绩于荡阴，百官及侍卫莫不散溃，唯绍俨然端冕，以身捍卫，兵交御辇，飞箭雨集，绍遂被害于帝侧，血溅御服，天子深哀叹之。"嵇绍这种君臣大义的行为被郭象贬斥为"义不足多"，然而司马越安插在晋惠帝旁的黄门侍郎郭象此时又在何处？若如《晋书》记载，他很可能就在散溃的百官及侍卫之中落荒而逃，后来撰文为自己的行为开脱。史家评价其"事无凝滞"，从这点上看也是意味深长。

**晋惠帝光熙元年（306年），郭象任司马越太傅主簿。《庄子注》基本完成。**

《晋书》本传："东海王越引为太傅主簿，甚见亲委，遂任职当权，熏灼内外，由是素论去之。"

《晋书·庾敳传》："时越府多隽异，敳在其中，常自袖手。豫州牧长史河南郭象善《老》《庄》，时人以为王弼之亚。敳甚知之，每曰：'郭子玄何必减庾子嵩。'象后为太傅主簿，任事专势。谓象曰：'卿自是当世大才，我畴昔之意都已尽矣。'"

《世说新语·赏誉》注引《名士传》："郭象字子玄，自黄门郎为太傅主簿。"

《资治通鉴》："（永熙元年八月）以司空越为太傅，录尚书事……越以吏部郎颍川庾敳为军谘祭酒，前太弟中庶子胡毋辅之为从事中郎，黄门侍郎河南郭象为主簿，鸿胪丞阮修为行参军，谢鲲为掾，辅之荐乐广遗于越，越亦辟之。"

郭象在仕途上积极运筹帷幄，其理论学说充分地体现了其在社会实践上的思考与心得。辨析郭象在《庄子注》"圣人"概念的特定含义，是揭示其政治思想奥秘的关键。他在文中说："圣人者，民得性之迹耳，非所以迹也。此云及至圣人，犹云及至其迹也。"在郭象看来，"圣人"这个名称仅表述了伟大帝王治国的事迹（"迹"），而没有揭示产生这些事迹的原因（"所以迹"），从而得出圣人的政治即是臣民的自治。"所谓圣人领导下的理想社会，便是使每个社会成员处于与自己'性分'一致的政治岗位上。"即使社会阶层、岗位不同，却不存在治理与被治理的关系，均处于"自得"的状态。其虚化君主权力，确立臣民政治（自治）地位的想法十分大胆。

关于郭象《庄子序》一文，自王利器先生始，王晓毅、黄圣平二位先生分别撰文，或将史料与学理结合，或专就学理分析以证《序》非郭象所作[①]。而李耀南先生于《中国哲学史》撰文《难〈庄子序〉非郭象所作说——兼与王晓毅和黄圣平二位先生商兑》，认为就已有的史料否定《庄子序》为郭象所作，其根据殊不充分，而就学理而言，《庄子序》与《庄子注》并存也不矛盾[②]。文章通过大量的考辨材料证明郭象《庄子序》的合理性，且有理有据，之后再没有得到其他文章的反驳。可以认为，目前学界对于郭《序》的真实性基本认定。

史籍中，更多记载的是有关他政治升迁、仕途变换的经历，因此《庄子序》便是我们可以把握的了解其学术造诣的重要入口，正如王叔岷先生所言："《序》中'上知造物无物，下知有物之自造'二书，实为全书（指郭《注》）纲领。"也就是说，其万物自生、独化之理论是其庞大玄学思想体系的核心。与前代玄学本体论相比，郭象认为，"无既无矣，则不能生有"。"有"生于"无"的说法，并不是指万物最终产生于无形的宇宙本源，而是说宇宙中绝对真空的"至无"状态，是万物自生的环境，因而推出万物自然而生；所谓"独化"，意思是"欻然自生"、"物之

---

[①] 王晓毅：《从郭象〈庄子注〉看〈庄子序〉的真伪问题》，《文史》2000年第4辑；黄圣平：《所谓〈庄子〉郭象〈序〉作者辩证》，《中国哲学史》2003年第2期。

[②] 李耀南：《难〈庄子序〉非郭象所作说——兼与王晓毅和黄圣平二位先生商兑》，《中国哲学史》2005年第2期。

自而"、"独生而无所资借",即"造物者无主,而物各自造。物各自造,而无所待焉"。其实"自生"是指事物"独化"而生;"独化"也就是"自生"。郭象将这种自生自灭叫"玄冥",即一种神秘的演化与动作。最终用个性化的变化概念消解与代替了王弼在正始时期关于"无"和"道"的概念。

而就文学发展论来说,如陆机所言"遵四时以叹逝"、"其为物也多姿,其为体也屡迁",《文心雕龙·时序》所说"时运交移,质文代变,古今情理,如可言乎!""文变染乎世情,兴废系乎时序"这种观念与郭象"天地万物无时而不移也","我与今俱往,岂常守故哉?"的思想是一致的。因此,从文学的角度,郭象庄注的成就也不容忽视。

**晋怀帝永嘉元年(307年),司马越为丞相,郭象转为丞相府主簿。**

《北堂书钞》卷六十九《设官部二十一·主簿》"子玄无滞"条引《文士传》:"东海闻郭子玄才用为主簿,天性闲朗,事无疑滞,虽处冲要,犹闲习也。"又"郭子玄作《致命由己》之论,言吉凶由己,故曰语其流"(文已佚)。

东海王司马越起用郭象为丞相府主簿。经历了"八王之乱"的郭象虽被委以重用,但仍以平和冲淡的态度面对人生。在争讼纷纭的玄学界,他既不贵"无",也不崇"有",而是以个性为本,以生命的逍遥为最高境界。他说"庖人尸祝,各安其所司;鸟兽万物,各足于所受;帝尧许由,各静其所遇;此乃天下之至实也。各得其实,有何所为乎哉?自得而已矣。故尧、许之行虽异,其于逍遥一也"。郭象认为无论任何事物,要按照本性的自然需求生活,各静其所遇,各得其所,愉快接受一切既成事实,便达到了逍遥之境。因此《文士传》才称他"事无疑滞,虽处冲要,犹闲习也"。

**永嘉三年(309年)三月,司马越以太傅身份率军回洛阳,郭象与潘滔等动员司马越杀何绥等。**

《晋书·苟晞传》:"晞复上表曰:……东海王越得以宗臣遂执朝政,委任邪佞,宠树奸党,至使前长史潘滔、从事中郎毕邈、主簿郭象等操弄天权,刑赏由己。尚书何绥、中书令缪播、太仆缪胤、黄门侍郎应绍,皆是圣诏亲所抽拔,而滔等妄构,陷以重戮。"此时,作为司马越幕府中的代表，郭象监管"中领军"军府，控制宫廷禁卫军。《御定渊鉴类函》卷六十八《设官部八·主簿》"郭象专势"条下引臧荣绪《晋书》："郭象字子元，为太傅主簿，甚见亲委，遂任职专势，专领军一府。"又见《九家旧晋书》卷九引臧荣绪《晋书》："为太傅主簿，甚见亲委。遂任职专势，专领军一府。"郭象所谓"专领军一府"，是指宫廷禁卫军在没有正式长官的情况下，由郭象作为司马越的代表，统一监管禁卫军诸营。主簿的正常职能是总理府内事务，并监察佐吏，但战乱特殊情况下，尤其是府主事实上已控制朝政的情况下，主簿与其他佐吏一样，其职能相当灵活，可作为府主的代表监管军队，甚至傀儡朝廷。正因郭象这一特殊地位，故《晋书》卷五十《郭象传》称"遂任职当权，熏灼内外"。《晋书》卷六十一《苟晞传》称"主簿郭象等操弄天权"。

根据以上史料的记载，权臣郭象的形象已经深入人心，侯外庐主编的《中国思想通史》更是对其人格品行大加批判，认定他"抄袭"向秀的行为以及种种作为是"攘善"。然而，"郭象对于整体性的消解，力主个体性便是自适其性，不必对于整体负责，对于西晋士大夫人格精神的影响负面作用是显而易见的。循此而看待西晋文学精神与建安风骨和正始之音相比，滑向世俗与低调，便是必然现象。后人对此多加以批评，也是顺理成章的"①。可以见得，郭象其前期生活中"虽处冲要，犹闲习也"的性格已经不能适应当下的社会与周身环境，随着权势的抬升，矛盾开始激烈，性格随之分裂，卷入政治旋涡与世俗争斗是郭象无法回避的。

**永嘉四年（310年），司马越任豫州牧，郭象任长史。**

《晋书》卷五十《庾敳传》："参东海王越太傅军事，转军谘祭酒。时越府多隽异，敳在其中，常自袖手。豫州牧长史河南郭象善《老》《庄》，时人以为王弼之亚。敳甚知之。"郭象任长史一事，不见载于《晋书》本传，《庾敳传》关于郭象任此职的说法有误。王晓毅认为郭象与庾敳可能先后出任豫州牧长史，并有详细考证，文多不录。

**永嘉五年（311年），郭象病卒。著碑论十二篇。**

《晋书》本传："永嘉末病卒，著碑论十二篇。"又曰："先是注《庄

---

① 袁济喜：《郭象与魏晋美学》，《宝鸡文理学院学报》（社会科学版）2004年第4期。

子》者数十家,莫能究其旨统。向秀于旧注外而为解义,妙演奇致,大畅玄风,惟《秋水》、《至乐》二篇未竟而秀卒。秀子幼,其义零落,然颇有别本迁流。象为人行薄,以秀义不传于世,遂窃以为己注,乃自注《秋水》、《至乐》二篇,又易《马蹄》一篇,其余众篇或点定文句而已。其后秀义别本出,故今有向、郭二《庄》,其义一也。"

有关郭象的庄注是否因向秀子幼窃取而成,梁启超曾指出:"《庄子》郭注,剽自向秀,实两晋玄谈之渊薮,后此治此者罕能加其上。"① 王晓毅在《郭象评传》里认为,由于魏晋之际与两晋之际在社会背景、名士命运等方面存在某些相似性,向秀《庄子注》才于西晋末被郭象重新发现,并进行改造,以解决新时期的理论课题。对此,目前学界也基本上形成了郭象发展向秀说的共识。

后世学者对于郭象与向秀庄注的迷案探讨了很久,大概持三类观点:认定郭象抄袭的一派以侯外庐主编的《中国思想通史》(魏晋南北朝卷)为代表,坚持认为郭象独立成就的以任继愈《中国哲学发展史》为代表,持发展说的以王晓毅《郭象评传》为代表。对于这样一位魏晋玄学界的重量级人物,学界的讨论与观点如下。

任继愈《中国哲学发展史》(魏晋南北朝卷):"郭象玄学的主旨与黑格尔类似,也是致力于与现实调和。他要证明自然就是名教,名教就是自然,超越的玄冥之境不在名教之外,而就在名教之中。"②

方立天《中国哲学研究》:"王弼是魏晋玄学的重要奠基者,郭象是魏晋玄学的顶峰。"③

罗宗强《玄学与魏晋士人心态》:"他(郭象)的理论可以简略地表述为:自生、自是、独化、适性。"④

侯外庐主编《中国思想通史》(魏晋南北朝卷):"判决词为郭象确犯了盗窃罪行,应将其庄注的版权撤销,并赔偿向秀千古的名誉损失,以为世之钞书者警戒。"⑤

王晓毅《郭象评传》认为,郭象的政治哲学是为其人生哲学服务的。

---

① 梁启超:《清代学者整理旧学之总成绩》,商务印书馆1999年版。
② 任继愈:《中国哲学发展史》(魏晋南北朝卷),人民出版社1988年版,第217页。
③ 方立天:《中国哲学研究》,新文丰出版股份有限公司1992年版,第50页。
④ 罗宗强:《玄学与魏晋士人心态》,天津教育出版社2005年版,第198页。
⑤ 侯外庐:《中国思想通史》(魏晋南北朝卷),人民出版社1956年版,第217页。

个体生命的价值以及实现的途径，是郭象哲学的终极关怀所在，这也是老庄、玄学与中国古代其他学派的最后分野。

郭象，这位在八王之乱中风起云涌的人物，首先是个玄学家，然后才是政治家，他的玄学又显然是为政治人生服务的。这位以玄学与权术著称的晋末名臣，凭借其超然的玄学天赋与独创精神，提出万物"自生"与"独化"观点，最终在人生经历与政治实践中探索出独树一帜的思想理论体系，完成了时代赋予的历史任务，一步步走向魏晋玄学的高峰。他是西晋最后一位儒道双修的士人，他的人生也正如他的学术思想一样寿终正寝。

有关郭象的著作，《隋书·经籍志》载存郭象著《论语体略》二卷，又著录郭象撰《论语隐》一卷，亡。在梁代皇侃《论语义疏》中引有郭象注九则，清代马国翰《玉函山房辑佚书》中有辑本。《道藏》中题为齐顾欢撰《道德真经疏》、李霖《道德真经取善集》等书中，均列郭象注《老子》，并引有郭象注文若干条，但全文已不存。《旧唐书·经籍志》著录象文集五卷，《隋书·经籍志》作二卷，传于世。《新唐书·艺文志》仍著录《郭象集》五卷，今均已佚失。《晋书》本传记郭象著《碑论》十二篇。

（高　丹）

# 欧阳建传

**欧阳建，字坚石，渤海人（今河北南皮人），生年不详。**

欧阳建，字坚石，渤海人（今河北南皮人）。生年不详，卒年到300年。

《晋书·石崇传》："欧阳建字坚石，世为冀方右族。雅有理思，才藻美赡，擅名北州。时人为之语曰：'渤海赫赫，欧阳坚石。'"

吴士鉴、刘承幹《斠注》："《寰宇记》六十五曰：建，渤海重合人，石崇之甥，为郡豪杰也。"

《世说新语·仇隙》注引《晋阳秋》，《文选》卷二十三《临终诗》李善注引王隐《晋书》，并谓建渤海人。

《文选》卷二十三《临终诗》李善注："王隐《晋书》曰：石崇外生欧阳建，渤海人也，为冯翊太守。赵王伦之为征西，扰乱关中，建每匡正，不从私欲，由是有隙。及乎伦篡立，劝淮南王允诛伦，未行事觉，伦收崇、建及母妻，无少长，皆行斩刑。孙盛《晋阳秋》曰：建字坚石，临刑作。"

欧阳建的生平事迹，除了《晋书》本传的记载，今有曹道衡、沈玉成《中古文学史料丛考·欧阳建事迹、年岁》，陆侃如《中古文学系年》，袁济喜主编《汉末三国两晋文学批评编年》，梅新林、俞樟华主编《中国学术编年》，可资参考。

**晋武帝太康六年（285年），欧阳建辟公府。**

丁福保《全晋诗》卷四载曹摅《赠欧阳建》："弱冠参戎，"据陆侃如本，以永康元年卒年三十余推之，当生于泰始初（265年前后）。辟公府不知在何时，假定在二十岁前后，故系于本年。

**太康八年（287年），欧阳建迁山阳令。**

假定在辟公府后一二年。

**太康十年（289年），欧阳建迁尚书郎。**

《晋书·石崇传》："历……尚书郎。"假定在迁山阳令后一二年。

**晋惠帝元康元年（291年）（三月以前为永平元年），欧阳建迁冯翊太守，与赵王伦及孙秀有隙。**

《晋书·石崇传》："历……冯翊太守，甚得时誉。"《世说新语·仇隙》注引《晋阳秋》，"初，建为冯翊太守，赵王伦为征西将军，孙秀为腹心，扰乱关中。建每匡正，由是有隙。"《文选》卷二十三《临终诗》张铣注引王隐《晋书》："赵王伦之为征西，扰乱关中，建每匡正不从；私欲迎楚王玮立之，由是有隙。"伦为征西在本年九月。

**元康六年（296年），欧阳建迁顿丘太守，作《答石崇赠》。**

《晋书·惠帝纪》："五月……匈奴郝散弟度元，帅冯翊、北地马兰羌、卢水胡反，攻北地，太守张损死之。冯翊太守欧阳建与度元战，建败绩。征征西大将军赵王伦为车骑将军。"建可能与伦同时征还。《隋书·经籍志四》署《建集》为"顿丘太守"，《本传》未言及，疑征还后即迁顿丘。

丁福保《全晋诗》卷四载建《答石崇赠》："俾扞东藩，在徐之邳。"当作于崇屯邳时。诗中颂赞"我舅"石崇"济宽以猛。方夏以绥"等；诗本意颂德，却反说出石崇以"猛"治民，搜刮聚敛财富恶行。《赠石崇诗》四章见《文馆词林》卷一百五十七，逯钦立《晋诗》卷四有录。

**元康八年（298年），贾谧为秘书监，文士附会，达于极盛，有二十四友之称。欧阳建位列其中。**

"二十四友"的结成见于《晋书》诸篇。其具体记载见《晋书·贾谧传》："渤海石崇欧阳建、荥阳潘岳、吴国陆机陆云、兰陵缪徵、京兆杜斌挚虞、琅邪诸葛诠、弘农王粹、襄城杜育、南阳邹捷、齐国左思、清河崔基、沛国刘瓌、汝南和郁周恢、安平牵秀、颍川陈眕、太原郭彰、高阳许猛、彭城刘讷、中山刘舆刘琨皆傅会于谧，号曰二十四友，其余不得预焉。"《晋书·刘琨传》："年二十六，为司隶从事。时征虏将军石崇河南金谷涧中有别庐，冠绝时辈，引致宾客，日以赋诗。琨预其间，文咏颇为当时所许。秘书监贾谧参管朝政，京师人士无不倾心。石崇、欧阳建、陆机、陆云之徒并以文才降节事谧，琨兄弟亦在其间，号曰'二十四友。'""二十四友"据《资治通鉴》载在元康元年结成，《资治通鉴·晋纪四》于"惠帝元康元年"载："于是贾谧、郭彰权势愈盛，宾客盈门。谧虽骄奢而好学，喜延士大夫，郭彰、石崇、陆机、机弟云、和郁及荥阳潘岳、清河崔基、勃海欧阳建、兰陵缪徵、京兆杜斌、挚虞、琅邪诸葛诠、弘农王粹、襄城杜育、南阳邹捷、齐国左思、沛国刘瑰、周恢、安平牵秀、颍川陈眕、高阳许猛、彭城刘讷、中山刘舆、舆弟琨皆附于谧，号曰二十四友。"

**晋惠帝永康元年（300年），欧阳建被害，作《临终诗》。**

《晋书·石崇传》："秀怒，乃劝伦诛崇、建……及遇祸，莫不悼惜之，年三十余。临命作诗，文甚哀楚。"吴士鉴、刘承幹《斠注》："《寰宇记》六十五曰：欧阳建墓在临津县东南二十七里。"《文选》卷二十三《临终诗》张铣注引王隐《晋书》："石崇劝淮南王使诛伦，未行，事觉。伦收崇、建及母妻，无少长皆斩。"事在八月。欧阳建被害，非仅与石崇有亲属关系。他在冯翊太守任上，曾开罪司马伦。"赵王伦之为征西，扰乱关中。建每匡正，不从私欲，由是有隙。及乎伦篡立，欧阳建劝淮南王允诛伦，未行事觉，伦收崇、建及母、妻无少长，皆行斩刑。"（《文选》李善注引王隐《晋书》）

《临终诗》一方面感叹世事屯蹇，人情险恶，且以穷达有分自慰；另一方面又哀痛于亲人亦遭连累遘难。前者为无可奈何的自我宽解，后者则是亲情本性的真实表白，诚所谓"人之将死，其言也善"。《晋书》本传谓："临命作诗，文甚哀楚。"《文选》录此诗入"咏怀"类。

**欧阳建作《言尽意论》。**

欧阳建之文，最著名的是《言尽意论》，针对玄学主张的"言不尽意论"而发，云："有雷同君子问于违众先生曰：'世之论者，以为言不尽意，由来尚矣。至乎通才达识，咸以为然。若夫蒋公之论眸子，钟傅之言才性，莫不引此为谈证；而先生以为不然，何哉？'先生曰：'夫天不言而四时行焉，圣人不言而鉴识存焉；形不待名而方圆已著，色不俟称而黑白以彰。然则名之于物，无施者也；言之于理，无为者也。而古今务于正名，圣贤不能去言，其故何也？诚以理得于心，非言不畅；物定于彼，非言不辩。言不畅志则无以相接，名不辨物则鉴识不显。鉴识显而名品殊，言称接而情志畅。原其所以，本其所由，非物有自然之名，理有必定之称也。欲辩其实，则殊其名；欲宣其志，则立其称。名逐物而迁，言因理而变。此犹声发响应，形存影附，不得相与为二矣。苟其不二，则言无不尽，吾故以为尽矣。'"旨在驳难"由来尚矣"的言不尽意论。文章以"雷同君子"指世之论者，以"违众先生"自拟，他强调"理得于心，非言不畅；物定于彼，非言不辩。言不畅志，则无以相接；名不辨物，则鉴识不显"。肯定语言在思想交流中的作用。并认为名词反映事物，随事物变化而变化，语言表达思想，亦是随之而变化，而且一致的。

欧阳建《言尽意论》在中国哲学史上具重要地位，先秦时期《易·系辞》、《庄子·外物》等即提出"言不尽意"论点，三国时荀粲等宗奉其说，加以发挥，成为玄学基本命题之一。欧阳建反对"世之论者"持此观点，提出相反命题，力排言意关系中的神秘主义和不可知论，显示了认识论上的唯物论倾向，代表了重要的哲学派别。此"言尽意论"影响颇大，史载"王丞相（王导）过江左，止道'声无哀乐'、'养生'、'言尽意'三理而已，然宛转关生，无所不入"（《世说新语·文学》）。在东晋初与嵇康的"声无哀乐论"、"养生论"一起。为晋明帝重臣王导所喜好。

欧阳建颇有独立思想，不同于西晋一般文士"雷同君子"。他在《登橹赋》中有句云"面孤立之峻峙"，堪为其自我写照。

《隋书·经籍志四》："《晋顿丘太守欧阳建集》二卷。"欧阳建今存诗仅二首，一为四言《答石崇赠诗》，另一首为五言《临终诗》。丁福保《全晋诗》卷四载二篇，已见前。严可均《全晋文》卷一百九载二篇：《登橹赋》及《言尽意论》。

（李小青）

# 陆机传

陆机，字士衡，吴郡吴（今江苏苏州）人。生于魏元帝景元二年、吴景帝永安四年（261年）。身长七尺，其声如钟。少有异才，文章冠世，尤膺儒术，非礼不动。

陆机出身江东世族陆氏。《世说新语·赏誉》："吴四姓，旧目云：张文、朱武、陆忠、顾厚。"《三国志·吴书·陆逊传》裴注引《陆氏世颂》曰："逊祖纡，字叔盘，敏淑有思学，守城门校尉。父骏，字季才，淳懿信厚，为邦族所怀，官至九江都尉。"本传："陆逊字伯言，吴郡吴人也，本名议。世江东大族。逊少孤，随从祖庐江太守康在官。袁术与康有隙，将攻康，康遣逊及亲戚还吴。逊年长于康子绩数岁，为之纲纪门户……卒时年六十三，家无余财……长子延早夭，次子抗袭爵。"又《陆抗传》："抗字幼节，孙策外孙也……建兴元年拜奋威将军，太平二年……拜抗为柴桑督……迁征北将军。永安二年拜镇军将军……三年假节。"吴建兴元年即魏嘉平四年，太平二年即甘露二年，永安二年即甘露四年，三年即景元元年。

《晋书》本传："陆机字士衡，吴郡人也。祖逊，吴丞相。父抗，吴大司马。机身长七尺，其声如钟。少有异才，文章冠世，伏膺儒术，非礼不动。"

《世说新语·言语》注引《机别传》："博学，善属文，非礼不动。"

《世说新语·赏誉》："士衡长七尺余，声作钟声，言多忼慨。"注引《文士传》："机清厉有风格，为乡党所惮。"

以太安二年卒年四十三推之，机当生于魏景元二年，时父陆抗正在镇军任上。

有关陆机的生平，除了《晋书》有记载外，今人有陆侃如的《中古文学系年》著作，论文有朱东润的《陆机年表》、陈庄的《陆机生平三考》、顾农的《陆机生平著作考辨三题》、刘运好的《陆机籍贯与行迹考论》等，可资参考。

**晋武帝泰始十年、吴末帝凤凰三年（274年），父陆抗卒，陆机为牙门将，与陆云及诸兄分领父兵，作《吴大司马陆公诔》。**

《晋书》本传："抗卒，领父兵，为牙门将。"吴凤皇三年即泰始十年。

《三国志·吴书·陆抗传》："（凤皇）三年夏，疾病……秋遂卒。子晏嗣，晏及弟景、玄、机、云，分领抗兵。"

严可均《全晋文》卷九十九载陆机《吴大司马陆抗诔》。诔文赞颂了陆抗高风肃迈，道德周遍，性情敏达，且屈身恭谨，礼贤下士，对吴国安国定邦有很大的作用。诔文字句简约却含蕴深繁，实为其自矜家世之辞，亦反映了其家族自豪感。这也为他后来的行为思想及诗文中立功立事、光宗耀祖的思想奠定了基础。

**晋武帝咸宁三年、吴末帝天纪元年（277年），武帝大封诸侯王，留下了八王之乱的祸根。陆机、陆云兄弟以及其他许多西晋文士被卷入其中，罹受祸患。**

《晋书·武帝纪》："三年春正月丙子朔，日有蚀之。立皇子裕为始平王，安平穆王隆弟敦为安平王。诏曰：'宗室戚属，国之枝叶，欲令奉率德义，为天下式。然处富贵而能慎行者寡，召穆公纠合兄弟而赋《唐棣》之诗，此姬氏所以本枝百世也。今以卫将军、扶风王亮为宗师，所当施行，皆咨之于宗师也。'……秋七月，以都督豫州诸军事王浑为都督扬州诸军事。中山王睦以罪废为丹水侯。八月癸亥，徙扶风王亮为汝南王，东莞王伷为琅邪王，汝阴王骏为扶风王，琅邪王伦为赵王，渤海王辅为太原王，太原王颙为河间王，北海王陵为任城王，陈王斌为西河王，汝南王柬为南阳王，济南王耽为中山王，河间王威为章武王。立皇子玮为始平王，允为濮阳王，该为新都王，遐为清河王，钜平侯羊祜为南城侯。以汝南王亮为镇南大将军。"

《资治通鉴》卷八十："卫将军杨珧等建议，以为：'古者封建诸侯，所以籓卫王室；今诸王公皆在京师，非扞城之义。又，异姓诸将居边，宜参以亲戚。'帝乃诏诸王各以户邑多少为三等，大国置三军五千人，次国二军三千人，小国一军一千一百人；诸王为都督者，各徙其国使相近。八月，癸亥，徙扶风王亮为汝南王，出为镇南大将军，都督豫州诸军事；琅邪王伦为赵王，督邺城守事；勃海王辅为太原王，监并州诸军事；以东莞王伷在徐州，徙封琅邪王；汝阴王骏在关中，徙封扶风王；又徙太原王颙为河间王，汝南王柬为南阳王。辅，孚之子；颙，孚之孙也。其无官者，皆遣就国。诸王公恋京师，皆涕泣而去。又封皇子玮为始平王，允为濮阳王，该为新都王，遐为清河王。"西晋短暂统一之后的乱亡，与晋武帝的这一举措有直接关系。

**晋武帝太康元年，吴末帝天纪四年（280年），武帝大举伐吴，二月，陆机兄夷道监陆晏、水军都督陆景为王濬所杀。陆机、陆云退居华亭旧里。陆机作《辩亡论》。陆机退居旧里期间，曾受到从父陆喜影响。**

《晋书》本传："年二十而吴灭，退居旧里，闭门勤学，积有十年。以孙氏在吴，而祖父世为将相，有大勋于江表，深慨孙皓举而弃之，乃论权所以得，皓所以亡，又欲述其祖父功业，遂作《辩亡论》二篇。"

《资治通鉴》卷八十一："壬戌，克荆门、夷道二城，杀夷道监陆晏。……乙丑，王濬击杀吴水军都督陆景。"

《世说新语·尤悔》注引《八王故事》："华亭，吴由拳县郊外墅也，有清泉茂林。吴平后，陆机兄弟共游于此十余年。"陆机作《辩亡论》，庾信《周大将军怀德公吴明彻墓志》曰："葛瞻始嗣兵戈，仍遭蜀灭；陆机才论功业，即值吴亡。"盖指其作于吴亡之初。《西晋文纪》卷十五曰："机年二十吴灭，闭门勤学，积有十年。乃论孙氏所以得，皓所以亡。又述其祖父功业，作《辩亡论》二篇。"

《辩亡论》所作时间有争议。日本学者佐藤利行在《西晋文学研究》中据《晋书》认为作于退居旧里之时。陆侃如《中古文学系年》亦系于退居旧里时。刘运好《陆士衡文集校注》认为文中称孙皓曰"归命"，晋曰"大邦"，晋军曰"王师"，认为作于机仕晋之后。文章以吴为鉴而警晋，讨论治国之远规大略，当在惠帝初年，西晋承平，内乱未萌之际，因此系于元康元年（291年）前后。本书从太康元年。

从贾谊《过秦论》到陆机《辩亡论》，形成了中国文学独特的历史兴废之史论传统。陆云在《与兄平原书》中言："《辩亡》则已是《过秦》对事，求当可得耳。"刘勰《文心雕龙·论说》云："至如李康《运命》，同《论衡》而过之；陆机《辩亡》，效《过秦》而不及，然亦其美矣。"清蔡世远《古文雅正》卷二云："（贾谊《过秦论》上）势如崩崖，缩之勿坠；气如奔涛，蓄之复注。议论既正，出以绝大魄力，使读者酣快异常。陆士衡《辩亡论》酷意模拟，笔力弱不及矣。"陆氏兄弟退居华亭读书反思，积有十年，对于他们日后入洛的文学创作与文学观念，产生了深刻的影响。《文赋》中的一些基本文学观念，比如缘情与诗教的统一，探讨诗文构思之妙，诗文和谐之美的追求等等，都是在此期间酝酿构思的。

严可均《全晋文》卷一百四载陆云《晋故散骑常侍陆府君诔》："惟太康五年夏四月丙申，晋故散骑常侍吴郡陆君诔。"陆机在退居旧里，勤学十年过程中，受到了从父陆喜的影响。《晋书·吾彦传》中提到："帝尝问彦：'陆喜、陆抗二人谁多也？'彦对曰：'道德名望，抗不及喜；立功立事，喜不及抗。'"《晋书·陆喜传》记载"（陆喜）少有声名，好学有才思。尝为自叙，其略曰：'刘向省《新语》而作《新序》，桓谭咏《新序》而作《新论》。余不自量，感子云之《法言》而作《言道》，睹贾子之美才而作《访论》，观子政《洪范》而作《古今历》，览蒋子通《万机》而作《审机》，读《幽通》、《思玄》、《四愁》而作《娱宾》、《九思》，真所谓忍愧者也。'"《幽通》即班固的《幽通赋》，《思玄》、《四愁》即张衡的《思玄赋》、《四愁诗》，皆是人生路途多舛的伤时之文。而在陆机《遂志赋》序中也说："昔崔篆作诗以明道述志，而冯衍又作《显志赋》，班固作《幽通赋》，皆相依仿焉。张衡《思玄》，蔡邕《玄表》，张叔《哀系》，此前世之可得言者也。"陆机在《遂志赋》中表达了自己无法追从前贤，重振家风的愧疚，并认为"任穷达以逝止，亦进仕而退耕。庶斯言之不渝，抱耿介以成名"。陆机也是从此时开始，对于家族的振兴，个人的仕进，有了自己的看法。他早年所作《百年歌》讲述生命从十岁到百岁的自然过程，表达了对于功名事业的渴望和理想，带有一定的浪漫色彩，而与吴亡之后陆机承受家国颠灭、仕途受阻的心态大不相同。

**太康十年（289 年），陆机、陆云入洛，拜见太常张华。作《赴洛》上篇，《赴洛道中作》二首及《与弟云书》。并闻左思作《三都赋》。**

《晋书》本传："至太康末，与弟云俱入洛，造太常张华。华素重其名，如旧相识，曰：'伐吴之役，利获二俊。'又尝诣侍中王济，济指羊酪谓机曰：'卿吴中何以敌此？'答云：'千里莼羹，未下盐豉。'时人称为名对。"

《晋书·陆云传》："吴平，入洛。机初诣张华，华问云何在。机曰：'云有笑疾，未敢自见。'俄而云至。华为人多姿制，又好帛绳缠须。云见而大笑，不能自已。"

《晋书·张华传》："初，陆机兄弟志气高爽，自以吴之名家，初入洛，不推中国人士，见华一面如旧，钦华德范，如师资之礼焉。"《晋书·文苑传》："初，陆机入洛，欲为此赋，闻思作之，抚掌而笑，与弟云书曰：'此间有伧父，欲作《三都赋》，须其成，当以覆酒瓮耳。'及思赋出，机绝叹伏，以为不能加也，遂辍笔焉。"

《世说新语·赏誉》："蔡司徒在洛，见陆机兄弟住参佐廨中，三间瓦屋，士龙住东头，士衡住西头。士龙为人，文弱可爱。士衡长七尺余，声作钟声，言多忼慨。"

《世说新语·简傲》："陆士衡初入洛，咨张公所宜诣。刘道真是其一。陆既往，刘尚在哀制中。性嗜酒，礼毕，初无他言，唯问：'东吴有长柄壶卢，卿得种来不？'陆兄弟殊失望，乃悔往。"

丁福保《全晋诗》卷三载机《赴洛诗》及《赴洛道中作》二首。《赴洛诗》曰："希世无高符，营道无烈心。靖端肃有命，假楫越江潭。亲友赠予迈，挥泪广川阴。抚膺解携手，永叹结遗音。无迹有所匿，寂寞声必沈。肆目眇不及，缅然若双潜。南望泣玄渚，北迈涉长林。谷风拂修薄，油云翳高岑。亹亹孤兽骋，嘤嘤思鸟吟。感物恋堂室，离思一何深。伫立慨我叹，寤寐涕盈衿。"《赴洛道中作》二首曰："总辔登长路，呜咽辞密亲。借问子何之，世网婴我身。永叹遵北渚，遗思结南津。行行遂已远，野途旷无人。山泽纷纡余，林薄杳阡眠。虎啸深谷底，鸡鸣高树巅。哀风中夜流，孤兽更我前。悲情触物感，沈思郁缠绵。伫立望故乡，顾影凄自怜。""远游越山川，山川修且广。振策陟崇丘，安辔遵平莽。夕息抱影寐，朝徂衔思往。顿辔倚高岩，侧听悲风响。清露坠素辉，明月一何朗。抚枕不能寐，振衣独长想。"此二首诗是陆机优秀的五言诗代表作，情感真挚深沉，抒发诗人离开家乡初次入洛途中的思乡之情和对只身羁宦、前途未卜的孤寂之情。

关于陆机初次入洛的时间，在学界有很大的争论。主要有以下几种观点。

一、太康元年。朱东润《陆机年表》、陈庄《陆机生平三考》、傅刚

《陆机初次赴洛时间考辨》、蒋方《陆机、陆云仕晋宦迹考》、姜剑云《陆机入洛疑案新断》均持此观点。首先，陆机《与弟清河云诗》并序中有"王师乘运，席卷江湘……洪波电击，与众同湮。颠踣西夏，收迹旧京"及陆云《答兄平原诗》中有"予昆乃播，爰集朔土"等句都可证明陆机在晋灭吴之役中曾被俘北上，"收迹旧京"中的"旧京"指洛阳，说明陆机被俘入洛阳。其次，《晋书·杜预传》载：杜预在灭吴"凡所斩及生获吴都督、监军十四，牙门、郡守百二十余人"，并生送乐乡都督孙歆于洛阳，陆机当时为牙门将，故可能因此被捕入洛。再次，陆龟蒙《奉和袭美吴中书事寄汉南裴尚书》"三泖凉波鱼蒫动"句下自注："远祖士衡对晋武帝以三泖冬温夏凉"。这可证明陆机在太康年间确曾到过洛阳，否则他见不到晋武帝。

二、太康五年。顾农《陆机生平著作考辨三题》、王林莉《陆机初次入洛时间新探》中认为太康五年时，陆机从父陆喜被西晋朝廷征为散骑常侍，不久便卒，陆机入洛为从父处理后事。且陆机入洛之年已经成为当时一个很重要的典故。《南史·宋宗室及诸王传》有："（刘）义康素无术学，待文义者甚薄。袁淑尝诣义康，义康问其年，答曰：'邓仲华拜衮之岁。'义康曰：'身不识也。'淑又曰：'陆机入洛之年。'义康曰：'身不读书，君无为作才语见向。'其浅陋若此。"五代吴昊《创筑羊马城记》："昊相门牢落，堂构萧条。……邓禹秉钧之岁，虽庆承家。陆机赴洛之年，不堪观国。空余壮节，退卜良知。"邓禹拜衮为二十四岁。中唐韦绚《刘宾客嘉话录序》："绚少陆机入洛之三岁，多重耳在外之二年，自襄阳负笈，至江陵，拿叶舟，升巫峡，抵白帝城，投谒故赠兵部尚书宾客中山刘公二十八丈，求在左右学问。"重耳在外十九年。因此，陆机入洛当在二十四岁时。

三、太康十年。姜亮夫《陆平原年谱》，陆侃如《中古文学系年》、刘运好《陆机籍贯与行迹考论》持此观点。证据有四：（1）《晋书·陆机传》："年二十而吴灭，退居旧里，闭门勤学，积有十年……至太康末，与弟云俱入洛，造太常张华。"（2）《三国志·吴书·陆抗传》裴注引《机云别传》："华一见而奇之，曰：'伐吴之役，利在获二俊。'遂为之延誉，荐之诸公。太傅杨骏辟机为祭酒，转太子洗马、尚书著作郎。"陆机仕晋的第一个职务是太傅祭酒，即入洛在杨骏为太傅前或其间。（3）陆机《诣吴王表》："臣本吴人，靖居海隅。朝廷欲抽引远人，绥慰遐外，故太傅所辟。"陆机入洛为太康十年（289年）春，于永熙元年（290年）三月后任太傅祭酒。（4）陆机《皇太子赐宴诗》序："元康四年秋，余以太子洗马出补吴王郎中，以前事仓卒，未得宴。三月十六日，有命清宴，感圣恩之罔极，退而赋此诗也。"由太子洗马赴任吴王郎中令在元康四年秋，而其赴任途中所作《吴王郎中时从梁陈作》有"谁谓伏事浅，契阔逾三年"，指任太子洗马超过三年，即在杨骏被诛后迁太子洗马。本文从太康十年。

**晋惠帝元康元年（291年），三月，杨骏被诛，陆机附愍怀太子司马遹为洗马。作《东宫作诗》及《赠尚书郎顾彦先诗二首》。**

《晋书》本传："会骏诛，累迁太子洗马。"陆侃如《中古文学系年》将《赴洛诗》分为上下两篇，上篇为太康十年入洛所作，下篇作于太子洗马任上。刘运好《陆士衡文集校注》据《文选》注题为《东宫作诗》，将此二篇定为《赴洛诗》与《东宫作诗》。今从之。其中有"托身承华侧"，承华为太子宫门，应是机为太子洗马后作。估系于此。

《东宫作诗》抒发了诗人托身太子，身登荣显，然入洛之后目睹乱世杀戮，而归思难收，并隐蔽着一种生命的战栗。其中"仰瞻凌霄鸟，羡尔归飞翼"以鸟衬人，尤显沉痛。王夫之《古诗评选》卷四："陆以不秀而秀，是云夕秀，乃其不为繁声，不为切句，如此作者，风骨自拔，固不许两潘腐气所染。"

又载《赠尚书郎顾彦先》二首。《晋书·顾荣传》："顾荣字彦先……吴平，与陆机兄弟同入洛，时人号为'三俊'。例拜为郎中，历尚书郎、太子中舍人、廷尉正。"《中古文学系年》以为荣为郎中与机为祭酒同时，迁尚书郎可能在机迁太子洗马同时。

对于这两首诗，吴淇《六朝选诗定论》评道："两人生长于吴万里遥，身入洛，满眼赫赫，俱是晋朝旧臣，又且分侍两宫，萧墙这厢，单单一陆士衡是个吴人。萧墙那厢，单单一顾彦先是个吴人。加以阻雨连日，声音不通。陆之苦，顾之苦也。阴霖为渗，故国为壑，骨肉亲友，难保仳俪。陆之忧，顾之忧也。"南方士人遭遇国破家亡之痛，又远离故土来到朔地为宦，还时常受到北方士人的打压和排挤。这对南方士人来说更有一种无奈和忧伤，陆机与顾荣诉说的这些忧伤，一是寄身异国的无可奈何，一是对南方故土的深切思念，都在他大部分诗文中有所体现。他的一生，便是立功立事的责任和此种心理的纠结，而最终淹没在西晋皇室的战乱之中。

**元康四年（294 年）**，陆机离开洛阳，出为吴王郎中令，作《皇太子清晏诗》、《赠冯文罴迁斥丘令》、《答潘尼诗》、《吴王郎中时从梁陈作》及《诣吴王表》。

《晋书》本传："吴王晏出镇淮南，以机为郎中令。"吴士鉴、刘承幹《斠注》曰："《书钞》六十六陆机《皇太子清宴诗序》云：元康四年秋，余以太子洗马，出补吴王郎中。"严可均《全晋文》卷九十八载《皇太子清晏诗序》当即此篇。丁福保《全晋诗》卷三载《赠冯文罴迁斥丘令》、《赠冯文罴》、《赠斥丘令冯文罴》，似作于迁郎中令前不久。

《答潘尼诗》有"我东曰徂，来饯其深"，当作于陆机赴任前。

《吴王郎中时从梁陈作》作于陆机赴任途中。卷九十七载《诣吴王表》，有"殿下东到淮南，发诏以臣为郎中令"，当作于到任时。

**元康五年（295 年）**，陆机作《赠顾交趾公真诗》。

丁福保《全晋诗》卷三载《赠顾交趾公真诗》。此诗表达了陆机"立功立事"的强烈心态。《文选》卷二十四《赠顾交趾公真》李善注："《晋百官名》曰：交州刺史顾秘，字公真……蕃后，吴王也。《顾氏谱》曰：秘为吴王郎中令。南裔，谓交趾也。"可见秘与机为同僚，赠诗当在本年前后。

**元康六年（296 年）**，陆机由吴入洛，迁尚书中兵郎。作《策问秀才》、《思归赋》、《答贾谧》、《讲汉书诗》、《祖道毕雍刘边仲潘正叔》及《赠潘正叔》。陆机参预贾谧二十四友。

《晋书》本传："迁尚书中兵郎。"《晋书·纪瞻传》："后举秀才，尚书郎陆机策之曰……"事在吴平后、永康前。

严可均《全晋文》卷九十六《思归赋（并序）》有"以元康六年冬急取归"，当作于本年由吴入洛时。

刘运好《陆士衡文集校注》评曰："赋写寒冬由吴（江介）适洛（洛湄）行役之悲，怀人之戚，归鸿之羡，岁暮风声之愁，归宁有时之盼。时序、景物、离思、乡情交织，使情愈转愈深，愈转愈悲矣。"①

丁福保《全晋诗》卷三《答贾谧并序》："元康六年入为尚书郎，鲁公赠诗一篇，作此答之。"又载《讲汉书诗》，陆机与左思都为贾谧讲过汉书，此诗应为贾谧作。又载《祖道毕雍刘边仲潘正叔》及《赠潘正叔》，其言"与子游承华"，"潘生莅邦家"，似为潘尼由太子舍人转宛令时陆机所赠。

贾谧"二十四友"形成。《晋书·贾谧传》："（谧）开阁延宾，海内辐辏。"《资治通鉴》卷八十二："贾谧、郭彰权势愈盛，宾客盈门。谧虽骄奢而好学，喜延士大夫，郭彰、石崇、陆机、机弟云、和郁及荥阳潘岳、清河崔基、勃海欧阳建、兰陵缪徵、京兆杜斌、挚虞、琅邪诸葛诠、弘农王粹、襄城杜育、南阳邹捷、齐国左思、沛国刘瓌、周恢、安平牵秀、颍川陈眕、高阳许猛、彭城刘讷、中山刘舆、舆弟琨皆附于谧，号曰二十四友。……崇与岳尤谄事谧，每候谧及广城君郭槐出，皆降车路左，望尘而拜。"石崇于元康六年出为使持节、监青徐诸军事、征虏将军，则其拜卫尉还至京城洛阳应在元康六年或以后。潘岳于元康初任杨骏太傅主簿，杨骏被杀，岳被选为长安令，后补博士，未召，以母疾辄去，官免。寻为著作郎，转散骑常侍郎，迁给事黄门侍郎。岳入洛阳朝廷任职也远非元康初年，应在元康中期或其后。陆机亦于元康六年时入朝任尚书郎。因此将二十四友的形成时间约系为此年。

**元康七年（297年），陆机转殿中郎。**

《晋书·陆机传》："转殿中郎。"《中古文学系年》认为当在七年为尚书中兵郎与八年为著作郎之间。今从之。

**元康八年（298年），陆机补著作郎，作《答张士然诗》及《吊魏武帝文》。**

《晋书》本传："累迁太子洗马，著作郎。"而《文选》卷三十七载陆机《谢平原内史表》李善注引臧荣绪《晋书》："转殿中郎，又为著作郎。"而《吊魏武帝文》序有："元康八年，机始以台郎，出补著作。"因此，依后二者言，将补著作郎定于元康八年。

---

① （晋）陆机著，刘运好校注整理：《陆士衡文集校注》，凤凰出版社2007年版，第146页。

《文心雕龙·哀吊篇》："陆机之《吊魏武》，序巧而文繁。降斯以下，未有可称者也。"

《答张士然诗》："洁身跻秘阁，秘阁峻且玄。终朝理文案，薄暮不遑眠。驾言巡明祀，致敬在祈年。逍遥春王圃，踯躅千亩田。回渠绕曲陌，通波扶直阡。嘉谷垂重颖，芳树发华颠。余固水乡士，摠辔临清渊。戚戚多远念，行行遂成篇。"全诗抒发了陆机思乡怀人之情，临清渊而感怀。吴淇《六朝选诗定论》评曰："诗虽草草，而心则苦也"，"形失意人如画"。

**晋惠帝永康元年（300年），陆机40岁。作《文赋》。**

《晋书》本传："赵王伦辅政，引为相国参军。豫诛贾谧功，赐爵关中侯。"于是年作《文赋》。

今本《文选》卷十七赋壬"论文"类收录有陆机《文赋》一文，李善注曰："臧荣绪《晋书》曰：机字士衡，吴郡人。祖逊，吴丞相。父抗，吴大司马。机少袭领父兵，为牙门将军。年二十而吴灭，退临旧里，与弟云勤学，积十一年。誉流京华，声溢四表，被征为太子洗马，与弟云俱入洛。司徒张华，素重其名，旧相识以文。华呈天才绮练，当时独绝，新声妙句，系踪张蔡。机妙解情理，心识文体，故作《文赋》。"据此可知，陆机作《文赋》应是他入洛后遇见北方文士张华等人而后所作。

不过，关于陆机文赋的创作年代，历来学界有很多争论。张少康《文赋集释》中提到陆机《文赋》的写作年代："杜甫《醉歌行》说：'陆机二十作《文赋》。'但后人对此颇多怀疑。清人何焯以为这是杜甫误看李善所引臧荣绪《晋书》所致。然而也有人认为杜甫所说有道理，如清人徐攀凤即持此见。近人逯钦立根据陆云《与兄平原书》第八书提到《文赋》，又考出此书写于陆机四十一岁时，乃定《文赋》之作在公元三〇一年。陆侃如又补充订正，认为当作于公元三〇〇年。然而他们所说根据并不很充分。姜亮夫先生于《陆平原年谱》中则认为陆云给陆机的第八书中'文赋'两字非指《文赋》，乃指文和赋。姜说也有一定道理。他同意杜甫之说，然而也没有提出新的有力证据。《武汉大学学报》载毛庆《〈文赋〉创作年代考辨》，根据陆机诗文中用语和《文赋》用语的比较而认为《文赋》系入洛后所作，亦可备一说。但是总的说，目前尚无材料可以确切地说明《文赋》的创作年代，不能轻下结论。好在这个问题对理解《文赋》并没有什么影响，尽可留待进一步的研究。"历代对《文赋》创作时间的争论主要集中在以下几个时间段。

一是太康元年或稍后。杜甫有诗："陆机二十作文赋。"张文勋《关于〈文赋〉的几个问题》[①]中指出当时正值吴亡，陆机兄弟退居故里，闭门读书，有条件集中精力去探讨文学创作理论的问题，且陆机早年就具有高度的文学修养，二十岁写成《文赋》也不是不可能的。姜亮夫《陆平原年谱》[②]认为，陆机少小能文，最为世称，甫诗谨严，必非虚构；《文赋》精思博辨，自非入洛后世务纷絮，情思不愉时所能为；陆机二十岁时故国方亡，哀痛甚殷，恐亦无此情趣，作此妙文，故杜诗中"二十"或是个"成数"，即是二十多岁的意思。

二是陆机二十四岁到二十九岁之间而作，后又经过修改。钟新果《〈文赋〉写作年代新断》[③]中认为：(1)从陆云《与兄平原书》看，陆机兄弟有互相探讨和修改文章的习惯。(2)唐初陆柬之的手写本《文赋》与现传的李善注《文选》本《文赋》虽然大体相同，但在字句方面有不少差异之处（错字、别字除外）。(3)《文心雕龙·声律》云："……及张华论韵，谓士衡多楚，《文赋》亦称'知楚不易'，可谓衔灵均之声余，失黄钟之正响。"其中"《文赋》亦称'知楚不易'"说明《文赋》曾涉及过楚文学问题，但"知楚不易"一句，在现存的《文赋》中已找不到相应或类似的语句。

三是元康初年或稍后。胡耀威《〈文赋〉撰出年代新证》[④]中有四点理由。(1)《文选》卷十七陆士衡《文赋》唐李善注引减荣绪《晋书》说："机字士衡，吴郡人。祖逊，吴丞相。父抗，吴大司马。机少袭领父兵，为牙门将军。年二十而吴灭，退临旧里，与弟云勤学，积十一年。誉流京华，声溢四表，被征为太子洗马，与弟云俱入洛。司徒张华，素重其名，旧相识以文。华呈天才绮练，当时独绝，新声妙句，系踪张蔡。机妙

---

① 张文勋：《关于〈文赋〉的几个问题》，《思想战线》1978年第5期。
② 姜亮夫：《姜亮夫全集》（二十二），云南人民出版社2002年版，第321页。
③ 钟新果：《〈文赋〉写作年代新断》，《中国韵文学刊》2009年第2期。
④ 胡耀威：《〈文赋〉撰出年代新证》，《辽宁大学学报》1999年第2期。

解情理，心识文体，故作《文赋》。"《文赋》当作于吴亡十一年陆机入洛见张华后不久。（2）《文赋》的"诗缘情"、"声律"、"清与烦"等思想，与张华的文学思想相联系，可见《文赋》作于陆机入洛见张华后不久。（3）从《文赋》的玄学色彩来看，它的创作受到了西晋时期洛阳玄风的影响。（4）在元康及稍后的一段时间中，陆机与当时在洛阳的许多著名文人学者交往，尤其是游贾谧之门，扩大了他的交游范围，并产生写出《文赋》的动机。

四是永康元年、永宁二年或太安二年。定在此年的依据主要来自陆云《与兄平原书》："云再拜：省诸赋，皆有高言绝典，不可复言。顷有事，复不大快，凡得再三视耳。其未精，仓卒未能为之次第。省《述思赋》，流深情至言，实为清妙，恐故复未得为兄赋之最。兄文自为雄，非累日精拔，卒不可得言。《文赋》甚有辞，绮语颇多，文适多体便欲不清，不审兄呼尔不？《咏德颂》甚复尽美，省之恻然。《扇赋》腹中愈首尾，发头一而不快，言乌云龙见，如有不体。《感逝赋》愈前，恐故当小不？然一至不复灭。《漏赋》可谓清工。兄顿作尔多文，而新奇乃尔，真令人怖，不当复道作文。谨启。"陆侃如《中古文学系年》、姜剑云《〈文赋〉撰年疑案新断》将其定在永康元年。周勋初《〈文赋〉写作年代新探》从"言意之辨"对《文赋》的影响入手，结合上面资料，亦将其定在永康元年。逯钦立《文赋撰出年代考》定于至早永宁元年岁暮，至永宁二年六月。毛庆《文赋创作年代考辨》中认为在永宁二年或太安二年。

五是日本学者佐藤利行在《西晋文学研究》中指出，陆机入洛之前《文赋》已有原稿产生，入洛后，受北方文学的影响，陆机的文学理论有所变化，便对《文赋》的部分内容作了修改，在太安二年的数年前完成。

陆机在《文赋》中表达了他的文学批评理论。《文赋序》："余每观才士之所作，窃有以得其用心。夫放言遣辞，良多变矣，妍蚩好恶，可得而言。每自属文，尤见其情，恒患意不称物，文不逮意，盖非知之难，能之难也。故作《文赋》，以述先士之盛藻，因论作文之利害所由，他日殆可谓曲尽其妙。至于操斧伐柯，虽取则不远，若夫随手之变，良难以辞逮，盖所能言者，具于此云尔。"

一、文心与风教。陆机将文论的重点放在探讨文心的问题上，他认为揭示文学创作的规律有助于实现文学的教化作用，"济文武于将坠，宣风声于不泯。涂无远而不弥，理无微而弗纶"。在言意问题上，陆机主动援引玄学的言意之辨用来拓展创作论中的思维空间。陆机将创作论的中心环节定位于"意不称物，文不逮意"两个难题上，也暗示了西晋太康文学追求的美学原则是意物相符、言意一致。

二、文学构思之妙。《文赋》论创作提出："伫中区以玄览，颐情志于典坟。遵四时以叹逝，瞻万物而思纷。悲落叶于劲秋，喜柔条于芳春。"陆机认为作家在创作前要保持良好的虚静心态，学习先圣的经典。并强调情物相感与学养人格的互动。继而提出想象的恢宏气势和无限张力，在构思的第二阶段，作者需借助想象使形象和情感清晰化。在修辞上，陆机要求广泛收罗经典与诸子之文，以充实文章的文化内涵，还要"选义按部，考辞就班"。最后，在创作客观上，陆机强调问题的多样性和复杂性，强调人们要重视文体特点，善于驾驭文体特点来从事写作。在主观上，要善于因势利导，遵循这一具体情状而发挥才干，遣词造句，善于变不利因素为有利因素，虽然离方循圆，不合规矩，但是也要穷尽对象之美。

三、文体与和谐之美。陆机把文赋分为十体，"诗缘情而绮靡，赋体物而浏亮。碑披文以相质，诔缠绵而凄怆。铭博约而温润，箴顿挫而清壮。颂优游以彬蔚，论精微而朗畅。奏平彻以闲雅，说炜晔而谲诳"，强调文体的情感性和形式美。而其审美标准即是以和为美。陆机还很重视文学艺术的审美特点。

四、"应感之会"。陆机《文赋》提出："若夫应感之会，通塞之纪，来不可遏，去不可止。藏若景灭，行犹响起。方天机之骏利，夫何纷而不理。思风发于胸臆，言泉流于唇齿。"首次对于文学想象论中的灵感思想加以申论，从各方面论证了灵感的心灵特征，从而极大地丰富了中国古代文学想象论中的灵感理论。灵感心理涌来时呈现为一种情感腾跃、思路清晰的心理，没有规律可循，其产生与运行是天机的表现。另外，陆机始终突出情感的重要性，认为创作动机源于情感的驱动，倡导"诗缘情而绮靡"，强调不同文体的审美特征，魏晋六朝的重视情感与词采的理论，在陆机的《文赋》中得到大力张扬[①]。

---

① 袁济喜：《新编中国文学批评发展史》（第二版），中国人民大学出版社2010年版，第106—110页。

**晋惠帝永宁元年（301年），陆机为中书郎，收付廷尉，减死徙边，遇赦而止。为大将军司马，拜平原内史，作《五等诸侯论》。**

　　陆机《五等诸侯论》论述了五等之制的历史渊源、重要作用、利弊得失等，呈五等诸侯制度之是，表牧守郡县制度之非。文章语句多排偶，文气甚盛。文章对后来柳宗元《封建论》、朱敬则《五等论》、李翰《汉祖吕后五等论》都产生了影响。

　　《晋书》本传："伦将篡位，以为中书郎。伦之诛也，齐王冏以机职在中书，九锡文及禅诏疑机与焉，遂收机等九人付廷尉。赖成都王颖、吴王晏并救理之，得减死徙边，遇赦而止。初机有骏犬，名曰黄耳，甚爱之。既而羁寓京师，久无家问，笑语犬曰：'我家绝无书信，汝能赍书取消息不？'犬摇尾作声。机乃为书以竹筒盛之而系其颈，犬寻路南走，遂至其家，得报还洛。其后因以为常。时中国多难，顾荣、戴若思等咸劝机还吴，机负其才望，而志匡世难，故不从。冏既矜功自伐，受爵不让，机恶之，作《豪士赋》以刺焉。……冏不之悟，而竟以败。机又以圣王经国，义在封建，因采其远指，著《五等论》曰……时成都王颖推功不居，劳谦下士。机既感全济之恩，又见朝廷屡有变难，谓颖必能康隆晋室，遂委身焉。颖以机参大将军军事，表为平原内史。"

**晋惠帝太安元年（302年），陆机作《豪士赋》。**

　　《豪士赋》所作年代有两说法。一是作于齐王冏生前。《文选》五臣注翰曰："机恶见齐王冏自矜其功，有篡位之心，因此赋以讽之，终不寤矣。"王十朋《集注分类东坡先生诗》卷二《咏史》注："《晋史·陆机传》：齐王冏矜功自伐，受爵不让，机恶之，作《豪士赋》以刺之。"佐藤利行《西晋文学研究》持此观点。一曰作于齐王冏亡后。《文选》卷四十六《豪士赋序》李善注引臧荣绪《晋书》："机恶齐王冏矜功自伐，受爵不让，及齐亡，作《豪士赋》。"刘运好《陆士衡文集校注》言陆机因被疑参与九锡文和禅诏的写作，而与齐王冏交恶，机处境危艰，自保尚难，遑论谏之。赋中所言"名编凶顽"、"身厌荼毒"、"自陨"、"祸至"等可知当作于司马冏被诛之后。即系于本年。

《豪士赋》其序设论，其赋抒情，充满感叹，说理透辟，惊心动魄。清何焯《义门读书记》卷四十九："陆士衡《豪士赋序》当时之体，然恳切动听。"

**太安二年（303年），陆机假后将军，河北大都督，至洛与成都王笺，被谗遇害。**

《晋书》本传："太安初，颖与河间王颙起兵讨长沙王乂，假机后将军、河北大都督，督北中郎将王粹、冠军牵秀等诸军二十余万人。机以三世为将，道家所忌，又羁旅入宦，顿居群士之右，而王粹、牵秀等皆有怨心，固辞都督。颖不许。机乡人孙惠亦劝机让都督于粹，机曰：'将谓吾为首鼠避贼，适所以速祸也。'遂行。颖谓机曰：'若功成事定，当爵为郡公，位以台司，将军勉之矣！'机曰：'昔齐桓任夷吾以建九合之功，燕惠疑乐毅以失垂成之业，今日之事，在公不在机也。'颖左长史卢志心害机宠，言于颖曰：'陆机自比管乐，拟君暗主，自古命将遣师，未有臣陵其君而可以济事者也。'颖默然。机始临戎，而牙旗折，意甚恶之。列军自朝歌至于河桥，鼓声闻数百里，汉魏以来，出师之盛未尝有也。长沙王乂奉天子与机战于鹿苑，机军大败，赴七里涧而死者如积焉，水为之不流，将军贾棱皆死之。初，宦人孟玖弟超并为颖所嬖宠。超领万人为小都督，未战，纵兵大掠。机录其主者。超将铁骑百余人，直入机麾下夺之，顾谓机曰：'貉奴能作督不！'机司马孙拯劝机杀之，机不能用。超宣言于众曰：'陆机将反。'又还书与玖，言机持两端，军不速决。及战，超不受机节度，轻兵独进而没。玖疑机杀之，遂谮机于颖，言其有异志。将军王阐、郝昌、公师藩等皆玖所用，与牵秀等共证之。颖大怒，使秀密收机。其夕，机梦黑幰绕车，手决不开，天明而秀兵至。机释戎服，著白帢，与秀相见，神色自若，谓秀曰：'自吴朝倾覆，吾兄弟宗族蒙国重恩，入侍帷幄，出剖符竹。成都命吾以重任，辞不获已。今日受诛，岂非命也！'因与颖笺，词甚凄恻。既而叹曰：'华亭鹤唳，岂可复闻乎！'遂遇害于军中，时年四十三。"

**陆机天才秀逸，辞藻宏丽。所著文章凡三百余篇，有集行于世。**

《晋书》本传："机天才秀逸，辞藻宏丽，张华尝谓之曰：'人之为文，常恨才少，而子更患其多。'弟云尝与书曰：'君苗见兄文，辄欲烧其笔砚。'后葛洪著书，称'机文犹玄圃之积玉，无非夜光焉，五河之吐流，泉源如一焉。其弘丽妍赡，英锐漂逸，亦一代之绝乎!'其为人所推服如此。然好游权门，与贾谧亲善，以进趣获讥。所著文章凡三百余篇，并行于世。"

陆机"天才秀逸，辞藻宏丽"，后人称之为太康之英。陆机的《文赋》是中国文学批评史上第一篇系统的完整的文学理论作品。文章提出了"诗缘情而绮靡，赋体物而浏亮"的观点，为六朝缘情绮靡的时代风尚进行了理论上的引导。刘勰《文心雕龙·总术》："昔陆氏《文赋》，号为曲尽；然泛论纤悉，而实体未该。"《文心雕龙·才略》："陆机才欲窥深，辞务索广，故思能入巧，而不制繁。士龙朗练，以识检乱，故能布采鲜净，敏于短篇。"《文心雕龙·熔裁》论曰："至如士衡才优，而缀辞尤繁；士龙思劣，而雅好清省。"钟嵘《诗品》将之列为上品："其源出于陈思。才高词赡，举体华美。气少于公幹，文劣于仲宣。尚规矩，不贵绮错，有伤直致之奇。然其咀嚼英华，厌饫膏泽，文章之渊泉也。张公叹其大才，信矣!"《世说新语·文学》："孙兴公云：'潘文烂若披锦，无处不善；陆文若排沙简金，往往见宝。'"注引《文章传》曰："机善属文，司空张华见其文章，篇篇称善，犹讥其作文大冶。谓曰：'人之作文，患于不才；至子为文，乃患太多也。'"《世说新语·文学》："孙兴公云：'潘文浅而净，陆文深而芜。'"

有关陆机的著录，《隋书·经籍志四》载陆机有集十四卷，梁时四十七卷，已佚。明张溥《汉魏六朝百三家集》辑存《陆平原集》。今人金涛声点校《陆机集》，刘运好有《陆士衡文集校注》。

**参考文献**

朱东润：《陆机年表》，《武汉大学文哲季刊》1930年第1、2期。
陆机撰，金涛声点校：《陆机集》，中华书局1982年版。
陈庄：《陆机生平三考》，《四川大学学报》（哲学社会科学版）1983年第4期。
傅刚：《陆机初次赴洛时间考辨》，《上海师范大学学报》1986年第2期。
蒋方：《陆机、陆云仕晋宦迹考》，《湖北大学学报》（哲学社会科学版）1995年第3期。
姜亮夫：《姜亮夫全集》（二十二），云南人民出版社2002年版。
姜剑云：《陆机入洛疑案新断》，《洛阳大学学报》2003年第1期。
顾农：《陆机生平著作考辨三题》，《清华大学学报》（哲学社会科学版）2005年第

4 期。

刘运好:《陆机籍贯与行迹考论》,《南京师大学报》(社会科学版) 2010 年第 4 期。

王林莉:《陆机初次入洛时间新探》,《长沙大学学报》2011 年第 1 期。

(黎　臻)

# 陆 云 传

**陆云，字士龙，吴郡吴县（今江苏苏州）人，陆机之弟。生于魏元帝景元三年（262年）。**

陆云，字士龙，吴郡吴县（今江苏苏州）人。陆云出身名门，世为江东大族，陆云兄陆机《吴趋行》："属城咸有士，吴邑最为多。八族未足侈，四姓实名家。"所谓"八族"、"四姓"，李善注引张勃《吴录》："八族：陈、桓、吕、窦、公孙、司马、徐、傅也。四姓：朱、张、顾、陆也。"《世说新语·赏誉》："吴四姓，旧目云：张文、朱武、陆忠、顾厚。"刘孝标引《吴录士林》："吴郡有顾、陆、朱、张为四姓，三国之间，四姓盛焉。"说明当时的四大家族，各有特点，陆家忠诚，称誉吴地。林宝《元和姓纂》卷十："陆贾裔损、吴丞相抗，抗生晏、景、机、云、耽……"

陆云之祖陆逊，父陆抗都是吴国之重臣名将。其曾祖陆绩，字公纪，汉郁林太守，善《易》、《太玄》、天文。《三国志·吴书·陆绩传》："绩容貌雄壮，博学多识，星历算数无不该览……作《浑天图》、注《易》释《玄》，皆传于世……"祖父逊，字伯言，吴郡吴人也，本名议。官至吴丞相、荆州牧。《三国志·吴书·陆逊传》："陆逊字伯言，吴郡吴人也，本名议。世江东大族。逊少孤，随从祖庐江太守康在官……卒时年六十三，家无余财……长子延早夭，次子抗袭爵。"注引《陆氏世颂》："逊祖纡，字叔盘，敏淑有思学，守城门校尉。"祖母孙氏，孙策女。从祖陆瑁，字子璋，陆逊弟，吴选曹尚书。《三国志·吴书·陆瑁传》："瑁好学笃义。"父陆抗，孙策外孙，以镇军将军、假节，都督西陵。又《陆抗传》："抗字幼节，孙策外孙也……建兴元年拜奋威将军，太平二年……拜抗为柴桑督……迁征北将军。永安二年，拜镇军将军……三年，假节。"《晋书·陆机传》："陆机字士衡，吴郡人也……机身长七尺，其声如钟。少有异才，文章冠世；伏膺儒术，非礼不动。"陆云少年有文才，与兄机齐名，号为"二陆"。

关于陆云生年。《世说新语·赏誉》刘孝标注引《陆云别传》"云字士龙……机同母之弟也。"则陆云生年不可能早于262年。同上《陆云别传》载"（云）年十八，刺史周浚命为主簿"。周浚为晋扬州刺史，命陆云为主簿最早应在太康元年（280年）吴灭后。由此上推，知云之生不得早于是年。另《晋书》本传，陆机兵败，以大逆罪被收杀后，"并收云……杀云，时年四十二。"陆机于太安二年（303年）被杀，故陆侃如《中古文学系年》、姜亮夫《陆平原年谱》、林芬芳《陆云及其作品研究》认为定陆云生于永安五年（262年）。但据俞士玲《陆机陆云年谱》考，陆云被杀或已至304年，而推之陆云应生于263年，但证据相对单薄，因此本文仍从262年说。

陆云事迹除《晋书》卷五十四和《世说新语》外，其生平作品还有黄葵《陆云集》，刘运好《陆士龙文集校注》，俞士玲《陆机陆云年谱》，林芬芳《陆云及其作品研究》，尹军《玉出昆冈——陆机陆云评传》，范子烨编《中古作家年谱汇考辑要》，徐公持《魏晋文学史》，陆侃如《中古文学系年》，刘汝霖《汉晋文学编年》，袁济喜主编《汉末三国两晋文学批评编年》，汪春泓主编《中国文学编年史·魏晋南北朝卷》，梅新林、俞樟华主编《中国学术编年》等，此外彭鸿程《陆云研究综述》、曾毅《陆云批评史简论》对历代陆云研究情况做了细致的梳理，可资参考。

**晋武帝泰始三年（267年）陆云能赋诗作文，闵鸿见而称奇。**

《晋书》本传："六岁能属文，性清正，有才理。少与兄机齐名，虽文章不及机，而持论过之，号曰'二陆'。幼时吴尚书广陵闵鸿见而奇之，曰：'此儿若非龙驹，当是凤雏。'"《世说新语·赏誉》刘孝标注引《陆云别传》曰："六岁便能赋诗，时人以为项托、扬乌之俦也。"

陆云的诗歌以赠答为主，约占现存诗歌总数的四分之三，均为四言或五言诗歌。《文选》载录陆云赠答诗四首：《为顾彦先赠妇》二首、《答兄机》、《答张士然》，都是五言诗歌。陆云诗句常常化用或模拟《诗经》、《周易》、《论语》等传统儒家经典，陈祚明《采菽堂古诗选》给予陆云诗歌极高的评价："士龙独专精四言，舂容安雅，婉曲尽意。揆其深造，吉甫之流。虽亮达不犹，而弥节有度。五言数章，匠心抒吐，亦警切于平原，未可以少而薄之也。"认为陆云四言诗舒缓闲雅，宛转曲折而表达尽意，陆云五言诗亦抒情独特，比陆机更警切，认为陆云五言诗已然超越陆机。王夫之《古诗评选》亦是如此："西晋文人，四言繁有……入隐拾秀，神腴而韵远者，清河而已。既不貌取列风，亦不偏资二雅。以风入雅，雅乃不疲；以雅得风，风亦不佻；字里之合有方，而言外之思尤远。故欲求绍续于删余，惟斯为庶几焉。"认为西晋四言诗尽管"繁有"，但只有陆云的创作成就最高，其诗神采丰腴且韵味悠远，兼取风、雅之长。"清河五言，传者极少，如此两篇已为极顶，独立于古今风会中，前之不知有建安，后不许齐梁步影；静思密理，惟许康乐问津，法曹踵武，颜延、谢庄已隔一水，又无问唐以下矣。云间自赏，向水大笑，风神孤往，何知张华一伧父哉？"认为陆云五言诗创作尽管少，《答兄平原》和《答张士然》两首就足以彰显出其成就已达"极顶"，前可超越建安诗歌，后使齐梁诗歌黯然失色。但沈德潜《说诗晬语》则持相反态度，"四言诗缔造良难……张华、二陆、潘岳辈，恹恹欲息矣。"认为张华、二陆、潘岳辈四言诗歌恹恹欲息矣，否定了陆云等西晋诗人的四言诗。乔亿《剑溪说诗》也十分看轻陆云："二陆则士衡居先，潘安仁稍逊士衡，远过士龙。"

客观来说，萧统《文选》根据"事出于沉思，义归于翰藻"的编选原则选录陆云的四首五言赠答诗，表明萧统对陆云五言诗的创作还是较为肯定的，但陆云的诗歌确实存在模拟倾向与宗经复古思想的"思劣"创作缺陷，缺乏才情，故为文浅露，不能完全贯彻其提出的"清省"的文学思想。

**泰始十年（274年），父陆抗卒，陆云与诸兄分领父兵。作《吴故丞相陆公诔》。**

《三国志·吴书·孙皓传》："秋七月……大司马陆抗卒。"吴行世兵、世将制，将领死后，其子孙代其父兄为将领兵。陆云兄弟陆晏、陆景、陆玄、陆机拜将，分领父兵，至荆州。《三国志·吴书·陆抗传》："抗卒，子晏嗣。晏及弟景、玄、机、云分领抗兵。"俞士玲存疑，通过陆机、陆云书信诗歌内容推断陆云没有带兵，而是回乡守制。陆云作《吴故丞相陆公诔》悼其祖陆，具体时间已不可考，诔文内容未涉及东吴灭亡，应作于吴亡之前，暂系于此。

陆云性格乐观豁达，与其兄陆机相反。《晋书》本传"尝著缞绖上船，于水中顾见其影，因大笑落水，人救获免。"其"著缞绖"，应在服父丧期间。刘勰《文心雕龙·才略》认为："陆机才欲窥深，辞务索广，故思能入巧，而不能制繁。士龙朗练，以识检乱，故能布采鲜净，敏于短篇。"《世说新语·赏誉》注引《文士传》："云性弘静，怡怡然为士友所宗。机清厉有风格，为乡党所惮。"陆机窥深清厉，陆云朗练弘静，二陆性格的差异在文学风貌上也有着不同的体现。刘勰认为二陆才思的不同，对其创作风格有不同的影响。

**晋武帝咸宁三年（277年），陆云举为贤良，励阳羡周处改过自新，作《嘲褚常侍》文。**

《晋书》本传："吴尚书广陵闵鸿见而奇之……后举云贤良，时年十六。"又《三国志·吴书·孙皓传》"天玺元年"下裴松之注引《江表传》云，孙皓杀吴尚书熊睦，闵鸿当为熊睦后任尚书者。

又《晋书·周处传》："周处字子隐，义兴阳羡人也……不修细行，纵情肆欲，州曲患之。处自知为人所恶……乃入吴寻而陆。时机不在，见云，具以情告曰：'欲自修而年已蹉跎，恐将无及。'云曰：'古人贵朝闻夕改，君前途尚可；且患志之不立，何忧名之不彰？'处遂立志好学……仕吴为东观左丞。"

《嘲褚常侍》："六年正月，以临川府丞褚为常侍，君子谓吴于是乎能官人。"知其文作于吴未灭时。据俞士玲《陆机陆云年谱》，《三国志·吴书·孙亮传》载，吴太平二年（257年）以豫章东部为临川郡，之后仅孙休永安有六年（263年），其他纪元皆不及六年，然永安六年陆云生，不可能作文。文中"六"疑与"三"形近而误。云《嘲褚常侍》文首立官人之义，次褚常侍"不谦"无德，指出君子当"谦"而"慎"，文末云"吴无君子，斯焉取斯"，嘲吴朝廷所举匪人。当在云贤良后，故系于此。此文挥洒自如，文风犀利，出手不俗。

**晋武帝太康元年（280年）**，晋吞灭吴国，陆云退居旧里华亭读书，作《失题二首》之二。

《晋书》本传："（机）退居旧里，闭门勤学，积有十年。"《文选》卷十七《文赋》李善注引臧荣绪《晋书》："年二十而吴灭，退临旧里，与弟云勤学，积十一年。"《世说新语·尤悔》注引《八王故事》："华亭，吴由拳县郊外墅也，有清泉茂林。吴平后，陆机兄弟共游于此十余年。"

吴灭，陆云的两位兄长也在战役中相继而逝，陆云在其《答兄平原诗》中沉痛地写出了心中的凄怆："昔我先公，邦国攸舆。今我家道，绵绵莫承。昔我昆弟，如鸾如龙。今我友生，凋俊坠雄。家哲永徂，世业长终。华堂倾构，广宅颓墉。高门降衡，修庭树蓬。感物悲怀，怆矣其伤。……"国破家亡的痛苦，手足离散的哀凄，在诗歌中淋漓尽致地表现了出来。昔日满门将相显赫无比的江东大族，今日却沦为敌国降俘，今昔对比，更现荣辱无常。

陆云《失题二首》之二为赠内诗，陆云称妻"德馥秋兰，容茂春罗"，陆云常"梦想光华"，牵挂对方"契阔艰辛，谁与晤语"，而妻子亦能"芳问芬葩"，可见陆云妻亦通翰墨以及夫妇兼良友的情感。诗云："嗟痛薄祜，并罹哀苦。堂构既崩，过庭莫睹。""嗟痛薄祜"指父逝。"堂构"出自《尚书·大诰》，"若考作室，既底法，厥子乃弗肯堂，矧肯构？"喻继承父祖之遗业。"堂构既崩"指吴被灭，父祖遗业不存，此诗应作于父逝吴灭之后，暂系于此。

**太康二年（281年）**，陆云与兄陆机作赠答诗，传世之二陆文学往返自此始。陆云为周浚主簿，荐盛彦于周浚，与盛彦、郑曹游。

据俞士玲考，陆机自洛阳、陆云自寿春回南，会于建业。陆机先至，作《赠弟士龙诗》，勉弟继统兴家，陆云后至，与兄陆机相聚建业旧宅十余日，作《答兄机诗》，愧已仕于新朝。二诗系化用《诗经》句。此时陆云已好品评诗文，传世之二陆文学往返自此始。《颜氏家训·文章篇》："学为文章，先谋亲友，得其评裁，知可施行，然后出手，慎勿师心自任，取笑旁人也。"江南士族的文学传统是当完成一篇作品后，先要经过族中亲友的评裁后才公之于众，这种风气在二陆书信中体现得尤为明显，二陆在往来书信中切磋交流诗赋创作心得和写作技巧，又题诗奉赠，抒发离别之情。陆机《赠弟士龙诗》"序"云:"余弱年夙孤,与弟士龙衔恤丧庭,续忝末绪。会逼王命,墨经即戎……渐历八载……而龙又先在西……故作是诗,以寄其哀苦焉。"陆云《答兄机》诗亦云:"自我不见,邈载八龄。"自父抗逝机之荆州,兄弟告别至此正八年。二诗叙及家国兴衰以及兄弟八年来的变故,感情深挚婉转,叙述委屈周备,一唱三叹,低回徘徊,可见二陆诗才早具。二陆欲振兴家道,陆机诗多言家国与己流离之悲苦,陆云诗则反复责己之失德,如"世业之颓,自予小子。仰愧灵丘,衔忧没齿","仍世载德,荒之予身",等等。

陆云赠答诗深受《诗经》影响。如形容兄弟出生之美曰"笃生三昆,克明克俊。"化用《诗经·大雅·大明》"笃生武王"、《皇矣》"其德克明,克明克类"句。言兴衰变故,用《小雅·采薇》"昔我……今我……"句。感慨无端时,则云"嗟我人斯,胡恤之早"、"胡德之微",用《小雅·何人斯》句。陆云《与兄平原书》云:"大文难作,庶可以为《关雎》之见微。"《毛诗》以《关雎》为美诗,三家诗以为刺诗,二陆《诗》学,或为三家诗之一。陆云对陆机诗十分赞赏。其《答兄机》诗云:"惇仁汜爱,锡予好音。晞光怀宝,焕若南金。批华玩藻,华若翰林。咏彼清声,被之瑟琴。味此殊响,慰之予心。弘懿忘鄙,命之反覆。敢投桃李,以报宝玉。冀凭光盖,编诸末录。""冀凭光盖,编诸末录",已显出立言以传远之自觉意识。

《晋书·周浚传》:"(灭吴之)明年,移镇秣陵。"

《资治通鉴》卷八十一:"是岁,扬州刺史周浚移镇秣陵。吴民之未服者,屡为寇乱,浚皆讨平之。宾礼故老,搜求俊义,威惠并行,吴人悦服。"

《建康实录》卷五:"西晋孝武太康元年平吴,乃废建业,复为秣陵。分丹阳、南郡为宣城郡,还理于秣陵。在县东南六里,渡长乐桥,古丹阳郡是也。以周浚为扬州刺史。所统十九郡,七十四县。"

扬州刺史周浚问吴地优秀人才,秀才蔡洪荐陆云。《晋书·周浚传》:"时吴初平……宾礼故老,搜求俊义,甚有威德,吴人悦服。"《世说新语·赏誉》:"有问秀才:'吴旧姓何如?'答曰:'吴府君,圣王之老成,明时之俊义……陆士衡、士龙,鸿鹄之裵回,悬鼓之待槌。'"周浚召陆云为从事,又说为主簿。周浚对陆云十分赞赏。《晋书》本传:"刺史周浚召为从事,谓人曰:"陆士龙当今之颜子也。"《世说新语·赏誉》刘孝标注引《陆云别传》："年十八，刺史周浚命为主簿。浚常叹曰：'陆士龙，当今之颜渊也！'"陆侃如先生认为周浚搜求应该发生在吴亡之后，入洛之前，是陆云退居期间的一段插曲。今从之。

《晋书·盛彦传》："吴平，陆云荐之于刺史周浚。"《晋书》本传云，陆云"爱才好士，多所贡达"，由此可见一斑。陆云与盛彦、郑曹游。《北堂书钞》卷九十八注引《文士传》："郑曹，字子曹，与盛彦、陆云友，性不好酒，相得恒箪食瓢饮，清谈极日。"盛彦太康中逝，三人游处可能在此时，连类系于此。

**太康五年（284年），陆云作《晋故散骑常侍陆府君诔》。**

陆云从父陆喜病逝于洛阳，归葬江南，陆云作《晋故散骑常侍陆府君诔》。

严可均《全晋文》卷一百四载云作《晋故散骑常侍陆府君诔》："惟太康五年夏四月丙申，晋故散骑常侍吴郡陆君卒……冠盖南徂，映族辉邦"，丙申为三月二日或五月三日，常侍为陆喜，可以推断陆喜逝于三月或五月，归葬江南。诔云："穆穆天子，昭明有融。乃命三人，礼宪是崇。赐以归赗，荣以赠终……日薄南陆，辰次天汉。龟策协贞，灵域载判，明器既庇，神道已羡，悬象未登，明星有烂，轩车微动，执绋同赞。"对陆喜丧葬描写得十分细致，按俞士玲，可能是陆云公差归南而恰遇陆喜之葬。陆云《诔》载"人谁弗思，靡思匪哀。援扎心楚，投翰余悲。"言为诔时情事，此文当作于葬时。

**太康十年（289年），陆云游宦入洛，见张华，得张华赏识。作《答张士然》诗。**

《晋书·陆机传》："至太康末，与弟云俱入洛，造太常张华。"姜亮夫《陆平原年谱》、陆侃如《中古文学系年》和刘运好《陆士龙文集校注·陆士龙年谱》认为陆云乃太康十年（289年）入洛。俞士玲《陆机陆云年谱》据《岁暮赋》"序"认为陆云乃元康六年游宦入洛，"永宁二年（302年）春，忝宠北郡……自去故乡，荏苒六年。"自永宁二年冬上推六年，应是元康六年（296年）入洛。今从陆说。

《晋书·张华传》："初，陆机兄弟志气高爽，自以吴之名家，初入洛，不推中国人士，见华一面如旧，钦华德范，如师资之礼焉。"《世说新语·赏誉》：'蔡司徒在洛，见陆机兄弟住参佐廨中三间瓦屋，士龙住东头，士衡住西头。'《简傲》："陆士衡初入洛，咨张公所宜诣，刘道真是其一。陆既往，刘尚在哀制中，性嗜酒。礼毕，初无他言，唯问：'东吴有长柄壶卢，卿得种来不'陆兄弟殊失望，乃悔往。"

对此，鲁迅在《北人与南人》中分析说："二陆入晋，北方人士在欢欣之中，分明带着轻薄。"[①] 作为吴国世家大族，吴灭入晋，二陆俯首入洛，从贵公子孙转而成漂泊他乡的游子，虽然受到张华礼遇，但其他文士未必优厚招待，这样的生活自然不会快意。

陆云初见张华，见华多姿制，大笑不止。《晋书》本传载"吴平，入洛。机初诣张华，华问云何在。机曰：'云有笑疾，未敢自见。'俄而云至。华为人多姿制，又好帛绳缠须。云见而大笑，不能自已……云与荀隐素未相识，尝会华坐，华曰：'今日相遇，可勿为常谈。'云因抗手曰：'云间陆士龙。'隐曰：'日下荀鸣鹤。'鸣鹤，隐字也。云又曰：'既开青云睹白雉，何不张尔弓，挟尔矢？'隐曰：'本谓是云龙騤騤，乃是山鹿野麋。兽微弩强，是以发迟。'华抚手大笑。"《世说新语·排调》刘孝标注引《荀氏家传》："隐祖昕，乐安太守。父岳，中书郎。隐与陆云在张华坐语，互相反复，陆连受屈，隐辞皆美丽，张公称善云。世有此书，寻之未得。"

陆云性格通脱宽容。另有《世说新语·方正》云："卢志于众坐问陆士衡：'陆逊、陆抗是君何物？'答曰：'如卿于卢毓、卢珽。'士龙失色。既出户，谓兄曰：'何至如此？彼容不相知也。'士衡正色曰：'我父祖名播海内，宁有不知，鬼子敢尔！'议者疑二陆优劣，谢公以此定之。"《三国志·魏书·卢毓传》："（卢）植有四子，毓最小。……毓子钦、珽。……珽子志。"二陆始识卢志，志犯二陆父祖讳，陆云通脱宽容，始为志开解。蔡谟见二陆，赞陆云文弱可爱。《世说新语·赏誉》："蔡司徒在洛，见陆机兄弟住参佐廨中……士龙为人，文弱可爱。"

二陆同见张华，既外表不凡，又有俊才，张华称赞二陆"伐吴之役，利获二俊"。《世说新语·赏誉》刘孝标注引《陆云别传》云陆云："儒雅有俊才，容貌瑰伟，口敏能谈，博闻强记。"皆表里不凡。《晋书·陆机传》："与弟云俱入洛，造太常张华，华素重其名，如旧相识，曰：'伐

---

[①] 鲁迅等著：《北人与南人》，中国人事出版社2009年版，第3页。

吴之役，利获二俊。'"《文选》陆机《文赋》李善注引臧荣绪《晋书》："与弟云俱入洛，司徒张华素重其名，如旧相识。"《三国志·吴书·陆逊传》裴松之注引《陆云别传》："晋太康末，俱入洛，造司空张华，华一见而奇之，曰：'伐吴之役，利在获二俊。'遂为之延誉，荐之诸公。"《世说新语·言语》刘孝标注引《晋阳秋》"机与弟云并有俊才，司空张华见而说之，曰：'平吴之利，在获二俊。'"《晋书·张载传》："二陆入洛，三张减价，考核遗文，非徒语也。"

《文选》卷二十四陆机《答张士然》诗李善题下注引孙盛《晋阳秋》云："张悛，字士然，少以文章与陆机友善。"云《答张士然》诗从内容看，知诗作于陆云初至洛阳途中及至洛阳所见，故系此诗于云元康入洛时。《文选》五臣注曰："张士然平吴后入洛，有赠云，云故答之。"

**晋惠帝永熙元年（290 年）（四月以前为晋武帝太熙元年），陆云为公府掾，被征太子舍人，赴洛途中作《赠顾骠骑后二首》。**

《晋书》本传："俄以公府掾为太子舍人。"陆云和陆机同时入洛，又都得张华赏识，《晋书·陆机传》："张华荐之诸公，后太傅杨骏辟为祭酒。"陆机任祭酒，陆云任公府掾，应该在同时。

陆云被征太子舍人，姐夫顾荣拜为郎中，两人一同赴洛，途中绕道阙里祭孔。陆云作《赠顾骠骑后二首》。《世说新语·赏誉》刘孝标注引《陆云别传》记云为周浚主簿后，"累迁太子舍人"。《晋书》本传载，云为周浚从事后，"俄以公府掾为太子舍人"。"公府掾"当就陆云在周浚扬州刺史府任职言。此年周浚迁侍中，回洛阳，或因其举荐，陆云得入太子府。

**晋惠帝元康元年（291 年）（三月以前为晋惠帝永平元年），陆云为太子舍人。作《盛德颂》、《征西大将军京陵王公会射堂皇太子见命作诗》。**

《晋书》本传："俄以公府掾为太子舍人。"据陆侃如推断，系于今年。陆云公务行经泗水，追慕汉高祖功业，作《盛德颂》，该文盛赞汉高祖的辉煌功绩，感情激越，文气酣畅，如写高祖还乡"丰沛之旅，其会如林。朱旗虹超，彤旆电寻。推师萧曹，抚剑高吟"。又写垓下之围云："于铄王师，遵时匪怒。爰赫乘罿，席卷三夏。啴啴戎轩，矫矫乘马。蛮伐强楚，至于垓下。"此外，文章句法亦颇见创新，如云："爰祀天人，天人攸嘉，爰辑蒸徒，蒸徒既和。既和既顺，乃矢德音。"用蝉联句，造成连绵贯穿的效果等，强调天意民心，有深厚的以史为鉴的意蕴，同时又隐含着自己生不逢时的感叹和怅惘之情。《盛德颂》见严可均《全晋文》卷一百三。

逯钦立《晋诗》卷六、丁福保《全晋诗》卷三载《征西大将军京陵王公会射堂皇太子见命作此诗》，此诗是遵太子之命而作，必为太子属官，所以应该作于今年以后。

**元康四年（294年）陆云补浚仪令，作《赠顾尚书》、《失题二首》之一。**

《文选》卷二十陆云《大将军宴会被命作诗》李善注引王隐《晋书》云，陆云"为吴王郎中令，出宰浚仪，有惠政"。《晋书》本传："俄以公府掾为太子舍人，出补浚仪令。"陆云任浚仪令时颇有政绩，深得民众拥戴。《晋书》本传载云官浚仪时，"县居都会之要，名为难理。云到官肃然，下不能欺，市无二价。人有见杀者，主名不立，云录其妻，而无所问。十许日遣出，密令人随后，谓曰：'其去不出十里，当有男子候之与语，便缚来。'既而果然。问之具服，云：'与此妻通，共杀其夫，闻妻得出，欲与语，惮近县，故远相要候。'于是一县称其神明。郡守害其能，屡谴责之，云乃去官。百姓追思之，图画形象，配食县社。"陆云《与戴季甫书》云："东归之后，疾患增瘵。"又《与杨彦明书》云："吾既常羸。"陆云东归之前已有旧患，这也应该是他辞官的理由之一。

陆云作《赠顾尚书》留别顾荣夫妇，又作诗（今本《陆云集》《失题二首》之一）寄姊（顾荣妻）。

**元康六年（296年），陆云为吴王郎中令。作《国起西园第表启》、《西园第既成有司启》、《王即位未见宾客群臣又未讲启》、《国人兵多不法启》、《嘲褚常侍》、《赠郑季曼》等。为"二十四友"之一。**

《晋书》本传："寻拜吴王晏郎中令。晏于西园大营第室，云上书曰……时晏信任部将，使覆察诸官钱帛，云又陈曰……"

陆云《国起西园第表启》等诸启皆自称"郎中令"。陆云作《国起西园第表启》，谏吴王遵节俭制，吴王作《令》答，云作《疏》重申前意并致谢。陆云作《西园第既成有司启》，责吴王"俭德之亡，国为其首"；又作《王即位未见宾客群臣又未讲启》，敦促吴王飨宴宾客、与师友文学观书论道。《嘲褚常侍》："六年正月，前临川府丞褚老常侍，君子谓吴如是乎能官人。"应该作于本年。陆云竭力辅弼吴王，然未获垂顾，故气馁失望。其《国人兵多不法启》云："服事以来，荏苒三年，朝宪多违，威御无列，好问不登，而流声播越，皆由执政之臣，官非其人。常思收迹自替，以避贤路。"云诸启，有父祖忠直切谏之风。陆云《赠郑季曼》诗四首，分别为《谷风》、《鸣鹤》、《南衡》和《高冈》。全诗赞美郑曼季的君子之德，并抒发了作者对郑曼季的思念之情，而且还劝其出仕。应为陆云返吴时，暂系于此。

《晋书·刘琨传》："时征虏将军石崇河南金谷涧中有别庐，冠绝时辈，引致宾客，日以赋诗。秘书监贾谧参管朝政，京师人士无不倾心，石崇、欧阳建、陆机、陆云之徒，并以文才降节事谧，琨兄弟亦在其间，号曰'二十四友'"。

二陆在洛清谈，陆云进步甚速，嵇含赞二陆清谈"辞少理畅，语约事举，莫不豁然"。《晋书》本传："初，云尝行，逗宿故人家，夜暗迷路，莫知所从。忽望草中有火光，于是趣之。至一家，便寄宿，见一年少，美风姿，共谈老子，辞谈深远。向晓辞去，行十许里，至故人家，云此数十里无人居，云意始悟。却寻昨宿处，乃王弼冢。云本无玄学，自从谈老殊进。"此传说反映了陆云玄谈进步甚速，时人对陆云玄学和玄谈颇为肯定。史称陆云口敏能谈，超过陆机，此传可作为佐证。《北堂书钞》卷九十八引葛洪《抱朴子》云："嵇康君道曰：'吾在洛与二陆雕施如意，兄弟并能观况身于泥蚌之中，识清意于未之。诸谈客与二陆言者，辞少而理畅，语约事举，莫不豁然，若春日之泮薄冰，秋风之扫枯叶。'"

**元康七年（297年），陆云入为尚书郎。**

《晋书》本传："入为尚书郎。"陆侃如据《岁暮赋序》认为陆云入为尚书郎为元康七年。刘运好认为是元康八年，俞士玲认为是元康九年。此从陆说。

**元康八年（298年），陆云迁侍御史。**

《晋书》本传："（迁）侍御史。"

**晋惠帝永康元年（300年），陆云迁中书侍郎。作《与兄平原书》。**

《晋书》本传："（迁）中书侍郎。"

陆云《与兄平原书》作于本年起直至永安二年被害，共三十五首。刘运好认为此书作于元康八年至永宁元年（298—301年）间。二陆之间论文意写作的书信，是西晋文学批评的重要篇章，陆云提出"清省自然"的文学主张，是其文学理论的核心部分。《四库全书总目》卷一百六十："根柢不必其深厚而修洁有余，波澜不必其壮阔而尺寸不失，士龙清省庶乎近之。"明张溥在《汉魏六朝百三家集题辞》中说："士龙与兄书，称论文章，颇贵清省。"清省即是要求文辞、文意、风格体制都具备"清"的审美意趣味，自然亦就文辞、表达及风格等言之。陆云认为论文应先辞而后情，语言崇尚简洁，清新流畅，悦泽而不繁复；论赋认为赋是以"情言深至"为美，赋的发端下字须重，语言须清工，音调柔美和谐，辞采色泽圆润，立意亦须美，提出情之深厚与否是赋作成败的关键。

**晋惠帝永宁元年（301年），陆云为太子中舍人，作《咏德赋》、《感逝赋》、《吊陈永长书》、《吊陈伯华书》、《与杨彦明书》、《晋故豫章内史夏府君诔》、《大将军宴会被命作诗》。**

严可均《全晋文》卷一百二载云《与兄平原书》："省诸赋皆有高言……省《述思赋》流深情至言……《文赋》甚有辞……《咏德颂》甚复尽美，省之恻然。然《扇赋》腹中愈首尾……《感逝赋》愈前……《漏赋》可谓清工。兄顿作尔多文，而新奇乃尔。"《咏德》、《感逝》二篇作于本年均有明证。

陆云友陈永耀亡，陆云作《吊陈永长书》、《吊陈伯华书》、《与杨彦明书》。《吊陈永长书》、《吊陈伯华书》分别为向死者之兄陈永长、之子陈伯华吊丧的书信。由二书可知，陈永耀亦南人，仕而后去，当时云亦去官。两人"携手退游"，感情甚得，恩同兄弟。后来云入洛再仕，故云"中间离别，但尔离年"。永耀身体素健，但一病竟至于不起。永耀逝时，云远在北方，所谓"牵役万里"、"牵役远路"，因公务在身，"无因奔驰"，所以"遣吏并进薄祭"。陆云《与杨彦明书》云："永耀已葬，冥冥远矣。存想其人，痛切肝怀，奈何奈何！闻伯华善佳，深慰存亡……朋类丧索，同好日尽……"暂系于此。

《晋书》卷一百四载《晋故豫章内史夏府君诔》："惟永宁元年五月二十五日晋故豫章内史夏府君卒。"。《大将军宴会被命作诗》见《文选》卷二十，李善注曰："臧荣绪《晋书》曰：成都王颖，字章度，赵王伦篡位，颖与齐王冏诛之，进位大将军。"丁福保《全晋诗》卷三载《大将军宴会被命作诗》："在昔奸臣，称乱紫微……有命再集，皇舆凯归。"《文选》卷二十李善注："奸臣谓赵王伦也……帝复还，故曰再集。"

**永宁二年（302年）春，陆云为清河内史，转大将军右司马，作《岁暮赋》、《登台赋》、《愁霖赋》、《喜霁赋》、《祖考颂》、《张二侯颂》、《九愍》、《逸民箴》等。**

《晋书》本传："成都王颖表为清河内史。"陆云《岁暮赋》"序"云："其夏又转大将军右司马于邺都。""永宁二年春，忝宠北郡。"《岁暮赋》是由于姑、姐去世而产生日月迁逝之感，亦抒发了作者的故乡之思和生命忧伤。陆云外任，愁思转多，读皇甫谧《高士传》，作《逸民赋》；读《登暇传》，作《登暇颂》；读《大荒传》，欲作《大荒赋》；又作《寒蝉赋》，其与兄陆机书信往来可见。

陆机作《七箴》，重申玄学出处观，陆云接受陆机出处观，补定《逸民赋》，提出"并家于国，等朝于野"的玄学出处观。《太平御览》卷五百八十七引《文士传》曰："棘嵩见陆云作《逸民赋》，嵩以为丈夫出身，不为孝子，则为忠臣，必为建功立策为国宰辅，遂作《官人赋》以反云之赋。"大将军府文学风气颇盛。棘嵩作《官人赋》反陆云《逸民赋》；大将军掾何道彦亦作《反逸民赋》，陆云又作《逸民箴》。陆云《逸民箴》"序"云："余昔为《逸民赋》，大将军掾何道彦，大府之俊才也，作《反逸民赋》，盛称官人之美，宠禄之华靡，伟名位之大宝，斐然其可观也。夫名者实之宾，位者物之寄。穷高有必颠之吝，溢美有大恶之尤，可不甚哉！故为《逸民箴》以戒反正焉。"

陆云巡行邺宫三台，作《登台赋》："永宁中，参大府之佐于邺都，以时事巡行邺宫三台。"又作《讲武赋》。

六月，邺地大震，大将军府僚属并作文，陆云作《愁霖赋》，赋成，雨霁，又作《喜霁赋》。《愁霖赋》"序"曰："永宁三年夏六月，邺都大霖，旬有奇日，稼穑沉湮，生民愁瘁。时文雅之士，焕然并作。同僚见命，乃作赋。"《喜霁赋》"序"云："余既作《愁霖赋》，雨亦霁。昔魏之文士，又作《喜霁赋》，聊厕作者之末，而作是赋焉。"《愁霖赋》、《喜霁赋》并见严可均《全晋文》卷一百。

陆云作《祖考颂》、《张二侯颂》、《九愍》，从与兄陆机书信中可见。陆云《祖考颂》颂祖陆逊、陆抗等文德武功，陆云此时多为吴人物作颂，俞士玲对其进行了详细分析①。成都王颖欲讨齐王冏，以陆云为前锋都督，孙丞赠诗陆云，欲"思托茂林"，陆云作《答孙显世》诗。会长沙王乂杀齐王冏，陆云复为大将军右司马。《晋书》本传"颖将讨齐王冏，以云为前锋都督。会冏诛，转大将军右司马。"

**晋惠帝太安二年（303年），陆云被成都王颖命为使持节大都督、前锋将军、攻讨张昌。作《大安二年夏四月大将军出租王、羊二公于城南堂皇被命作此诗》、《南征赋》等。**

陆云作《大安二年夏四月大将军出租王、羊二公于城南堂皇被命作此诗》见逯钦立《晋诗》卷六。可以确定作于邺都之作尚有：《从事中郎张彦明为中护军、奚世都为汲郡太守各将之官，大将军崇贤之德既远，而厚下之恩又隆，悲此离析……》、《赠汲郡太守》、《答大将军祭酒顾令文》。《答大将军祭酒顾令文》诗，大将军即成都王颖。诗云："企予朔都，非子孰念"，"写我朵颐，即尔澄心"。知顾令文亦任职大将军府，与陆云同在邺。

《晋书》本传："张昌为乱，颖上云为使持节、大都督、前锋将军以讨昌。会伐长沙王，乃止。"《晋书·卢志传》云："时荆州有张昌之乱，颖表求亲征，朝廷许之。会昌等平，乃回兵以讨乂。"《晋书·成都王传》云："及冏败，颖悬执朝政，事无巨细，皆就邺咨之。张昌扰乱荆土，颖拜表南征，所在饷赴。颖方恣其欲，而惮长沙王乂在内。"十月，陆机领成都王颖军二十余万，号称百万，次于朝歌，观兵殷墟，陆云作《南征赋》美之。《三国志·吴书·陆逊传》注引《机云别传》："以机行后将军，督王粹、牵秀等诸军二十万。士龙著《南征赋》以美其事。"《南征赋序》曰："太安二年秋八月，奸臣羊玄之、皇甫商敢行称乱……粤十月，军次于朝歌，讲武治戎，以观兵于殷墟。于是美义征之举，壮师徒之盛，乃作《南征赋》，以扬匡霸之勋云尔。"夸饰称颂了成都王军的气势

---

① 俞士玲：《陆机陆云年谱》，人民文学出版社2009年版，第277页。

之盛。《南征赋》见严可均《全晋文》卷一百。

**晋惠帝永兴元年（304年）（正月改太安三年为永安，七月改元建武，十一月复为永安，十二月改为永兴）陆云被杀。**

《晋书》本传："颖晚节政衰，云屡以正言忤旨。孟玖欲用其父为邯郸令，左长史卢志等并阿意从之，而云固执不许，曰：'此县皆公府掾资，岂有黄门父居之邪！'玖深忿怨。张昌为乱，颖上云为使持节、大都督、前锋将军以讨昌。会伐长沙王，乃止。机之败也，并收云。颖官属江统、蔡克、棘嵩等上疏曰……颖不纳。统等重请，颖迟回者三日。卢志又曰：'昔赵王杀中护军赵浚，赦其子骧，骧诣明公而击赵，即前事也。'蔡克入至颖前，叩头流血，曰：'云为孟玖所怨，远近莫不闻。今果见杀，罪无彰验，将令群心疑惑，窃为明公惜之。'僚属随克入者数十人，流涕固请，颖恻然有宥云色。孟玖扶颖入，催令杀云。时年四十二。"

《三国志·吴书·陆逊传》裴松之注引《机云别传》云："机吴人，羁旅单宦，顿居群士之右，多不厌服。"《太平御览》卷四二十引崔鸿《三十国春秋》亦云："机吴人，而在宠族之上，人多恶之。"陆机谋反罪连坐者除陆云外，还有其弟陆耽，《晋书》本传载"云弟耽为平东祭酒，亦有清誉，与云同遇害"。

陆云兄弟被害，天下痛惜。《晋书》本传："大将军参军孙惠与淮南内史朱诞书曰：'不意三陆相携暗朝，一旦湮灭，道业沦丧，痛酷之深，荼毒难言。国丧俊望，悲岂一人！'其为州里所痛悼如此。后东海王越讨颖，移檄天下，亦以机、云兄弟枉害罪状颖云。"《晋书·王戎传》"（王澄）累迁成都王颖从事中郎，颖嬖竖孟玖潜杀陆机兄弟，天下切齿。澄发玖私奸，劝颖杀玖，颖乃诛之。"孟玖以潜杀二陆事被杀。

《晋书》本传："门生故吏迎丧葬清河，修墓立碑，四时祠祭。"其后亦有涉及二陆葬处的记载。如旧唐陆探微《吴地记》云："华亭县在郡东一百六十里，地名云间，水名谷水……有陆逊、陆机、陆瑁三坟，在东南二十五里横山中。"王鏊《姑苏志》卷二十七载："晋陆内史祠，在长洲县相城益地乡，祀晋大将军右司马陆云士龙也……""门下侍郎陆云公墓在横山，俗称陆墓山。旧经讹为陆云坟，又或谓陆机，皆非。"民国曹允源、李根源修《吴县志》亦云："梁给事黄门侍郎陆云公墓，在横山东南张家桥，俗称陆墓山。"后吴地有陆云衣冠冢、陆内史祠。《吴都文粹续集》卷十四："晋陆内史祠，在长洲县相城益地乡，祀晋大将军右司马陆士龙云也。云为人因以督粮赈饥，遇害，民感其惠，以衣冠葬此，立祠祀之。成化中，里人沈贞吉重建。"南宋时，云间吏舍旁有二陆遗像，后徐民瞻于云间县学东建祠宇，明屠隆为青浦令时，建二陆先生祠专祀。民国时曾重建。二陆在吴影响甚大，吴地昆山、机山、横云山、黄耳冢、平原村等地名、山名皆缘二陆而起。

《晋书》本传："所著文章三百四十九篇，又撰新书十篇，并行于世。"

陆云是西晋著名文学家，其所作诗颇重藻饰，以短篇见长。为文提倡清省自然，旨意深雅，语言清新，感情真挚。钟嵘《诗品序》说："太康中，三张、二陆、两潘、一左，勃尔复兴，踵武前王，风流未沫，亦文章之中兴也。"高度评价陆机陆云的文辞，二陆文才，各有长短，刘勰《文心雕龙》曾评论说："士衡才优，而缀辞尤繁；士龙思劣，而雅好清省"。陆云存诗并不少，有一百三十多首，其中四言占绝大部分。多为赞颂、应酬，空洞平庸。五言不多，确有一定特色，如《答兄平原诗》、《答张士然诗》，皆朗练鲜净，情感深沉。陆云自称"颇能作赋"，其赋今存六篇，加《九愍》一篇，亦多模拟。陆云文学思想的核心范畴是"自然"，远承道家，近承玄学。陆云将"清"引入文学审美领域。刘运好在《陆士龙文集校注》中说："在《与兄平原书》中，陆云以'清'为审美理想批评文学，形成一系列以'清'为核心的审美标准；清美、清工、清利、清绝、清省、清约、清妙、清新。如果从内涵上考察，以上八个范畴又可分为四组：清工、清美，论语清；清利、清绝，论气清；清省、清约，论体清；清新、清妙，论格清。"① 陆云善作理语并长于抒情，结构缜密、意象晶莹，有儒风之典雅，又沾玄风之高远，并擅长于多种文体。《汉魏六朝百三家集题辞·陆清河集》："士龙《与兄书》称论文章，颇贵清省，妙若《文赋》，尚嫌绮语未尽。又云：'作文尚多，譬家猪羊耳。'其数四推兄，或云瑰铄，或云高远绝异，或云新声绝曲，要所得意，惟清新相接。士衡文成，辄使弟定之，不假他人，二陆用心，先质后文，重规沓矩，亦不得已而后见耳。晢昆诗匹，人称如陈思白马。士龙所传，四言偏多，有皇思文诸篇，诵美祁阳，式模大雅，类以卑颂尊，非朋旧之体，余

---

① 刘运好：《陆士龙文集校注》，凤凰出版社2010年版，第13页。

篇一致。间有至极，使尽其才，即不得为韦侯《讽谏》、仲宣《思亲》，顾高出《补亡》六首，则有余矣。宰治浚仪，善察疑狱，佐相吴王，屡陈谠论，神明之长，谏诤之臣，有兼能焉。士衡柱死，遂同殒堕，闻河桥之鼓声，哀华亭之鹤唳，巢覆卵破，宜相及也。集中大文虽少，而江汉同名，刘彦和谓其'布采鲜净，敏于短篇'，殆质论欤。"刘运好《陆士龙文集校注》认为，陆云的诔颂，美颂而见其情，以剪裁见长；杂体，嘲戏而归于正，以写人见长；奏启，论证而显识见，以说理见长；书信，抒情而间杂叙事，以性情见长。各体长短互见，其大端则如此也。

　　前人关于陆云的种种见解，散见于历代史书、笔记、诗话及公私目录书中。大体说来，陆云研究可以分为两晋至唐宋、明清时期、现当代陆云研究等三段来考察。西晋灭亡以后，东晋及宋、齐、梁、陈几代，从《世说新语》、《宋书·谢灵运传论》到《文选》、《文心雕龙》和《诗品》等，陆云及其作品不断受到重视，品评之语时有可观。唐宋两代的陆云研究，主要在对其诗文集的整理和刻印。明清两代的陆云研究已经由以前零星研究作者的创作风格、才情等大的方面而转向对具体作品的研究，通过联系具体作品来研究陆云及其创作的特点，这无疑是一种学术上的开掘与推进。现代陆云研究主要侧重于对陆云文学理论的研究，以刘师培《中国中古文学史讲义》和朱东润《中国文学批评史大纲》为代表，当代陆云研究著作主要有陆云文集的整理、校注或考释。

　　《隋书·经籍志四》著录"晋清河太守《陆云集》十二卷，梁一卷，录一卷。"《经籍志三》："《陆子》十卷，陆云撰，亡。""《棋品序》一卷，陆云撰。"《旧唐书·经籍志下》："《陆子》十卷，《陆云集》十卷，陆云撰。"同《新唐书》。《通志》卷六十七："《陆子》十卷，陆云撰。"卷六十九："清河太守《陆云集》十二卷。"《郡斋读书志》卷十七："《陆云集》十卷。"《直斋书录解题》卷十六："《陆士龙集》卷十。"《宋史》卷二百八："《陆云集》十卷。"《文献通考》卷二百三十："《陆云集》十卷。"《崇文目录》卷十一："《陆云集》八卷。"《江南通志》卷一百九十三："《陆清河集》十二卷，吴郡陆云。"丁国钧《补晋书艺文志》三："《陆子》十卷，陆云。"今存辑本有《汉魏六朝诸家文集》所收《陆士龙集》十卷，《六朝诗集》所收《陆士龙集》四卷、文渊阁《四库全书》本、《四部集要》本、《汉魏六朝百三家集》收有《陆清河集》二卷，严可均《全晋文》卷一百至卷一百四载其文一百三十一篇，逯钦立《晋诗》卷六载其诗三十四首，丁福保《全晋诗》卷三载陆云诗三十二篇。

**参考文献**

陆云撰，黄葵点校：《陆云集》，中华书局1988年版。
林芬芳：《陆云及其作品研究》，文津出版社1997年版。
朱东润：《中国文学批评史大纲》，上海古籍出版社2005年版。
刘师培：《中国中古文学史讲义》，上海古籍出版社2006年版。
春泓：《中国文学编年史》（魏晋南北朝卷），湖南人民出版社2006年版。
俞士玲：《陆机陆云年谱》，人民文学出版社2009年版。
刘运好：《陆士龙文集校注》，凤凰出版社2010年版。
彭鸿程：《陆云研究综述》，《长春工业大学学报》（社会科学版）2011年第4期。
曾毅：《陆云批评史简论》，《兰州学刊》2012年第9期。

（李小青）

# 刘琨传

刘琨，字越石，中山魏昌（今河北无极县东北）人。晋武帝泰始七年（271年），琨出生于中山魏昌。

《晋书》本传："刘琨，字越石，中山魏昌人。汉中山靖王胜之后也。"

《世说新语·言语》刘孝标注引王隐《晋书》："琨，字越石，中山魏昌人。"《文选》卷二十五《答卢谌诗》李善注亦引。

汉昌，《汉书·地理志》作苦陉；据《后汉书·郡国志》，章帝改名，并属中山；据《魏书·地形志二上》，魏文帝改名为魏昌；据《方舆纪要》，今正定府，无极县东北二十八里；《中国历史地图集》亦以为在无极东北。

关于刘琨的家世，《晋书》本传："祖，迈。有经国之才，为相国参军，散骑常侍。"《世说新语·言语》刘孝标注引王隐《晋书》："祖迈，有经国之才。"《文选》卷三十七《劝进表》李善注引王隐《晋书》："琨祖迈，相国参军。"《全晋文》卷一百八《散骑常侍刘府君诔》："惟祖惟父，乃光有晋，积行累仁，世笃忠顺。"《晋书》本传："父，蕃，清高冲俭，位至光禄大夫。"《世说新语·言语》刘孝标注引王隐《晋书》："父璠，光禄大夫。"《文选》卷三十七《劝进表》李善注引王隐《晋书》："父，蕃，太子洗马，侍御史。"《元和姓纂》："刘蕃，晋苑陵令，生太尉越石，今无闻。"据《晋书》卷六十二《刘舆传》："与琨并尚书郭奕之甥。"

又据《三国志世系表·郭氏表》可知其母郭氏为太原阳曲人，魏郭淮弟镇之女，晋尚书郭奕之妹，与裴秀妻、贾充妻为从姊妹。《晋书》卷六十二《刘舆传》："舆，字庆孙，俊朗有才局，与琨并尚书郭奕之甥，名著当时。京都为之语曰：'洛中奕奕，庆孙、越石。'"

其兄子有演、胤、挹、启、述。其姊适赵王伦子荂。《晋书》本传："伦子荂，即琨姊婿也。"据史传及《三国志世系表》与《南北史世系表》，其妻为清河东武城崔氏。魏司空林子参之女，述、随之女侄，悦之姑；温峤、卢谌之从母。

《晋书·元帝纪》："（太兴元年五月癸丑）使持节、侍中、都督、太尉、并州刺史、广武侯刘琨为段匹䃅所害。"《晋书》本传："会王敦密使匹䃅杀琨……匹䃅遂缢之，时年四十八。"《资治通鉴·晋纪十二》："（太兴元年五月癸丑）匹䃅称诏收琨，缢杀之。"可知其生年。

刘琨的生平，除了《晋书》的记载，今人有陆侃如《中古文学系年》、赵天瑞《刘琨集》、文忠《左思·刘琨》、吴钰钰《刘琨早期仕宦活动的年序考异》等，可资参考。

**刘琨具才貌，性豪奢。早年参与石崇金谷园集会，文咏颇为一时所许。又寓于贾谧"二十四友"之一。**

《晋书》本传："素奢豪，嗜声色，虽暂自矫励，而辄复纵逸。"又"琨少得俊朗之目，与范阳祖纳俱以雄豪著名"[1]。

《语林》："桓温自以为雄姿风气是司马宣王、刘越石一辈器。有以比王大将军者，意大不平。征苻健还，于北方得一巧作老婢，乃是刘越石妓女。一见温入，潸然而泣。温问其故，答曰：'官家甚似刘司空。'温大悦，即出外修整衣冠，又入呼问：'我何处似司空？'婢答曰：'眼甚似，恨小；面甚似，恨薄；须甚似，恨赤；形甚似，恨短；声甚似，恨雌。'宣武于是弛冠解带，不觉昏然而睡，不怡者数日。"

《晋书·祖逖传》："与司空刘琨俱为司州主簿，情好绸缪，共被而寝。中夜闻荒鸡鸣，蹴琨觉曰：'此非恶声也。'因起舞。逖、琨并有英气，每语世事，或中宵起坐，相谓曰：'若四海鼎沸，豪杰并起，吾与足下当相避于中原耳！'"《世说新语》等并有录。

《世说新语·仇隙》："刘玙兄弟少时为王恺所憎，尝召二人宿，欲默除之。令作坑，坑毕，垂加害矣。石崇素与玙、琨善，闻就恺宿，知当有

---

[1] "纳"当作"逖"。详见曹道衡、沈玉成：《中古文学史料丛考》，中华书局2003年版，第146页。

变，便夜往诣恺，问二刘所在。恺卒迫不得讳，答云：'在后斋中眠。'石便径入，自牵出，同车而去，语曰：'少年何以轻就人宿！'"可见其性格豪放不拘与欠缺谨慎的特征，容易轻信他人。

《晋书》本传："时征虏将军石崇，河南金谷涧中有别庐，冠绝时辈，引致宾客，日以赋诗。琨预其间，文咏颇为当时所许。"

《晋书·贾谧传》："渤海石崇欧阳建、荥阳潘岳、吴国陆机陆云、兰陵缪徵、京兆杜斌挚虞、琅邪诸葛诠、弘农王粹、襄城杜育、南阳邹捷、齐国左思、清河崔基、沛国刘瓌、汝南和郁周恢、安平牵秀、颍川陈眕、太原郭彰、高阳许猛、彭城刘讷、中山刘舆刘琨皆傅会于谧，号曰二十四友，其余不得预焉。"

《晋书》本传："石崇、欧阳建、陆机、陆云之徒并以文才降节事谧，琨兄弟亦在其间，号曰'二十四友。'"又张溥《汉魏六朝百三家集题辞》："越石兄弟与石崇、贾谧友善，金谷文咏，秘书唱和，诗赋岂尽无传，顾乃奔走乱离，仅存书表。"兴膳宏、徐公持、张金耀等人对此亦有论述。其早年诗文不存，而从目前所存金谷诸诗看来，其诗歌亦即景生情，感时叹往，结藻清英，以悲为美。关于刘琨的早年的仕宦经历，《晋书》本传有录，亦可根据王隐《晋书》。

关于刘琨的前半生，《晋书》史臣曰："刘琨弱龄，本无异操，飞缨贾谧之馆，借箸马伦之幕，当于是日，实佻巧之徒欤！"又刘琨于建武元年作《答卢谌诗并书》，曰："不复属意于文，二十余年矣。久废则无次，想必欲其一反，故称指送一篇，适足以彰来诗之益美耳。"前推二十年，正是"二十四友"活动的鼎盛时期。

**晋惠帝光熙元年（306年），琨出任并州刺史，赴任途中作《扶风歌》、《为并州刺史到壶关上表》。**

《晋书》本传："永嘉元年，为并州刺史，加振威将军，领匈奴中郎将。琨在路上表曰：'臣以顽蔽，志望有限，因缘际会，遂忝过任。九月末得发，道嶮山峻……辛苦备尝，即日达壶口关。……'"又《世说新语·言语》注引王隐《晋书》："年三十五，出为并州刺史。"张燧《读史举正》卷五："案上表当在光熙元年十月。"又《晋书·怀帝纪》："（永嘉元年三月）并州诸郡为刘元海所陷，刺史刘琨独保晋阳。"故《晋书》本传与王隐《晋书》并误。《晋书·刘舆传》："舆乃说越遣琨镇并州，为越北面之重。"

刘琨出任并州担负北面之重任，可以戮力王室、一展才华。但亲历"八王之乱"的争权夺利，内心有"忠信反获罪"的不安，却一语成谶。

《为并州刺史到壶关上表》旨在请求开仓赈济百姓，以安抚流亡，后得到诏许。同是惨烈酸楚，但《扶风歌》"写得一人自行、自止、自慷、自慨"，此表则落在平民百姓的身上，展现其人文关怀，读来触目惊心，可与曹操《蒿里行》、王粲《七哀诗》媲美。

**晋怀帝永嘉元年（307年）三月，并州诸郡为刘渊所陷，刘琨独保晋阳，见其音律才能。**

《晋书·怀帝纪》："（永嘉元年三月）并州诸郡为刘元海所陷，刺史刘琨独保晋阳。"《晋书》本传："在晋阳，尝为胡骑所围数重，城中窘迫无计，琨乃乘月登楼清啸，贼闻之，皆凄然长叹。中夜奏胡笳，贼又流涕唏嘘，有怀土之切。向晓复吹之，贼并弃围而走。"

《琴史》卷四："琨少俊伟，洞晓音律。""琴家又称，琨作《胡笳五弄》，所谓登陇、望秦、竹吟风、哀松露、悲汉月。"

**永嘉四年（310年），猗卢以封地去国悬远，帅三万余家自云中入雁门，从琨求陉北之地。刘琨既不能制，徙五县百姓于新兴，以其地居之。作《上言请以楼烦等五县地处索头猗卢》。**

《晋书·怀帝纪》："（永嘉五年十一月）猗卢寇中原，平北将军刘琨不能制，徙五县百姓于新兴，以其地居之。"

《宋书·索虏传》："（永嘉三年）驰弟卢率部落自云中入雁门，就并州刺史刘琨求楼烦等五县。琨不能制，且欲猗卢为援，乃上言：'卢兄驰有救腾之功，旧勋宜录，请移五县民于新兴，以其地处。'"又见《魏书·序纪》、《北史·魏·穆帝纪》。

刘琨《与丞相笺》："雁门郡有五县，在陉北。卢新并尘官，国甚强盛，从琨求陉北地，以并遣三万余家。散在五县，既非所制，又于琨残弱之计，得相聚集，未为失宜。"今从《资治通鉴·晋纪》，定于永嘉四年十月。琨既满足了猗卢的请地请求，又增添了外援，为其后的力量储备作了铺垫。

**永嘉五年（311年）十月，刘琨得石勒母王氏及其从子虎，因遣张儒送之于勒，并作《与石勒书》。勒报以名马珍宝及书，厚礼其使，谢之。**

《晋书·石勒载记》："初，勒被鬻平原，与母王相失。至是，刘琨遣张儒送王于勒，遗勒书曰：'将军发迹河朔，席卷兖豫，饮马江淮，折冲汉沔，虽自古名将，未足为谕。所以攻城而不有其人……但得精卒五千，以将军之才，何向不摧！至心实事，皆张儒所具。'勒报琨曰：'事功殊途，非腐儒所闻。君当逞节本朝，吾自夷，难为效。'遗琨名马珍宝，厚宾其使，谢归以绝之。"

《晋书·石季龙载记》："永兴中，与勒相失。后刘琨送勒母王氏及虎于葛陂，时年十七矣。"又见于《魏书·石虎传》、《十六国春秋·后赵录》。

《资治通鉴·晋纪》："（永嘉五年十月）勒之为人所掠卖也，与其母王氏相失。刘琨得之，并其从子虎送于勒。因遗勒书。""勒报书……遗琨名马、珍宝，厚礼其使，谢而绝之。时虎年十七。"

时琨为避免腹背受敌，离间刘聪与石勒。此书先称赞石勒的英勇神武，再对其晓以大义、说以利害，劝诫石勒叛离刘聪而心向晋室，逻辑严密、气势飞扬、语句斩截。如此对待出身低微的石勒实为外交需要，却未能达到目的，可见刘琨境遇的艰难以及对当时局势的判断存在局限性。

**永嘉六年（312年），刘琨还救洛阳不及，刘粲、刘曜入晋阳，令狐泥杀琨父母。作《散骑常侍刘府君诔》。**

《晋书》本传："河南徐润者，以音律自通，游于贵势，琨甚爱之，署为晋阳令。润恃宠骄恣，干预琨政。奋威护军令狐盛性亢直，数以此为谏，并劝琨除润，琨不纳。……徐润又谮令狐盛于琨曰：'盛将劝公称帝矣。'琨不之察，便杀之。琨母曰：'汝不能弘经略，驾豪杰，专欲除胜己以自安，当何以得济！如是，祸必及我。'不从。盛子泥奔于刘聪，具言虚实。聪大喜，以泥为乡导。属上党太守袭醇降于聪，雁门乌丸复反，琨亲率精兵出御之。聪遣子粲及令狐泥乘虚袭晋阳，太原太守高乔以郡降聪，琨父母并遇害。琨引猗卢并力攻粲，大败之，死者十五六。琨乘胜追之，更不能克。猗卢以为聪未可灭，遗琨牛羊车马而去，留其将箕澹、段繁等戍晋阳。琨志在复仇，而屈于力弱，泣血尸立，抚慰伤痍，移居阳邑城，以招集亡散。"

《晋书·怀帝纪》："（永嘉六年七月）刘粲寇晋阳，平北将军刘琨遣部将郝诜帅众御粲，诜败绩，死之；太原太守高乔以晋阳降粲。八月辛亥，刘琨乞师于猗卢。"又见《晋书·刘聪载记》。

刘琨《上太子笺》："聪以七月十六日，复决计送死，臣即自东下，率中山、常山之卒，并和乐平、上党诸军，未旋之间，而晋阳倾溃。"又见《资治通鉴·晋纪》。

《散骑常侍刘府君诔》："爰自上叶，帝尧之胤。……嗟乎君侯，仍寝斯疾。命不可延，中年殒卒。冲飙摧华，阆风雕实。如可赎兮，人百其质。存若烛龙衔曜，没若庭燎俱灭。搢绅颓范于高模，邦国弥悴于陨哲。"

**晋愍帝建兴二年（314年）二月，刘琨被任命为大将军、都督并州诸军事，加散骑常侍，作《拜谢大将军都督并州表》。七月，琨上表晋愍帝，北伐刘聪、石勒，作《上愍帝请北伐表》。**

《晋书·愍帝纪》："（建兴二年二月）并州刺史刘琨为大将军。"《晋书》本传："愍帝即位，拜大将军，都督并州诸军事，加散骑常侍，假节。"又见《资治通鉴·晋纪》。琨上表致谢，又因前战事失利、亲人凋残而表达了"因败为成、以功补过"的决心。

《晋书》本传："及麹允败，刘曜斩赵冉，琨又表曰……"《晋书·刘聪载记》："曜复次渭汭，赵染次新丰。索綝自长安东讨染，染狙于累捷，有轻綝之色。""战于城西，败绩而归。""寇北地……且将攻城，中弩而死。"

在战绩卓越的同时，刘琨自身面临外患。其表曰："臣前表当与鲜卑猗卢克今年三月都会平阳，会匈羯石勒以三月三日径掩蓟城，大司马、博陵公浚受其伪和，为勒所虏，勒势转盛，欲来袭臣。城坞骇惧，志在自守。"刘琨《移檄州郡》："已与代公方谋讨勒。勒走伏无地，求拔幽都，效善将来。今当便遣六修南袭平阳，除僭伪之逆类，降知死之逋羯，顺天副民，翼戴皇家，斯乃曩年积诚灵佑之所致也。其听所请，受任通和。"事见《晋书》之《愍帝纪》、《石勒载记》、《王浚传》与《资治通鉴·晋纪》。亦有内忧。表曰："又猗卢国内欲生奸谋，幸卢警虑，寻皆诛灭。遂使南北顾虑，用愆成举，臣所以泣血宵吟，扼腕长叹者也。"《资治通鉴·晋纪》："（建兴二年三月）刘琨请兵于拓跋猗卢以击汉，会猗卢所部杂胡万余家谋应石勒，猗卢悉诛之，不果赴琨约。"又见《魏书·序纪》。并且刘琨的境遇孤立。表曰："勒据襄国，与臣隔山，寇骑朝发，夕及臣城，同恶相求，其徒实繁。自东北八州，勒灭其七，先朝所授，存者唯臣。是以勒朝夕谋虑，以图臣为计，窥伺间隙，寇抄相寻，戎士不得解甲，百姓不得在野。天网虽张，灵泽未及，唯臣孑然与寇为伍。自守则稽聪之诛，进讨则勒袭其后，进退维谷，首尾狼狈。"了解刘琨所面临的严峻形势，可参见范兆飞《永嘉乱后的并州局势——以刘琨刺并为中心》[①]。于此，琨身负国仇家恨，以北伐明志。

**建兴四年（316 年）三月，代王猗卢为其子六修所弑，卢兄子普根攻灭六修而代立，国中大乱。左将军卫雄、信义将军箕澹与琨质子遵帅晋及乌桓人三万余家，牛马十万头归琨。琨大悦，驰如平城抚纳之。琨由是复壮。十一月，刘曜迁愍帝于平阳，西晋亡。石勒围韩据于坫城，据请救于琨，琨因猗卢之众讨石勒，败。十二月，司空长史李弘以并州降石勒，琨进退失据。段匹磾数遣信要之，琨率众从飞狐奔蓟。段匹磾对其甚相敬重，与之结盟，约为兄弟。**

《晋书·愍帝纪》："（建兴四年三月）代王猗卢薨，其众归于刘琨。"《晋书》本传："猗卢父子相图，卢及兄子根皆病死，部落四散。琨子遵先质于卢，众皆附之。及是，遵与箕澹等帅卢众三万人，马牛羊十万，悉来归琨。琨由是复振，率数百骑自平城抚纳之。"又见于《魏书·序纪》《六修传》《卫雄传》，《北史·魏·穆帝纪》与《资治通鉴·晋纪》。

《晋书·愍帝纪》："（建兴四年）十一月乙未，使侍中宋敞送笺于曜，帝乘羊车，肉袒衔璧，舆榇出降。……辛丑，帝蒙尘于平阳，麴允及群官并从。"又见《十六国春秋·前赵录》、《资治通鉴·晋纪》。

《晋书·愍帝纪》："（建兴四年十一月）石勒围乐平，司空刘琨遣兵

---

[①] 范兆飞：《永嘉乱后的并州局势——以刘琨刺并为中心》，《学术月刊》2008 年第 3 期。

援之，为勒所败，乐平太守韩据出奔。"《晋书·石勒载记》："以孔苌为前锋都督，令三军后出者斩。设疑兵于山上，分为二伏。勒轻骑与澹战，伪收众而北。澹纵兵追之，勒前后伏发，夹击，澹军大败，获铠马万匹，澹奔代郡，投奔刘琨。"

《晋书》本传："属石勒攻乐平，太守韩据请救于琨，而琨自以士众新合，欲因其锐以威勒。箕澹谏曰：'此虽晋人，久在荒裔，未习恩信，难以法御。今内收鲜卑之余谷，外抄残胡之牛羊，且闭关守险，务农息士，既服化感义，然后用之，则功可立也。'琨不从，悉发其众，命澹领步骑二万为前驱，琨自为后继。勒先据险要，设伏以击澹，大败之，一军皆没，并土震骇。"又见于《魏书·卫雄传》、《十六国春秋·后赵录》、《资治通鉴·晋纪》等。《晋书·愍帝纪》："（建兴四年十一月）司空长史李弘以并州叛，降于勒。"刘琨求战心切，消耗了所有力量抗击石勒，从此一蹶不振。

《晋书·愍帝纪》："（建兴四年十二月）己未，刘琨奔蓟，依段匹䃅。"《晋书·段匹䃅传》："及王浚败，匹䃅领幽州刺史，刘琨自并州依之。"《晋书》本传："寻又炎旱，琨穷蹙不能复守。幽州刺史鲜卑段匹䃅数遣信要琨，欲与同奖王室。琨由是率众赴之，从飞狐入蓟。匹䃅见之，甚相崇重，与琨结婚，约为兄弟。"又见于《晋书·石勒载记》、《资治通鉴·晋纪》等。

**同年，段匹䃅取卢谌为别驾，谌与刘琨书诗，琨答之，作《答卢谌书》及《答卢谌诗》。**

《晋书·卢谌传》："建兴末，随琨投段匹䃅，匹䃅自领幽州，取谌为别驾。"卢谌《赠刘琨一首并书》，叶枫宇《西晋作家的人格与文风》以为"卢谌书的主要内容，一是'畅经通之远旨'，二是'备心酸之苦言'。卢心目中的理想人格是庄子类型，处于材与不材之间，遗形骸、齐生死、等荣辱，不为世累"。刘琨《答卢谌一首并书》从中可见其少壮好老庄，而中年看待世事的态度转变，更加偏向儒家。并且在国破家亡、亲友凋残的情形下，视卢谌为知己、重其才，却因大局而割舍的不舍之情。对比二人的文风，刘琨书行文简劲明快，情理交融；卢谌书注重格式，用典颇多——总体而言略显平淡。

晋元帝建武元年（317年），刘琨三次上《劝进表》，司马睿逡巡不就。刘琨与段匹䃅结盟，期以共戴王室，檄告华夏，作《与段匹䃅盟文》。三月十八日辛丑，遣温峤、荣邵奉《劝进表》与《盟文》诣建康再行劝进。六月，温峤等至建康，会同河朔征镇夷夏一百八十人连名上表劝进。王不许，优令答琨。王敦恨悁之。十一月丁卯，以琨为侍中、太尉，并赠名刀。琨作《答晋王笺》。

《晋书·元帝纪》："三月，帝素服出次，举哀三日。西阳王羕及群僚参佐州征牧守等上尊号，帝不许。……请依魏晋故事为晋王，许之。辛卯，即王位。"又见于《建康实录·中宗元皇帝》、《资治通鉴·晋纪》。六朝时期崇尚经学化的政治，以经典中的尧舜禅让为依据，自曹魏代汉开始形成了固定的"汉魏故事"，其形式大致有：霸府、废立、建国、殊礼、祥瑞、劝进、"优待"、加封。

《晋书·段匹䃅传》："及王浚败，匹䃅领幽州刺史，刘琨自并州依之，复与匹䃅结盟，俱讨石勒。"《与段匹䃅盟文》："……古先哲王，贻厥后训，所以翼戴天子，敦序同好者，莫不临之以神明，结之以盟誓。……加臣等介在遐鄙，而与主相去迥辽，是以敢干先典，刑牲歃血，自今日既盟之后，皆尽忠竭节，以翦夷二寇。有加难于琨，䃅必救，加难于䃅，琨亦如之。缱绻齐契，披市胸怀，书功金石，藏于王府。有渝此盟，亡其宗族，俾坠军旅，无其遗育。"刘琨、段匹䃅只是出于利害关系的暂时联盟，又有华夷之隔，互相信任度不足。卢谌《理琨表》："匹䃅以琨王室大臣，惧夺己威重，忌琨之形渐彰于外。"故刘琨与其歃血为盟是为了让段匹䃅消除顾虑，相互约束。刘琨在征战的生涯中势单力孤，总需要采取合纵连横的方式周旋于各个军事力量之间。

《劝进表》："建兴五年三月癸未朔，十八日辛丑，使持节、散骑常侍、都督河北并冀幽三州诸军事、领护军匈奴中郎将、司空、并州刺史、广武侯臣琨。使持节、侍中、都督冀州诸军事、抚军大将军、冀州刺史、左贤王、渤海公臣䃅。顿首死罪上书，臣琨臣䃅，顿首顿首，死罪死罪。……"

《晋书》本传："是时，西都不守，元帝称制江左，琨乃令长史温峤劝进。"

《文选》卷三十七《劝进表》李善注引邓粲《晋纪》："刘琨作《劝

进表》，无所点窜，封印既毕，对使者流涕而遣之。"

《世说新语·言语》："刘琨虽隔阂寇戎，志存本朝，谓温峤曰：'班彪识刘氏之复兴，马援知汉光之可辅。今晋祚虽衰，天命未改。吾欲立功于河北，使卿延誉于江南，子其行乎？'温曰：'峤虽不敏，才非昔人，明公以桓、文之姿，建匡立之功，岂敢辞命！'"又见《晋书·温峤传》、《资治通鉴·晋纪》。

然《晋书·元帝纪》："（建武元年）六月丙寅，司空、并州刺史、广武侯刘琨，幽州刺史、左贤王、渤海公段匹磾，领护乌丸校尉、镇北将军刘翰，单于、广宁公段辰，辽西公段眷，冀州刺史、祝阿子邵续，青州刺史、广饶侯曹嶷，兖州刺史、定襄侯刘演，东夷校尉崔毖，鲜卑大都督慕容廆等一百八十人上书劝进。"《建康实录·中宗元皇帝》同。对于记述的差异，曹道衡、沈玉成《中古文学史料丛考》认为："意劝进发起为二人，复又广征附和拥戴，积为一百八十人，温峤过江，进表当已至六月。"

《晋书·元帝纪》："帝优令答之。语在琨传。"《建康实录·中宗元皇帝》："初，王敦见琨《劝进表》至'天祚大晋，必将有主，主晋祚者，非大王而谁！'敦大怒，投表于地，曰：'读《左传》三十年，一朝为刘琨用。'却因内惮焉。"

后世评价此表，刘勰《文心雕龙·祝盟》："刘琨铁誓，精贯霏霜。"《文心雕龙·章表》："刘琨劝进，张骏自序，文致耿介，并陈事之美表也。"张溥《汉魏六朝百三家集题辞》："晋元渡江，无心北伐，越石再三上表，辞虽劝进，义切复仇，读者苟有胸腹，能无慷慨？"

《晋书·元帝纪》："（建武元年十一月）丁卯，以司空刘琨为太尉。"《晋书》本传："是岁，元帝转琨为侍中、太尉，其余如故，并赠名刀。琨答曰：'谨当躬自执佩，鍼截二虏。'"又见《建康实录·中宗元皇帝》、《资治通鉴·晋纪》等。

**晋元帝太兴元年（318年），刘琨为段匹磾所囚，作《重赠卢谌》。**

《晋书》本传："匹磾奔其兄丧，琨遣世子群送之，而末波率众要击匹磾而败走之，群为末波所得。末波厚礼之，许以琨为幽州刺史，共结盟而袭匹磾，密遣使赍群书请琨为内应，而为匹磾逻骑所得。时琨别屯故征北府小城，不之知也。因来见匹磾，匹磾以群书示琨曰：'意亦不疑公，是以白公耳。'琨曰：'与公同盟，志奖王室，仰凭威力，庶雪国家之耻。若儿书密达，亦终不以一子之故负公忘义也。'匹磾雅重琨，初无害琨志，将听还屯。其中弟叔军好学有智谋，为匹磾所信，谓匹磾曰：'吾胡夷耳，所以能服晋人者，畏吾众也。今我骨肉构祸，是其良图之日，若有奉琨以起，吾族尽矣。'匹磾遂留琨。琨之庶长子遵惧诛，与琨左长史杨桥、并州治中如绥闭门自守。匹磾谕之不得，因纵兵攻之。琨将龙季猛迫于乏食，遂斩桥、绥而降。"又见于卢谌《理刘司空表》、《资治通鉴·晋纪》、《晋略·刘琨传》等。

刘琨为段匹磾所囚后，作《重赠卢谌》。《晋书》本传："琨诗托意非常，摅畅幽愤，远想张陈，感鸿门、白登之事，用以激谌。谌素无奇略，以常词酬和，殊乖琨心，重以诗赠之，乃谓琨曰：'前篇帝王大志，非人臣所言矣。'"未料这首诗被卢谌误解为有"帝王大志"，出现了"众人谓琨诗怀帝王大略"（臧荣绪《晋书》）的谣言，为王敦借段匹磾之手，将琨陷入文字狱并惨遭身害提供了理由。

刘琨与卢谌的赠答诗存六首。另有逯钦立《先秦汉魏晋南北朝诗》辑得十句，题为《答刘琨诗》："随宝产汉滨，摘此夜光真。不待卞和显，自命为世珍。"（辑录于《艺文类聚》）"谁言日向暮，桑榆犹启晨。谁言繁菜实，振藻耀芳春。百炼或致屈，绕指所以伸。"（辑录于《野客丛书》）又《艺文类聚》辑录《重赠刘琨》，逯钦立收于卢谌之下："璧由识真显，龙因庆云翔。茨棘非所栖，翰飞游高冈。余音非《九韶》，何以仪凤凰。新城非芝圃，曷由殖兰芳。"汪绍楹："按本诗系刘琨下，则题不当云《重赠刘琨》，题当作《重赠卢谌》，此有讹误。冯惟讷《晋诗纪》径改作卢谌诗，然按诗义，乃刘答谌诗，疑非。"

关于这六首赠答诗的顺序，陆侃如《中古文学系年》、方步和《何意百炼钢，化为绕指柔？——论刘琨〈重赠卢谌诗〉及其他》[1]、刘文忠《卢谌、刘琨赠答诗考辨》[2]、顾农《关于刘琨与卢谌的赠答诗》[3] 等有不同的看法，详见董慧秀《刘琨、卢谌赠答诗始末推论》[4] 附表。

---

[1] 方步和：《何意百炼钢，化为绕指柔？——论刘琨〈重赠卢谌诗〉及其他》，《山西大学学报》1985年第1期。
[2] 刘文忠：《卢谌、刘琨赠答诗考辨》，《文史哲》1988年第2期。
[3] 顾农：《关于刘琨与卢谌的赠答诗》，《河北师范大学学报》1993年第4期。
[4] 董慧秀：《刘琨、卢谌赠答诗始末推论》，载《魏晋南北朝隋唐史资料》2003年。

对于刘琨的诗歌，历代不乏评价。刘勰《文心雕龙·丽辞》："刘琨诗言：'宣尼悲获麟，西狩泣孔丘'，若斯重出，即对句之骈枝也。"

张溥《汉魏六朝百三家集题辞》："及同盟见疑，命穷幽絷，子谅文懦，坐观其毙，为之君者，孝非子胥，为之友者，仁非鲁连，殷勤赠诗，送哀而已。"

吴景旭《历代诗话》："余观《古今注》吴大帝有三宝刀。一曰百炼，二曰青犊，三曰漏影。又按平望湖属兴化，尝于湖中得一剑，屈之，首尾相就，识者曰，即绕指柔也。"

贺贻孙《诗筏》："汉以前无应酬诗，魏晋以来间有之，亦绝无佳者。惟卢谌、刘琨相赠二首，颂美中颇有感恩知己，好善不倦之意，应酬体中差为铮铮耳。"

吴淇《六朝选诗定论》："首二句比也。'悬璧'着'握中'，珍惜之极……使知命可无忧，则圣如孔子，又何为悲获麟？获麟又何足动孔子悲哉？在平生之日，方自矢为百炼纯钢，千折百回，及至变乱日甚，'朱实'云云，不觉'化为绕指'耳。要知'化为'云云，委曲从时以圆济，非随波逐流。要自有不化者在。……"

陈祚明《采菽堂古诗选》："越石英才，遘此失路，万绪悲凉。前诗不能自已，重有此赠。拉杂繁会，哀音无次，有《离骚》之情，用《七哀》之意，沉雄变宕，自成绝调。"

张沆《诗比兴笺》："案诗中征事杂沓，比兴错出，各有指归。太公、邓禹，述己匡辅王室之志。白登、鸿门，冀脱己患难之中。重耳、小白，欲与匹䃅同奖王室。比迹桓、文，不以见幽小嫌为辱。（《文选》注，党谓五贤，仇谓射钩。）望谌以此意达之匹䃅，披沥死争，必能见悟也。"

**同年五月，段匹䃅忧惧夷晋怨愤之际，会王敦密使来，遂称有诏收刘琨。癸丑，缢之，年四十有八，祸及子侄六人。元帝以匹䃅尚强为由，不举琨哀。卢谌作《太尉刘公诔》。**

《晋书》本传："然琨既忠于晋室，素有重望，被拘经月，远近愤叹。匹䃅所署代郡太守辟闾嵩，与琨所署雁门太守王据、后将军韩据连谋，密作攻具，欲以袭匹䃅。而韩据女为匹䃅儿妾，闻其谋而告之匹䃅，于是执王据、辟闾嵩及其徒党悉诛之。会王敦密使匹䃅杀琨，匹䃅又惧众反己，遂称有诏收琨。初，琨闻敦使至，谓其子曰：'处仲使来而不我告，是杀我也。死生有命，但恨仇耻不雪，无以下见二亲耳．'因歔欷不能自胜。匹䃅遂缢之，时年四十八。子侄四人俱被害。朝廷以匹䃅尚强，当为国讨石勒，不举琨哀。"又见《晋书》之《元帝纪》、《段匹䃅传》，《世说新语·言语》注引王隐《晋书》、《资治通鉴·晋纪》等。卢谌《太尉刘公诔》："公侯之生，固天攸擢。……方事焉捷，委重于外，驰御于中。制比邓禹，礼优窦融。"

顾农《从孔融到陶渊明——汉末三国两晋文学史论衡》以为王敦密令杀刘琨作为反映东晋初年政局变化的一个侧面，在"王与马共天下"的局面下，王敦"欲专制朝廷，有问鼎之心"，而刘琨地位声望却压倒了王敦，故王敦为此扫清障碍。

**刘琨卒后，卢谌、崔悦等上表理琨，温峤亦上表疏理之。帝诏赠琨本官侍中、太尉，谥曰"愍"。又诏下辽东，令刘群、卢谌还，继嗣本封。**

《晋书》本传："三年，琨故从事中郎卢谌、崔悦等上表理琨……太子中庶子温峤又上疏理之，帝乃下诏曰：'故太尉、广武侯刘琨忠亮开济，乃诚王家，不幸遭难，志节不遂，朕甚悼之。往以戎事，未加吊祭。其下幽州，便依旧吊祭。'赠侍中、太尉，谥曰愍。"又见于《晋书》之《卢谌传》、《温峤传》，《资治通鉴·晋纪》等。赵天瑞定于太兴二年，认为温峤、卢谌等上书理琨事，史多记于太兴三年（《琨传》），或不书时日（《通鉴》）。据峤为事必不肯，谌亦如之。《鸣沙石室佚书·晋纪》谌理琨上书于二年六月，《河间平王洪传》亦记二年议此诏群。今从之。

《晋书》史臣曰："及金行中毁，乾维失统，三后流亡，递萦居巇之祸，六戎横噬，交肆长蛇之毒，于是素丝改色，跅弛易情，各运奇才，并腾英气，遇时屯而感激，因世乱以驱驰，陈力危邦，犯疾风而表劲，励其贞操，契寒松而立节，咸能自致三铉，成名一时。古人有言曰：'世乱识忠良。'益斯之谓矣。天不祚晋，方启戎心，越石区区，独御鲸鲵之锐，推心异类，竟终幽圄，痛哉！士稚叶迹中兴，克复九州之半，而灾星告衅，箜篌徒招，惜矣！"后代多有史评，散见于宋袁枢《通鉴纪事本末》、明李贽《藏书》及《史纲评要》，清王夫之《读通鉴论》、王鸣盛《十七史商榷·晋少贞臣》等。后人对刘琨多有歌咏诗句，如李白"刘琨与祖逖，起舞鸡鸣晨"，陆游"刘琨死后无奇士，独听荒鸡泪满衣"和"鸡唱刘琨舞，牛疲甯戚歌"，文天祥"中原荡分崩，壮哉刘越石。连踪起幽并，只手扶晋室。福华天意乘，匹碑生鬼蜮。公死百世名，天下分南北"，李清照"南渡衣冠少王导，北来消息欠刘琨"，王夫之"抱刘越石之孤愤而命无从至"等——刘琨的形象渐渐被经典化。

刘勰《文心雕龙·才略》："刘琨雅壮而多风，卢谌情发而理昭，亦遇之于时势也。"钟嵘《诗品·序》："先是郭景纯用㒞上之才，变创其体；刘越石仗清刚之气，赞成厥美。……越石感乱，景纯咏仙……斯皆五言之警策者也。所以谓篇章之珠泽，文采之邓林。"《诗品·卷中》："晋太尉刘琨、晋中郎卢谌，其源出于王粲。善为凄戾之词，自有清拔之气。琨既体良才，又罹厄运，故善叙丧乱，多感恨之词。中郎仰之，微不逮者矣。"元好问《论诗绝句》："曹刘坐啸虎生风，四海无人角两雄。可惜并州刘越石，不教横槊建安中。"张溥《汉魏六朝百三家集题辞》："夫汉贼不灭，诸葛出师，二圣未还，武穆鞠旅，二臣忠贞，表悬天壤，上下其间，中有越石。追鞭祖生，投书卢子，英雄失援，西狩兴悲。予尝感中夜荒鸡，月明清啸，抑览是集，仿佛其如有闻乎？"许学夷《诗源辩体》卷五："其《赠卢谌》及《扶风歌》，语甚浑朴，气颇遒迈。"陈祚明《采菽堂古诗选》："越石英雄失路，满衷悲愤，即是佳诗。随笔倾吐，如金筅成器，本擅商声，顺风而吹，噍栗凄戾，足使枥马仰歕，城乌俯咽。"王士禛《古诗笺》："越石清刚，景纯豪俊，不减于左。"沈德潜《古诗源》卷八："越石英雄失路，万绪悲凉，故其诗随笔倾吐，哀音无次，读者乌得于语句间求之。"刘熙载《艺概·诗概》中说："刘公幹、左太冲诗壮而不悲，王仲宣、潘安仁悲而不壮，兼悲壮者，其惟刘越石乎？"刘师培《中国中古文学史》："然左思、刘琨、郭璞所作浑雄壮丽，出于嗣宗。"

刘琨的著作，《隋书·经籍志四》著录："晋太尉《刘琨集》九卷，梁十卷。《刘琨别集》十二卷。"《旧唐书·经籍志》、《新唐书·艺文志》、《宋史·艺文志》著录皆为十卷。陈振孙《直斋书录解题》："前五卷差全可观，后五卷阙误，或一卷数行，或断续不属，殆类钞节者。末卷《刘府君谏》尤多讹，未有别本可以是正。"明以后常见的辑本有：明张溥辑《汉魏六朝百三家集》之《晋刘越石集》一卷、明叶绍泰辑《增订汉魏六朝别解》之《刘越石集》。此外，有《刘越石集选》一卷，清吴汝纶评选《汉魏六朝百三家集选》本。严可均《全晋文》卷一百八辑录其文二十五篇。逯钦立《先秦汉魏晋南北朝诗·晋诗》卷十一辑录刘琨诗有《扶风歌》、《扶风歌》（一作《艳歌行》）、《答卢谌诗》、《重赠卢谌诗》。丁福保《全三国晋南北朝诗·全晋诗》卷五《扶风歌》（一作《艳歌行》）一首未收，增收《胡姬年十五》一首。《四库全书总目·广文选提要》卷一百九十二："又《胡姬年十五》，本梁刘琨作，郭茂倩《乐府诗集》可考。而沿《文翰类选》之误，以为晋刘琨。"《扶风歌》（一作《艳歌行》）可据《太平御览》九百五十三与《事类赋·柏赋》注引，然《艺文类聚》八十八以及《乐府诗集》卷三十九均作《艳歌行》，不署作者姓名。

**参考文献**

赵天瑞：《刘琨集》，天津古籍出版社1996年版。

刘文忠：《左思·刘琨》，春风文艺出版社1999年版。

叶枫宇：《西晋作家的人格与文风》，生活·读书·新知三联书店2006年版。

顾农：《从孔融到陶渊明：汉末三国两晋文学史论衡》，凤凰出版社2013年版。

（刘　睿）

# 第三编

# 东　晋

# 郭璞传

**郭璞，字景纯，河东闻喜（今山西闻喜）人。生于晋武帝咸宁二年（276年）。**

郭璞，《晋书》有传。《晋书》本传："郭璞，字景纯，河东闻喜人也。"按照郭璞的卒年时间明帝太宁二年，终年四十九岁推算，郭璞应当生于此年。

郭璞的父亲郭瑗，曾经担任尚书都令史，最终官居建平太守。《晋书》本传："父瑗，尚书都令史。时尚书杜预有所增损，瑗多驳正之，以公方著称。终于建平太守。"郭瑗任职期间，经常对时任尚书杜预的言辞进行反驳修正，以公正著称。郭璞的家世在魏晋时期不属于上层士族，两晋时代取士用人注重门阀，这也导致郭璞虽然才华横溢，但最终无法受统治者重用。

关于郭璞的事迹，主要见于《晋书》，可参考《世说新语》、《艺文类聚》、《北堂书钞》、《太平御览》等著作中的相关内容。当代主要有《中国历代著名文学家评传》中曹道衡撰写的《郭璞评传》[1]，陆侃如在《中古文学系年》中所列的郭璞年谱，连镇标的《郭璞研究》[2]和游信利的《郭璞正传》[3]，可供参考。

**少年时代郭璞喜好经典和占卜之术，博览群书，才华横溢。郭璞对古文字颇有兴趣，精通阴阳算历，著有《尔雅注》《洞林》等。**

《晋书》本传："璞好经术，博学有高才，而讷于言论，词赋为中兴

---

[1] 曹道衡：《郭璞评传》，《中国历代著名文学家评传》，山东教育出版社1984年版。
[2] 连镇标：《郭璞研究》，上海三联书店2002年版。
[3] 游信利：《郭璞正传》，台湾《政治大学学报》1976年第33期。

之冠。好古文奇字,妙于阴阳算历。有郭公者,客居河东,精于卜筮,璞从之受业。公以《青囊中书》九卷与之,由是遂洞五行、天文、卜筮之术,禳灾转祸,通致无方,虽京房、管辂不能过也。璞门人赵载尝窃《青囊书》,未及读,而为火所焚。"郭璞的文学才华主要展现在词赋方面。此外,他所涉猎的领域极为广泛,在训诂学、易学、堪舆学和神话等领域也著作颇丰。

《尔雅》是中国古代最早一部解释语词的著作,成书约秦汉年间,因成书较早,又长期辗转流传,早在汉代就已经有不少内容不易解读。在郭璞之前,就有刘歆、樊光、李巡、孙炎等人为《尔雅》作注。郭璞认为这些旧注"犹未详备,并多纷谬,有所漏略",于是"缀集异闻,会粹旧说,考方国之语,采谣俗之志",并参考樊光、孙炎等旧注,对《尔雅》作了新的注解。郭璞以当时通行的方言名称,解释了古老的动植物名称,并为它注音、作图,使《尔雅》成为后世研究本草的重要参考书。郭璞开创的动植物图示分类法,也为唐代以后的所有大型本草著作沿用。

《山海经注》是郭璞在语言学领域的另一部重要著作。《山海经》在西汉经历了辉煌期,但在两晋已经鲜有人问津。对于《山海经注》的成书时间,史籍没有明确记载。当代学者通过《山海经注》中的相关内容,推断出郭璞开始研习、注解《山海经》的时间不迟于西晋太康七年(286年),最终定稿时间不早于东晋太兴四年(321年),大约用了三十多年的时间完成这部注书。郭璞为《山海经》作注时,引用了大量古籍。

在易学研究领域,郭璞一直被古人视为术士,并未真正列入易学家之列。但是根据对郭璞的记载及其相关著述,郭璞对易学作出了很大的贡献。郭璞著有《易洞林》、《新林》、《卜韵》、《玄经》等著作,但只有《易洞林》是完整流传于世的。郭璞曾经为《周易》作注,但未能流传后世。古代易学有三种,分别为《连山》、《归藏》和《周易》,郭璞对《归藏》和《周易》都有所涉及。根据学者连镇标《郭璞易学渊源考》,郭璞在《尔雅注》、《山海经注》中引用了《归藏》的很多材料,使得后人得以窥见《归藏》原貌一二,而这些材料对于易学研究是有重要价值的。郭璞的占卜活动主要以依据《周易》为主,汉魏时期《周易》研究最有代表性的有京房、费直,二者分属不同的周易学派,郭璞兼收并蓄,是难能可贵的。

《晋书》本传:"璞撰前后筮验六十余事,名为《洞林》。又抄京、费诸家要最，更撰《新林》十篇、《卜韵》一篇。"

在堪舆学方面，郭璞被认为是中国堪舆之祖，有《葬书》流传于世。《晋书》本传和《南史》中都有郭璞为人选择墓冢的记载。关于《葬书》，最早收录在《宋史·艺文志》当中。但是对于《葬书》的作者，学界一直存有较大争议，《四库全书总目》中就提出郭璞非本书作者之疑。当代学者认为，该书很可能是郭璞向弟子口述整理而成的，开始秘不外传，因而不为人所知[①]。

在《中古文学系年》中，陆侃如假定在元康五年，即295年，郭璞二十岁左右从郭公受业。郭公是个什么样的人物不可考，而《青囊中书》在郭璞在世时就被焚毁，但据此可知郭璞自少年接受五行、天文和占筮方面的学习，这对其以后的人生轨迹有着重大影响。郭璞和东晋政权的关系，一是因为其文学才华，另一则是因其在占筮方面的名声。

**晋惠帝末怀帝初（307年左右），郭璞离开闻喜南迁避乱，在南迁途中作《巫咸山赋》、《盐池赋》、《登百尺楼赋》、《流寓赋》等。**

郭璞的辞赋是其文学成就的重要组成部分。现存有十篇，分别是《巫咸山赋》、《盐池赋》、《登百尺楼赋》、《流寓赋》、《江赋》、《南郊赋》、《客傲》、《蚍蜉赋》、《蜜蜂赋》、《井赋》，但是除了《江赋》和《客傲》有全文外，其余俱为残篇。严可均在《全上古三代秦汉三国六朝文》中收录有郭璞的赋《江赋》、《南郊赋》、《盐池赋》、《井赋》、《登百尺楼赋》、《蜜蜂赋》、《蚍蜉赋》。古人对郭璞的赋评价很高，刘勰在《文心雕龙·诠赋》中将郭璞、袁宏、王粲、徐幹、左思、潘岳、陆机等人并称为"魏晋之赋首"。

《巫咸山赋》和《盐池赋》的写作时间，很多学者认为是作者南下经过巫咸山和盐池两地时而作，但学者连镇标认为，不能排除它们为作者在家乡闻喜时的作品的可能性。原因在于，这两地都离郭璞家乡闻喜不远，而郭璞作为古地理学家、古植物学家，在其年少时很有可能出于好奇的天性探幽揽胜，之后发诸笔端作此二赋。这一看法只是一种揣测，无从考据，在此仅作为一种参考。在此暂且将这两篇看作是郭璞南下避乱时的作品。《巫咸山赋》和《盐池赋》都没有全文，《巫咸山赋》辑自唐人欧阳

---

① 卿希泰、詹石窗主编：《道教文化新典》，上海文艺出版社1999年版。

询等编的类书《艺文类聚》卷七，《盐池赋》辑自《艺文类聚》卷九，虞世南编的《北堂书钞》卷一百四十六也引了其中六条。从现存的赋文来看，这两篇赋基本为写景。《巫咸山赋》描写了巫咸山的雄壮俊美和勃勃生机："崛孤停而嵯峙，体岑峭以隆颓，冠崇岭以峻起，配华、霍以助镇，致灵润乎百里，尔乃寒泉悬涌，浚湍流带；林薄丛茏，幽蔚隐蔼，八风之所归起，游鸟之所喧会。"《盐池赋》精致地描绘了盐池的晶莹美丽："状委蛇其若汉，流漫漫以溁溁。吁凿凿以粲粲，色皓然而雪朗。扬赤波之焕烂，光旰旰以晃晃。隆阳映而不燋，洪涔沃而不长。磊崔嵘碓，锷刬棋方。玉润膏津，雪白凌冈。粲如散玺，焕若布璋。"

《登百尺楼赋》和《流寓赋》也没有全篇，但所留下的文字中却暗含了当时"八王之乱"的情景。《艺文类聚》卷六十三引郭璞《登百尺楼赋》："嗟王室之蠢蠢，方构怨而极武。哀神器之迁浪，指缀旒以譬主。雄戟列于廊技，戎马鸣乎讲柱。"这几句暗指晋惠帝后期的王室之乱。《艺文类聚》卷六十三引郭璞《流寓赋》："陟函谷之高关，壮斯世之险固。过王城之丘墉，想谷洛之合斗。恶亡灵之翁流，奇子乔之轻举。"这里更加隐晦地用典故暗喻了这场内乱。因为这两篇赋都提及了具体的历史事件，因此写作时间也更为明晰，连镇标推断《流寓赋》写于永兴元年或者永兴末年（305年），根据《艺文类聚》所载《登百尺楼赋》的内容可知，郭璞在文中感叹西晋王朝之岌岌可危，皇帝被诸侯劫持，朝廷成为"雄戟列"、"戎马鸣"的地方，结合史书可知，皇帝被劫持一事发生于永兴元年七月和永兴元年十一月，并在光熙元年春正月司马越迎接惠帝回京，郭璞有感于朝廷斗争的凶险，于是写下此文。因此，《登百尺楼赋》大约写于晋惠帝永兴二年（305年）或者光熙元年（306年）春三月之间。至于写作地点"百尺楼"，曹道衡先生认为在山西运城、安邑附近，聂恩彦先生认为在洛阳西北之大夏门城楼。产生分歧的主要原因在于对赋中所描写的景色的理解，曹道衡先生认为是真实之景，而聂恩彦先生认为是虚景，两种说法皆有合理之处，在此列入此赋所载全文，谨供各位学者参考："在青阳之季月，登百尺以高观，嘉斯游之可娱，乃老氏之所叹。抚凌槛以遥想，乃极目而肆运。情眇然以思远，怅自失而潜愔。瞻禹台之隆崛，奇巫咸之孤峙。美盐池之□污，察紫氛而霞起。异傅岩之幽人，神介山之伯子。揖首阳之二老，招鬼谷之隐士。嗟王室之蠢蠢，方构怨而极武。哀神器之迁浪，指缀旒以譬主。雄戟列于廊技，戎马鸣乎讲柱。寤苕华而增怪，叹飞驷之过户。陟兹楼以旷眺，情慨尔而怀古。"最后四句凝聚了诗人深沉的忧国之情，被有的学者认为是《诗经·小雅·苕之华》的续篇[1]。

《晋书》本传："惠怀之际，河东先扰。璞筮之，投策而叹曰：'嗟乎！黔黎将湮于异类，桑梓其剪为龙荒乎！'于是潜结姻昵及交游数十家，欲避地东南。抵将军赵固，会固所乘良马死，固惜之，不接宾客。璞至，门吏不为通。璞曰：'吾能活马。'吏惊入白固。固趋出，曰：'君能活吾马乎？'璞曰：'得健夫二三十人，皆持长竿，东行三十里，有丘林社庙者，便以竿打拍，当得一物，宜急持归。得此，马活矣。'固如其言，果得一物似猴，持归。此物见死马，便嘘吸其鼻。顷之马起，奋迅嘶鸣，食如常，不复见向物。固奇之，厚加资给。"

这段有关郭璞南下投奔赵固的记载，根据曹道衡先生《〈晋书·郭璞传〉志疑》一文的考证，与当时的史实和郭璞的生平经历不符[2]。赵固在徐州的时间，肯定在永嘉五年四月左右，但此时，根据《晋书·郭璞传》的记载，郭璞已被宣城太守殷祐引为参军，《晋书·五行志中》："怀帝永嘉五年，蝘鼠出延陵。郭景纯筮之曰：'此郡东之县有妖人欲称制者，亦寻思矣。'"

《晋书》本传："祐迁石头督护，璞复随之。时有鼯鼠出延陵，璞占之曰：'此郡东当有妖人欲称制者，寻亦自死矣。后当有妖树生，然若瑞而非瑞，辛螫之木也。傥有此者，东南数百里必有作逆者，期明年矣。'"

由此可见，这段郭璞见赵固一事多不属实，而为赵固医马的故事多为传奇，不足信。

在《晋书》本传中，记载了郭璞在庐江的一段经历："行至庐江，太守胡孟康被丞相召为军谘祭酒。时江淮清宴，孟康安之，无心南渡。璞为占曰'败'。康不之信。璞将促装去之，爱主人婢，无由而得，乃取小豆三斗，绕主人宅散。主人晨见赤衣人数千围其家，就视则灭，甚恶之，请璞为卦。璞曰：'君家不宜畜此婢，可于东南二十里卖之，慎勿争价，则此妖可除也。'主人从之。璞阴令人贱买此婢。复为符投于井中，数千赤衣人皆反缚，一一自投于井，主人大悦。璞携婢去。后数旬而庐江

---

[1] 连镇标：《郭璞研究》，上海三联书店2002年版。
[2] 曹道衡：《〈晋书·郭璞传〉志疑》，《苏州大学学报》1982年第2期。

陷。"这个故事在《搜神记》中也有记载，但在《搜神记》中并没有提到"太守胡孟康被丞相召为军谘祭酒"一事，依据曹道衡先生的分析考证，此段记录也有很大的漏洞，并且有损郭璞声誉，疑点众多不足信。

**晋愍帝建兴元年（313年），郭璞被宣城太守殷祐引为参军。同年，郭璞又任王导参军。**

《晋书》本传："璞既过江，宣城太守殷祐引为参军。"

《晋书》本传："祐迁石头督护，璞复随之。……王导深重之，引参己军事。"

担任参军期间，郭璞仍旧从事占卜一事。占卜在郭璞的一生中占有重要地位。在两晋时期无论官方还是民间，郭璞都被封为术数大师。但是术士在当时的政治地位低下，郭璞只得将占卜作为自己参与政治、实现抱负的中介。王导也是因为重视郭璞在占卜方面的才能而将其揽入麾下。《晋书》本传："时有物大如水牛，灰色卑脚，脚类象，胸前尾上皆白，大力而迟钝，来到城下，众咸异焉。祐使人伏而取之，令璞作卦……祐迁石头督护，璞复随之。……王导深重之，引参己军事。尝令作卦，璞言：'公有震厄，可命驾西出数十里，得一柏树，截断如身长，置常寝处，灾当可消矣。'导从其言。数日果震，柏树粉碎。"

**晋元帝太兴元年左右（318年），郭璞作《与王使君》、《江赋》和《南郊赋》，拜著作佐郎。**

《晋书》本传："璞著《江赋》，其辞甚伟，为世所称。后复作《南郊赋》，帝见而嘉之，以为著作佐郎。"

陆侃如《中古文学系年》中将《江赋》的写作时间定于此。

郭璞的文学成就以《江赋》和游仙诗为代表，其中游仙诗被誉为"中兴第一"。郭璞现存的辞赋共十一篇，只有《江赋》和《客傲》是完整的。

关于《江赋》的写作年代，《晋书》并没有给出具体时间，大致是在郭璞到达南方后不久所作。但是参考唐李善注《文选》引何法盛《晋中兴书》中的记载"璞以中兴，王宅江外，乃著《江赋》，述川渎之美"可知，这篇赋是因为晋室的中兴而作，由此可以推断，这篇赋的写作时间有可能是在西晋愍帝建兴四年（316年）、东晋元帝建武元年（317年）或晋元帝太兴元年（318年）。此时正值东晋王朝的草创阶段，被王导等人拥戴为帝的晋元帝司马睿立足不稳，此时郭璞作为王导的参军，有着很强的参政积极性，为了维护新建的东晋政权，郭璞创作了此赋。东晋处于南北对立中的一端，而此时南北的统治者都很重视对华夏文明主导权的争夺，想以此证明自身政权的合法和正统。郭璞为了帮助东晋获得文化主导权，从而达到维护东晋正统统治地位的目的，选取了象征华夏文明的长江作为歌咏对象。

《江赋》的全文见于《文选》第二十一卷，归在"江海赋"一类下，这一类萧统只收了两篇文章，另一篇是木华的《海赋》。这篇赋以长江为主线，由山及水，由古及今，在历史与时空交错中多角度地描绘了长江，宛如一幅多姿多彩、雄浑壮阔的山水画。历史上对于《江赋》的评价颇高，被誉为"魏晋之赋首"。

刘勰《文心雕龙·才略》："景纯艳逸，足冠中兴。"钟嵘《诗品》评曰："宪章潘岳，文体相辉，彪炳可玩。始变永嘉平淡之体，故称中兴第一。《翰林》以为诗首。但《游仙》之作，辞多慷慨，乖远玄宗。而云'奈何虎豹姿'，又云'戢翼栖榛梗'，乃是坎壈咏怀，非列仙之趣也。"

《江赋》一方面描写了长江山水的气势磅礴。钱锺书在《管锥编》评价此文："郭璞《江赋》，按刻画物色，余最取'如晨霞孤征'四字，以为可以适独坐而不徒惊四筵也。"在描绘实景之美时，《江赋》还塑造了一系列水神的形象，使本文又赋予了浪漫的神话色彩。《江赋》语言更是映衬了长江的气势磅礴、雄浑壮阔，极富感染力。

除了《晋书》，汤球辑《晋中兴书》卷七《东阿郭录》也记载："郭璞太兴元年奏《南郊赋》，中宗见赋嘉其才，以为著作佐郎。"郭璞也因作《南郊赋》而被皇帝拜为著作郎。《南郊赋》和《江赋》的写作时间差不多，大约作于晋元帝即位前夕，具有强烈的政治色彩，极力描写了东晋开国大典的盛况。从文学角度来看不及《江赋》，但在当时有过争取民心、鼓舞士气的作用。

此外，陆侃如《中古文学系年》认为郭璞曾撰写《晋史》，其依据是《晋书·王隐传》记载："太兴初，典章稍备，乃召隐及郭璞俱为著作郎，令撰《晋史》。"学者沈海波分析认为，这段文字并不能说明元帝让王隐和郭璞一起撰写《晋史》，《晋书·郭璞传》中对此事未有记载。根据《晋书·职官志》："著作郎一人谓之大著作郎，专掌史任，又置佐著郎八人。"可见，晋只有著作郎一人可以掌管修史，王隐和郭璞不可能同时修史。另根据《晋书·王隐传》："时著作郎虞预私撰晋书，而生长东南，不知中朝事。数访于隐，并借隐所著书窃写之。所闻渐广，是后更疾隐，形于言色。"可知王隐之书为其一人私撰，而官修晋史当时为干宝等所撰。《晋书·干宝传》："王导上疏曰：'……敕佐著作郎干宝等渐就撰集。'元帝纳焉。宝于是始领国史……著《晋纪》，自宣帝迄于愍帝，五十三年，凡二十卷，奏之。其书简略，直而能婉，咸称良史。"由此可见，郭璞并无修史之举。

**太兴三年（320年），郭璞迁任尚书郎，为太子所重，作《辞尚书郎表》、《客傲》和《赠温峤》。**

《晋书》本传："顷之，迁尚书郎，数言便宜，多所匡益。明帝之在东宫，与温峤、庾亮并有布衣之好，璞亦以才学见重，埒于峤、亮，论者美之。然性轻易，不修威仪，嗜酒好色，时或过度。著作郎干宝常诫之曰：'此非适性之道也。'璞曰：'吾所受有本限，用之恒恐不得尽，卿乃忧酒色之为患乎！'"

严可均《全晋文》卷一百二十载郭璞《辞尚书郎表》，据陆侃如《中古文学系年》，当作于初受命之时。

丁福保《全晋诗》卷五载郭璞《赠温峤》，据陆侃如《中古文学系年》，可能作于同游东宫之时，姑附于此。

《晋书》本传："璞既好卜筮，缙绅多笑之。又自以才高位卑，乃著《客傲》。"

《客傲》是郭璞文学成就的代表作品之一，其写作时间约在太兴四年（321年）四五月之后、永昌元年（322年）正月之前。文中通过假借回答客人的诘问，抒发了郭璞政治上的抑郁愤懑之情。郭璞通过一系列的比喻，说明自己处于一种不得已而出仕的尴尬境地。曹道衡先生在《汉魏六朝辞赋》中也分析过："由于他对东晋初年的政局有较深的了解，他目睹一些人身居要职，却又深知仕途，并不歆羡。他自己已有名气，无法完全退隐。"在文中郭璞叙述了自己的理想，即"不恢心而形遗，不外累而智丧，无岩穴而冥寂，无江湖而放浪。玄悟不以应机，洞鉴不以昭旷"，反映了当时士人仕隐两难的心态①。

郭璞和温峤、干宝有布衣之好。郭璞性格轻浮，嗜好酒色，有时行为失检点，对此干宝还曾劝诫于他，但郭璞不以为然。古今皆有人据此认为这是郭璞不能官居高位的原因。殊不知，在两晋玄学盛行的风气下，很多名士的行为都放荡不羁，其程度丝毫不逊于郭璞，但这并没有妨碍他们的仕途升迁，比如阮放、谢鲲、桓彝等。这种放浪之风气反而弥漫在东晋上层社会中。由此可见，这并不是阻碍郭璞升迁的根本原因，其根源还在于郭璞的寒门出身。

**太兴四年（321年），天象有异，郭璞据此向皇帝上《省刑疏》和《日有黑气疏》。**

《晋书》本传："于时阴阳错缪，而刑狱繁兴，璞上疏……"

《晋书》本传："其后日有黑气，璞复上疏……"

除了晋书载有《省刑疏》全文，《太平御览》卷五百二十七也有节录，但文字略有不同。张溥和严可均也有收录，个别文字有差异。根据文中提及的时间，本疏的写作时间可确定在太兴四年二月。《日有黑气疏》在严可均的《全上古三代秦汉三国六朝文》也有收录，题名为《因天变上疏》。张溥也有收录，但个别字与《晋书》本传不同。此文的写作时间，可以结合《晋书·天文志》的记载。《晋书·天文志》："（晋元帝太兴）四年二月癸亥，日斗。三月癸未，日中有黑子。辛亥，帝亲录讯囚徒。"由此可以判定，此文写于晋元帝太兴四年三月之后。这两篇疏文同时针对时东晋刑罚"殷繁"的情况，借用天象有变而向皇帝说明这是国家政治生活的反映，希望皇帝能够借此警醒，不要对人民滥用刑法，大赦天下。这两篇疏文的意义在于彰显了郭璞怀有儒家强烈的忧国忧民思想。面对东晋新政权建立后表现出的种种弊端，深受儒家思想影响的郭璞没有坐视不管，他不顾自己官位低贱（仅仅是著作佐郎），一再向皇帝上疏陈述，文中流露出他对世事的不满与失望，也让我们看到处于社会动乱中一代文人士大夫的理想坚守。

**晋明帝永昌元年（322年），郭璞作《皇孙生清布泽疏》、《弹任谷**

---

① 连镇标：《郭璞研究》，上海三联书店2002年版，第256页。

疏》和《元皇帝哀策文》，因母亲去世丁忧去职，葬母作诗。

《晋书》本传："永昌元年，皇孙生，璞上疏……"

《弹任谷疏》，严可均在《全上古三代秦汉三国六朝文》中题作《谏留任谷宫中疏》。疏文的写作时间大概在太兴四年二三月间。文中郭璞对妖人任谷通过谣言蛊惑人心并企图干政的行为进行了猛烈的抨击，体现了一个正统的儒家知识分子忠君爱国、仗义卫道、无私无畏的坦荡襟怀与铮铮铁骨。

据陆侃如《中古文学系年》，《晋书》卷六《元帝纪》载，本年元旦即改元，与此处不合。皇孙生，《本纪》未有记载。

郭璞母亲去世，他以"丁忧"为由辞职，在暨阳（今江苏江阴东）安葬了母亲。

《晋书》本传："璞以母忧去职，卜葬地于暨阳，去水百步许。人以近水为言，璞曰：'当即为陆矣。'其后沙涨，去墓数十里皆为桑田。"

《世说新语·术解》："郭景纯过江，居于暨阳。墓去水不盈百步，时人以为近水。景纯曰：将当为陆。今沙涨去墓数十里，皆为桑田。其诗曰：北阜烈烈，巨海混混；垒垒三坟，唯母与昆。"

**晋明帝太宁元年（323年），郭璞为王敦记室参军。**

郭璞服孝未满周年，便被王敦起用为记室参军。这是郭璞生前的最终官职。虽然郭璞才华横溢，但官位始终不高。这是因为东晋政权是依赖南北方大士族的支持而建立的，非常重视门阀出身，而郭璞出身寒微，虽然南下投奔新政权，但也不属于南渡的北方大士族，所以在政治上不可能有施展自己才能的机会。这也是与他交好的温峤、庾亮被提升，而他始终屈居卑位的根本原因。此外，在统治者眼中，郭璞是一介方术之士，《晋书》本传中记载了很多他的占卜之事，由此也可看出郭璞是作为易学家被人熟知，这在当时是不入流的，这也成为影响郭璞仕途的重要原因。

《晋书》本传："未期，王敦起璞为记室参军。是时颍川陈述为大将军掾，有美名，为敦所重，未几而没。璞哭之哀甚，呼曰：'嗣祖，嗣祖，焉知非福！'未几而敦作难。时明帝即位逾年，未改号，而荧惑守房。璞时休归，帝乃遣使赍手诏问璞。会暨阳县复上言曰赤乌见。璞乃上疏请改年肆赦，文多不载。"

汤球辑《晋中兴书》卷七《东阿郭录》："璞为尚书郎，大将军王敦以璞有才术，取为记室参军，璞畏不敢辞。"

**太宁二年（324年），郭璞被害，死后追赠弘农太守。**

《晋书》本传："璞终婴王敦之祸，彝亦死苏峻之难。……时年四十九。及王敦平，追赠弘农太守。"

早在郭璞担任记室参军之时，就已经觉察到王敦的野心，但他"畏不敢辞"。在温峤、庾亮与王敦双方的占卜中，郭璞借此表明自己心向朝廷，由此招来杀身之祸。在王敦被平乱之后，郭璞被追赠为弘农太守。

郭璞的游仙诗成就最高，是我国游仙诗发展的顶峰。刘勰在《文心雕龙·明诗》篇中评价道："晋世群才，稍入轻绮。张潘左陆，比肩诗衢，采缛于正始，力柔于建安。或析文以为妙，或流靡以自妍，此其大略也。江左篇制，溺乎玄风，嗤笑徇务之志，崇盛忘机之谈，袁孙已下，虽各有雕采，而辞趣一揆，莫与争雄，所以景纯《仙篇》，挺拔而为隽矣。"认为郭璞诗歌较之崇尚避世说理的玄言诗更胜一筹，而钟嵘更是在《诗品》中对其从内容和辞采两方面冠之以"中兴第一"的赞誉。总而言之，郭璞的游仙诗是其坎坷人生的投射，蕴含着深沉厚重的忧生愤世之情，继承了比兴寄托传统，表现出儒家入世思想对其的深刻影响，在玄言诗风行的东晋诗坛新辟诗径，独领风骚。

郭璞的学术研究著作众多，但流传后世的并不多。郭璞对《周易》、《尔雅》、《山海经》、《楚辞》、《子虚》、《上林赋》等书做过注释，其中对《尔雅》、《山海经》的注书流传至今，成为研究这两部书的重要参考。

（杨　康）

# 葛 洪 传

**葛洪，字稚川，丹阳句容人。生于晋武帝太康四年（283年）。**

葛洪，《晋书》有传。《晋书》本传："葛洪字稚川，丹阳句容人也。"《抱朴子·外篇·自叙》："抱朴子者，姓葛，名洪，字稚川，丹阳句容人也。"严可均《全晋文》："洪字稚川，丹阳句容人，吴方士玄从孙。"葛洪的祖辈世代为官，陶弘景《吴太极左仙公葛公碑》曾描述葛洪的家族："代载英哲，族冠吴史。"

葛洪的祖父葛系，是吴国的大鸿胪。《晋书》本传："祖系，吴大鸿胪。父悌，吴平后入晋，为邵陵太守。"《抱朴子·外篇·自叙》："洪祖父学无不涉，究测精微，文艺之高，一时莫伦，有经国之才。仕吴，历宰海盐、临安、山阴三县，入为吏部侍郎、御史中丞、庐陵太守、吏部尚书、太子少傅、中书、大鸿胪、侍中、光禄勋、辅吴将军，封吴寿县侯。"

父亲葛悌，在吴国灭亡后入晋，为邵陵太守。葛洪是葛悌的第三个儿子。《抱朴子·外篇·自叙》："洪父以孝友闻，行为士表，方册所载，罔不穷览。仕吴五官郎、中正，建城、南昌二县令，中书郎、廷尉平、中护军、拜会稽太守，未辞而晋军顺流，西境不守。博简秉文经武之才，朝野之论，佥然推君。于是转为五郡赴警。大都督给亲兵五千，总统征军，戍遏疆场。天之所坏，人不能支。故主钦若，九有同宾。君以故官赴，除郎中，稍迁至大中大夫，历位大中正、肥乡令。县户二万，举州最治，德化尤异。恩洽刑清，野有颂声，路无奸迹。不佃公田，越界如市，秋毫之赠，不入于门。纸笔之用，皆出私财。刑厝而禁止，不言而化行。以疾去官，发诏见用为吴王郎中令，正色弼违，进可替不。举善弹枉，军国肃雍。迁邵陵太守，卒于官。"

有关葛洪的生年，有太康四年和太康五年之争。钱穆、陈国符、王明和杨明照等认为葛洪生于太康四年，其依据在于：《太平御览》卷三百二十八引《抱朴子》佚文："晋太康二年，京邑始乱，三国举兵攻长沙王乂，小民张昌反于荆州，奉刘尼为汉主，乃遣石冰击定扬州，屯于建业。宋道衡说冰，求为丹阳太守。到郡，发兵以攻冰，召余为将兵都尉。余年二十一，见军旅，得已而就之。"根据《晋书》、《建康实录》、《资治通鉴》等史料的记载，张昌、石冰之乱是在太安二年，所以《太平御览》所引的"太康二年"应该是"太安二年"，由此推算，葛洪应当生于晋武帝太康四年，即283年。

但余嘉锡和胡孚琛认为葛洪生于太康五年（284年）。胡孚琛认为，以往对《太平御览》所引《抱朴子》佚文的标点有误，应该是"余年二十，一见军旅，不得已而就之。"由此推算葛洪生年应是晋武帝太康五年。但是据学者丁宏武的考证，胡孚琛之所以有此结论，一是认为《道教义枢》卷二、《云笈七签》卷六《三洞经教部·三洞并序》等关于葛洪于晋康帝建元二年（344年）三月三日授经家门子弟的记载属实，从而肯定葛洪卒于建元二年三月三日；二是认为袁宏《罗浮记》关于葛洪享年六十一岁的记载属实。如此推算出葛洪的生年是晋武帝太康五年。若按照晋惠帝太安二年葛洪年二十一，与他的推算有一年之差，所以胡孚琛认为以往的标点有误。但据考证，《道教义枢》卷二、《云笈七签》卷六等记载的葛洪于罗浮山传经子侄之事，其确切时间是在晋康帝建元元年三月，"建元二年"的记载有误。综上分析，葛洪的生年应为晋武帝太康四年（283年）。

有关葛洪的生平事迹，除了《晋书》有记载外，今人有钱穆《葛洪年谱》、胡孚琛《葛洪年谱略述》、丁宏武《葛洪年表》等给予了比较详细的记载，此外有张可礼《东晋文艺系年》、杨明照《抱朴子外篇校笺》附《葛洪家世》及《葛洪生卒年》、王承文《葛洪晚年隐居罗浮山事迹释证——以东晋袁宏〈罗浮记〉为中心》、陈飞龙《葛洪年谱》等，可资参考。

**晋惠帝元康五年（295年），葛洪的父亲葛悌去世。**

葛洪父亲时任邵陵太守，卒于官。此后家道中落，葛洪不得不从事农业劳动，在农闲时发奋学习，为以后成就"儒名"打下了基础。《晋书》

本传:"洪少好学,家贫,躬自伐薪以贸纸笔,夜辄写书诵习,遂以儒学知名。"《抱朴子·外篇·自叙》:"年十有三,而慈父见背。"有关葛悌的去世时间,钱《谱》认为在元康五年,胡《谱》认定在元康六年。今从钱《谱》。

**元康八年(298年),葛洪博览群书,后跟随郑隐学习。**

葛洪自年幼博览群书,涉猎经史百家。葛洪十分好学,为了寻书问义,他会不远千里长途跋涉,尤其喜爱神仙导养之法。他师从郑隐,学习各种神仙道术。郑隐是当时有名的儒士,后师从葛玄,儒道双修,对葛洪最终投身道教产生了重大影响。

《晋书》本传:"性寡欲,无所爱玩,不知棋局幾道,摴蒱齿名。为人木讷,不好荣利,闭门却扫,未尝交游。于余杭山见何幼道、郭文举,目击而已,各无所言。时或寻书问义,不远数千里崎岖冒涉,期于必得,遂究览典籍,尤好神仙导养之法。"

《抱朴子·外篇·自叙》:"年十六,始读《孝经》、《论语》、《诗》、《易》。贫乏无以远寻师友,孤陋寡闻,明浅思短,大义多所不通,但贪广览,于众书乃无不暗诵精持。曾所披涉,自正经、诸史、百家之言,下至短杂文章,近万卷。"

《抱朴子·内篇·金丹》:"昔左元放(左慈)于天柱山中精思,而神人授之金丹仙经。会汉末乱,不遑合作,而避地来渡江东,志欲投名山以修斯道。余从祖仙公,又从元放受之。凡受《太清丹经》三卷及《九鼎丹经》一卷、《金液丹经》一卷。余师郑君者,则余从祖仙公之弟子也,又于从祖受之,而家贫无用买药。余亲事之,洒扫积久,乃于马迹山中立坛盟受之,并诸口诀之不书者。江东先无此书,书出于左元放,元放以授余从祖,从祖以授郑君,郑君以授余,故他道士了无知者也。然余受之已二十余年矣,资无担石,无以为之,但有长叹耳。"《抱朴子·内篇·遐览》:"郑君本大儒士,晚而好道,仍以《礼记》、《尚书》教授不绝。""弟子五十余人,唯余见受金丹之经及《三皇内文》、《枕中五行记》。""郑君不徒明五经、知仙道而已,兼综九宫三奇、推步天文、河洛谶记,莫不精研。"

据钱穆《葛洪年谱》,葛洪跟随郑隐学习的时间应该是在十六岁至二十岁之间。在胡孚琛《葛洪年谱略述》中,认为葛洪于元康九年(299

年）开始从师于郑隐。葛洪从师郑隐并无确切的时间，但可以确定的是，时间应该葛洪十六岁之后。今姑且系于此年。

**晋惠帝太安元年（302年），葛洪开始《抱朴子·外篇》的写作。**

源于"立一家之言"的初衷，葛洪开始创作《抱朴子·外篇》。《抱朴子·外篇·自叙》："洪年二十余，乃计作细碎小文，妨弃功日，未若立一家之言，乃草创子书。会遇兵乱，流离播越，有所亡失，连在道路，不复投笔十余年，至建武中乃定。"

有关《抱朴子》的始作时间，胡孚琛《葛洪年谱略述》认为在光熙元年（306年）。《抱朴子》中并未有此事的确切年代，只是提及写作初衷和完成时间。在《自叙》中提到的"兵乱"，根据学者丁宏武的考证，应指始于晋惠帝太安二年五月的张昌、石冰起义（303—304年）和此后的陈敏之乱（305—307年）、杜弢起义（311—315年）等。由此可以推断《抱朴子·外篇》的写作时间应该始于太安元年至太安二年五月之间，这也与《自叙》相吻合。在此，姑且将此书的始创时间系于此年。

**太安二年（303年），葛洪接受义军大都督顾秘之召，带兵平乱，后因功迁为伏波将军。**

对于葛洪平乱之事，钱穆《葛洪年谱》和胡孚琛《葛洪年谱略述》都定于此年。

《晋书》本传："太安中，石冰作乱，吴兴太守顾秘为义军都督，与周玘等起兵讨之，秘檄洪为将兵都尉，攻冰别率，破之，迁伏波将军。"《抱朴子·外篇·自叙》："昔大安中，石冰作乱，六州之地，柯振叶靡，违正党逆。义军大都督邀洪为将兵都尉，累见敦迫，既桑梓恐虏，祸深忧大。……洪独约令所领，不得妄离行阵。士有擅得众者，洪即斩之以徇。……独洪军整齐毂张，无所损伤。以救诸军之大崩，洪有力焉。后别战斩贼小帅，多获甲首，而献捷幕府。于是大都督加洪伏波将军，例给布百匹。诸将多封闭之，或送还家，而洪分赐将士，及施知故之贫者，余之十匹，又径以市肉酤酒，以飨将吏。于时窃擅一日之美谈焉。"《全晋文》："惠帝时，吴兴太守顾秘檄为将兵都尉，迁伏波将军。"

**晋惠帝永兴二年（305年），葛洪北上洛阳途中遇陈敏作乱，遇嵇含**

**一起探讨学问，并被推荐为广州参军。**

嵇含，字君道，是嵇康的兄长嵇喜之孙。根据《晋书·嵇含传》的记载，嵇含先为襄城太守，不久又投奔襄阳的镇南将军刘弘，而此时葛洪正好"周旋于徐、豫、荆、襄、江、广数州之间"。在《抱朴子·外篇》中的《正郭》、《弹祢》，以及《意林》、《北堂书钞》等所引《外篇》佚文中，有不少嵇含与葛洪评论前贤时的对话。根据丁宏武的考证，结合以上的文献记载来看，永兴年间，嵇含与葛洪在襄阳有过一段探讨学问的经历。此事钱《谱》和胡《谱》均未提及，今补入。

《抱朴子·外篇·自叙》："事平，洪投戈释甲，径诣洛阳，欲广寻异书，了不论战功。窃慕鲁连不受聊城之金，包胥不纳存楚之赏，成功不处之义焉。正遇上国大乱，北道不通。而陈敏又反于江东，归途隔塞。会有故人谯国嵇君道，见用为广州刺史。乃表请洪为参军。虽非所乐，然利可避地于南，故黾勉就焉。"

### 晋怀帝永嘉六年（312年），葛洪从师鲍玄。

葛洪曾从师南海太守上党鲍玄。《晋书》本传："从祖玄，吴时学道得仙，号曰葛仙公，以其炼丹秘术授弟子郑隐。洪就隐学，悉得其法焉。后师事南海太守上党鲍玄。玄亦内学，逆占将来，见洪深重之，以女妻洪。洪传玄业，兼综练医术，凡所著撰，皆精核是非，而才章富赡。"

对于葛洪从师鲍玄的时间，《晋书》本传的记载约在二十岁以前，胡《谱》系于永嘉六年（312年），钱《谱》系于光熙元年南来广州之后。据学者武锋考证，鲍玄任南海太守的时间在312—315年之间。此时，葛洪因嵇含推荐已南下广州，二者相合时间在此。陈龙飞《葛洪年谱》将此事系于此年，今从之。

之后，葛洪娶鲍玄之女为妻，对此，《云笈七签》卷一百一十五《鲍姑传》有记载："鲍姑者，南海太守鲍靓之女，晋散骑常侍葛洪之妻也。靓字太玄，累征至黄门侍郎，求出为南海太守。以姑适葛稚川。"

### 晋愍帝建兴三年（315年），葛洪被司马睿辟为丞相掾。

《晋书》本传："元帝为丞相，辟为掾。"《抱朴子·外篇·自叙》："后州郡及车骑大将军辟，皆不就。荐名琅邪王丞相府。"司马睿辟葛洪为丞相掾。在钱《谱》和胡《谱》中，均将此事系于本年。

**晋元帝建武元年（317年），葛洪被赐爵关中侯，《抱朴子·外篇》完成。**

葛洪因平张昌、石冰起义有功，赐爵关中侯，《抱朴子·外篇》也于此时大体写定。

《晋书》本传："以平贼功，赐爵关内侯。"《抱朴子·外篇·自叙》："晋王应天顺人，拨乱反正，结皇纲于垂绝，修宗庙之废祀，念先朝之滞赏，并无报以劝来，洪随例就彼，《庚寅诏书》赐爵关中侯，食句容之邑二百户。""洪年二十余，乃计作细碎小文，妨弃功日，未若立一家之言，乃草创子书。会遇兵乱，流离播越，有所亡失，连在道路，不复投笔十余年，至建武中乃定。"由《自叙》可知，《抱朴子·外篇》于此时完成，不过后来又进行了修改。钱《谱》、胡《谱》也认为《抱朴子·外篇》完成于此时。

但是，钱《谱》、胡《谱》和陈国符《葛洪事迹考证》等都认为《自叙》中所说《庚寅诏书》的"庚寅"有误，钱《谱》认为应是太兴三年（庚辰），胡《谱》认为应是太兴元年（戊寅），陈国符则认为是咸和五年（庚寅）。根据学者丁宏武的最新考证认为，此《庚寅诏书》，《晋书·刑法志》、《通典》卷一百六十四《刑法二》等都有记载，俱云为晋王司马睿颁发，葛洪所述应无误。据《晋书·元帝纪》，司马睿于建武元年三月辛卯即晋王位，改元"建武"，于次年三月丙辰即皇帝位，改元"大兴"，居晋王位整整一年。建武年号使用了两年，元年为丁丑，二年为戊寅；又因为丁丑年正月为壬寅，戊寅年正月为甲寅，如果"庚寅"在这里纪月，应为丙、辛年的正月，不是丁、戊年的正月，所以"庚寅"在这里绝不是纪年或纪月，只能是纪日。其具体时间，应为建武元年三月初八（庚寅），即司马睿即晋王位的前一天。

**建武二年（318年），葛洪完成《抱朴子·内篇》、《抱朴子·外篇·自叙》，此后辞官归隐。**

《抱朴子·外篇·自叙》（以下简称《自叙》）的最终完成时间晚于《抱朴子·外篇》，而《抱朴子·内篇》的完成则早于《自叙》，其具体时间无明确记载。考察《自叙》可知，其所述生平到建武元年受爵关中侯为止，没有提及咸和初年被任命为司徒掾等事。结合《自叙》中提到的"齿近不惑"及"建武中乃定",姑且将《内篇》和《自叙》的完成时间系于此年。《抱朴子·外篇·自叙》:"洪年二十余,乃计作细碎小文,妨弃功日,未若立一家之言,乃草创子书。会遇兵乱,流离播越,有所亡失,连在道路,不复投笔十余年,至建武中乃定,凡著内篇二十卷,外篇五十卷,碑颂诗赋百卷,军书檄移章表笺记三十卷。"

对于《内篇》的完成时间,钱《谱》没有提及,胡《谱》认为,在晋明帝太宁二年(324年),《内篇》仍在修改当中,《自叙》完成得更晚。在晋成帝咸和八年(333年),葛洪再次去罗浮山隐居之前,今本《抱朴子》的全部文稿应该已经完成了。

**晋成帝咸和元年(326年),干宝举荐葛洪任散骑常侍,辞官不就。**

根据《晋书》的记载,咸和初年,葛洪为司徒掾,迁谘议参军。此时,干宝担任司徒右长史,迁散骑常侍。干宝欣赏葛洪的才华,举荐他为散骑常侍,但是葛洪辞而不就。《晋书》本传:"咸和初,司徒导召补州主簿,转司徒掾,迁谘议参军。干宝深相亲友,荐洪才堪国史,选为散骑常侍,领大著作,洪固辞不就。以年老,欲炼丹以祈遐寿,闻交阯出丹,求为句漏令。帝以洪资高,不许。洪曰:'非欲为荣,以有丹耳。'帝从之。"

钱《谱》系此事于咸和元年(326年),胡孚琛《谱》系于咸和四年(329年),今从钱《谱》。

**咸和五年(330年),葛洪求为句漏令,后南下罗浮山隐居炼丹,著述不辍。**

出于想要炼丹祈寿的想法,葛洪求职句漏令。在皇帝准许后南下至广州,受到广州刺史邓岳的挽留,开始在附近的罗浮山炼丹。邓岳后又举荐他为东官太守,葛洪仍是辞而不就。葛洪在罗浮山一边炼丹养生,一边笔耕不辍。

《晋书》本传:"洪遂将子侄俱行。至广州,刺史邓岳留不听去,洪乃止罗浮山炼丹。岳表补东官太守,又辞不就。岳乃以洪兄子望为记室参军。在山积年,优游闲养,著述不辍。"《道藏·太清金液神丹经》卷下和袁宏《罗浮记》中对此事也有记载。但史籍并没有明确记载葛洪南下的具体时间。根据袁宏《罗浮记》和《晋书》本传等记载,葛洪留在罗浮山是在邓岳担任广州刺史之后，因此应在晋成帝咸和五年以后。钱《谱》系此事于本年，胡孚琛《谱》系于咸和八年（333年），今从钱《谱》。

**晋康帝建元元年（343年），葛洪年六十一，卒。**

葛洪卒于罗浮山。《晋书》本传："后忽与岳疏云：'当远行寻师，克期便发。'岳得疏，狼狈往别。而洪坐至日中，兀然若睡而卒，岳至，遂不及见。时年八十一。视其颜色如生，体亦柔软，举尸入棺，甚轻，如空衣，世以为尸解得仙云。"《先秦汉魏晋南北朝诗·晋诗卷二十一》："固辞，求为句漏令，刺史邓岳表为东官太守，又辞不就。卒年八十一。"

关于葛洪的卒年，众说纷纭，主要有两种说法：一是葛洪卒年六十一，袁宏《罗浮记》中有记载，胡《谱》认同，钱《谱》认为葛洪年寿最高不过六十，其卒年也在晋康帝建元元年（343年）以前；还有一种说法是《晋书》本传中记载的卒年八十一。这一说法的证据主要是《道教义枢》卷二、《云笈七签》卷六等记载，葛洪于晋康帝建元二年（344年）三月三日以《灵宝经》等传付弟子海安君望世等，以及葛洪著《神仙传》的记载，他于晋穆帝永和元年五月一日平仲节成仙，由此推知则葛洪之死当在永和元年之后。对此，学者丁宏武在综合前人的基础上从三方面进行了详细的考辨。第一，《汉魏丛书》等所辑《神仙传》卷十之《平仲节传》，本出于《真诰》，明代人辑录的《汉魏丛书》才掺入《神仙传》，因此不能作为论定葛洪卒年的确证。第二，《道教义枢》卷二、《云笈七签》卷六《三洞经教部·三洞并序》等所记载的葛洪于晋康帝建元二年三月三日授经家门子弟之事，敦煌遗书伯2452号所载《灵宝威仪经诀上》与《云笈七签》卷六《三洞品格》俱云在"建元六年"。但晋康帝建元年号仅二年，所以"建元六年"肯定是"建元元年"或"建元二年"之误。出现这个错误的原因，只能是"元"字的行草体很接近"六"字，后人发现"建元六年"有误，但不深究其致误原因，误改"六年"为"二年"。总之，《道藏》等所记载的葛洪于罗浮山传经子侄之事，出自葛洪从孙葛巢甫及其门徒之手，当属事实；其确切时间应在晋康帝建元元年三月，而这也与袁宏《罗浮记》的说法相符合。第三，《法苑珠林》卷二十七引南齐王琰《冥祥记》、《高僧传》卷九《晋罗浮山单道开传》、《世说新语·言语》"袁彦伯为谢安南司马"条、《世说新语·雅量》"谢安南免吏部尚书还东"条及刘孝标注记载，晋哀帝兴宁元年，也就是葛洪卒年八十一岁，袁宏任南海太守，并登游罗浮山。若葛洪卒于此年，则袁宏登山之时，葛洪或者尚在人世，或者离世不久，身为史家的袁宏不会有葛洪享年六十一岁的错误记载。而且，葛洪辞世之后广州刺史邓岳前往，晋哀帝兴宁元年的广州刺史是谢奉（即谢安南）。由上所说，葛洪实应卒于晋康帝建元元年，时年六十一岁。陈国符、杨明照等先生也都认同此说。今从此说。

葛洪一生著述颇丰，在中国思想史上占有重要地位，除了《抱朴子·内篇》、《抱朴子·外篇》之外，其道家方面的著作占有很大比重，另外还有医学类的相关著作，如《肘后备急方》等，古人称之"博闻深洽，江左绝伦"，可谓实至名归。

《晋书》本传评曰："洪博闻深洽，江左绝伦。著述篇章富于班马，又精辩玄赜，析理入微。""稚川优洽，贫而乐道，载范斯文，永传洪藻。"

葛洪的著作，《晋书》本传记录有："其余所著碑诔诗赋百卷，移檄章表三十卷，神仙、良吏、隐逸、集异等传各十卷，又抄《五经》、《史》、《汉》、百家之言、方技杂事三百一十卷，《金匮药方》一百卷，《肘后备急方》四卷。"《抱朴子·外篇·自叙》记录的有：凡著《内篇》二十卷，《外篇》五十卷，碑颂诗赋百卷，军书檄移章表笺记三十卷，又撰俗所不列者，为《神仙传》十卷，又撰高尚不仕者，为《隐逸传》十卷，又抄五经、七史、百家之言，兵事、方伎、短杂奇要三百一十卷，别有目录。"

《隋书·经籍志》中记录的葛洪著作有：《丧服变除》一卷，《汉书钞》三十卷，《神仙传》十卷，《抱朴子·内篇》二十一卷、音一卷，《抱朴子·外篇》三十卷（梁有五十一卷），《遁甲肘后立成囊中秘》一卷，《遁甲返覆图》一卷，《遁甲要用》四卷，《龟决》二卷，《周易杂占》十卷（亡佚）；《肘后方》六卷（梁二卷），《玉函煎方》五卷，《抱朴君书》一卷。除了《抱朴子》内外篇之外，其他多亡佚。在严可均《全晋文》卷一百十七中和逯钦立《晋诗》卷二十中收录有其作品。

严可均《全晋文》记载有："《丧服变除》一卷，《抱朴子·内篇》二十一卷，《外篇》五十一卷，《神仙传》十卷，《肘后方》六卷，《神仙服食药方》一卷。"

葛洪的思想，集中体现在《抱朴子》内外篇中，涵盖了哲学、政治、社会、文学和养生等诸多领域。关于葛洪的文学成就，《晋书》本传中评价："洪博闻深洽，江左绝伦。著述篇章富于班马，又精辩玄赜，析理入微。"明人朱务本在《刻抱朴子叙》中说："况其文词恢弘壮丽，旷充翁郁，如千寻之桐梓，翠干云霄，照乘之明珠，光彩射人；山岳不足以壮其势，江河不足以充其气，万化不足以拟其实，穷究琳琅不足以比其珍，吴妆楚艳不足以比其丽，雷电倏忽，风云幻化，不足以极其变。盖六朝之文之鼻祖，韩子而下，欧、苏不足多也……"由此可见，葛洪的文章写得是极为出色的。杨明照先生在《抱朴子外篇校笺》中也指出，《外篇》"乃葛洪'骋辞章'之作，行文多韵语和骈言，因而书中征事数典之处比比皆是"。四库馆臣对于《抱朴子外篇》的文风评价为"晋宋以后，以俪偶为子书者，惟葛洪《抱朴子外篇》、刘昼《新论》有是体裁"。

徐公持先生认为"在东晋文的领域，葛洪堪称一大家"。从《抱朴子》看葛洪的文学成就，徐公持先生认为其文章的基本风格为"凝重沉着，少雕琢"，"其说理部分，文字平易通达，不故作艰深奇崛，平铺直叙，不尚藻采，不务雕饰，唯以说理透彻为目的。此与当时一般文士喜作骋辞矜采文章，风习不同。从中亦可见《论衡》《典论》文章风范，对于葛洪之影响。然而《抱朴子》中亦有少数篇章，颇以精心结撰、词采繁丽为胜，尤以《博喻》《广譬》二篇为甚。此二篇之题目，即以对偶为文，显示其别具匠心。而篇中写法，更不同于他篇之平铺直叙，其简洁精警，富于采润，颇为突出。……比兴迭出，妙喻屡见，文句整饬，音节铿锵，而其义旨或总结生活经验，或概括历史教训，多精炼警策，有相当深度，因此具有较高的文学价值。"[①]

**参考文献**

王明：《抱朴子内篇校释》，中华书局1980年版。
杨明照：《抱朴子外篇校笺》，中华书局1997年版。
王利器：《葛洪论》，五南图书出版公司1997年版。
罗宗强：《玄学与魏晋士人心态》，南开大学出版社2003年版。
杨世华：《葛洪研究二集》，华中师范大学出版社2008年版。

---

① 徐公持：《魏晋文学史》，人民文学出版社1999年版，第500—505页。

武锋:《葛洪〈抱朴子外篇〉研究》,光明日报出版社2010年版。
丁宏武:《葛洪年表》,《宗教学研究》2011年第1期。
张文亭:《〈抱朴子〉文学思想研究》,南开大学博士学位论文,2013年。

（杨　康）

# 干宝传

**干宝，字令升，新蔡（今河南新蔡）人也。生年不详。**

干宝，《晋书》有传。《晋书》本传："干宝，字令升，新蔡人也。祖统，吴奋武将军、都亭侯。父莹，丹阳丞。宝少勤学，博览书记，以才器召为著作郎。平杜弢有功，赐爵关内侯。"

干宝的祖父干统，在《世说新语·排调》注引《中兴书》作"正"。根据李剑国《干宝考》，《世说新语》中应该是为了避讳梁照明太子萧统而改为"正"。干宝的父亲干莹，在《元和姓纂》作干营，《斠注》谓《元和姓纂》误作营。李剑国根据《海盐县图经》中记载"云莹字明叔，仕吴为立节都尉"考据《晋书》无误。除了《晋书》中对其家世的记载，余嘉锡先生笺疏引无名氏《文选集注》卷六十二江淹《拟古诗》注引《豫章记》中提出，干宝有兄名庆。李剑国《干宝考》中结合《海盐县图经》卷十二《人物篇》、卷十六《杂识篇》、《历世真仙体道通鉴》卷二十七《吴猛》及相关文献，证明干宝确有兄干庆，在此补本传之阙[①]。

对于干宝的生年，许逸民先生推测干宝约生于晋武帝太康七年（286年）[②]，曹道衡、沈玉成在《干宝事迹》中赞成这个说法[③]。李剑国在《干宝考》中提出干宝的生年应早于276年，张庆民在《干宝事迹新考》中提出干宝生于280年[④]。鉴于各方皆缺乏足够证据，在此不予标注生年。

---

[①] 李剑国：《干宝考》，《文学遗产》2001年第2期。
[②] 《中国古代小说百科全书》（修订本），中国大百科全书出版社2006年版，第103页。
[③] 曹道衡、沈玉成：《干宝事迹》，载《中古文学史料丛考》，中华书局2003年版，第186页。
[④] 张庆民：《干宝事迹新考》，《文学遗产》2009年第5期。

有关干宝的生平事迹，《晋书》本传有记载，今人有葛兆光《干宝事迹材料稽录》、张可礼《东晋文艺系年》和李剑国《干宝考》等，亦散见于日本学者小南一郎《干宝〈搜神记〉の编纂》第二章《干宝——时代生涯》，曹道衡、沈玉成《中古文学史论文集》中，可资参考。

**晋愍帝建兴元年（313年），干宝出仕，任佐著作郎。**

干宝的出仕时间，《晋书》没有记载。曹道衡、沈玉成在《干宝事迹》中认为，干宝在建兴初年入建邺为官，因复预平杜弢事而赐爵著作佐郎。

**建兴五年（317年），晋王司马睿建武元年，干宝开始撰写《搜神记》。**

张可礼先生结合唐无名氏《文选集注》江文通《拟郭弘农游仙诗》注："（吴）猛，豫章建宁人。干庆为豫章建宁令，死已三日。猛曰：'明府算历未应尽，似是误尔。今为参之。'乃沐浴衣裳，复死于庆侧。经一宿，果相与俱生。庆云：'见猛天曹中论诉之。'庆即干宝之兄。宝因之作《搜神记》。故其序云：'建武中，所有感起，是用发愤焉。'"据此推测干宝始作《搜神记》的时间在建武中。建武仅有一年，故系于此年。

在曹道衡、沈玉成《干宝事迹》中根据《建康实录·中宗元皇帝纪》也将干宝立为史官系于此年。

因对阴阳数术很感兴趣，加之受发生在自己家庭中灵异事件的触动，干宝"遂撰集古今神祇灵异人物变化"，开始创作《搜神记》。《晋书》本传记载："性好阴阳术数，留思京房、夏侯胜等传。宝父先有所宠侍婢，母甚妒忌，及父亡，母乃生推婢于墓中。宝兄弟年小，不之审也。后十余年，母丧，开墓，而婢伏棺如生，载还，经日乃苏。言其父常取饮食与之，恩情如生，在家中吉凶辄语之，考校悉验，地中亦不觉为恶。既而嫁之，生子。又宝兄尝病气绝，积日不冷，后遂悟，云见天地间鬼神事，如梦觉，不自知死。宝以此遂撰集古今神祇灵异人物变化，名为《搜神记》，凡三十卷。"

《搜神记》是干宝的代表作，也是六朝时期志怪小说的最优秀的作品。《搜神记》原来有三十卷，但宋代散佚，明人重新辑录，收文四百六十余条。在这四百多条目中，有二百多条源于前人，其余则是干宝搜集记录的口头传说。干宝利用自己身为史官的便利，广征博收，是志怪小说的集大成者。从今本看，《搜神记》采录前人的书有四十种左右，主要有《左传》、古本《竹书纪年》、《吕氏春秋》、《淮南子》、《史记》、《列仙传》、《孝子传》、《汉书》、《风俗通义》、《论衡》、《列异传》、谢承《后汉书》、司马彪《续汉书》、《三国志》、《博物志》、《玄中记》等。其中取材于《列仙传》和《列异传》的故事尤其多。

《搜神记》原本应有若干分篇，如今本卷四"张璞"条，《水经注》卷三十九引，末云："故干宝书之于《感应》焉。"说明原有《感应篇》。又如《水经注》二十一引王乔（今本卷一）事，谓出《神化篇》。如《法苑珠林》所引，亦可证原有《变化篇》、《妖怪篇》等。另外，《搜神记》在唐代是有注本的。《太平御览》卷九百五十引青蚨（今本卷十三）事，"蝓"下注云："墩音敦，蝓音隅。"今本《搜神记》卷十三"金燧"条，末亦有注："言丙午日铸为阳燧，可取火；壬子夜铸为阴燧，可取水也。"文字全同《太平御览》卷二十二所引，可以作为今本是出于后人抄撮的旁证。

从内容的丰富、题材的广泛和艺术技巧的成熟来说，《搜神记》都堪称集大成的作品，在两晋志怪小说中独占鳌头，并为后世的小说创作提供了榜样，是六朝乃至整个古代志怪小说的杰出代表，对后世影响很大。陶宗仪在《说郛序》中称"其搜神怪，可谓鬼董狐"。蒲松龄在《聊斋志异》中说"才非干宝，雅爱搜神"。《搜神记》深深影响了后世小说的创作。钱基博在《中国文学史》中说干宝"记怪怪奇奇，神仙鬼狐，不名一端；盖唐人小说之所本焉；特不刻意构画其事，其辞坦迤，淡乎若无味，恬乎若无事。倘非后来之所能及乎？以稍矜张，便嫌诞妄"[①]。对干宝叙事的功力给予极高的评价。《搜神记》不仅是唐传奇之本，在宋元话本与明清长篇小说中都能看到它的影子。在志怪小说发展史上，《搜神记》更是一座高峰，宋以后的志怪小说，如洪迈的《夷坚志》、瞿佑《剪灯新话》、蒲松龄《聊斋志异》、俞樾《右台仙馆笔记》，无不与《搜神记》一脉相承。《搜神后记》、唐句道兴《搜神记》、焦璐《搜神录》、宋代无名氏《搜神总记》都有意沿袭它的书名。后世小说不仅在体制上，甚至在内容上都继承了《搜神记》的创作。如唐代的《枕中记》、《南柯

---

[①] 钱基博：《中国文学史》，华中师范大学出版社2011年版，第143页。

太守传》，取材于本书的《焦湖庙巫》、《审雨堂》。罗贯中的《三国志演义》、冯梦龙的《三言》都有一些内容可溯源于《搜神记》。类似的影响还延及戏曲，最著名的如关汉卿的《窦娥冤》、汤显祖的《邯郸梦》。

《晋书》本传："以示刘惔，惔曰：'卿可谓鬼之董狐。'"

**晋元帝太兴元年（318年）十一月，在时任中书监王导的推荐下，干宝开始负责撰写《晋史》，做《王昌前母服论》。**

《晋书》本传："中兴草创，未置史官，中书监王导上疏曰：'夫帝王之迹，莫不必书，著为令典，垂之无穷。宣皇帝廓定四海，武皇帝受禅于魏，至德大勋，等踪上圣，而纪传不存于王府，德音未被乎管弦。陛下圣明，当中兴之盛，宜建立国史，撰集帝纪，上敷祖宗之烈，下纪佐命之勋，务以实录，为后代之准，厌率土之望，悦人神之心，斯诚雍熙之至美，王者之弘基也。宜备史官，敕佐著作郎干宝等渐就撰集。'元帝纳焉。宝于是始领国史。"

《王昌前母服论》见《晋书》卷二十《礼志中》："太兴初，著作郎干宝论之曰：……"卷二十八《五行志中》："元帝建武元年六月，扬州旱。去年十二月，淳于伯冤死，其年即旱，而太兴元年六月又旱。干宝曰：杀淳于伯三年之后旱三年是也。"卷二十九《五行志下》："太兴元年，十二月，庐陵、豫章、武昌、西陵地震，涌水出，山崩。干宝以为王敦陵上之应也。"

**太兴四年（321年），干宝论狂华生枯木，议武昌灾。**

《晋书》卷二十七《五行志上》："元帝太兴四年，王敦在武昌，铃下仪仗生华如莲华，五六日而萎落。此木失其性。干宝以为狂华生枯木，又在铃阁之间，言威仪之富，荣华之盛，皆如狂华之发，不可久也……元帝太兴中，王敦镇武昌，武昌灾，火起，兴众救之，救于此而发于彼，东西南北数十处俱应，数日不绝……干宝以为'此臣而君行，亢阳失节，是为王敦陵上，有无君之心，故灾也。'"卷二十八《五行志中》："元帝太兴四年五月，旱。是时王敦陵僭已著。"

**晋明帝太宁元年（323年），干宝求补山阴令。**

《晋书》本传："以家贫，求补山阴令。"张可礼先生认为，此传叙在迁始安太守之前，干宝迁始安太守之事应该在公元 324 年。张庆民在《干宝生平事迹新考》中系此事于明帝太宁二年。今从张谱。

**太宁二年（324 年），干宝迁始安太守。**

《晋书》本传："迁始安太守。"张可礼先生参照《晋书》卷九十四《翟汤传》："司徒王导辟，不就，隐于县界南山。始安太守干宝与汤通家，遣船饷之，敕吏云：'翟公廉让，卿致书讫，便委船还。'汤无人反致，乃货易绢物，因寄还宝。宝本以为惠，而更烦之，益愧叹焉。"同时根据卷六《明帝纪》的记载，王导在本年十月领司徒，司徒王导辟翟汤必在十月之后，此时干宝已经成为始安太守。因此干宝迁始安太守必在本年十月之前。张庆民在《干宝生平事迹新考》中认为干宝迁始安太守约在太宁三年。今从张谱。

**晋成帝咸和元年（326 年），干宝任司徒右长史。**

《晋书》本传："王导请为司徒右长史。"干宝迁司徒右长史的时间不详。萧子显《南齐书》卷十六《百官志》："晋世王导为司徒，右长史干宝撰立《官府职仪》已具。"王导太宁二年始领司徒，时干宝仍任始安太守，因此干宝担任右长史必在太宁二年十月后。张庆民在《干宝生平事迹新考》中考证成帝咸和二年，王导请为司徒右长史。今从张谱。

**咸和二年（327 年），干宝迁散骑常侍。**

《晋书》本传："迁散骑常侍，著《晋纪》，自宣帝迄于愍帝五十三年，凡二十卷，奏之。其书简略，直而能婉，咸称良史。"《文选》卷四十九《晋纪论晋武帝革命》李善注引何法盛《晋书》："（宝）始以尚书郎领国史，迁散骑常侍。卒。撰《晋纪》，起宣帝迄愍，五十三年，评论切中，咸称善之。"

曹道衡、沈玉成在《干宝事迹》中引用《书钞》卷五十七何法盛《晋中兴书》于《太原孙录》有孙盛"以秘书监领著作，干宝以散骑常侍领著作"，指出此处"领著作"指的是著作郎。结合王导转任司空的时间明帝太宁元年，干宝为司徒为王导的司徒右长史，认为干宝领著作郎的时间或在成帝末年。张庆民在《干宝生平事迹新考》中认为约在咸和九年，干宝迁任散骑常侍。干宝任散骑常侍的时间不详，张可礼先生认为，可能在举荐葛洪为散骑常侍、洪不就之后，姑且系于此年。今从张谱。

**晋成帝咸康二年（336年），干宝卒。**

《建康实录》卷七《显成宗皇帝》："咸康二年……三月，散骑常侍干宝卒。"《晋书》本传："宝又为《春秋左氏义外传》，注《周易》、《周官》凡数十篇，及杂文集皆行于世。"

有关干宝的著录，在《隋书·经籍志》记载有：《周易》十卷（晋散骑常侍干宝注）；《周易宗涂》四卷，干宝撰；《周易爻义》一卷（干宝撰）；《周官礼》十二卷（干宝注）；《周官礼驳难》四卷（孙略撰。梁有《周官驳难》三卷，孙琦问，干宝驳，晋散骑常侍虞喜撰）；《后养议》五卷，干宝撰；《春秋左氏函传义》十五卷（干宝撰）；《春秋序论》二卷（干宝撰）；《晋纪》二十三卷（干宝撰，讫愍帝）；干宝《司徒仪》一卷；《搜神记》三十卷（干宝撰）；《干子》十八卷，干宝撰；晋散骑常侍《干宝集》四卷（梁五卷）；《百志诗》九卷（干宝撰，梁五卷）。

丁国钧《补晋书艺文志》卷一："《周易问难》二卷，干宝。谨按，见《七录》，旧误题王氏撰。""《毛诗音隐》一卷，干宝。谨按，见《七录》，旧但题干氏撰……"

严可均在《全上古三代秦汉三国六朝文》卷一百二十七中收录干宝文几篇，分别是《表》一篇，《驳招魂葬议》、《王昌前母服论》、《晋纪总论》、《晋纪论晋武帝革命》、《晋记论姜维》、《山亡论》、《搜神记序》、《司徒议》。

丁福保在《先秦汉魏晋南北朝诗》中第十一卷收录有干宝《白志诗》一首。

在《旧唐书》、《新唐书》、《通志》中收录有干宝的别集四卷和《正言》十卷。《旧唐书》、《新唐书》还收录有《立言》十卷。按照徐公持先生的说法，这两部书当是《干子》一书的异名。

**参考文献**

王枝忠：《汉魏六朝小说史》，浙江古籍出版社1997年版。
刘大杰：《中国文学发展史》，复旦大学出版社2006年版。

傅礼军:《中国小说的谱系与历史重构》,东方出版社2006年版。
章培恒、骆玉明:《中国文学史新著》,复旦大学出版社2011年版。
魏世民:《魏晋南北朝小说史》,安徽大学出版社2011年版。

(杨　康)

# 李 充 传

**李充，字弘度，江夏平春人（今河南信阳）人。生年不详。**

《晋书》本传："李充字弘度，江夏人。父矩，江州刺史。"

李充生卒年史无明载，关于李充的生年，学界有两种看法：王运熙认为李充生于东晋初年。曹道衡则认为李充生于西晋末年，曹先生认为"据《晋书》的《华轶传》、《应詹传》、《温峤传》和《王敦传》记载，则从怀帝永嘉年间（307—312年）起，历任的江州刺史都有姓名可考"，直到虞亮兼任江荆豫三州刺史，而虞亮卒于咸康六年。《晋书·惠帝纪》："（永平元年）秋七月，分扬州、荆州十郡为江州。"永平元年即公元291年，这一年始有江州刺史之职，李矩任江州刺史应在这一年之后。据张可礼先生《东晋文艺系年》考，李充在咸康四年出任丞相王导掾，可见李充父李矩任江州刺史当在华轶之前。《晋书·中宗元帝纪》载："江州刺史华轶不从，使豫章内史周广、前江州刺史卫展讨禽之。"《世说新语·俭啬》刘孝标注曰："永嘉流人名曰：'卫展字道舒，河东安邑人。祖列，彭城护军。父韶，广平令。展，光熙（306年）初除鹰扬将军、江州刺史。'"可见李矩任江州刺史在卫展前，即306年之前。因此，李矩任江州刺史当在291—306年之间。据《晋书》本传所言，李充少丧父，由上推之，李充当生于291—306年间。司马睿于317年建东晋，可以确定李充生于西晋末年。

对于李充籍贯，《中国历史大辞典·思想史》卷和河南省图书馆申畅主编的《中国目录学辞典》均载李充为湖北安陆人，徐公持《魏晋文学史》认为"李充，江夏平春（今河南罗山县西）人。吴朝暾、付瑛《李充籍贯考》① 据史书推断，在李充的几代长辈或平辈中，除李通是江夏平春人外，李重、李式都是江夏钟武人，《汉书·地理志》、《后汉书·郡国志》、《晋书·地理志》、《通典》载：钟武原是西汉时江夏郡的一个属县，东汉时被取消，又别置平春，仍属江夏郡。到了晋朝，行政区划有所变动，江夏郡归属荆州，只统辖七个县，平春仍隶属之。后几经变迁，钟武和平春均归义阳郡，而义阳就是后来的信阳，就是说，平春和钟武都在今河南信阳境内，一个在信阳东南，一个在信阳西北。另有信阳史志《信阳县志》和《重修信阳县志》辅证，因此，李充也应该是平春人或钟武人，应为现河南信阳人，本文暂从此说。

李充出身名门。李充的四世祖是三国时魏国名臣李通，《三国志·魏书·李通传》载："李通字文达，江夏平春人也……"通子绪，官平虏中郎将；基，奉议中郎将、都亭侯、汝南太守。裴松之注云："王隐《晋书》云：'绪子秉，字玄胄……官至秦州刺史……秉子重，字茂曾，少知名，历位吏部郎、平阳太守……赠散骑常侍。重二弟：尚，字茂仲；矩，字茂钧，永嘉中并典郡。矩至江州刺史。重子式，字景则，官至侍中。'"《晋书》卷四十六："李重字茂曾，江夏钟武人也。父景（应为秉，当是刻字有误），秦州刺史，都亭定侯……为行讨虏护军、平阳太守……卒时年四十八……赠散骑常侍……子式，有美名，官至侍中，咸和初卒。"《世说新语·言语》注引《中兴书》："李充字弘度，江夏鄳人也。祖康（《全晋文》卷五十三李秉《家诫》下严可均注'康'当作'秉'——引者注）、父矩，皆有美名。"此传所载李重的父名虽与王隐《晋书》中李重父名不一致，但从对李重生平事迹的记载上看，还是一致的，可能是今《晋书》刻字有误，将"秉"讹为"景"，所以两种《晋书》所载李重是一个人无疑。

李充之母为东晋著名书法家卫夫人。刘宋羊欣《采古来能书人名》："晋中书郎李充母卫夫人，善钟法。王逸少之师。"《法书要录》："晋中书院李充母卫夫人，善钟法，王逸少之师。""卫夫人，名铄，字茂猗，廷尉展之女弟"，唐张怀瓘《书断》："卫夫人名铄，字茂漪。廷尉展之女弟、恒之从女（应为从妹），汝阴（应为江州）太守李矩之妻也。隶书尤

---

① 吴朝旸、付瑛：《李充籍贯考》，《信阳师范学院学报》（哲学社会科学版）1994年第3期。

善，规矩钟公。右军少常师之。永和五年卒，年七十八。子克（应为充）为中书郎，亦工书。"卫夫人书法造诣非常之高，庾肩吾《书品》列其书为中之上品，李嗣真《书后品》列为上之下品。张怀瓘《书断》称其："隶书尤善规矩，钟公云：'碎玉壶之水，烂瑶台之月。婉然芳树，穆若清风。'"其书法成就在历代都受到称赞。

卫夫人先祖可追溯到汉代卫暠。《晋书·卫瓘传》载："汉明帝时，（暠）以儒学自代郡征，至河东安邑卒，因赐所亡地而葬之，子孙遂家焉。"卫暠子觊孙瓘皆是著名的书法家，其后代亦有书法家风。卫瓘有子恒、岳、宣、裔，恒有子璪、玠。卫玠是当时清谈的高手。《晋书·卫瓘传附恒族弟展传》云卫展是卫恒的族弟。《世说新语·俭啬》第六篇载："卫江州在寻阳……李弘范闻之曰：'家舅刻薄，乃复驱使草木。'"卫江州即卫展，李弘范应为李弘度，指李充，可知卫夫人是卫展的妹妹。而《全晋文》曰："铄字茂猗，河东安邑人，廷尉卫展女。"由此，卫夫人是卫恒的族妹，卫夫人之父应该是卫瓘兄弟。卫家自卫觊以来尽出书法高手，到卫夫人已是第四代，卫夫人一女流之辈，成就不逊他人，令人钦佩，李充擅楷书乃是受其母影响。

李充的从兄李式、李廞等也都有书名。尤其是李式，其书法成就在东晋初期已可同当时的书法权威王廙（羲之叔父）和庾翼媲美的程度。发展至唐代，江夏李氏竟出现了李邕那样的书法大家。这也和卫夫人的书法传授是分不开的，可以说，李充是在一个书法世家中成长的，李充的书法造诣也很高，《晋书》传曰："善楷书，妙参钟索，世咸重之。"

李充的生平事迹，除了《晋书》有记载，今人有张可礼《东晋文艺系年》，袁济喜主编《汉末三国两晋文学批评编年》，梅新林、俞樟华主编《中国学术编年》，徐公持《魏晋文学史》，曹道衡、沈玉成《中古文学史料丛考》等著作，以及曹道衡《中古文学史论文集·晋代作家六考》，吴朝暾、付瑛《李充籍贯考》，闫春新《李充〈论语〉注简论》，梅雪晴《东晋李充的古典目录学思想述略》等文，可资参考。

**李充少孤，性格刚烈勇猛。**

《晋书》本传："充少孤，其父墓中柏树尝为盗贼所斫，充手刃之，由是知名。"李充少年时即能手刃盗贼，展示出其性格的刚勇强悍。《北海集》卷三十八评"李充少慷慨有英气"。

这在其文章中也有所体现，李充之文有《九贤颂》、《吊嵇中散》等。"九贤"指汉魏间名士郭泰、管宁、陈寔、华歆、嵇康等。自思想倾向言，这些人物或服膺儒术，或宗奉道家，并不一致，但他们有一共同点，即率皆汉魏间名士，皆以"有道"、"含道"或"懿德"闻。李充对"九贤"礼赞有加，谓其"慧心秀朗"、"履信依仁"、"诞纵淑姿"云云。其中对嵇康赞颂最高："肃肃中散，俊明宣哲；笼罩宇宙，高蹈玄辙。"对于这位被司马昭杀害的名士表达由衷敬仰。而其收于《太平御览》的《嵇中散》文，更对嵇康极表景慕："先生挺藐世之风，资高明之质。神萧萧以宏远，志落落以遐逸。忘尊荣于华堂，括卑静于蓬室。宁漆园之逍遥，安柱下之得一。寄欣孤松，取乐竹林；尚想蒙庄，聊与抽簪。味孙殇之浊醪，鸣七弦之清琴。慕义人之元旨，咏千载之徽音。凌晨风而长啸，托归流而吟咏。乃自足乎丘壑，孰有愠乎陆沉。马乐原而翘足，龟悦涂而曳尾。尚遗大以出生，何殉小而入死？嗟乎先生！逢时命之不丁，冀后凋于岁寒，遭寒霜于夏零。灭皎皎之玉质，绝琅琅之金声。援明珠以弹雀，损所重而为轻。谅鄙心之不爽，非大难之所营。"

文章清切沉着，悲风萧瑟，在赞颂嵇康"藐世之风"及"高明之质"同时，亦对其死于非命深表痛惜。认为嵇康"遗大以出生"、"殉小而入死"，"援明珠以弹雀，损所重而为轻"，事有不值；此处对嵇康亦小有批评。然而总体言，这是嵇康死后不足百年所出现的第一篇赞美凭吊文章，文中明确为嵇康之死鸣不平，在司马氏政权下如此做，应当说颇具挑战姿态，是东晋吊文佳作。

**晋成帝咸康四年（338年），李充任丞相辟丞相王导掾，转记室参军。著《学箴》。**

张可礼先生据《通鉴》将李充著《学箴》的时间系于晋咸康四年（338年）六月，应为李充出任王导丞相掾时所作。

《晋书》本传："幼好刑名之学，深抑虚浮之士，尝著《学箴》，称：《老子》云：'绝仁弃义，家复孝慈。'岂仁义之道绝，然后孝慈乃生哉？盖患乎情仁义者寡而利仁义者众也。道德丧而仁义彰，仁义彰而名利作，礼教之弊，直在兹也。先王以道德之不行，故以仁义化之，行仁义之不笃，故以礼律检之；检之弥繁，而伪亦愈广，老庄是乃明无为之益，塞争欲之门。……于时典籍混乱，充删除烦重，以类相从，分作四部，甚有条贯，秘阁以为永制。"

《晋书》称李充"幼好刑名之学，深抑虚浮之士"。"刑名之学"是李充重要的思想特征之一，主要表现为反对虚浮的社会风气，反对名不副实之人。最能体现李充"好刑名之学"思想的即是《学箴》。

《学箴》产生的社会背景是时人尚虚浮之风，其弊日盛。李充在序言称"情仁义者寡而利仁义者众"，认为出于真心实践仁义的人越来越少，利用仁义谋取名利的人越来越多，故"惧后进惑其如此，将越礼弃学而希无为之风"，"略言所怀，以补其阙。引道家之弘旨，会世教之适当，义不违本，言不流放，庶以袪困蒙之蔽"。李充作此文之目的，就是要抑制当时的虚浮之风，为后进之士指出一条道路来。《学箴》的思想以玄学为理论基础，即以人的自然本性作为儒家名教存在的根据。李充认为仁义本于自然本性，出于人的血缘亲情与自然情感的"情仁义"，礼教的弊端来源于丧失自然真情而以仁义为谋利手段的"利仁义"，世人应尚仁义而"去其害仁义者"。所谓"去其害仁义者"，即抛弃借行仁义以达成个人私利的行为，不用外表上的假仁义来猎名取利，使仁义与人类自然亲爱的本能一致。

《学箴》体现出李充主张维护儒家仁义施行的思想，更体现出李充反对名不符实的社会现象，憎恶以假仁义谋名利的不道德行为。《晋书·李重传》称李重"迁尚书吏部郎，务抑华竞"。李重在奏论中曰："案如《癸酉诏书》，廉让宜崇，浮竞宜黜。"可见李重反对浮虚之风，李充"刑名"思想与之一脉相承。

《世说新语·品藻》中李充称赞李重"雅正"，足见其对李重的尊重与敬仰。李充任大著作郎期间，"删除烦重，以类相从，分作四部，甚有条贯，秘阁以为永制"（《晋书》本传）。《隋书·经籍志》也称："东晋之初，渐更鸠聚。著作郎李充，以勖旧簿校之，其见存者，但有三千十四卷。充遂总没众篇之名，但以甲乙为次。自尔因循，无所变革。其后中朝遗书，稍流江左。宋元嘉八年，秘书监谢灵运造《四部目录》，大凡一万五千七百四卷。"作《晋元帝四部书目》工程浩大，需忍住寂寞，淡泊名利，借此可以看出李充具有务实精神，躬身实践其"好刑名之学，深抑虚浮之士"之思想。

李充的《学箴》是其流传至今的重要作品，充分体现了作者的哲学思想，由此可以为理解李充《论语》注提供理论参照。这时李充年龄约在三十八岁至四十八岁之间，世界观已经成熟，故该文能够比较全面地反映出李充的学术思想。

李充生于西晋末年，玄学已经经历了鼎盛时期，"名教"与"自然"、齐一儒道等问题在郭象那里得到解决。李充思想中的玄学思想，体现出"名教"与"自然"调和的儒道合一的特点。除受儒家、刑名、玄学思想影响，李充还很重视道家思想。余嘉锡《世说新语笺疏》曰："《御览》五百九十七引充《起居诫》，自言家奉道法，知其好道家之言。"李充对《论语》、《尚书》、《周易》等儒家经典和道学名著《庄子》颇有研究，并"注《尚书》及《周易旨》六篇、《释庄论》上下二篇"（《晋书》本传）。因对儒道名著的熟稔，李充常用老、庄思想诠释《论语》。儒道会通的思想在李充《论语》注中也有明显的体现。

李充思想主要体现在《论语注》、《尚书注》、《周易旨》、《释庄论》、《翰林论》等著作中。这些著作大多亡佚。从现存残篇看，李充思想以儒为本、好刑名之学、兼综道玄。

李充以儒学为根本的思想特征集中体现在《论语注》中。李充《论语》注以道家的"自然之性"作为儒家纲常的存在依据，但同时极力强调儒家礼教的作用，具有向儒学靠拢的学术倾向。这种儒道兼综而侧重儒教的思想性格，既与李充个人的人生经历相关，亦反映了东晋初期士族文化及玄学思想的变化[①]。《隋书·经籍志》："《论语》十卷，晋著作郎李充注。""《论语释》一卷，李充撰。"《新唐书·艺文志》载："李充注《论语》十卷。"《清史稿·艺文志》载："晋李充《论语集注》二卷。"今已不见李充《论语注》之完本。梁代皇侃作《论语义疏》时辑录一些李充的注释，成为现在研究李充《论语注》的重要资料。李充在《论语注》中常称孔子为"圣人"，对孔子十分尊重，树立其诲人不倦的儒者形象。除尊孔外，李充还重视儒家仁、义、德、礼等思想及其在现实生活中的功用。孝、义、礼都是儒家思想的核心内容，李充对之十分重视，于此显示李充思想中儒家观念占据十分重要的地位。

**晋穆帝永和二年（346年），李充任剡县令。**

李充原在京师为王导掾，后转"记室参军"，记室参军是个低级官

---

[①] 闫春新：《李充〈论语〉注简论》，《齐鲁学刊》2003年第4期。

吏，属幕僚性质，待遇不高，故自称"家贫"，且已到了无暇择木的程度。故他借转为褚裒参军之机，提出"外出"的要求。

《晋书》本传："征北将军褚裒又引为参军，充以家贫，苦求外出。裒将许之为县，试问之，充曰：'穷猿投林，岂暇择木！'乃除剡县令。"

据《晋书·穆帝纪》记载：永和二年（346年）"秋七月，以兖州刺史褚裒为征北大将军，开府仪同三司"。兖州刺史没有资格"开府"。开府以后才得招聘幕僚，故李充到剡县的上界在永和二年七月以后。而永和五年七月褚裒北伐失利，退屯广陵。该年十二月褚即病死。故李充始任剡县令的时间应介于永和二年七月至永和五年七月之间，且其母卒于永和五年，其任剡县令最多三年。

**永和五年（349年），李充遭母忧。与王羲之等交好。**

唐张怀瓘《书断》："卫夫人名铄，字茂漪……永和五年卒，年七十。子克（应为充）为中书郎，亦工书。"卫夫人应卒于晋永和五年。

李充之母卫夫人除是王羲之的书法启蒙师以外，还可能是王羲之的姨母。郑杓《衍极》和陶宗仪《书史会要》载"卫与王世为中表"。王国栋所修《王氏宗谱》更在羲之之父王旷条下注明"配卫氏"。王羲之有《题卫夫人笔阵图后》阐明自己的书法心得。李充与王羲之的关系可谓十分密切，但是永和九年的兰亭集会作为一场文学盛会，竟然没有李充的参与，原因应是他已经于永和八年服丧完毕到京师任大著作郎了，因此李充与王羲之等人的"并称同好"，应是在李充服丧期间。

李充在东晋，文名颇著。他家居会稽，与孙绰、许询、支遁、王羲之、谢安等皆以文义冠世，并称同好。

《晋书·王羲之传》："孙绰、李充、许询、支遁皆以文义冠世。并筑室东土，与羲之同好。"王羲之永和七年才到会稽任内史。李充当时因母丧在剡闲居，用"筑室东土"来形容是可以的。故李充与王羲之在会稽"同好"只有永和七年至八年两年时间。

李充作品虽众，今存无多，完整者唯诗一首，收于《玉台新咏》卷三等。其诗即《嘲友人》，很有可能是此时所作："同好齐欢爱，缠绵一何深。子既识我情，我亦知子心。燕婉历年岁，和乐如瑟琴。良辰不我俱，中阔似商参。尔隔北山阳，我分南川阴，嘉会罔克从，积思安可任！目想妍丽姿，耳存清媚音。修昼兴永念，遥夜独悲吟。逝将寻行役，言别涕沾襟。愿尔降玉趾，一顾重千金。"

此为拟作征夫词。自汉魏以来，征夫思妇为文士诗中常见主题，写法已不新鲜。西晋张华、陆机等拟乐府诗中不少。然而东晋文人则少涉此领域，李充此篇为今存乐府诗中仅见者。唯其少见，而显出一定个性，显示乐府诗影响在东晋之存在。又东晋诗坛玄言弥漫，此诗竟不为所染，显出独到质朴境界。此诗另一值得注意之点，为第二韵开始，即成偶句。虽以"言对"、"正对"为主，如刘勰所云"言对为易，事对为难；反对为优，正对为劣"（《文心雕龙·丽辞》），但李充努力加重诗中骈偶化色彩，符合诗歌格律化发展方向。

**永和八年（352年），李充为大著作郎，整理典籍。撰《晋元帝四部书目》。**

《晋书》本传："服阕，为大著作郎。于时典籍混乱，充删除烦重，以类相从，分作四部。甚有条贯，秘阁以为永制。"充为大著作郎时间，史籍未记。张可礼先生认为，充永和九年遭母忧，疑为笔误。李充应是永和五年（349年）遭母忧，最少应当守孝三年，加之其未参加永和九年的兰亭集会，应是永和八年（352年）已服阕，到京师担任大著作郎一职。

李充所任著作郎在晋官品中为第六品，掌管国史编撰。借此，李充得以对古代典籍"删除烦重，以类相从，分作四部"，编纂《晋元帝四部书目》，创制经、史、子、集四分法，并为后代袭用。

据阮孝绪在《古今书最》中著录，该书目以四部分类，收书三百零五帙，三千零十四卷。当时，正值惠帝、怀帝相继执政，社会动荡不安，书籍大都散亡。到了江东，又系草创，已百不存一。其后虽有所积聚，但混乱不堪。李充根据具体情况，才决定采用四部。只列篇名，不详细分类。公元317年，司马睿依靠以王导为首的江南地主阶级，建立了东晋，并重新开始收集图书。经过近三十年的网罗经营，到穆帝时，东晋政府方有图书三千多卷。这三千卷图书经大著作郎李充整理编次，撰成《晋元帝四部书目》。共著录图书三百零五帙、三千零十四卷。该目分为四部：甲部，著录六艺经书；乙部，著录史书；丙部，著录诸子书；丁部，著录诗赋文集。由于当时实有图书甚少，李充在四部之下没有再细分类，只于大部之下列书名而已。李充在这部书目中确立了经、史、子、集的四部顺序。自此以后的一千六百年间的四部法悉尊不变，成历代秘阁之永制。这虽系因袭前人和过于简略，但起着继往开来的作用。

李充奠定图书分类学的基础是魏晋以后文学创作的发展，这时的文人也开始注意文章总集的编选，这些选家往往通过文体源流和作家作品的论述，通过文章的去取体现他们的文学观点，因此这些总集同样具有文学批评著作的价值。现在已经散佚的西晋挚虞《文章流别集》和东晋初李充的《翰林论》，就是魏晋南北朝时代著名的总集。刘勰《文心雕龙》评李充的《翰林论》为"疏而不切"。东汉以后，诸子学说衰落了，作为实用技术的军事、天文、数学、机械、医学等也统统受到鄙视，因此，这几类著作日益减少。魏、晋以来，个人文集及总集、选集的编纂日益兴盛，这些选集，尤其是别集，虽然主要是文学作品，但绝非仅有诗赋，也有政论、奏表、杂文等掺杂在里边。由于这一系列的变化，作为学术文化的陈列橱窗的目录，特别是由学术文化性质决定的分类法，就不得不改弦更张，以适应文化学术的发展变化了。首先站出来对分类法进行改革的，是西晋的荀勖。荀勖根据三国魏郑默所编的《中经》更撰《中经新簿》时，把图书分成了四个部类：甲部六艺、小学；乙部诸子、兵书、兵家、数术；丙部史书、杂事；丁部诗赋、图赞、汲冢书。这就基本构成了后世的"四分法"。而李充作《晋元帝四部书目》，更是对荀勖的乙、丙两部位置进行了对调，这样，就基本上确定了后世经、史、子、诗赋顺序，李充也就成了目录学的奠基人之一。由于李充等人首倡的经、史、子、集分类法与当时学术发展状况与趋势相一致，所以它迅速得到了官、私两方面目录学家的承认。东晋初，国家重视收藏图书，在李充任大著作郎时，受命以西晋荀勖所撰《中经新簿》为蓝本，校对现在所藏之书，仅存三千零十四卷，遂又整理旧籍，编成《晋元帝四部书目》。他在荀勖《中经新簿》分类体系的基础上，又删除浮秽，以类相从，总设众篇之目，以五经为甲部，史为乙部，诸子为丙部，诗赋为丁部。唐《隋书·经籍志》依其经、史、子、集分类，类分四部的名称由是确立。自此之后，无论史志、官籍或私藏书目率皆依循不改，并一直为后世袭用，在中国目录学史和分类学史上有重要地位。该书目已佚，今从《古今书最》辑录中可看出体例。李充新的分类法，适应了魏晋以来文学作品增多的现实，对于文学相关的集部形态的独立有一定的推动作用。"自尔因循，无所变革"，李充的四部目录学的重新制订，对于东晋以后的文学目录之进化至关重要，反映了东晋初年文学批评的向前推进。

**晋穆帝升平三年（359年），李充任中书侍郎。著有《翰林论》。**

《晋书》本传："累迁中书侍郎。"时间未详。

李充后累迁中书侍郎，中书侍郎由魏置通事郎发展而来，晋代沿用，居第五品，职能是为皇帝起草诏令，相当于汉代的尚书郎。"魏、西晋时中书监、令承受、宣布皇帝旨意，由侍郎草拟成诏令，呈皇帝批准后颁下。职任机要，地位不高，但颇清贵，多用文学之士，亦为宗室起家（入仕）之阶梯。"李充任此职，可见其才学受到重用，地位已经明显提高。应是其撰写《晋元帝四部书目》有功而获升迁。张可礼认为，充为大著作郎，整理典籍，任务繁重，疑最少需三年时间方能完成。完成后当改任中书侍郎。暂采此说，推其任中书侍郎时间为晋升平三年（359年）。

李充另有《翰林论》，从今存残文观之，《翰林论》大抵可分为"文之总论"与"文体之论"，以一二文句揭示该文体所宜遵循之风格，并标举优秀作品示例。其文之总论如："或问曰：何如斯可谓之文？答曰：孔文举之书，陆士衡之议，斯可谓之文矣。""潘安仁之为文也，犹翔禽之羽毛，衣被之绡縠。"此仅举例以明"何如斯可谓文"问题，缺乏正面详细阐述；其分体论则分别涉及"表"、"驳事"、"论"、"议奏"、"盟檄"等，既有例，又提出该文体之写作要求。举出了孔融之书、陆机之议、潘岳之文、曹植之表、嵇康之论以为典范。《翰林论》推崇名法的嵇康之论，称之"贵于允理，不求支离"。李充对嵇康评价颇高，在《九贤颂》中赞颂嵇康"肃肃中散，俊明宣哲。笼罩宇宙，高蹈玄辙"，又撰《吊嵇中散》，赞其"挺藐世之风，资高明之质"。在对文体的辨析中，"议奏"体的标准是"在朝辨政而议奏出，宜以远大为本"，以陆机为模范："陆士衡之议，斯可谓成文矣"、"陆机议晋断，亦名其美矣"。《翰林论》论"表"体曰："表宜以远大为本，不以华藻为先。"称诸葛亮、裴亮、羊祜之表为"德音"，在这种应用问题中皆以"远大"为主，"华藻"次之。而在论诗时，李充说："潘安仁之为文也，犹翔禽之羽毛，衣被之绡縠。"正如黄侃在《文心雕龙记·序志》中所评价的那样，李充《翰林论》"观其所取，盖以沉思翰藻为贵者"。另外《文选》卷二十一应休琏《百一诗》李善注引《翰林论》曰："应休琏五言诗百数十篇，以风规治道，盖有诗人之旨焉。"可知李充在当时玄言诗盛行之时，仍然秉持"以风规治道"之诗学传统。

《翰林论》写法受挚虞《文章流别论》一定影响，不过稍简括。其文章观念则与西晋陆机、挚虞等有所不同。他在论及"表"时两次强调"宜以远大为本"，在论及"表"、"驳事"时两次主张"不以华藻为先"，显示与西晋文论重华藻相异倾向。李充在论"论"时又提出"研玉名理"、"论贵于允理"，此亦反映在东晋玄学高潮中，文贵达理不尚藻饰之普遍风气。可以说，《翰林论》为具有东晋时代特色之文论。

《隋书·经籍志》著录《翰林论》三卷，《翰林论》全书已佚。今有严可均《全晋文》卷五十三辑录残文八则，合今人补辑共十三则。《玉海》卷六十一引《中兴书目》称"《翰林论》二十八篇，论为文体要"。《文镜秘府论》天卷《四声论》称"李充之制《翰林论》，褒贬古今，斟酌利病，乃作者之师表"。东晋南朝以来，诗文评家对此均有论说，间有褒贬。《诗品》中品"李充翰林疏而不切。"《文心雕龙·序志》评价"《翰林》浅而寡要"。黄侃《文心雕龙札记·序志篇》称李充《翰林论》"观其所取，盖以沉思翰藻为贵者，故极推孔陆而立名曰《翰林》"。刘永济《魏晋之际论著文之盛况》中将魏晋论著文大抵分为"法家文"与"道家文"二宗，又称"嵇康之论"为"析理周密，附会辞义之文"，著论兼善名法，精核犹胜阮籍，并引《翰林论》以证其说。《翰林论》推崇兼善名法的嵇康之论，称其"贵于允理，不求支离"，此即刑名之学所称誉的"精核、校练、约美、附会文辞、析理周密"，而不取阮籍《达庄论》的"旨远辞丽"[①]。

**晋哀帝隆和元年（362年），李充卒。**

李充的卒年，张可礼据《资治通鉴》考，李充于咸康四年（338年）六月任王导丞相掾，李充卒年不早于338年。据唐张彦远集《法书要录》记载，李充母卫夫人卒于永和元年（349年），而《晋书》本传称李充母去世后，李充服丧三年，又出任大著作郎，由此推知李充卒年上限不早于352年。李充为大著作郎之后，"删除烦重，以类相从"，作《晋元帝四部书目》定需几年时间，据曹道衡先生考证大约不会早于永和末年至升平年间（335—360年），甚至也可能活到隆和、兴宁年间（362—365年）或更后。所以李充卒年下限参照曹先生看法，当于隆和、兴宁年间

---

① 刘永济：《十四朝文学要略》，黑龙江人民出版社1984年版，第139页。

（362—365年）。

李充是东晋著名的文学家、文论家、目录学家，其思想集中体现于《论语注》、《学箴》等著作之中，表现为以儒为本、刑名之学、兼综道玄的特征。作为文学家，李充的文学颇有成就，曾有为数不少的作品流传后世。李充《翰林论》是文体论在东晋发展的重要表现，对后世文学批评和总集编撰有重大影响。

李充著述颇丰，著《学箴》以为学者之诫，《晋书》本传："充注《尚书》及《周易旨》六篇、《释庄论》上下二篇、诗赋表颂等杂文二百四十首，行于世。"《隋书·经籍志》著录有《李充集》二十二卷，梁十五卷，录一卷，李充注《论语》十卷，《翰林论》三卷，梁五十四卷。《旧唐书》、《新唐书》皆著录有《李充集》十四卷，而《通志》著录作二十二卷。《旧唐书·经籍志》、《新唐书·艺文志》、《国史·经籍志》等目录中，收有他的著作，计有《论语注》、《论语释》、《翰林论》、《释庄子论》，现多已亡佚。《翰林论》全书已佚，今有严可均《全晋文》卷五十三辑录残文八则，合今人补辑共十三则。严可均辑其文入《全晋文》卷五十三，逯钦立辑其诗入《晋诗》卷十一共三首。所撰《晋元帝四部书目》书目已佚，今从《古今书最》辑录中可看出体例。

**参考文献**

陈梦雷：《古今图书集成》，中华书局武英殿本影印本1934年版。
张彦远著，范祥雍点校：《法书要录》，人民美术出版社1984年版。
李万健：《中国著名目录学家传略》，书目文献出版社1993年版。
杨运熙、杨明：《魏晋南北朝文学批评史》，上海古籍出版社1996年版。
张怀瓘著，石连坤评注：《书断》，浙江人民美术出版社2012年版。
吴朝暾、付瑛：《李充籍贯考》，《信阳师范学院学报》（哲学社会科学版）1994年第3期。
闫春新：《李充〈论语注〉简论》，《齐鲁学刊》2003年第4期。
梅雪晴：《东晋李充的古典目录学思想述略》，《河南图书馆学刊》2014年第10期。

（李小青）

# 庾 阐 传

**庾阐，字仲初，颍川鄢陵（今河南鄢陵北）人。生年不详。**

《晋书》本传："庾阐字仲初，颍川鄢陵人也。"庾阐祖父庾辉，官至安北长史；父庾东，以有勇力、善相扑而闻名。《晋书》本传："祖辉，安北长史。父东，以勇力闻。武帝时，有西域健胡矫捷无敌，晋人莫敢与校。帝募勇士，惟东应选，遂扑杀之，名震殊俗。"

庾阐生卒年，史无明载。《世说新语·文学》注引《中兴书》"阐……太尉亮之族也。少孤。"据徐公持《魏晋文学史》推断，庾阐约莫生于元康八年（298年）或稍前。《晋书》本传曰："九岁能属文……永嘉末，为石勒所陷，阐母亦没。阐不栉沐，不婚宦，绝酒肉，垂二十年，乡亲称之。"可知永嘉末（313年）庾阐已年过九岁。本传又曰："州举秀才，元帝为晋王，辟之，皆不行。"按司马睿为晋王，据《晋书·元帝纪》载，时在建武元年（317年）三月，其时庾阐已被辟为属吏，年龄当在二十岁以上。由此推算，庾阐约生于此前二十年，即元康八年（298年）或稍前。《世说新语·文学》注引何法盛《中兴书》："阐……五十四卒。"据此推算，其卒年当于晋穆帝永和七年（351年）或稍前。

有关庾阐的生平事迹，除了《晋书》和《世说新语》有记载外，还有张可礼《东晋文艺系年》，袁济喜主编《汉末三国两晋文学批评编年》，梅新林、俞樟华主编《中国学术编年》等著作，以及曹道衡《中古文学史论文集·晋代作家六考》等文，可资参考。

**晋元帝建武元年（317年），庾阐为元帝所辟，未行。**

庾阐少好学，九岁能属文。少年时跟从舅家孙氏至江东，庾阐的母亲孙氏跟随庾阐的兄长、时任乐安长史的庾肇，住在项城。永嘉末年，乐安被石勒攻陷，庾阐的母亲被害。庾阐不梳洗，不结婚做官，不食酒肉，接近二十年，被乡人称许。

《晋书》本传："阐好学，九岁能属文。少随舅孙氏过江。母随兄肇为乐安长史，在项城。永嘉末，为石勒所陷，阐母亦没。阐不栉沐，不婚宦，绝酒肉，垂二十年，乡亲称之。"

《晋书》本传："州举秀才，元帝为晋王，辟之，皆不行。"

据《晋书·孝怀帝纪》，石勒于永嘉五年陷项城。是年，阐母卒。母卒前，阐已过江。今据"少年"，假定在十三岁前后。如过江之次年遭母丧，则永嘉五年，阐十四岁上下。以此推之，阐本年当在二十四岁左右。

**晋明帝太宁二年（324年），庾阐任西阳王羕掾。**

《晋书》本传："后为太宰、西阳王羕掾。"时间不详。据张可礼先生考，《晋书·元帝纪》："永昌元年……五月壬申，敦以太保西阳王羕为太宰。"《晋书·成帝纪》："咸和元年……冬十月……免太宰、西阳王羕，降为弋阳县王。"是阐为西阳王羕掾，必在永昌元年五月至咸和元年十月间。又永嘉五年阐母卒至本年凡十九年，与本传所言母卒"二十年"不仕比较接近。姑系于此。

**太宁三年（325年），庾阐作《乐贤堂颂并序》。**

《全晋文》卷三十八辑庾阐《乐贤堂颂并序》。《序》曰："肃宗明皇帝……"当作于本年八月闰月明帝卒后。

**晋成帝咸和元年（326年），庾阐迁尚书郎，作《扬都赋》。**

《晋书》本传载："累迁尚书郎。"时间未详，疑在本年西阳王羕降为弋阳县王之后。

庾阐名声最著作品为《扬都赋》。《扬都赋》作意在于颂美"扬都"健康，因元帝在此践祚，健康已成皇都故也。分析今存残文，此为按照传统京都之赋格局所撰大赋无疑，规模气象颇为恢宏。赋中极力铺排张扬，以赞"扬都之巨伟"，为此不仅详述扬都健康以及整个扬州风物，且与扬州距离甚远之众多山川，亦辐凑而来，写入赋中；如"左沧海，右岷山；龟鸟津其落，江汉淹其源，碣金标乎象浦，注桐柏乎玄妙川"而与扬州平野不同之地形，亦汇集而成句，如"其山则重冈峨岘，峻岭嶝崿"，

"苍梧之岭,峻极丹霄"等等。又诸多异域珍宝,亦总杂以标举,"琉璃冰朗而外映,珊瑚触石而构翘;牙箪裂文于象齿,火布濯秽于炎焱"。

徐公持《魏晋文学史》认为,其夸饰之辞颇多,而刻意经营之迹毕现①。庾阐此赋,当日颇收声誉,与庾亮鼓吹甚有关系。

《晋书》本传:"又作《扬都赋》为世所重。"大受庾亮、温峤的褒扬。

《世说新语·文学》:"庾阐始作《扬都赋》,道温、庾云:'温挺义之标,庾作民之望。方响则金声,比德则玉亮。'庾公闻赋成,求看,兼赠贶之。阐更改'望'为'俊',以'亮'为'润'云。"刘孝标注引《中兴书》:"为《扬都赋》,邈绝当时。"余嘉锡《笺疏》按:"《扬都赋》见《艺文类聚》六十一,删节非全篇。严可均据《世说》、《书钞》、《初学记》、《文选注》、《三国志注》、《水经注》、《御览》诸书,搜集其佚文,载入《全晋文》三十八。但《真诰握真辅第一》引有两节二百余字,竟漏未辑入,以此知博闻强记之难也。《类林杂说》七《文章篇》曰:'庾阐作《扬都赋》未成,出妻。后更娶谢氏,使于午夜以燃灯于瓮中。仲初思至,速火来,即为出镫。因此赋成,流于后世。'亦见敦煌写本《残类书·弃妻篇》,均不言出于何书。"

《世说新语·文学》:"庾仲初作《扬都赋》成,以呈庾亮。亮以亲族之怀,大为其名价云:'可三《二京》,四《三都》。'于此人人竞写,都下纸为之贵。谢太傅云:'不得尔。此是屋下架屋耳,事事拟学,而不免俭狭。'"《扬都赋》写作时间未详,据张可礼先生考,庾亮于苏峻之难后,不在建康,先后出镇芜湖、武昌,据此推测,赋可能作于明年苏峻之难前,姑系于此。

除《扬都赋》外,《全晋文》中还收录庾阐其他赋类作品,如《海赋》集中写海之波澜壮阔,"扬波于万里之间,漂沫于扶桑之外","腾龙掣水,巨鳞吞舟",气势磅礴。赋中佳句颇多,如"映晓云而色暗,照落景而俱红",奔腾之余有平静,苍茫之中显色泽。与木华同题之赋,前后相映,各见所擅。《涉江赋》仿楚辞而作,"溯晨风而遥迈,乘涛波而容与",然状江上物色有余,而兴托不寄,是其不如楚辞处。《恶饼赋》、《藏钩赋》皆游戏文字。《闲居赋》则是敷述玄理之作:"至于体散玄风,

---

① 徐公持:《魏晋文学史》,人民文学出版社1999年版,第455页。

神陶妙象；静因虚来，动率化往。萧然忘览，豁尔遗想；荣悴靡期，孰测幽朗？故细无形骸之狭，巨非天地之广。音兴乎万韵，理绝乎一响。"以赋谈玄，东晋玄言诗之外尚有玄言赋，庾阐此篇即其代表。徐公持认为，庾阐赋之最为秀出者，应推《浮查赋》。"查"即槎，木筏也。赋文曰："有幽岩之巨木，邈结根乎千仞；体洪庸以秀直，枕瑰奇而特俊。冠岑岭以高栖，独雍容于岩峻；混全朴于不才，倬凌霄而绝韵。故能纡余盘肌，森萧颓靡；阳飘飙结，华裂水洒。遗美贾于翠璧，蹶悬根于朽壤；曳洪波于海湄，鼓长风而飘荡。旦驱波而乘飞潦，夕举浪而赴奔潮；吹云雾而出洞穴，灌炎石而过沃焦。江河不俄晷，万里不一朝。"文字优美雄壮，"千仞"、"巨木"、"秀直"、"特俊"、"雍容"、"高栖"、"全朴"、"绝韵"等，皆托物取譬，以示己之品质才具。而"乘飞潦"、"赴奔潮"、"江河不俄晷，万里不一朝"则寄寓了庾阐对前程的信心和志望，赋中既写物态，兼抒情志，精炼警策，较之《扬都赋》之漫漶无际涯，在文学价值上高出一筹。

**咸和二年（327年），庾阐出奔郗鉴，为司空参军。**

《晋书》本传："苏峻之难，阐出奔郗鉴，为司空参军。"

**咸和三年（328年），庾阐作《为郗车骑讨苏峻盟文》。**

文载《晋书·郗鉴传》："寻而王师败绩，矩遂退还。中书令庾亮宣太后口诏，进鉴为司空。"文又载《类聚》卷三十三："晋庾阐为郗车骑讨苏峻盟文曰……"文句与《郗鉴传》所载稍异。

**咸和四年（329年），庾阐拜彭城内史。为郭文作传。**

《晋书》本传："峻平，以功赐爵吉阳县男，拜彭城内史。"《晋书·郭文传》："……宠葬之于所居之处而祭哭之。葛洪、庾阐并为作传，赞颂其美云。"

**咸和九年（334年），庾阐为虞潭作太伯碑文。**

《晋书》本传："吴国内史虞潭为太伯立碑，阐制其文。"时间未详。《晋书·虞潭传》："寻而峻平，潭以母老，辄去官还余姚。诏转镇军将军、吴国内史。"《晋书·成帝纪》：咸康二年"春正月辛巳……以吴国内史虞潭为卫将军"。据此可知，碑文当作于咸和后期至咸康初年，姑系于此。

**晋成帝咸康元年（335年），庾阐任从事中郎。**

《晋书》本传："郗鉴复请为从事中郎。"时间未详，从张可礼先生，姑系于此。

**咸康四年（338年）庾阐作《为郗鉴檄青州文》，任散骑侍郎，领大著作。**

《类聚》卷五十八载庾阐《为郗鉴檄青州文》："……石勒因曩者之弊，遇皇纲暂弛，遂陵跨神州，剪覆上国，二十余载。毒流四海，人神共愤，天诛自灭，而石虎穷凶，袭其余业，内肆豺狼之暴，外有无辜之祸……行者穷征役，居者困重赋。"写作时间未详。据张可礼先生考，《晋书·成帝纪》："咸和八年，秋七月戊辰，石勒死，子私嗣伪位……九年……十一月石季龙弑石弘，自立为天王。"据知此檄文必写于咸和九年十一月后，又卷一百六《石季龙载记上》："季龙谋伐昌黎，遣渡辽曹伏将青州之众渡海，戍蹋顿城，无水而还，因戍于海岛，运谷三百万斛以给之。又以船三百艘运谷三十万斛诣高句丽，使典农中将王典率众万余屯田于海滨。又令青州造船千艘。"檄青州文可能因上述事而发。《通鉴》卷九十六系上述事于本年五月。石勒占中原一带，至本年凡二十多年，与檄文所言"陵跨神州，剪覆上国，二十余载"，亦大体相符。

《晋书》本传："寻召为散骑侍郎，领大著作。"时间未见记载。本传叙上述事后，又接叙曰："顷之，出补零陵太守。"是领大著作后不久，即出补零陵太守。出补零陵太守在明年。

**咸康五年（339年）庾阐出补零陵太守，作《吊贾生文》、《吊贾谊诗》、《三月三日诗》、《衡山诗》。**

庾阐之文，以《吊贾生文》为代表。《晋书》本传载"出补零陵太守，入湘川，吊贾谊。其辞曰：中兴二十三载，余忝守衡南，鼓枻三江，路次巴陵。望君山而过洞庭，涉湘川而观汩水，临贾生投书之川，慨以永怀矣！及造长沙，观其遗像，喟然有感，乃吊之云……"文中"焕乎若……矫乎若……"皆自《高唐赋》、《洛神赋》等前贤名篇中采撷，以形状贾谊高标卓绝。赋写"悲矣先生,何命之蹇",指出贾生怀才不遇。以下又举咎繇、吕尚、管仲、萧何、张良、诸葛亮等创业兴国贤相,对比突出贾生命运乖蹇。庾阐此文显系仿作贾谊《吊屈原赋》,独发感怀,哀悯才士,诚挚恳切,然而贾谊吊屈原,糅合本人身世感受,"谊追伤之,因以自喻"(《吊屈原赋》序),文悲风凛冽,凄怆动人。而庾阐本人虽"忝守衡南",却无贾谊"俟罪长沙"不幸际遇,"士不遇"之痛切感受显然不深,所以文中的主观情绪强烈程度略逊贾谊。

据张可礼先生考,自建武元年中兴至本年,凡二十三载,是阐出补零陵太守,作《吊贾生文》当在本年。《晋诗》卷十二载庾阐《吊贾谊诗》,应该与《吊贾生文》写作时间相近。同卷又载阐《三月三日诗》、《衡山诗》。《三月三日诗》云:"心结湘川渚。"《衡山诗》云:"北眺衡山首,南睨五岭末。"二诗殆作于出补零陵太守后。

庾阐之诗,于东晋前期诸文士中数量较多。其诗大要可分两类,一为观赏山川风物之作,一为游仙诗。庾阐在东晋率先创作山水诗,范文澜在《文心雕龙·明诗》注中亦云"写作山水诗起自东晋初庾阐诸人"。庾阐之前,山水题材虽在魏晋时期逐渐多见,但尚无人将其作为主要题材来写,庾阐刻画自然山川,兼写人物活动,实际上已进入山水诗畛域,多量写作已形成一种创作倾向,因此在谢灵运之前,庾阐是山水诗发展过程中的重要人物。庾阐所作山水诗今存七首,皆以清虚恬淡为基本情调,如《三月三日诗》:"心结湘川渚,目散冲霄外。清泉吐翠流,渌醽漂素濑。悠想盼长川,轻澜渺如带。"三月三日上巳川上郊游风习,西晋十分盛行,至江左而不绝,但庾阐诗作与西晋张华、潘机、潘尼、闾丘冲诸人同题之作明显不同,诗中已不见繁华绮丽内容,更多清净萧散气氛,在山水景物的刻画中,注重对玄妙清空的静寂境界的营造,使人油然而生一种渺然世外之感。又如《三月三日临曲水》:"暮春濯清汜,游鳞泳一壑。高泉吐东岑,洄澜自净澈。临川叠曲流,丰林映绿薄。轻舟沈飞觞,鼓枻观鱼跃。"山水成为主要审美观照对象,词句雕琢精致,诗境静谧玄远,对后来的谢灵运有很大的启示。

此外,庾阐还有游仙诗十首。其中五言体四首,六言体六首。以游仙方式写玄思,阮籍、嵇康已启其端。庾阐之作上承嵇、阮之统,同时也契合东晋玄学盛行时代风气。从游仙诗的发展来看,"游仙诗从曹植向往肉身成仙、长生不老,到郭璞遗世而居、高蹈风尘之外,再到庾阐之悠然玄远,'心与象俱忘',对游仙追求轨迹也由仙而凡,由身而心了"①。此类诗在写作风格上与其山水景观诗接近,都注意于雕字琢句,讲求辞整句饬,如:"三山罗如栗,巨壑不容刀"比喻新奇,"荧荧丹桂紫芝,结根云山九嶷。鲜荣夏馥冬熙,谁与薄采松期?"写九嶷桂芝,境界不俗。自游仙诗发展历程看,庾阐与郭璞为东晋初两大作者,庾阐《游仙诗》与郭璞相比,既非咏怀抒忧,亦非列仙之趣,而是借游仙以表达老庄玄理,虽然稍逊于郭璞,但贵在精致整饬。

**咸康七年(341年),庾阐征拜给事中,领著作。**

《晋书》本传:"后以疾,征拜给事中,复领著作。"时间未详,从张可礼先生,姑系于此。

**晋康帝建元元年(343年),庾阐作《为庾稚恭檄蜀文》、《以庾稚恭檄石虎文》、《观石鼓诗》、《登楚山诗》。**

《为庾稚恭檄蜀文》见《全晋文》卷三十八。据张可礼先生,《晋书》卷七《康帝纪》:"建元元年……夏四月,益州刺史周抚、西阳太守曹据伐李寿,败其将李恒于江阳。"卷七十三《庾翼传》记康帝崩后,翼遣周抚、曹据伐蜀,与《康帝纪》所记推后一年。今从《康帝纪》。檄蜀文当作于本年四月。《以庾稚恭檄石虎文》见《全晋文》卷三十八,其中有"今遣使持节、荆州刺史都亭侯翼"句。檄石虎当作于本年庾翼北伐时。曹道衡先生认为:"庾阐在晚年曾到过荆州,可能在庾翼下任过职,其证据是他作有《为庾稚恭檄蜀文》、《以庾稚恭檄石虎文》。"②《晋诗》卷十二辑阐《观石鼓诗》,石鼓为山名,据盛弘之《荆州记》、《九域志》、《读史方舆纪要》等记载,今湖北、安徽、云南、浙江等地区均有石鼓山。就现有资料,未见有庾阐到过安徽、云南、浙江等地的记载。《观石鼓诗》云:"朝济青溪岸,夕憩五龙泉。鸣石含潜响,雷骇震九天。"《荆州记》云:"建平郡南陵县有石鼓,南有五龙山,山峰嶕峣,凌云济竦,状若龙形,故因为名。"诗中所云"五龙泉"可能指乌龙山山泉,建平郡属荆州,疑诗当作于庾阐在庾翼幕下任职时。《晋诗》卷十二

---

① 陈顺智:《东晋玄言诗派研究》,武汉大学出版社2003年版,第63页。
② 曹道衡:《中古文学史论文集》,中华书局1986年版,第317页

辑庾阐《登楚山诗》，疑亦作于在荆州时。

**晋穆帝永和三年（347年），庾阐卒。**

《晋书》本传："年五十四卒，谥曰贞。"从张可礼先生，系于本年。

庾阐一生著述颇丰，众体皆擅，他的山水诗在其作品中占有重要地位，其诗生动有致，而先于谢灵运山水诗，为山水诗的先驱。范文澜在《文心雕龙·明诗注》中认为"写山水之诗，起自东晋初庾阐诸人"，他的《游仙诗》十首残篇，风格情调，均近似郭璞。其《从征诗》中的"志士痛朝危，忠臣哀主辱"，后来被桓温推上位的简文帝司马昱诵读这句诗，以至于泪下沾襟。他过湘川时所作的《吊贾生文》，是寄慨抒怀的名篇。《全晋文》中收录赋类作品《扬都赋》、《海赋》、《涉江赋》、《狭室赋》、《浮查赋》、《藏钩赋》、《恶饼赋》七篇，其中《扬都赋》最负盛名，《扬都赋》因庾亮赏誉而盛传，被世人看重，曾一度导致都城建康纸贵。庾阐撰有不少杂论文章，如《列仙论》、《蓍龟论》、《断酒戒》等。有颂赞文字如《虞舜像赞》、《二妃像赞》、《孙登赞》等。又有书檄文，如《檄石虎文》、《檄蜀文》、《檄青州文》《讨苏峻盟文》等；前两篇代庾翼（荆州刺史、都督六州军事）作，后二篇代郗鉴（兖州刺史、车骑将军）作。此类文章，无论自出机杼，或代人立言，皆含章蓄采，妙尽文理；而骈偶文章技巧，亦颇成熟。

庾阐著作，《隋书·经籍志四》著录晋给事中《庾阐集》九卷，梁十卷，录一卷。《旧唐书》、《新唐书》皆录其集十卷，原集久亡。逯钦立辑其诗入《晋诗》卷十二载庾阐诗二十首，严可均辑其文入《全晋文》卷三十八辑庾阐文二十二篇。

（李小青）

# 王羲之传

**王羲之，字逸少、澹斋，琅邪（今山东临沂）人，后迁会稽山阴（浙江绍兴），生于晋惠帝太安二年（303年）。**

《晋书》本传："王羲之，字逸少，司徒导之从子也，祖正，尚书郎。父旷，淮南太守。元帝之过江也，旷首创其议。"根据郭廉夫《王羲之评传》，浙江嵊县《金庭王氏族谱》中记载有王羲之字"澹斋"。

王羲之出身名门望族，琅邪王姓原本出自姬姓，其家族历史可以追溯到周朝。王羲之的十七世祖王元为了躲避秦朝的战乱而从咸阳迁徙至琅邪。王羲之的曾祖父王览，就是"卧冰求鲤"故事中的主人公王祥的弟弟。王览官至光禄大夫，他共有六个儿子，排行第四的王正，就是王羲之的祖父。

王羲之的父亲王旷，字世宏，西晋末年担任丹阳太守。永兴二年（305年），陈敏反叛，王旷弃官逃至淮北。晋元帝司马睿过江称晋王，就是王旷的提议。《太平御览》卷一百八十四引用裴启《语林》："大将军、丞相诸人在此时闭户共为谋身之计。王旷世宏来，在户外，诸人不容之。旷乃剔壁窥之曰：'天下大乱，诸君欲何所图谋？将欲告官。'遽而纳之，遂建江左之策。"

王羲之的伯父王廙，是西晋有名的书法家，同时也是文学家、画家、音乐家，精通史籍、美术、音乐、杂技等，王羲之的书法和绘画就得到了伯父的悉心指导。王廙还是晋元帝的姨表兄，曾经是晋元帝的绘画老师，与王室有着密切往来。王廙的社会地位和影响，对王羲之的成长有着巨大影响。王羲之的族伯王敦，扬州刺史；从伯王导，官至太傅，拜丞相，为东晋政权的建立和稳定有着决定性影响。在东晋初期，王氏家族与谢家共同掌握了朝廷的大部分权力。王羲之就成长于这样一个显赫的世家大族中。

对于王羲之的生辰，一直存在争议，主要有以下几种说法：一是321年，二是303年，三是307年，四是306年。321年的说法被《辞海》（上海辞书出版社1979年版）、《中国文学家辞典》（四川人民出版社1980年版）、《中国历史人物生卒年表》（黑龙江人民出版社1981年版）和《中国文学家大辞典》（谭正璧编，光明书局1934年版）采用，钱大昕先生根据羊欣《笔阵图》中有关"三十三书《兰亭序》"的记载得出此结论，经后来学者诸多考证不足信。而生于公元306年的说法，是根据《王右军集·题卫夫人笔阵图》中提及王羲之写作此文时"年五十有三"，时间为"永和十四年"。陶弘景《真诰》卷十六《阐幽微》注："逸少……至升平五年辛酉岁亡，年五十九。"在《书断中》也有记载说王羲之"升平五年卒，年五十九"。永和为晋穆帝年号，只十二年，不会有"永和十四年"，因此此说不足信。

王羲之的生年之争落在303年和307年。鲁一同在《右军年谱》中认为王羲之生于307年，郭沫若、瞿睿的《书圣王羲之》以及日本学者简井茂德的《王羲之年谱》都是这种说法的赞同者。但是在鲁一同的年谱中，他将王羲之的《贺登极表》系于升平六年（362年），但在《晋书》中明确记载升平五年哀帝登皇帝位，贺表应当是此年所作，且改元是等下一年开始实行，所以362年是兴宁元年，而不是升平六年。另外，鲁一同以郗昙、许询的卒年推断羲之卒年的看过主观性过强，证据不足，日本著名汉学家铃木虎雄曾撰文驳斥[①]。因此，307年之说也难以成立。在此，采用303年的王羲之生年说。

对于王羲之的生平，除了《晋书》有记载外，今人的研究成果非常丰富，较有代表性的有郭廉夫《王羲之评传》，李长路、王玉池《王羲之王献之年表与东晋大事记》，刘秋增、王汝涛、刘锡山《王羲之志》，祁小春《迈世之风——王羲之资料与人物的综合研究》等专著，亦散见于张可礼《东晋文艺系年》中。王羲之在海外也颇有影响，日本的研究成果也极为丰富，铃木虎雄、中田勇次郎、杉村邦彦、今井凌雪等人对王羲之进行了深入研究，可资参考。

---

① 铃木虎雄：《王羲之生卒年代考》，《日本学士院纪要》1962年第1期。

**晋愍帝建兴三年（315年），王羲之拜师周颉。**

王羲之年少时言语不畅，没有显示出什么特别的才华。十三岁的时候，王羲之向周颉拜师，周颉敏锐地看到了王羲之的过人之处。在宴会上，周颉将当时名贵的菜肴烤牛心先给王羲之，由此，王羲之开始受到众人的瞩目。王羲之还很受伯父王敦和王导的器重，王敦认为，王羲之与阮裕相比也不逊色。阮裕是当时的名士，博学多才，仗义豪爽。阮裕也很看好王羲之，将他与王承、王悦并列为王氏三少。

《晋书》本传："羲之幼讷于言，人未之奇。年十三，尝谒周颉，颉察而异之。时重牛心炙，坐客未啖，颉先割啖羲之，于是始知名。……深为从伯敦、导所器重。时陈留阮裕有重名，为敦主簿。敦尝谓羲之曰：'汝是吾家佳子弟，当不减阮主簿。'裕亦目羲之与王承、王悦为王氏三少。"

**晋明帝永昌元年（322年），王羲之与郗鉴之女郗璇结婚。**

太尉郗鉴让自己的门生向王导求婿，门生对坦腹而食的王羲之印象深刻，郗鉴慧眼识才，选定王羲之。郗鉴之所以选定王羲之，一方面是因为王羲之超凡脱俗的品格，一方面也源于王羲之的学识，郗鉴本人对书法也有很高造诣，因此对王羲之是颇为中意的。

《晋书》本传："时太尉郗鉴使门生求女婿于导，导令就东厢遍观子弟。门生归，谓鉴曰：'王氏诸少并佳，然闻信至，咸自矜持。惟一人在东床坦腹食，独若不闻。'鉴曰：'正此佳婿邪！'访之，乃羲之也，遂以女妻之。"

张可礼先生认为，王羲之娶妻的时间不详，疑于本年郗鉴至京都后。也有说王羲之娶妻时间为323年，在此从张可礼先生之说。《世说新语·雅量》注引《王氏谱》："羲之妻，太傅郗鉴女，名璇，字子房。"

**晋明帝太宁二年（324年），王羲之起家秘书郎。**

《晋书》本传："起家秘书郎。"包世臣《艺舟双楫·论书·十七帖疏证》：太宁二年，"右军为秘书郎"。之后，王羲之又担任庾亮参军，具体时间各家说法不一，王汝涛等人认为在329—330年之间。在此谨从张可礼先生。

**晋成帝咸和九年（334年），王羲之任庾亮参军，以章草答谢庾亮。**

按张可礼先生，本年庾亮进号征西将军，王羲之任庾亮参军当在本年或本年后。王羲之以章草答庾亮疑在任参军时。

《晋书》本传："征西将军庾亮请为参军……尝以章草答庾亮，而翼深叹伏，因与羲之书云：'吾昔有伯英章草十纸，过江颠狈，遂乃亡失，常叹妙迹永绝。忽见足下答家兄书，焕若神明，顿还旧观。'"

**晋成帝咸康二年（336年），王羲之为临川太守。**

王羲之任临川太守，《晋书》没有记载，时间不详。根据《中兴书》的记载，疑在王述任宛陵令前后。《世说新语·品藻》注引《中兴书》："羲之自会稽王友，改授临川太守。王述从骠骑功曹，出为宛陵令。"

**咸康四年（338年），王羲之拒绝王导任用。**

《晋书》本传："羲之遂报书曰：'吾素自无廊庙志，直王丞相时果欲内吾，誓不许之，手迹犹存……'"根据《晋书》卷七《成帝纪》，王导于本年六月为丞相，第二年七月卒，姑系于此年。

**咸康五年（339年），王羲之迁任征西长史。**

王羲之迁任长史的时间不详，本传叙于庾亮卒前，庾亮于咸康六年卒，今从张可礼先生，姑且系于此年。《晋书》本传："累迁长史。"

**咸康六年（340年），王羲之迁任宁远将军、江州刺史。**

庾亮在临终前上疏，推荐王羲之任宁远将军、江州刺史。《晋书》本传："亮临薨，上疏称羲之清贵有鉴裁。迁宁远将军、江州刺史。"

《晋书》卷七《成帝纪》：本年"春正月庚子，使持节、都督江豫益梁雍交广七州诸军事、司空，都亭侯庾亮薨。"《建康实录》卷七《显宗成皇帝》：本年七月，庾亮薨。与《晋书》记载有所不同，不知何据。今从《晋书》。

**晋穆帝永和二年（346年），王羲之作《报殷浩书》，任护军将军，作《临护军教》，书《十四日帖》。**

《晋书》本传："扬州刺史殷浩素雅重之，劝使应命，乃遗羲之书。"

根据《晋书》卷八《穆帝纪》，本年三月丙子，殷浩为建武将军、扬州刺史。因此王羲之任护军将军，当在本年。铃木和中田都将此事放在348年。今从张谱。《全晋文》卷二十二辑《临护军教》，应作于王羲之任护军时。同卷《十四日帖》应当指本年桓温帅周抚等伐蜀一事。

**永和七年（351年），王羲之为右军将军，会稽内史。**

王羲之担任右军将军、会稽内史，张可礼、郭廉夫、祈小春、鲁一同等都认为是在本年。

《晋书》本传："羲之既拜护军，又苦求宣城郡，不许，乃以为右军将军、会稽内史……（王）述先为会稽，以母丧居郡境，羲之代述，止一吊，遂不重诣。述每闻角声，谓羲之当候己，辄洒扫而待之。如此者累年，而羲之竟不顾，述深以为恨。"

**永和八年（352年），王羲之作《又与殷浩书》，阻止其北伐。作《与会稽王笺》。**

本年所作《与殷浩书》全文已佚，《全晋文》卷二十二仅辑"下官又劝令画廉、蔺于屏风"一句。《与会稽王笺》，《晋书》本传系于明年。《通鉴》卷九十九定于本年，今从《通鉴》。

《晋书》本传："时殷浩与桓温不协，羲之以国家之安在于内外和，因以与浩书以戒之，浩不从。及浩将北伐，羲之以为必败，以书止之，言甚切至。浩遂行，果为姚襄所败。复图再举，又遗浩书。"《晋书》卷八《穆帝纪》：本年九月，"中军将军殷浩帅众北伐"。

**永和九年（353年），王羲之与孙绰、谢安等宴集山阴兰亭，作《三月三日兰亭诗序》、《临河序》、《兰亭诗》二首。**

《晋书》本传："羲之雅好服食养性，不乐在京师，初渡浙江，便有终焉之志。会稽有佳山水，名士多居之，谢安未仕时亦居焉。孙绰、李充、许询、支遁等皆以文义冠世，并筑室东土，与羲之同好。尝与同志宴集于会稽山阴之兰亭，羲之自为之序以申其志……或以潘岳《金谷诗序》方其文，羲之比于石崇，闻而甚喜。"

此次兰亭集会，明显受到了西晋元康时期石崇金谷雅集的影响，二者的活动方式几乎完全相同。《世说新语·企羡》："王右军得人以《兰亭集序》方《金谷诗序》，又以己敌石崇，甚有欣色。"王羲之自己也对此次集会的盛况颇为得意。兰亭集会盛况空前，荟萃了众多东晋名士。据施宿撰《嘉泰会稽志》载《天章寺碑》记载，参加兰亭集会凡四十二人："羲之、谢安、谢万、孙绰、徐丰之、孙统、王彬之、王凝之、王肃之、王徽之、袁峤之、郗昙、王丰之、华茂、庚友、虞说、魏滂、谢绎、庚蕴、孙嗣、曹茂之、曹华、桓（原作'平'，钦宗庙讳）伟、王玄之、王蕴之、王涣之各赋诗，合二十六人。谢瑰、卞迪、丘髦、王献之、羊模、孔炽、刘密、虞谷、劳夷、后绵、华耆、谢藤、任儗、吕系、吕本、曹礼，诗不成，罚三觥，合十六人。"《天章寺碑》所记赋诗人数与《临河叙》所记相同，而罚酒者多一人。《晋兰亭诗》作者二十六人，与《临河叙诗》卷十三辑、《天章寺碑》所载人数合。兰亭雅集共有作品四十一首，其中四言诗十四首，五言诗二十七首，是诗人集团创作同题材作品集中数量最大的，成为中国古代文学史上极具代表意义的重要事件，被后世文人不断追思遥感。

兰亭诗"以山水自然为背景，抒述了士族文士萧散心境，风格清雅幽深，又多玄言，兴味澹泊，表现出鲜明的闲适倾向，实为山林闲适诗之集大成，又为闲适诗与玄言诗之结合物，同时亦启山水诗之端倪，代表了东晋时期主流诗风"[1]。在兰亭诗集中，王羲之的诗文是其中的上品。王羲之的诗传世不多，仅有《兰亭诗》六首，其中四言诗一首，五言诗五首，凭借这六首诗，王羲之成为东晋文坛的领袖。

在这六首组诗中，传递出和《兰亭集序》相同的人生观。诗人慨叹人生短暂无常，"代谢鳞次，忽焉以周"，"悠悠大象运，轮转无停际。陶化非吾因，去来非吾制"，"合散固其常，修短定无始。造新不暂停，一往不再起"，但面对自然山水时，"欣此暮春，和气载柔"，"仰望碧天际，俯磐绿水滨。寥朗无厓观，寓目理自陈"，"虽无丝与竹，玄泉有清声"又传递出一种积极乐观的精神，不同于以往汉魏时期悲叹人生苦短的忧伤情绪。

其中，第三首"三春启群品"的艺术成就最高，是《兰亭诗集》中描写山水的代表作。诗前三韵以写景为主，后三韵虽有清言意味，最后二句"群籁虽参差，适我无非新"却跳出了玄言诗的常套，以精辟语词点出物我关系之玄奥。这首诗从寓目眼前的景色而体认到宇宙之无穷，由自

---

[1] 徐公持：《魏晋文学史》，人民文学出版社1999年版，第524页。

然山水而进入到物我泯一的境界，将高蹈虚阔之理与寄傲山林之乐融汇无间，山水与人在物我齐一的心境中相感相通，体现出神怡心静、冥然玄会的意境和王羲之高超的艺术表现能力。

除了《兰亭诗》，这次兰亭雅集最为人称道的当属王羲之的《兰亭集序》。序文的前半部分记述了兰亭集会的盛况，描述了山水之美和聚会的欢乐之情，后半部分由眼前之乐联想到人生的短暂无常，以感慨做结，令人遐思无限。文章既表现了王羲之的特有性格，心胸开阔，情绪乐观，也传递出顺应造化运转大势，享受人生无限乐趣的人生旨趣；既感叹人生之匆匆，又体会到"觉万物齐一之非真，与生死之事感慨系之"。王羲之的《兰亭集序》突出反映了东晋士人从山水中自然中感悟人生的意趣，表现了对生命的深深眷恋和对自然的敏锐感受力，文字由清俊恬淡进而至超脱深沉，将情理融为一体。

《兰亭集序》除了在中国文学史上占有重要一席之外，还是王羲之书法艺术风格的典型代表。王羲之的书法博采众长，自成一体，草书、隶书、楷书和行书皆为精通，尤其擅长行书和草书。在梁代，庾肩吾《书品》以三等九品评论汉魏至齐梁以来一百二十八人，将钟繇、王羲之和张芝列为"上之上"；梁武帝在《古今书人优劣评》中，评曰"王羲之书字势雄逸，如龙跳天门，虎卧凤阙，故历代宝之，永以为训"。从此，王羲之在书学史上至高无上的地位被确立并巩固下来。此后，唐太宗李世民极为推崇王羲之，在《晋书·王羲之传》中亲自作赞文："所以详察古今，研精篆素，尽善尽美，其惟王逸少乎！观其点曳之工，裁成之妙，烟霏露结，若断而还连；凤翥龙蟠，势如斜而反直。玩之不觉为倦，览之莫识其端，心慕手追，此人而已。其余区区之类，何足论哉！"更是在《书后品》中赞其为"书圣"："右军正体如阴阳四时，寒暑调畅，岩廊宏敞，簪裾肃穆。其声鸣也，则铿锵金石；其芬郁也，则氤氲兰麝；其难征也，则缥缈而已仙；其可觌也，则昭彰而在目。可谓书之圣也。若草、行杂体，如清风出袖，明月入怀，瑾瑜烂而五色，黼绣摛其七采，故使离朱丧明，子斯失听，可谓草之圣也。其飞白也，犹夫雾系卷舒，烟空照灼，长剑耿介而倚天，劲矢超腾而无地，可谓飞白之仙也。"欧阳询《用笔论》："冠绝古今，唯右军王逸少一人而已。"孙过庭《书谱》："且元常（钟繇）专工于隶书，伯英（张芝）尤精于草体；彼之二美，而逸少兼之。"李嗣真《书品后》："右军正体……可谓书之圣也。若草行杂体……可谓草之圣。"张怀瓘《书断》："右军开凿通津，神模天巧，故能增损古法，裁成今体，进退宪章，耀文含质，推方履度，动必中庸，英气绝伦，妙节孤峙。"宋代姜夔《续书谱·真书》："唐人下笔，应规入矩，无复魏晋飘逸之气。古今真书之神妙，无出钟元常，其次则王逸少。今观二家之书，皆潇洒纵横，何拘平正？"

宋以后，延续了唐代对王羲之书法的评价。王羲之书法成就多面，"总百家之功，极众体之妙"，由于身处玄佛思想影响的东晋，王羲之的书法理论注重"意趣"的传递，旨在通过点画之间传达心灵的自由和闲逸，也由此将魏晋书法用笔滞重的质朴醇厚风格，带向了中和典雅、雄逸矫健又不失媚丽的书风，将中国书法推向了一个前无古人的境界。在清旷悠闲和散淡自然中，将晋韵中既清高矜持又潇洒放诞的心性情怀充分地表达出来，体现了内容与形式的和谐以及神采并茂的统一。

在书法理论方面，王羲之亦颇有建树，在《题卫夫人笔阵图后》中，王羲之阐明了自己的书法写作要领："夫欲书者……意在笔前，然后作字。若平直相似，状如算子，上下方整，前后平直，便不是书，但得其点画耳。昔宋翼常作此书，翼是钟繇弟子，繇乃叱之。翼三年不敢见繇，即潜心改迹。每作一波，常三过折笔；每作一点，常隐锋而为之；每作一横画，如列阵之排云；每作一戈，如百钧之弩发；每作一点，如高峰坠石；屈折如钢钩；每作一牵，如万岁枯藤；每作一放纵，如足行之趣骤。翼先来书恶，晋太康中有人于许下破钟繇墓，遂得《笔势论》，翼读之，依此法学书，名遂大振。欲真书及行书，皆依此法。"王羲之写字，强调"意在笔先"，避免单调地重复和雷同，体现了重视个性的书法创作主张。

**永和十年（354年），王羲之开仓赈灾并致书谢尚，王羲之以在王述之下感到羞耻。**

《晋书》本传："时东土饥荒，羲之辄开仓振贷。然朝廷赋役繁重，吴会尤甚，羲之每上疏争之，事多见从。"因桓温上书，殷浩被废为庶人。之后王述在服丧完毕后接替殷浩为扬州刺史。王述之后多次视察会稽，向王羲之寻衅。王羲之也因此为耻。

《晋书》本传："及述蒙显授，羲之耻为之下，遣使诣朝廷，求分会稽为越州。行人失辞，大为时贤所笑。既而内怀愧叹，谓其诸子曰：'吾不减怀祖，而位遇悬邈，当由汝等不及坦之故邪！'述后检察会稽郡，辩其刑政，主者疲于简对。"

**永和十一年（355年），王羲之作《为会稽内史称疾去郡于父墓前自誓文》、《与谢万书》，与许迈共修服食。**

王羲之因耻与王述为伍，称病离职，在父母墓前起誓做《为会稽内史称疾去郡于父墓前自誓文》，不再出仕。

《晋书》本传："羲之深耻之，遂称病去郡，于父母墓前自誓曰：维永和十一年三月癸卯朔，九日辛亥，小子羲之敢告二尊之灵。羲之不天，夙遭闵凶，不蒙过庭之训。母兄鞠育，得渐庶几，遂因人乏，蒙国宠荣。进无忠孝之节，退违推贤之义，每仰咏老氏、周任之诫，常恐死亡无日，忧及宗祀，岂在微身而已！是用痛慼永叹，若坠深谷。止足之分，定之于今。谨以今月吉辰肆筵设席，稽颡归诚，告誓先灵。自今之后，敢渝此心，贪冒苟进，是有无尊之心而不子也。子而不子，天地所不覆载，名教所不得容。信誓之诚，有如皦日！"

王羲之离官之后，以山水为乐，与道士许迈共同修行服食。因其在父母墓前自誓，朝廷也没有复征王羲之为官。

《晋书》本传："羲之既去官，与东土人士尽山水之游，弋钓为娱。又与道士许迈共修服食，采药石不远千里，遍游东中诸郡，穷诸名山，泛沧海，叹曰：'我卒当以乐死。'谢安尝谓羲之曰：'中年以来，伤于哀乐，与亲友别，辄作数日恶。'羲之曰：'年在桑榆，自然至此。顷正赖丝竹陶写，恒恐儿辈觉，损其欢乐之趣。'朝廷以其誓苦，亦不复征之。"

王羲之与许迈的关系，《晋书》卷八十《许迈传》中也有记载。《新唐书·艺文志》有王羲之《许先生传》一卷。与许迈的交往，有年谱系于公元357年。今从张可礼先生，系于本年。

王羲之离官之后，做《与谢万书》，文章阐明自己乐游山水之志。《晋书》本传："初，羲之既优游无事，与吏部郎谢万书曰：古之辞世者或被发阳狂，或污身秽迹，可谓艰矣。今仆坐而获逸，遂其宿心，其为庆幸，岂非天赐！违天不祥。顷东游还，修植桑果，今盛敷荣，率诸子，抱弱孙，游观其间，有一味之甘，割而分之，以娱目前。虽植德无殊邈，犹欲教养子孙以敦厚退让。或以轻薄，庶令举策数马，仿佛万石之风。君谓此何如？比当与安石东游山海，并行田视地利，颐养闲暇。衣食之余，欲与亲知时共欢宴，虽不能兴言高咏，衔杯引满，语田里所行，故以为抚掌之资，其为得意，可胜言邪！常依陆贾、班嗣、杨王孙之处世，甚欲希风数子，老夫志愿尽于此也。"《与谢万书》又见《全晋文》卷二十二，较本传记载多出几句。

王羲之的散文，除了《兰亭集序》这类以抒写山水之乐和人生感慨的作品之外，作为上层门阀士族的一分子，他始终心系国事，他与友人书显示了他卓越有清鉴的政治理念。王羲之所作的《报殷浩书》、《又遗殷浩书》、《与谢万书》等显示了他对于国家命运的关注和他的"美政"理想。王羲之从国家为政之本考虑，认为只有百姓的安定才能保证国家的安全，他清醒地意识到了百姓与国家之间的重要关系，显示了王羲之"清贵有鉴裁"的能力，王羲之的这类散文中也充满了骨鲠之气。

**晋穆帝升平二年（358年），王羲之作《与桓温笺》、《又遗谢万书》、《与吏部郎谢万书》、《与谢万书》、《诫谢万书》。**

谢万为西中郎将，监司、豫、冀、并四州军事，豫州刺史。王羲之虽然已经离官，但仍关心国事。《又遗谢万书》中他告诫谢万，劝其与士卒共甘苦。但是谢万没有听从王羲之的劝告，在之后的北伐中失败。

《晋书》本传："又遗万书诫之曰：'以君迈往不屑之韵，而俯同群辟，诚难为意也。然所谓通识，正自当随事行藏，乃为远耳。愿君每与士之下者同，则尽善矣。食不二味，居不重席，此复何有，而古人以为美谈。济否所由。实在积小以致高大，君其存之。'万不能用，果败。"

《晋书》卷七十九《谢万传》："万再迁豫州刺史、领淮南太守、监司豫冀并四州军事、假节。王羲之与桓温笺曰：'谢万才流经通，处廊庙，参讽议，故是后来一器。而今屈其迈往之气，以俯顺荒余，近是违才易务矣。'温不从。"

**升平五年（361年），王羲之卒。**

《晋书》本传："年五十九卒，赠金紫光禄大夫。诸子遵父先旨，固让不受。"

对于王羲之的卒年，历史上也是诸多争议。根据前文已经考订的生年时间，按照《晋书》本传中王羲之年五十九的记载，应当卒于本年。现在学界也多采用此种说法。在李长路、王玉池《王羲之王献之年表与东晋大事记》，刘秋增等《王羲之志》，祁小春《迈世之风——王羲之资料与人物的综合研究》和王汝涛《王氏家族王羲之、王献之生平大事表》等著作中都采用此种说法。此外，铃木虎雄、中田勇次郎国外学者也同样认同此说。

王羲之的著作，《隋书·经籍志四》收录有"晋金紫光禄大夫《王羲之集》九卷（梁十卷，录一卷）"。《旧唐书》、《新唐书》收录有集五卷，《通志》中收录有十卷。《汉魏六朝百三家集》收录有《王右军集》。在严可均《全晋文》卷二十二至卷二十六收录有王羲之的作品五卷，丁福保的《晋诗》卷十三收录有王羲之的《兰亭》。

**参考文献**

山东临沂王羲之研究会：《王羲之研究》，山东文艺出版社1990年版。
李长路、王玉池：《王羲之王献之年表与东晋大事记》，重庆出版社1992年版。
李文初：《王羲之生卒年诸说考评》，《暨南学报》（哲学社会科学）1992年第3期。
郭廉夫：《王羲之评传》，南京大学出版社1996年版。
罗宗强：《玄学与魏晋人士心态》，天津教育出版社2005年版。
罗宗强：《魏晋南北朝文学思想史》，中华书局2006年版。
刘秋增、王汝涛、刘锡山：《王羲之志》，山东人民出版社2009年版。
王岳川：《王羲之的魏晋风骨与书法境界》，《北京大学学报》（哲学社会科学版）2011年第6期。
祁小春：《迈世之风——王羲之资料与人物的综合研究》，文物出版社2012年版。
渠晓云：《魏晋散文研究》，中国社会科学出版社2013年版。

（杨　康）

# 曹毗传

**曹毗，字辅佐，谯国（今安徽亳州）人。生年不详。**

曹毗乃魏大司马曹休之后，父为西晋末右军曹识，从父为西晋作家曹摅。《晋书》本传："曹毗，字辅佐，谯国人也。高祖休，魏大司马。父识，右军将军。"

关于曹毗生卒年问题，《晋书》、文学史及其他有关曹毗的资料在论及曹毗生卒年问题时，并没有详细记载。曹道衡《中古文学史论文集·晋代作家六考》推断曹毗经历了东晋的成帝、康帝和穆帝三朝，很可能出生于元帝或明帝时代[①]。任丽丽《曹毗生卒年考证》和张可礼《许询生年和曹毗卒年新说》论文对曹毗生卒年有较为详细的研究推断[②]。

关于曹毗生年，可以从与其有交集的人物蔡谟进行大致推断。《晋书》本传："曹毗，字辅佐，谯国人也。……毗少好文籍，善属词赋。郡察孝廉，除郎中，蔡谟举为佐著作郎。父忧去职。"关于佐著作郎，据《晋书·职官志》载："著作郎，周左史之任也。汉东京图籍在东观，故使名儒著作东观，有其名，尚未有官。魏明帝太和中，诏置著作郎，于此始有其官，隶中书省。及晋受命，武帝以缪徵为中书著作郎。元康二年，诏曰：'著作旧属中书，而秘书既典文籍，今改中书著作为秘书著作。'于是改隶秘书省。后别自置省而犹隶秘书。著作郎一人，谓之大著作郎，专掌史任，又置佐著作郎八人。著作郎始到职，必撰名臣传一人。"元康二年即292年。在这一年惠帝下诏始诏置佐著作郎这个官职。由上引文又可知曹毗为佐著作郎是蔡谟举荐的，所以由蔡谟的生卒年我们可以大略考

---

[①] 曹道衡：《中古文学史论文集》，中华书局1986年版，第319页。
[②] 任丽丽：《曹毗生卒年考证》，《安徽文学》2011年第2期；张可礼：《许询生年和曹毗卒年新说》，《山东大学学报》（哲学社会科学版）1988年第2期。

知曹毗的生年，《晋书》卷七十七载："谟弱冠察孝廉，州辟从事，举秀才，东海王越召为掾，皆不就。……十二年，卒，时年七十六。"十二年，即永和十二年（356年），由此可推知蔡谟生于公元281年。而蔡谟在元康二年是不可能举荐曹毗为佐著作郎的，他那时还未成年，自己还未为官。蔡谟"察孝廉"时已是"弱冠"，即二十岁了。而后"州辟从事，举秀才，东海王越召为掾，皆不就。避乱渡江。时明帝为东中郎将，引为参军"。可知此时蔡谟尚无能力推荐曹毗为佐著作郎。而他有能力举荐曹毗应至少在晋元帝在位的317—322年的五年间，史载蔡谟："元帝拜丞相，复辟为掾，转参军，后为中书侍郎，历义兴太守、大将军王敦从事中郎、司徒左长史，迁侍中。"蔡谟荐举曹毗时，曹毗已"除郎中"，按常理推算，曹毗至少也有二十岁。而蔡谟此时已近或超过不惑之年。可知曹毗应比蔡谟年少不少。假如曹毗与蔡谟年龄相仿，生于281年左右，至他去世时383年之后，他已有百岁高龄了，而这在他所处的那个时代几乎是不可能的。又据曹毗卒年（383年之后）往前推，取其极限，曹毗至少应生于300年之后。

有关曹毗的生平，除了《晋书》的记载，今人有张可礼《东晋文艺系年》，陆侃如《中古文学系年》，袁济喜主编《汉末三国两晋文学批评编年》，梅新林、俞樟华主编《中国学术编年》等著作，另有曹道衡、沈玉成《中古文学史料丛考·曹毗〈晋江左宗庙歌〉、〈杜兰香传〉》，曹道衡《中古文学史论文集·晋代作家六考》，任丽丽《曹毗生卒年考证》，张可礼《许询生年和曹毗卒年新说》等文章，可资参考。

**曹毗少好文籍，善属词赋。**

《晋书》本传："毗少好文籍，善属词赋。"曹毗今存著作，有诗、文、赋等。其赋当时颇著名，有《扬都赋》，可与虞阐同名之作相抗衡，可惜已散佚，不能睹其原貌。今所存较完整者有《箜篌赋》、《鹦鹉赋》等，也很有文采。

**曹毗作《捣衣诗》，首创"捣衣"题材之作**

曹毗今存诗十余首，大都为五言体。其中最著名的是《夜听捣衣诗》，开创了后世捣衣诗："寒兴御纨素，佳人理衣襟。冬夜清且永，皓月照堂阴。纤手叠轻素，朗杵叩鸣砧。清风流繁节，回飙洒微吟。嗟此往运速，悼彼幽滞心。二物感余怀，岂但声与音。"诗题或作"捣衣诗"。捣衣为江南一带女子劳作内容。诗写捣衣活动中妇女心态，冬夜环境，月下气氛，甚是清幽，而女子似有忧思。其所"悼"者为何诗中并未明写，然自"二物"观，则以砧杵暗示夫妇也。故而诗篇所含淡淡忧愁，原是思妇之词。此诗一出，颇受文士重视，仿作者不绝，如谢惠连、鲍令晖、谢朓、柳恽、吴均、萧衍、江洪、王筠等，皆有"捣衣诗"，南朝至唐代，陆续产生数十篇"捣衣"题材之作，沿袭而下，竟成为中古诗歌一个显著的诗歌类型。而曹毗为首开风气者。

**晋成帝咸康八年（342年），作《玉鼎颂》。**

《宋书·符瑞志下》："晋成帝咸康八年九月，庐江春谷县留珪夜见门内有光，取得玉鼎一枚，外围四寸，豫州刺史路永以献著作郎曹毗，上《玉鼎颂》。"

**晋穆帝永和元年（345年）曹毗除郎中。**

《晋书》本传："郡察孝廉，除郎中。"时间未见记载，从张可礼说，假在任作著作郎前三年，时曹毗应当二十岁左右。

**永和三年（347年），蔡谟举为佐著作郎。**

《晋书》本传："蔡谟举为佐著作郎。"据张可礼先生推断，应在蔡谟永和二年至六年任司徒时，具体时间未详。暂系于此。

**永和五年（349年），曹毗迁句章令。**

《晋书》本传："父忧去职。服阕，迁句章令。"时间未见记载。从张可礼先生，假定其永和三年遭父丧，安孝两年多，则迁句章令可能在本年。

**永和六年（350年）曹毗征拜太学博士。作嘲杜兰香诗二篇、续兰香歌诗十篇、《神女杜兰香传》、《扬都赋》。**

《晋书》本传："征拜太学博士。时桂阳张硕为神女杜兰香所降，毗因以二篇诗嘲之，并续兰香歌诗十篇，甚有文彩。又著《扬都赋》，亚于虞阐。"曹毗拜太常博士时间未详，可能在本年。《晋书》所说"兰香歌诗十篇"，即嘲杜兰香诗二篇并续兰香歌诗十篇，已亡佚，《全晋文》卷一百七辑有《神女杜兰香传》佚文。以上诗文当作于拜太学博士时。

《杜兰香传》载于《艺文类聚》、《北堂书钞》、《太平御览》及《搜神记》，诸书所录文字稍有不同。诸书皆署作者为"曹毗"。据此，杜兰香当实有其人，她与张硕间传奇故事，亦非纯系虚构。故事发生时间"建兴四年"为西晋愍帝最后一年，可知距曹毗年代不远。杜兰香与张硕故事本身，具有浓郁神巫色彩，曹毗记述此神人姻缘，基本上为正面描写，可称之"好奇"，而无"嘲"意，《晋书》所说不确。不过说"甚有文采"，则颇是。传文及诗写得虚实相见间，恍惚迷离，甚见兴会奇趣。曹道衡认为今本《搜神记》收入此故事，可能因为《艺文类聚》卷七十九引文正好在《搜神记》旋超故事之下，而未加"曹毗"之名，又在《杜兰香别传》前误衍"又"字之故，曹毗所作《杜兰香别传》对后世产生了不小的影响，如《太平御览》卷五七三引《幽明录》所述狸精所作歌诗，就有"成公从义起，兰香降张碛"之句，"义"当即"旋超"，而"碛"则显系"硕"之误，后人用此典者更多[①]。

《晋书》本传："又著《扬都赋》，亚于虞阐。"《扬都赋》仅存一句，见《全晋文》卷一百七，可能作于拜太学博士后。

**永和八年（352年），曹毗累迁尚书郎、镇军大将军从事中郎。**

《晋书》本传："累迁尚书郎、镇军大将军从事中郎。"据万斯同《东晋将相大臣年表》，东晋任镇军大将军者唯有武陵王晞一人。

《晋书·穆帝纪》："永和元年正月武陵王晞为镇军大将军，八年七月为太宰。"曹毗任镇军大将军从事中郎，应在本年或本年前，其任尚书郎，应更在早前。

**晋孝武帝太元四年（379年），曹毗作《对儒》、《请雨文》，时任下邳太守。**

《晋书》本传："累迁……下邳太守。以名位不至，著《对儒》以自释。其辞曰：或问曹子曰：'夫宝以含珍为贵，士以藏器为峻，麟以绝迹标奇，松以负霜称隽，是以兰生幽涧，玉辉千仞。故子州浮沧澜而龙蟠，

---

[①] 曹道衡：《中古文学史论文集》，中华书局1986年版，第320页。

吴季万乘以解印，虞公潜崇严以颐神，梁生适南越以保慎，固能全真养和，夷迹洞润，陵冬扬芳，披雪独振也。'"

曹毗之文，以《对儒》为代表，为"对问"体，文中设一"客"问。然后由"曹子"对。《对儒》的写法承东方朔《答客难》、扬雄《解嘲》、班固《答宾客戏》等传统。"客"所问内容为："何必以刑礼为己任，申韩为宏通？既登东观染史笔，又据太学理儒功？曾无玄韵淡泊，逸气虚洞；养采幽翳，晦明蒙笼。不追林栖之迹，不希抱鳞之龙；不营炼真之术，不慕内听之聪……"主人"曹子"则"焕耳而笑，欣然而言"，答曰："……大人达观，任化昏晓；出不极劳，处不巢皓。在儒亦儒，在道亦道。运屈则纡其清晖，时申则散其龙藻。此盖员动之用舍，非寻常之所宝也。今三明互照，二气载宣，玄教夕凝，朗风晨鲜，道以才畅，化随理全。故五典克明于百揆，虞音齐响于五弦；安期解褐于秀林，渔夫摆钩于长川。如斯则化无不融，道无不延，风澄于俗，波清于川。"

曹毗表述的是不拘于儒道之域，申屈出处自如，委运任化的"大人达观"观念。这种观念在东晋有相当代表性，当时许多名士，基本上皆取此"在儒亦儒，在道亦道"处世态度，如王导、庾亮、王羲之、谢安等。这也是玄学经历了几个发展阶段，名教归入自然趋势的反映。

《类聚》卷一百辑曹毗《请雨文》。其中有"下邳内史曹毗，敬告山川诸灵，顷节运错戾，旱亢阴消。川竭谷虚，石流山燋。天无纤云，野有横飙。盛夏应暑而或凉，草木无霜而自凋。遑遑农夫，辍耕田畔。悠悠舟人，顿楫川岸……圣主当膳而减味，牧伯忘餐而过晏"等句，知毗任下邳内史时，夏遇大旱，作《请雨文》。据张可礼，考《晋书·五行志中》，从元帝建武元年至东晋末年，夏大旱二：一于永昌元年，一于太元四年。据《晋书·孝武帝纪》，太元四年"六月，大旱"。曹毗所遇之大旱只能是太元四年。因永昌元年，曹毗是否出生尚待定，更不可能任职下邳内史。由此可知，曹毗本年已任下邳内史。

**太元八年（383年），曹毗增造宗庙歌诗十一首。**

《晋书·乐志下》："太元中，破苻坚，又获其乐工杨蜀等，闲习旧乐，于是四厢金石始备焉。乃使曹毗、王珣等增造宗庙歌诗，然郊祀遂不设乐。今列其词于后云。"下引曹毗所造宗庙歌诗有：《歌宣帝》、《歌景帝》、《歌文帝》、《歌武帝》、《歌元帝》、《歌明帝》、《歌成帝》、《歌康帝》、《歌穆帝》、《歌哀帝》、《四时饲祀》，共十一首。曹毗参与撰写东晋宗庙歌辞，共十三首，除《歌太宗简文皇帝》、《歌烈宗孝武皇帝》二首为王珣所作外，余十一首皆曹毗手笔。

史载孝武帝太元年间，东晋与前秦苻坚多次交战，并且东晋在交战中多处于劣势，前秦苻坚夺取了东晋的一些军事重镇和城池。而最著名的交战即是太元八年十一月的淝水之战，东晋大获全胜，取得辉煌战果。《晋书·孝武帝纪》："诸将及苻坚战于肥水，大破之，俘斩数万计，获坚舆辇及云母车。"获杨蜀也应在此时。曹毗的十一首宗庙歌诗，起高祖宣皇帝迄哀皇帝，而简文、孝武二歌乃由王珣造，似孝武卒时，曹毗已故，故不得为造孝武歌，而由王珣来造。

此类宗庙歌辞当然以赞颂功德为主，且诗风要求雍熙辑穆，固难有充实社会内容及个人风格，因此总体上难免平庸。但个别篇章尚能写出某一位皇帝作风特点，避免了一般化。如哀帝司马丕，在位"雅好黄老，断谷，饵长生药，服食过多，遂中毒，不识万机，崇德太后复临朝摄政"（《晋书·哀帝纪》），而曹毗作歌曰："於穆哀皇，圣心虚远。雅好玄古，大庭是践。道尚无为，治存易简。化若风行，时犹草偃。虽曰登遐，徽音弥阐。愔愔云韶，尽美尽善。"虽有掩饰虚美之词，而"虽曰"云云，似有微词，尚见特色。

**太元十年（385年），累迁至光禄勋，卒。**

对于曹毗卒年，《晋书》本传："累迁至光禄勋，卒。"可知曹毗是官至光禄勋以后才辞世的。又据曹毗的十一首宗庙歌诗，起高祖宣皇帝迄哀皇帝，而简文、孝武二歌乃由王珣造，似孝武卒时，曹毗已故，故不得为造孝武歌，而由王珣来造。由此可知，太元八年曹毗尚在世，其卒年肯定在太元八年以后，即383年之后。暂系于此。

曹毗是当时重要的文学家。《晋书·文苑传》论及两晋文士时说："至于吉甫、太冲，江右之才杰；曹毗、庾阐，中兴之时秀。信乃金相玉润，林荟川冲，埒美前修，垂裕来叶。"此以曹毗为东晋最具代表二位文士之一，虽有可议之处，但亦可知其见重一时。其著作范围很广，有诗、赋、文及志怪小说。其诗今存二十余首，大部分为五言体，其中最有名的是可为"捣衣诗"先祖的《夜听捣衣诗》。时有神女杜兰香于桂阳降张硕，毗作诗二篇嘲之，并续兰香歌诗十篇，并作《神女杜兰香传》，甚有文采。其赋当时也颇负盛名，今存较完整的有《箜篌赋》、《鹦鹉赋》、《涉江赋》、《秋兴赋》等，有《扬都赋》，人谓亚于庾阐，可与虞阐同名之作相抗衡，惜已散。以名位不至，著有《对儒》以自释。曹毗还是东晋非常有名的志怪小说家，鲁迅《古小说钩沉》有其志怪小说《志怪》的辑本。曹毗作品散见于各文学史。

纵观曹毗文学创作，其特点在于品类多，不仅文体上诗赋文皆能，且纵敛自如，无所拘束，雅者极雅（宗庙歌辞），俗者极俗（神巫故事），诚所谓"在儒亦儒，在道亦道"，无可无不可。故《晋书·文苑传》评曰："曹毗沉研秘籍，踠足下僚，绮靡降神之歌，朗畅对儒之论。"体现一种"达观"风概，而此亦正是东晋士风文风基本特征之一。当然，批评者也有之，《世说新语·文学》载时人孙绰对曹毗恶评："曹辅佐才如白地明光锦，裁为负版绔，非无文采，酷无裁制。"孙绰之评，肯定了曹毗文采之美，然毫不留情地批评其文的安排取舍不当，犹如明光锦缎裁成了差役的裤子。

曹毗著作，《隋书·经籍志》著录有集十卷，梁五卷，又有《论语释》一卷，《曹氏家传》一卷。诸书皆亡灭，严可均辑其文入《全晋文》卷一百七共十九篇，逯钦立辑其诗入《晋诗》卷十二共九首。

**参考文献**

张可礼：《许询生年和曹毗卒年新说》，《山东大学学报》（哲学社会科学版）1988年第2期。

任丽丽：《曹毗生卒年考证》，《安徽文学》2011年第2期。

（李小青）

# 孙绰传

孙绰，字兴公，太原中都（今山西平遥）人。生于晋愍帝建兴二年（314年）。孙绰与其兄统并知名。

孙绰，生年未有详细记载。《晋书》本传："绰字兴公，博学善属文……"据《建康实录》卷八，孙绰于咸康元年卒，推之应生于晋愍帝建兴二年（314年）。

孙绰出身官宦世家。孙绰的祖父孙楚，是西晋的著名才士，曾经为将军石苞撰《遗孙浩书》。孙绰的曾祖孙宏，官至南阳郡太守。高祖孙资，三国时魏国重臣。魏国建立，孙资为秘书郎，后转任右丞，改为中书令、给事中，赐爵关中侯，与刘放同掌机要。后进爵关内侯。又加散骑常侍，进爵乐阳亭侯。太和六年（232年）因功进封左乡侯，次年加侍中、光禄大夫。景初二年（238年）进爵中都侯。后加左光禄大夫，佩金印紫绶，仪同三司。正始六年（245年）转卫将军，仍兼中书令。次年退位。正始十年（249年）复为侍中、中书令，次年再次退位，拜骠骑将军、侍中。

据《晋书·孙楚传附孙绰传》记载，孙绰继承了父亲的爵位为长乐侯，官拜太学博士（大学教授）、尚书郎（在皇帝左右处理政务）。后历任建威长史、右军长史、永嘉太守。哀帝时，迁散骑常侍（在皇帝左右规谏过失）、统领著作郎（负责撰拟文书的职务）。

孙绰的儿子孙嗣，继承了父亲的文风，位至中军参军。

《晋书》本传："子嗣，有绰风，文章相亚，位至中军参军，早亡。"《隋书》卷三十五《经籍志四》："梁……有中军参军《孙嗣集》三卷，录一卷……亡。"《晋诗》卷十三辑有孙嗣诗一首。

有关孙绰的生平事迹，除了《晋书》的记载，今人有张可礼《东晋文艺系年》、曹道衡《中古文学史论文集》、袁济喜编《汉末三国两晋文学批评编年》、王德华《中国学术编年》（三国两晋卷）等，可资参考。

**晋成帝咸和三年（328年），孙绰少慕老庄之道。作《赠温峤诗》。**

《晋书》本传："少与高阳许询俱有高尚之志。居于会稽，游放山水，十有余年。"

《世说新语·言语》注引孙绰《遂初赋叙》："余少慕老庄之道，仰其风流久矣。"

《晋诗》卷十三载《赠温峤诗》五章，写作时间未详。温峤于第二年卒，张可礼先生疑诗作于本年。今从之。

**咸和四年（329年），孙绰为温峤作碑文。作《康僧会赞》。**

《晋书》本传："绰少以文才垂称，于时文士，绰为其冠。温、王、郗、庾诸公之薨，必须绰为碑文，然后刊石焉。"

孙绰为当时文士之冠，在文坛具有很高的地位，诸文体皆能。尤其是他的碑文特别受时人所重。东晋前期位望最高的大臣如王导、庾亮、郗鉴、褚裒、庾冰等死后，皆由孙绰写作碑文，然后刊石。其碑诔风格鞍整，而不避尊贤。孙绰的碑文，往往体现了自己的旨意。在《太傅褚裒碑》中有云："深量体于自然，冲识足乎弱冠。"褚裒虽然是名士，但是未有老庄之好，孙绰的诔文就有强加之意。这也体现出孙绰深受玄学思想之影响。

不仅如此，孙绰也深受佛家思想的影响。孙绰的《喻道论》宣扬"周孔即佛，佛即周孔"，将佛教置于周孔儒术之上，说"周孔救极弊，佛教明其本"。这是玄学发展到东晋时期才出现的新趋势，即由曹魏西晋时期的庄、老、易"三玄"演变而为佛道融通的四玄之学。他由道家至玄学至玄佛杂糅的思想发展轨迹，也成为东晋流行的时代思潮的代表。

**咸和八年（333年），孙绰除著作佐郎。**

《晋书》本传："除著作佐郎，袭爵长乐侯。"时间未见记载，张可礼先生姑系于二十岁时。今从之。

**咸和九年（334年），孙绰为庾亮参军，随镇武昌，与庾亮共游白**

石山。

《晋书》本传："征西将军庾亮请为参军。"

《晋诗》卷十三载绰《与庾冰诗》。

《世说新语·赏誉》："孙兴公为庾公参军，共游白石山。卫君长在坐。孙曰：'此子神情都不关山水，而能作文？'庾公曰：'卫风韵虽不及卿诸人，倾倒处亦不近。'孙遂沐浴此言。"据此知孙绰随庾亮镇武昌。孙绰与庾亮游白石山具体年月不详，暂附于此，待考。

**晋成帝咸康四年（338年），孙绰补章安令。**

《晋书》本传："补章安令。"时间未详，张可礼先生系于本年。今从之。

**咸康五年（339年），孙绰任太学博士。作《丞相王导碑》、《太宰郗鉴碑》、《与庾冰诗》。**

《晋书》本传："征拜太学博士。"时间不详。张可礼先生姑系于此。今从之。《全晋文》卷六十二载《丞相王导碑》、《太宰郗鉴碑》，当分别作于本年王导、郗鉴卒后。

《晋诗》卷十三载孙绰《与庾冰诗》十三章，时间未详。诗中提到"子冲赤霄，我戢蓬藜"，"我闻为政，宽猛相革"。《晋书》卷三十《刑法志》："咸康之世，庾冰好为纠察，近于繁细。"诗云"子冲赤霄"，当指本年"庾冰代相"事；"宽猛相革"当对冰"颇任威刑"、"好为纠察"而发。

**咸康六年（340年），孙绰作《庾公诔》、《太尉庾亮碑》，与司马昱品藻诸风流人物。**

《庾公诔》、《太尉庾亮碑》见《全晋文》卷六十二，当作于本年庾亮卒后。文多托寄之辞。《世说新语·方正》："孙兴公作《庾公诔》，文多托寄之辞。既成，示庾道恩。庾见，慨然送还之，曰：'先君与君，自不至于此。'"

《世说新语·品藻》："抚军问孙兴公：'刘真长何如？'曰：'清蔚简令。''王仲祖何如？'曰：'温润恬和。''桓温何如？'曰：'高爽迈出。''谢仁祖何如？'曰：'清易令达。''阮思旷何如？'曰：'弘润通长。'

'袁羊何如？'曰：'洮洮清便''殷洪远何如？'曰：'远有致思''卿自谓何如？'曰：'下官才能所经，悉不如诸贤；至于斟酌时宜，笼罩当世，亦多所不及。然以不才，时复托怀玄胜，远咏《老》《庄》，萧条高寄，不与时务经怀，自谓此心无所与让也。'"孙绰与司马昱品藻人物，时间不详。按《晋书》卷九《简文帝纪》，司马昱本年任抚军将军，永和元年进位抚军大将军，孙绰与司马昱品藻人物当在本年至永和元年间。

**晋康帝建元二年（344年），孙绰作《司空庾冰碑》。**

《司空庾冰碑》见《全晋文》卷六十二，当作于本年庾冰卒后。

**晋穆帝永和二年（346年），孙绰作《京兆府君迁主议》，时任尚书郎。**

《晋书》本传："迁尚书郎。"具体时间不详。

作《京兆府君迁主议》及时任尚书郎。《晋书》卷十九《礼志上》："至康帝崩，穆帝立，永和二年七月，有司奏：'十月殷祭，京兆府君当迁祧室……领司徒蔡谟议……辅国将军谯王司马无忌等议……尚书郎孙绰与无忌议同……'"

**永和三年（347年），孙绰作《王长史诔》，任建威长史。**

《全晋文》卷六十二辑《王长史诔》。《世说新语·轻诋》："孙长乐作《王长史诔》云……王孝伯见曰：'才士不逊，亡祖何至与此人周旋！'"王长史，指王濛，据《晋书》卷九十三《王濛传》，曾任"司徒左长史"。《王长史诔》当作于本年王濛卒后。

《晋书》本传："扬州刺史殷浩以为建威（据《晋书》卷八《穆帝纪》、卷七十七《殷浩传》，'威'当作'武'）长史。"时间未见史载。考《晋书·穆帝纪》、《晋书·殷浩传》，殷浩于永和二年七月至六年正月闰月任建武将军、扬州刺史。张可礼先生认为孙绰任建武长史当在其间，暂系于此。今从之。

**永和四年（348年），孙绰作《惔谏叙》、《刘真长诔》。**

《世说新语·赏誉》注引"孙绰为《惔谏叙》曰：'神犹渊镜，言必珠玉。'"余嘉锡笺疏："'谏'，景宋本作'诔'，是也。"此文《全晋文》

漏收。《刘真长诔》当作于刘惔卒后。

《晋书·刘惔传》："尤好老庄,任自然趣……年三十六,卒官。孙绰为之诔云:'居官无官官之事,处事无事事之心。'时人以为名言。"

**永和五年（349年），孙绰为褚裒所鄙，作《太傅褚裒碑》。**

《世说新语·轻诋》："褚太傅南下,孙长乐于船中视之。言次,及刘真长死,孙流涕,因讽咏曰:'人之云亡,邦国殄瘁。'褚大怒曰:'真长平生,何尝相比数,而卿今日作此面向人！孙回泣向褚曰:'卿当念我！'时咸笑其才而性鄙。"余嘉锡笺疏引程炎震曰:"此盖褚裒彭城败后还镇京口时,故云'南下',永和五年也。"

《太平御览》卷六十六引《语林》："褚公游曲阿后湖。狂风忽起,船倾。褚公已醉,乃曰:'此舫人皆无可以招天谴者,唯有孙兴公多尘滓,正当以此厌天欲耳！'便欲捉孙掷水中。孙惧无计,唯大呼曰:'季野！卿念我！'"又云："曲阿在京口,地亦相合,故是一时事。"

《晋书·穆帝纪》：永和五年,"秋七月,褚裒进次彭城,遣部将王龛、李迈及石遵将李农战于代陂,王师败绩……八月,褚裒退屯广陵……十二月己酉…褚裒卒"。

《晋书·褚裒传》："使还镇京口……永和五年卒。"《全晋文》卷六十二辑孙绰《大傅褚裒（当作哀）碑》,当作于本年裒卒后。

**永和七年（351年），孙绰任右军长史。曾就谢安宿。**

《晋书》本传："会稽内史王羲之引为右军长史。"时间未详。羲之本年为右军将军、会稽内史。

《世说新语·轻诋》："孙长乐兄弟就谢公宿,言至款杂。刘夫人在壁后听之,具闻其语。谢公明日还,问:'昨客何似？'刘对曰:'亡兄门,未有如此宾客！'谢深有愧色。"此事时间未详,当是孙绰在会稽任右军长史时。

**永和十一年（355年），孙绰与谢安等泛海戏。作《赠谢安诗》。**

《世说新语·雅量》："谢太傅盘桓东山时,与孙兴公诸人泛海戏。风起浪涌,孙、王诸人色并遽,便唱使还。太傅神情方王,吟啸不言。舟人以公貌闲意说,犹去不止。既风转急,浪猛,诸人皆喧动不坐。公徐云:

'如此，将无归！'众人即承响而回。"注引《中兴书》："安先居会稽，与支道林、王羲之、许询共游处。出则渔弋山水，入则谈说属文，未尝有处世意也。"上述事件的具体时间未见记载，张可礼先生认为当在谢安出仕前、王羲之辞官之后。今从之。

《晋书·谢安传》："及（谢）万黜废，安始有仕进志，时年已四十余矣。征西大将军桓温请为司马。"据《通鉴》卷一百一，升平四年，谢安出仕为桓温司马。王羲之于本年辞官，因此上引《世说新语》所记之事，当在升平四年前，永和十一年羲之辞官后。

《晋诗》卷十三辑收录有《赠谢安诗》，诗中"洋洋浚泌，蔼蔼丘园。庭无乱辙，室有清弦，足不越疆，谈不离玄"等句，当作于谢安出仕前，暂系于此。

**永和十二年（356年），孙绰转永嘉太守。**

《晋书》本传："转永嘉太守。"时间未详，疑在王羲之辞官之后。

《太平御览》卷五百八十九引《语林》："孙兴公作永嘉郡，郡人甚轻之。桓公后遣传教，令作敬夫人碑。郡人云：'故当有才，不尔，桓公那得令作碑。'于此重之。"

**晋穆帝升平五年（361年），孙绰作王羲之碑文。迁散骑常侍，领著作郎。**

《太平御览》卷四十七引孔晔《会稽记》："王羲之墓在山足，有石碑。孙兴公为文，王子敬所书也。"

《晋书》本传："迁散骑常侍，领著作郎。"未知时间，本传叙于作《谏移都洛阳疏》之前。《谏移都洛阳疏》作于明年。张可礼先生姑系于此。今从之。

**晋哀帝兴宁二年（364年），孙绰于瓦官寺听讲《小品》。**

《世说新语·文学》："有北来道人好才理，与林公相遇于瓦官寺，讲《小品》。于时竺法深、孙兴公悉共听。此道人语，屡设疑难。林公辩答清析，辞气俱爽，此道人每辄摧屈。孙问深公：'上人当是逆风家，向来何以都不言？'深公笑而不答。林公曰：'白旃檀非不馥，焉能逆风？'深公得此义，夷然不屑。"

**晋简文帝咸安元年（371年），孙绰卒。**

《建康实录》卷八《太宗简皇帝》：咸安元年，"是岁，散骑常侍领著作孙绰卒……时年五十八"。

孙绰是东晋玄言诗的代表人物，其所留存下来的诗歌也多为玄言诗。《赠温峤诗》是其玄言诗的代表作，此外还有其《与庾冰诗》、《答许询诗》、《赠谢安诗》等，皆是"合道家之言而韵之"。

孙绰之赋，也同样体现了玄学思想的影响。《遂初赋》残篇："余少慕老、庄之道，仰其风流久矣。却感於陵贤妻之言，怅然悟之。乃经始东山，建五亩之宅，带长阜，倚茂林、孰与坐华幕、击钟鼓者同年而语其乐哉！"表达了追求自然山水的生活乐趣，并鄙弃传统富贵荣名生活享受，体现出孙绰这位玄学家和文学家超脱物欲、移情自然的高邈旨趣[①]。

《游天台山赋》，体现了玄学与游仙文学的结合，在东晋颇有代表性。其序："天台山者，盖山岳之神秀者也。涉海则有方丈、蓬莱，登陆则有四明、天台，皆玄圣之所游化，灵仙之所窟宅。夫其峻极之状，嘉祥之美，穷山海之瑰富，尽人神之壮丽矣！"这里将以"玄圣"与"灵仙"并列，以天台山为舞台，尽情加以展示。而赋末又云："散以象外之说，畅以无生之篇。悟遣有之不尽，觉涉无之有间。泯色空以合迹，忽即有而得玄。"将有无、色空统和，道佛同体，一归于自然。以其"浑万象以冥观，兀同体于自然"的义指及风格，在当时颇有影响。孙绰对此文也很是满意。《世说新语·文学》："孙兴公作《天台赋》成，以示范荣期，云：'卿试掷地，要作金石声也。'范曰：'恐子之金石，非宫商中声。'然每至佳句，辄云：'应是我辈语。'"同时这也体现孙绰对于声律之美的追求。他在《答许询诗》中说"琅若叩琼"，意思是许询的诗音韵和谐，读起来如同叩击美玉，琅琅悦耳。这篇赋文赋中直接写风景的句子虽然不多，但已经为山水题材作品的兴盛开辟了道路。在整个社会出现一种寻求和发现自然山水之美的思潮中，孙绰关于物、情关系的认识对南朝山水诗的产生应具有积极的推动。孙绰不仅在中国玄言诗发展史上占有突出的地位，而且在中国山水诗发展史上乃至整个山水文学发展史上、整个诗歌发展史上都占有较为重要的地位。

---

[①] 徐公持：《魏晋文学史》，人民文学出版社1999年版，第514页。

顾农认为，孙绰玄佛杂糅的思想代表了那个时代最为流行的思潮，终其一生未有改变的是他对于自然的热爱。他始终寄情山水，并且热衷于在诗赋中模山范水，借以悟道言志①。

孙绰还提出了"艺妙者以入神"的艺术审美标准。他是较早把"神"的概念引入文艺批评领域的，这对后来南朝文艺理论的发展有着深刻的影响，如南朝谢赫《古画品录》评"第一品"张墨、荀勖时说："风范气候，极妙参神。"当是受到孙绰的启发②。

孙绰的文学成就在当世即受到了极大的肯定。《世说新语·文学》注引《续晋阳秋》："（许）询、（孙）绰并为一时文宗。"《文选集注》卷六十二江文通《杂体诗·孙廷尉绰》题下公孙罗《文选钞》引《文录》："于时才华之士，有伏滔、庾阐、曹毗、李充，皆名显当世，绰冠其首焉。"

有关孙绰的著录，《隋书·经籍志一》："《集解论语》十卷，晋廷尉孙绰解。"《经典释文》卷一《序录》作《集注》十卷，当为一书。《隋书·经籍志二》："《至人高士传赞》二卷，晋廷尉卿孙绰撰……《列仙传赞》三卷，刘向撰，郄续、孙绰赞。"孙绰撰《嵇中散传》，《文选》卷二十一《五君咏五首嵇中散》，六臣注李善注引。《隋书·经籍志三》："《孙子》十二卷，孙绰撰。"《太平御览》卷七十二引作《孙绰子》，当为一书。《隋书·经籍志四》："晋卫尉卿《孙绰集》十五卷，梁二十五卷。"明代张燮《七十二家集》辑录《孙廷尉集》二卷附录一卷。张溥《汉魏六朝百三家集》辑录《孙廷尉集》一卷，附有《孙廷尉集题辞》。

（杨　康）

---

① 顾农：《东晋玄言—山水诗赋的旗手——孙绰》，《集美大学学报》（哲学社会科学版）2002年第2期。

② 王建国：《论孙绰的文学贡献》，《山东师范大学学报》（人文社会科学版）2006年第5期。

# 支遁传

**支遁，字道林，本姓关氏，河南陈留（今河南开封）人。生于晋愍帝建兴二年（314年）。**

《高僧传》本传："支遁，字道林，本姓关氏，陈留人，或云河东林虑人。幼有神理，聪明秀彻……太和元年闰四月四日，终于所住，春秋五十有三。"据此推之，支遁应当生于此年。

《高僧传》本传："家世事佛，早悟非常之理。隐居余杭山，沈思《道行》之品，委曲《慧印》之经，卓然独拔，得自天心。"据王晓毅《支道林生平事迹考》，支遁家族有信仰佛教的传统，随着晋室南迁，其家族大概亦随中原难民离开原籍渡江南下。

汤用彤先生在《汉魏两晋南北朝佛教史》中总结："支公形貌丑异，而玄谈妙美。养马放鹤，优游山水。善草隶，文翰冠世。时尚《庄》《老》，而道林谈《逍遥游》，标揭新理。"

关于支遁的生平记载，主要有《高僧传》、《世说新语》等。今人可参见张可礼先生《东晋文艺系年》、王晓毅《支道林生平事迹考》、袁济喜编《汉末三国两晋文学批评编年》等。

**晋成帝咸和八年（333年）之前，支遁到京师参加清谈，受到名士王濛、殷融的赞誉。**

《高僧传》本传："幼有神理，聪明秀彻，初至京师，太原王濛甚重之，曰：'造微之功，不减辅嗣。'陈郡殷融，尝与卫玠交，谓其神情俊彻，后进莫有继之者。及见遁，叹息以为重见若人。"《世说新语·赏誉》注引《支遁别传》："遁神心警悟，清识玄远。尝至京师，王仲祖称其造微之功，不异王弼。"

支遁一生曾多次前往建康，《高僧传》中记载的初至京师的时间，根据王晓毅的考证，应在其少年时代，在隐居余杭山之前。支遁的《述怀诗》二首曾有句"总角敦大道，弱冠弄双玄"的句子，总角、弱冠都泛指在十九岁未成年之前，且王濛将他比作王弼，殷融将他比作卫玠，此二人都是年少成名，由此推之支遁此时当为少年。

**晋成帝咸康四年（338年），支遁出家。**

《高僧传》本传："家世事佛，早悟非常之理，隐居余杭山，沈思《道行》之品，委曲《慧印》之经。卓焉独拔，得自天心。年二十五出家，每至讲肆，善标宗会，而章句或有所遗，时为守文者所陋。谢安闻而善之。"

《世说新语·言语》注引《高逸沙门传》："支遁……少而任心独往，风期高亮，家世奉法。尝于余杭山沈思《道行》，泠然独畅。年二十五始释形入道。"

在支遁出家之前，曾在余杭山隐居。《世说新语·文学》："《庄子·逍遥篇》，旧是难处，诸名贤所可钻味，而不能拔理于郭、向之外。支道林在白马寺中，将冯太常共语，因及《逍遥》。支卓然标新理于二家之表，立异义于众贤之外，皆是诸名贤寻味之所不得。后遂用支理。"余嘉锡《世说新语笺疏》中：程炎震注："据《高僧传·遁传》叙次，则此白马寺在余杭。"张可礼先生认为，支遁注《逍遥篇》，当在隐居余杭山时，从张谱。从《世说新语》中的这段记载也可见，支遁在中国佛教发展史上具有重要的地位。谢安曾称赞其比嵇康还高出一筹。

**咸康八年（342年），支遁游京师。作《八关斋诗》三首并《序》。**

《高僧传》本传："遁尝在白马寺，与刘系之等谈《庄子·逍遥篇》，云各适性以为逍遥。遁曰：'不然。夫桀跖以残害为性。若适性为得者，彼亦逍遥矣。'于是退而注《逍遥篇》，群儒旧学，莫不叹服。"

支遁出家后曾经云游京师，常在白马寺，与刘系之、冯怀等人论辩《庄子·逍遥篇》，他凭借自身高深的玄学造诣，特别是对于《庄子·逍遥篇》的精深独到的研究，兼之超拔于普通名士之上的领悟力和辩才，敢于发表新见，超越了前人，赢得了众人的尊敬，其后注《庄子·逍遥篇》，更是令群儒旧学折服。

《晋诗》卷二十载《八关斋诗》三首并《序》。《序》云："间与何骠骑期，当为合八关斋。以十月二十二日，集同意者在吴县土山墓下。三日清晨为斋始，道士白衣凡二十四人。清和肃穆，莫不静畅，至四日朝，众贤各去……"张可礼先生认为以上事当在本年何充任骠骑将军后。今从之。

《广弘明集》卷三十记载有《八关斋会诗序》。《八关斋诗》写于晋咸康八年十月二十二日，支遁邀请扬州刺史何充及相关人士二十四人为八关斋事。主要记述了与僧俗友人斋戒，以及斋戒之后诗人独自上山采药之事。支遁赋诗三首。三首顺序而作，在叙事写景中参入对佛理的体悟过程。第一首从"建意营清斋"开始，写与友人在此斋戒，潜心清修佛法："穆穆升堂贤，皎皎清心修。……法鼓进三劝，激切清训流。"第二首描述了斋戒过程中的起居状况和斋戒礼节。第三首叙述了自己登山采药看到山崖崎岖，树木葱茏的美景，不禁感慨抒怀的情形："广漠排林筱，流飚洒隙牖。从容遐想逸，采药登崇阜。崎岖升千寻，萧条临万亩。望山乐荣松，瞻泽哀素柳。"该诗辞藻华美，对偶严谨，在描绘自然山水的同时，渲染了一种神秘的氛围，将写景与其体悟到的佛理融合起来，也是三首中最为著名的一首。

支遁的文学成就，主要表现在诗歌和赞文两个方面。在诗歌方面，支遁是中国自然山水诗的鼻祖，他结合老庄思想和山水自然，才藻新奇，很受当时文人的赞赏。他将逍遥游的审美理想引入山水诗，创造了一种新的诗歌形式。支遁通过山水诗的创作，将哲学意义上的自然转化成一种鲜活生动、乐生畅神的新的审美对象，形成了一种优游自得、寂静恬适的诗境，开辟了新的审美范式。在他的山水诗中，最突出的特点就是将佛理和玄学相结合，胡大雷认为，支遁把佛陀之音引入了玄言诗，其玄言诗的最大变化即是体现出"逍遥"境界的虚幻化，不同于玄学家玄言诗的"逍遥"境界一般是概括化的自然景物。

对于支遁诗歌的分类，学者有着不同看法，陈允吉、袁世硕、张可礼将支遁诗歌分为佛理诗和玄言诗，张君梅则将其分为咏赞诗、述修道生活、咏怀言志三类，她将诸菩萨赞归为咏赞诗这一类。总体来看，支遁诗歌的主要涵盖了咏怀言志、谈玄论佛和带有仙幻性质的山水描写等内容。

支遁的诗歌代表作主要有《咏怀诗五首》、《述怀诗二首》、《八关斋诗》、《咏禅寺道人诗》、《四月八日赞佛诗》等。《咏怀诗五首》主要是自述其生平和思想，其中第一首较有代表性："傲兀乘尸素，日往复月旋。弱丧困风波，流浪逐物迁。中路高韵益，窈窕钦重玄。重玄在何许，采真游理间。苟简为我养，逍遥使我闲。寥亮心神莹，含虚映自然。亹亹沈情去，彩彩冲怀鲜。踟蹰观象物，未始见牛全。毛鳞有所贵，所贵在忘筌。""苟简为我养，逍遥使我闲"二句，表达了支遁追求的理想的自由境界，与《庄子·逍遥游》相通。这首诗寄兴高远，立意精微，足见"至人"之心胸，名僧之襟怀。"寥亮心神莹"以下四句，描写心朗逆鉴，表里澄彻，返虚入浑，逍遥无极的境界，虽然使用了不少玄学词语，但已不同于当时的玄言诗。支遁在诗中所体认到的"逍遥"真意，其胸怀与以往大大不同。以往人们都是采用向秀、郭象对于逍遥游的阐释，但是，支遁却用"至足"取代了"得其所待"，精神上的满足取代了具体欲望的满足，达成了彻底的超越。

《咏怀诗》第二首描写的也是自己倾心悟道的体会："萧萧柱下迥，寂寂蒙邑虚。廓矣千载事，消液归空无。无矣复何伤，万殊归一途。……心与理理密，形与物物疏。萧索人事去，独与神明居。"全诗描写在端坐冥思中渐悟远离物欲、神与佛会的情景。表达了自己沉醉于玄佛之间，怡然自乐的恬愉心境。后半部分写对佛理的认识，最终落在"独与神明居"，表明此首诗亦不同于以往的玄言诗，而是将老庄融入了佛学，重在阐述佛理。

《咏怀诗》第三首是支遁佛理的形象阐释："晞阳熙春圃，悠缅叹时往。感物思所托，萧条逸韵上。尚想天台峻，仿佛岩阶仰。泠风洒兰林，管濑奏清响。霄崖育灵蔼，神蔬含润长。丹沙映翠濑，芳芝曜五爽。苕苕重岫深，寥寥石室朗。中有寻化士，外身解世网。抱朴镇有心，挥玄拂无想。隗隗形崖颓，冏冏神宇敞。宛转元造化，缥瞥邻大象。愿投若人踪，高步振策杖。"这首诗通篇写景，但在写景中诗中有佛理的参入，将写景与佛理融合，这在当时就受到了很多士人的钦仰。

《咏怀诗》第五首表达了自己的人生理想，旨在通过"无身道"，达到"高栖冲默靖"的超脱之境："坤基茝简秀，乾光流易颖。神理速不疾，道会无陵骋。超超介石人，握玄揽机领。余生一何散，分不谐天挺。沈无冥到韵，变不扬蔚炳。冉冉年往逡，悠悠化期永。翘首希玄津，想登故未正。生途虽十三，日已造死境。愿得无身道，高栖冲默靖。"

《述怀诗》同样是自述其归真心怀，其中第一首采用比喻手法，将自己比喻成"逸志腾冥虚"的翔鸾,在山水间嬉戏中体悟神明之道,流露出怡然自得的高洁之情:"高吟漱芳醴,颉颃登神梧。萧萧猗明翮,眇眇育清躯。长想玄运夷,倾首俟灵符。河清诚可期,戢翼令人劬。"这与阮籍《咏怀诗》中大量将人物比成鸟,表达志向的诗歌类似。

《四月八日赞佛诗》通过天马行空的想象,描绘了诗人心中的理想境界,即是弃除陈累、物我同化,诗人将人间宁静的环境,描绘成生机盎然、栩栩如生的仙境,让人有亲临之感:"飞天鼓弱罗,腾擢散芝英。绿澜颓龙首,缥蕊翳流泠。芙蕖育神葩,倾柯献朝荣。芬津霈四境,甘露凝玉瓶。珍祥盈四八,玄黄曜紫庭。"

《咏禅思道人》是支遁看了孙绰画了道士坐禅和赞文之后有感而作:"中有冲希子,端坐摹太素。自强敏天行,弱志欲无欲。玉质凌风霜,凄凄厉清趣。指心契寒松,绸缪谅岁暮。会衷两息间,绵绵进禅务。"张可礼先生指出该诗是今存我国最早的题画诗。支遁将对自然环境的描写变成了对"逍遥仙境"的营造,在对道人修炼的状态和过程的描写中,表达了对佛教境界的追求。整首诗将悟道之情景融为一体,清空寂静,读来有飘飘欲仙之感。

总体来说,支遁的诗歌重在描述体悟玄佛之理,其中大量的山水描写,也都是为配合悟道而作。这些山水之景,早已超出了自然的范围,而成为诗人追求至真之理的仙境。与其他玄言诗相比,支遁诗的最大特色在于他善于通过景物描写营造一种虚幻的境界。支遁的诗歌,在东晋颇受迎赞,陈顺智在《东晋玄言诗派研究》指出:"以支道林等为代表的高僧则以其造幽探微的思致、拔新领异的谈吐、超尘脱俗的风度与铺词布藻的才情深受东晋士人的激赏。"[1] 究其缘由,正如汤用彤先生在《汉魏晋南北朝佛教史》中所说:"东晋名士崇奉林公(支遁),可谓空前,此其故不在当时佛法兴隆。实则当代名僧,既理趣符《老》、《庄》,风神类谈客。"[2]

不过,对于支遁的诗歌,因其多涉及栖心玄远、不营物务、追求逍遥和达观随化等玄佛之理,也如玄言诗一样,理胜于辞。有学者认为,大多理玄情寡,艰涩枯槁。

---

[1] 陈顺智:《东晋玄言诗派研究》,武汉大学出版社2003年版,第188页。
[2] 汤用彤:《汉魏晋南北朝佛教史》,中华书局2011年版,第103页。

《世说新语·言语》注引："支公好鹤，住剡东岇山。"注引《支公书》："山去会稽二百里。"据张可礼先生，支遁入剡时间不详，姑系于此。从张谱。

**晋穆帝永和元年（345年），支遁评论许询、王修辩论。**

《世说新语·文学》："许掾年少时，人以比王苟子，许大不平。时诸人士及於法师并在会稽西寺讲，王亦在焉。许意甚忿，便往西寺与王论理，共决优劣。苦相折挫，王遂大屈。许复执王理，王执许理，更相覆疏，王复屈。许谓支法师曰：'弟子向语何似？'支从容曰：'君语佳则佳矣，何至相苦邪？岂是求理中之谈哉！'"此事时间未详。张可礼先生根据文中"许掾年少时"，姑系于此年。从张谱。

许掾即许询，《世说新语·言语》注引《续晋阳秋》称许询为"总角秀惠，众称神童"，是会稽的神童，王苟子即王修，被称为京师的神童。许询内心不服，特意找王修辩论，支遁在场，认为二人不必互相困辱，辨理才好。

**永和四年（348年），支遁与许询在司马昱会稽王府邸讲《维摩诘经》，与殷浩在司马昱府辩论才性问题。**

东晋士人清谈之风尚，支遁犹称其首。在当时辨言析理的名士风气中，支遁以其学贯玄佛而成为领袖人物。

《世说新语·文学》："支道林、许掾诸人共在会稽王斋头。支为法师，许为都讲。支通一义，四坐莫不厌心。许送一难，众人莫不抃舞。但共嗟咏二家之美，不辩其理之所在。"刘孝标注引《高逸沙门传》："支道林时讲《维摩诘经》。"

根据王晓毅考证，许询仅在永和四年赴京师一次，曾在刘惔处留宿，而刘惔卒于永和五年，故此事系于永和四年。许询到建康后经过刘惔介绍，与司马昱交往密切，《世说新语·赏誉》注引《续晋阳秋》："询能言理，曾出都迎姊，简文皇帝、刘真长说其情旨及襟怀之咏，每造膝赏对，夜以系日。"可见，支道林、许询在司马昱府邸辩论是合情理的。

《世说新语·文学》："支道林、殷渊源俱在相王许。相王谓二人：'可试一交言。而《才性》殆是渊源崤、函之固，君其慎焉！'支初作，改辙远之；数四交，不觉入其玄中。相王抚肩笑曰：'此自是其胜场，安可争锋!'"

此事时间不详,当发生在殷浩永和二年任扬州刺史、支遁永和六年南下会稽之间,王晓毅系于此年。从王谱。

**永和七年(351年),支遁与王羲之论《逍遥游》,与王羲之、谢安、许询、孙绰等同游,为郗超所画于道遂像撰写赞文。**

《世说新语·文学》:"王逸少作会稽,初至,支道林在焉。孙兴公谓王曰:'支道林拔新领异,胸怀所及,乃自佳,卿欲见不?'王本自有一往隽气,殊自轻之。后孙与支共载往王许,王都领域,不与交言。须臾支退。后正值王当行,车已在门。支语王曰:'君未可去,贫道与君小语。'因论《庄子·逍遥游》。支作数千言,才藻新奇,花烂映发。王遂披襟解带,留连不能已。"

《高僧传》本传:"王羲之时在会稽,素闻遁名,未之信,谓人曰:'一往之气,何足言?'后遁既还剡,经由于郡,王故诣遁,观其风力。既至,王谓遁曰:'《逍遥篇》可得闻乎?'遁乃作数千言,标揭新理,才藻惊绝。王遂披衿解带,流连不能已,仍请住灵嘉寺,意存相近。"

关于支遁和王羲之论《逍遥游》,《高僧传》与《世说新语》有所不同,但基本在王羲之初任会稽内史前后,关于王羲之的任职时间,史学界认为在永和七年,故系于此年。正因为支遁对《逍遥游》的谈论标揭新理,显示出超凡俊拔的才华,使初时对之不屑一顾的王羲之最终佩服得"披衿解带,流连不能已"。这对支遁确立其地位有着极为重要的影响。

支遁至会稽后,曾与王羲之、许询、孙绰等人同游。《世说新语·文学》:"支道林、许、谢盛德,共集王家。谢顾谓诸人曰:'今日可谓彦会,时既不可留,此集固亦难常。当共言咏,以写其怀。'许便问主人:'有《庄子》不?'正得《渔夫》一篇。谢看题,便各使四坐通。支道林先通,作七百许语,叙致精丽,才藻奇拔,众咸称善。"

《高僧传》本传:"俄又投迹剡山,于沃洲小岭立寺行道,僧众百余,常随禀学。时或有堕者,遁乃著座右铭以勖之曰……时论以遁才堪经赞,而洁己拔俗,有违兼济之道,遁乃作《释矇论》。晚移石城山,又立栖光寺,宴坐山门,游心禅范,木食涧饮,浪志无生,乃注《安般》、《四禅》诸经及《即色游玄论》、《圣不辩知论》、《道行指归》、《学道诫》等。追踪马鸣,蹑影龙树,义应法本,不违实相。晚出山阴,讲《维摩经》,遁为法师，许询为都讲。遁通一义，众人咸谓询无以厝难，询设一难，亦谓遁不复能通，如此至竟，两家不竭。凡在听者，咸谓审得遁旨，回令自说，得两三反便乱。"

《世说新语·雅量》注引《中兴书》："安先居会稽，与支道林、王羲之及许询共游处。出则渔弋山水，入则谈说属文，未尝有处世意也。"《晋书·孙绰传》："绰字兴公，博学善属文，少与高阳许询具有高尚之志。居于会稽，游放山水，十有余年。"

是年，支遁为于道邃作赞铭。《高僧传·于道邃传》记载："于道邃……事兰公为弟子……春秋三十有一矣。……郗超图写其形，支遁为著铭赞。"

支遁在赞体文的成就尤为突出。支遁有赞并序两篇、赞十四篇，表达了对菩萨和高僧的赞美之情。其中大部分属于五言诗赞，如诸菩萨赞，写高僧的赞则是四言绝句或律诗。按照内容分可以划分为像赞和杂赞，句型归类又有四言和五言之别，篇幅亦有长短之差。徐公持先生认为，支遁的文学才华主要表现在众多菩萨和僧人像赞中，此类赞词，虽然内含着深奥的佛理，但清朗可读，比如《文殊师利赞》："童真领玄致，灵化实悠长，昔为龙种觉，今则梦游方，惚恍乘神浪，高步维耶乡。擢此希夷质，映彼虚闲堂，触类兴清遰，目系洞兼忘，梵释钦嘉会，闲邪纳流芳。"此外，《释迦文佛像赞（并序）》、《阿弥陀佛像赞（并序）》以骈体文叙述了释迦牟尼创立佛教的过程，解释了佛教与中国传统礼教的关系，认为释迦牟尼和唐尧、周公和孔子一样是至高无上的圣人。文章重点歌颂了释迦牟尼创立佛教的坚定意志和决心，以及创立过程的艰辛。全文圆融典雅，妙谐俪偶，文中参以仁义道德，援儒道而入释，显示了作者参同化合之优学卓识："冲量弘乎太虚，神盖宏于两仪，易简待以成体，太和拟而称邵。……元宿命以制作，或绸之以德义，或疏之以冲风。…苑囿池沼，蔚有奇荣。飞沈天逸于渊薮，遰寓群兽而率真，阐阖无扇于琼林，玉响天谐于箫管，冥霄陨华以阖境，神风拂故而纳新，甘露征化以醴被，蕙风导德而芳流，圣音应感而雷响，慧泽云垂而沛清，觉父噢予而贵言，真人冥宗而废玩，五度冯虚以入无，般若迁知而出玄，众妙于兹大启，神化所以永传。"支遁的赞文中大量使用玄学用语，如"玄心"、"玄音"、"本无"、"形名"等，使得这些赞文又呈现出玄佛合一的特征。

**永和十年（354年），王坦之与支遁辩论。**

《世说新语·排调》："王文度在西州，与林法师讲，韩、孙诸人并在坐。林公理每欲小屈，孙兴公曰：'法师今日如著弊絮在荆棘中，触地挂阂。'"笺疏引程炎震："坦之未尝为扬州，支遁下都在哀帝时，王述方刺扬州，盖就其父官廨中设讲耳。"

张可礼先生将上述事系于此。今从之。

**晋穆帝升平元年（357年），支遁到剡县石城山立栖光寺，勤于著述立说，有《即色游玄论》等。**

《高僧传》本传："晚移石城山，又立栖光寺。宴坐山门，游心禅苑，木食涧饮，浪志无生。乃注《安般》、《四禅》诸经，及《即色游玄论》、《圣不辩知论》、《道行指归》、《学道诫》等。"

《广弘明集》卷二十八记载王洽在阅读支遁《道行旨归》后产生疑问："今《道行旨归》通叙色空，甚有清致，然未详经文为有明旨耶？或得之于象外，触类而长之乎？"为解王洽提问，支遁著《即色游玄论》。《出三藏记集》卷十二《杂录》记载陆澄《法论目录·第一帙》："《即色游玄论》支道林。王敬和问，支答。"

支遁作为一代名僧，在中国佛教史上居有重要一席。历史上对于支遁的佛理评价很高，郗超《与亲友书论支道林》："林法师神理所通，玄拔独悟，实数百年来绍明大法，令真理不绝，一人而已。"清人沈曾植《与金潜庐太守论诗书》："支、谢皆禅玄互证。然谢故犹留意遗物，支公恢恢，与道大适矣。"

《即色游玄论》是支遁的代表作品，现已亡佚，其所代表的"即色"宗是东晋佛教般若学"六家七宗"之一。据《世说新语·文学》刘孝标注及《中论疏记》所引的内容来看，支遁的"即色游玄论"融儒释道三家于一体。

支遁的即色论在《大小品对比要钞序》中有着集中体现，在此他运用"即色玄游"诠释了般若学。支遁的佛学思想受玄学的影响很深，尤其是王弼的"贵无论"，支遁在王弼思想的基础上，结合大乘空宗中观学派的思想，创立了"即色宗"，他对于般若学本质的概括也体现了"以无为本"的思想："夫般若波罗蜜多者，众妙之渊府，群智之玄宗，神王之所由，如来之照功。其为经也，至无空豁，廓然无物者也，无物于物。"在此基础上，支遁进一步指出，运用般若智慧，就可以达到"无物于物，故能齐于物；无智于智，故能运于智。是故夷三脱于重玄，齐万物于空同；明诸佛之始有，尽群灵之本无；登十住之妙阶，趣无生之径路"。

在《大小品对比要钞序》中，支遁对比了大小品的不同特点，认为二者在本质上没有差异："夫体道尽神者，不可诘之以言教；游无蹈虚者，不可求之于形器。是以至人于物，遂通而已。明乎小大之不异，畅玄标之有寄，因顺物宜，不拘小派。"支遁对于大小品的细致考究，旨在帮助人们更好地理解般若学，在般若对于俗世的指引和教化以及般若的本质等方面，支遁的理解都达到了相当的高度。但是，对于支遁般若学的局限性，僧肇在《不真空论》中就指出："'即色'者，明色不自色，故虽色而非色也。夫言色者，但当色即色，岂待色色而后为色哉？此直语色不自色，未领色之非色也。"汤一介先生在《郭象与魏晋玄学》中评价认为："支遁的'即色义'所讨论的也还是玄学问题，而他对'逍遥'的看法，更说明他本身就是玄学家，虽和郭象看法不同，但更接近庄周原意。"[①]

对于支遁的"逍遥论"，汤用彤先生在此也给予了高度评价："此文不但释《庄》具有新义，并实写清谈家之心胸，曲尽其妙。当时名士读此，必心心相印，故群加激扬。吾人今日三复斯文，而支公之气宇，及当世称赏之故，从可知矣。"钱穆先生在《记魏晋玄学三宗》中也高度肯定了支遁的逍遥论："盖支遁之所异于向郭者，向郭言无待，而支遁则言至足。至足本于无欲，欲无欲，则当上追嵇阮，以超世绝俗为上。而向郭以来清谈诸贤，则浮湛富贵之乡，皆支遁所谓有欲而当其所足，快然有似乎天真也。游心不旷，故遂谓尺鹦大鹏各任其性，一皆逍遥矣。及闻支氏之论，遂不得不谓其卓然标新理于二家之表。""盖当时名士所谓情性自得者，其内心不忘俗，浅薄率如是。自此以往，庄老玄理，遂不得不让位于西来之佛法。"[②]

支遁的"即色论"中还涉及了对"不二法门"的认识和理解；在《维摩诘赞》、《善思菩萨赞》、《法作菩萨不二入菩萨赞》、《首立菩萨赞》、《善宿菩萨赞》、《善多菩萨赞》等文中表达了他对"不二法门"的认识和理解：第一，支遁强调"民动则我疾，人恬我气平"作为佛教的

---

① 汤一介：《郭象与魏晋玄学》，北京大学出版社2001年版，第85页。
② 钱穆：《庄老通辨》，生活·读书·新知三联书店2005年版，第325—326页。

基本精神；第二，强调自我与我对立的矛盾；第三，强调受与不受的矛盾；第四，对人的行动与欲望的般若学解释；第五，对菩萨高智慧的意识与弟子低层次的意识的矛盾的关注；第六，对劳烦和生存这一矛盾的关注①。这些内容反映了支遁的佛学旨在解决现实人生的苦痛和解脱心灵束缚，是其即色论的重要组成部分，也为其宣传《维摩诘经》打下了基础。

任继愈先生在《中国哲学发展史》（魏晋南北朝卷）中指出，支遁以般若为本无，直接继承了玄学的传统，《大小品对比钞要》可见："夫《般若波罗蜜》者，众妙之渊府，群智之玄宗，神王之所由，如来之照功。其为经也，至无空豁，廓然无物者也。无物于物，故能齐于物；无智于智，故能运于智。……顿其至无，故能为用。"支遁仍然用魏晋玄学本体论的语汇来表达他对佛教般若性空的理解，他注重不应"存无以求寄，希智以往心"。支道林对于佛教的解释取其大义，有时和佛教经文不合，因此对于般若的解释，只能当作支道林所理解的般若学。支遁的即色论，在六家七宗中思路比较灵活，发挥的色即是空的理论，也有独到之处②。总的来说，支遁的即色论对于后世的影响还是较大的。

潘桂明在《中国佛教思想史稿》一书中认为，支遁佛学使这一时期思想界的学术水平获得整体性迅速提升，并在玄学论辩之后进入空前的理论高涨期。但是他的佛学，归根结底是他个人或部分知识分子人生理想和精神生活的寄托；作为一代名僧，支遁没有真正承担起佛教作为宗教的神圣使命，对思想自由的追求与宗教使命的实践被他割裂了③。

支遁对于佛教的影响，一方面体现在佛学义理方面，支遁的即色论对后世的禅宗、净土宗、天台宗都有直接的影响；另一方面，支遁推动了弥勒信仰和弥勒造像活动，剡山石城寺造像就是从支遁的《弥勒像赞》及广泛的弥勒信仰发展而来的。

**升平五年（361年），支遁至都，住东安寺，讲小品《道行经》。**

《高僧传》本传："至晋哀帝即位，频遣两使，征请出都，止东安寺，讲《道行般若》，白黑钦崇，朝野悦服。"

---

① 李正西：《支遁评传》，宗教文化出版社2009年版，第121—122页。
② 任继愈：《中国哲学发展史》（魏晋南北朝卷），人民出版社1988年版，第462页。
③ 潘桂明：《中国佛教思想史稿》，江苏人民出版社2009年版，第167页。

《全晋文》卷一百五十七辑遁《上书告辞哀帝》云："自到天庭，屡蒙引见，优游宾礼，策以微言。"

**升平年间，支遁与王坦之有过多次交往论辩。**

《世说新语·文学》："支道林造《即色论》，论成，示王中郎（刘孝标注：王坦之）。中郎都无言。支曰：默而识之乎？'王曰：'既无文殊，谁能见赏？'"

《世说新语·轻诋》："王中郎与林公绝不相得。王谓林公诡辩，林公道王云'著腻颜帢，縜布单衣，挟《左传》，逐郑康成车后，问是何物尘垢囊！'"

《世说新语·排调》："王文度在西州，与林法师讲，韩、孙诸人并在坐。林公理每欲小屈。孙兴公曰：'法师今日如著弊絮在荆棘中，触地挂阂。'"笺疏引程炎震曰："坦之未尝为扬州，支遁下都在哀帝时，王述方刺扬州，盖就其父官廨中设讲耳。"

《世说新语·文学》："支道林初从东出，住东安寺中。王长史宿构精理，并撰其才藻，往与支语，不大当对。王叙致作数百语，自谓是名理奇藻。支徐徐谓曰：'身与君别多年，君义言了不长进。'王大惭而退。"据王晓毅考据，王濛与支遁为神交，此处王长史当为王坦之，而非王濛。

**晋哀帝兴宁二年（364年），支遁于瓦官寺与道人谈《小品》，作《上书告辞哀帝》后还东山归隐，诸名士于征虏亭为其送行。**

《世说新语·文学》："有北来道人好才理，与林公相遇于瓦官寺，讲《小品》。于时竺法深、孙兴公悉共听。此道人语，屡设疑难，林公辩答清析，辞气俱爽。此道人每辄摧屈。孙问深公：'上人当是逆风家，向来何以都不言？'深公笑而不答。林公曰：'白旃檀非不馥，焉能逆风？'深公得此义，夷然不屑。"

《高僧传》本传："谢安为吴兴守，与遁书曰：'思君日积，计辰倾迟，知欲还剡自治，甚以怅然。人生如寄耳，顷风流得意之事，殆为都尽。终日戚戚，触事惆怅，唯迟君来，以晤言消之，一日当千载耳。此多山县，闲静，差可养疾，事不异剡，而医药不同，必思此缘，副其积想也。'""遁淹留京师，涉将三载，乃还东山。上书告辞曰：'……上愿陛下，时蒙放遣，归之林薄，以鸟养鸟，所荷为优。谨露板以闻，申其愚管,裹粮望路,伏待慈诏。'诏即许焉,资给发遣,事事丰厚,一时名流,并饯离于征虏……既而收迹剡山,毕命林泽。"

《世说新语·雅量》:"支道林还东,时贤并送于征虏亭。蔡子叔前至,坐近林公。谢万石后来,坐小远;蔡暂起,谢移就其处。蔡还,见谢在焉,因合褥举谢掷地,自复坐。谢冠帻倾脱,乃徐起,振衣就席,神意甚平,不觉瞋沮。坐定,谓蔡曰:'卿奇人,殆坏我面。'蔡答曰:'我本不为卿面作计。'其后,二人俱不介意。"注引《高逸沙门传》:"遁为哀帝所迎,游京邑久,心在故山,乃拂衣王都,还就岩穴。"

支遁受到谢安的邀请后,上书请求归隐,诸位名士征虏亭相送。对于支遁归隐东山的时间,张可礼先生和王晓毅均系于此年,今从之。

**兴宁三年(365年),支遁悲悼法虔。**

《世说新语·伤逝》:"支道林丧法虔之后,精神殒丧,风味转坠。常谓人曰:'昔匠石废斤于郢人,牙生辍弦于钟子,推己外求,良不虚也!冥契既逝,发言莫赏,中心蕴结,余其亡矣!'却后一年,支遂殒。"

根据支遁于太和元年卒,结合文中"却后一年,支遂殒"的记载,将此事系于此年。

**晋海西公太和元年(366年),支遁卒。卒前作《切悟章》。**

《高僧传》本传:"遁先经余姚坞山中住,至于明辰,犹还坞中。或问其意,答云:'谢安在昔数来见,辄移旬日,今触情举目,莫不兴想。'后病甚,移还坞中,以晋太和元年闰四月四日,终于所住,春秋五十有三。即窆于坞中,厥冢存焉。"

《世说新语·言语》注引《高逸沙门传》:"支遁……年五十三终于洛阳。"支遁卒地,另有二说。《伤逝》注引《支遁传》:"遁太和元年终于剡之石城山,因葬焉。"

《世说新语·伤逝》注引王珣《法师墓下诗序》:"余……命驾之剡石城山,即法师之丘也。高坟郁为荒楚……"据此知遁当卒于石城山。《高僧传》本传:"郗超为之序传,袁宏为之铭赞,周昙宝为之作诔……遁有同学法虔,精理入神,先遁亡,遁叹曰……乃著《切悟章》,临亡成之,落笔而卒。凡遁所著文翰集有十卷,盛行于世。"

关于支遁的卒年,汤用彤在《汉魏两晋南北朝佛教史》、许理和《佛教征服中国》、王晓毅《支道林生平事迹考》、方立天《魏晋南北朝佛教》中支持这一说法。今从众说。

支遁凭借其超拔的才藻受到当时士人的一致赏誉，王羲之赞之"器朗神俊"，王濛（王长史）认为他与王弼相比也是"寻微之功，不减辅嗣"（《世说新语·赏誉》）。谢安认为支遁已超过了嵇康和殷浩，《世说新语·品藻》："郗嘉宾问谢太傅曰：'林公谈何如嵇公？'谢云：'嵇公勤著脚，裁可得去耳。'又问：'殷何如支？'谢曰：'正尔有超拔，支乃过殷。然噩噩论辩，恐□欲制支。'"孙绰除了在《道贤论》中将支遁比成向秀，还有《喻道论支道林》："支道林者，识清体顺，而不对于物，玄道冲济，与神情同，任此远流之所以归宗，悠悠者所以未悟也。"《弘明集·日烛篇》也称支遁为："支子特秀，领握玄标，大业冲粹，神风清箫。"《晋书·郗超传》："沙门支遁以清谈著名于时，风流胜贵，莫不崇敬，以为造微之功，足参诸正始。而遁常重超，以为一时之俊，甚相知赏。"支遁最重要的俗家弟子郗超在《与亲友论支道林书》中赞曰："林法师神理所通，玄拔独悟，数百年来，绍明大法，令真理不绝，一人而已。"

清人沈增植《与金潜庐太守论诗书》认为支遁开山水诗之先河，影响了后世谢灵运等人的创作："康乐总山水老庄之大成，开其先支道林。"在《王壬秋选八代诗选跋》中说："支公模山范水，固已华妙绝伦"，"支、谢皆禅玄互证……谢固犹留意遣物，支公恢恢，与道大适矣。"

钱锺书认为："观支公现存诗作，'华妙绝伦'固然过誉，但与当时文坛名家如孙绰、许询辈作品比较却毫不逊色。"[①] 孙昌武指出支遁"把佛理引入文学，用文学的形式来表现，他有开创之功"[②]。张可礼也从诗僧角度评价了支遁，认为"随着佛教在东晋的发展，以支遁和释慧远等为代表的佛教文人，写作了不少与佛教相关的诗文。这些诗文在我国古代佛教文学史上，具有开创的意义"[③]。郑振铎《插图本中国文学史》也认为，支遁是诸和尚诗人中最伟大的一位，他的哲理诗是前所未见的[④]。总

---

① 钱锺书：《谈艺录》，中华书局1984年版，第89页。
② 孙昌武：《佛教与中国文学》，上海人民出版社1988年版，第66页。
③ 张可礼：《东晋文艺综合研究》，山东大学出版社2001年版，第19页。
④ 郑振铎：《插图本中国文学史》，中央编译出版社2012年版，第139—140页。

的来说，支遁在中古玄言诗和山水诗中的地位是不亚于孙绰、许询的，甚至在山水诗的造诣上也是先于谢灵运，具有开创性的，他是一位重要的诗僧。

支遁的诗歌创作影响深远，后世有很多涉及支遁及拟作的诗歌。以《全唐诗》为例，其中涉及支遁的诗歌有八十三首，诗人四十三位，比较知名的诗人有王维、卢象、李白、孟浩然、刘长卿、杜甫、岑参、柳宗元、温庭筠、皮日休、陆龟蒙等，多是表达了对支遁的赞美，如皎然的《支公诗》："支公养马复养鹤，率性无机多脱略。天生支公与凡异，凡情不到支公地。得道由来天上仙，为僧却下人间寺。道家诸子论自然，此公唯许逍遥篇。山阴诗友喧四座，佳句纵横不废禅。"此外，还有一些诗句表达了对支遁的崇敬之情，有李白《将游衡岳，过汉阳双松亭，留别族弟浮屠谈皓》："卓绝道门秀，谈玄乃支公。"李白《赠宣州灵源寺仲濬公》："今日逢支遁，高谈出有无。"皇甫冉《秋夜有怀高三十五兼呈空和尚》："不见支公与玄度，相思拥膝坐长吟。"司空曙《闲居寄苗发》："支公有遗寺，重与谢安过。"孟浩然《宴荣二山池》："枥嘶支遁马，池养右军鹅。"孟浩然《晚春题远上人南亭》："给园支遁隐，虚寂养身和。"陆龟蒙《奉和袭美二游诗》："秋笼支遁鹤，夜榻戴颙客。"唐代之后，还有朱熹、杨万里、余阙、何鉴、徐渭和袁枚等人写了多首追慕支公的诗文[①]。

支遁的佛学理论著作，根据汤用彤先生《汉魏两晋南北朝佛教史》中的记录，有《即色游玄论》、《释即色本无义》、《道行指归》、《大小品对比要钞》、《辩著论》、《辩三乘论》、支书《与郗嘉宾》、支道林《答谢长遐》、《本起四禅序》并《注》、《本业略例》、《本业经注序》、《圣不辩知论》、《释矇论》、《安般经注》、《妙观章》、《逍遥论》、《通渔夫》、《物有玄几论》。但是仅《要钞序》尚全存。《广弘明集》载王洽《与林法师书》，盖《即色游玄论》所附之王敬和问也。

支遁的著作，在《隋书·经籍志》中收录有：晋沙门《支遁集》八卷。《广弘明集》卷三十中收录有支遁的作品：《咏八日诗三首》、《五月长斋诗》、《八关斋诗序》、《八关斋诗三首》、《咏怀诗五首》、《述怀诗二首》、《咏大德诗》、《咏禅思道人》、《咏利城山居》，卷十五收录有《释

---

① 袁子微：《支遁及其诗文研究》，广西师范大学硕士学位论文，2012年。

迦文佛像赞》。《全晋文》卷一百五十七中收有支遁的《上书告辞哀帝》、《与桓玄书论州符求沙门名籍》、《与高骊道人论竺法深书》、《逍遥论》、《即色论妙观章》、《大小品对比要钞序》、《八关斋会诗序》、《咏禅思道人诗序》、《释迦文佛像赞（并序）》、《阿弥陀佛像赞（并序）》、《文殊师利赞》、《弥勒赞》、《维摩诘赞》、《善思菩萨赞》、《法作菩萨不二人菩萨赞》、《首菩萨赞》、《不□甸菩萨赞》、《善宿菩萨赞》、《善多菩萨赞》、《首立菩萨赞》、《月光童子赞》、《法护像赞》、《于法兰像赞》、《于道遂像赞》、《座右铭》、《天台山铭（序）》等文章。丁福保《全晋诗》收录有支遁的《四月八日赞佛诗》、《咏八日诗三首》、《五月长斋诗》、《八关斋诗三首并序》、《咏怀诗五首》、《述怀诗二首》、《咏大德诗》、《咏禅思道人》、《咏利城山居》。有关支遁历代著录的详细情况，可参见霍贵高的论文《东晋文学研究》。

**参考文献**

王晓毅：《支道林生平事迹考》，《中华佛学学报》1995年第8期。
胡大雷：《玄言诗研究》，中华书局2007年版。
李正西：《支遁评传》，宗教文化出版社2009年版。

（杨　康）

# 习凿齿传

习凿齿，字彦威，襄阳（今湖北襄樊市）人，约生于晋愍帝建兴三年（315年）。

《晋书》本传："习凿齿字彦威，襄阳人也。宗族富盛，世为乡豪。凿齿少有志气，博学洽闻，以文笔著称。"

《世说新语·文学》："习凿齿史才不常，宣武甚器之，未三十，便用为荆州治中。"据此记载，曹道衡和沈玉成在《中古文学史料丛考》中推测，习凿齿生年大致在成帝咸和中。熊明则认为，习凿齿约生于晋愍帝建兴三年（315年）之后的一二年。相比前者的论断，熊明的考证理由更为充分，今从此说。

习凿齿所属的襄阳习氏，据刘静夫考，乃"宗族富盛，世为乡豪"。东汉时，习郁为光武帝侍中、大鸿胪，以功封襄阳伯。三国时期，习氏家族的成员也分散在各地做官，在曹魏有习授，在蜀有"有风流，善谈论，名亚庞统"（《三国志·蜀书·杨戏传》注）的习祯，在吴有任荆州大公平的习温等。但是，在魏晋时期，习氏并不是世族大家。习凿齿的父亲现不见于经传史籍，其宗族影响当仅限于襄阳。历史上也有王献之不愿与他并榻而坐的记载，推测可能是因为门第不同。

《世说新语·忿狷》："王令诣谢公，值习凿齿已在坐，当与并榻。王徙倚不坐，公引之与对榻。去后，语胡儿曰：'子敬实自清立，但人为尔多矜咳，殊足损其自然。'"注引刘谦之《晋纪》曰："王献之性甚整峻，不交非类。"

习凿齿有三子习辟强、习辟疆和习辟简，《晋书》中记载有长子习辟强，官至骠骑从事中郎。

《晋书》本传："子辟强，才学有父风，位至骠骑从事中郎。"

有关习凿齿的生平，除了《晋书》的记载外，今人有刘静夫《习凿齿评传》，亦散见于张可礼先生的《东晋文艺系年》，曹道衡、沈玉成的《中古文学史料丛考》等，可资参考。

**晋穆帝永和元年（345年），习凿齿任桓温从事。**

习凿齿担任桓温从事，确切时间不详，当在本年温任荆州刺史后。据刘静夫《习凿齿评传》考，习凿齿担任从事的时间当在345—347年间，即桓温任荆州刺史至桓温去世之间。

《晋书》本传："荆州刺史桓温辟为从事……"

《世说新语·文学》："习凿齿史才不常，宣武甚器之，未三十，便用为荆州治中。"注引《续晋阳秋》曰："凿齿……自州从事，岁中三转，至治中。"根据上述记载，习凿齿曾任荆州从事、主簿，但时间都不长，可能是在一年内便晋升为治中，时年未三十。继治中之后又为别驾。

《世说新语·言语》注引《中兴书》："桓温在荆州，辟为从事，历治中、别驾，迁荥阳太守。"别驾是习凿齿在荆州所任最高的同时也是最后的职务，此后便离开荆州了。

《晋书斠注》引《晋中兴书》："习凿齿，刺史桓温甚器之，在州境十年。"由此可知，习凿齿在荆州十年，他离开荆州的时间当在355—357年之间。

桓温对习凿齿有器重和提拔之恩，对此习凿齿也心怀感激，《世说新语·文学》："凿齿谢笺亦云：'不遇明公，荆州老从事耳！'"但是后来，二人却关系逐渐紧张。桓温拥兵自重，与司马昱的中央政权产生矛盾，习凿齿曾到京师，受到了司马昱的礼重，桓温因而不满习凿齿对司马政权的态度。后来，习凿齿"以坐越舅右，屡经陈情"，引起桓温的不满。"后温激怒既盛，乃超拔其二舅，相继为襄阳都督，出凿齿为荥阳太守。"

《晋书》本传："既还，温问：'相王何似？'答曰：'生平所未见。'以此大忤温旨，左迁户曹参军。"这件事也成为习凿齿和桓温逐渐疏远的原因之一。

**永和二年（346年），习凿齿为袁乔所器重，转西曹主簿。**

《晋书》本传："江夏相袁乔深器之，数称其才于（桓）温，转西曹主簿，亲遇隆密。"

**永和三年（347年），习凿受桓温器重，位列诸参佐之首，以州府上纲身份往来于荆州、京师之间，与韩伯、伏滔、道安等名士交往。**

《晋书》本传："累迁别驾。温出征伐，凿齿或从或守，所在任职，每处机要，莅事有绩，善尺牍论议，温甚器遇之。时清谈文章之士韩伯、伏滔等并相友善，后使至京师，简文亦雅重焉。"

《世说新语·文学》："习凿齿史才不常，宣武甚器之，未三十，便用为荆州治中。凿齿谢笺亦云：'不遇明公，荆州老从事耳！'"注引《续晋阳秋》："自州从事，岁中三转，至治中。"上述诸事，未知时间，姑系于此。

**永和四年（348年），习凿齿出任衡阳太守。**

《晋书》本传："初，凿齿与其二舅罗崇、罗友俱为州从事。及迁别驾，以坐越舅右，屡经陈请。温后激怒既盛，乃超拔其二舅，相继为襄阳都督，出凿齿为荥阳太守。"

对于习凿齿担任衡阳太守一事，历史上有较大争议。《建康实录》卷九《晋·烈宗孝武皇帝》、《通志》卷一百二十九下《列传第四十二下·习凿齿传》等，均称习凿齿因忤桓温之旨，出为"荥阳太守"。吴国雄在查阅习氏自明、清至民国至今之族谱后发现，均持此说。清王太岳等所撰《四库全书考证》认为是荥阳太守，在《四库全书考证》卷四十七《经义考下（史部）》中说："习氏《汉晋阳秋》檀道鸾曰：凿齿以忤旨，左迁户曹参军（荥阳太守）。刊本荥讹衡，盖沿《世说新语》之误，今据《晋书》改。"

彭大翼、吴士鉴、余嘉锡、曹道衡等认为应是衡阳太守，彭大翼《山堂肆考》卷七十三"在郡献传"条云："又晋习凿齿为衡阳太守，在郡著《汉晋春秋》，斥桓温觊觎之心。"对于《晋书》本传作荥阳太守，吴士鉴注："《元和姓纂》十作衡阳。是时司州非晋所有，荥阳当是衡阳之误。《隋志》有晋荥阳太守《习凿齿集》五卷。"余嘉锡《世说新语笺疏》："程炎震云：宋本衡作荥。《晋书·习凿齿传》亦作荥。与宋本同。然荥阳属司州，自穆帝末已陷没，至太元间始复。温时不得置守，亦别无侨郡，当作衡阳为是。"曹道衡在《中古文学史料丛考》中也提到，习凿齿应为"衡阳太守"。严可均《全晋文》小传做"衡阳"不误。

但是，也有学者提出，习凿齿曾任过荥阳太守和衡阳太守，见于吴直雄《习凿齿及其相关问题再考辨》①一文。习凿齿是否担任过荥阳太守这一问题关键在于，荥阳是何时失守的。吴直雄在考辨中认为，荥阳的失守时间是在哀帝的兴宁二年初，而不是前人所说的穆帝末年。桓温提拔习凿齿为荥阳太守在356年左右，此时荥阳并未失守，习凿齿担任荥阳太守也就不可否认。对于习凿齿担任衡阳太守，吴直雄找到了清代乾隆《衡州府志》的记载："习凿齿，字彦威。襄阳人，博学洽闻。为桓温西曹主薄，累迁别驾，为衡阳太守。温甚器重之。"据此认为习凿齿确实担任过衡阳太守。在此存疑，暂且遵"衡阳太守"一说。

对于习凿齿这次被贬，根据《晋书》记载，原因是习凿齿升为桓温的别驾之后，地位高于了自己两位舅舅罗崇、罗友，多次向桓温请求提拔他们，从而招致桓温不满。有关罗崇、罗友，在《世说新语》、《晋书》、《晋阳秋》中有记载，罗崇官至竟陵太守，罗友曾任襄阳太守、累迁广、益二州刺史。

**晋穆帝升平五年（361年），习凿齿著《汉晋春秋》。**

《晋书》本传："是时（桓）温觊觎非望，凿齿在郡，著《汉晋春秋》以裁正之。起汉光武，终于晋愍帝。于三国之时，蜀以宗室为正，魏武虽受汉禅晋，尚为篡逆，至文帝平蜀，乃为汉亡而晋始兴焉。引世祖讳炎兴而为禅受，明天心不可以势力强也。凡五十四卷。后以脚疾，遂废于里巷。"

《世说新语·文学》："于病中犹作《汉晋春秋》，品评卓逸。"凿齿著《汉晋春秋》，时间不详，今据"是时（桓）温觊觎非望"，姑系于此。

《世说新语·文学》注引檀道鸾《续晋阳秋》："（习）在郡，著《汉晋春秋》，斥温觊觎之心也。"

习氏此史，不同于当时的史书多为汉、魏、晋的断代史，《汉晋春秋》为一部编年体史书，上起汉光武帝，终于西晋愍帝，但实达东晋元

---

① 吴直雄：《习凿齿及其相关问题再考辨》，《南昌大学学报》（人文社会科学版）2011年第3期。

帝、明帝、康帝乃至孝武帝时的人和事，长达三百多年。该书取材丰富，记事详实，叙事具体而有条理，为我们保存了不少有价值的史料。

对于习凿齿著《汉晋春秋》的原因，檀道鸾和《晋书》都认为习凿齿是为了"斥温觊觎之心"，刘知幾《史通·探颐》则认为目的在于"正蜀伪魏"："习凿齿之撰《汉晋春秋》以魏为伪国者，此盖定邪正之途，明顺逆之理耳。而檀道鸾称其当桓氏执政，故撰此书，欲以绝彼瞻乌，防兹逐鹿。"从习凿齿所处的历史背景来看，桓温凭借两次北伐的胜利，声望空前，但他并没有借此插手中枢政权。此后一段时间，桓温想要凭借北伐图谋豫州、徐州，渐渐对东晋皇权形成了觊觎之势。此时习凿齿已经从太守之职卸任，在《与桓秘书》中也坦言了自己企图效仿襄阳八君子力图有所作为之心。从《汉晋春秋》提出的"以晋继汉"的历史观来看，习凿齿著书的目的是为了让桓温以史为鉴，试图以史实为依据，阐明"天心不可以势力强"的观点，以此为谏。另外，从内容来看，习凿齿并不赞同陈寿《三国志》的历史观，既违背史实，又无以"取诫当时""传诸千载"，进而以蜀为正统，以魏为篡逆，晋越魏而继汉，达到警醒当世和后世的双重目的。习凿齿在叙述史实的同时，以"君子曰"的形式表达自己的观点，以实现著书的目的。清代《四库全书总目提要》卷四十五正史类一对《三国志》和《汉晋春秋》的历史观念进行了一个总结："然以理而论，寿之谬万万无辞；以势而论，则凿齿帝汉顺而易，寿欲帝汉逆而难。盖凿齿时晋已南渡，其事有类乎蜀，为偏安者争正统，以孚于当代之论者也。寿则身为晋武之臣，而晋武承魏之统，伪魏是伪晋矣，其能行于当代哉！此犹宋太祖篡立近于魏，而北汉、南唐迹近于蜀，故北宋诸儒皆有所避而不伪魏。高宗以后，偏安江左近于蜀，而中原魏地全入于金，故南宋诸儒乃纷纷起而帝蜀。此皆当论其世，未可以一格绳也。"指出历代对两书的评价，皆是出于所处时代的政治需要，可谓颇中肯綮。

习凿齿的历史观还影响了后世的文学创作，如小说《三国演义》以蜀汉为正统，各种戏剧中将曹操丑化为白脸奸臣等，都可见《汉晋春秋》之影响。

**晋哀帝隆和元年（362年），习凿齿归乡。**

《晋书》本传："凿齿既罢郡归。与秘书曰：吾以去岁五月三日来达襄阳，触目悲感，略无欢情，痛恻之事，故非书言之所能具也。每定省家舅，从北门入，西望隆中，想卧龙之吟；东眺白沙，思凤雏之声；北临樊墟，存邓老之高；南眷城邑，怀羊公之风；纵目檀溪，念崔徐之友；肆睇鱼梁，追二德之远，未尝不徘徊移日，惆怅极多，抚乘踌躇，慨尔而泣。曰若乃魏武之所置酒，孙坚之所陨毙，裴杜之故居，繁王之旧宅，遗事犹存，星列满目。琐琐常流，碌碌凡士，焉足以感其方寸哉！夫芬芳起于椒兰，清响生乎琳琅。命世而作佐者，必垂可大之余风；高尚而迈德者，必有明胜之遗事。若向八君子者，千载犹使义想其为人，况相去之不远乎！彼一时也，此一时也，焉知今日之才不如畴辰，百年之后，吾与足下不并为景升乎！"

习凿齿于此年衡阳太守任满还乡，与桓秘书信表达了自己愿意投身教育的心志。习凿齿在开篇便流露出自己的"触目悲感"之情。他以"襄阳八君子"，即诸葛亮、庞士元、邓老、羊祜、崔州平、徐元直、庞德公和司马德操，同曹操、孙坚、裴潜、杜袭、繁钦、王粲等人对比，虽然"遗事犹存，星列满目"，这些人但在习凿齿看来不过是"琐琐常流，碌碌凡士"，难以使人"感其方寸"。八君子"芬芳起于椒兰，清响生乎琳琅。命世而作佐者，必垂可大之余风；高尚而迈德者，必有明胜之遗事"。习凿齿虽卸任归田，但仍雄心不已，意图追随八君子之遗风。这封短信以怀古的方式，将排比、议论、抒情融为一体，情感真挚浓烈，不失为一篇精致的散文。

**晋哀帝兴宁二年（364年），习凿齿见释道安。**

《高僧传·释道安传》："时襄阳习凿齿锋辩天逸，笼罩当时，其先藉安高名，早已致书通好，曰……及闻安至止，既往修造。"

《金楼子·捷对篇》："习凿齿诣释道安，值持钵趋堂，凿齿乃翔往众僧之斋也。众皆舍钵敛衽，唯道安食不辍，不之礼也。习甚恚之，乃厉声曰：'四海习凿齿，故故来看尔。'道安应曰：'弥天释道安，无暇得相看。'习愈忿曰：'头有钵上色，钵无头上毛。'道安曰：'面有匙上色，匙无面上坳（原注：习面坳也）。'习又曰：'大鹏从南来，众鸟皆戢翼。何物冻老鸱，脯脯低头食。'道安曰：'微风入幽谷，安能动大材？猛虎当道食，不觉蚤虻来。'于是习无以对。"

曹道衡和沈玉成在《中古文学史料丛考》中认为，习凿齿罢郡归襄阳，在兴宁二年左右。《晋书》记载在荆州见道安是错误的。黄惠贤在

《〈晋书·习凿齿传〉评述》中也持同样的观点。

**兴宁三年（365年），习凿齿作《与释道安书》。**

《全晋文》卷一百三十四辑凿齿《与释道安书》："兴宁三年四月五日，凿齿稽首和南……"

《高僧传·释道安传》亦记载有此事："时襄阳习凿齿锋辩天逸，笼罩当时。其先闻安高名，早已致书通好，曰：……法师任当洪范，化洽幽深，此方诸僧，咸有思慕……"文中透露出习凿齿对道安的敬仰之情。

**晋海西公太和五年（370年），习凿齿著《诸葛武侯宅铭》。**

《艺文类聚》卷六十四载有《诸葛武侯宅铭》："达人有作，振此颓风；雕薄蔚采，鸱阑惟丰。义范苍生，道格时雄；自昔爱止，于焉盘桓。躬耕西亩，永啸东峦；迹逸中林，神凝岩端。罔窥其奥，谁测斯欢？堂堂伟匠，婉翮扬朝。倾岩搜宝，高罗九霄。庆云集矣，鸾驾亦招。"《初学记》卷二十四《宅第八》也记载有此文，但文字略有出入。

对于本文的撰写时间，《晋书》本传、《艺文类聚》和《初学记》都没有记载时间。《水经注·沔水二》记载："车骑沛国刘季和之镇襄阳也，与犍为人李安，共观此宅，命安作《宅铭》云：'天子命我于沔之阳，听鼓鼙而永思，庶先哲之遗光。后六十余年，永平之五年，习凿齿又为其宅铭焉。'"黄惠贤考辨分析认为，此处的"永平五年"有误，应为"太和五年"，在习凿齿被罢归襄阳之后[①]。从此说。

此文赞颂了诸葛亮隐居隆中和刘备三顾求贤之事，表达了他对礼贤下士及光复汉室事业的肯定，特别是对辅佐刘备的诸葛亮，对其远见卓识和高尚的道德情操表达了敬仰之情。从这篇铭文也可以看出习凿齿的历史观。他对诸葛亮和刘备的肯定，表达了他鞭挞"篡逆"、颂扬"正统"的政治倾向，也暗含了对桓温觊觎篡位之事的裁正，与他在《汉晋春秋》的思想是一致的。

**晋孝武帝太元四年（379年），习凿齿至长安，受苻坚赐遗。**

---

[①] 黄惠贤：《习凿齿〈诸葛武侯宅铭〉释》，载《魏晋南北朝隋唐史研究与资料》，湖北人民出版社2010年版，第29—33页。

《晋书》本传:"及襄阳陷于苻坚,坚素闻其名,与道安俱舆而致焉。既见,与语,大悦之,赐遗甚厚。"

《十六国春秋》卷三十七《前秦录五·苻坚录中》将上述事系于去年,误。

**太元九年（384年），习凿齿作《临终上疏》、《晋承汉统论》。卒。**

《晋书》本传:"寻而襄、邓反正,朝廷欲征凿齿,使典国史,会卒,不果。临终上疏曰……论曰……"据《建康实录》卷九《烈宗孝武皇帝》,凿齿卒于本年十月。

《晋承汉统论》在《晋书》中有收录全文,主要论述了晋承汉统的合理性,也是阐释习凿齿历史观的又一重要文献。习凿齿认为,三国分裂,曹魏政权不过是割据一方的政权而已,不具备正统地位。同时,他从司马氏的德行和功绩两方面来突出晋的正统。对于司马氏曾经侍魏之事,习凿齿强调了其特殊性,认为是形势所迫、保全性命的选择,侍魏是为了韬光养晦,以完成"济世之功"。对于晋受禅于魏的说法,习凿齿认为其不同于尧舜之间的禅让,不是承接正统而来,因而从根本上进行了否定。

这篇文章是习凿齿"晋越魏继汉"正统观的一个总结,其中有着鲜明的大一统意识,是否完成天下的统一,是他否定曹魏、肯定西晋的重要依据。对于习凿齿的新正统论,既体现了魏晋时期史学家关注社会现实的优良传统,但同时也有着比较明显的缺陷。

《四库总目提要》中也分析了习凿齿与陈寿诗学观差异的原因:"盖凿齿时晋已南渡,其事迹有类乎蜀,为偏安者争正统,此乎于当代之论者也。寿则身为晋武之臣,而晋武承魏统,伪魏是伪晋矣,其能行于当代哉!"

饶宗颐在《中国史学上之正统论》中则批评说:"其抑魏即所以尊晋,要皆取媚于本朝也。"[①]

东晋以习凿齿为代表的正统观,相对于西晋以来主流正统观念发生了明显变化,究其原因,乃是当时社会格局由统一走向分裂演变所致,他所主张的"晋越魏继汉",也是对刘渊、石勒等人打出继汉旗号以争正统的历史回应。但是,这种史学观"对史学独立品性的伤害,一定程度上使

---

① 饶宗颐:《中国史学上之正统论》,远东出版社1996年版,第27页。

南朝时期史书撰述中曲笔与实录的斗争更为激烈；而从南朝史学正统观的发展来看，习凿齿对以强调一统天下方为正统，特别是其对晋受魏禅的否定，遭到了南朝史家和政治家的再否定，其史学正统观并未得到有效传承"[1]。

习凿齿于太元九年卒于襄阳是有明确史料记载的。《建康实录》卷九《晋烈宗孝武皇帝》称："太元九年……冬十月辛亥朔'日有食之'，己丑，以玄象乖度，大赦天下，中书侍郎车胤上表议立明堂辟雍事。庚午，伪秦青州刺史苻朗来降。是月，前荥阳太守习凿齿卒。"

有关习凿齿的历代著录，《隋书·经籍志二》："《汉晋阳秋》四十七卷，讫愍帝。晋荥阳太守凿齿撰。"《旧唐书·经籍志上》、《新唐书·艺文志二》均作《汉晋春秋》五十四卷。清代有黄奭辑一卷本，收入《汉学堂丛书》及《黄氏逸书考》；汤球辑三卷本，收入《广雅书局丛书》。另有王仁俊辑一卷本，收入《玉函山房辑佚书续编》。今有天津古籍出版社出版的《众家编年体晋史》收录的《汉晋春秋》整理校注。

**参考文献**

刘静夫：《习凿齿评传》，载《中国魏晋南北朝史学会第二届学术讨论会论文集》，1986年。

陈国灿：《论习凿齿的史学思想》，《成长中的新一代史学——1991年全国青年史学工作者学术会议论文集》，陕西人民教育出版社1995年版。

熊明：《习凿齿及其杂传创作考论》，《沈阳师范大学学报》（社会科学版）2008年第6期。

余鹏飞：《习凿齿与〈汉晋春秋〉研究》，湖北人民出版社2013年版。

（杨　康）

---

[1] 金仁义：《正统观与东晋南朝时期的史学》，《史学史研究》2011年第1期。

# 袁 宏 传

**袁宏，字彦伯，小字虎，陈郡阳夏（今河南太康）人，生于东晋成帝咸和三年（328年）。**

袁宏字彦伯，小字虎，陈郡阳夏（今河南太康）人。《世说新语·文学》注："虎，袁宏小字也。"袁宏出身士族，七世祖袁滂官拜司徒，位极人臣；六世祖袁焕任郎中令；祖父袁猷位居职侍中，权倾天下；父勖，临汝令，至袁宏因其父早逝，家道中落。《世说新语·言语》注引《续晋阳秋》："袁宏字彦伯，陈郡人，魏郎中令焕六世孙也。祖猷，侍中。父勖，临汝令。"据《晋书》本传"太元初卒，时年四十九"推之，当生于328年。

关于袁宏的事迹，除《晋书》本传及《世说新语》的记载外，还有曹道衡、沈玉成《中古文学史料丛考·袁宏仕历》，张可礼《东晋文艺系年》，袁济喜主编《汉末三国两晋文学批评编年》，梅新林、俞樟华主编《中国学术编年》，徐公持《魏晋文学史》等，文章有白寿彝《陈寿、袁宏和范晔》、曹道衡《论袁宏的创作及其〈后汉纪〉》等对袁宏生平作品研究，可资参考。

**年少孤贫，父早亡，刻苦自勉，天资聪颖出众，作《咏史诗》。**

袁宏年少时，父早亡，陷入孤贫。《晋书》本传："少孤贫，以运租自业。"

袁宏天资聪颖，又刻苦好学，早年便善诗工赋，文章出众，所写《咏史》诗二首，辞藻华丽，蕴意深奥，深得镇西将军谢尚的赏识，逐渐名声远扬。《晋书》本传："宏有逸才，文章绝美，曾为咏史诗，是其风情所寄……谢尚时镇牛渚，秋夜乘月，率尔与左右微服泛江。会宏在舫中讽咏，声既清会，辞又藻拔，遂驻听久之，遣问焉。答云：'是袁临汝郎诵诗。'即其咏史之作也。尚倾率有胜致，即迎升舟，与之谭论，申旦不寐，自此名誉日茂。"

袁宏有《咏史诗》二首。其一："周昌梗概臣，辞达不为讷。汲黯社稷器，栋梁表天骨。陆贾厌解纷，时与酒棓杌。婉转将相门，一言和平勃。趋舍各有之，俱令道不没。"其二："无名困蝼蚁，有名世所疑。中庸难为体，狂狷不及时。杨恽非忌贵，知及有余辞。躬耕南山下，芜秽不遑治。赵瑟奏哀音，秦声歌新诗。吐音非凡唱，负此欲何之。"

《后汉书·魏朗传》李贤等注："牛渚，山名。突出江中，谓为牛渚圻，在今宣州当涂县北也。"据张可礼《东晋文艺系年》，《御览》卷四十六引《舆地志》："牛渚山北，谓之采石。按今对采石渡口，上有谢将军祠……吴初周瑜屯牛渚。镇西将军谢尚亦镇此城。"牛渚属豫州，谢尚镇牛渚，当在任豫州刺史时。谢尚为豫州刺史凡两次，《晋书·谢尚传》："会庾冰薨，复以本号督豫州四郡，领江州刺史。俄而复转西中郎将、督杨州之六郡诸军事、豫州刺史。"庾冰卒于晋建元二年。至永和八年，因北驻寿春，为叛将张遇所败，一度被贬，不久，又"拜尚书仆射，出为都督江西淮南诸军事、前将军、豫州刺史"。考《晋书·谢尚传》、《晋书·穆帝纪》，谢尚赏识袁宏当在晋建元二年至永和八年间，其《咏史》诗也亦当作于此间，《全晋诗》十四收录《咏史》诗。

《咏史诗》二首为袁宏早年所作。此五言咏史诗二首，即为讽咏古贤，感慨世道而言，言简意赅，是以事物作比兴，借历史人物抒发情怀。钟嵘《诗品》将之列为中品："彦伯《咏史》，虽文体未遒，而鲜明紧健，去凡俗远矣。"在下品"晋征士戴逵"中，钟嵘云："安道诗虽嫩弱，有清工之句，裁长补短，袁彦伯之亚乎？"指出戴逵之诗正是受到了袁宏的影响。

**袁宏作《后汉纪》。**

《后汉纪》成书时间应在东晋康帝建元年间，记载了自更始元年（23年）至汉献帝建安二十五年（220年），曹丕废汉献帝自立，东汉终结为止共198年的历史。书中把这时期的重大事件编写在十一帝纪中，分为：《光武帝纪》八卷、《明帝纪》两卷、《章帝纪》两卷、《和帝纪》两卷、《殇帝纪》一卷、《安帝纪》两卷、《顺帝纪》（冲帝附）两卷、《质帝纪》

一卷、《桓帝纪》两卷、《灵帝纪》三卷、《献帝纪》五卷，共三十卷。

袁宏通览了当时流行的一些有关记载后汉历史的著作，但他认为"烦秽杂乱"、"错缪同异"之处甚多，且感到纪传体往往不便弄清时序，便仿照荀悦所撰《汉纪》的编年体例及其论断方法，大量参考了有关后汉的历史著作和资料，总达数百卷，自立成书。他在自序中说："予尝读后汉书，烦秽杂乱，睡而不能竟也，聊以暇日，撰集为《后汉纪》。其所缀，会《汉记》谢承书、司马彪书、华峤书、谢忱书、《汉山阳公记》、《汉灵献起居注》、《汉名臣奏》，旁及诸郡耆旧先贤传，凡数百卷。前史阙略，多不次叙，错缪同异，谁使正之？经营八载，疲而不能定，颇有传者。始见张璠所撰书，其言汉末之事差详，故复探而益之。"可见，袁宏作史的动机是不满意诸家后汉书的烦秽杂乱而要写出一部简明扼要的后汉史。

袁宏本人有强烈的历史责任感，他在《后汉纪序》中提出"史传之兴，所以通古今而笃名教也"，其创作目的就是"观其名迹，想见其人。丘明所以斟酌抑扬，寄其高怀；末吏区区，注疏而已。其所称美，止于事义，疏外之意，殁而不传，其遗风余趣蔑如也。今之史书，或非古之人心，恐千载之外，所诬者多，所以怅怏踌躇，操笔恨然者也。"可见，袁宏对历史人物的事实及遗风非常重视，袁宏在编写中广搜博采，材料极为丰富，考订剪裁也很精当，行文用字颇为流畅简洁，堪称一部较好的编年体史书，也是继东汉末荀悦《前汉纪》的又一部断代编年史名著。从今存《后汉纪》，可知魏晋玄学对于袁宏的思想有着重要的影响，其史学思想具有明显的玄学倾向，如为政"贵在安静"和智者"顺势而为"等观点的提出。袁宏《后汉纪》撰述宗旨为"史传之兴，所以通古今而笃名教也"，这与以往史家不尽相同。

作为史学家的袁宏，对后汉诸史重加厘定，删繁补缺，至今保存完整，《文心雕龙·才略》："袁宏发轸以高骧，故卓出而多偏。"刘知幾《史通·古今正史》："世言汉中兴史者，唯袁、范二家而已。"认为袁宏可与撰写《后汉书》的南朝史学家范晔媲美齐名，袁宏《后汉纪》与范晔《后汉书》并为后汉史事之渊薮，以袁宏配蔚宗，诚非溢美之辞。袁书也确实消除了"烦杂"之弊。正因为袁宏在史料的鉴别上十分慎重，所以他的《后汉纪》"比诸家号为精密"。《四库全书总目提要》提道："其体例虽仿荀悦书，而悦书因班固旧文，剪裁联络，此书则抉择去取，自出鉴裁，抑又难于悦矣。"清人邵长蘅序《后汉纪序》认为此书"分代以纪年，因年以系月日，而凡制度之沿革，人之忠邪，刑政赏罚之是非，与夫日蚀星变灾祥沴戾之作，大略刻载，而亦时有论著，以明己意。"但对《后汉纪》的成书也有学者持不同意见，清代乾嘉学派的著名学者王鸣盛在《十七史商榷》中说："宏所采亦云博矣，乃竟少有出范书外者，然则诸书精实之语，范氏摭拾已尽。"他认为范书是诸家后汉书的总结之作，而包括袁纪在内的诸家后汉书实际上都无足轻重。这一观点确实代表了不少人的看法，从而影响了对《后汉纪》一书的公正评价。

**晋穆帝永和元年（345年），袁宏任建威参军。**

《世说新语·言语》注引《续晋阳秋》："宏起家建威参军。"

**永和四年（348年），袁宏任安西将军参军。**

按《晋书·穆帝纪》，桓温于永和元年任安西将军，四年八月为征西大将军。《文选集注》卷四十九《三国名臣序赞》注引臧荣绪《晋书》："袁宏好学……桓温命为安西参军。"袁宏任安西将军桓温参军，应在永和初任建威参军后至四年八月间。

**永和九年（353年），袁宏任豫州别驾。**

《晋书》本传，谢尚为"豫州刺史，引宏参其军事。"《文选集注》卷四十九《三国名臣序赞注》引臧荣绪《晋书》："袁宏好学……谢尚以为豫州别驾。"《晋书·范坚传》："子启，字荣期，虽经学不及坚，而以才义显于当世。于时清谈之士庾龢、韩伯、袁宏等，并相知友。"时间不详，暂系于此。

**永和十二年（356年），袁宏为谢奉司马。**

《世说新语·言语》"袁彦伯为谢安南司马，都下诸人送至濑乡。将别，既自凄惘，叹曰：'江山辽落，居然有万里之势。'"谢安南指谢奉，曾任安南将军。《世说新语·雅量》注引《晋百官名》："谢奉字弘道，会稽山阴人。"又引《谢氏谱》："奉历安南将军、广州刺史、吏部尚书。"《晋书·礼志中》："穆帝崩，哀帝立……尚书谢奉等六人云……"哀帝于升平五年（361年）五月即位，是升平五年奉已任尚书。其任尚书前，曾任广州刺史，再前任安南将军。其任安南将军可能在永和后期或升平初。袁宏为司马亦可能在此期间，姑系于此。

**晋穆帝升平四年（360年），袁宏任南海太守，作《单道开赞》、《罗山疏》。**

《晋书·单道开传》："升平三年至京师，后至南海，入罗浮山……年百余岁。卒于山舍，敕弟子以尸置石穴中，弟子乃移入石室。陈郡袁宏为南海太守，与弟颖叔及沙门支法防共登罗浮山，至石室口，见道开形骸如生，香火瓦器犹存。宏曰：'法师业行殊群，正当如蝉蜕耳。'乃为之赞云。"据此知宏曾为南海太守，时间未详，可能在升平年间。

《罗山疏》："单道开尸在石室北壁下，形体朽坏，有白骨。在昔在郡，识此道士……"二文当作于任南海太守时。《全晋文》卷五十七辑宏《单道开赞》、《罗山疏》二文。

**晋哀帝兴宁元年（363年），袁宏任大司马桓温府记室，桓温很看重他的文才，让他专掌军府的书信、文告、奏疏等文字工作。袁宏文思敏捷，且强正亮直，已为朝府所闻，作《东征赋》、《三国名臣颂》。**

《晋书》本传："……累迁大司马桓温府记室。温重其文笔，专综书记。"《晋书·哀帝纪》："五月，加征西大将军桓温侍中、大司马、都督中外诸军事、录尚书事、假黄钺……"袁宏为大司马桓温记室当在五月后。

袁宏文思敏捷、机对辩速，睿智服人。《晋书》本传："后为东征赋，赋末列称过江诸名德，而独不载桓彝。时伏滔先在温府，又与宏善，苦谏之。宏笑而不答。温知之甚忿，而惮宏一时文宗，不欲令人显问。后游青山饮归，命宏同载，众为之惧。行数里，问宏云：'闻君作东征赋，多称先贤，何故不及家君？'宏答曰：'尊公称谓非下官敢专，既未遑启，不敢显之耳。'温疑不实，乃曰：'君欲为何辞？'宏即答云：'风鉴散朗，或搜或引，身虽可亡，道不可陨，宣城之节，信义为允也。'温泫然而止。宏赋又不及陶侃，侃子胡奴尝于曲室抽刃问宏曰：'家君勋迹如此，君赋云何相忽？'宏窘急，答曰：'我已盛述尊公，何乃言无？'因曰：'精金百汰，在割能断，功以济时，职思静乱，长沙之勋，为史所赞。'胡奴乃止。"

《东征赋》当作于此时，袁宏作品中最具盛誉的是《东征赋》，开篇奇警，韵调不凡。"唯吾生于末运，托一叶于邓林。顾微躯之眇眇，若绝响之遗音。壮公瑾之明达，吐不世之奇策；挫百胜于崇朝，靡云旗于赤壁。三光一举而参分，四海指麾而中隔。过武昌以逍遥，登樊山以流眄；访遗老以证往，乃西鄂之旧县。"自三国时赤壁之战写起，然后乘势而下，说司马睿于乱局中奋起，建立东晋政权，挽狂澜于既倒，延晋祚于败亡。此类"述征"、"撰征"之赋，汉魏以来已写得极多，内容雷同固难避免，文章亦难出新意。而袁宏此赋少凡俗套语，表现了喷薄之才气，如"风塞林而萧瑟，云出山而蓬勃"等，残篇中颇有精彩之句，惜仅存前部小半，其他已佚。

　　袁宏所作《三国名臣颂》对魏、蜀、吴三国鼎立时荀彧、诸葛亮、张昭等贤智人物作了精要评议和赞扬。文章所赞之人，有魏九人，蜀四人，吴七人。其前言中说："余以暇日常览《国志》，考其君臣，比其行事，虽道谢先代，亦异世一时也。"对魏、蜀、吴三方面人物不故作轩轾，既能标举其功绩，亦不讳言其过失，其品评切合实际，个性鲜明，而用笔十分精湛确切。

　　袁宏性格强正亮直，不甘苟同。《晋书》本传："谢安常赏其机对辩速。后安为扬州刺史，宏自吏部郎出为东阳郡，乃祖道于冶亭。时贤皆集，安欲以卒迫试之，临别执其手，顾就左右取一扇而授之曰：'聊以赠行。'宏应声答曰：'辄当奉扬仁风，慰彼黎庶。'时人叹其率而能要焉。"《世说新语·轻诋》："桓公入洛，过淮、泗，践北境，与诸僚属登平乘楼，眺瞩中原，慨然曰：'遂使神州陆沉，百年丘墟，王夷甫诸人，不得不任其责。'袁虎率而对曰：'运自有废兴，岂必诸人之过？'桓公懔然作色，顾谓四坐曰：'诸君颇闻刘景升不？有大牛重千斤，啖刍豆十倍于常牛，负重致远，曾不若一羸牸。魏武入荆州，烹以飨士卒，于时莫不称快。'意以况袁，四坐既骇，袁亦失色。"

　　《晋书》本传记载："性强正亮直，虽被温礼遇，至于辩论，每不阿屈，故荣任不至。与伏滔同在温府，府中呼为'袁伏'。宏心耻之，每叹曰：'公之厚恩未优国士，而与滔比肩，何辱之甚。'"

**兴宁三年（365年），袁宏作《名士传》。**

《世说新语·文学》："袁彦伯作《名士传》成，见谢公，公笑曰：'我尝与诸人道江北事，特作狡狯耳！彦伯遂以著书。'"《名士传》写作时间未详。当作于谢安仕进后，今姑系于此。

袁宏《名士传》主要记述了魏晋名士的逸闻轶事，据《世说新语·文学》刘注："（袁）宏以夏侯太初、何平叔、王辅嗣为正始名士，阮嗣宗、嵇叔夜、山巨源、向子期、刘伯伦、阮仲容、王濬仲为竹林名士，裴叔则、乐彦辅、王夷甫、庾子嵩、王安期、阮千里、卫叔宝、谢幼舆为中朝名士。"是袁宏对魏晋名士的分类及名士人物目录。《名士传》包括《正始名士传》三卷、《竹林名士传》三卷与《中朝名士传》若干卷三部分，《晋书》卷九十二《袁宏传》作《竹林名士传》三卷，有误，应从《世说新语》作《名士传》说。《隋书·经籍志》杂传类仅记载"《正始名士传》三卷，袁敬仲撰。"章宗源《隋书经籍志考证》言："宏字彦伯。《隋志》作敬仲，盖误以袁宏为卫宏。"可知，《隋志》所言袁敬仲是指袁宏。

《名士传》在唐初已经散佚，但《世说新语》刘孝标注保存了多则史料，约有二十一则，涉及名士十八位，如裴楷、王承、阮修、刘伶、夏侯玄、山涛、阮咸、郭象、阮瞻、何晏、阮籍、戴逵等。从《名士传》残存条目来看，其体例与一般正史列传相同，首先以介绍名士的生平、字号、籍贯、官阶起始。如《世说新语·政事》注引："王承字安期，太原晋阳人，父湛，汝南太守……累迁东海内史，为政清静，吏民怀之……元皇为镇东，引为从事中郎。"又"阮修字宣子，陈留尉氏人"（《世说新语·文学》注）。这也是杂传类作品记叙人物时的基本体例。袁宏《名士传》中有一些人物外相神韵的描写颇为传神，字里行间反射出魏晋名士不同凡俗的情趣，如谓王夷甫（即王衍）"天形奇特，明秀若神"（《世说新语·赏誉》注）。言庾颛"颓然渊放，莫有动其听者"（《世说新语·品藻》注）。这些有关魏晋名士容貌举止的描述，虽然笔墨经济，但是，玄风浸染之下的名士风度的表现由此可见一斑。而且，袁宏简笔勾勒，诸名士的思想、性格跃然纸上。如《世说新语·雅量》注引《名士传》曰："楚王之难，李肇恶楷名重，收将害之。（裴）楷神色不变，举动自若……"《名士传》形式与《世说新语》正文相似，条目简短，语言精实，人物形象生动，风趣神韵再现，与《世说新语》的成书体制、语言风格上有明显的传承关系，可谓《世说新语》"名士教科书"的先驱之作。

**晋海西公太和四年（369年），袁宏从桓温北征，作《北征赋》。**

东晋废帝太和四年（369年），桓温主将进行第三次北伐，袁宏随军跟从，桓温为了宣扬北伐的声势，指令袁宏执笔起草《北征赋》，袁宏倚马站立，短时间成文，而且文辞顺畅优美，获得了桓温和王珣等人的极赞。

《世说新语·文学》："桓宣武北征，袁虎时从，被责免官。会须露布文，唤袁倚马前令作。手不辍笔，俄得七纸，殊可观。东亭在侧，极叹其才。袁虎云：'当令齿舌间得利。'"另注引《（桓）温别传》："温以太和四年上疏自征鲜卑。"另《世说新语·文学》："桓宣武命袁彦伯作《北征赋》。"《北征赋》中有"于时天高地涸，木落水凝。繁霜夜洒，劲风晨兴"等句，赋当作于本年秋后。

袁宏与王珣、伏滔同在桓温处，桓温特命人赏析《北征赋》。《晋书》本传："从桓温北征，作《北征赋》，皆其文之高者。尝与王珣、伏滔同在温坐，温令滔读其《北征赋》，至'闻所传于相传，云获麟于此野，诞灵物以瑞德，奚授体于虞者！疚尼父之洞泣，似实恸而非假。岂一性之足伤，乃致伤于天下'，其本至此便改韵。珣云：'此赋方传千载，无容率耳。今于"天下"之后，移韵徙事，然于写送之致，似为未尽。'滔云：'得益写韵一句，或为小胜。'温曰：'卿思益之。'宏应声答曰：'感不绝于余心，愬流风而独写。'珣诵味久之，谓滔曰：'当今文章之美，故当共推此生。'"可见袁宏"机对辩速"、"率而能要"，颇受桓温器重，此后"倚马可待"便用来比喻文思敏捷如袁宏，成为形容文思锐敏举笔成文典故的肇始。

《晋书》所载桓温、袁宏等四名士对《北征赋》的品评和修改，充分体现了袁宏《北征赋》为"文之高者"。王珣品读之中，充分肯定此赋有"方传千载"的价值，认为不能有一丝瑕疵，故而建议"今于'天下'之后，移韵徙事，然于写送之致，似为未尽"。伏滔也提出在其后加一句韵文，言未尽之意，桓温"卿思益之。"话音未落，袁宏即有"感不绝于余心，愬流风而独写"应答，文思敏捷，且将难言的反复心绪融入流风回雪般情境，王珣遂有"当今文章之美，故当共推此生"的高度评价。名士聚集赏文，同感有言未尽之意，共同探讨，成就了一段文学批评的佳话，展现了东晋名士的文学批评风尚和审美理想。《北征赋》因名士赏析而名扬天下，而名士的性情也在赏析评价中得以管窥。

《北征赋》仅存残句，《全晋文》卷五十七中收录《北征赋》残篇，除"闻所传于相传，云获麟于此野"句外，还有"于时天高地涸，木落水凝，繁霜夜洒，劲风晨兴。日暧暧其已颓，月亭亭而虚升"（《御览》卷二十七）。描绘北方秋冬风物，语约义精，音节浏亮，可谓心得独写，另有"鱼托水而成鲲，木在山而有松"（《御览》卷九百四十）。"于是背梁山，截汶波，泛清济，傍祝阿"（《初学记》卷六引两条）。

袁宏随桓温北征，途径太行山，写下《从征行方头山诗》："峨峨太行，凌虚抗势。天岭交气，窈然无际。澄流入神，玄谷应契。四象悟心，幽人来憩。"诗歌读来清新自然，几无造作雕琢痕迹，徐公持《魏晋文学史》认为，"澄流入神，玄谷应契"，能融通物我，相得相待，然玄意稍多，诗味略淡。

**太和五年（370年），袁宏作《孟处士铭》。**

《世说新语·栖逸》注引袁宏《孟处士铭》："处士名陋，字少孤，武昌阳新人，吴司空孟宗后也。少而希古，布衣蔬食。栖迟蓬荜之下，绝人间之事，亲族慕其孝。大将军命会稽王辟之，称疾不至，相府历年虚位，而澹然无闷，卒不降志，时人奇之。"《孟处士铭》写作时间不详。铭中称司马昱是为会稽王，又云"相府历年虚位"。据张可礼先生考，《晋书·孟陋传》载孟陋自称"我疾病不堪恭相王之命"，据此知铭当作于司马昱太和元年十月为丞相后、咸安元年十一月即帝位前，今从张说。

孟陋博学多才，然洞悉世事，拒不出仕，具有隐者风范。袁宏作《孟处士铭》，也寄托了他的审美理想，正如袁宏《后汉纪》中撰写的周党、王霸等以隐士终生或度过长期隐居生活的人物一样，"观其名迹，想见其人"（《后汉纪序》）。

《晋书·孟陋传》："孟陋，字少孤，武昌人也……陋少而贞立，清操绝伦，布衣蔬食，以文籍自娱。口不及世事……简文帝辅政，命为参军，称疾不起。桓温躬往造焉。或谓温曰：'孟陋高行，学为儒宗，宜引在府，以和鼎味。'温叹曰：'会稽王尚不能屈，非敢拟议也。'陋闻之曰：'桓公正当以我不往故耳。亿兆之人，无官者十居其九，岂皆高士哉！我疾病不堪恭相王之命，非敢为高也。'由是名称益重。博学多通，长于《三礼》。注《论语》，行于世。卒以寿终。"袁宏的这种品藻人物的作品，颇有清谈趣味，也展现了其作为世族名士的风尚。此外，袁宏还为僧支遁作铭赞，《高僧传·支遁传》："遁先经余姚坞山中住，至于明辰，犹还坞中……后病甚，移还坞中，以晋太和元年闰四月四日，终于所住……郗超为之序传，袁宏为之铭赞，周昙宝为之作诔。"

**晋孝武帝宁康元年（373年），袁宏作文求朝廷加九锡于桓温。作《丞相桓温碑铭》、《谢仆射书》，任吏部郎。作颂九章。**

《晋书·王彪之传》："（桓）温遇疾，讽朝廷求九锡。袁宏为文，以示彪之。彪之视讫，叹其文辞之美，谓宏曰：'卿固大才，安可以此示人！'时谢安见其文，又频使宏改之，宏遂逡巡其事。既屡引日，乃谋于彪之。彪之曰：'闻彼病日增，亦当不复支久，自可更小迟回。'宏从之，温亦寻毙。"

《晋书·范弘之传》载弘之与会稽王道子笺："（桓温）逼胁袁宏，使作九锡，备物光赫，其文具存，朝廷畏怖，莫不景从，惟谢安、王坦之死守之。故得稽留耳。"《通鉴》卷一百三载："初，（桓）温疾笃，讽朝廷求九锡，屡使人趣之。谢安、王坦之故缓其事，使袁宏具草。宏以示王彪之，彪之叹其文辞之美，因曰：'卿固大才，安可以此示人！'谢安见其草，辄改之，由是历旬不就。宏密谋于彪之，彪之曰：闻彼病日增，亦当不复支久，自可更小迟回。'"从这段记载看，袁宏虽不赞成桓温的野心，表面上仍要虚与应付，甚至桓温死后，他还得作碑加以称颂。求朝廷加九锡于桓温一文已佚，《丞相桓温碑铭》见《全晋文》卷五十七，《艺文类聚》卷四十五，当作于本年桓温卒后。

《全晋文》卷五十七辑袁宏《与谢仆射书》："闻见拟为吏部郎，不知审尔？果当至此，诚相遇之过。"谢仆射当指谢安。据《晋书·孝武帝纪》："宁康元年九月，谢安为尚书仆射。三年五月，尚书仆射谢安领扬州刺史。"袁宏作《与谢仆射书》及出任吏部郎当在本年九月至三年五月间。

袁宏作有《显宗颂》九章以歌颂简文帝的德行。《晋书》本传："宏见汉时傅毅作《显宗颂》，辞甚典雅，乃作颂九章，颂简文之德，上之于孝武。"宏作颂九章，已佚。当作于孝武即位后。

**宁康三年（375年），司马曜讲《孝经》，袁宏执经，出为东阳郡太守。**

《晋书·车胤传》："孝武帝尝讲《孝经》，仆射谢安侍坐……吏部郎袁宏执经……"《晋书》本传："谢安常赏其机对辩速。后安为扬州刺史，宏自吏部郎出为东阳郡，乃祖道于冶亭。时贤皆集，安欲以卒迫试之，临别执其手，顾就左右取一扇而授之曰：'聊以赠行。'宏应声答曰：'辄当奉扬仁风，慰彼黎庶。'时人叹其率而能要焉。"

《晋书·孝武帝纪》：宁康三年五月甲寅，"谢安领扬州刺史。"袁宏出为东阳郡当在本年九月后。

**晋孝武帝太元元年（376年），袁宏卒于东阳，时年49岁。**

《晋书》本传："太元初，卒于东阳，时年四十九。"

袁宏文史兼备，世称"一时文宗"，王珣曾赞其"当今文章之美，故当共推此生"。作《后汉纪》、《正始名士传》、《竹林名士传》、《中朝名士传》等。其才华卓著，早有令名，被《晋书·文苑传》誉为"有逸才，文章绝美，曾为咏史诗，是其风情所寄"。其编年体后汉史《后汉纪》负有盛名，刘知幾《史通》总结后汉史撰述时称："晋东阳太守袁宏抄撮《汉氏后书》，依荀悦体，著《后汉纪》十三篇。世言汉中兴史者，唯范袁二家而已。"又云："为纪传者则规模班、马，创编年者则议拟荀、袁。"其著名文章有《东征赋》、《北征赋》、《三国名臣颂》等。

袁宏性格强正亮直，每不阿屈奉迎，机对辩速，率而能要是袁宏的特色，也是魏晋审美所重视的，个人才思得以审美化、艺术化的体现。袁宏以诗赋见长，其《咏史诗》受到钟嵘推崇，被称为"鲜明紧健，去凡俗远矣"。其辞赋与王粲等并列为"魏晋之赋首"，《文心雕龙·诠赋》称"彦伯梗概，情韵不匮"。作为史学家的袁宏，所撰编年体断代史《后汉纪》三十卷，对后汉诸史重加厘定，删繁补缺，至今保存完整。袁宏的杂传著作《名士传》文笔清雅，自有神理，可谓《世说新语》"名士教科书"的先驱之作。《文心雕龙·时序》更言："安恭已矣，其文史则有袁、殷之曹，孙、干之辈，虽才或浅深，珪璋足用。"

袁宏撰《后汉纪》三十卷及《竹林名士传》三卷，《周易略谱》一卷，《集议孝经》一卷，《山涛别传》，《去伐论》，《袁宏集》十五卷（梁二十卷，录一卷）。《隋书·经籍志一》："《周易谱》一卷。"脱撰人名。《旧唐书·经籍志上》定为袁宏撰。《新唐书·艺文志一》《易》类："袁宏《略谱》一卷。"丁国钧《补晋书艺文志》卷一："《集议孝经》一卷，东阳太守袁宏。谨按，见《隋志》，旧题袁敬仲。家大人曰：袁宏为东阳太守，见本传。《释文·叙录》载此书亦作袁宏。"《晋书》本传："撰《后汉纪》三十卷及《竹林名士传》三卷……传于世。"《旧唐书·经籍志上》："《名士传》三卷，袁宏撰。"

《新唐书·艺文志二》同，《山涛别传》，袁宏撰，《御览》卷四百九引。《去伐论》，袁宏撰，《类聚》卷二十三引。《晋书·韩伯传》："王坦之又尝著《公谦论》，袁宏作论以难之。"《隋书·经籍志四》："晋东阳太守《袁宏集》十五卷，梁二十卷，录一卷。"《晋书》本传："撰……诗、赋、诔、表等杂文凡三百首，传于世。"《晋诗》卷十四辑袁宏诗六首，《全晋文》卷五十七辑袁宏文十八篇。

**参考文献**

白寿彝：《陈寿、袁宏和范晔》，《北京师范大学学报》（社会科学）1964年第1期。
卫广来：《袁宏与〈后汉纪〉》，《山西大学学报》（哲学社会科学版）1985年第3期。

（李小青）

# 戴逵传

**戴逵，字安道，谯国铚县（今安徽濉溪）人。生于晋成帝咸和七年（332年）。**

《晋书》本传："戴逵，字安道，谯国人也。少博学，好谈论，善属文，能鼓琴，工书画，其余巧艺靡不毕综。"

《世说新语·栖逸》注引《戴氏谱》："祖硕，父绥，有名位。"戴逵的生卒年不详。张可礼先生在《东晋文艺系年》中根据《晋书》本传载太元十二年谢玄上疏中有逵是年"年垂耳顺"句，上推逵约生于本年。洪惠镇在《戴逵》一书中认为戴逵的生年约在太宁四年（326年）[①]，曹道衡和沈玉成在《中古文学史料丛考》中根据《世说新语》中戴逵与王濛、刘惔、谢玄等人之间记载的交集，推定戴逵的生年在晋成帝咸和中（332年）左右[②]。相比张可礼的推断，曹、沈两人的推断更为较之更为稳妥，在此从曹、沈之说。

《晋书》卷九十四《戴逵传》："戴逵，字安道，谯国人也。"又《宋书·戴颙传》载："戴颙字仲若，谯郡铚人也。父逵，兄勃，并隐遁有高名。"戴颙为戴逵仲子，可知戴逵乃谯郡铚人，今在安徽省宿县西南。

有关谯国戴氏之门第特征，王永平认为，"其门户相对低下，当属于侨寓士族社会的中下层"[③]。戴逵的祖父戴硕，史载不详，只留其姓名而不见事迹。戴逵的父亲戴绥，任金城太守，其生平履迹亦不见载于史籍。余嘉锡先生在《世说新语笺疏》中考证了"金城"这一地名，表明金城

---

[①] 洪惠镇：《戴逵》，上海人民出版社1988年版，第2—3页。
[②] 曹道衡、沈玉成：《中古文学史料丛考》，中华书局2003年版，第222—223页。
[③] 王永平：《论晋宋之际谯国戴氏家族之门风与文化——以戴逵为中心的研究》，《社会科学战线》2015年第2期。

立郡是在司马睿建国之后,推测戴绥可能是南迁而来担任金城太守的。戴逵的兄长戴逯,追随谢玄破苻坚,《世说新语笺疏》:"以武勇显,有功,封广陵侯,仕至大司农。"《世说新语·栖逸》:"戴安道既厉操东山,而其兄欲建式遏之功。谢太傅曰:'卿兄弟志业,何其太殊?'戴曰:'下官不堪其忧,家弟不改其乐。'"此条说明戴逯与戴逵的志向不同,他更倾向于建功立业。戴逵另外一位兄长戴述能鼓琴。《晋书》本传记载太宰司马晞曾经召戴逵鼓琴,但戴逵拒不前往,复召他的兄长戴述,述欣然前往:"闻其善鼓琴,使人召之。逵对使者破琴曰:'戴安道不为王门伶人。'晞怒。乃更引其兄述,述闻命欣然,拥琴而往。"

戴逵有二子,皆为隐逸山林之人,继承了戴逵的衣钵,博学有美才。长子戴勃长于绘画,李嗣真《续画品录》将他列入下品下,张彦远《历代名画记》载其绘画作品有《曹长孺像》、《三马图》、《九州名山图》、《秦皇东游图》、《朝阳谷神图》、《风云水月图》六幅。次子戴颙《宋书》、《南史》有传,擅长琴书音律,《续画品录》将他列在中品上。他还继承了父亲的雕刻技术。《宋书·戴颙传》:"自汉世始有佛像,形制未工,逵特善其事,颙亦参焉。宋世子铸丈六铜像于瓦官寺,既成,面恨瘦,工人不能治,乃迎颙看之。颙曰:'非面瘦,乃臂胛肥耳。'既错减臂胛,瘦患即除,无不叹服焉。"

戴氏家族在南朝就被看作是"隐逸世家",唐张彦远在《历代名画记·历代能画人名》中说:"一门隐遁,高风振于晋宋。"他们家族的隐逸特征,反映了当时高门士族社会崇尚隐逸的趣味。戴逵父子通过隐逸"著高尚之称",这也有助于对其家族社会声誉与地位的提升。

有关戴逵的生平,《晋书》本传有记载,今人有张可礼《东晋文艺系年》、洪惠镇的《戴逵》、黄丽萍的论文《戴逵研究》等,亦散见于曹道衡、沈玉成先生《中古文学史料丛考》中,可资参考。

**晋康帝建元元年(343年),戴逵作《郑玄碑》。**

《晋书》本传:"少博学,好谈论,善属文,能鼓琴,工书画,其余巧艺靡不毕综。总角时,以鸡卵汁溲白瓦屑作《郑玄碑》,又为文而自镌之,词丽器妙,时人莫不惊叹。性不乐当世,常以琴书自娱。"《书断下》原注:"戴安道……总角时以鸡子汁没白玉屑作《郑玄碑》,文自书刻之。文既奇,隶书亦妙绝。"

《世说新语·雅量》注引《晋安帝纪》："（戴逵）少有清操，恬和通任，为刘真长所知。"

《世说新语·识鉴》："戴安道年十余岁，在瓦官寺画。王长史见之曰：'此童非徒能画，亦终当致名。恨吾老，不见其盛时耳！'"注引《续晋阳秋》："逵善图画，穷巧丹青也。"上记诸事，从张可礼先生，姑系于本年。

**晋穆帝永和四年（348年），戴逵师事范宣，娶其兄女为妻。多与高门风流者游。**

戴逵追随范宣学习儒业，范宣的言传身教，对戴逵思想的形成有着重要作用。戴逵一生饬身正行，显示出儒家的伦理道德观念对他的影响。

《晋书》本传："性不乐当世，常以琴书自娱。师事术士范宣于豫章，宣异之，以兄女妻焉。"《世说新语·巧艺》："戴安道就范宣学，视范所为：范读书亦读书，范钞书亦钞书。唯独好画，范以为无用，不宜劳思于此。戴乃画《南都赋》图，范看毕咨嗟，甚以为有益，始重画。"

戴逵与谢安、王徽之、王珣、郗超等名士多有交往。在讲究门阀世族的东晋，戴逵的出身并不显赫，但是得到了当时一流高门如陈郡谢氏、琅邪王氏的认可。《世说新语·雅量》："戴公从东出，谢太傅往看之，谢本轻戴，见，但与论琴书。戴既无吝色，而谈琴书愈妙。谢悠然知其量。"《世说新语·栖逸》："戴安道既厉操东山，而其兄欲建式遏之功。谢太傅曰：'卿兄弟志业，何其太殊？'戴曰：'下官"不堪其忧"，家弟"不改其乐"。'"

《世说新语·任诞》："王子猷居山阴，夜大雪，眠觉，开室，命酌酒，四望皎然。因起彷徨，咏左思《招隐诗》。忽忆戴安道。时戴在剡，即便夜乘小船就之。经宿方至，造门不前而返。人问其故，王曰：'吾本乘兴而行，兴尽而返，何必见戴。'"

《世说新语·雅量》注引《晋安帝纪》："（逵）性甚快畅，泰于娱生。好鼓琴，善属文，尤乐游燕，多与高门风流者游，谈者许其通隐。屡辞征命，遂著高尚之称。"上述事时间未详，从张可礼先生，系于本年。

**永和八年（352年），戴逵拒绝为武陵王司马晞鼓琴。**

《晋书》本传记载："太宰、武陵王晞闻其善鼓琴，使人召之，逵对使者破琴曰：'戴安道不为王门伶人！'晞怒，乃更引其兄述。述闻命欣然，拥琴而往。"

根据张可礼先生，本年七月武陵王晞任太宰，此事当发生在本年七月之后。从张谱。

**永和九年（353年），戴逵迁居剡县，著《放达为非道论》、《与所亲书》。**

《放达为非道论》，《晋书》本传载有全文。

《放达为非道论》是戴逵的代表作。面对元康名士毁礼坏制的放达时风，戴逵敏锐地意识到正始与元康时期放达之风的不同，指出二者高下有别。文中，戴逵认为，以阮籍、嵇康为代表的正始名士标举自然，是为了对抗司马氏的假礼教，其风貌似荒诞，但却有着严肃的内涵。而元康名士自称继承了竹林名士风度，但他们并没有那种遥深的寄托和高远的境界，并借此纵情声色，其任诞狂放只是寻求物质享受和感官刺激，完全不同于正始名士的任诞之风。不过是"犹美西施而学其颦眉，慕有道而折其巾角……徒贵貌似而已矣"。

戴逵分析产生这种现象的原因，在于当时人们故意对儒道两家的思想进行了歪曲，正所谓"夫道有常经，而弊无常情，是以六经有失，王政有弊，苟乖其本，固圣贤所无奈何也"。对此，戴逵认为，应该"固当先辩其趣舍之极，求其用心之本，识其柱尺直寻之旨，采其被褐怀玉之由"，人们应该先辨明先贤的追求之所在，探求他们用心之根本，了解他们舍小求大的本意，明白他们隐而不露的原因，这样才能做到与道同归，否则只会贻笑千古。东晋以来，对放达任诞之风有种种批判，干宝、葛洪、王坦之等人都曾对此进行了批评，戴逵却从更深层次分析了其这种风气产生的原因，并指明正始和元康时期这两种风气根本的不同，对问题剖析得犀利精准。

《世说新语·栖逸》注引《续晋阳秋》："逵不乐当世，以琴书自娱，隐会稽剡山，国子博士征，不就。"又《世说新语·栖逸》："郗超每闻欲高尚隐退者，辄为办百万资，并为造立居宇。在剡为戴公起宅，甚精整。戴始往旧居，《与所亲书》曰：'近至剡，如官舍。'"注引《续晋阳秋》："戴逵居剡，既美才艺而交游贵盛。"《南史》卷七十六《沈麟士传》："隐居余不吴差山……麟士闻郡后堂有好山水，即戴安道游吴兴，因古墓为山池也。"据此，知戴逵曾游吴兴，但时间不详，根据张可礼先生姑系于此。

**晋穆帝升平元年（357年），戴逵与谢安论琴书。沈道虔受琴于戴逵。**

戴逵善于抚琴，南朝宋人沈道虔、嵇元荣、羊盖，皆得其传，知名当世。

《世说新语·雅量》："戴公从东出，谢太傅往看之。谢本轻戴，见但与论琴书。戴既无吝色，而谈琴书愈妙。谢悠然知其量。"以上所叙事，据张可礼先生，当在谢安出仕前，从张谱系于此年。

《宋书·沈道虔传》："沈道虔，吴兴武康人也。少仁爱，好《老》、《易》，居县北石山下……受琴于戴逵。"此事时间不详，从张谱。姚思廉撰《梁书》卷二十一《柳恽传》："宋世有嵇元荣、羊盖，并善弹琴，云传戴安道之法。"

**晋海西公太和元年（366年），戴逵画行像极精妙。**

《世说新语·巧艺》："戴安道中年画行像甚精妙。庾道季看之，语戴云：'神明太俗，由卿世情未尽。'戴云：'唯务光当免卿此语耳。'"上述事时间不详，据张可礼先生系于本年。本年戴逵约四十岁。

戴逵的一生，在绘画、雕塑和文学等方面都取得了很高的成就。他的画作，在当时就已经得到了世人的认可。顾恺之《论画》品评过戴逵的画作："《七贤》，惟嵇生一像欲佳，其余虽不妙合，以比前诸竹林之画，莫能及者。"唐《贞观公私画史》著录戴逵十一幅，《历代名画记·历代能画人名》记录其作品计有十八件：《阿谷处女图》、《孙绰高士像》、《胡人弄猿画》、《濠梁图》、《董威辇诗图》、《孔子弟子图》、《金人铭》、《三马伯乐图》、《三牛图》、《尚子平白画》、《嵇阮像》、《嵇阮十九首图》、《五天罗汉图》、《名马图》、《渔父图》、《狮子图》、《吴中溪山邑居图》、《杜征南人物图》。

戴逵精深的绘画造诣得到了历代美术评论家的肯定。南齐谢赫《古画品录》："情韵连绵，风趣巧拔，善图贤圣，百工所范，荀（勖）、卫（协）已后，实为领袖。"与顾恺之同品。李嗣真《续画品录》把戴逵列入中品上，同品的有卫协、顾恺之等人。张彦远则称赞其"画古人山水极妙"，认为戴逵的佛教题材画作"范金赋采，动有楷模"。

北宋米芾的《画史》评价戴逵的观音画像："寺僧传得其相，天男端静，举世所睹观音作天女相者皆不及也。《名画记》云：'自汉始有佛，至逵始大备也。'"

**太和二年（367年），戴逵见支遁墓。**

《建康实录》卷八《孝宗穆皇帝》注按："（支遁）卒后，戴安道尝经其墓。"《世说新语·伤逝》："戴公见林法师墓，曰：'德音未远，而拱木已积。冀神理绵绵，不与气运俱尽耳。'"戴逵往见支遁墓的时间不详。支遁卒于上年，从张谱系于此年。

**太和六年（371年），戴逵刻成无量寿木像。**

《历代名画记》卷五："（戴）逵既巧思，又善铸佛像及雕刻。曾造无量寿木像，高丈六，并菩萨。逵以古制朴拙，至于开敬，不足动心，乃潜坐帷中，密听众论，所听褒贬，辄加详研，积思三年，刻像乃成，迎至山阴灵宝寺。郗超冠而礼之，撮香誓曰……既而手中香勃然烟上，极目云际。"

《法苑珠林》卷二十一："东晋会稽山阴灵宝寺木像者，征士谯国戴逵所制。逵以中古制像，略皆朴拙……素有洁信，又甚巧思，方欲改斫威容，庶参真极，注虑累年乃得成。遂东夏制像之妙，未之有如上之像也。"《梁书·诸夷传》："晋义熙初，（狮子国）始遣献玉像……此像历晋宋世在瓦官寺。寺先有征士戴安道手制佛像五躯及顾长康维摩画图，世人谓为'三绝'。"

戴逵的雕塑在当时达到了"造形"与"传神"的完美结合。释道宣《法苑珠林》称赞其所制造的无量寿木像："准度于毫芒，审光色于浓淡，其和墨、点彩、刻形、镂法，虽周人尽策之微，宋客象楮之妙，不能逾也。"这种精雕细琢的技巧，形神兼并，显示出了高超的艺术技巧。梁思成在《中国雕塑史》中称颂他开创了一种"南朝式"亦即中国本土化的佛像雕塑艺术。

**晋孝武帝太元八年（383年），戴逵作《与远法师书》、《重与远法师书》、《答远法师书》。**

以上三书见释道宣撰《广弘明集》卷二十。写作时间不详。戴逵颇为推重名僧支遁、慧远，与其也有着密切往来。与名僧的交游，对戴逵佛教思想的形成有着重要影响。

《世说新语·伤逝》："戴公见林法师墓，曰：'德音未远，而拱木已积。冀神理绵绵，不与气运俱尽耳！'"《高僧传·支遁传》记载了诸多高门名士与戴逵交往，"皆著尘外之狎"。可见其当时在名士交际活动中的地位。

据张可礼先生，慧远于太元三年别道安东下，则《与远法师书》等当作于太元三年后。又《与远法师书》中有"是以自少束修，至于白首，行不负于所知，言不伤于物类"等句，盖书当作于戴逵晚期。姑一并系于此。从张谱。

**太元十二年（387年），戴逵不就散骑常侍、国子博士，逃于吴。谢玄上书请绝其诏命，复还剡。**

《晋书》本传："孝武帝时，以散骑常侍、国子博士累征，辞父疾不就。郡县敦逼不已，乃逃于吴。吴国内史王珣有别馆在武丘山，逵潜诣之，与珣游处积旬。会稽内史谢玄虑逵远遁不反，乃上疏曰：'伏见谯国戴逵希心俗表，不婴世务，栖迟衡门，与琴书为友。虽策命屡加，幽操不回，超然绝迹，自求其志。且年垂耳顺，常抱羸疾，时或失适，转至委笃。今王命未回，将离风霜之患。陛下既已爱而器之，亦宜使其身名并存，请绝其召命。'疏奏，帝许之，逵复还剡。"

《通鉴》卷一百七记载：太元十二年春正月以谢玄"为会稽内史"。《晋书》卷七十九《谢玄传》记载："十三年，卒于官。"张可礼先生根据上述史料，结合谢玄上疏中有戴逵本年"年垂耳顺"句，《论语·为政》："六十而耳顺"，推知戴逵本年近六十。从张谱。

**太元十五年（390年），戴逵复拒任国子祭酒，加散骑常侍。**

《晋书》本传："后王珣为尚书仆射，上疏复请征为国子祭酒，加散骑常侍，征之，复不至。"张可礼先生认为，此事应在本年九月王珣任尚书右仆射后。

**太元二十年（395年），戴逵病逝。**

《晋书》本传："太元二十年，皇太子始出东宫，太子太傅会稽王道子、少傅王雅、詹事王珣又上疏曰：'逵执操贞厉，含味独游，年在耆老，清风弥劭。东宫虚德，式延事外，宜加旌命，以参僚侍。逵既重幽居之操，必以难进为美，宜下所在备礼发遣。'会病卒。"严可均《全晋文》卷一百三十七题"太元末复征太子中庶子，会病卒"。

戴逵不仅在艺术上成就卓著，而且在文学上也有重要的成就。他的文章，除了《放达为非道论》，还有《竹林七贤论》等。《竹林七贤论》是继《语林》之后又一部记录名士逸事的志人小说，但此文已经散佚，佚文见于《世说新语》及唐宋各类书中，其中主要记载了竹林七贤的卓越特异的行为品性。《竹林七贤论》是较早也较为充分记录竹林七贤轶事的文章，虽然现在仅存残篇，但内容涉及竹林七贤的家事、仕途、言行、著述以及当时士人的价值观，为后人更全面地认识竹林七贤及当时的社会有着重要的史料价值。同时，在这篇文章中，戴逵更是向人们展示了他的文学才华，他用"画龙点睛"式的描写方法，栩栩如生地塑造了竹林七贤的形象。戴逵写人，就如画人，将绘画中描摹人物的笔法运用到了文学创作中。他善于从人物日常生活的外在行为发掘其内在精神和性情气质，用简练、形象的语言塑造出神采飞扬的人物形象[①]。比如，收录在《太平御览》中有关王戎吝啬的故事："王戎女适裴氏，用匮，女为贷钱一万，久而不还，女归，戎色不悦，遽还钱，乃怿。"读罢这则故事，王戎嗜钱的行为也让人忍俊不禁。《世说新语·简傲》注引《竹林七贤论》："初，籍与戎父浑俱为尚书郎，每造浑，坐未安，辄曰，与卿语，不如与阿戎语。就戎，必日夕而返。"其中简单的"与卿语，不如与阿戎语"就将阮籍不顾世俗礼法的真性情展示了出来。此外，戴逵还善于采用"遗形取神"的艺术手法。戴逵一般不对人物仪容作具体的描绘，而是攫取最有特色的细节来表现最能代表人物个性的神采风韵。如描写阮籍"善啸，声闻百步。箕踞啸歌，酣放自若"，仅用十四字，就表现出阮籍放达的性情。记录阮籍对嵇绍的印象，用了"昂昂然野鹤之在鸡群"之句，顷然间就对嵇绍的人物风格印象深刻。"遗形求神"的手法对《世说新语》的创作影响很大，正如顾农先生所说"这一妙法戴逵等人已导夫先路"[②]。不仅如此，陶渊明作《五柳先生传》、《晋故征西大将军长史孟府君传》等文，也是采用了以细节点染人物精神的手法，可以说是继承并发展了戴逵的

---

[①] 魏世民：《魏晋南北朝小说史》，安徽大学出版社2011年版，第231页。
[②] 顾农：《从〈竹林七贤论〉看戴逵其人》，《古典文学知识》2007年第3期。

风格。

此外，戴逵的议论散文逻辑谨严、开阖有度，代表作有《释疑论》。戴逵作此文，针对佛教的"善恶报应"说，慧远命其弟子周续之回书应答，双方互有辩驳，相关讨论辑录于《广弘明集》卷二十、《弘明集》卷五中。文中戴逵列举历史上诸多与善恶报应相反的事例以说明其虚妄无验，他以自己亲身的经历"行不负于所知，言不伤于物类。而一生艰楚，荼毒备经，顾景块然，不尽唯己"，证明佛教的果报之谈以及中国传统的善恩报应论都没有事实根据，"修短穷达，自有定分，积善积恶之谈，盖是劝教之言耳"。当然从有助于"劝教"这一角度说，戴逵承认这些说法并不是完全没有意义的。他的议论简洁明快，富于辩证的思考，敢于发表与当时权威不同的意见。赞文以四言韵语为载体，短小精警、典雅古丽，咏物式的描写更为其赞文增加形象生动性[①]。总的来说，戴逵的文学艺术作品，从题材、艺术表达方式和思想性来说都具有一定的研究价值，在魏晋文学史和艺术史上占有重要一席。

《全上古汉魏三国南北朝文·全晋文》卷一百三十七中收录有戴逵的作品，有《流火赋》、《离兴赋》、《栖林赋》的残篇，书五篇：《与所亲书》、《答范甯问马郑二义书》、《与远法师书》、《重与远法师书》、《答远法师书》，赞九篇：《山赞》、《水赞》、《琴赞》、《酒赞（并序）》、《颜回赞》、《尚长赞》、《申三复赞》、《闲游赞》、《松竹赞》，论四篇：《放达为非道论》、《释疑论》、《答周居士难释疑论》、《竹林七贤论》。

《隋书·经籍志》中有关戴逵的作品列有：《老子音》一卷，晋征士《戴逵集》九卷，《五经大义》三卷，《竹林七贤论》二卷。

（杨　康）

---

[①] 黄丽萍：《戴逵研究》，厦门大学硕士学位论文，2009年。

# 王嘉传

**王嘉，字子年，陇西安阳人。生年不详。**

王嘉，字子年，东晋十六国时期著名的道教方士。生年史无明载。

王嘉的籍贯，今存两说："陇西安阳"说和"洛阳"说。"陇西安阳"说出自梁代萧绮《拾遗记序》、南朝马枢《道学传》以及唐修《晋书》等。萧绮《拾遗记序》："《拾遗记》者，晋陇西安阳人王嘉字子年所撰。"马枢《道学传》："王嘉，字子年，晋陇西安阳人也。"《晋书》本传："王嘉，字子年，陇西安阳人也。""洛阳"说则出自梁释慧皎《高僧传》，《高僧传·释道安传》附《王嘉传》："嘉，字子年，洛阳人。"

据王元芳考证，南北朝时期的一些史籍中，往往"洛阳"、"略阳"不分，《高僧传》中"嘉，字子年，洛阳人"中的"洛阳"应该是"略阳"的误写。王嘉的籍贯"陇西安阳"是北魏后期北秦州地所置安阳郡所在的安阳县。而北魏后期所置"安阳郡"下属的"安阳县"，北魏初极有可能隶属于"略阳郡"[①]。

王嘉的生平事迹，除了《晋书》本传的记载，另有《三洞群仙录》、《终南山说经台历代真仙碑记》、《仙苑编珠》等史籍亦可考，但所有的记述极其简单而又充满神秘的色彩，语焉不详。今人有张可礼《东晋文艺系年》，袁济喜主编《汉末三国两晋文学批评编年》，梅新林、俞樟华主编《中国学术编年》等著作，王兴芬《王嘉籍贯卒年考》等文，可资参考。

**王嘉貌丑，但有奇才，不与世人交游。**

《晋书》本传："轻举止，丑形貌，外若不足，而聪睿内明，滑稽

---

[①] 王兴芬：《王嘉籍贯卒年考》，《宗教学研究》2009年第3期。

好语笑，不食五谷，不衣美丽，清虚服气，不与世人交游。隐于东阳谷，凿崖穴居，弟子受业者数百人，亦皆穴处。石季龙之末，弃其徒众，至长安，潜隐于终南山，结庵庐而止。门人闻而复随之，乃迁于倒兽山。"

**晋孝武帝太元七年（382年），王嘉预言苻坚南征必败。**

《晋书》本传："苻坚累征不起，公侯已下咸躬往参诣，好尚之士无不师宗之。问其当世事者，皆随问而对。好为譬喻，状如戏调；言未然之事，辞如谶记，当时鲜能晓之，事过皆验。坚将南征，遣使者问之。嘉曰：'金刚火强。'乃乘使者马，正衣冠，徐徐东行数百步，而策马驰反，脱衣服，弃冠履而归，下马踞床，一无所言。使者还告，坚不悟，复遣问之，曰：'吾世祚云何？'嘉曰：'未央。'咸以为吉。明年癸未，败于淮南，所谓未年而有殃也。人候之者，至心则见之，不至心则隐形不见。衣服在架，履杖犹存，或欲取其衣者，终不及，企而取之，衣架逾高，而屋亦不大，履杖诸物亦如之。"

**太元九年（384年），王嘉应苻坚之召，入长安议事。**

《十六国春秋》卷三十八《前秦录六·苻坚录下》："十月……坚遣鸿胪郝稚征处士王嘉于倒兽山。嘉有异术，能知未然，人咸神之。姚苌及慕容冲皆遣使迎之。十一月，嘉入长安，众闻之，以为坚有福，故圣人助之。三辅堡壁及四山氐羌归坚者四万余人。坚每日召嘉与道安于外殿，动静咨之。慕容晖入见东堂，稽首谢曰：'弟冲不识义方，孤背国恩，臣罪应万死。陛下垂天地之容，臣蒙更生之惠。臣二子昨婚，明当三日，愚欲暂屈銮驾，幸臣私第。'坚许之。晖出，王嘉曰'权芦作蓬蒢，不成文章。会天大雨，不得杀羊。'言晖将杀坚而不果也。坚与群臣莫之能解。明日大雨，乃不果往。"

**太元十年（385年），王嘉往候道安。**

《晋书》本传："先此，释道安谓嘉曰：'世故方殷，可以行矣。'嘉答曰：'卿其先行，吾负债未果去。'"梁释慧皎《高僧传·释道安传》："晋太元十年……（道安）未终之前，隐士王嘉往候安，安曰：'世事如此，行将及人，相与去乎？'嘉曰：'诚如所言，师并前往，仆有小债未了，不得俱去。'……"

**太元十一年（386年），王嘉受姚苌礼遇。**

《十六国春秋》卷五十五《后秦录三·姚苌录》：本年五月，"苌僭即皇帝位于长安"。《晋书》本传"姚苌之入长安，礼嘉如苻坚故事，逼以自随，每事谘之。"

**太元十三年（388年），王嘉被姚苌所斩。**

《晋书》本传："苌既与苻登相持，问嘉曰：'吾得杀苻登定天下不？'嘉曰：'略得之。'苌怒曰：'得当云得，何略之有！'遂斩之。"《云笈七签》卷一百一十《王嘉传》："姚苌定长安，问嘉：'朕应九五不？'嘉曰：'略当得'。苌大怒曰：'小道士答朕不恭！'有司奏诛嘉及二弟子。苌先使人陇右，逢嘉将两弟子，计已千余里，正是诛日。嘉使书与苌，苌令发嘉及二弟子棺，并无尸，各有竹杖一枚，苌寻亡。"

王嘉被斩时间未详。据陆侃如先生考：《晋书·姚苌载记》：苌"与苻登相持积年"。又《晋书·孝武帝纪》：明年八月"姚苌袭破苻登"。后年，"冬十一月，姚苌败苻登于安定"。嘉被斩，约在本年。今从之。王嘉为后秦姚苌所杀，历来争议不大。

苻登闻嘉死，设坛哭之，赠太师，谥曰文。及苌死，苌子兴字子略方杀登，"略得"之谓也。嘉之死日，人有陇上见之。其所造牵三歌谶，事过皆验，累世犹传之。

**王嘉著作《拾遗录》，记事多诡怪。**

《拾遗记》，又名《王子年拾遗记》或《拾遗录》，是两晋时期志怪小说集。萧绮整理本序言"《拾遗记》者，晋陇西安阳人王嘉字子年所撰，凡十九卷，二百二十篇，皆为残缺"。《晋书》本传："又著《拾遗录》十卷，其记事多诡怪，今行于世。"

全书在体例上以史书构架，所记上自庖牺下至石赵，历述各代遗闻逸事。选取的人物事件及诸般事物，全系神话和传说，"多涉祯祥之书，博采神仙之事"。《拾遗记》内容夸诞，文辞靡丽，借点滴事件敷衍成篇，自成风格，可谓当时北方文学中的一朵艺术奇葩。该书不仅内容丰富，而且具有非常独特的语言特色。《拾遗记》文辞艳丽，铺陈夸饰，具有鲜明的赋体特征；同时，还穿插了大量的诗歌、谣、谚，诗文融合，是这一时期志怪小说一个独特的存在。同时，在对一些远方异域神奇名物的命名上，也显出了王嘉的匠心独具，体现出了形象化的特点。

萧绮在序言中提到了《拾遗记》的创作和散佚。"当伪秦之季，王纲迁号，五都沦覆，河洛之地，没为戎墟，宫室榛芜，书藏埋毁。荆棘霜露，岂独悲于前王；鞠为禾黍，弥深嗟于兹代！故使典章散灭，寅馆焚埃，皇图帝册，殆无一存，故此书多有亡散。文起羲炎已来，事讫西晋之末，五运因循，十有四代。王子年乃搜撰异同，而殊怪必举，纪事存朴，爱广尚奇，宪章稽古之文，绮综编杂之部，《山海经》所不载，夏鼎未之存，乃集而记矣。辞趣过诞，意旨迂阔，推理陈迹，恨为繁冗；多涉祯祥之书，博采神仙之事，妙万物而为言，盖绝世而宏博矣！世德陵夷，文颇缺略。绮更删其繁紊，纪其实美，搜刊幽秘，捃采残落，言匪浮诡，事弗轻诬。推详往迹，则影彻经史；考验真怪，则叶附图籍。若其道业远者，则辞省朴素；世德近者，则文存靡丽。编言贯物，使宛然成章。数运则与世推移，风政则因时回改。至如金绳鸟篆之文，玉牒虫章之字，末代流传，多乖曩迹，虽探研镌写，抑多疑误。及言乎政化，讹乎祯祥，随代而次之。土地山川之域，或以名例相疑；草木鸟兽之类，亦以声状相惑。随所载而区别，各因方而释之，或变通而会其道，宁可采于一说！"萧绮收集到王嘉《拾遗记》的内容"凡十九卷，二百二十篇"，"皆为残缺"，即十九卷本。在此基础上，萧绮"搜检残遗，合为一部，凡一十卷，序而录焉"，增加了自己所写的《录》、《序》，这就是《晋书》中所说的十卷本《拾遗录》，也是我们今天所见到的流传本。

《隋书·经籍志二》："《拾遗录》二卷，伪秦姚苌方士王子年撰。"《旧唐书·经籍志上》、《新唐书·艺文志二》均著录三卷。《隋书·经籍志三》："《王子年拾遗记》十卷，萧绮撰。"《旧唐书·经籍志上》、《新唐书·艺文志二》均作"萧绮录"。《隋志》"撰"当从《唐志》作"录"。《直斋书录解题》卷十一："《名山记》一卷，亦称王子年，即前之第十卷。大抵皆诡诞。"丁国钧《补晋书艺文志》卷一："《王子年诗歌》一卷，王嘉。见《七录》，《南齐书·祥瑞记》引。"其他不同卷数的出现是由于古书整理流传的方式和古人著书的通例所导致的。

对于王嘉及其代表著作《拾遗记》，后世多评价"记事多诡异"。《四库全书总目提要》也持同样观点，肯定了其价值，对后世影响深远："嘉书盖仿郭宪《洞冥记》而作，其言荒诞，证以史传皆不合。如'皇娥燕歌'之事，'赵高登仙'之说，或上诬古圣，或下奖贼臣，尤为乖迕。绮《录》亦附会其词，无所纠正。然历代词人，取材不竭，亦刘勰所谓'事丰奇伟，辞富膏腴，无益经典，而有助文章'者欤？虞初九百，汉人备录。六朝旧笈，今亦存备采掇焉。"

另《晋诗》卷十四辑王嘉诗七首：《歌》三首、《歌》、《皇娥歌》、《白帝子歌》、《采药歌》。

（李小青）

# 张 湛 传

张湛，字处度，高平（今山东金乡）人。生卒年不详。官至中书侍郎、光禄勋。

《世说新语·任诞》注引《晋东宫官名》："湛，字处度，高平（今山东金乡）人。"

《世说新语·任诞》注引《张氏谱》："湛祖嶷，正员郎。父旷，镇军司马。湛仕至中书郎。"有关张湛的生平，参见王晓毅《郭象评传》中的相关考证。根据王晓毅在《郭象评传》（下）中的考证，张湛家族与著名的山阳王氏（王弼）家族同县，而且有姻亲关系。张湛的祖父张嶷是山阳王氏家族的外甥，自少年时代起便游于王氏家族，有幸接触到王家丰富的藏书，张嶷也是在此抄录了八篇《列子》。但是永嘉南渡之后，张嶷手中只剩下三篇，靠刘正舆的四卷本和王弼女婿赵季子的刘卷本形成了完整的八篇本。

王晓毅推测，张嶷南渡的时间在永嘉五年，是南渡后的第一代东晋士人，在《晋书·羊聃传》中记载，张嶷和其他三人被称为"兖州四伯"[1]，张嶷被定为"猾伯"，张湛所属的高平张氏始于受玄学放达派影响的家族。

张湛的父亲张旷，与永和名士应为同一代人。但是现存资料中没有任何生平记载。据王晓毅，张湛出生在江左，时间应该在永嘉五年之后，根据《世说新语·任诞》篇："张湛好于斋前种松柏。时袁山松出游，每好令左右作挽歌。时人谓：'张屋下陈尸，袁道上行殡。'"注引裴启《语

---

[1] 兖州四伯：见《晋书·羊聃传》，其中，"八伯"乃是时人谓效仿古代八隽而命名的八位兖州籍人物，大都放荡不羁，而"四伯"则更加纵欲独行。此外，在"中兴名士"中还有"八达"，见《晋书·光逸传》。

林》曰:"张湛好于斋前种松,养鸲鹆。袁山松出游,好令左右作挽歌。时人云云。"根据裴启《语林》的完成时间在隆和年间,王晓毅推断此时青年张湛约为二十岁左右,那么张湛出生年约在332年。

张湛作为永和名士的子弟,其年少时在东晋玄学的高潮中度过,与王坦之、韩康伯、郗超为同代人,喜欢标新立异。

**晋孝武帝时期(373—396年),张湛担任中书侍郎,终于光禄勋。**

张湛入仕过程不详。据王晓毅的考证,张湛曾经担任中书侍郎。《宋书·王歆之传》:"祐祖父湛,晋孝武世以才艺为中书侍郎,光禄勋。"

张湛担任中书侍郎的时间,可从同僚范宁的交往中得知,参见《晋书·范宁传》:"初,宁尝患目痛,就中书侍郎张湛求方。湛因嘲之曰:'古方,宋阳里子少得其术,以授鲁东门伯,鲁东门伯以授左丘明,遂世世相传。及汉杜子夏、郑康成、魏高堂隆、晋左太冲,凡此诸贤,并有目疾。得此方云:用损读书一,减思虑二,专内视三,简外观四,旦晚起五,夜早眠六。凡六物,熬以神火,下以气簁,蕴于胸中七日,然后纳诸方寸。修之一时,近能数其目睫;远视尺捶之余。长服不已,洞见墙壁之外。非但明目,乃亦延年。'"王晓毅认为,范宁担任中书侍郎的时间是380年。《晋书·范宁传》记载范宁是在桓温死后担任余杭令,桓温卒于373年,因此张可礼先生的382—388年的担任此职的时间有误。王晓毅认为范宁此时并没有任职建康,范宁向张湛讨药方之事应是在他们共同担任中书侍郎之时。此时,张湛大约四十八岁。

据王晓毅推测,张湛《列子注》创作于隆和元年(362年)至太元七年(382年),也就是东晋王朝的中后期。现存的东晋玄学论著大都产生于这个时期,如王坦之、袁宏、韩康伯的《辩谦论》,韩康伯的《系辞注》。东晋玄学的发展,没有重大的学术创建,对于当时的人如何解脱生死这一重大问题,玄学让步于佛教和道教。对此,作为永和名士子弟的张湛,对于如何生死解脱这一时代课题,将何晏王弼的贵无论、嵇康阮籍的元气说和郭象的独化论融为一体,构建了一个适合东晋士人的玄学理论体系。

张湛的《列子注》则是对西晋《列子》的继承,是东晋玄学即将被佛学取代之际的具有代表性的玄学哲学作品。除了《列子》外,张湛还曾注《庄子》、《曾子》,但都没有流传下来。陶弘景《养性延命录》中引《庄子·达生》有一段张湛注，也有张湛《养生集叙》的引用。

对于《列子》一书的真伪，学界普遍认为该书完成于魏晋时期，但是书中若干资料的时间较早，很可能含有古《列子》的遗文。

对于张湛的《列子注》，任继愈先生在《中国哲学发展史》中认为，张湛不是《列子》的作者，不仅在词句的解释上《列子注》与《列子》有相互矛盾的地方，而且在理论观点和人生态度上往往不合。《列子》是西晋玄学的一个环节，《列子注》则是东晋玄学的组成部分，不能混为一谈。

相对于张湛生平的简略不详，有关张湛玄学观点的研究则非常丰富。张湛的观点，大量来自郭象。但与郭象不同的是，张湛将一切归为虚无，这一思想无疑受到了般若学的影响。《列子注》把王弼贵无论和与郭象的独化论从理论上统一起来，使两家之间的本质联系显得更加清楚，并建立起张湛特有的玄学贵无论。

张湛用郭象的独化论去解说王弼的贵无论，张湛认为，"以无为本"并不是"无能生有"，而是有以无作为生存的依据，但不是从无中生出。《天瑞篇》："有之为有，恃无以生；言生必由无，而无不生有。"张湛认为，有无并不相生，《天瑞篇》："谓之生者则不无；无者则不生，故有无之不相生。"

张湛反对把本体"无"看成独立于万有之外，或者超越万有之上的实体，他认为"有以无为本"的真正含义在于排除万有的共同的实有本源，也就是承认万物自生自化，而不知其所由生所由化。《天瑞篇》注文中说："有何由而生？忽而自生；忽而自生，而不知其所以生；不知所以生，生则本同于无。本同于无，非无也。"在张湛看来，"以无为本"等于"万有生物所本"。"无"的内涵被严格规定为"非有"、"非物"，因此它只是逻辑的存在而非实有的存在。田汉云在《六朝经学与玄学》中也认为，张湛的宇宙观由素质论和特性论构成。他认为在终极意义上，有无不能互相生成。"至虚"是宇宙本源的特性，自身不变，具有高度稳定性。

为了避免玄学本体论原有哲学范畴引起误解，张湛提出了"至虚"这一概念，用以代替"无"。《列子序》概括《列子》全书宗旨时说："其书大略明群以至虚为宗，万品以终灭为验。"这一观点就是张湛的。"至虚"并非是客观实体，而是对群有自然生化的承认与顺应。"至虚"

即是"以无为心":"不居知能之地,而无恶无好,无彼无此,则以无为心者也"(《仲尼篇》注)。任继愈先生认为,张湛的贵虚论沿着郭象"玄同万物"、"与化为体"的思路下来,但减弱了独化论的宇宙论色彩,把其中人生论的色彩加浓了。

在自然与名教的关系上,张湛主张任自然而顺名教。张湛赞赏《列子》的放逸、玄远;在顺名教上,张湛赞赏郭象的安命顺世。这在《仲尼篇》、《力命篇》、《杨朱篇》的注论中都有所体现。李建中在《玄学与魏晋人格》中认为,张湛在现实人格中,人格主体应该"遗名誉"、"无名利"(天瑞篇),应该"任其真素","体柔虚之道,处不竞之地"。所谓柔虚之道,意为一切任其自然,无心以顺有,才能生活宁静,祸福不生。《力命篇》:"顺天理而无心者",刻意的努力都是无效的,哪怕是善意的努力。张湛认为,任自然和顺名教可以兼顾,他在《黄帝篇》题注中说:"禀生之质谓之性,得性之极谓之和;故应理处顺,则所适常通;任情背道,则遇物斯滞。"张湛的理想是行其中道:"苟得其中,则智动者不以权力乱其素分,矜名者不以矫抑亏其形生。"

面对战乱动荡的社会,张湛慨叹人生短促,主张抓住当下,及时行乐,反对为虚名自苦,《杨朱篇》题注曰:"夫生者,一气之暂聚,一物之暂灵,暂聚者终散,暂灵者归虚。而好逸恶劳,物之常性。故当生之所乐者,厚味、美服、好色、音乐已耳。而复不能肆性情之所安,耳目之所娱,以仁义为关键,用礼教为衿带,自枯槁于当年,求虚名于后世者,是不达乎生生之趣也。"张湛对于名教流于虚伪的弊端和束缚性情的一面也持有批评态度。《力命篇》注曰:"治乱推移,爱恶相攻,情伪万端,故要时竞,其弊孰知所以?"他不赞成"矫天真以殉名者,则夷齐守饿西山,仲由被醢于卫"。

同时,对于时人"任情背道"之风,张湛提出了严峻的批评:第一,反对人们贪图物质财富,针对"劳心以营财货",《天瑞篇》《释文》云:"夫天地,万物之都称;万物,天地之别名。虽复各私其身,理不相离;仞而有之,心之惑也。因此而言,夫天地委形,非我有也;饬爱色貌,矜伐智能,已为惑矣。至于甚者,横仞外物以为己有,乃标名氏以自异,倚亲族以自固,整章服以耀物,藉名位以动众,封殖财货,树立权党,终身欣玩,莫由自悟。"第二,反对人们沽名钓誉。第三,反对人们崇尚智力。第四,鄙视寄情山水。《仲尼篇》注:"内足于己,故不知所适;反观于身，固不知所眠。""忘游故能遇物而游，忘观固能遇物而观。""夫形无所适，目无注视，则物无不视而物无不游矣。若此游观者，真至游矣乎！"张湛为士大夫设计的生活方式，兼顾了养生和履行社会责任。

张湛发挥了郭象"内圣外王"、"玄同内外"的思想，把理想和现实、超俗与脱俗紧密结合起来。张湛提出的"至虚"，根据任继愈先生，指的是"圣人"或者"至人"的最高精神境界。"至虚"亦即"无心"，即去掉自己的私心，以天下之心为心，《仲尼篇》注曰："乐天下之乐，知天下之知，而我无心者也。"在张湛看来，"至人"或者"圣人"能够在世俗中保持自身精神的快乐，顺着自己和事物自然的天性，不执着于一时一事，如《黄帝篇》注："至于至人，心与元气玄和，体与阴阳冥谐，方圆不当于一象，温凉不值于一器；神定气和，所乘皆顺，则无物不能逆，寒暑不能伤。"《汤问篇》注论"圣人"云："圣人顺天地之道，因万物之性，任其所适，通其所顺，使群异各得所方，兽妖咸尽其分也。"

《列子注》中佛学的因素较浓，张湛受东晋玄佛合流的影响，用佛学充实玄学，使玄学的思维方式更加向玄学靠拢。《列子注》的佛学成分，首先表现在作者运用般若的中道义来说明有无关系，使贵虚论达到融解内外、泯灭差异的境地。任继愈先生认为，贵虚论与般若中观论相当。《天瑞篇》注解"虚"义说："今有无两忘，万异冥一，故谓之虚。"《天瑞篇》注曰："若以无为念，无言为言，未造于极也"，达到"终日念而非我念，终日言而非我言"的理想境界，才算是"体道穷宗，为世津梁"，很像僧肇对本无宗的批评。张湛主张"忘内外，遗轻重"（《黄帝篇》注）"以有心无心而求道，则远近其于非当；若两忘有无先后，其于二心无矣"（《仲尼篇》注）。也就是说，圣人既不能滞于"有"，也不能滞于"无"；既不能重于"内"，又不能重于"外"。圣人应当即物而虚，即俗而真。这种解说更接近于般若学的破执论。

在形神问题上，张湛持有神不灭论的观点。《周穆王篇》注曰："所谓神者，不疾而速，不行而至。以近事喻之，假寐一昔，所梦或百年之事，所见或绝域之物。其在觉也，俯仰之须臾，再抚六合之外。邪想淫念，犹得如此，况神心独运气，不假形器，圆通玄照，寂然凝虚者乎？"这与释道安、慧远、宗炳等人的论述相类。

罗宗强在《玄学与魏晋士人心态》中认为，张湛的哲学"是东晋士人心态的最好的理论表述。东晋士人既从西晋士人的纵欲转向追求宁静的精神境界，但他们的宁静，不是非人间的境界，无法做到般若的空心，他们的宁静是潇洒风流的宁静，是任性适情的宁静。他们还承接玄风带给他们的任自然的气质。"张湛哲学的人生旨趣是虚静而逍遥的。他对"逍遥"的阐释与支遁相同，为东晋士人追求宁静的精神境界找到了最好的说明，取代了之前向秀和郭象对"逍遥"的阐释。他在《汤问篇》中注曰："心夷体闲，即进止有常数，迟疾有常度。苟尽其妙，非但施之于身，乃可行之于物。"

张湛《列子注》对玄学本末、有无、体用的探讨，以及对人的精神境界的构思，已经达到儒道思想范围内可以达到的最高水平。《列子注》成为玄学的终结性作品。

有关张湛的著作，《隋书·经籍志》收录有：《古今九代歌诗》七卷（张湛撰）；《古今箴铭集》十四卷（张湛撰。录一卷）；《列子》八卷（郑之隐人列御寇撰，东晋光禄勋张湛注）；《养生要集》十卷（张湛撰）。

**参考文献**

**任继愈**：《中国哲学发展史》（魏晋南北朝卷），人民出版社1983年版。
**罗宗强**：《玄学与魏晋士人心态》，南开大学出版社2003年版。
**李建中、高华平**：《玄学与魏晋社会》，河北人民出版社2003年版。
**田汉云**：《六朝经学与玄学》，南京出版社2003年版。
**汤一介、胡仲平**：《魏晋玄学研究》，湖北教育出版社2008年版。

（杨　康）

# 慧 远 传

**晋成帝咸和九年（334年），慧远生。**

《世说新语·文学》注引张野《远法师铭》："沙门释惠远，雁门楼烦人。本姓贾氏，世为冠族。"《高僧传》卷六《释慧远传》云慧远卒于义熙十二年，时八十三岁。据此推之，当生于本年。根据张野的《远法师铭》，慧远的家庭"世为冠族"，但是在《高僧传》等传记资料中并没有慧远的父祖或近亲担任官职的记载，推测他们应属于寒门士族。至少在慧远出生的时候，他的家族并不显赫。

有关慧远的生平，《高僧传》、《出三藏记》卷十五、《世说新语》注引张野《远法师铭》、《广弘明集》卷二十三谢灵运《庐山远法师诔》有相关记载。今人有张可礼《东晋文艺系年》、方立天《慧远年谱》和汤用彤《慧远年历》等，可资参考。

**晋穆帝永和二年（346年），慧远游学许昌、洛阳。**

慧远年幼的记载资料也很稀少，我们所能知道的就是他年少时曾与舅舅令狐氏在许昌、洛阳，博览六经，擅长庄老之说。此时，慧远并没有受到佛学影响，但其博通儒道，也为后来融汇儒释道三家奠定了基础。

《高僧传》本传："弱而好书，珪璋秀发。年十三随舅令狐氏游学许、洛。故少为诸生，博综六经，尤善《庄》、《老》。性度弘博，风鉴朗拔，虽宿儒英达，莫不服其深致。"

**永和十年（354年），慧远随道安出家。**

殷浩北伐，于关中激战数年。慧远为躲避战乱，欲南下就范宣共契遁，但因战事导致路途受阻，未能成行。正值道安在太行恒山创立寺塔、讲学授徒，慧远前往拜访，因而缔结师徒之缘。

《高僧传》本传："年二十一，欲渡江东，就范宣子共契遁。值石虎已死，中原寇乱，南路阻塞，志不获从。时沙门释道安立寺于太行恒山，弘赞像法，声甚著闻，远遂往归之。一面尽敬，以为真吾师也。后闻安讲波若经，豁然而悟，乃叹曰：'儒道九流，皆糠秕耳。'便与弟慧持，投簪落彩，委命受业。既入乎道，厉然不群，常欲总摄纲维，以大法为己任。精思讽持，以夜续昼，贫旅无资，缊纩常阙，而昆弟恪恭，终始不懈。有沙门昙翼，每给以灯烛之费，安公闻而喜曰：'道士诚知人矣。'远藉解于前因，发胜心于旷劫，故能神明英越，机鉴遐深。安公常叹曰：'使道流东国，其在远乎。'"

**晋穆帝升平元年（357年），慧远便就讲说。**

《高僧传》本传："年二十四，便就讲说。尝有客听讲，难实相义，往复移时，弥增疑昧。远乃引《庄子》义为连类，于是惑者晓然。是后，安公特听慧远不废俗书。安有弟子法遇、昙徽，皆风才照灼，志业清敏，并推伏焉。"

**晋哀帝兴宁二年（364年），慧远随道安南游樊、沔。**

《高僧传》本传："后随安公南游樊、沔"。

上述事当在本年道安到襄阳后。

**晋孝武帝太元三年（378年），慧远别道安东下。**

《高僧传》本传："秦将苻丕寇斥襄阳，道安为朱序所拘，不能得去，乃分张徒众，各随所之。临路，诸长德皆被诲约，远不蒙一言。远乃跪曰：'独无训勖，惧非人例？'安曰：'如公者，岂复相忧？'远于是与弟子数十人，南适荆州，住上明寺。"

**太元六年（381年），慧远至浔阳，立精舍。**

《高僧传》本传："后欲往罗浮山，及届浔阳，见庐峰清静，足以息心，始住龙泉精舍。"

《莲社高贤传·慧远传》："太元六年至寻阳，见庐山开旷，可以息心，乃立精舍。"

慧远始驻庐山的时间，各家说法不一。方立天先生在《慧远年谱》将此事系于太元八年。李泽厚和刘纲纪《中国美学史》第二卷中定在太元三年。张伯伟先生认为是在太元六年。张可礼先生在《东晋文艺系年》中系于太元三年。在此从张伯伟。

**太元八年（383年），慧远作《答戴处士书》、《与戴处士书》。**
二书见《广弘明集》卷二十。

**太元十一年（386年），慧远移居东林寺。**
《高僧传》本传："时有沙门慧永，居在西林，与远同门旧好，遂要远同止。永谓刺史桓伊曰：'远公方当弘道，今徒属已广，而来者方多，贫道所栖褊狭，不足相处，如何？'桓乃为远复于山东更立房殿，即东林是也。"

《莲社高贤传·慧远传》："（桓）伊大敬感，乃为建刹，名其殿曰'神运'。以在永师舍东，故号'东林'。时太元十一年也。"

《异苑》卷五："沙门释慧远栖神庐岳，常有游龙翔其前。远公有奴以石掷中，乃腾跃上升。有顷，风云飚煜。公知是龙之所兴。登山烧香，会僧齐声唱偈。于是霹雳回向投龙之石，云雨乃除。"上述事时间未详，姑系于此。

**太元十五年（390年），慧远与刘遗民、周续之、毕颖之、宗炳、张莱民、张季硕等建斋立誓。令刘遗民著文。作《念佛三昧诗集序》。**
《高僧传》本传："于是率众行道，昏晓不绝，释迦余化，于斯复兴。既而谨律息心之士，绝尘清信之宾，并不期而至，望风遥集。彭城刘遗民、豫章雷次宗、雁门周续之、新蔡毕颖之、南阳宗炳、张莱民、张季硕等，并弃世遗荣，依远游止。远乃于精舍无量寿像前，建斋立誓，共期西方。乃令刘遗民著其文曰：'维岁在摄提格七月戊辰朔，二十八日乙未。法师释慧远贞感幽奥，宿怀特发，乃延命同志息心贞信之士百有二十三人，集于庐山之阴般若台精舍阿弥陀像前，率以香华敬荐而誓焉……'"

据张可礼先生，古代用岁星纪年，摄提格为寅年，据此可知刘遗民之誓文作于寅年。又据《莲社高贤传·刘程之传》、《高僧传·释慧远传》，誓文中所谓摄提格，当指本年的庚寅。按《宋书》卷九十三《雷次宗传》，次宗本年五岁，《释慧远传》云次宗亦曾参与建斋立誓，疑误。

《念佛三昧诗集序》见《全晋文》卷一百六十二。《念佛三昧诗》及慧远序之写作时间，疑在本年或本年后，姑一并系于此。

《全晋文》卷一百六十四辑僧肇《答刘遗民书》云："得君《念佛三昧咏》，并得远法师《三昧咏及序》。此作兴寄既高，辞致清婉，能文之士，率称其美。可谓游涉圣门，扣玄关之唱也。"

**太元十六年（391年），慧远请僧迦提婆译《阿毗昙心》、《三法度论》。**

《高僧传》本传："初，经流江东，多有未备，禅法无闻，律藏残阙。远慨其道缺，乃令弟子法净、法领等，远寻众经。逾越沙雪，旷岁方反。皆获梵本，得以传译。昔安法师在关，请昙摩难提出《阿毗昙心》。其人未善晋言，颇多疑滞。后有罽宾沙门僧迦提婆，博识众典，以晋太元十六年，来至浔阳，远请重译《阿毗昙心》及《三法度论》，于是二学乃兴。"

《全晋文》卷一百六十七辑阙名《阿毗昙心序》："以晋太元十六年，岁在单阏贞于重光，其年冬，于浔阳南山精舍，提婆自执梵经，先诵本文，然后乃译为晋语。比丘道慈笔受。"

**太元十七年（392年），慧远与殷仲堪论《易》。作《阿毗昙心序》。**

《高僧传》本传："殷仲堪至荆州，过山展敬，与远共临北涧，论《易》体要，移景不倦。既而叹曰：'识信深明，实难庶几。'"

《世说新语·文学》："殷荆州曾问远公：'《易》以何为体？'答曰：'《易》以感为体。'殷曰：'铜山西崩，灵钟东应，便是《易》耶？'远公笑而不答。"上述事当在本年仲堪任荆州刺史后。《说郛》六十引《寰宇记》云："浔阳县落星山涧有五松桥，昔惠远法师与殷仲堪席间谈《易》于此，而树下泉涌，号聪明泉。"

《阿毗昙心序》见《全晋文》卷一百六十二。张可礼先生在《东晋文艺系年》中将此文系于太元十七年，今从张谱。

**晋安帝隆安三年（399年），慧远作《答王谧书》。**

《答王谧书》见《全晋文》卷一百六十一。

《高僧传》本传:"司徒王谧、护军王默等,并钦慕风德,遥致师敬。谧修书曰:'年始四十,而衰同耳顺。'远答曰……"

《晋书·王谧传》:"义熙三年卒,时年四十八。"据此推之,谧本年四十岁。《答王谧书》当作于本年。

**晋安帝元兴元年(402年),慧远作《答桓玄书》、《与桓玄书论料简沙门》、《沙门不敬王者论》五篇并序。**

《答桓玄书》、《与桓玄书论料简沙门》、《沙门不敬王者论》五篇并序,见《全晋文》卷一百六十一。

《与桓玄书料简沙门》、《沙门不敬王者论》五篇,《高僧传》卷六《释慧远传》有节文。

《高僧传》本传:"玄后以震主之威,苦相延致,乃贻书骋说,劝令登仕。远答辞坚正,确乎不拔,志逾丹石,终莫能回。俄而玄欲沙汰众僧,教僚属曰:'沙门有能申述经诰,畅说义理,或禁行修整,足以宣寄大化,其有违于此者,悉皆罢遣。唯庐山道德所居,不在搜简之例。'远与玄书……因广立条制。玄从之。昔成帝幼冲,庾冰辅政,以为沙门应敬王者……同异纷然,竟莫能定。及玄在姑熟,欲令尽敬。乃与远书……远答书……玄虽苟执先志,耻即外从,而睹远辞旨,趑趄未决。有顷,玄篡位,即下书曰……远乃著《沙门不敬王者论》,凡有五篇……自是沙门得全方外之迹矣。"

《沙门不敬王者论》是慧远针对当时桓玄提出沙门应致敬王者的问题而做出的回应。沙门是否敬王者的这场辩论,涉及佛教对王权的态度以及封建专制国家是否需要统一名教礼制的问题。

成康年间,庾冰辅政时曾下令沙门向王者致敬,但遭到了尚书令何充的反对而未能施行。之后,桓玄企图篡权,再次提出沙门应致敬王者的问题,他在庾冰的基础上做了补充,在《与八座论沙门敬示书》中说:"沙门之所以生生资存,亦日用于理命,岂有受其德而遗其礼,沾其惠而废其敬哉?"认为沙门受到了王者的恩惠,应当敬礼王者。

对此,何充和王谧等人从佛教教义有助于王化的角度提出了反驳。在此基础上,慧远在《答桓玄书》和《沙门不敬王者论》中总结了上述争论,肯定了佛教的社会政治功能,并将佛教的义理同维护名教的封建传统理论结合起来,把佛教的适应世俗要求与出世的追求区别开来,将佛教的教义与封建礼教进行了协调。

慧远提出，佛法与名教出处不同，但是最终的归旨是一致的，我国"三教同源"的思想即可追溯至慧远。表面上慧远将佛法置于儒家之上，但他将儒家的要求加入佛教中，使佛教成为服务王权的工具，具有了浓厚的尘世味。

在《沙门不敬王者论》中，慧远还阐释了其"形尽神不灭"的观念，这也是慧远宗教观念的基础。慧远的"神"，并非鬼神，而是"化育万物、推动变化的第一性的存在"，是物质性的东西赖以存在的根据。这个"神"类似于玄学中的"体"、"无"："神也者，圆应无生，妙尽无名，感物而动，假数而行。感物而非物，故物化而不灭；假数而非数，故数尽而不穷。"

慧远的形尽神不灭论，是关系到说明人能不能成佛的根本问题，是慧远出世主义和因果报应的理论支柱，是他全部佛教学说的理论前提。慧远认为，形神不同，内外有别，但是两者浑为一体，在人的生命中，神是主要因素，可以从这一形体传附于另一形体，犹如火可以在薪之间传递一般，而形是桎梏，形有尽而神不灭。

慧远将玄学中的有无之辩带入佛学中，构建了自己的"形尽神不灭"之说："夫神者何耶？精极而为灵者也。精极则非卦象之所图，故圣人以妙物而为言。虽有上智，犹不能定其体状穷其幽致而谈者。""神"没有固定的形象，即便是上智之人也无法确定其形体。

慧远还用火、薪来比喻神不灭："火之传于薪，犹神之传于形。火之传异薪，犹神之传异形。前薪非后薪，则知指穷之术妙。前形非后形，则悟情数之感深。惑者见形，朽于一生，便以为神、情俱丧，犹睹火穷于一木，谓终期都尽耳。"

慧远的神不灭论，运用到佛教轮回观，就提出了报应论。但是，他的报应论否认中国儒家传统的报及子孙的说法，提出一切由行为者自身负责的报应论。慧远认为决定报应的不是高高在上的天帝，而是每一个人的自身行为，这些行为包括行为、言论及思想意识等。慧远把赏善惩恶的外因说成是每个人自己行为造成的内因，受报的主体不再是祖宗与子孙之间的关系，而是限于作者自身，慧远的报应论在《三报论》中有着集中阐释："三业殊体，自同有定报。定则时来必受，非祈祷之所移、智力之所免也。"

慧远的佛教思想对后世产生了深远影响。陈寅恪先生《陶渊明之思想与清谈之关系》云："东晋、刘宋之际，天竺佛教大乘玄义先后经道安、慧远之整理，鸠摩罗什师弟之介绍，开震旦思想史从来未有之胜境，实于纷乱之世界，烦闷之心情具指迷救苦之功用，宜乎当时士大夫对于此新学说惊服欢迎之不暇。回顾旧日之清谈，实为无味之鸡肋，已陈之刍狗，遂捐弃之而不惜也。"① 汤用彤先生在《汉魏两晋南北朝佛教史》中指出："远公佛学之宗旨，亦在《般若》。""远公既持精灵不灭之说，又深怵生死报应之威。故发宏愿，期生净土。"②

**元兴二年（403年），慧远践石门，游南岭，作《游山记》。**

《游山记》见《世说新语·规箴》注。

《世说新语·规箴》："远公在庐山中。"注引《法师游山记》："自托此山二十三载，再践石门，四游南岭……"慧远于太元六年至庐山，至本年已二十三载。

《庐山记》记录了庐山的地理位置和有关庐山的种种传说，以典雅清峻的笔墨，描写了庐山秀美神奇的景色。其间有段精彩的描写，将庐山将雨时云雾的变化刻画得细致神妙："天将雨，则有白气先抟，而璎珞于山岭下，及至触石吐云，则倏忽而集。或大风振岩，逸响动谷，群籁竞奏，其声骇人，此其变化不可测者矣……又所止多奇，触象有异。……南对高岑，上有奇木，独绝于林表数十丈，其下似一层浮图，白鹤之所翔，玄云之所入也。东南有香炉山孤峰秀起，游氛笼其上，则氤氲若香烟，白云映其外，则炳然与众山殊别。天将雨，其下水气涌起如车马……"《庐山记》不仅开启了后世的以庐山为主题的文学传统，也是晋宋时期地理游记方面的佳作，郦道元就在《水经注》中引用了此文。

在这篇文章中，与东晋山水诗的恬静有所不同。慧远表现出了一种动态的生命感和追求无限的精神。他将高耸的山顶当作自己追求的方向和目标。在动态的追求中，山水审美活动成为一种在纵深空间中所进行的持续性历程。慧远作这篇记文的时候已经七十岁高龄，但他不畏艰险努力攀登，也体现了佛教"追求无限的出世精神"。"慧远这种探险式的游赏方

---

① 《陈寅恪史学论文选集》，上海古籍出版社1992年版，第131页。
② 汤用彤：《汉魏两晋南北朝佛教史》，昆仑出版社2006年版，第250—253页。

式及其所表现的动态的生命感对谢灵运的山水诗有深刻影响。"[1] 谢诗中突出山水意象时间性的特点源于慧远的审美观，谢灵运的山水诗中也体现了自我与山水之间征服与被征服的关系，其"行程—写景—悟理"的诗歌结构也是受慧远"即有以悟无"的思维方式和山水审美经验影响的结果。

慧远的文学创作深受其文学观念的影响，在文辞、文体、感兴、形象等文学问题上，慧远都颇有见解。慧远重视文辞的作用，对文质、文义的关系有着辩证的把握，在《与隐士刘遗民等书》中就肯定了文辞对于抒发体悟真理之感的意义："若染翰缀文，可托兴于此，虽言生于不足，然非言无以畅一诣之感。"在各种序铭赞诗文体的创作中，慧远也逐渐形成了自己的文体风格，《大智论钞序》中说："论之为体，位始无方而不可诘，触类多变而不可穷，或开远理以发兴，或导近习以入深，或阖殊途于一法而弗杂，或辟百虑于同相而不分。此以绝夫叠凡之谈，而无敌于天下者也。尔乃博引众经，以赡其辞，畅发义音，以弘其美。美尽则智无不周，辞博则广大悉备。"这番论述，虽基于佛理文章，但也抓住了文体的基本问题。慧远不仅注重文章在音韵上的美感，还关注文辞的雅赡，声情并茂可谓他对文辞的追求，也显示了他形式和内容兼顾的艺术追求。

慧远在庐山东林寺集结的团体，被称为"莲社"。宋代道诚《释氏要览》对此解释为："昔晋慧远法师，雁门人，住庐山虎溪东林寺。招贤士刘遗民、宗炳、雷次宗、张野、张论、周续之等为会，修西方净业。彼院多植白莲，又弥陀佛国以莲华分九品次第接人，故称莲社。有云，嘉此社人不为名利淤泥所污，喻如莲华，故名之。有云，远公有弟子名法要，刻术为十二叶莲华，植于水中，用机关，凡折一叶是一时，与刻漏无差，俾礼念不失正时，或因此名之。"

这个团体虽然不以文学雅集为目的，但对后世的文人集会有着开启范例的作用。慧远由于卓越的个人素质和学养，及其在庐山东林寺一系列业绩卓越的弘教活动，"有力地塑造了庐山作为隐逸德镇与学术渊薮的形象"[2]。柳诒徵指出："由祀土神之社，变而为其它性质之社，殆始于晋之

---

[1] 赵翔:《慧远与山水诗的发展》,《兰州学刊》2013年第5期。
[2] 曹虹:《慧远评传》,南京大学出版社2002年版,第131页。

莲社,至(赵)宋,则各事之集合,皆以社名之。"① 慧远除了作为当时的佛教盟主,他的文采也成为吸引众人的原因之一,后人对慧远莲社的企慕之情,也有对社中人文采相接的爱赏。这从后人的诗句中可见一斑,唐代李涉《游西林寺》:"如今再结林中社,可羡当年会里人。"温庭筠《寄清源寺僧》:"白莲社里如相问,为说游人是姓雷。"北宋陈师道《湖上晚归寄诗友四首》之一:"髭发难藏老,湖山稳寄身。却寻方外士,招作社中人。"总之,慧远及其莲社对后世文人团体结社有着深远影响。

有关慧远的另一篇作品《游石门诗并序》存在争议。李泽厚、刘纲纪在《中国美学史》中推测"释法师"为慧远,考据不够严密。方立天先生将此诗系于隆安四年,不知是何依据。张伯伟先生在《禅与诗学》中认为,此诗为慧远所作,显然证据不足。《游石门诗并序》,辑录于《古今禅藻集》卷一。序文的写法明显有模仿王羲之《兰亭集序》的,它记载了隆安四年仲春,以释法师为首的二十余名僧人游览庐山石门的情景及感受,体现了庐山诸人的山水美学思想,对探讨晋宋之际山水诗学的形成具有重要的意义。

此篇作品涉及六朝美学的一个重要概念"神趣"。"神趣"这一概念首见于此文,慧远将这个佛学义理引入了美学领域。序文细致描述了"神趣"的产生因缘:"俄而太阳告夕,所存已往,乃悟幽人之玄览,达恒物之大情,其为神趣,岂山水而已哉!"慧远在此通过山水观照的审美体验,在想象中达到精神超越,从而获得了物、情、理的圆融统一。慧远将佛学境界的升华与审美体验融为一体,佛学境界与美学境界合二为一。刘运好指出,"'神趣'的产生是一个复杂的心理过程,而慧远以缘物生'兴',因兴成'情',而'理'寓其中,由浅入深地描述了'神'在观照山水之时的发生与深化过程。以'神趣'为核心,以'神'、'兴'、'情'、'理'、'丽'、'趣'、'味'、'境'为构成要素,形成了慧远佛教美学的思想体系,真正完成了佛教与美学的圆融合一。"② 在中国古代美学发展史上,慧远以"神趣"为核心形成了完整的美学思想,标志着中国佛教美学的深化与成熟,也深深影响了后世的山水文学创作和文学理论。

---

① 柳诒徵:《柳诒徵史学论文续集》,上海古籍出版社1991年版,第278页。
② 刘运好:《论慧远之"神趣"说》,《文学遗产》2012年第6期。

李泽厚、刘纲纪《中国美学史》论述慧远"形象本体"的美学意义时说:"慧远基于形神关系的对美与艺术的认识,应当说是中国美学史上的一大进展,因为它在理论上明确区分了构成美的感性(形)与理性(神)两大要素,并指出美与艺术是这两大要素的统一,感性的东西只有在它成为内在的精神性的东西的表现时才可能成为美。"[①]

慧远的"神趣"佛学美学观和"形象本体"之学,都在后世宗炳那里得到了继承和发扬。宗炳所提倡的"含道应物"、"澄怀味象","神本亡端,栖形感类,理入影迹,诚能妙写"神形观,"万趣融其神思"以及"畅神"之说,都承接慧远而来。《画山水序》尤其体现了慧远的思想,比如"山水质而有趣灵"源于《游石门诗序》"其为神趣,岂山水而已哉","畅神"说源自《游石门诗序》"虽仿佛犹闻,而神以之畅"等等。在审美方法上,宗炳的"澄怀味象"与慧远《游山记》提出"凝神览视"相联系。

此外,慧远还有《游庐山诗》(一作《庐山东林杂诗》)一首:"崇岩吐清气,幽岫栖神迹。希声奏群籁,响出山溜滴。有客独冥游,径然忘所适。挥手抚云门,灵关安足辟。流心叩玄扃,感至理弗隔。孰是腾九霄,不奋冲天翮?妙同趣自均,一悟超三益。"

诗的前四句描绘了庐山的清静幽美,似为神仙之迹。结尾两句中"三益",乃是儒家的"三益",即"友直、友谅、友多闻",慧远在此自问自答,谓如果心灵能达到无上之妙境,则不管所趣都自均无差,胜过儒家之三益。这首诗作于慧远率领徒众再游庐山之后,是最早吟咏庐山的诗歌,慧远之后,诗歌史上出现了大量吟咏庐山的作品。白居易《游石门涧》中有"尝闻慧远辈,题诗此岩壁"的诗句,宋代陈舜俞在《庐山记》卷四"古人留题篇"将此诗放在了首列。明代郭子章在《豫章诗话》卷一中指出慧远的游山诗对庐山文学的首创之功:"咏庐山诗,自远公始。"

**晋安帝义熙元年(405年),慧远作《与晋安帝书》、《答秦主姚兴书》。**

《高僧传》卷六《释慧远传》:"晋安帝自江陵旋于京师,辅国何无忌

---

[①] 李泽厚、刘纲纪:《中国美学史》(第二卷),中国社会科学出版社1984年版,第353页。

劝远候觐，远称疾不行。帝遣使劳问，远修书曰……诏答……"又本传："秦主姚兴钦德风名，叹其才思，致书殷勤，信饷连接，赠以龟兹国细缕杂变像，以申款心，又令姚嵩献其珠像。《释论》新出，兴送论并遗书曰：'《大智论》新译讫……法师可为作序，以贻后之学者。'远答书云……远常谓《大智论》文句繁广，初学难寻，乃抄其要文，撰为二十卷。序致渊雅，使夫学者息过半之功矣。"

汤用彤先生在《汉魏两晋南北朝佛教史》系罗什译《大智论》于本年。

**义熙三年（407年），慧远作《遣书通好鸠摩罗什》、《重与鸠摩罗什书》。略问数十条事。**

二书见《全晋文》卷一百六十一。写作时间不详。《遣书通好鸠摩罗什》中有"去岁得姚左军书"句。《全晋文》卷一百六十辑释僧睿《法华经后序》，弘始八年，称安城侯姚嵩为左将军，是姚嵩于上年已任左将军，慧远得姚嵩书或在上年，据此则系书于本年。《重与鸠摩罗什书》云："去月法识道人至，闻君欲还本国，情以怅然，先闻君方当大出诸经，故未欲便相咨求，若此传不虚，众恨可言。今辄略问数十条事，冀有余暇，一一为释。"

东晋时期南北对峙，僧人也由此分为南北两大集团，南方以身居庐山的慧远为中心，北方以长安的鸠摩罗什为首。两大高僧遥相尊重，慧远积极传播鸠摩罗什翻译的"三论"，促使了大乘空宗中观学说在南方的广泛流行。

**义熙六年（410年），慧远与卢循欢然道旧。请佛陀跋多罗出禅经，作《庐山出修行方便禅经统序》。**

《高僧传》本传："卢循初下据江州城，入山诣远。远少与循父嘏同为书生。及见循欢然道旧，因朝夕音问。僧有谏远者曰：'循为国寇，与之交厚，得不疑乎？'远曰：'我佛法中情无取舍，岂不为识者所察，此不足惧。'及宋武追讨卢循，设帐桑尾。左右曰：'远公素主庐山，与循交厚。'宋武曰：'远公世表之人，必无彼此。'乃遣使赍书致敬，并遗钱米。于是远近方服其明见。"

按《晋书》卷十《安帝纪》，本年二月，"广州刺史卢循反，寇江州"。汤用彤先生在《汉魏两晋南北朝佛教史》中指出，义熙六七年顷，佛陀跋多罗在长安被摈，南至匡山，远公请出禅经。《全晋文》卷一百六十二辑慧远《庐山出修行方便禅经统序》当作于佛陀跋多罗出禅经后。

**义熙八年（412年），慧远为佛影立台。**

《高僧传》本传："远闻天竺有佛影，是佛昔化毒龙所留之影，在北天竺月氏国那竭呵城南古仙人石室中，经道取流沙西一万五千八百五十里，每欣感交怀，志欲瞻睹。会有西域道士叙其光相，远乃背山临流，营筑龛室，妙算画工，淡彩图写，色疑积空，望似烟雾，晖相炳焕，若隐而显。"《全晋文》卷一百六十二辑慧远《万佛影铭序》云："远昔寻先师，奉侍历载，虽启蒙慈训，托志玄籍，每想奇闻，以笃其诚。遇西域沙门，辄餐游方之说，故知有佛影，而传者尚未晓然。及在此山，值罽宾禅师、南国律学道士，与昔闻既同，并是其人游历所经，因其详问，乃多有先。微然后验，神道无方，触像而寄，百虑所会，非一时之感。于是悟彻其诚，应深其信，将援同契，发其真趣，故与夫随喜之贤，图而铭焉……晋义熙八年，岁在壬子五月一日，共立此台，拟像本山，因即以寄诚。虽成由人匠，而功无所加。"

**义熙九年（413年）左右，慧远作《万佛影铭并序》。**

铭并序见《全晋文》卷一百六十二。

有关慧远作《万佛影铭并序》的记载，参见《广弘明集》卷十五。

《万佛影铭并序》是体现慧远佛学思想的重要一篇，解决了佛家观照自然山水的矛盾。在慧远之前，佛家虽有感于自然山水之美，但无法找到与之相互沟通的观照方式。在《万佛影铭并序》中，慧远在"佛之法身无形无名"的基础上提出"验神道无方，触象而寄"之理，法身无处不在，但佛影是法身的直观形象，世间万物也包括自然山水同样可以作为追寻"佛之法身"的媒介。陈道贵认为，《万佛影铭并序》所阐发的"神道无方，触象而寄"的观点，不仅为佛家宗教信仰带来新的发展契机，也给包括慧远在内的因受东晋玄谈之士钟情山水风尚影响而染其习的佛门中人乐游山水的行为寻找了依据，为新的自然观的形成铺平了道路[①]。慧远作《襄阳丈六金像颂》、《万佛影铭》、《佛影铭序》，体现了人们开始借助艺术形象，帮助自己顿悟成佛的观念。慧远的作品体现了晋宋期间的山水观念的转向，文学作品中出现了佛理与自然的融合，同时也引领了下一阶段山水文学的创作。

**义熙十二年（416年），慧远卒。**

《高僧传》本传："自远卜居庐阜三十余年，影不出山，迹不入俗，每送客游履，常以虎溪为界焉。以晋义熙十二年八月初动散，至六日困笃。大德耆年，皆稽颡请饮豉酒，不许。又请饮米汁，不许。又请以蜜和水为浆，乃命律师，令披卷寻文，得饮与不？卷未半而终，春秋八十三矣。门徒号恸，若丧考妣，道俗奔赴，穀继肩随。远以凡夫之情难割，乃制七日展哀。遗命使露骸松下。既而弟子收葬。浔阳太守阮侃于山西岭凿圹开隧。谢灵运为造碑文，铭其遗德。南阳宗炳又立碑寺门。初远善属文章，辞气清雅，席上谈吐，精义简要。加以容仪端整，风彩洒落，故图像于寺，遐迩式瞻。所著论序铭赞诗书，集为十卷，五十余篇，见重于世焉。"

关于慧远之卒年，尚有他说。

《世说新语·文学》注引张野《远法师铭》："年八十三而终。"《全宋文》卷三十三辑谢灵运《庐山慧远法师诔并序》作义熙十三年卒，年八十四。《经行庐山记》谓卒于义熙十二年，年八十二。《祐录慧远传》谓卒于义熙末，年八十三。

《文物》1987年第5期载卡哈尔·巴拉提撰《回鹘文写本〈慧远传〉残页》译文云：慧远"当死期来临时，叫来弟子们嘱咐道：'我死后，将我露身放在松树下。'八十三岁右胁而化，交脚，见阿弥陀佛直来，威严带去。"对于慧远的卒年，今从《高僧传》。

**参考文献**

蒋述卓：《佛经传译与中古文学思潮》，江西人民出版社1990年版。

---

[①] 陈道贵：《从佛教影响看晋宋之际山水审美意识的嬗变——以庐山慧远及其周围为中心》，《安徽大学学报》（哲学社会科学版）2000年第3期。

《广弘明集》,上海古籍出版社1991年版。
张伯伟:《禅与诗学》,浙江人民出版社1992年版。
龚斌:《庐山慧远的山水文学创作》,《殷都学刊》2010年第3期。
曹虹:《慧远及其庐山教团文学论》,《文学遗产》2001年第6期。

(杨　康)

# 顾恺之传

**顾恺之，字长康，晋陵无锡（今江苏焦溪）人。约生于晋穆帝永和四年（348年）。**

《晋书》本传："顾恺之，字长康，晋陵无锡人也。父悦之，尚书左丞。"有关顾恺之的生年，根据《晋书》本传："义熙初年为散骑常侍……年六十二，卒于官。"由此上溯，顾恺之约生于本年。

顾恺之的父亲顾悦之，《晋书》卷七十七："顾悦之，字君叔，少有义行。与简文同年，而发早白。帝问其故。对曰：'松柏之姿，经霜犹茂；蒲柳常质，望秋先零。'简文悦其对。始将抗表讼浩，浩亲故多谓非宜，悦之决意以闻，又与朝臣争论，故众无以夺焉。时人咸称之。为州别驾，历尚书右丞，卒。子凯之，别有传。"《世说新语·言语》注引《文章录》云其"父说"，"说"又作"悦"。

顾恺之博学多才，为人迟钝而自矜，这种才华横溢却自负的个性正是魏晋时期人物审美风尚的代表。《世说新语·文学》注引《中兴书》："恺之博学有才气，为人迟钝而自矜尚，为时所笑。"

有关顾恺之的生平年谱，除了《晋书》以外，今人主要有张可礼先生的《东晋文艺系年》，可资参考。

**晋哀帝兴宁三年（365年），顾恺之随桓温游江津。**

《世说新语·言语》："桓征西治江陵城甚丽，会宾僚出江津望之，云：'若能目此城者有赏。'顾长康时为客，在坐，目曰：'遥望层城，丹楼如霞。'桓即赏以二婢。"

顾恺之曾随同桓温同游江津，显示了顾恺之出口成章的博学之才。除了上述记载，在《世说新语·言语》还有相关轶事："顾长康从会稽还，人问山川之美,顾云:'千岩竞秀,万壑争流,草木蒙笼其上,若云兴霞蔚'。"

此处顾恺之"为客"的记录,与古《渚宫旧事》卷五:"桓温治江陵城甚丽,会宾僚出江津云……顾恺之为参军在坐……"所记其时恺之"为参军"不同。张可礼先生认为盖恺之先为温客,后任参军,较合情理。今从张谱。

**晋海西公太和元年(366年),顾恺之任桓温参军。**

《晋书》本传:"桓温引为大司马参军,甚见亲昵。"《世说新语·文学》注引宋明帝《文章志》:"桓温云:'顾长康体中痴黠各半,合而论之,正平平耳。'世云有三绝,画绝、文绝、痴绝。"

桓温对顾恺之的这段评论,时间不详,可能是在顾恺之担任桓温参军之时。对于顾恺之的才华,除了《世说新语》中记载,《晋书》也赞其"才绝、画绝、痴绝",《世说新语·巧艺》中还记载了谢安对顾恺之的评价:"顾长康画,有苍生来所无。"由此可见顾恺之在文学和绘画方面的造诣之高。

相比文学,顾恺之的绘画成就在中国古代文艺发展史上的影响更大。顾恺之绘画重"传神",反映了魏晋时期佛教对于文艺理论的影响。他的绘画成就与理论成就的实现,与当时社会上崇尚神似的人物品鉴风气有密切关系。佛教的传入,使魏晋士人对"神不灭"论产生了浓厚兴趣,伴随佛教的传播,有关的造像立碑、图影写形也逐渐发展起来。艺术家所遵循的美学法则,也就是慧远、支道林等名僧提出的形神理论,着重表现佛像幽深莫测、神明超妙的神态。从六朝的壁画、造像到北朝的石窟艺术,都体现了这种绘画美学观念。顾恺之生活的东晋时代,正是佛教开始兴起的年代,慧远、道安与士族名士交往很深。他们的思想也被东晋名士所赏叹。顾恺之也在所难免,他的绘画题材有很大一部分属于宗教内容。

《晋书》本传:"尤善丹青,图写特妙,谢安深重之,以为有苍生以来未之有也。恺之每画人成,或数年不点目精。人问其故,答曰:'四体妍蚩,本无阙少于妙处,传神写照,正在阿堵中。'……每写起人形,妙绝于时。尝图裴楷象,颊上加三毛,观者觉神明殊胜。又为谢鲲象,在石岩里,云:'此子宜置丘壑中。'欲图殷仲堪,仲堪有目病,固辞。恺之曰：'明府正为眼耳，若明点瞳子，飞白拂上，使如轻云之蔽月，岂不美乎！'仲堪乃从之。"

顾恺之认为，眼睛最能够表达人的内在神情，在绘画中必须注意画好眼神，眼神是内在精神形态的传递。这也反映了顾恺之兼容玄佛的审美理想，反映了魏晋时期的玄佛合融的审美观念。

顾恺之绘画，不仅注重眼神，而且善于抓住人物的主要特征。顾恺之曾为西晋名士裴楷画像。为了突出裴楷富有才识的特点，顾恺之特意在裴楷的面颊上画了几根胡须，以增加人物的生动性。这种"以形写神"的绘画观念代表了六朝文艺美学观念的主流。《世说新语·巧艺》："顾长康画裴叔则，颊上益三毛。人问其故，顾曰：'裴楷俊朗有识具，正此是其识具。'看画者寻之，定觉益三毛如有神明，殊胜未安时。"

在为谢鲲画像的时候以丘壑为背景，烘托出了谢鲲萧散任达的风神气度。《晋书》本传："又为谢鲲象，在石岩里，云：'此子宜置丘壑中。'"

**晋孝武帝宁康元年（373年），顾恺之拜桓温墓，作《拜桓宣武墓诗》。**

《晋书》本传："温薨后，恺之拜温墓，赋诗云：'山崩溟海竭，鱼鸟将何依！'或问之曰：'卿凭重桓公乃尔，哭状其可见乎？'答曰：'声如震雷破山，泪如倾河注海。'"《世说新语·言语》："顾长康拜桓宣武墓，作诗云：'山崩溟海竭，鱼鸟将何依。'人问之曰：'卿凭重桓乃尔，哭之状其可见乎？'顾曰：'鼻如广莫长风，眼如悬河决溜。'或曰：'声如震雷破山，泪如倾河注海。'"

《文选》卷二十三谢灵运《庐陵王墓下作》李善注引顾恺之《拜宣武墓诗》曰："远念羡昔存，抚坟哀今亡。"张可礼先生认为这应该与《世说新语》所记载的为同一首。此诗应是桓温卒后作。今从张谱。

**晋孝武帝太元二十年（395年），顾恺之为殷仲堪参军，作《与殷仲堪笺》，与桓玄等作了语、危语。**

顾恺之好谐谑，桓温曾评价顾恺之"痴黠各半"，史上多有记载他和别人作了语、危语之事迹，显示了顾恺之性格之不羁及其机智博学的才华。《晋书》本传："初，恺之在桓温府，常云：'恺之体中痴黠各半，合而论之，正得平耳。'"

《晋书》本传："恺之好谐谑，人多爱狎之。后为殷仲堪参军，亦深被眷接。……还至荆州，人问以会稽山川之状。恺之云：'千岩竞秀，万壑争流。草木蒙笼，若云兴霞蔚。'桓玄时与恺之同在仲堪坐，共作了语。恺之先曰：'火烧平原无遗燎。'玄曰：'白布缠根树旒旐。'仲堪曰：'投鱼深泉放飞鸟。'复作危语。玄曰：'矛头淅米剑头炊。'仲堪曰：'百岁老翁攀枯枝。'有一参军云：'盲人骑瞎马临深池。'仲堪眇目，惊曰：'此太逼人！'因罢。"

《世说新语·排调》："桓南郡与殷荆州语次，因共作了语。顾恺之曰：'火烧平原无遗燎。'桓曰：'白布缠棺竖旒旐。'殷曰：'投鱼深渊放飞鸟。'次复作危语。桓曰：'矛头淅米剑头炊。'殷曰：'百岁老翁攀枯枝。'顾曰：'井上辘轳卧婴儿。'殷有一参军在坐，云：'盲人骑瞎马，夜半临深池。'殷曰：'咄咄逼人！'仲堪眇目故也。"

《世说新语·巧艺》："顾长康好写起人形。欲图殷荆州，殷曰：'我形恶，不烦耳。'顾曰：'明府正为眼尔。但明点童子，飞白拂其上，使如轻云之蔽日。'"

《渚宫旧事》卷五："殷仲堪与桓元共藏钩，一朋百筹。桓朋欲不胜；唯余虎探在。顾恺之为殷仲堪参军，属病疾在廨。桓遣信请顾起病，令射取虎探。既来坐定，语顾曰：'君可取钩。'顾答曰：'赏百匹布。'顾即取得钩，桓朋遂胜。"

根据《晋书》卷九《孝武帝纪》、卷十《安帝纪》，张可礼先生认为殷仲堪在太元十七年十一月担任荆州刺史，隆安三年十二月桓玄袭江陵，遇害。顾恺之与殷仲堪、桓玄等人的这些事迹，应该在太元十七年十一月至隆安三年十二月之间，具体时间不可考，姑系于此。今从张谱。

**晋安帝隆安三年（399年），顾恺之画被桓玄所盗。**

顾恺之和桓玄交往密切。有一次，顾恺之将装着自己画作的橱柜寄给桓玄保管，桓玄打开柜子后竟将里面的画作全都窃为己有，之后按照原样封好了柜子。后来顾恺之见柜子表面完好如初，只是不见了画作，就说这些妙画变化成仙，丝毫没有怪罪桓玄的意思。

《晋书》本传："恺之尝以一厨画糊题其前，寄桓玄，皆其深所珍惜者。玄乃发其厨后，窃取画，而缄闭如旧以还之，绐云未开。恺之见封题如初，但失其画，直云妙画通灵，变化而去，亦犹人之登仙，了无怪色。"元代郭翼《雪履斋笔记》曰："世以长康为痴，不知此正是海鸥贵势，戏弄桓元处。'长康本怀，竟不能瞒元咸于千载也"。

《世说新语·巧艺》注引《续晋阳秋》："恺之尤好丹青，妙绝于时。曾以一厨画寄桓玄，皆其绝者，深所珍惜，悉糊题其前。桓乃发厨后取之，好加理。后恺之见封题如初，而画并不存，直云：'妙画通灵，变化而去，如人之登仙矣。'"

顾恺之虽然才高艺精，但却迷信小术。桓玄曾给顾恺之一片柳叶，说能用来隐藏自己，别人看不到，顾恺之信以为真，桓玄故意走近他小便，顾恺之以为叶子真的遮住了自己，还十分珍爱此叶。由此也可见顾恺之性格中保留有孩童一般的天真之气。《晋书》本传："尤信小术。以为求之必得。桓玄尝以一柳叶绐之曰：'此蝉所翳叶也，取以自蔽，人不见己。'恺之喜，引叶自蔽，玄就溺焉，恺之信其不见己也，甚以珍之。"据张可礼先生研究，以上诸事，时间不详，姑系于此。今从张谱。

**晋安帝义熙元年（405年），顾恺之任散骑常侍，作《拜员外散骑常侍表》。**

顾恺之做了散骑常侍之后，曾和谢瞻在月下连咏。顾恺之每吟咏一首，谢瞻便在一边称赞，后夜深谢瞻睡去，命人替换他，顾恺之竟然完全不觉，一直吟咏之天亮。由此也可见顾恺之对艺术的痴迷程度。

《晋书》本传："义熙初，为散骑常侍，与谢瞻连省，夜于月下长咏，瞻每遥赞之，恺之弥自力忘倦。瞻将眠，令人代己，恺之不觉有异，遂申旦而止。"

《太平御览》卷七百四十七引《俗说》："桓玄取羊欣为征西行军参军。玄爱书，呼欣就坐，仍遣信呼顾长康，与共论书至夜，良久乃罢。"《拜员外散骑常侍表》仅存三句，《全晋文》卷一百三十五有收录。

**义熙五年（409年），顾恺之作《祭牙文》。约卒于义熙六年（410年）。**

《晋书》本传："年六十二，卒于官，所著文集及《启蒙记》行于世。"

对于顾恺之的卒年，多是根据《晋书》记载的义熙初年任散骑常侍的时候曾与谢瞻在月下长咏，而定在义熙元年（405年）或三年（407

年)。《历代名画记》记录顾恺之义熙三年卒；俞剑华等《顾恺之生卒年异考》认为顾恺之卒于元兴元年（402年）；温肇桐《中国绘画艺术·关于顾恺之的生卒问题》，认为顾恺之卒于义熙元年。对此，曹道衡、沈玉成在《顾恺之卒年、佚文》中提出，顾恺之的卒年应当在义熙六、七年左右，原因在于根据谢瞻的仕途经历来看，他与顾恺之的长咏之事应当在义熙五年之后，在义熙六、七年之间，也并不会晚于此①。结合《谢瞻仕历》条的考证，今从此说。

顾恺之在文学和绘画领域都取得了很高的成就。《晋书》赞其"才绝、画绝、痴绝"，宋明帝在《文章志》中称赞顾恺之有三绝，即"画绝、文绝、痴绝"。顾恺之也对自己的才华非常自信，《世说新语·文学》记载："或问顾长康：'君《筝赋》何如嵇康《琴赋》？'顾曰：'不赏者作后出相遗，深识者亦以高奇见贵。'"

顾恺之今存的文学作品以赋为主，主要有《筝赋》、《冰赋》、《观涛赋》、《雷电赋》等。徐公持先生在《魏晋文学史》指出，其赋"铺采摛文，自不让人，而体物图貌，更是其长技。对于物态形容描状，极为熟练精彩，表现出画家观照物体所具独特美感眼光"。顾恺之赋文中的描写，投射出其画家的眼光，每篇赋文读来，都宛若一幅灵气活现的景物图，栩栩如生的影像仿佛就在眼前，正所谓"赋中有画"。《冰赋》描绘了形态各异的冰之状，描绘了一幅晶莹世界。其中"转若惊电，照若澄月"、"琼碎星流，精练清越"的描写清新优美，不啻为一幅冰雪世界图，"表现出作家观照物体所具独特美感眼光"②。

顾恺之将文与画融为一体的表达方式在其他文体中也有展现，在《王衍画赞》中曰："岩岩清峙，壁立千仞。"《虎丘山序》曰："含真藏古，体虚穷玄。隐嶙陵堆之中，望形不出常阜。至乃岩崿，绝于华峰。"同时，徐公持先生认为，顾恺之的文章亦多"丘壑"，是为重要特点。

除了赋文，顾恺之也善于作诗。《世说新语·文学》注引《续晋阳秋》："为散骑常侍，与谢瞻连省，夜于月下长咏，自云得先贤风制。"但顾恺之的诗流传下来的仅有《神情诗》一首："春水满四泽，夏云多奇峰。秋月扬明辉，冬岭秀寒松。"徐公持先生认为，这首诗的特色在于，

---

① 曹道衡、沈玉成：《中古文学史料丛考》，中华书局2003年版，第177页。
② 徐公持：《魏晋文学史》，人民文学出版社1999年版，第546页。

每一句皆实写自然景色，四句写四季，四季有四景，景随季节移，犹如一组四幅画屏，体现了奇妙的景观性，是"诗中有画"的杰作。钟嵘《诗品》称赞这首诗："长康能以二韵答四首之美。"并且钟嵘将顾恺之的诗列于中品，高于孙绰、许询、殷仲文等人，在与郭泰机、谢世基、顾迈和戴凯四人的比较中，曰："观此五子，文虽不多，气调警拔，吾许其进，则鲍照、江淹未足逮止。越居中品，余曰宜哉。"长康之诗画，诗中有画，画中有诗，都表现了他超凡脱俗的俊逸之气。

《隋书·经籍志》中列入的顾恺之的作品集有：《启蒙记》三卷、《启疑记》三卷、《顾恺之集》七卷（梁二十卷）。其集宋以后佚。严可均在《全晋文》卷一百三十五收录其文，分别是《雷电赋》、《观涛赋》、《冰赋》、《湘中赋》、《湘川赋》、《筝赋》、《凤赋》、《拜员外散骑常侍表》、《与殷仲堪笺》、《虎丘山序》、《嵇康赞序》，逯钦立在《先秦汉魏晋南北朝诗》卷十四中收录其诗。

**参考文献**

霍贵高：《东晋文学研究》，河北大学博士学位论文，2010 年。

（杨 康）

# 殷仲文、殷仲堪传

**殷仲文，字仲文，陈郡长平（今河南西华）人，生年不详。**

殷仲文，《晋书》有传，生年不详。曾任会稽王司马道子骠骑参军，司马元显征虏长史，迁新安太守。他是东晋太常殷融之孙，吴兴太守殷康之子，南蛮校尉殷觊（殷颛）之弟。据李乔考证，殷仲文所属为陈郡殷氏家族，西晋末年五胡乱华后南迁，成为东晋政坛上的一股重要力量。陈郡殷氏在东晋的崛起始于殷识之子殷羡、殷融兄弟[1]。殷羡，殷仲文祖叔父，官豫章太守，官终光禄勋。殷羡之子殷浩，曾为庾亮之记室参军，累迁司徒左长史，后称疾归隐近十年，被时人比作管仲、诸葛亮。当时的清谈家如王濛、谢尚等更是把殷浩做不做官看成是东晋能否兴盛的标志。也正是殷浩，将陈郡殷氏带入了一流世家大族之列。

《晋书·殷浩传》："王濛、谢尚犹伺其出处，以卜江左兴亡，因相与省之，知浩有确然之志。既反，相谓曰：'深源不起，当如苍生何！'"

殷浩之后，殷氏开始成为一流高门显赫，与琅邪王氏、谯国桓氏通婚，殷仲文之妻为大司马桓温之女，殷仲堪娶御史中丞王临之女，这从一个方面反映出殷氏地位的提升。陈郡殷氏崛起后，历代为官，殷浩、殷仲文、殷仲堪等人对当时政局有过重大影响，且注重家学家风，好学、博学之士不绝于书，尤以玄学、文学见长。

殷仲文的文采出众，但读书并不多，以天资取胜。《晋书》本传："仲文善属文，为世所重，谢灵运尝云：'若殷仲文读书半袁豹，则文才不减班固。'"《世说新语·文学》："殷仲文天才宏赡，而读书不甚广博。亮叹曰：'若使殷仲文读书半袁豹，才不减班固。'"可见殷仲文文才之高

---

[1] 李乔：《东晋南朝陈郡殷氏研究》，《郑州大学学报》（哲学社会科学版）2011年第1期。

令谢家子弟也不得不钦佩。

对于殷仲文的人品，《晋书》本传记载：及玄篡位，"以佐命亲贵，厚自封崇，舆马器服，穷极绮丽，后房伎妾数十，丝竹不绝音。性贪吝，多纳货赂，家累千金，常若不足。"可见其品性不佳。

有关殷仲文的生平，除了《晋书》之外，今人有张可礼先生《东晋文学系年》，可资参考。

**晋孝武帝太元十七年（392年），殷仲文为会稽王道子骠骑参军。**

《晋书》本传："从兄仲堪荐之于会稽王道子，即引为骠骑参军，甚相赏待。俄转咨议参军。"上述事时间不详，张可礼先生疑在本年。从张谱。

**晋安帝隆安元年（397年），殷仲文为征虏长史，左迁新安太守。**

《晋书》本传："后为元显征虏长史。会桓玄与朝廷有隙，玄之姊，仲文之妻，疑而间之，左迁新安太守。"据《晋书》卷六十四《会稽文孝王道子传》，本年"拜元显为征虏将军"。

殷仲文原本追随司马氏，后来殷仲文娶桓玄姊为妻，故左迁为新安太守。

**隆安三年（399年），殷仲文答桓玄问。**

《世说新语·赏誉》："殷仲堪丧后，桓玄问仲文：'卿家仲堪，定是何似人？'仲文曰：'虽不能休明一世，足以映彻九泉。'"

殷仲堪生前名望很高，他是被桓玄害死的，所以殷仲文的回答必须小心谨慎。在此情况下，殷仲文的回答不仅褒扬了兄弟，也让桓玄无话可说。由此可见其机警才智和对家族的维护。

**晋安帝元兴元年（402年），殷仲文弃郡投桓玄，为咨议参军。**

桓玄攻下建康后自称皇帝，殷仲文见此投奔了桓玄，极受重视。

《晋书》本传："仲文与玄虽为姻亲，而素不交密，及闻玄平京师，便弃郡投焉。玄甚悦之，以为咨议参军。时王谧见礼而不亲，卞范之被亲而少礼，而宠遇隆重，兼于王、卞矣。"

《世说新语·品藻》："旧以桓谦比殷仲文。桓玄时，仲文入，桓于庭中望见之,谓同坐曰:'我家中军,那得及此也!'"

**元兴二年(403年),殷仲文任侍中,领左卫将军,为桓玄作九锡文。作《南州桓公九井作诗》。**

《晋书》本传:"(桓)玄将为乱,使总领诏命,以为侍中,领左卫将军。玄九锡,仲文之辞也。"

根据张可礼先生,《南州桓公九井作诗》作于此年。据何法盛《桓玄录》:"桓玄……出姑孰,大筑府第"。桓玄出镇姑孰并大筑府第在上年。《南州桓公九井作诗》中有"独有清秋日,能使高兴尽"等句,知诗当作于本年秋。

《晋书》本传:"仲文善属文,为世所重。谢灵运尝云:'若殷仲文读书半袁豹,则文才不减班固。'言其文多而见书少也。"

《世说新语·文学》注引《续晋阳秋》:"仲文雅有才藻,著文数十篇。"

桓玄攻入建康后,控制了扬州,在文化上制造出虚假繁荣的局面。在此背景下,殷仲文入桓玄幕府,并借助桓玄之势,成为建康文坛的领袖。殷仲文利用自己的地位把地方文风引入了建康文坛,起到了革除东晋玄风的历史作用。

殷仲文今存诗三首,两首残篇《送东阳太守诗》和《入剡诗》,只有《南州桓公九井作诗》被完整留存下来,收录在《文选》卷二十二和逯钦立《晋诗》中,全文如下:"四运虽鳞次,理化各有准。独有清秋日,能使高兴尽。景气多明远,风物自凄紧。爽籁惊幽律,哀壑叩虚牝。岁寒无早秀,浮荣甘夙陨。何以标贞脆,薄言寄松菌。哲匠感萧晨,肃此尘外轸。广筵散泛爱,逸爵纡胜引。伊余乐好仁,惑袪吝亦泯。猥首阿衡朝,将贻匈奴哂。"此诗以景起兴,集写景、抒情、叙事于一体,兼有游览、咏怀、公宴等类型诗的特征。写景与谢安、王羲之等人的《兰亭诗》有着相似之处,与谢混《游西池》相较,"理化各有准"之句的玄气还是有所保留。

《全晋文》收录殷仲文的文章一篇,即《罪衅解尚书表》。起首几句"巨闻洪涛振壑,川无恬鳞;惊飙拂林,林无静柯。何者?势弱则受制于巨力,质微则莫以自保。于理虽可得而言,于巨实非所敢喻",以"洪涛"之句比拟自己受制于桓玄而附逆,以自然现象来比拟具体人事,传递出一种对人生的无奈之感。

对于殷仲文的诗文，世多评论。沈约在《宋书·谢灵运传论》中说"仲文始革孙、许之风"，充分肯定了其在诗歌发展史上变革玄言诗风的贡献。但是刘勰对于殷仲文的评价不高，《文心雕龙·才略》："殷仲文之《孤兴》，谢叔源之《闲情》，并解散辞体，缥渺浮音，虽滔滔风流，而大浇文意。"不满的原因大概在于刘勰认为殷仲文的人格与其文风相去甚远。在刘勰看来，殷仲文是为文造情者。根据《晋书》本传的记载，殷仲文"穷极绮丽，后房伎妾数十，丝竹不绝音。性贪吝，多纳货贿，家累千金"，以此看来，殷仲文可谓"志深轩冕，而泛咏皋壤。心缠幾务，而虚述人外"（《文心雕龙·情采》）的代表。而"兴瞩"之作本应抒发真情，殷仲文在此诗中将高远之志趣与颂美之阿谀绑在一起，体例不纯，确有"解散辞体"之弊。钟嵘在《诗品》肯定了其成就，同时也指出了不足："义熙中，以谢益寿、殷仲文为华绮之冠；殷不竞矣。"殷仲文和谢混作为东晋末年诗坛代表，同以"华绮"为特点；但二人相比，谢混更胜一筹，因此将谢混列于中品，殷仲文列于下品。从现存二人诗歌来看，这一品评还是较为确切。萧子显在《南齐书·文学传论》中对殷仲文的评价也颇中肯綮："仲文玄气，犹不尽除"，殷仲文的诗歌虽然有革除玄风之贡献，但还是存有若干"玄气"的。

江淹在《杂体诗三十首》中认为"兴瞩"为殷诗的主要特色。江淹《杂体诗三十首》为模拟前代诗人之作，其中《殷东阳仲文兴瞩》为模仿殷仲文之作："晨游任所萃，悠悠蕴真趣。云天亦辽亮，时与赏心遇。青松挺秀苏，惠色出乔树。极眺清波深，缅映石壁素。莹情无余滓，拂衣释尘务。求仁既自我，玄风岂外慕。直置忘所宰，萧散得遗虑。"这首诗多联系《南州桓公九井作诗》的形象与旨意，如"兴瞩"、"时兴赏心遇"与"能使高兴尽"，"青松"二句与"岁寒"二句，"莹情"以下六句与"伊余"四句。

**元兴三年（404年），殷仲文叛桓玄。归京师，任镇军长史，转尚书。**

桓玄被刘裕击败后，殷仲文反投朝廷。《晋书》本传："玄为刘裕所败，随玄西走，其珍宝玩好悉藏地中，皆变为土。至巴陵，因奉二后投义军，而为镇军长史，转尚书。"

《世说新语·黜免》注引《晋安帝纪》："桓玄败，殷仲文归京师，高祖以其卫从二后，且以大信宣令，引为镇军长史。"

**晋安帝义熙元年（405年），殷仲文谏刘裕备音乐。作《罪衅解尚书表》，为大司马咨议。**

殷仲文归顺朝廷后，上表请罪，得到晋安帝的谅解，但之后再不得志，《南史·宋本纪上》："朝廷未备音乐，长史殷仲文以为言，帝曰：'日不暇给，且所不解。'仲文曰：'屡听自然解之。'帝曰：'政以解则好之，故不习耳。'"《通鉴》卷一百一十四系上述事于本年三月，且言时仲文为尚书，今从之。

作《罪衅解尚书表》见《晋书》本传："帝初反正，抗表自解曰……诏不许。"据卷十《安帝纪》，安帝于本年三月自江陵反正至建康。此处据张可礼先生，从之。

《世说新语·黜免》："桓玄败后，殷仲文还为大司马咨议，意似二三，非复往日。"《晋书》本传："仲文因月朔与众至大司马府，府中有老槐树，顾之良久而叹曰：'此树婆娑，无复生意！'仲文素有名望，自谓必当朝政，又谢混之徒畴昔所轻者，并皆比肩，常怏怏不得志。"

**义熙二年（406年），殷仲文迁东阳太守。**

殷仲文被贬为东阳太守，受到了刘毅等人的礼遇。

《晋书》本传："忽迁为东阳太守，意弥不平。刘毅爱才好士，深相礼接，临当之郡，游宴弥日。行至富阳，慨然叹曰：'看此山川形势，当复出一伯符。'何无忌甚器之。东阳，无忌所统，仲文许当便道修谒，无忌故益钦迟之，令府中命文人殷阐、孔宁子之徒撰义构文，以俟其至。仲文失志恍惚，遂不过府。无忌疑其薄己，思中伤之。时属慕容超南侵，无忌言于刘裕曰：'桓胤、殷仲文，乃腹心之疾，北虏不足为忧。'"时间未详，本传言迁东阳太守，时值"慕容超南侵"。据《通鉴》卷一百十四，慕容超南侵在本年八月。故系于此年。

**义熙三年（407年），殷仲文被斩。**

殷仲文因不满为东阳太守，与桓胤起兵谋反，失败后被斩。

《晋书》本传："义熙三年，又以仲文与骆球等谋反，及其弟南蛮校尉叔文并伏诛。仲文时照镜不见其面，数日而遇祸。"《世说新语·黜免》

注引《晋安帝纪》："仲文后为东阳，愈愤怨，乃与桓胤谋反，遂伏诛。"《晋书》卷九十九《桓玄传》："（义熙）三年，东阳太守殷仲文与永嘉太守骆球谋反，欲建桓胤为嗣，曹靖之、桓石松、卞承之、刘延祖等潜相交结，刘裕以次收斩之，并诛其家属。"卷十《安帝纪》，本年二月殷仲文等被斩。

有关殷仲文的著作，《隋书·经籍志一》："东阳太守殷仲文……注《孝经》一卷。"《隋书·经籍志四》："晋东阳太守《殷仲文集》七卷，梁五卷。"丁国钧《补晋书艺文志》卷一："《论语解》，殷仲文。谨按，见皇侃《论语义疏》。"《全晋文》卷一百二十九辑文一篇，已见上文。《晋诗》卷十四辑诗三首，分别为《南州桓公九井作诗》、《送东阳太守诗》、《入剡诗》，只有《南州桓公九井作诗》完整留存至今。《文心雕龙·才略》"殷仲文之《孤兴》……并解散辞体，缥渺浮音"，知仲文作《孤兴》，已佚。

**殷仲堪，陈郡长平人。生年不详。东晋太常殷融之孙，晋陵太守殷师之子。**

殷仲堪，生年不详。《晋书》有传。

《晋书》本传："殷仲堪，陈郡人也。祖融，太常、吏部尚书。父师，骠骑咨议参军、晋陵太守、沙阳男。仲堪能清言，善属文，每云三日不读《道德论》，便觉舌间强。其谈理与韩康伯齐名，士咸爱慕之。"

殷仲堪的祖父殷融，官至太常、吏部尚书。父亲殷师，历任骠骑咨议参军、晋陵太守、沙阳男。殷仲堪出身东晋门阀世家，擅长写作，清谈大家，精通玄论，与韩康伯齐名，众人甚为仰慕。顾恺之曾为之画像。《世说新语·文学》："殷钟堪云：'三日不读《道德经》，便觉舌本间强。'"他与羊孚探讨《庄子·齐物论》，与桓玄谈玄，又与释慧远谈《易》，曾自叹："使我解四本，谈不翅尔。"（以上见《世说新语·文学》）

《世说新语·巧艺》："顾长康好写起人形，欲图殷荆州，殷曰：'我形恶，不烦耳。'顾曰：'明府正为眼尔。但明点童子，飞白拂其上，使如轻云之蔽月。'"

有关殷仲堪生平，除了《晋书》的记载，今人有张可礼先生《东晋文艺系年》，可资参考。

**晋孝武帝太元七年（382年），殷仲堪任谢玄参军、长史。**

《晋书》本传："调补佐著作郎。冠军谢玄镇京口，请为参军。除尚书郎，不拜。玄以为长史，厚任遇之"。

据《晋书》卷七十九《谢玄传》、卷九《孝武帝纪》，玄于太元四年"进号冠军"，八年仍任冠军将军。仲堪任其参军、长史，时间不详，暂系于此。

**太元八年（383年），殷仲堪作《致谢玄书》。**

《致谢玄书》见《晋书》本传："致书于玄曰：'胡亡之后，中原子女鬻于江东者不可胜数……玄深然之。'""胡亡之后"当指本年苻坚大败。疑书当作于本年。

**太元十年（385年），殷仲堪领晋陵太守。**

《晋书》本传："领晋陵太守，居郡禁产子不举，久丧不葬，录父母以质亡叛者，所下条教甚有义理。父病积年，仲堪衣不解带，躬学医术，究其精妙，执药挥泪，遂眇一目。居丧哀毁，以孝闻。"上述事时间不详，姑系于此。

**太元十五年（390年），殷仲堪为太子中庶子，复领黄门侍郎。作赋。**

《晋书》本传："服阕，孝武帝诏为太子中庶子，甚相亲爱。仲堪父尝患耳聪，闻床下蚁动，谓之牛斗。帝素闻之而不知其人。至是，从容问仲堪曰：'患此者为谁？'仲堪流涕而起曰：'臣进退维谷。'帝有愧焉。复领黄门郎，宠任转隆。帝尝示仲堪诗，乃曰：'勿以己才而笑不才。'"

《世说新语·雅量》："殷荆州有所识，作赋，是束皙慢戏之流。殷甚以为有才，语王恭：'适见新文，甚可观。'便于手巾函中出之。王读，殷笑之不自胜。王看竟，既不笑，亦不言好恶，但以如意帖之而已。殷怅然自失。"上述仲堪所作之赋已佚。以上诸事，时间不详。后年，仲堪任荆州刺史，姑系于此。

**太元十七年（392年），殷仲堪任荆州刺史。**

《晋书》本传："帝以会稽王非社稷之臣，擢所亲幸以为藩捍，乃授仲堪都督荆益宁三州军事、振威将军、荆州刺史、假节，镇江陵。将之任，又诏曰……其恩狎如此。仲堪虽有英誉，议者未以分陕许之。既受腹心之任，居上流之重，朝野属想，谓有异政。及在州，纲目不举，而好行小惠，夷夏颇安附之。"

《晋书·王雅传》："帝以道子无社稷器干……将擢王恭、殷仲堪等，先以访雅。雅……乃从容曰：'……仲堪虽谨于细行，以文义著称，亦无弘量，且干略不长。若委以连率之重，据形胜之地，今四海无事，足能守职，若道不常隆，必为乱阶矣。'"

**太元十八年（393年），殷仲堪常与桓玄清谈。降号鹰扬将军。作《奏请巴西等三郡不戍汉中》。**

《世说新语·文学》："桓南郡与殷荆州共谈，每相攻难。年余后，但一两番。桓自叹才思转退。殷云：'此乃是君转解。'"注引周祗《隆安记》："玄善言理，弃郡还国，常与殷荆州仲堪终日谈论不辍。"

《晋书》本传："时朝廷征益州刺史郭铨，犍为太守卞苞于坐劝铨以蜀反，仲堪斩之以闻。朝廷以仲堪事不预察，降号鹰扬将军。尚书下以益州所统梁州三郡人丁一千番戍汉中，益州未肯承遣。仲堪乃奏之曰……书奏，朝廷许焉。"上述诸事之时间，未见明确记载，姑系于本年。

**太元二十年（395年），殷仲堪与桓玄、顾恺之共作了语、危语。作《答桓玄四皓论》。降为宁远将军。**

与桓玄、顾恺之共作了语、危语。《晋书·顾恺之传》："恺之好谐谑，人多爱狎之。后为殷仲堪参军，亦深被眷接。仲堪在荆州，恺之尝因假还，仲堪特以布帆借之，至破冢，遭风大败。恺之与仲堪笺曰：'地名破冢，真破冢而出。行人安稳，布帆无恙。'还至荆州，人问以会稽山川之状。恺之云：'千岩竞秀，万壑争流。草木蒙笼，若云兴霞蔚。'……恺之每食甘蔗，恒自尾至本。人或怪之。云：'渐入佳境'"。

《建康实录》卷八《太宗简文皇帝》：顾恺之"曾为殷仲堪镇南府参军，将下都，给布帆，至破冢……"《世说新语·排调》："桓南郡与殷荆州语次，因共作了语。顾恺之曰：'火烧平原无遗燎。'桓曰：'白布缠棺竖旒旐。'殷曰：'投鱼深渊放飞鸟。'次复作危语。桓曰：'矛头淅米剑头炊。'殷曰：'百岁老翁攀枯枝。'顾曰：'井上辘轳卧婴儿。'殷有一参军在坐，云：'盲人骑瞎马，夜半临深池。'殷曰：'咄咄逼人！'仲堪眇目故也。"

《世说新语·巧艺》："顾长康好写起人形。欲图殷荆州，殷曰：'我形恶，不烦耳。'顾曰：'明府正为眼尔。但明点童子，飞白拂其上，使如轻云之蔽日。'"《渚宫旧事》卷五："殷仲堪与桓元共藏钩，一朋百筹。桓朋欲不胜；唯余虎探在。顾恺之为殷仲堪参军，属病疾在廨。桓遣信请顾起病，令射取虎探。既来坐定，语顾曰：'君可取钩。'顾答曰：'赏百匹布。'顾即取得钩，桓朋遂胜。"据《晋书》卷九《孝武帝纪》、卷十《安帝纪》，殷仲堪于太元十七年十一月任荆州刺史，隆安三年十二月桓玄袭江陵，遇害。上述事当在太元十七年十一月后至隆安三年十二月桓玄袭江陵前。具体时间未详，张可礼先生姑系于此。今从之。

作《答桓玄四皓论》。《晋书》本传："桓玄在南郡，论四皓来仪汉庭……以其文赠仲堪。仲堪乃答之曰……玄屈之。"卷九十九《桓玄传》："玄在荆、楚积年，优游无事，荆州刺史殷仲堪甚敬惮之。"

《晋书》本传："仲堪自在荆州，连年水旱，百姓饥馑，仲堪食常五碗，盘无余肴，饭粒落席间，辄拾以啖之，虽欲率物，亦缘其性真素也……其后蜀水大出，漂浮江陵数千家。以堤防不严，复降为宁远将军。"据《晋书·孝武帝记》，上年七月、本年六月，荆州大水。殷仲堪降为宁远将军，当在上年六月或本年七月后。

## 太元二十一年（396年），殷仲堪进号冠军将军，固让不受。

《晋书》本传："安帝即位，进号冠军将军，固让不受。"

## 晋安帝隆安元年（397年），殷仲堪推王恭为盟主。抗表兴师。

《晋书》本传："桓玄将应王恭，乃说仲堪，推恭为盟主，共兴晋阳之举，立桓、文之功。仲堪然之。仲堪以王恭在京口，去都不盈二百，自荆州道远连兵，势不相及，乃伪许恭，而实不欲下。闻恭已诛王国宝等，始抗表兴师，遣龙骧将军杨佺期次巴陵。会稽王道子遣书止之，仲堪乃还……国宝之役，仲堪既纳玄之诱，乃外结雍州刺史郗恢，内要从兄南蛮校尉颛、南郡相江绩等。恢、颛、绩并不同之，乃以杨佺期代绩，颛自逊位。"

**隆安二年（398年），殷仲堪与王恭等举兵反，推桓玄为盟主。**

《晋书·桓玄传》："王恭又与庾楷起兵讨江州刺史王愉及谯王尚之兄弟。玄、仲堪谓恭事必克捷，一时响应。仲堪给玄五千人，与杨佺期俱为前锋……玄、佺期至石头，仲堪至芜湖。恭将刘牢之背恭归顺。恭既死，庾楷战败，奔于玄军。既而诏以玄为江州，仲堪等皆被换易，乃各回舟西还，屯于寻阳，共相结约，推玄为盟主。玄始得志，乃连名上疏申理王恭，求诛尚之、牢之等。朝廷深惮之，乃免桓修、复仲堪以相和解。初，玄在荆州豪纵，士庶惮之，甚于州牧。仲堪亲党劝杀之，仲堪不听。及还寻阳，资其声地，故推为盟主，玄逾自矜重。佺期为人骄悍，常自谓承藉华胄，江表莫比，而玄每以寒士裁之，佺期甚憾，即欲于坛所袭玄。仲堪恶佺期兄弟虓勇，恐克玄之后复为己害，苦禁之。于是各奉诏还镇。玄亦知佺期有异谋，潜有吞并之计，于是屯于夏口。"

《世说新语·文学》："桓玄尝登江陵城南楼云：'我今欲为王孝伯作诔。'因吟啸良久。随而下笔。一坐之间，诔以之成。"注引《晋安帝纪》："玄文翰之美，高于一世。"又注引《玄集》载其《诔叙》曰："隆安二年九月十七日，前将军青、兖二州刺史太原王孝伯薨……"《晋书》卷八十四《王恭传》："王恭字孝伯。"

**隆安三年（399年），殷仲堪为桓玄兵所俘，逼令自杀。**

《建康实录·安皇帝》：殷仲堪，"及与桓玄应王恭，后不受诏命。朝廷惮之。然与桓玄素不穆，司马杨佺期屡欲攻玄，玄知，遂举兵攻仲堪"。

《晋书》本传："桓玄将讨佺期……仲堪乃执玄兄伟……玄顿巴陵，而馆其谷。玄又破杨广于夏口。仲堪既失巴陵之积，又诸将皆败，江陵震骇。城内大饥，以胡麻为廪。仲堪急召佺期。佺期率众赴之，直济江击玄，为玄所败，走还襄阳。仲堪出奔酂城，为玄追兵所获，逼令自杀，死于柞溪，弟子道护、参军罗企生等并被杀。仲堪少奉天师道，又精心事神，不吝财贿，而竞行仁义，啬于周急，及玄来攻，犹勤请祷。然善取人情，病者自为诊脉分药，而用计倚伏烦密，少于鉴略，以至于败。"又《晋书》本传："子简之，载丧下都，葬于丹徒，遂居墓侧。义旗建，率私僮客随义军蹑桓玄。玄死，简之食其肉。桓振之役，义军失利，简之没阵。弟旷之，有父风，仕至剡令。"

殷仲堪有《毛诗杂义》四卷、《论语殷氏解》一卷。《隋书·经籍志一》："《毛诗杂义》四卷，晋江州刺史（张可礼先生按：'江州'当作'荆州'）殷仲堪撰……梁有《常用字训》一卷，殷仲堪撰……亡。"《隋书·经籍志三》："《论集》八十六卷，殷仲堪撰。梁九十六卷……亡……梁有……《殷荆州要方》一卷，殷仲堪撰，亡。"《隋书·经籍志四》："晋荆州刺史《殷仲堪集》十二卷并目录。梁十卷，录一卷，亡……《杂集》一卷，殷仲堪撰。"

《旧唐书·经籍志下》："《杂论》九十五卷，殷仲堪撰。"《新唐书·艺文志四》同。

《全晋文》卷一百二十九辑仲堪文十七篇，除已见上文者外，还有：《游园赋》、《将离赋》、《太子令》、《上白鹿表》、《表》、《与相王笺》、《与徐邈书》、《答徐农人问》、《水赞》、《琴赞》、《天圣论》、《酒盘铭》、诔（此诔系为韩康伯作，见《世说新语·品藻》）、《合社文》。

（杨　康）

# 谢 混 传

**谢混，字叔源，小字益寿。陈郡阳夏（今河南太康）人，约生于东晋孝武帝太元三年（378年）。**

谢混生年不详。根据曹道衡先生《中古文学史料丛考》中的考辨，谢混被杀时三十余岁，结合谢混卒于义熙八年的记载，其生年上推约在378年左右。今从之。

谢混，会稽内史谢琰幼子，太保谢安之孙，晋孝武帝司马曜之婿，谢灵运叔父。出身东晋显赫世家的谢混，在得天独厚的环境中成长为风华绝代的才子。《晋书》卷七十九《谢安传》："安有二子：瑶、琰……琰字瑗度……三子：肇、峻、混……混字叔源。少有美誉，善属文……益寿，混小字也。"

《世说新语·言语》注引《晋安帝纪》："混字叔源，陈郡人，司空琰少子也。文学砥砺立名。"《文选》注引臧荣绪《晋书》称谢混"少有美誉，善属文"。

谢混甚有风貌，《宋书·谢晦传》、《南史·谢晦传》："时谢混风华为江左第一，尝与晦俱在武帝前，帝目之曰：'一时顿有两玉人耳。'"他与"眉目分明，鬓发如墨"的堂侄谢晦一同见刘裕，其风采则比谢晦更胜一筹。

《南史·王彧传》："（王）智无子，故父僧朗以景文继智。幼为从叔球所知怜。美风姿，为一时推谢。袁粲见之叹曰：'景文非但风流可悦，乃啜歠亦复可观。'有一客少时及见谢混，答曰：'景文方谢叔源，则为野父矣。'粲惘怅良久，曰：'恨眼中不见此人。'"当听到尚书令袁粲称赞太常王景文"非但风流可爱，就是吃饭喝酒的样子也很好看"时，一位早年见过谢混的朋友却说："拿王景文比谢混，则为一介野夫了。"这位宰相惆怅不已，恨不得能一睹其风采。

有关谢混的生平，除了《晋书》有记载外，有清代万斯同《东晋将相大臣年表》、王建国《谢混年岁及仕历补证》等，亦散见于张可礼《东晋文艺系年》，曹道衡和沈玉成《中古文学史料丛考》中。

**晋安帝隆安元年（397年），谢混娶晋陵公主。**

当时人认为"谢混风华，江左第一"，这里的"风华"应指的是谢混的仪容举止。谢混的出众受到了王室的注意，孝武帝派王珣为晋陵公主择婿，王珣选定了谢混。后来晋陵公主还未出嫁，孝武帝薨。在晋陵公主为孝武帝守丧期间，袁山松也想让自己的女儿嫁给谢混，王珣说："卿莫近禁脔。"谢混因此有了"禁脔"之美誉，"禁脔"即为皇家专享之意。

《晋书》本传："孝武帝为晋陵公主求婚，谓王珣曰：'主婿但如刘真长、王子敬便足……'珣对曰：'谢混虽不及真长，不减子敬。'帝曰：'如此便足。'未几，帝崩，袁山松欲以女妻之，珣曰：'卿莫近禁脔。'"《建康实录》卷十："初元帝出镇建邺，属永嘉丧乱，天下分离，公私窘罄，每得一豚，为珍膳，顶上一脔尤美，辄将荐帝，群下未尝敢食，于时呼为'禁脔'，或曰'鹑炙'。故珣以为戏。"《世说新语·排调》："孝武属王珣求女婿，曰：'王敦、桓温，磊砢之流，既不可复得，且小如意，亦好豫人家事，酷非所须。正如真长、子敬比，最佳。'珣举谢混。后袁山松欲拟谢婚，王曰：'卿莫近禁脔。'"

据张可礼先生，孝武帝为晋陵公主求婚在上年九月卒前。谢混娶晋陵公主疑在本年或以后，姑系于此。今从之。

**隆安二年（398年），谢混起家为秘书丞。**

根据王建国《谢混年岁及仕历补证》的考证，《文选钞》曾记载谢混"弱冠为秘书丞"，应是谢混起家之官。按"弱冠"二十岁计算，当在东晋隆安二年。今从之。

**晋安帝元兴二年（403年），谢混承袭父望蔡公之爵，拒绝桓玄欲以谢安宅为营。**

谢琰以淝水之战之功封望蔡公。谢琰有三子，在隆安四年，孙恩攻陷会稽，谢琰及其子肇、峻同时被害，丁福林认为，谢混在本年继承了父亲望蔡公之爵。而王建国在《谢混年岁及仕历补证》认为晋安帝元兴二年（403年），谢混袭父爵望蔡公。理由在于，晋时袭爵遵循汉制，爵位拥有者去世后，其继承人须为父守孝三年期满才能受天子命袭爵，《晋书·桓玄传》中记载桓玄承袭父亲爵位之事就是在三年之后，由此推之，谢混当在元兴二年袭爵。在此从王说。

《晋书》本传："桓玄尝欲以安宅为营，混曰：'召伯之仁，犹惠及甘棠；文靖之德，更不保五亩之宅邪？'玄闻，惭而止。"召伯，指周武王卿士召公奭。此事在《世说新语·规箴》中也有记载。时间未详，疑在本年。《世说新语·规箴》注引《韩诗外传》："昔周道之隆，召伯在朝，有司请召民。召伯曰：'以一身劳百姓，非吾先君文王之志也。'乃暴处于棠下而听讼焉。诗人见召伯休息之棠，美而歌之曰：'蔽芾甘棠，勿剪勿伐，召伯所茇。'"谢混以这一典故谏止桓玄，非常贴切，同时也具有相当的说服力，显示了谢混的灵活机变。

**元兴三年（404年），谢混任中书令、中领军。与刘瑾作《殷祭议》。**

《晋书》本传："历中书令、中领军。"

对于谢混担任中领军的时间，各家均参考《宋书·礼志三》的这段记载："初，元兴三年四月，不得殷祠进用十月，计常限，则义熙三年冬又当殷；若更起端，则应用来年四月。领司徒王谧、丹阳尹孟昶议：'有非常之庆，必有非常之礼。殷祭旧准不差，盖施于经常尔。至于义熙之庆，经古莫二，虽曰旋幸，理同受命。愚谓理运惟新，于是乎始。宜用四月。'中领军谢混、太常刘瑾议：'殷无定日，考时致敬，且礼意尚简。去年十月祠，虽于日有差，而情典允备，宜仍以为正。'"

对于这段话，学者有不同的理解，清代万斯同《东晋将相大臣年表》系谢混任中书军于本年，张可礼先生从之。而丁福林《东晋南朝陈郡谢氏年表》将谢混任中领军的时间系于义熙二年，曹道衡、沈玉成《中古文学资料丛考》系于义熙初年，王建国在《谢混年岁及仕历补证》也赞同曹道衡说。存疑，在此谨系于本年。

**晋安帝义熙二年（406年），谢混迁领军将军。与谢灵运等以文义赏会。作《诫族子诗》。提拔羊欣等寒族有才之士。**

对于谢混迁任领军将军的时间，清代万斯同《东晋将相大臣年表》

和张可礼《东晋文艺系年》将此事系于本年。王建国根据《唐钞文选集注汇存》卷六十二江文通《拟谢混〈游览诗〉》注引公孙罗《文选钞》："（混）有俊才，弱冠为秘书丞，年廿七，便为领军将军，左仆射、领吏部尚书。"认为《文选钞》有误，理由是：义熙三年十二月，扬州刺史王谧薨。四年正月，刘毅等不欲刘裕入京执政，议以中领军谢混为扬州。刘裕用刘穆之计，自请入朝，任扬州刺史。谢混与刘裕的矛盾也由此而激化。盖朝廷为弥补谢混未能任扬州刺史的缺憾，此年将谢混由"中领军"升任"领军"[①]。存疑，今从张谱。

《南史·谢弘微传》："混风格高峻，少所交纳，唯与族子灵运、瞻、晦、曜、弘微以文义赏会，常共宴处，居在乌衣巷，故谓之乌衣之游。混诗所言'昔为乌衣游，戚戚皆亲姓'者也。其外虽复高流时誉，莫敢造门。瞻等才辞辩富，弘微每以约言服之，混特所敬贵，号曰微子。谓瞻等曰：'汝诸人虽才义丰辩，未必皆惬众心，至于领会机赏，言约理要，故当与我共推微子。'常言：'阿远刚躁负气，阿客博而无检，曜仗才而持操不笃，晦自知而纳善不周。设复功济三才，终亦以此为恨。至于微子，吾无间焉。'又言：'微子异不伤物，同不害正，若年造六十，必至公辅'。尝因酣燕之余，为韵语以奖劝灵运、瞻等曰……灵运、瞻等并有诫厉之言，唯弘微独尽褒美。曜，弘微兄，多其小字。"以上所记，并非一时之事，时间未详，《南史》、《宋书》均叙于"义熙初"之后，姑系于此。

《诫族子诗》是谢混对族下各子品评劝诫之文。"康乐"为谢灵运爵号，"宣明"为谢晦字，"阿多"为谢曜小字，"通远"为谢瞻字，"微子"指谢弘微。谢混对家中少年的观察十分准确，对五子的品评教诲也都深刻中肯，如对于谢灵运之告诫"康乐诞通度，实有名家韵。若加绳染功，剖莹乃琼瑾"就切中肯綮。在家常似的语言中，不失亲切，显得语重心长。

此诗采用训诫之体，质而不文，表达如实直白，但不同于玄言诗以玄学品格、以自然事物比拟的人物品评，与先前那些"理过其辞、淡乎寡味"的玄言诗大异其趣。陈郡谢氏家族自晋末宋初之后将兴趣由政治逐

---

① 王建国：《谢混年岁及仕历补证》，《洛阳理工学院学报》（社会科学版）2013年第12期。

渐转向文学，谢混在其中所起到的推波助澜甚至肇始的作用无疑是十分巨大的，由此诗也可见一斑。

谢混出身高门，但他对有才华的寒族之士却很敬重，提拔了刘敬宣、羊欣等人。刘敬宣出身寒微却多才多艺，"弓马音律，无事不善"，羊欣"泛览经籍，尤长隶书"，谢混对他们十分欣赏。《宋书·刘敬宣传》："与敬宣相遇，便尽礼著欢。或问混曰：'卿未尝轻交于人，而倾盖于万寿，何也？'混曰：'人之相知，岂可以一涂限，孔文举礼太史子义，夫岂有非之者邪。'"《宋书·羊欣传》："欣尝诣领军将军谢混，混拂席改服，然后见之。时混族子灵运在坐，退告族兄瞻曰：'望蔡见羊欣，遂易衣改席。'欣由此益知名。"

**义熙五年（409年），谢混拜征虏将军。**

清汤球辑檀道鸾《续晋阳秋》："谢混字叔源，求领戎行，拜征虏将军。"

《晋书》和《文选钞》中"谢混小传"均未提及此事。《谢混年岁及仕历补证》考辨认为，"征虏将军"高于中领军、领军将军之职，且为外任将军，王建国推测义熙五年四月，刘裕伐南燕，谢混欲从军以求军功，被拜为征虏将军，但谢混并不擅长军事防务，或不久即解职。谨从王说。

**义熙六年（410年），谢混任左仆射。**

谢混担任左仆射的时间未详。《晋书》本传：任"尚书左仆射、领选"。

《晋书·安帝纪》："六年……五月丙子，大风，拔木。戊子，卫将军刘毅及卢循战于桑落洲，王师败绩。尚书左仆射孟昶惧，自杀。"据张可礼先生，谢混应在孟昶自杀后接任左仆射。

《宋书·谢景仁传》："义熙五年，高祖以内难既宁，思弘外略，将伐鲜卑；朝议皆谓不可。刘毅时镇姑孰，固止高祖，以为：'苻坚侵境，谢太傅犹不自行。宰相远出，倾动根本。'景仁独曰：'公建桓、文之烈，应天人之心，匡复皇祚，芟夷奸逆，虽业高振古，而德刑未孚，宜推亡固存，广树威略。鲜卑密迩疆甸，屡犯边陲，伐罪吊民，于是乎在。平定之后，养锐息徒，然后观兵洛汭，修复园寝，岂有坐长寇虏，纵敌贻患者哉!'高祖纳之。时从兄混为左仆射,依制不得相临,高祖启依仆射王彪之、尚书王劭前例,不解职。"此为谢混为左仆射的记载,但时间不详。由此观之,谢混当在义熙六年任尚书左仆射。

**义熙七年（411年），谢混衣冠倾纵见刘裕。**

《建康实录·安皇帝》:"时刘裕拜太尉,既拜,朝贤毕集,混后来,衣冠倾纵,有傲慢之容。裕不平,乃谓曰:'谢仆射今日可谓傍若无人。'混对曰:'明公将隆伊、周之礼,方使四海开衿,谢混何人,而敢独异乎?'乃以手披拨其衿领悉解散。裕大悦之。"

谢混在刘裕面前倨傲而出,刘裕以"大悦"掩饰其大怒,此时双方已是短兵相接,很可能刘裕此时也已暗伏杀心。

**义熙八年（412年），谢混被收入狱，赐死。**

《晋书·安帝纪》:义熙八年九月"己卯,太尉刘裕害右将军兖州刺史刘藩、尚书左仆射谢混。庚辰,裕矫诏曰:'刘毅苞藏祸心,构逆南夏,藩、混助乱,志肆奸宄……'"

《晋书·刘毅传》:"刘裕以毅贰于己,乃奏之。安帝下诏曰:'……尚书左仆射谢混凭借世资,超蒙殊遇,而轻佻躁脱,职为乱阶,扇动内外,连谋万里,是而可忍,孰不可怀!'乃诛（刘）藩、混。"

《晋书》本传:"以党刘毅诛,国除。及宋受禅,谢晦谓刘裕曰:'陛下应天受命,登坛日恨不得谢益寿奉玺绂。'裕亦叹曰:'吾甚恨之,使后生不得见其风流!'"

谢混是东晋时期山水诗的代表作家之一,也是东晋后期诗风转变的代表人物。其诗多为写景之作,《游西池》乃其代表:"悟彼蟋蟀唱,信此劳者歌。有来岂不疾,良游常蹉跎。逍遥越城肆,愿言屡经过。回阡被陵阙,高台眺飞霞。惠风荡繁囿,白云屯曾阿。景昃鸣禽集,水木湛清华。褰裳顺兰沚,徙倚引芳柯。美人愆岁月,迟暮独如何?无为牵所思,南荣戒其多。"

此诗是谢混在游览丹阳西池时写下的。开篇四句以感触《蟋蟀》、《伐木》二诗,引出人生不知及时行乐之误,感叹时光流逝和生涯之劳碌,有西晋诗人感叹节物的风格。"逍遥"以下八句,描绘了游览西池时的景色,对仗工整,意象清新,开"情必极貌以写物"风气之先。为了更好地描绘景物，诗歌语言更具表现力，"荡"、"屯"、"鸣"、"湛"四字的运用，在自然之中又颇见文笔之力。末尾以《庄子·庚桑楚》篇所云"庚桑子曰：全汝形，抱汝生，无使汝思虑营营"为典，传递出光阴虚度、美人迟暮等复杂情感。

徐公持先生在《魏晋文学史》认为此诗受曹丕《芙蓉池作》影响较多，虽然还有玄言诗的痕迹，但已经基本摆脱了玄言诗，人与自然相互融合，其中"水木湛清华"，意境清新[1]。

在玄言诗与山水诗交替的晋宋诗坛，谢混具有改变当时玄言风气方面的开先之功。但是，从山水诗的发展历程来看，庾阐和兰亭雅集乃开一代之诗风，谢混的这首《游西池》主要还是以清新浅畅的风格革除了玄言诗的寡淡之风。这首诗并没有集中力量刻画山水景物，其中虽然已有写景的成分，但最后还是带有玄言色彩，体现了晋宋诗坛的过渡时期的特色。

《文选》将这首诗收入了"游览"类。胡应麟认为"景昃鸣禽集，水木湛清华"之句可与谢灵运的"池塘生春草"、"清辉能娱人"等名句媲美。范大士《历代诗发》卷三中评价此诗"鲜秀清省"。

除了《游西池》一诗，谢混的其他作品也显示了破除玄风的特征。比如，《送二王在领军府集诗》："苦哉远征人，将乖萃余室。明窗通朝晖，丝竹盛萧瑟。乐酒辍今辰，离端起来日。"这首"离宴"诗，在钟嵘《诗品》中标榜为"五言之警策"。诗歌描写了征人即将远行，主人为其设宴饯行的场面，抒发了离别之情。这首诗已完全脱离了玄言诗，回归到诗歌抒情言志的传统上。只存有残篇章的《秋夜长》："秋夜长兮虽欣长而悼速。送晨晖于西岭，迎夕景于东谷。夜既然分而气高，风入林而伤绿。燕翩翩以辞宇，雁邕邕而南属。"仅存的诗句已不见玄言之影，重在描写秋夜的景物，并流露出伤秋的情绪，情景并茂。

对于谢混的文学成就，自南朝沈约、钟嵘、萧统等人都一致给予了肯定。《世说新语·文学》和萧统《文选》李善都注引檀道鸾《续晋阳秋》论玄言诗之句："自司马相如、王褒、扬雄诸贤，世尚赋颂，皆体则诗骚，傍综百家之言。及至建安，而诗章大盛。逮乎西朝之末，播陆之徒虽时有质文，而宗归不异也。正始中，王弼、何晏好庄、老玄胜之谈，而世

---

[1] 徐公持：《魏晋文学史》，人民文学出版社1999年版，第543页。

遂贵焉。至过江，佛理尤盛，故郭璞五言始会合道家之言而韵之，询及太原孙绰，转相祖尚，又加以三世之辞，而诗骚之体尽矣。询、绰并为一时文宗，自此作者悉体之。至义熙中，谢混始改。"

沈约《宋书·谢灵运传论》："有晋中兴，玄风独振，为学穷于柱下，博物止乎七篇，驰骋文辞，义殚乎此。自建武暨乎义熙，历载将百，虽缀响联辞，波属云委，莫不寄言上德，托意玄珠，遒丽之辞，无闻焉尔。仲文始革孙、许之风，叔源大变太元之气。"

钟嵘《诗品序》："逮义熙中，谢益寿斐然继作。"并将谢混之诗定于中品，评曰："其源出于张华，才力苦弱，故务其清浅，殊得风流媚趣。"

刘勰《文心雕龙·才略》："殷仲文之《孤兴》，谢叔源之《闲情》，并解散辞体，缥渺浮音；虽滔滔风流，而大浇文意。"

萧子显《南齐书·文学传论》："江左风味，盛道家之言，郭璞举其灵变，许询极其名理。仲文玄气，犹不尽除；谢混清新，得名未盛。颜、谢并起，乃各擅奇；休、鲍后出，咸亦标世。"

唐孙元晏曾作《谢混》一诗："尚主当初偶未成，此时谁合更关情。可怜谢混风华在，千古翻传禁脔名。"

余嘉锡《世说新语笺疏》："益寿之在南朝，率然高蹈，邈焉寡俦。革历朝之积弊，开数百年之先河，其犹唐初之陈子昂乎？"

有关谢混的著作，《文选》收录《游西池》诗。《隋书·经籍志四》："晋左仆射《谢混集》三卷，梁五卷……《文章流别本》十二卷，谢混撰……《集苑》四十五卷，梁六十卷。"未记撰者。《新唐书·艺文志四》："谢混《集苑》六十卷。"《旧唐书·经籍志下》作"谢琨"，"琨"当作"混"。《全晋文》卷八十三辑谢混文一篇。逯钦立《先秦汉魏晋南北朝诗·晋诗》卷十四辑谢混诗五首，分别为：《游西池诗》、失题诗、《送二王在领军府集诗》、《诫族子诗》、《秋夜长》。《艺文类聚》卷三中《秋夜长》题为宋谢琨作，"琨"疑为"混"之误。《文心雕龙·才略》："谢叔源之《闲情》，并解散辞体，缥渺浮音。"由此可知谢混有《闲情》一文，今佚。

**参考文献**

跃进:《景昃鸣禽集 水木湛清华——略说谢混及其山水诗〈游西池〉》,《文史知识》1998年第4期。

徐明英:《谢混、谢灵运、谢庄、谢朓与东晋南朝文学变迁》,扬州大学硕士学位论文,2004年。

(杨　康)

# 湛方生传

**湛方生，籍贯、生卒年不详。**

湛方生，生平籍贯难以详考，只能根据所保留的作品，大致推知其生活年代和生活轨迹。湛方生为东晋后期人，约生活在366—404年。

《隋书·经籍志》："晋卫军谘议《湛方生集》十卷，录一卷。"《隋书·经籍志》中《湛方生集》排在桓玄、殷仲文、王谧、孔璠诸人之后，祖台之、顾恺之、刘瑾、谢混等人之前，《隋书·经籍志》的著录次序基本按照年代先后排列，由此可知湛方生为东晋后期人。

袁行霈先生在《略论晋宋之际的江州文人集团》认为，湛方生大约生活于晋孝武帝太元（376—396年）以后，其生活年代和一个时期的活动范围和陶渊明相同或相近。根据其所著《庐山神仙诗》序中有"太元十一年"之语，推之其大约生活在东晋孝武帝前后。其文《上贞女解》中所表彰的贞女龙怜，与《晋书·列女传》中"皮京妻龙氏"的事迹基本相同，可知湛方生所写之人当为此女。龙氏的生活年代，根据《晋书·列女传》的排序，在王凝之妻谢氏和刘臻妻陈氏之后，在孟昶妻周氏和何无忌母刘氏之前，由此可知龙氏大约生活在晋安帝统治时代。根据龙氏的生活时代，估测湛方生约生活在366—404年间[①]。徐公持考证，湛方生的生活年代当为东晋后期孝武帝、安帝时期[②]。根据钱志熙在《湛方生——一位与陶渊明气类相近的诗人》一文中的考辨，湛方生最有可能为陶渊明的前辈，其生活年代早于陶渊明[③]。

对于湛方生的籍贯，文廷式认为其为豫章人。文廷式《补晋书艺文

---

[①] 袁行霈：《略论晋宋之际的江州文人集团》，《中国文学研究》1992年第2期。
[②] 徐公持：《魏晋文学史》，人民文学出版社1999年版，第551页。
[③] 钱志熙：《湛方生——一位与陶渊明气类相近的诗人》，《文史知识》1999年第2期。

志》卷六："王谟《豫章十代文献略》云：'《隋志》不详何许人。今考湛氏望出豫章，而方生又有《庐山诗序》及《帆入南湖诗》，其为豫章人无疑也。'"

有关湛方生的生平事迹，在徐公持《魏晋文学史》、张可礼《东晋文艺系年》和《东晋文艺综合研究》、曹道衡和沈玉成的《中国文学家大辞典·先秦两汉魏晋南北朝卷》、钱志熙《魏晋南北朝诗歌史述》和《魏晋诗歌艺术原论》、文廷式《补晋书艺文志》、李剑锋《陶渊明及其诗文渊源研究》有所论及，相关论文有周业峰《湛方生诗歌述评》、钱志熙《湛方生——一位与陶渊明气类相近的诗人》、袁行霈《略论晋宋之际的江州文人集团》、刘梅《湛方生论》、霍贵高《东晋文学研究》等，可资参考。

**在宜都时，湛方生作《上贞女解》、《修学校教》、《游园咏》三篇。**

湛方生曾在宜都为官，宜都的秀美景色给湛方生山水诗的创作提供了便利条件。此时创作的作品也显示出湛方生的山水审美意识已经十分自觉，鉴赏山水的眼光也很高，而且描写的技巧也很娴熟。

《游园咏》是一篇辞体短歌，其中提到的地方"荆门"、"渔阳"等地，提示了湛方生此时的行迹。"荆门"乃荆门山，在宜都西北的长江之南，跨宜都、宜昌两地；"渔阳"乃渔阳河，又名汉阳河；"北馆"应为望堂，在今宜都县西。这也可成为湛方生曾在宜都为官的证据。

本篇体现了湛方生在题景写物方面的不凡笔力，"水穷清以澈鉴，山邻天而无际。乘初霁之新景，登北馆以悠瞩。对荆门之孤阜，傍渔阳之秀岳。乘夕阳而含咏，杖轻策以行游。袭秋兰之流芳，幪长猗之森修"之句，流露出作家身处自然中的愉悦之情，文笔清俊，格调明快，篇末"智无涯而难恬，性有方而易适"表达了自己冲淡无欲之思想趣味和意图返归故乡朴素生活的陶然意象。

与本篇旨意相似的作品还有《怀归谣》。《怀归谣》也是一篇楚辞体短歌。"辞衡门兮至欢，怀生离兮苦辛。岂羁旅兮一慨，亦代谢兮感人"等句则表达了诗人因不甚得意而生怀归之心。相比《游园咏》，此篇的格调更为悲凉，"气惨惨兮凝晨，风凄凄兮薄暮。雨雪兮交纷，重云兮四布"透露出诗人沉郁之情，借助胡马、越鸟等意象，后半部分传递了诗人强烈的怀归之心。

《上贞女解》记载了贞女龙怜的事迹，文中要求族表贞女龙怜的解状，目的是为了"表贤崇善，激扬贞风"。这篇文章反映出湛方生受儒学伦理道德思想的影响，强调以修身为本的人伦倾向。除了此篇，《孔公赞》也流露出传统儒家思想。他对孔子非常推崇，在《孔公赞》中对他大加赞赏："文王既没，微言将坠。邈哉孔公，龙见九二。阐化系象，素王洙泗。发挥中叶，道映周季。"

除了受儒学影响，湛方生的诗文中更多地受到老庄思想对其的浸染，如《老子赞》、《北叟赞》、《与诸人共讲老子诗》等篇。在这些诗文中，湛方生尤其阐述了这些思想对其人生开悟的指引作用。《与诸人共讲老子诗》："吾生幸凝湛，智浪纷竞结。流宕失真宗，遂之弱丧辙。虽欲返故乡，埋翳归途绝；涤除非玄风，垢心焉能歇？大矣五千鸣，特为道丧设。鉴之诚水镜，尘秽皆朗彻。"作者认为，老庄玄言可以帮助世人返真归朴，达到纯净、朗彻的精神之域。《北叟赞》："乐为忧根，祸为福始。数极则旋，往复迭起。世人迷之，横生欣耻。滔滔北叟，独亮玄理。丧马弗希，折肱愈喜。淡哉一生，无泰无否。"其中推崇庄子齐物思想，追求一种委运任化、和光同尘的思想。

《修学校教》是一篇官方的教令之文，但其中却有品评山水的妙语："贵郡之境，山秀水清。岭举云霞之标，泽流清旷之气。荆蓝之璞，岂不在兹。"笔调清新，表现出湛方生的写景功力。

**晋孝武帝太元十一年（386年），湛方生作《庐山神仙诗并序》。**

《庐山神仙诗并序》："序曰：寻阳有庐山者，盘基彭蠡之西。其崇标峻极，辰光隔辉。幽涧澄深，积清百仞。若乃绝阻重险，非人迹之所游。窈窕冲深，常含霞而贮气，真可谓神明之区域，列真之苑囿矣。太元十一年，有樵采其阳者。于时鲜霞褰林，倾晖映岫。见一沙门，披法服独在岩中，俄顷振裳挥锡，凌崖直上，排丹霄而轻举，起九折而一指。既白云之可乘，何帝乡之足远哉。穷目苍苍，翳然灭迹。"

由"太元十一年"之句，可知本诗作于本年。《庐山神仙诗》收录在逯钦立辑《先秦汉魏晋南北朝诗》晋诗卷十五和《艺文类聚》卷七十八，诗文如下："吸风玄圃，饮露丹霄。室宅五岳，宾友松乔。"

东晋后期，佛教和道教流行，湛方生受此影响，在其诗歌中也流露出求仙的思想，《神仙诗》"爰有逸客，栖迹幽穴。仰超千里，夷此九折"中可见葛洪道教思想对其的影响。在《灵秀山铭》中也流露出对神仙生活的企慕:"岩岩灵秀,积岨幽重。傍岭关岫,乘标挺峰。桂柏参干,芝菊乱丛。翠云夕映,爽气晨蒙。笼笼疏林,穆穆闲房。幽室冬暄,清荫夏凉。神木奇生,灵草贞香。云鲜其色,风飘其芳。可以养性,可以栖翔。长生久视,何必仙乡。"湛方生文学成就主要表现在山水田园诗的创作上,他的山水田园诗逐渐摆脱了玄言诗的淡乎寡味,以清新细致之感在东晋诗坛独树一帜,开风气之先。

湛方生的文学成就主要体现在山水诗方面,代表作主要有《帆入南湖》、《还都帆》、《天晴诗》,据钱志熙考,这三首诗应是他从宜都还都城或者家乡时的江行之咏。

**晋安帝义熙五年(409年)左右,湛方生疑为刘毅幕僚。卒年不详。**

根据刘梅《湛方生论》中的考辨,正月为卫将军、开府仪同三司,先镇江州,后又移镇豫章,再移镇江陵,而湛方生诗文中多写及庐山、彭蠡湖、荆门等处,二者颇相合,所以极有可能做过刘毅的幕僚。

湛方生卒年不详。

**参考文献**

王钟陵:《中国中古诗歌史》,人民出版社1988年版。
刘梅:《湛方生论》,山东大学硕士学位论文,2007年。
合林:《玄言诗研究》,上海古籍出版社2011年版。

(杨 康)

# 陶潜传

陶潜，字渊明，或云渊明字元亮，号五柳先生，生于晋哀帝兴宁三年（365年）。

《晋书》本传："陶潜，字元亮，大司马侃之曾孙也。祖茂，武昌太守。"

《宋书·陶潜传》："陶潜字渊明，或云渊明字元亮，寻阳柴桑人也。曾祖侃，晋大司马。"

《南史·隐逸列传上》："陶潜，字渊明，或云字深明，名元亮。寻阳柴桑人，晋大司马侃之曾孙也。"

萧统《陶渊明传》："陶渊明，字元亮。或云潜，字渊明。浔阳柴桑人也。曾祖侃，晋大司马。"

《宋书·陶潜传》："潜元嘉四年卒，时年六十三。"

根据宋书的记载，推定陶渊明当生于本年。有关陶渊明的卒年，历来争论不一。除了六十三岁之说外，七十六岁之说（张缤、袁行霈）、五十一岁之说（吴挚甫）、五十六岁之说（梁启超）、五十九岁之说（龚斌、邓安生）和五十二岁之说（古直）等。各家都对陶渊明的卒年提出了质疑，为了避免冗赘，不一一罗列各家的考证详情。结合各家的考证，并纵观目前学界对于陶渊明卒年的看法，在此，谨按陶渊明卒年六十三岁这一较为通行的说法。

陶潜的曾祖陶侃出身孤贫，在组建和维护东晋政权中确立了自己的地位。陶侃初任县吏，后逐渐出任武昌太守、荆州刺史，官至侍中、太尉、荆江二州刺史、都督八州诸军事，封长沙郡公。去世后获赠大司马，谥号桓。但是，陶侃生前的地位却未能使其家族进入门阀上层，在他去世后，几个儿子因为争夺爵位而自相残杀，加之有庾亮等人的推波助澜，陶氏家族迅速衰落下去。对于陶侃与陶渊明之间的关系，历史上也曾有过争议，阎若璩、洪亮吉等人主张陶渊明并非陶侃的直系后代，何焯、钱大昕及部分研究陶渊明的专家则持肯定态度，朱自清在《陶渊明年谱中之问题》总结认为，这个问题在现有史料中只能存疑，很难有更明确的答案。邓安生在《陶渊明年谱》中考定其故里在江西九江西南，陶侃应为曾祖，得到了学界的广泛认同。陶侃对陶渊明有着很深的影响，《命子》一诗就表达了对陶侃的崇拜："在我中晋，业融长沙。桓桓长沙，伊勋伊德。天子畴我，专征南国。功遂辞归，临宠不忒。孰谓斯心，而近可得。"陶渊明认为陶侃比桓温、桓玄、刘裕都高明得多。

陶渊明的外祖孟嘉，《晋书》卷九十八有记载："嘉字万年，江夏鄳人，吴司空宗曾孙也。"相比曾祖陶侃，孟嘉的魏晋风度和嗜酒之好对陶渊明有着更深的影响。《晋书·孟嘉传》："嘉好酣饮，愈多不乱。温问嘉：'酒有何好？而卿嗜之？'嘉曰：'公未得酒中趣耳。'"

陶渊明的祖父有记载只是做到"武昌太守"，而父亲的官职未曾见有记载。陶渊明就出生在这样一个寒族中。但是，少年的陶渊明安静寡言，博览群书，也写得一手好文章，已表现出洒脱、率真的个性，受到了乡邻们的好评。

《晋书》本传："潜少怀高尚，博学善属文，颖脱不羁，任真自得，为乡邻之所贵。尝著《五柳先生传》以自况曰：'先生不知何许人，不详姓字，宅边有五柳树，因以为号焉。闲静少言，不慕荣利。好读书，不求甚解，每有会意，欣然忘食。性嗜酒，而家贫不能恒得。亲旧知其如此，或置酒招之，造饮必尽，期在必醉。既醉而退，曾不吝情。环堵萧然，不蔽风日，短褐穿结，箪瓢屡空，晏如也。常著文章自娱，颇示己志，忘怀得失，以此自终。'其自序如此，时人谓之实录。"

萧统《陶渊明传》："渊明少有高趣，博学，善属文；颖脱不群，任真自得。"

有关陶渊明的生平事迹，除了《晋书》、《宋书》、《南史》等史籍的记载，今人对其生平多有考证，比较有代表性的有许逸民校辑《陶渊明年谱》，邓安生《陶渊明年谱》、《陶渊明新探》，袁行霈《陶渊明研究》等，在新近出版的《陶渊明研究学术档案》一书中对陶渊明的生平研究成果有着比较详细的整理，可资参考。

**晋孝武帝太元八年（383年），陶渊明作《闲情赋》。**

《闲情赋》从内容来看，应是陶渊明早期的作品。袁行霈先生认为作于十九岁，徐公持先生认为应是前期的作品。今从袁谱。作者在序中阐明自己的写作思想，即承继张衡《定情赋》、蔡邕《静情赋》而来，旨在"抑流宕之邪心，谅有助于讽谏"。之所以取名"闲情"，就是欲使"情""终归闲正"。

《闲情赋》是陶渊明作品中少有的表现男女爱情的作品，相比其他作品在文笔上呈现出独有的风貌。此文不同于陶渊明其他诗文的自然恬淡，而是以绚丽词采细腻笔法，写出微妙情感活动及内心蕴奥。《闲情赋》不仅在内容上表现出陶渊明精神世界的另一方面，更是表现出他的文采绮丽。《闲情赋》使用了赋中很少使用的人物动作和环境描写，是抒情小赋中的杰作。曹植的《洛神赋》、江淹的《恨赋》和《别赋》也都没有这样传神和具体。

《闲情赋》被昭明太子指为"白璧微瑕"，但从言情文学的发展历史看，《闲情赋》颇有独到的意义，可谓是南朝文学中充分表现情爱的一类作品的前奏。

**太元十八年（393年），陶渊明担任江州祭酒，后辞职归家。**

《晋书》本传："以亲老家贫，起为州祭酒，不堪吏职，少日自解归。州召主簿，不就，躬耕自资，遂抱羸疾。"《宋书·陶潜传》："亲老家贫，起为州祭酒，不堪吏职，少日，自解归。"宋吴仁杰《陶靖节先生年谱》将此事系于此年。

《晋诗》卷十七辑陶渊明《饮酒诗》二十首其十九："畴昔苦长饥，投耒去学仕。将养不得节，冻馁固缠己。是时向立年，志意多所耻。遂尽介然分，拂衣归田里，冉冉星气流，亭亭复一纪。"据此亦可知，陶渊明本年担任江州祭酒。

**晋安帝隆安四年（400年），陶渊明任参镇军，从建康还寻阳，途中作《庚子岁五月中从都还阻风于规林诗》二首。**

《晋诗》卷十六辑此诗。据诗题及诗内容，知所谓"从都还"，指从都城建康回到其故乡寻阳。又据诗中"自古叹行役，我今始知之"二句，知此次赴都城是为公事。据张可礼先生，陶渊明此时在桓玄幕中任职。今从张谱。

**隆安五年（401年）**，陶渊明于江陵请假回家，途中作《辛丑岁七月赴假还江陵夜行涂口诗》。母孟氏卒。作《晋故征西大将军长史孟府君传》。

《晋诗》卷十六辑有《辛丑岁七月赴假还江陵夜行涂口诗》。

据张可礼先生考，桓玄于去年三月领荆州刺史，江陵为荆州治所，渊明七月赴假还江陵，因其在桓玄幕中任职。渊明始于桓玄幕中任职疑在去年，或以后。《全晋文》卷一百十二辑渊明《祭程氏妹文》："昔在江陵，重罹天罚……萧萧冬月，白云（一作'白雪'）掩晨。"据此知本年冬，陶渊明的母亲孟氏去世，他居家丁忧。《全晋文》卷一百十二辑渊明《晋故征西大将军长史孟府君传》："渊明先亲，君之第四女也。《凯风》寒泉之思，实钟厥心。"推测应当作于孟氏卒后不久。今从之。

根据宋代王质的《栗里谱》，陶渊明此时已经有了归田之意，有诗云："诗书敦宿好，林园无俗情。如何舍此去，遥遥至南荆。"（《辛丑岁七月假还江陵夜行涂口》）

**晋安帝元兴二年（403年）**，陶渊明居忧，作《癸卯岁始春怀古田舍诗》二首、《癸卯岁十二月中作与从弟敬远诗》。

《癸卯岁始春怀古田舍诗》二首见《晋诗》卷十七。《癸卯岁十二月中作与从弟敬远诗》见《晋诗》卷十六。

**元兴三年（404年）**，陶渊明担任刘裕镇军参军、建威参军，途中作《始作镇军参军经曲阿诗》。

《晋书》本传："复为镇军、建威参军，谓亲朋曰：'聊欲弦歌，以为三径之资可乎？'"

**晋安帝义熙元年（405年）**，陶渊明入江州刺史，在建威将军刘敬宣幕府担任建威参军。作《乙巳岁三月为建威参军使都经钱溪诗》。担任彭泽令。

《晋书》本传："执事者闻之，以为彭泽令。在县，公田悉令种秫谷，曰：'令吾常醉于酒足矣。'妻子固请种粳。乃使一顷五十亩种秫，五十亩种粳。素简贵，不私事上官。郡遣督邮至县，吏白应束带见之，潜叹曰：'吾不能为五斗米折腰，拳拳事乡里小人邪！'"

《宋书·陶潜传》："复为镇军、建威参军。谓亲朋曰：'聊欲弦歌，以为三径之资，可乎？'执事者闻之，以为彭泽令。"

**义熙二年（406年），陶渊明辞官，作《归去来兮辞》并序。**

《晋书》本传："义熙二年，解印去县，乃赋《归去来》。"

《宋书·陶潜传》："公田悉令吏种秫稻。妻子固请种粳，乃使二顷五十亩种秫，五十亩种粳。郡遣督邮至，县吏白应束带见之。潜叹曰：'我不能为五斗米折腰向乡里小人。'即日解印绶去职。赋《归去来》……"

《晋诗》卷十六辑录《乙巳岁三月为建威参军使都经钱溪诗》。《全晋文》卷一百一辑《归去来辞》并序。

陶渊明今存文章十二篇，其中辞赋三篇、韵文五篇、散文四篇。代表作有《归去来辞》、《桃花源记》、《五柳先生传》、《闲情赋》、《感士不遇赋》、《自祭文》等。

《归去来辞》将骚体和赋体并用，将叙事、描写、抒情和议论融为一体，语言清新，辞彩淡雅，但却文采斐然，具有很强的艺术感染力，书写了归隐田园生活、摆脱官场羁绊的自由明快的心境。赋中将近家门时的那段文字将久离乍归的欣喜之情跃然纸上。"引壶觞以自酌……曷不委心任去留"是全文最精彩的部分。将抒情、写景和哲理自然地融为一体。欧阳修甚至说："晋无文章，唯陶渊明《归去来辞》一篇而已。"胡仔《苕溪渔隐丛话》前集卷三引李格非语，认为此赋"沛然如肝肺中流出，殊不见斧凿痕。"又引用《冷斋夜话》说陶渊明"初未尝欲以文章名世，而其词意超迈如此"。

《归去来兮辞》真挚地表现了陶渊明的高洁人格。这是陶渊明脱离仕途回归田园的宣言。文中所写的归途的情景，与家人团聚的情景，春耕的情景，都是想象之词，在这些想象之辞中充满了诗人对于自由的向往，此文的首尾浑成一体，一气呵成，很难摘句。

除了《归去来兮辞》，《感士不遇赋》是陶渊明后期思想的另一种展示。从艺术表现上说，这篇赋没有《归去来兮辞》成熟。相比《归去来兮》的平和，这篇赋则是陶渊明"金刚怒目"风格的展示。诗人心怀报国之志，但无奈社会腐朽，道德败坏，即便"怀琼而握兰"，却也只能落得"徒芳洁而谁亮"的境地，"悼贾傅之秀朗，纡远辔于促界；悲董相之渊致，屡乘危而幸济。感哲人之无偶，泪淋浪以洒袂"。正直善良而有才华之士，不是被埋没就是遭到毁谤谗害，诗人不满当时的现实，不愿意同流合污，对此只能"宁固穷以济意，不委曲而累己"，甚至对天道也发出了"承前王之清诲"、"惧斯言之虚陈"的质疑。赋中充满了这种怀才不遇、愤世嫉俗的感情，由此也可想见，归隐田园也是诗人反抗黑暗现实的一种选择。

鲁迅先生在《魏晋风度及文章与药及酒之关系》论及陶渊明及他的诗，也认为陶渊明是难以完全超越世事的："代表平和的文章的人有陶潜。他的态度是随便饮酒，乞食，高兴的时候就谈论和作文章，无尤无怨。所以现在有人称他为'田园诗人'，是个非常和平的田园诗人。他的态度是不容易学的，他非常之穷，而心里很平静。……这样的自然状态，事在不易模仿。……陶潜之在晋末，是和孔融于汉末与嵇康于魏末略同，又是将近易代的时候。但他没有什么慷慨激昂的表示，于是便博得'田园诗人'的名称。但……即使是从前的人，那诗文完全超于政治的所谓'田园诗人'，'山林诗人'，是没有的。……陶潜总不能超于尘世，而且，于朝政还是留心，也不能忘掉'死'，这是他诗文中时时提起的。"[1]

**同年，陶渊明作《归园田居》五首。**

《晋诗》卷十七辑有《归园田居诗》五首。

吴仁杰《陶渊明年谱》："有《归园田居诗》五首。味其诗，盖自彭泽归明年所作也。首篇云：'误落尘网中，一去三十年。'按太元癸卯，先生初仕为州祭酒，至乙巳去彭泽而归，才甲子一周，不应云三十年，当作'一去十三年'。"

陶渊明的诗歌今存一百二十一首，从主题来看，可分为田园诗、咏怀诗、咏史诗、行役诗和赠答诗。其中成就最高的当属田园诗、咏怀诗和咏史诗。陶渊明田园诗的代表作有《归园田居》、《饮酒》、《和郭主簿》等。从内容来看，既有对优美的田园风光的描写、自己生产劳动的体验、

---

[1] 鲁迅：《魏晋风度及文章与药及酒之关系》，载《而已集》，中央编译出版社2012年版，第144—145页。

闲居交游和读书饮酒，也反映了社会动荡中农村的破败景象。《归园田居》是陶渊明辞官彭泽令之后的作品。"其一"中，诗人用朴素的对仗，平淡的笔触描绘一幅宁静平和的田园景色，这里淳朴、自然宁静的田园生活与虚伪、欺诈的官场形成了鲜明对比，陶渊明将田园看作是人生的最终归所，是与黑暗现实、污浊官场完全对立的理想家园，让读者也体会到陶公在摆脱官场羁绊后回归山林的自然之乐。王维曾经模仿其一写过"渡头余落日，墟里上孤烟"的诗句，但沈德潜评价为"储、王极力拟之，然终似微隔。厚处朴处，不能到也"。"其三"表达了不改归田的坚决信念，和守志不阿的决心。这首诗写出了一个从仕途归隐田园从事农耕者的切实感受，后面也隐含着农耕与为官两种生活的对比，也表达了陶公自己的生活理想。章培恒认为，这两首诗中自然场景不再是某种玄意的象征，而是诗人实际生活的诗化写照，所以是真正意义上的田园诗。相比同时代的玄言诗人，虽然陶诗还有玄言诗的痕迹，诗中好言哲理，但陶渊明的过人之处就在于，他能将哲理相当圆满地结合在对自然或者乡村景色的动人描绘之中，创作出了一种富于诗意的玄言诗和前人未曾涉及的田园诗。

陶渊明在《归园田居》中对乡村农耕生活的描写，开拓了文人诗歌的创作题材。士大夫亲自参加农耕，并用诗歌写出农耕体验的，陶渊明是第一人。陶渊明的田园诗，结合自己躬耕的生活体验，不仅将乡村生活写得情趣盎然，也描绘了农村的凋敝景象和农民生活的艰辛，这是难能可贵的。陶渊明弃官之前的田园诗《和郭主簿》二首和《荣木》等，诗歌中的主调是愉悦自得的，包括《归园田居》在内，都着力描写了甜美静穆的田园风光，抒发闲适自得的心境。《归园田居》"其四"就写到了战乱和灾害中农村的破败景象："井灶有遗处，桑竹残朽株。借问采薪者，此人皆焉如？薪者向我言，死没无复余。"陶诗全面描绘了农村的生活景象，深深影响了唐代田园诗的创作。此后，田园生活成为后世历久不衰的题材，唐代的王维、孟浩然、韦应物、柳宗元皆承他而来。

**义熙四年（408年）六月，陶渊明遭火灾，作《戊申岁六月中遇火》。后迁居南村，作《移居》二首**

《晋诗》卷十七辑《戊申岁六月中遇火诗》："正夏长风急，林（一作'邻'）室顿烧燔。一宅无遗宇，舫舟荫门前。迢迢新秋夕，亭亭月将圆。"据此，张可礼先生认为，此诗当作于本年七月。这件事极大地影响了陶渊明的归隐生活，之前陶公的田园生活还没有太大的生活负担，但遇火灾之后，陶公的生存境况愈加堪忧，也导致后期陶公隐居心理的不断斗争，后期的作品如《咏贫士》、《饮酒》二十首就是这种心态的呈现。

《移居》二首写于火灾之后，但具体时间难以考定，姑且系于此年。

方东树《昭昧詹言》卷四："《移居》二首，只是一往清真，而吐属雅令，句法高秀。"

**义熙六年（410年）九月，陶渊明作《庚戌岁九月中于西田获早稻诗》。**

《晋诗》卷十七辑有此诗："人生归有道，衣食固其端。孰是都不营，而以求自安？开春理常业，岁功聊可观。晨出肆微勤，日入负耒还。山中饶霜露，风气亦先寒。田家岂不苦？弗获辞此难。四体诚乃疲，庶无异患干。盥濯息檐下，斗酒散襟颜。遥遥沮溺心，千载乃相关。但愿长如此，躬耕非所叹。"

本诗清丽淡雅，表现了陶公淡泊名利、超然出世的无为思想，是其田园诗的名篇之一。

**义熙七年（411年），陶渊明作《与殷晋安别诗》、《祭从弟敬远文》**

《晋诗》卷十六辑《与殷晋安别诗》并序。序云："殷先作晋安南府长史掾，因居浔阳。后作太尉参军，移家东下，作此以赠。"《与殷晋安别》诗云："去岁家南里，薄作少时邻……语默自殊势，亦知当乖分。未谓事已及，兴言在兹春。"殷景仁本年三月后任太尉行参军，诗中有"兴言在兹春"，推断本诗当作于此时。

《全晋文》卷一百十二辑《祭从弟敬远文》。

**义熙十年（414年），陶渊明作《杂诗》。**

《杂诗》十二首的写作时间，王瑶先生在《陶渊明集》中在前人的基础上重新作了编排和系年，他认为是："按十二首中前八首词意连贯，当为一时所作；而第六首中有'奈何五十年'一句，知此八首当为晋安帝义熙十年甲寅（414年）作，其余第九首以下三首，都是写旅途行役之苦的；在《与子俨等疏》中，渊明自述'少而穷苦，每以家弊，东西游走'，知此三首当为盛年所作。渊明于三十六七岁间，行役甚苦，有《庚子岁五月中从都还阻风于规林》及《辛丑岁七月赴假还江陵夜行涂口》等诗，内容与《杂诗》第九首以下三首相同，知当为同时所作。《杂诗》第十二首诗意隐晦，无从确定年代；但以排列次第而论，十二首中后四首原必与前八首分编两处，后人因题目都是《杂诗》，遂并为十二首；如此则第十二首与前面咏行役的三首，或为同时所作。今将前八首与后四首分编两处，皆题《杂诗》。除前八首系于晋安帝义熙十年甲寅（414年）外，其余四首暂列此处，系于晋安帝隆安五年辛丑（401年），本年渊明三十七岁。"① 在此从王谱。

《杂诗》以第二首和第五首为代表，集中体现了诗人在这一时期内心的苦闷、孤独和悲愤，感叹人生易老，壮志难酬。从文学形式的发展来看，陶渊明的咏史诗与阮籍、左思一脉相承。陶渊明的其他咏史诗也同样传递出同样的心声。《咏荆轲》写得极其慷慨悲壮："雄发指危冠，猛气冲长缨。饮饯易水上，四座列群英。渐离击悲筑，宋意唱高声。萧萧哀风逝，淡淡寒波生。"诗人一方面赞美荆轲，一方面也是慨叹自己得不到知己，只能归隐田园。《读山海经》第十首："精卫衔微木，将以填沧海。刑天舞干戚，猛志固常在。同物既无虑，化去不复悔。徒设在昔心，良辰讵可待！"歌颂了精卫填海，充分表现了诗人壮志未酬而又痛感时不再来的悲愤心情，有一种强烈的感染力。由此也能看出，诗人虽归隐田园，但并没有忘情世事，其实也很难完全抛弃世事，但无奈现实黑暗，随着归隐田园生活后对农村生活有了更加切身的深刻感受后，也对政事有着更加深刻的批判。与陶诗田园诗自然平静的风格相比，史诗传递出的是诗人内心的慷慨悲怆。

鲁迅在《题未定草》中说："这'猛志固常在'和'悠然见南山'的是一个人，倘有取舍，即非全人，再加上抑扬，更离真实。""陶潜正因为并非浑身是静穆，所以他伟大。"②

**义熙十三年（417年）**，陶渊明在南山下之秀溪兴建"松菊园"、"菊轩"、"柳斋"等，在此种植菊花，栖憩休闲。作《赠羊长史并序》、《饮酒》二十首诗。

《晋诗》卷十六辑录《赠羊长史并序》，卷十七辑《饮酒》二十首。

---

① 王瑶：《陶渊明集》，人民文学出版社1956年版，第10页。
② 鲁迅：《题未定草》，载《且介亭杂文二集》，中央编译出版社2012年版，第256页。

《赠羊长史诗序》曰："左军羊长史，衔使秦川，作此与之。"诗曰："贤圣留余迹，事事在中都。岂忘游心目，关河不可逾。九域甫已一，逝将理舟舆。闻君当先迈，负疴不获俱。"据张可礼先生，《序》云羊长史衔史秦川，当是贺刘裕伐后秦获胜。诗当作于本年八月刘裕军克长安后。今从张谱。

对于《饮酒》组诗的写作时间，历来有争论，有三十九岁说、五十二岁说等。王瑶《陶渊明集》注《饮酒诗》二十首曰："据序文'比夜已长'及'既醉之后，辄题数句自娱'，则这二十首诗当都是同一年秋夜醉后所作的，因此总题为《饮酒》。又第十九首中上面说'终死归田里'，下面说'亭亭复一纪'；一纪是十二年，渊明辞彭泽令归田在晋安帝义熙元年乙巳（405），因知饮酒诗当作于义熙十三年丁巳（417年），时渊明年五十三岁。第十六首中说'行行向不惑，淹留遂无成'，是追述以前的事情，说明'四十无闻'之意；不是实际作诗的时间。第十九首中说'是时向立年'，也是追叙语气；'亭亭复一纪'这一句是承'终死归田里'而说，不是承'是时向立年'说的。"[①] 今从五十三岁说。

《饮酒》组诗是陶渊明诗歌的代表作，最著名的是当属第五首，其中"采菊东篱下，悠然见南山"成为千古铭颂的佳句。此诗营造出一种个人与自然、内心与外界浑然一体、不分彼此的美妙境界。"悠然见南山"之句更是将全诗推向了一种更为玄远的境地。从某种角度看，这首以"饮酒"为题的诗仍是一首玄言诗，但和以前的玄言诗相比，用真正诗歌的语言表达了内心对玄意欲言不能的感受。《饮酒》组诗也是陶渊明诗歌中和平静穆一类的代表，名为"饮酒"，其实是借酒抒怀。正是凭借《饮酒》二十首，确立了陶渊明"隐逸诗人之宗"的地位。

**义熙十四年（418年），陶渊明被征作著作佐郎，不就，为江州刺史王弘所钦敬。**

陶渊明归隐期间，曾被征作著作佐郎，但他辞官不就。江州刺史王弘对他钦慕不已，资助陶渊明的隐逸生活，时常赠送酒米，还为陶渊明亲自做鞋，陶渊明坦然受之，两人经常以酒会友。

《宋书·陶潜传》："义熙末，征著作佐郎，不就。江州刺史王弘欲识

---

[①] 王瑶：《陶渊明集》，人民文学出版社1956年版，第50页。

之，不能致也。"

《晋书》本传："顷之，征著作郎，不就。既绝州郡觐谒，其乡亲张野及周旋人羊松龄、宠遵等或有酒要之，或要之共至酒坐，虽不识主人，亦欣然无忤，酣醉便反。未尝有所造诣，所之唯至田舍及庐山游观而已。刺史王弘以元熙中临州，甚钦迟之，后自造焉。潜称疾不见，既而语人云：'我性不狎世，因疾守闲，幸非洁志慕声，岂敢以王公纡轸为荣邪！夫谬以不贤，此刘公斡所以招谤君子，其罪不细也。'弘每令人候之，密知当往庐山，乃遣其故人庞通之等赍酒，先于半道要之。潜既遇酒，便引酌野亭，欣然忘进。弘乃出与相见，遂欢宴穷日。潜无履，弘顾左右为之造履。左右请履度，潜便于坐申脚令度焉。弘要之还州，问其所乘，答云：'素有脚疾，向乘篮舆，亦足自反。'乃令一门生二儿共舁之至州，而言笑赏适，不觉其有羡于华轩也。弘后欲见，辄于林泽间候之。至于酒米乏绝，亦时相赠。其亲朋好事，或载酒肴而往，潜亦无所辞焉。每一醉，则大适融然。又不营生业，家务悉委之儿仆。未尝有喜愠之色，惟遇酒则饮，时或无酒，亦雅咏不辍。尝言夏月虚闲，高卧北窗之下，清风飒至，自谓羲皇上人。性不解音，而畜素琴一张，弦徽不具，每朋酒之会，则抚而和之，曰：'但识琴中趣，何劳弦上声！'"

**晋恭帝元熙元年（419 年），陶渊明作《桃花源记并诗》，《诸人共游周家墓柏下》诗。**

《文选》卷五十七李善注引何法盛《晋中兴书》："延之为始安郡，道经浔阳，常饮渊明舍，自晨达昏。"

《桃花源记》和《桃花源诗》在陶渊明的全部作品中都占有十分重要的地位，这一方面源于作品的文学艺术成就，一方面源于诗人在其中寄托的人生理想。《桃花源记》是作者在现实基础上运用想象勾勒的一幅理想社会图景，通过对理想社会的描绘，讽刺世俗的黑暗，叙述简洁明畅，语言清新，文风率真自然，是陶渊明清淡疏朗风格的集中体现。《桃花源记》在某种程度上具有文言小说的意味，故事结构完整，情节生动曲折，语言简洁，采用了浪漫主义的表现手法，表达了作者身处动荡的时代却渴望宁静自由生活的美好幻想。梁启超《陶渊明之文艺及其风格》认为"这篇《记》可以说是唐以前第一篇小说"，胡适《论短篇小说》认为"可以算得一篇用心结构的'短篇小说'"，对其艺术结构给予了很高评价。

　　陶渊明虚构的桃花源，明显受到了老庄"小国寡民"的思想，但是，陶渊明却更进一步，提出人人要参加劳动的想法。这个"桃花源"，成为后世社会政治理想的代表，也体现了诗人伟大的人道主义精神。此时的陶渊明不再纠结于个人的进退清浊，而在想整个社会的出路和广大人民的幸福。桃花源可以说是陶渊明的人生理想，在这个现实中的田园生活和虚构的桃花源交织的世界中，陶渊明实现了人生境界和艺术世界浑然一体。李剑锋认为，陶渊明将田园和劳动纳入审美视野，从文学流变看，是受到了《诗经·七月》和张衡、应璩和潘岳等人的作品影响。

**宋武帝永初二年（421年），陶渊明作《拟古》九首。**
　　《拟古》九首作于晋宋易代之际，至于具体时间，逯钦立先生在《陶渊明集》中认为这九首诗作于宋武帝元年（420年）前后，王瑶先生认为本诗应作于宋武帝永初二年辛酉（421年），在此从王谱。

　　在陶渊明的作品，有一类作品呈现出的风格是慷慨激昂，《拟古》九首、《读山海经》等就是这类作品的代表。这也是代表陶渊明晚期思想的重要作品。《拟古》九首的主要内容是悼国之伤，追慕义节。诗人多用比兴手法，显示了隐晦曲折、托古讽今的风格特点。不仅如此，陶渊明还在这一系列诗歌中站在无君论的思想高度抨击了当时的人与人之间相互残害的君权社会，而不是仅以忠晋的角度，是陶渊明晚期"桃花源"思想形成过程中的重要作品。

　　在《拟古》其二中，诗人批判了世俗颓风和追名逐利之徒，赞扬士人与封建统治者决裂的节操信义："闻有田子泰，节义为士雄。斯人久已死，乡里习其风。生有高世名，既没传无穷。不学狂驰子，直在百年中。"诗人以赞扬了田畴的"节义为士雄"。与第二首相类的还有第一首，批判了交往中背约失信、轻易妄从的浅薄轻率，第八首假托少年远游遍访节义之士而不遇，批判世风沦丧的社会和不重节义之举。这两首从反面衬托了第二首思慕节义的主题。

　　《拟古》其三，前四句写仲春雷雨唤醒了蛰伏的动物，草木也开始生长，暗喻晋宋易代；后八句借咏燕抒怀，表示了不管君位易谁，都安居田园的坚定决心。与第三首相类的还有第五首，借托古代东方隐士表达诗人固穷守节的态度；第六首以青松自喻，不为"谈士"所眩惑，坚定守志的决心。

《拟古》其四，诗人抨击了为热衷于功名、贪图荣华而造成社会战乱不休的统治者。同样是针对战乱，《拟古》第七首通过佳人在春风良夜酣歌达曙之后的悲哀，写出对人生坎坷、好景不长、青春难再的感叹。第九首描写了晋宋易代带给社会的动乱和人民的苦难："春蚕既无食，寒衣欲谁待！本不植高原，今日复何悔。"

陆侃如总结，《拟古》和《杂诗》成为"咏怀"的一流诗，一面写旧梦如何灿烂，一面写晚年如何悲凉，是陶渊明暮年的杰作①。

**宋文帝元嘉四年（427年），陶渊明卒，终年六十三岁。**

《晋书》本传："以宋元嘉中卒，时年六十三，所有文集并行于世。"

《宋书·隐逸传》："潜，元嘉四年卒，时年六十三。"

萧统《陶渊明传》："元嘉四年，将复征命，会卒，时年六十三。"

对于陶渊明的卒年，史上争论亦颇多。在《宋书》中有明确记载，但后人对此多有质疑，提出陶渊明七十六岁、五十九岁等诸多观点。朱自清先生在《陶渊明年谱之问题》中曾经在分析史上各种观点后总结道："至世系年岁，则只可姑存然疑而已。"即是现有史料的情况下，陶公的世系年岁仍难以做出定论。今从《宋书·隐逸传》的记载。

陶渊明在当世并没有得到太高的评价，因为其平淡自然的风格和当时华丽的文风不和，钟嵘在《诗品》中就将陶渊明放在了下品："其源出于应璩，又协左思风力。文体省净，殆无长语。笃意真古，辞兴婉惬。每观其文，想其人德。世叹其质直。至如'欢言酌春酒'，'日暮天无云'，风华清靡，岂直为田家语耶？古今隐逸诗人之宗也。"但是此段评语还是概括得较为恳切的。

梁代萧统则对陶渊明赞誉有加，在《陶渊明集序》中评价道："其文章不群，辞彩精拔，跌宕昭彰，独超众类，抑扬爽朗，莫之与京。横素波而傍流，干青云而直上。语时事则指而可想，论怀抱则旷而且真。加以贞志不休，安道苦节，不以躬耕为耻，不以无财为病，自非大贤笃志，与道污隆，孰能如此乎！……白璧微瑕者，惟在《闲情》一赋。扬雄所谓劝百而讽一者，卒无讽谏，何足摇其笔端？……尝谓有能读渊明之文者，驰

---

① 陆侃如：《中国文学史二十讲》，山东画报出版社2007年版，第45页。

竞之情遣，鄙吝之意祛，贪夫可以廉，懦夫可以立，岂止仁义可蹈，抑乃爵禄可辞！不必傍游太华，远求柱史，此亦有助于讽教尔。"同时期的颜延之重其清高，沈约重其不屈于异代。

唐代之后，陶诗渐受推崇，李白、高适、颜真卿、白居易等推崇其人格；孟浩然、王维、韦应物和柳宗元等仿效其诗歌。秦观说他的诗"长于冲淡"。陶渊明的文学地位到了宋代才开始大幅度的提高，应该与宋人好言哲理而陶渊明诗中多理趣不无关系。

北宋以来，陶渊明的地位愈尊。苏轼追和陶诗有一百零九首，之后陆游、辛弃疾、元好问推崇陶诗，范成大的田园诗也得益于陶诗。对于陶渊明的评价，在宋代以后分为两大派，北宋人论陶诗，强调其率真自然，南宋人则多强调他的"忠愤"气节。黄庭坚说他的诗"不烦绳削而自合"。苏轼评价陶诗："渊明诗初视若散缓，熟读有奇趣。如曰：'暧暧远人村，依依墟里烟。狗吠深巷中，鸡鸣桑树颠。'又曰：'采菊东篱下，悠然见南山。'大率才高意远，则所寓得其妙，遂能如此，如大匠运斤，无斧凿痕，不知者则疲精力，至死不悟。"曾纮论陶渊明："余尝评陶公诗语造平淡而寓意深远，外若枯槁，中实敷腴，真诗人之冠冕。"敖陶孙评曰："陶彭泽如绛云在霄，舒卷自如。"

苏东坡《追和陶渊明诗引》论曰："渊明作诗不多，然其诗质而实绮，癯而实腴，自曹、刘、鲍、谢、李、杜诸人皆莫及也。"黎靖德《朱子语类》评曰："陶渊明诗，人皆说是平淡，据某看他自豪放，但豪放得来不觉耳。其露出本相者，是《咏荆轲》一篇。""渊明诗平淡，出于自然。""陶却是有力，但语健而意闲。隐者多是带气负性之人为之，陶欲有为而不能者也。"元好问曾经作诗云："一语天然万古新，豪华落尽见真淳。"

清代沈德潜《说诗晬语》："陶诗胸次浩然，其中有一段渊深朴茂不可到处。唐人祖述者，王右丞有其清腴，孟山人有其闲远，储太祝有其朴实，韦左司有其冲和，柳仪曹有其峻洁；皆学陶焉而得其性之所近。"通过以上山水田园诗人作镜子，反映出陶诗朴素风格中含蕴着的丰富多彩。龚自珍在《舟中读陶》中写道："陶潜酷似卧龙豪，万古浔阳松菊高。莫信诗人竟平淡，二分梁甫一分骚。"王国维推崇陶渊明为"屈子之后，文学上之雄者"。

对于陶渊明的艺术风格，诸多大家都做出了中肯的评价。徐公持先生在《魏晋文学史》中总结认为，"陶渊明是中国诗歌史上最具个人风格的诗人之一。……陶诗的自然风格，出于其'质性自然'的气质和性情。陶渊明为自然之人，遂有自然之诗"。陶渊明作诗具有自娱性。此"自娱"主要含义为抒发自我性情，以获得心理上精神上的论说；从"自娱"需要出发写作，所以形成陶渊明诗歌的另一风格——亲切真实，坦白诚恳。陶渊明作诗不带功利目的，他只是希望"称心"："虽留身后名，一生亦枯槁；死去何所知，称心固为好。"（《饮酒二十首》其十一）也因此，陶诗在形式上朴实无华。这种朴实无华源于陶诗的真诚，即"抱朴含真"。徐公持先生指出，虽然"陶渊明并不在魏晋诗歌发展的主流之内，但他以自然诗风，在魏晋诗歌发展史上独占极重要地位。他是魏晋二百年中最后一位重要诗人，也是风格最为独特的诗人"[1]。

钱基博在《中国文学史》中评价陶诗："以冲淡闲远之致，写愤世嫉俗之怀，独超众类，若未尝经意；质而为绮，疏而能隽，而以魏武、蜀相之浑简，抒嵇康、阮籍之怀抱；然其文不可以学而能；非文之难，有其胸次为难也。然篇章不多；而诗绝工，尤为后世所称，情真景真，事真意真，只是就本色炼得入细。……而潜则直率语而却自追琢中出，所以耐咀嚼。"[2]

叶嘉莹在《从比较现代的观点看几首中国旧诗》中评价，"中国所有的旧诗人中，如果从'人'与'诗'之质地的真淳莹澈而言，自当推陶渊明为第一位作者"。

钱穆在《略论中国文学》中认为，陶诗最能体现中国文学的精髓，"重生命，言性情，则无可尽言，无可详言……故中国文学务求简。陶渊明诗'此中有真意，欲辨已忘言'，此最中国文学之至高上乘处。"

刘大白《中国文学史》认为，陶渊明是"一个乐天委分的乐生主义者"，看破了生死。他不是老庄一流，也不是浮屠一派，是一个极爱自由的自由主义者，想做官就做官，要种田就种田，要作诗就作诗，他的隐逸，只是天性如此，并非有意而为之。他想返乎自然，做一个极平常的人[3]。

---

[1] 徐公持：《魏晋文学史》，人民文学出版社1999年版，第612—615页。
[2] 钱基博：《中国文学史》，华中师范大学出版社2011年版，第139—140页。
[3] 刘大白：《中国文学史》，岳麓书社2011年版，第116页。

罗宗强认为，在中国文化史上，陶渊明是第一位心境与物境冥一的人，他成了自然间的一员，不是旁观者，不是欣赏者，更不是占有者。他与自然界之间没有距离，山川田园，就在于的生活之中，自然而然地存在于他的喜怒哀乐里（《归园田居》为代表）。物我合一，是老庄的最高境界，也是玄学所追求的最高境界，陶渊明是达到这个境界的第一人。不可否认的是，陶渊明的心中始终纠缠着一个世俗的情节，但是他凭借儒家的固穷的思想，用般若的万有皆空的思想，摆脱了世俗的种种纠结，达到了这样一个物我合一的境界[1]。

章培恒总结陶渊明诗歌语言的成就"不在于意象的密集，而在于意象内涵的丰富"[2]。陶渊明的诗歌创造了在我国传统文学批评中被评为富于"弦外之音，言外之味"的这种境界，是我国诗歌史上的一大进展。相比左思，虽然二人的诗歌意象都内涵丰富，但左思偏重修辞的手法，陶渊明则得力于境界的创造。

胡国瑞认为陶渊明思想兼有儒道："他以儒家严正的生活态度来处理自己并反抗现实，他也以道家泯绝一切事物相对界限的哲理来否定现实并安顿自己，因此，他的人生态度既现实又不局促，他的胸襟既高旷又切合实际。"[3] 陶诗的艺术成就源于他"对全部生活和对现实态度的真实反映"，别开生面的农事歌咏是陶渊明在诗歌上的创举。陶诗风格的浑然淡远源于其情景交融的描写和朴素自然的语言。

袁行霈和罗宗强在《中国文学史》第二卷将"自然"作为陶渊明的人生旨趣和陶诗的总体艺术特征。认为陶渊明作诗没有"骋誉之心"，是一种自然流露。陶诗开创了"日常生活诗化"的传统，在他之前的屈原、曹操、曹植、阮籍、陆机等都着重写社会政治的题材，而陶渊明则善于在日常生活中发现重要的意义和久而弥淳的诗味。陶渊明的诗歌，改变了东晋诗坛被玄言诗笼罩的状态，陶诗承袭魏晋诗歌的古朴诗风，并达到了前所未有的高度；同时，他成功地将"自然"提成为一种美的至境，将玄言诗中表达的玄理变为日常生活中的哲理；将诗歌与日常生活相结合，开创了田园诗这种新题材的作品。他的清高耿介、洒脱恬淡、质朴真率、醇

---

[1] 罗宗强：《玄学与魏晋人士心态》，天津教育出版社2005年版，第343—348页。
[2] 章培恒：《中国文学史新著》，复旦大学出版社2011年版，第315页。
[3] 胡国瑞：《魏晋南北朝文学史》，武汉大学出版社2013年版，第74页。

厚善良，对人生所做的哲学思考，为后世的士大夫们构筑了一个精神家园①。

马积高和黄钧在《中国古代文学史》中认为，陶渊明的诗歌还带有一种理趣，这种理趣往往和景物、情感联系在一起，读起来自然真实，不会淡乎寡味。陶渊明善于捕捉那些能表现自我个性的景物来增强诗歌的内涵，如松、菊、白云、归鸟等，都象征着自己孤高傲岸、不拘世俗的品格，这也是对骚体诗比兴传统的继承。陶渊明的五言诗继承了《古诗十九首》的传统，特别是对阮籍的咏怀诗有所继承和发展；他的四言诗上承诗经，总体来说，其五言诗的成就要高于四言诗。在中国文学史上，陶渊明是田园诗的开创者，在他之后田园题材的诗歌成为后世历久不衰的题材②。

王钟陵在《中国中古诗歌史》中说，陶诗的风格是一种在深厚的抑郁基础上的冲淡，在高古浑厚中又别有一种精致清丽的语言风貌，达到了一种造诣极高的"化工"境界③。

葛晓音在《山水田园诗派研究》中认为，陶渊明的自然观始终以追求人生价值和思考社会人事为落点，他的诗歌与魏晋抒情言志的传统相承接。他的田园诗体现了魏晋诗歌咏怀兴寄的传统与东晋士人的审美观照方式。他创立了中国文人理想的田园模式，与《诗经》的田园题材迥然有别。他所取得的艺术成就也为后世诗歌确立了很高的艺术标准，留下了巨大的发展空间④。

景蜀慧在《魏晋士人与政治》中分析道，陶渊明虽然完成了自曹植以来知识分子在精神上对理想、人格、自由、逍遥等的追寻历程，标志着汉末士大夫在摆脱儒学繁琐经义的束缚后，达到了堪称返璞归真、与物俱化的最高境界，却也表明知识分子群体以天下为己任的社会责任感与精神被摧折殆尽⑤。

对于陶渊明的思想，学界普遍一致认同他受玄学和道家思想的影响，至于佛教思想，丁永忠在《陶诗佛音辨》中提出，陶渊明的思想是魏晋

---

① 袁行霈、罗宗强：《中国文学史》第二卷，高等教育出版社 2005 年版。
② 马积高、黄钧：《中国古代文学史》，人民文学出版社 2009 年版。
③ 王钟陵：《中国中古诗歌史》，江苏教育出版社 1988 年版，第 529—548 页。
④ 葛晓音：《山水田园诗派研究》，辽宁大学出版社 1999 年版，第 78—85 页。
⑤ 景蜀慧：《魏晋士人与政治》，中华书局 2007 年版，第 258 页。

"佛教玄学"人生观的典型体现①；在此之前朱光潜先生也认为，陶公的思想中肯定包含儒释道三家的成分；而龚斌在《陶渊明传论》中则支持陈寅恪先生的观点，认为陶渊明不曾受佛教哲学的影响，在神不灭和自然报应论这两个问题上与其直接对立②。

李剑锋在《陶渊明及其诗文渊源研究》中强调，陶渊明不是东晋文坛的例外，他是庐山周围隐士文学的代表；是江州中下层寒族士人文学的代表，体现了当时寒族文学的最高成就；他的诗文受庐山僧人文学活动和作品的影响而具有浓厚的山林气息，他是众多写作山水田园诗的低层作家中出类拔萃的一家③。

钱志熙在《陶渊明传》中从陶公的生命意识和生命思想角度出发，认为陶渊明生命哲学的有着超人之处，首先在于追求彻底的理性，完全不依赖外在的信仰和力量，认为他凭借自己体悟的生命真相，解决了困扰自身的忧生、惜生、营生的情绪，他对于生命最高境界的追求，全部源自生命内部的自觉④。

**参考文献**

王质等著，许逸民校辑：《陶渊明年谱》，中华书局1986年版。
魏正申：《陶渊明探稿》，文津出版社1990年版。
邓安生：《陶渊明年谱》，天津古籍出版社1991年版。
郭预衡：《中国古代文学史》，上海古籍出版社1996年版。
袁行霈：《陶渊明研究》，北京大学出版社1997年版。
朱光潜：《诗论》，生活·读书·新知三联书店1998年版。
章培恒：《中国诗史》，复旦大学出版社2001年版。
陈寅恪：《金明馆初稿丛编》，生活·读书·新知三联书店2001年版。
曹道衡：《中古文学史论文集》，中华书局2002年版。
袁行霈：《陶渊明集笺注》，中华书局2003年版。
周振甫：《陶渊明和他的诗赋》，江苏教育出版社2006年版。
刘大杰：《中国文学发展史》，复旦大学出版社2006年版。
李长之：《陶渊明传论》，天津人民出版社2007年版。

---

① 丁永忠：《陶诗佛音辨》，四川大学出版社1997年版，第122页。
② 龚斌：《陶渊明传论》，华东师范大学出版社2001年版，第151页。
③ 李剑锋：《陶渊明及其诗文渊源研究》，山东大学出版社2005年版，第430页。
④ 钱志熙：《陶渊明传》，中华书局2012年版，第266—267页。

聂石樵：《魏晋南北朝文学史》，中华书局2007年版。
叶嘉莹：《叶嘉莹说陶渊明饮酒及其拟古诗》，中华书局2007年版。
曹道衡：《汉魏六朝辞赋》，上海古籍出版社2011年版。
钱志熙：《陶渊明传》，中华书局2012年版。

（杨　康）

# 郭澄之传

**郭澄之，字仲静，太原阳曲（今山西太原）人，生卒年不详。**

郭澄之出身于魏晋名门太原郭氏之后，才思敏捷。始为尚书郎，又出任南康相。

《晋书》本传："郭澄之字仲静，太原阳曲（今山西太原）人也。少有才思，机敏兼人。"

有关郭澄之的生平，除了《晋书》本传的记载，今人有张可礼《东晋文艺系年》可资参考。

**晋安帝义熙六年（410年），郭澄之流离还京都。为诸葛长民所弹劾。**

《晋书·诸葛长民传》："及何无忌为徐道覆所害，贼乘胜逼京师，朝廷震骇，长民率众入卫京都，因表曰：'妖贼集船伐木，而南康相郭澄之隐蔽经年，又深相保明，屡欺无忌，罪合斩刑。'诏原澄之。及卢循之败刘毅也，循与道覆连旗而下，京都危惧，长民劝刘裕权移天子过江。裕不听，令长民与刘毅屯于北陵，以备石头。"

**义熙十二年（416年），随刘裕北伐。**

《晋书》本传："从（刘）裕北伐。"

**义熙十三年（417年），郭澄之诵诗阻止刘裕北伐。**

《晋书》本传："从（刘）裕北伐，既克长安，裕意更欲西伐，集僚属议之，多不同。次问澄之，澄之不答，西向诵王粲诗曰：'南登霸陵岸，回首望长安。'裕便意定，谓澄之曰：'当与卿共登霸陵岸耳。'因还。"

《晋书》的这段记载，显示了郭澄之对刘裕的影响力。刘裕意欲北伐，多次征询郭澄之，郭澄之没有给予正面回答，而是代以王粲诗作答，刘裕听后遂决定东还。

**义熙十四年（418年），郭澄之为相国参军。**

《晋书》本传："刘裕引为相国参军"。

**晋恭帝元年（419年），郭澄之任相国从事中郎。**

《晋书》本传："澄之位至（刘）裕相国从事中郎，封南丰侯，卒于官。"澄之为相国从事中郎，疑在本年。其卒年未详。

《晋书》本传："所著文集行于世。"

《齐书·贾渊传》："宋孝武敕渊注《郭子》。"两《唐书》也都有贾渊注《郭子》的记载。

### 郭澄之的文学成就

郭澄之的著作，今仅存《郭子》。按王枝忠，其成书时间当在裴启《语林》之后半个世纪左右的晋末。《郭子》一书散佚已久，清《玉函山房辑佚书》及《无一是斋丛钞》各辑有佚文一卷，鲁迅在《古小说钩沉》记录有佚文八十四则。相比前人，鲁迅先生的辑本最为完备。《世说新语》中引用的《郭子》有七十多条，占现存佚文的大多数。

从现存的条目来看，《郭子》记录了两晋名士的志趣妙语、逸闻轶事，内容与裴启的《语林》和戴逵的《竹林七贤论》大致相同。郭澄之生活在玄学之风盛行的年代，受此影响，《郭子》记载了当时清谈的情景，这在志人小说中还是首次，反映了当时清谈风气的盛行，也反映了官场内部的斗争，展示了当时上流社会的状貌。

《郭子》和《语林》，二者都以品鉴人物为主，但《郭子》长于记事，语言应对的特点不如《语林》。《郭子》就是以简洁明快的比喻，展现人物的性格特征。例如："魏明帝世，使后弟毛曾与夏侯太初共坐，时人谓：'蒹葭倚玉树'。"此一"蒹葭倚玉树"形象生动地展示了夏侯太初的清俊形象。"海西时，朝堂犹暗，惟会稽王来，轩轩如朝霞之举"，一句话就表现出了王羲之的风度。

魏晋时期，随着人物品藻从政治维度向审美维度的转变，人们开始注重对人物外在形象的品评。但是，魏晋人对于美貌的欣赏似乎仅限于男性，《郭子》中对女性的几则记录，突出的是女子的妇德和才能，为了突出妇德的重要，甚至不惜制造德与色的矛盾。最为有名的一则当属许允妻子的故事：

> 许允妇是阮德如妹，奇丑，交礼竟，许永无复入理。桓范劝之曰："阮嫁丑女与卿，故当有意，宜察之。"许便入，见妇即出，提裾裾待之。许谓妇曰："妇有四德，卿有几？"答曰："新妇所乏唯容。士有百行，君有其几？"许曰："皆备。"妇曰："君好色，不好德，何谓皆备？"许有惭色，遂雅相重。

这个故事写许允的妻子因新婚之夜受冷落后，很快找到其中的原因，并巧妙地用男人们炮制的妇德来保卫自己，以"好色不好德"来反击丈夫，让许允心服口服。

> 许允为吏部郎，多用其乡里，帝遣虎贲收允，妇出阁戒允曰："明主可以理夺，难以情求。"允至，明帝核之，允答曰："举尔所知，臣之乡人，臣所知也，愿陛下检校，为称职与否？若不称职，臣宜受其罪。"既检校，皆官得其人，于是乃释允。旧服败坏，诏赐新衣。初被收，举家号哭，允新妇自云："无忧，寻还。"作粟粥待之。须臾允至。

第二则故事则表现了许允妻保护丈夫的大无畏精神。许允因为用人问题受到了收捕，许允妻处乱不惊，镇定自若，面对皇命不但没有惊慌失措，反而鼓励自己的丈夫据理力争，告诉其应对的方法，结果皆大欢喜。由此可见这位妇人的见识和才能。故事用笔极简，刻画许允妻的勇敢机智只用了两句话和一个动作，一句话是告诫丈夫，一句话是安慰家人，一个动作是煮粥，一个自信、足智多谋的闺中豪杰形象跃然纸上。

> 王浑与妇钟氏共坐，见武子从庭前过，浑谓妇曰："生儿如是，足慰人意。"妇笑曰："若使新妇得配参军，生儿故可不翅如此。"参军是浑中弟，名沦，字太冲，为晋文王大将军，从征寿春，遇疾亡，

时人惜焉。

这则故事中王浑的妻子见微知著,通过和兵家子的一次见面,就看出了此人的才干、前程和寿命。描写人物极为精炼,但钟氏眼光独到敏锐却被鲜明地刻画了出来。

以上三则故事赞美妇女的卓识特行,这种公开夸赞女性的做法前无古人。在《郭子》之前的《语林》也是一部志人小说,其中描写的历史人物众多,但唯独缺少对女性的描写。志怪小说中所描写的女性多是属于妖怪狐仙之类,缺少对历史上真实女性的描写。《郭子》弥补了这两个缺憾,其所描写的女性在历史上都实有其人,并且这些女性充满了智慧。也反映出当时文士们对于妇女的欣赏,这也是对传统观念的极大反叛,可见当时社会观念的进步和妇女地位的提高。而《世说新语》也受此启发,其中专门开辟《贤媛》一章,记录当时妇女种种可赞的品行。当然,《郭子》中也有对女子贪心妒忌等行为的记录,但总体来看,还是以赞扬为主,表现了当时妇女观念在某种程度上的进步。

除了对女子品行的赞美,《郭子》还记录了不少家事,这在《语林》中很少见,除了上面提到的许允和王浑夫妇,还有不少从不同侧面展示家庭生活的场景。比如王夷甫夫妇,妻子是贪心不足,丈夫则是高雅得羞于谈钱:"王夷甫雅尚玄远,又疾其妇贪,口未尝言钱。妇欲试之,夜令婢以钱绕床,不得待。夷甫晨起,见钱阁之,令婢举阿堵物。"

《郭子》作为魏晋清谈的产物,其中记录最多的还是名士的各种轶事,尤其是各种清谈的场景,这在志人小说中也是首次出现。例如,张凭因清谈得到官位的故事。"张凭举孝廉,出都,负其才气,谓必参时彦。欲诣刘真长,乡里及同举者咸共哂之。张遂径往诣刘,既前,处之下坐,通寒暑而已。真长方洗濯料事,神意不接,良久,张欲自发,而未有其端。顷之,王长史诸贤来诣,言各有隔而不通处,张忽遥于末坐判之,言约旨远,足以畅彼我之怀。举坐皆惊,真长延之上坐。遂清言弥日,因留宿,遂复至晓。张退,刘曰:'卿且前去,我正尔往取卿,共诣抚军。'张既还船,同侣笑之曰:'卿何许宿还?'张笑而不答。须臾,真长至,遣教觅张孝廉船,同侣惋愕。即同载,俱诣抚军。至门,刘前进,谓抚军曰:'下官今日为公得一太常博士妙选。'既前,抚军与之语,咨嗟称善,数日乃止,曰:'张凭劲粹,为理之窟。'即用为太常博士。"张凭以处士入京，因其玄学深厚，善于谈论，受到刘惔赏识，并凭借清谈之才成为太常博士，可见当时的玄谈之风已经影响官员的选拔。

《世说新语·方正》："卢志于众坐中问陆士衡：'陆逊、陆抗是君何物？'答曰：'如卿于卢毓、卢珽。'士龙失色，既出户，谓兄曰：'何至如此！彼容不相知也。'士衡正色曰：'我父祖名播海内，宁有不知，鬼子敢尔！'议者疑二陆优劣，谢公以此定之。"通过兄弟两对同一事件的言谈来判断二人的高下，由此可见当时通过言行来评判士人才情气质的风尚。

此外，还有名士之间的来往应对，表现了当时士人在智慧和口才上的突出才能。比如陆机和王武子之间的故事，他们为家乡美食一争高下，还有梁国杨氏子的故事，大人跟孩子开了一个文雅的玩笑，而小孩却能机智应答，用孔夫子来回应。还有记录庾亮和王导在语言上相互轻视的逸闻："公名位渐重，足倾王公；时庾亮在石头，王公在冶城，忽风起扬尘，王公以扇拂之曰：'元规尘污人。'"还有孙盛和殷浩二人互不相让、往复论辩的故事："孙安国往殷中军许共语，往反精苦，宾主无间。左右进食，冷而复暖者数四。彼我奋掷麈尾，毛悉堕落，满餐饭中。宾主遂至暮忘食。殷方语孙卿曰：'公勿作强口马，我当并卿控。'孙亦曰：'卿勿作冗鼻牛，我当穿卿颊。'"

《郭子》还记录当时士人嗜酒的风尚，反映了名士放达的个性。比如阮籍，"毕茂世云：'一手持蟹螯，一手持酒杯，拍浮酒池中，可了一生哉！'"《世说新语·任诞篇》有收录此则故事。还有"王佛大叹曰：'三日不饮酒，觉形神不复相和亲也。酒自引人入胜地耳。'"

还有的故事反映了名士容止的超脱，例如"王含为庐江，贪强狼藉。王敦欲护其兄，故于众坐中称：'家兄在郡，为政定善。庐江人咸称之。'时何充为主簿，在坐，正色曰：'充即庐江人，所闻异于此。'敦默然。傍人为之反侧，充神意自若。"何充不畏强权，义正词严，道出了王敦的兄长王含的劣迹，让大将军王敦闷闷不乐。

"谢万尝诣王恬，既至，坐少时，恬便入内。谢殊有喜色，谓必厚供待。良久，沐头散发而出；既亦不复坐，乃倨坐于胡床，在中庭晒发，神色傲上，了无惭怍相对，于是而退。"王恬是王导的次子，谢万当时的名声还不大，王恬对待谢万的来访，傲然视之。这种冷遇客人的做法是当时名士性格疏放不羁的一种表现。这种追求内心宁静，不愿为外物所累，以至于连起码待客之道也不顾的做法，反映了他们的优越心理和傲慢心态。

《郭子》中所记载的名士形象还表现在其不凡的仪表上。魏晋士人非常注重相貌之美，已经将其作为一种独立的审美。如："潘安仁、夏侯湛并有美容貌，尝同行，人谓之连璧。""王武子，卫玠之舅也，语人曰：'昨与吾外甥并坐，炯然若明珠之在我侧，朗然来映人。'"潘安、夏侯湛、卫玠都是当时著名的美男子，由此可见魏晋的审美风尚。

在艺术成就方面，《郭子》以精炼传神的语言描摹人物，塑造形象，寥寥数笔就使人物的神态风韵若在眼前，言约义丰，具有很高的艺术价值。《郭子》的故事大多篇幅短小，有的人物只是片段速写，粗笔勾勒，但却能出神入化地描绘人物的形象，刻画人物的神态，突出人物的性格。例如："何次道尝诣王丞相，以麈尾床，呼何共坐，曰：'来来！此是君坐。'"二三十字便使人物的形态活灵活现。《郭子》中品鉴人物的用语也是简练传神，如"蒹葭倚玉树"、"朗如明月入怀"、"炯然若明珠之在我侧"、"朗然来照人"，王导评论王述"真独简贵，不减父祖，然旷然淡处故当不如耳"等。结合《郭子》所反映的时代，玄学大盛，士人皆以清谈标榜自己的才学品性，"言约旨远"也就自然而然地影响到本书的创作，并成为本书突出的语言风格。

此外，《郭子》还运用对比的写法，通过强烈的对照来表现人物不同的个性，比如张凭故事中张凭和刘真长二人性格的对比，展现了魏晋时人的性格风貌。值得注意的是，有的故事篇幅较长，在记事写人方面都更加细致。

《郭子》这种简洁含蓄、清新隽永的文笔，为后世《世说新语》提供了很好的借鉴，也对其产生了很大影响，除少数条目外，《世说新语》对所用到《郭子》中的材料改动较少。《郭子》在我国古代小说发展史上有着不容忽视的地位。

有关郭澄之的著作，《隋书·经籍志三》子部小说著录有：《杂语》五卷，《郭子》三卷。《隋书·经籍志四》集部别集著录有：《郭澄之集》十卷。《旧唐书·经籍志》小说家与《新唐书·艺文志》小说家也著录《郭子》三卷，题郭澄之撰，贾泉注。《通志·艺文略》小说类著录《郭子》与两《唐志》相同。《宋史·艺文志》中对此书没有著录。唐人类书《艺文类聚》、宋人类书《太平御览》中皆引用过此书，后人对此书辑佚，也多是从这两书中找寻。最早对《郭子》一书进行辑佚的是清人马国翰，在其

《玉函山房辑佚书》中，辑得《郭子》一卷；《无一是斋丛钞》中也辑得《郭子》一卷。

**参考文献**

晓枫：《郭澄之》，《山西大学师范学院学报》（哲学社会科学版）1990年第2期。

王枝忠：《汉魏六朝小说史》，浙江古籍出版社1997年版。

鲁迅：《古小说钩沉》，齐鲁书社1997年版。

陈文新：《文言小说审美发展史》，武汉大学出版社2007年版。

李剑国、孟昭连：《中国小说通史》（先唐卷），高等教育出版社2007年版。

张亚南：《魏晋小说类文献研究》，山东大学博士学位论文，2008年。

魏世民：《魏晋南北朝小说史》，安徽大学出版社2011年版。

（杨　康）

# 参考书目

## 一 经部与子部

（魏）何晏集解：《论语集解》，中华书局1985年版。
陈鼓应注：《老子注释及评价》，中华书局1984年版。
陈鼓应注译：《庄子今注今译》，中华书局1983年版。
（魏）王弼著，楼宇烈校释：《王弼集校释》，中华书局1980年版。
（魏）徐幹著，孙启治解诂：《中论解诂》，中华书局2012年版。
（汉）荀悦著，（明）黄省曾注，孙启治校补：《申鉴注校补》，中华书局2012年版。
（晋）傅玄著，刘治立评注：《傅子评注》，天津古籍出版社2010年版。
（晋）葛洪著，王明校释：《抱朴子内篇校释》，中华书局1980年版。
（晋）葛洪著，杨明照校笺：《抱朴子外篇校笺》，中华书局1997年版。
杨伯峻：《列子集释》，中华书局2012年版。

## 二 史部

（晋）陈寿撰，（宋）裴松之注：《三国志》，中华书局2011年版。
（宋）范晔，（唐）李贤等注：《后汉书》，中华书局2000年版。
（晋）袁宏，张烈点校：《后汉纪》，中华书局2002年版。
（晋）常璩：《华阳国志》，齐鲁书社2010年版。
（梁）沈约：《宋书》，中华书局1974年版。
（北魏）崔鸿：《十六国春秋》，中华书局1985年版。
（唐）房玄龄等撰，（清）吴士鉴、刘承幹注：《晋书斠注》，中华书局

2008年版。

（唐）房玄龄等：《晋书》，中华书局1996年版。

（唐）魏徵等：《隋书》，中华书局1997年版。

（唐）姚思廉：《梁书》，中华书局1973年版。

（唐）刘知幾撰，（清）浦起龙通释：《史通通释》，上海古籍出版社2015年版。

（宋）司马光：《资治通鉴》，中华书局2012年版。

（宋）郑樵编，王树民校：《通志二十略》，中华书局1995年版。

（宋）晁公武撰，孙猛校证：《郡斋读书志校证》，上海古籍出版社1990年版。

（清）王鸣盛撰：《十七史商榷》，中华书局1985年版。

（清）汤球、黄奭辑，乔治忠校注：《众家编年体晋史》，天津古籍出版社1989年版。

（宋）姚振宗：《补三国艺文古籍》，文物出版社1992年版。

（宋）熊方等撰，刘祜仁点校：《后汉书三国志补表三十种》，中华书局1984年版。

二十五史刊行委员会编集：《二十五史补编》，中华书局1995年版。

二十五史补编编委会：《两晋南北朝十史补编》，北京图书馆出版社2005年版。

## 三　集部

（梁）钟嵘著，古直笺，曹旭整理集评：《诗品》，上海古籍出版社2007年版。

（宋）郭茂倩：《乐府诗集》，中华书局1979年版。

（梁）萧统编，（唐）李善注：《文选》，上海古籍出版社1986年版。

（陈）徐陵编，（清）吴兆宜注，（清）程琰删补：《玉台新咏笺注》，中华书局1985年版。

（宋）李昉等：《太平御览》，中华书局1960年版。

（唐）虞世南：《北堂书钞》，学苑出版社1998年版。

（唐）欧阳询撰，汪绍楹校：《艺文类聚》，上海古籍出版社1985年版。

（宋）严羽著，郭绍虞校释：《沧浪诗话校释》，人民文学出版社2005

年版。

（宋）范晞文：《对床夜语》，中华书局1985年版。

（明）张溥著，殷孟伦注：《汉魏六朝百三家集题辞》，中华书局2007年版。

（明）胡应麟：《诗薮》，上海古籍出版社1958年版。

（明）陆时雍选评，任文京，赵东岚点校：《诗镜》，河北大学出版社2010年版。

（明）许学夷：《诗源辩体》，人民文学出版社1987年版。

（明）王世贞著，陆洁栋、周明初批注：《艺苑卮言》，凤凰出版社2009年版。

（清）吴淇撰，汪俊、黄进德点校：《六朝选诗定论》，广陵书社2009年版。

（清）陈祚明评选，李金松点校：《采菽堂古诗选》，上海古籍出版社2008年版。

（清）沈德潜：《古诗源》，中华书局2006年版。

（清）陈沆：《诗比兴笺》，上海古籍出版社1981年版。

（清）何焯：《义门读书记》，中华书局1987年版。

（清）叶燮著，霍松林校注；（清）薛雪著，杜维沫校注；（清）沈德潜著，霍松林校注：《原诗　一瓢诗话　说诗晬语》，人民文学出版社1979年版。

（清）顾炎武著，黄汝成集释，栾保群、吕宗力校点：《日知录集释》，上海古籍出版社2012年。

（清）何文焕：《历代诗话》，中华书局1981年版。

（清）永瑢：《四库全书总目提要》，中华书局2003年版。

## 四　其他

（梁）释慧皎撰，汤用彤校注，汤一玄整理：《高僧传》，中华书局1992年版。

（北齐）颜之推撰，王利器集解：《颜氏家训集解》，中华书局1993年版。

（魏）杨衒之撰，周祖谟校释：《洛阳伽蓝记校释》，中华书局1963年版。

周祖谟：《广韵校本》，中华书局2004年版。

（清）黄本骥：《历代职官表》，上海古籍出版社2005年版。
（唐）林宝撰，岑仲勉校记，郁贤皓、陶敏整理：《元和姓纂》，中华书局1994年版。

## 五　近代及现当代文献

（清）严可均：《全上古三代秦汉三国六朝文》，中华书局1958年版。
逯钦立：《先秦汉魏晋南北朝诗》，中华书局1983年版。
丁福保：《全汉三国晋南北朝诗》，中华书局1959年版。
范文澜注：《文心雕龙注》，人民文学出版社2014年版。
余嘉锡：《世说新语笺疏》，中华书局2011年版。
陈寅恪：《金明馆丛稿二编》，上海古籍出版社1980年版。
陈寅恪：《金明馆丛稿初编》，上海古籍出版社1980年版。
陈寅恪讲述，万绳楠整理：《魏晋南北朝史讲演录》，贵州人民出版社2007年版。
唐长孺：《魏晋南北朝史论丛》，生活·读书·新知三联书店1955年版。
唐长孺：《魏晋南北朝史论丛续编》，生活·读书·新知三联书店1959年版。
唐长孺：《魏晋南北朝隋唐史三论》，武汉大学出版社2013年版。
钱锺书：《管锥编》，生活·读书·新知三联出版社2001年版。
陆侃如：《中古文学系年》，人民文学出版社1985年版。
张可礼：《东晋文艺系年》，山东教育出版社1992年版。
吕思勉：《两晋南北朝史》，江苏人民出版社2014年版。
侯外庐等：《中国思想通史》（魏晋南北朝卷），人民出版社1956年版。
任继愈等：《中国哲学发展史》，人民出版社1998年版。
徐公持：《魏晋文学史》，人民文学出版社1999年版。
游国恩等主编：《中国文学史》，人民文学出版社2002年版。
曹道衡、沈玉成：《中古文学史料丛考》，中华书局2003年版。
陈文新：《中国文学编年史》，湖南人民出版社2006年版。
刘汝霖：《汉晋学术编年》，华东师范大学出版2010年版。
刘学智、徐兴海：《中国学术思想编年》（魏晋南北朝卷），陕西师范大学出版社2005年版。

钱志熙：《中国诗歌通史》（魏晋南北朝卷），人民文学出版社2012年版。

梅新林、俞樟华主编，王德华撰：《中国学术编年》，华东师范大学出版社2013年版。

顾农：《从孔融到陶渊明——汉末三国两晋文学史论衡》，凤凰出版社2013年版。

袁济喜：《汉末三国两晋文学批评编年》，辽海出版社2014年版。

范子烨：《中古作家年谱汇考辑要》，世界图书出版西安有限公司2014年版。